HISTOIRE ROMAINE

DE

DION CASSIUS.

PARIS,
TYPOGRAPHIE DE FIRMIN DIDOT FRÈRES,
RUE JACOB, 56.

HISTOIRE ROMAINE

DE

DION CASSIUS,

TRADUITE EN FRANÇAIS,

AVEC DES NOTES CRITIQUES, HISTORIQUES, ETC.,
ET LE TEXTE EN REGARD,

COLLATIONNÉ SUR LES MEILLEURES ÉDITIONS
ET SUR LES MANUSCRITS DE ROME, FLORENCE, VENISE, TURIN,
MUNICH, HEIDELBERG, PARIS, TOURS, BESANÇON,

PAR E. GROS,

INSPECTEUR DE L'ACADÉMIE DE PARIS.

TOME TROISIÈME.

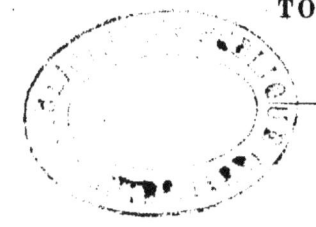

PARIS,

LIBRAIRIE DE FIRMIN DIDOT FRÈRES,

IMPRIMEURS DE L'INSTITUT,

RUE JACOB, 56

1850.

AVERTISSEMENT.

Après deux volumes presque entièrement composés de fragments, le lecteur va trouver enfin un récit où les faits se suivent sans interruption, sauf trois lacunes (1). Les guerres contre les pirates et contre Mithridate, la conjuration de Catilina, la ligue entre Pompée, César et Crassus, le premier consulat de César et sa loi agraire, la lutte entre Cicéron et Clodius, l'exil de Cicéron, les expéditions de César contre les Helvétiens et contre Arioviste; tels sont les principaux sujets traités dans ce troisième volume, dont il est facile d'apprécier l'importance historique.

L'impression en était commencée avant la publication d'une nouvelle édition de Dion Cassius par M. Imm. Bekker (2). Je n'ai pu la consulter qu'à partir du XXXVIIe livre : pour le XXXVIe, je crois devoir consigner ici, avec quelques remarques, les leçons qui diffèrent de celles que j'ai adoptées.

Pages,	lignes	de cette édition.	Leçons données par M. Imm. Bekker.
4	12	τὴν αἴσθησιν........	τήν τε αἴσθησιν (3).
6	2	ἀντιπολέμους.........	ἀντιπολεμίους (4).
—	11	ὥστε ὄνομα.........	ὥστε καὶ ὄνομα (5).
—	—	ἦγόν τε............	ἦγον δὲ (6).

(1) 1° p. 56, à la fin du § 34 et au commencement du § 35 — 2° p. 155, à la fin du § 7 et au commencement du § 8 — 3° p. 228, § 34, lig. 6.

(2) *Cassii Dionis Cocceiani Rerum Romanarum Libri octoginta ab Immanuele Bekkero recogniti*, 2 vol. in-8°. *Lipsiæ, apud Weidmannos, A.* MDCCCXLIX. M. Imm. Bekker n'a collationné de nouveau que le manuscrit du Vatican n° 1288 ; mais il améliore souvent le texte par d'heureuses conjectures, jointes aux travaux de ses devanciers, parmi lesquels il ne cite dans sa préface que Reimarus, Reiske et Sturz : cependant il a mis à contribution d'autres philologues. Je me plais à le remercier d'avoir adopté plusieurs de mes corrections, notamment pour les fragments publiés par M. A. Mai et contenus dans le premier volume de mon édition.

(3) Conjecture de l'éditeur.

(4) Ancienne leçon : d'après la remarque de Bernhardy, je persiste à regarder ἀντιπολέμους comme préférable. Cf. ma note.

(5) Conjecture de l'éditeur : si elle était confirmée par les manuscrits, je la substituerais à la leçon vulgaire.

(6) Conjecture de l'éditeur.

AVERTISSEMENT.

Pages,	lignes	de cette édition.	Leçons données par M. Imm. Bekker.
8	10	ἀπέβαινον..........	ἀνέβαινον (1).
12	6-7	ἄσπειστον..........	ἄπιστον (2).
16	1	καὶ ἀνελπιστίᾳ......	καὶ ἐν ἀνελπιστίᾳ (3).
18	9	μὲν τὴν ἡσυχίαν.....	μὲν ἡσυχίαν (4).
26	15	οὐ γάρ πῶς.........	οὐ γάρ που (5).
28	4	κἂν τούτῳ..........	καὶ τούτῳ (6).
—	6	ἀσφαλῶς [καὶ] ὁμοίως.	ἀσφαλῶς ὁμοίως (7),
30	13	οὐδ' εὐχῆς.........	οὔτ' εὐχῆς (8).
34-36	17	ὥστε — καταφρονεῖν..	ὥστε — καταφρόνει (9).
38	1	τῆς Πομπηΐου.......	τῆς τοῦ Πομπηΐου (10).
44	2	διὰ τοῦτο οὐχ........	διὰ τοῦτό γε οὐχ (11).
46	2	οὐχ ἵνα	οὐ γάρ που ἵνα (12).
—	10	ἐτησίους...........	ἐπετησίους (13).
48	1	μὲν τοιοῦτον........	μέντοι τοιοῦτον (14).
—	9	ἄλλως.............	ἄλλοσε (15).
—	12	ὑπομείνητε.........	ὑπομείναιτε (16).
50	2	πῶς δ' ἄν..........	πῶς ἄν (17).
54	1	ἔγωγ' ἂν εἴποιμι.....	(ἐγὼ γὰρ ἂν εἴποιμι) (18)
—	1-2	τούτους αὐτοὺς, τοὺς..	τούτους αὖ τοὺς (19).
56	4	ὑπάρχοντας.........	ὑπάρχους (20).

(1) Ancienne leçon. Cf. ma note.
(2) Ancienne leçon : je maintiens ἄσπειστον. Cf. ma note.
(3) Conjecture de l'éditeur.
(4) Conjecture de Reiske.
(5) Leçon confirmée par A et B.
(6) Conjecture de l'éditeur. Outre qu'elle est fort probable, à cause de la fréquente confusion de κἂν avec καὶ, cf. p. 226, not. 4, elle fournit un sens excellent : *atque hunc* (s.-ent. virum bonum) *decet omnia mandata considerate suscipere.* Je propose de la substituer à la leçon vulgaire que j'ai maintenue.
(7) Cf. ma note.
(8) Conjecture de l'éditeur : elle me paraît préférable à la leçon vulgaire, à cause de οὔτ' αὐτόματον.
(9) C'est la leçon vulgaire, moins τε remplacé par γε. Cette substitution ne me semble pas suffisante. Cf. ma note.
(10) Leçon confirmée par A, C, E et F.
(11) Leçon confirmée par C et G.
(12) Conjecture de l'éditeur.
(13) Leçon confirmée par A, B et E.
(14) Conjecture de Turnèbe, approuvée par Reiske.
(15) Conjecture de l'éditeur.
(16) Conjecture de l'éditeur. Je la préfère à la leçon vulgaire.
(17) Conjecture de l'éditeur.
(18) Avec cette parenthèse, l'ancienne leçon peut être maintenue.
(19) Ancienne leçon : seulement l'éditeur a coupé αὐτοὺς en deux mots, αὖ et τούς. Cette leçon peut être substituée à celle que j'ai adoptée avec Sturz.
(20) Conjecture de l'éditeur.

AVERTISSEMENT.

Pages,	lignes	de cette édition.	Leçons données par M. Imm. Bekker.
62	8-9	πολλοὶ - διαγεγραμμένοι	πολλοὶ — τῶν διαγεγραμμένων (1).
64	2	ἐξεπράξατο..........	ἐξεπρίατο (2).
68	8	ἔμελλον αὐτοὶ, συγγράφοντες.	ἔμελλον, αὐτοὶ συγγράφοντες (3).
68-70	8	Οὐ γάρ πω πάντα τὰ δικαιώματα, ἃ περὶ τὰ συμβόλαια διέτετακτο, ἐποίουν· οὔτε ἐσάπαξ τοῦτ' ἐποίουν, κτλ.	Οὐ γάρ πω πάντα τὰ δικαιώματα, τὰ περὶ τὰ συμβόλαια, διετέτακτο. Ἐπεὶ οὖν οὔτε ἐσάπαξ τοῦτ' ἐποίουν κτλ. (4).
74	9	τῇ νουμηνίᾳ ἐπύθετο, ἐν ᾗ.	τῇ νουμηνίᾳ ἐν ᾗ (5).
80	1	ὅσα..............	ὅσῳ (6).
84	12	δοθῆναι· [ὥστε καὶ] δόγμα τι.	δοθῆναι· δόγμα τι (7).
86	5	πλευσόμενος........	πλευσούμενος (8).
—	8	τὸ καὶ πταῖσαί τι....	τοῦ καὶ πταῖσαί τι (9).
—	9	ἀσμενέστατα........	ἀσμεναίτατα (10).
—	10-11	καταλέλειπτο.......	κατελέλειπτο (11).
88	8	κελευσαντός τε.......	κελευσαντὸς δὲ (12).
90	5	Οὐαλεριείους........	Οὐαλερείους (13).

(1) Leçon proposée par Xylander.
(2) Conjecture confirmée par une annotation marginale d'A.
(3) Ponctuation préférable à l'ancienne.
(4) La conjecture τὰ περὶ τὰ συμβόλαια repose en partie sur l'interprétation de Reimarus : *neque vero omnia jura statuerunt*, quæ ad contractus dirigendos pertinerent. La substitution de ἐπεὶ οὖν au premier ἐποίουν me paraît probable. D'après ces changements, le sens serait : *nondum enim omnia jura statuerant, quæ ad contractus dirigendos pertinerent. Quum igitur neque id simul semelque facerent, neque scripto juri starent*, etc. Mais quels étaient ces δικαιώματα, applicables aux contrats et qui n'avaient pas été encore tous établis ? C'est ce qu'il me semble impossible de dire avec certitude : pour cette raison, je persiste dans la leçon que j'ai adoptée. Cf. ma note.
(5) C'est la conjecture de Sturz, moins ἐπύθετο que le nouvel éditeur retranche. Cette suppression rend la phrase plus nette : je proposerais de l'adopter, si elle était autorisée par les manuscrits; mais ils portent tous ἐπύθετο. Cf. ma note.
(6) Conjecture de l'éditeur : elle est admissible, à cause du comparatif ἐπικρατέστεροι.
(7) Conjecture de Turnèbe : sur la leçon que j'ai adoptée et que je maintiens, cf. ma note.
(8) Leçon confirmée par A, B, C, E, F et G.
(9) Conjecture de l'éditeur. Cf. ma note.
(10) Leçon confirmée par A, E et F.
(11) Leçon confirmée par A.
(12) Conjecture de l'éditeur.
(13) Je maintiens Οὐαλεριείους. Cf. tom. II, p. 257, not. 10 de cette édition.

AVERTISSEMENT.

Pages,	lignes	de cette édition.	Leçons données par M. Imm. Bekker.
96	8	μηδὲ ἔμπροσθεν......	μήτ' ἔμπροσθεν (1).
100	2	ἐμπελαζόμενοι	ἐμπλαζόμενοι (2).
104	2	ἐν ᾧ γε...........	ἐν ᾧ τε (3).
106	1	εὕρετο...........	εὕρατο (4).
114	10-12	(ἦν δὲ — πρόσορος) οὐ σμικρά.	(ἦν δὲ — πρόσορος οὐ σμικρό) (5).

A partir du XXXVIIe livre, je cite fréquemment la traduction italienne de Nic. Leoniceno ; non qu'elle se recommande toujours par l'exactitude et la précision ; mais parce qu'elle révèle ou confirme souvent de très-bonnes leçons.

E. G—s.

(1) Conjecture de l'éditeur.
(2) Conjecture de Sturz.
(3) Conjecture de l'éditeur.
(4) C'est la leçon vulgaire.
(5) De cette manière, σμικρά est un singulier féminin, se rapportant à χώρα. En ne renfermant dans la parenthèse que les mots ἦν δὲ — πρόσορος, comme je l'ai fait, σμικρά devient un pluriel neutre, se rapportant à τα προσκτηθέντα ὑπ' αὐτοῦ. Les deux sens peuvent se défendre

N. B. Le XXXIXe livre, qui devait être compris dans ce volume, ne pourra paraître que dans le IVe.

ΤΩΝ

ΔΙΩΝΟΣ

ΙΣΤΟΡΙΩΝ ΡΩΜΑΙΚΩΝ

ΤΑ ΒΙΒΛΙΑ

ΛϚ', ΛΖ', ΛΗ', ΛΘ'.

ΤΩΝ
ΔΙΩΝΟΣ
ΙΣΤΟΡΙΩΝ ΡΩΜΑΙΚΩΝ

TO TPIAKOΣTON EKTON BIBΛION [1].

. . . .

R. p. 88.   18. Λέξω [2] δὲ ἤδη καὶ τὸ κατὰ τοῦτον [3] πῶς ἐγένετο.

1. Sur les sept manuscrits que j'ai collationnés pour le livre XXXVIe, cf. tom. II, p. 214, not. 1 de cette édition.

Le commencement de ce livre est tronqué ; mais les § φείδεται. Δυναστείας τε ἐρῶν κτλ. — Ἀγανακτήσας οὖν ἐπὶ τούτῳ κτλ., dont mes devanciers ont fait les § 1 et 2 du liv. XXXVI, et les § καὶ ὅτι ἰσχυρᾷ τε τύχῃ κτλ. — Ὡς δ' οὖν τοῦθ' οἱ στρατιῶται κτλ., qu'ils ont attribués au liv. XXXV, sont, suivant moi, quatre fragments du liv. XXXVI ; cf. l'Avertissement en tête du tome II, p. VIII-X de cette édition. Mon opinion, ainsi que je l'ai dit, l. l. p. VIII, s'appuie principalement sur le texte de Xiphilin. C'est aussi d'après ce texte que je regarde le § λέξω δὲ ἤδη κτλ. comme faisant suite aux § qui portent les n°s 16 et 17, tom. II, p. 262-266. Et en effet, dans l'Abréviateur, les événements relatifs à la guerre contre les pirates viennent immédiatement après le récit des troubles qui éclatèrent dans l'armée de Lucullus et permirent à Mithridate de recouvrer une partie de ses États ; mais qui ne recommencèrent plus lorsque cette armée fut sous le commandement de Pompée. J'ai cru pouvoir conclure de là que les faits contenus dans les § 16-17, tom. II, p. 262-266, et les faits relatifs à la guerre contre les pirates λέξω δὲ ἤδη — καὶ τάς τε ναῦς ἔκαιον καὶ πάνθ' ἥρπαζον, p. 10, lig. 4-5 de ce volume, se suivaient, sans aucune interruption, dans le texte de Dion que Xiphilin avait sous les yeux ; puisque tel est l'ordre qu'il a adopté lui-même, comme on le voit en rapprochant

HISTOIRE ROMAINE

DE DION.

LIVRE TRENTE-SIXIÈME.

.... An de Rome 687.

18. Je raconterai maintenant ce qui se passa au sujet

M'. Acilius et C. Pison Consuls.

le § 16, qui se termine par les mots τοσοῦτον ἀνὴρ ἀνδρὸς διαφέρει, de l'Abréviateur, p. 4-5, éd. de Rob. Etienne, Paris, 1551 : τοσοῦτον ἀνὴρ ἀνδρὸς διαφέρει. Ἐν τούτῳ τῷ χρόνῳ καὶ ὁ πειρατικὸς πόλεμος ἐπολεμήθη Ῥωμαίοις, οὐδενὸς ἔλαττον καταπλήξας αὐτούς. Τὸ γὰρ καταποντιστῶν φῦλον ἐπιπολάσαν ἐν τῇ θαλάσσῃ, καὶ διὰ τὴν ἐν τοῖς πολέμοις τῶν Ῥωμαίων ἀσχολίαν, ἀδείας ἐπειλημμένον, καὶ ὑπερφυῶς αὐξηθὲν, νεῶν, καὶ στόλων, κακῶν μυρίων, οὗ τὴν θάλασσαν μόνον, ἀλλ᾽ ἤδη καὶ τὴν ἤπειρον ἀποβαῖνον ἐς αὐτὴν, καὶ κώμας καταφλέγον καὶ πόλεις διαρπάζον, πεπλήρωκε· καὶ τέλος ἄπλουν ἐμπόροις τὴν θάλασσαν ἐργασάμενον, ἐξαίσιον ταῖς πόλεσι καὶ μάλιστα τῇ Ῥώμῃ λιμὸν ἐμπεποίηκε· καὶ ἐς αὐτὰ γὰρ τὰ Ὄστια (sic. Cf. p. 10, not. 1) ἐσέπλεον, καὶ τάς τε ναῦς ἔκαιον καὶ πάνθ᾽ ἥρπαζον.

Je donne donc au § λέξω δὲ ἤδη et aux § suivants les numéros 18, 19, 20, etc. ; mais, pour faciliter la comparaison entre cette édition et celle de Reimarus, j'aurai soin d'indiquer, dans un renvoi, le numéro que chaque § porte dans son édition. J'appellerai R l'édition de Reimarus.

2. R. § 3, p. 88.

3. Leunclavius propose τὰ κατὰ τοῦτον, conjecture justement repoussée par Fabricius : « Nam, dit-il, quum maxime consilium Dionis est exponere non res gestas Pompeii, sed quomodo Pompeius eam auctoritatem fuerit consecutus, ut legatum potuerit in Cretam mittere et Metelli luminibus obstruere. » J'ai donc maintenu l'ancienne leçon : elle est confirmée par les Ms.

1.

ΤΩΝ ΔΙΩΝΟΣ ΙΣΤΟΡΙΩΝ ΡΩΜ., ΒΙΒΛ. ΛϚ.

Οἱ καταποντισταὶ ἐλύπουν μὲν ἀεὶ τοὺς πλέοντας, ὥσπερ καὶ τοὺς ἐν τῇ γῇ οἰκοῦντας οἱ τὰς λῃστείας ποιούμενοι. Οὐ γάρ ἐστιν ὅτε ταῦτ᾽[1] οὐκ ἐγένετο, οὐδ᾽ ἂν παύσαιτό ποτε, ἕως ἂν[2] ἡ αὐτὴ φύσις ἀνθρώπων ᾖ· ἀλλὰ πρότερον μὲν ἔν τε τόποις τισὶ κἂν τῇ ὥρᾳ[3] μόνῃ, κατ᾽ ὀλίγους, καὶ ἐν τῇ γῇ καὶ ἐν τῇ θαλάσσῃ ἐλῄστευον· τότε δὲ, ἐξ οὗ πολλαχῇ τε ἅμα καὶ συνεχῶς ἐπολεμήθη, καὶ πολλαὶ[4] μὲν πόλεις ἀνάστατοι ἐγένοντο, πᾶσι δὲ καὶ τοῖς διαφεύγουσιν αὐτῶν αἱ τιμωρίαι ἐπηρτῶντο· καὶ ἀδεὲς οὐδενὶ οὐδὲν ἦν, πάμπολλοι πρὸς λῃστείαν ἐτράποντο. Καὶ τὰ μὲν ἐν ταῖς[5] ἠπείροις λῃστικά[6], ἅτε καὶ ἐν ὀφθαλμοῖς τῶν δήμων μᾶλλον ὄντα, καὶ τὴν αἴσθησιν τῆς βλάβης ἐγγύθεν, καὶ τὴν σύλληψιν οὐ πάνυ χαλεπὴν ἔχοντα, ῥᾷόν πως κατ-

---

1. Ἔστι ταῦτ᾽ ὅτε (sic), dans C. Ὅτε manque dans D.
2. B, C et D donnent cette leçon, qui est la véritable : je l'adopte avec Reimarus et Sturz. Comme le dit Reimarus, A porte ἕως δ᾽ ἂν : il en est de même de E, F et G.
3. Reiske voulait remplacer ὥρᾳ par ὡραίᾳ, d'après Dion, XXXIX, 5 : Κἀν τῷ αὐτῷ τούτῳ χρόνῳ, Γάλβας ὁ Σερούϊος, ὑποστρατηγῶν αὐτῷ, μέχρι μὲν ἥ τε ὡραία καὶ τὸ στράτευμα συνεστὸς εἶχεν, Ὀαράγρους ... παρεστήσατο. Mais Reimarus, dans sa lettre à Reiske, p. 674, défend l'ancienne leçon par des exemples tirés d'Eustathe, Comment. sur l'Iliade, II, v. 468, de Thucydide, II, 52, d'Hérodien, VIII, 4, de Dion, LX, 11 : Ἔξω τε γὰρ τῶν τῇ τε ὥρᾳ ἐσκομισθέντων, καὶ ἐς τὰς ἀποθήκας ἀναχθέντων, οὐδὲν τὴν χειμερίνην ἐσεφοίτα κτλ., d'où il conclut que ὥρα est synonyme de ὡραία : « Sicut enim omne tempus opportunum ὥρα est Græcis, ita speciatim hyemi oppositum *ver cum æstate.* » En vertu de cette identité de signification, Oddey propose de remplacer ἥ τε ὡραία par ἥ τε ὥρα, dans Dion, LII, 11. Comme Reimarus, j'ai maintenu l'ancienne leçon, qui se trouve dans tous les Ms.

4. F : πολλαί.

de Pompée. Les pirates ne cessaient d'inquiéter les navigateurs, comme les voleurs inquiétaient les habitants du continent. Sans doute il n'y a pas eu d'époque où il n'en ait été ainsi, et ces brigandages se perpétueront tant que la nature humaine sera la même. Cependant ils n'avaient été commis jusqu'alors, sur terre et sur mer, que dans certains endroits, durant la belle saison, et par un petit nombre d'hommes; mais depuis que des guerres continuelles avaient eu lieu simultanément dans plusieurs pays, que beaucoup de villes avaient été détruites, que leurs habitants fugitifs trouvaient partout le châtiment suspendu sur leur tête, et qu'il n'y avait plus de retraite sûre pour personne, une foule de malheureux s'étaient jetés dans le brigandage. On put plus aisément le détruire sur le continent, où il frappait davantage les regards des populations, où le dommage se faisait sentir de près, et où les moyens de

---

5. Ἐν manque dans B et dans F. De plus F, au lieu de ταῖς, porte τοῖς qui forme un solécisme. La préposition ἐν est fréquemment omise et souvent ajoutée par les copistes. Ainsi, dans Platon, Répub., II, § 2, éd. de Bekk. Lond. tom. VI, p. 331, au lieu de ἐπιθυμῶ γὰρ ἀκοῦσαι τί τ' ἔστιν ἑκάτερον καὶ τίνα ἔχει δύναμιν αὐτὸ καθ' αὑτὸ ἐνὸν ἐν τῇ ψυχῇ, deux Ms. donnent ἐνὸν τῇ ψυχῇ. Dans Thucydide, I, 130, au contraire, au lieu de Ταῦτα λαβὼν ὁ Παυσανίας τὰ γράμματα, ὧν καὶ πρότερον ἐν μεγάλῳ ἀξιώματι ὑπὸ τῶν Ἑλλήνων διὰ τὴν Πλαταιᾶσιν ἡγεμονίαν κτλ., le manuscrit de Peiresc Περὶ ἀρετῆς καὶ κακίας (cf. tom. I, Introd. p. LVII-LXXXIV de cette édition) porte διὰ τὴν ἐν Πλαταιᾶσιν ἡγεμονίαν.

6. Reiske conseille λῃστρικά. La leçon que j'adopte, comme Reimarus et Sturz, concorde avec Thucydide, 1, 4 : Τό τε λῃστικὸν, ὡς εἰκὸς, καθῄρει (s.-ent. ὁ Μίνως) ἐκ τῆς θαλάσσης ἐφ' ὅσον ἠδύνατο. Elle est justifiée par le scoliaste de cet historien : Τό τε λῃστικόν· τὸ μὲν ἐκτὸς τοῦ ῥ σημείου, τὸ σύστημα τῶν λῃστῶν· τὸ δὲ μετὰ τοῦ ῥ, τὸ κτῆμα τῶν λῃστῶν. Cf. Lobeck, sur Phrynichus, p. 242.

Tous les Ms. donnent λῃστικά, à l'exception de C, qui porte λῃτικά, par la confusion de ς avec τ. Cf. Bast, Comment. Palæogr., p. 734-735.

ελύετο¹· τὰ δὲ ἐν τῇ θαλάσσῃ, ἐπὶ πλεῖστον ἐπηυξήθη². Τῶν γὰρ Ῥωμαίων πρὸς τοὺς ἀντιπολέμους³ ἀσχολίαν ἀγόντων, ἐπὶ πολὺ ἤκμασαν, πολλαχόσε τε περιπλέοντες, καὶ πάντας τοὺς ὁμοίους σφίσι προστιθέμενοι, ὥστε τινὰς αὐτῶν καὶ ἐν συμμαχίας λόγῳ συχνοῖς ἐπικουρῆσαι⁴.

19. Καὶ⁵ εἴρηται μὲν ὅσα μετὰ τῶν ἄλλων ἔπραξαν· ἐπεὶ δ' οὖν καὶ ἐκεῖνα διελύθη, οὐκ ἐπαύσαντο, ἀλλ' αὐτοὶ καθ' αὑτοὺς⁶ πολλὰ καὶ δεινὰ τούς τε Ῥωμαίους καὶ τοὺς συμμάχους αὐτῶν ἐκακούργησαν. Οὔτε γὰρ κατ' ὀλίγους ἔτι, ἀλλὰ στόλοις μεγάλοις ἔπλεον, καὶ στρατηγοὺς εἶχον· ὥστε ὄνομα αὐτοὺς μέγα κεκτῆσθαι. Ἦγόν τε καὶ ἔφερον⁷ πρώτους μὲν καὶ μάλιστα τοὺς πλέοντας (οὐδὲ γὰρ τὴν χειμερινὴν ὥραν ἀσφαλῆ αὐτοῖς παρεῖχον· ἀλλ' ὑπό τε τῆς τόλμης καὶ ὑπὸ τοῦ ἔθους⁸, τῆς τε εὐπραγίας, καὶ τότ' ἐπ' ἀδείας⁹ ταῖς ναυτιλίαις ἐχρῶντο)· ἔπειτα καὶ τοὺς ἐν

1. Κατελεύετο } λύετο } dans G.
2. C et G : ηὐξήθη. La préposition a été omise, suivant l'usage des copistes.
3. Reiske propose πρὸς τοὺς ἀεὶ πολεμίους et traduit ainsi : *Quum Romani adversus alios atque alios hostes, ut eorum quisque identidem occurreret, pugnaverint.* A l'ancienne leçon ἀντιπολεμίους, confirmée par les Ms. et par Dion, liv. LXXI, tom. II, p. 1201, éd. de Reimarus, d'après un fragment attribué à cet historien par H. de Valois : Ἦν δὲ ἱκανὸς ὁ Μάρτιος οὐ μόνον ὅπλοις βιάσασθαι τοὺς ἀντιπολεμίους .... ἀλλὰ καὶ λόγῳ πιθανῷ πεῖσαι κτλ., je substitue ἀντιπολέμους, comme l'a fait, d'après les meilleurs Ms., Bernhardy, dans Suidas, au mot Μάρτιος : « Edita scriptura, dit-il (h. e. ἀντιπολεμίους), nihil nisi commentum vocis est. » Je dois ce renseignement à l'obligeance du savant M. Ch. Müller. Dans Hérodote, IV, 134 ; 140 ; VII, 236 ; VIII, 68, plusieurs éditions donnent ἀντιπολεμίους ; mais la plupart des Ms. portent ἀντιπολέμους. Dans Thucydide, III, 90, au lieu de οἱ ἀντιπολέμιοι, je propose de lire οἱ ἀντιπόλεμοι.

répression n'étaient pas difficiles : sur la mer, au contraire, il prit le plus grand accroissement. Et en effet, tandis que les Romains étaient occupés sans relâche à combattre contre leurs ennemis, les pirates accrurent beaucoup leurs forces, parcoururent diverses mers et s'adjoignirent tous ceux qui se livraient au même genre de vie qu'eux : quelques-uns même secoururent plusieurs peuples, à titre d'alliés.

19. J'ai raconté ce qu'ils firent en commun avec d'autres peuples : lorsque cette union eut cessé, ils ne restèrent point dans l'inaction. Bien loin de là : seuls, avec leurs propres forces, ils causèrent souvent de grands dommages aux Romains et à leurs alliés. Ce n'était plus en petit nombre, mais avec des flottes considérables qu'ils infestaient les mers : ils eurent des généraux et se firent un grand nom. Dans le principe ils cherchaient de préférence à piller et à emmener de force ceux qui naviguaient; ils ne les laissaient point tranquilles pendant l'hiver ; car leur audace, l'habitude et le succès leur faisaient affronter la mer avec confiance, même dans cette saison. Ensuite, ils attaquèrent aussi

---

4. Ils combattirent avec Mithridate contre les Romains ; Plutarque, Pompée, XXIV. Dans le texte de Dion, Oddey voudrait, sans nécessité, substituer συχνῶς à συχνοῖς.

5. R. § 4, p. 88-89.

6. Sturz cite, καθ' ἑαυτοὺς, comme une variante fournie par A : elle se trouve aussi dans B, D, F et G.

7. Bekker, Anec. Gr., tom. I, p. 206 : Ἄγειν καὶ φέρειν· ἀντὶ τοῦ λῃστεύειν καὶ ἁρπάζειν· ἤγετο μὲν τὰ ἔμψυχα, ἐφέρετο δὲ τὰ ἄψυχα. Je ne crois pas devoir insister davantage sur cette locution : il serait difficile de dire quelque chose de nouveau, après le savant article du Thes. gr. ling. tom. I, p. 561-563, éd. Didot.

8. G : τοῦ ἔθνους, variante fautive. La véritable leçon a été ajoutée en marge, par une main plus moderne.

9. Τότε ἐπ' ἀδείας, dans A, cité seul par Sturz. B et F donnent également cette leçon.

τοῖς λιμέσιν ὄντας. Καὶ γὰρ εἴ τις ἀνταναχθῆναι σφίσιν ἐτόλμησε[1], μάλιστα μὲν, ἡττηθεὶς ἀπώλετο. Εἰ δὲ καὶ ἐνίκησεν[2], ἀλλ᾽ ἑλεῖν γε αὐτῶν οὐδένα ὑπὸ τοῦ ταχυναυτεῖν σφᾶς ἐδύνατο. Καὶ οὕτως ὑποστρέφοντες διὰ βραχέος[3], ὡς κεκρατηκότες[4], τὰ μὲν ἔτεμνον καὶ κατεπίμπρων[5], οὐχ ὅτι χωρία καὶ ἀγροὺς, ἀλλὰ καὶ πόλεις ὅλας· τὰ δὲ καὶ ᾠκειοῦντο, ὥστε καὶ χειμάδια[6] καὶ ὁρμητήρια[7] καθάπερ ἐν φιλίᾳ γε ποιεῖσθαι.

20. Προχωρούντων[8] δὲ αὐτοῖς τούτων, καὶ ἐς τὴν ἤπειρον ἀπέβαινον[9], καὶ πολλὰ καὶ ἐκείνους τοὺς μηδὲ χρωμένους τῇ θαλάσσῃ ἐλύπουν. Καὶ ταῦτα οὐ τὴν ἔξω συμμαχίδα αὐτῶν[10] μόνον, ἀλλὰ καὶ τὴν Ἰταλίαν[11] αὐτὴν

1. A : Ἐτόλμησεν. J'ai déjà parlé de l'addition du ν paragogique devant une consonne; cf. tom. II, p. 88, not. 4 de cette édition. Elle est très-fréquente dans le Ms. de Peiresc Περὶ ἀρετῆς καὶ κακίας, et il me serait facile d'en donner plusieurs exemples : je me borne à un seul tiré de Josèphe, Ant. Jud. II, 6, 2 : Ὑπὲρ δὲ τοῦ γνῶναι τὰ κατὰ τὸν πατέρα καὶ τὰ συμβεβηκότα αὐτῷ μετὰ τὴν ἀπαλλαγὴν ταῦτ' ἔπραττε, μαθεῖν τε βουλόμενος καὶ τὰ περὶ Βενιαμὶν τὸν ἀδελφόν. Le manuscrit porte ταῦτ' ἔπραττεν, μαθεῖν τε κτλ.

2. F : Ἐνίκησε. Ici, le ν paragogique manque devant une voyelle. Cette omission du ν devant une voyelle n'est pas moins fréquente que son addition devant une consonne. Je pourrais multiplier les citations; mais je me contenterai d'un exemple emprunté au même manuscrit. Dans Thucydide, I, 137, au lieu de καὶ ὕστερον οὐ πολλῷ τοῖς Λακεδαιμονίοις καὶ Ἀθηναίοις ἐλθοῦσι καὶ πολλὰ εἰποῦσιν οὐκ ἐκδίδωσιν· ἀλλ' ἀποστέλλει βουλόμενον ὡς βασιλέα πορευθῆναι, le Ms. de Peiresc porte πολλὰ εἰποῦσι οὐκ ἐκδίδωσι· ἀλλ' ἀποστέλλει κτλ.

3. Διὰ βραχέως, dans G.

4. A : Ὡς καὶ κεκρατηκότες, leçon approuvée par Reiske et par Sturz qui conserve pourtant l'ancienne : je la maintiens aussi.

5. Κατεπίμπρον, dans F et G, variante fautive par la confusion d'ω avec o. Κατεπίμπλων, dans C, provient de la fréquente permutation de λ avec ρ; cf. M. Boissonade, not. sur Aristænète, p. 634-635.

6. Χεινάδια, autre variante fautive dans C, par la confusion du ν avec

ceux qui se tenaient dans les ports. Quelqu'un osait-il faire voile contre eux ; d'ordinaire il était vaincu et trouvait la mort dans la lutte. Était-il vainqueur ; il ne pouvait mettre la main sur un seul de ces brigands, tant ils voguaient avec célérité. Vaincus, ils revenaient bientôt, comme s'ils avaient remporté la victoire, ravageaient et livraient aux flammes, non-seulement les campagnes et les habitations qui s'y trouvaient, mais des villes entières : ils prenaient possession de quelques-unes et ils y établissaient, comme dans un pays ami, des quartiers d'hiver d'où ils pouvaient faire des sorties, en même temps qu'ils y trouvaient un refuge.

20. Enhardis par ces succès, ils descendirent sur la terre ferme et firent beaucoup de mal, même à ceux qui ne fréquentaient pas la mer : ils attaquèrent les alliés que Rome avait hors de l'Italie et l'Italie elle-même.

le μ. Cf. Bast, l. l. p. 725. La conjonction καὶ qui précède ce nom manque dans D : on sait qu'elle a été souvent omise par les copistes. Cf. M. Boissonade, Anecd. Nov. p. 156 ; 213 ; 287 ; et p. 121, not. 4, tom. II de cette édition.

7. J'ai été forcé de recourir à une périphrase pour rendre exactement le sens de ὁρμητήρια. La langue allemande a permis à M. Tafel d'employer un mot composé : Und bedienten sich ihrer als Winterstationen und *Rückhaltspunkte*.

8. R. § 5, p. 89.

9. Je remplace l'ancienne leçon ἀνέβαινον par ἀπέβαινον, d'après Xiphilin, p. 4-5, éd. de Rob. Étienne : Καὶ τὴν ἤπειρον ἀποβαῖνον ἐς αὐτὴν κτλ.

10. Oddey regarde ce mot comme superflu, et Reiske propose de le supprimer ou de lui substituer Ῥωμαίων. Sturz défend l'addition de αὐτῶν par ce passage de Dion, Fr. CCCXXIX, § 13, tom. II, p. 254 de cette édition : Ἐν γὰρ τῷ αὐτῷ αὐτοῖς τρόπῳ συστρατευομένους, ὥσπερ εἶπον, οὐκ ὀλίγους εἶχε. L'ancienne leçon ne doit pas être changée.

11. C : Ἀταξίαν, variante évidemment fautive. La leçon Ἰταλίαν est confirmée par les faits historiques ; cf. les Éclaircissements à la fin du volume. Je ne citerai ici que Vell. Paterc., II, 31 : Quum belli more, non latrociniorum, orbem classibus jam, non furtivis expeditionibus piratæ terrerent, quasdamque etiam Italiæ urbes diripuissent, etc. »

ἐποίουν. Τά τε γὰρ κέρδη τὰ αὐτόθεν μείζω σχήσειν, καὶ πάντας τοὺς λοιποὺς ἐπὶ πλέον ἐκφοβήσειν, ἂν μηδὲ ἐκείνης ἀπέχωνται, νομίζοντες, ἔς τε τὰς ἄλλας τὰς ταύτῃ πόλεις, καὶ ἐς αὐτὰ τὰ Ὤστια [1] ἐσέπλεον· καὶ τάς τε ναῦς ἔκαιον, καὶ πάνθ᾽ ἥρπαζον· καὶ τέλος, ὡς οὐδεμία σφῶν ἐπιστροφὴ ἐγίγνετο, τάς τε διατριβὰς ἐν τῇ γῇ ἐποιοῦντο, καὶ τοὺς ἀνθρώπους, ὅσους μὴ διώλυσαν, τά τε σκῦλα [2], ὅσα ἐλάμβανον, ἀδεῶς ὥς γε καὶ ἐν οἰκείᾳ [3] διετίθεντο [4]. Καὶ ἐλῄστευον μὲν ἄλλοι ἄλλοθι· (οὐ γάρ που ἐν πάσῃ ἅμα τῇ θαλάσσῃ οἱ [5] αὐτοὶ κακουργεῖν ἐδύναντο·) τοσαύτῃ [6] μέντοι [7] φιλίᾳ πρὸς ἀλλήλους ἐχρῶντο, ὥστε σφᾶς καὶ χρή-

1. ἄστια, dans G, par la confusion d'ω avec α. Cf. Bast, l. l. p. 740; 748; 749. Cette confusion a été d'autant plus facile, que dans les Ms. Ὤστια est sans majuscule; écriture qui s'est perpétuée dans toutes les éditions jusqu'à Reimarus. Au lieu de ἐς αὐτὰ τὰ Ὤστια, Freinsheim, sur Florus, III, 6, propose ἐς αὐτὴν τὴν Ὠστίαν. D'après Strabon, III, p. 145, éd. de Casaub. Paris, 1620; V, p. 231-232, je conserve Ὤστια, cf. Drakenborch, sur Tit.-Liv. IX, 19. Cette leçon est confirmée par les Ms. de Dion; mais la correction de Freinsheim est justifiée par Polybe, VI, 2, 9; XXXI, 22, 7; par Denys d'Hal. Ant. R. I, 9; III, 44, et par Étienne de Byzance, au mot Ὠστία, p. 771, éd. de Berkelius. A propos du passage de ce géographe, Στράβων δὲ ἐν τρίτῳ οὕτω φησιν οὐδετέρως· τὰ Ὤστια τῆς Ῥώμης ἐπίνειον, Berkelius dit : « Non in tertio, sed in quinto, uti observat Hartungus. » Il a trop facilement adopté une critique qui n'est point fondée; car c'est bien dans le troisième livre de Strabon, et non dans le cinquième que se trouve le passage cité par Étienne de Byzance. Le voici textuellement, d'après l'édition de Casaubon, l. l. p. 145 : Ὁλκάδες γὰρ μέγισται παρὰ τούτων πλέουσιν εἰς τὴν Δικαιαρχίαν καὶ τὰ Ὤστια, τῆς Ῥώμης ἐπίνειον κτλ.

Au lieu de Ὤστια, le texte d'Appien porte Ὄστια, Guer. Civ., I, 67 : Μάριος δὲ καὶ Ὄστια εἷλε καὶ διήρπαζε, comme celui de Xiphilin, p. 5, éd. de Rob. Étienne, Paris, 1551.

2. Trois manuscrits, A, E et F, donnent σύλα. Je pourrais dire que cette leçon se trouve aussi dans C, où σύλλα est évidemment pour σύλα, le copiste ayant mis deux consonnes, quand il n'en fallait qu'une. Ces ma-

Persuadés qu'ils feraient là un plus riche butin et qu'ils inspireraient plus de terreur aux autres peuples, s'ils n'épargnaient pas cette contrée, ils abordèrent dans diverses villes du littoral et jusque dans Ostie. Ils brûlèrent les vaisseaux et pillèrent tout ce qui tomba sous leur main. Enfin, comme personne ne réprimait leurs excès, ils séjournèrent longtemps à terre et mirent en vente, avec autant de sécurité que s'ils avaient été dans leur propre pays, les hommes qu'ils n'avaient pas tués et les dépouilles qu'ils avaient enlevées. Ils portaient le pillage, ceux-ci dans un endroit, ceux-là dans un autre (car les mêmes pirates ne pouvaient infester ensemble toute la mer); mais ils étaient si étroitement unis, qu'ils envoyaient de l'argent et des secours même à ceux

nuscrits confirment donc, sauf l'accent, la leçon σῦλα, proposée par Reiske et approuvée par Penzel : j'ai néanmoins conservé l'ancienne, qui est très-bien défendue par Sturz, p. 212-213, not. h. tom. I de son édition.

3. F : Ἐν οἰκίᾳ, par la confusion de ει avec ι. Dans C, ἐν οἰκείῳ provient de la confusion d'α avec ω. Cf. Bast, Comment. Palæogr. p. 748-749. Ici, l'ω a pris la place de l'α. Dans Denys d'Hal. Jug. sur Thucyd. § XXXVII : Ἔπειτα συνάψας τῷ ἑνικῷ καὶ κατὰ τὴν ὀρθὴν ἐξενηνεγμένα πτῶσιν κτλ., c'est l'α qui a probablement pris la place de l'ω. Aussi Sylburg propose-t-il ἐξενηνεγμένῳ, conjecture confirmée par l'enchaînement des idées et par un passage analogue du même auteur, l. l. : Τοῦτο δὲ οὔτε τῷ θηλυκῷ καὶ ἑνικῷ καὶ ὀνομαστικῷ προσαρμοττόμενον σώζει τὴν ἀκολουθίαν, οὔτε τῷ πληθυντικῷ καὶ οὐδετέρῳ κατὰ τὴν αἰτιατικὴν ἐσχηματισμένῳ πτῶσιν. Cf. Krüger, Dionys. Halic. Historiogr. p. 173.

4. Cf. tom. II, p. 276 de cette édition : Καὶ καταλαβὼν τὸν Ἄτταλον, τὴν λείαν τὴν ἐκ τῆς Ὀποῦντος διατιθέμενον κτλ. Dans la traduction, p. 277, lign. 4-5, au lieu de *où il mettait en ordre*, il faut lire *où il mettait en vente*. Sur ce sens de διατίθεμαι, cf. Thes. gr. ling. tom. II, p. 1347, éd. Didot.

5. Οἱ manque dans l'ancienne leçon. Reimarus l'a ajouté d'après A. J'ai souvent parlé de l'omission de l'article par les copistes.

6. Oddey aimerait mieux καὶ τοσαύτη. Cette addition n'est pas nécessaire.

7. C : Μέν.

μάτα καὶ ἐπικουρίας καὶ τοῖς πάνυ ἀγνῶσιν, ὡς καὶ οἰκειοτάτοις, πέμπειν. Καὶ διὰ τοῦτό γε [1] οὐχ ἥκιστα ἴσχυσαν, ὅτι τούς τε θεραπεύοντας τινὰς αὐτῶν πάντες ἐτίμων, καὶ τοὺς προσκρούσαντάς τισι πάντες ἐξηλάτουν.

21. Ἐς [2] τοσοῦτον μὲν δὴ τὰ τῶν καταποντιστῶν ἤρθη, ὥστε καὶ μέγαν καὶ συνεχῆ καὶ ἀπροφύλακτον [3] καὶ ἄσπειστον [4] τὸν πόλεμον αὐτῶν γενέσθαι. Οἱ δὲ δὴ Ῥωμαῖοι ἤκουον μέν που αὐτά, καί τινα καὶ ἑώρων· (οὔτε γὰρ ἄλλο

1. Γέ manque dans le même Ms. Les copistes l'omettent fréquemment : je citerai un exemple tiré de Platon, Lys. § X, éd. de Bekk. Lond. tom. I, p. 218 : Οὐκοῦν ὁπότερος γεννιώτερος, ἐρίζοιτ' ἄν, ἦν δ' ἐγώ. Πάνυ γε, ἔφη. Un Ms. porte : Πάνυ, ἔφη.
2. R. § 6, p. 89-90.
3. Oddey préférerait ἀπροσφύλακτον. Je ne vois aucune raison de changer l'ancienne leçon, qui est confirmée par les Ms.
4. Tous les Ms. confirment l'ancienne leçon ἄπιστον. Deux corrections ont été proposées : 1° ἄπειστον—*pertinacissimum*, par Fabricius; 2° ἄσπειστον par Wesseling, dans une lettre adressée à Reimarus : « Immo, dit-il, ἄσπειστον. Sic enim Græci solent. Ἀσπείστου πολέμου scriptus Sylburgii liber meminit, p. 202, D. Nosti pulcre, ἄπιστον et ἄσπειστον in codicibus permisceri ex Vales. ad Euseb. De Laud. Constant. C. 16 et Davisio ad Maximum Tyr. p. 616. Simile vitium occupavit Clem. Alexandrini lib. IV, p. 579, 26, ed. Potteri. » Reiske approuve aussi ἄσπειστον, adopté par Fabricius dans Sextus Empiricus, Pyrrhon. III, 21, § 175. Enfin Reimarus, dans ses *Addenda*, tom. II, p. 1695-1696 de son édition, n'est pas éloigné de substituer ἄσπειστον à ἄπιστον. Cependant il montre quelque scrupule, à cause de Plutarque, Numa, XII : Γνωρίσαντες δὲ οἱ Κελτοὶ πέμπουσιν εἰς Ῥώμην κήρυκα τοῦ Φαβίου κατηγοροῦντες ὡς ἔκσπονδον καὶ ἄπιστον καὶ ἀκατάγγελτον ἐξενηνοχότος πρὸς αὐτοὺς πόλεμον, οὐ ἄσπειστον ferait, suivant lui, une tautologie avec ἔκσπονδον. « Quidni, ajoute le célèbre éditeur, et hoc loco πόλεμος ἀπροφύλακτος, etiam ἄπιστος dici possit ? Quia bellum, quum minime caveres, præter fidem datam, movebatur : nam ex magnitudine et perpetuitate jam dixerat μέγαν καὶ συνεχῆ. » Ces raisons ont déterminé Sturz à maintenir ἄπιστον, qu'il traduit par *infidum*.

Tout en reconnaissant, avec Reimarus, que ἄπιστον, appliqué aux choses,

qui leur étaient tout à fait inconnus, comme à leurs meilleurs amis. Ce qui ne contribua pas peu à augmenter leur puissance, c'est qu'ils honoraient tous ensemble ceux qui se montraient bienveillants pour quelques-uns d'entre eux, et qu'ils pillaient ensemble ceux dont quelques-uns seulement avaient à se plaindre.

21. La puissance des pirates avait grandi à un tel point, que la guerre contre eux était terrible, continue; qu'elle ne pouvait être évitée par aucune précaution, ni terminée par des traités. Les Romains n'entendirent pas seulement parler de leurs brigandages : ils en furent

signifie non-seulement *incredibile*, mais encore *perfidum*, comme on le voit dans Dion, XLI, 37 : Κἀκ τούτου πολλὰ μὲν ἄπιστα, πολλὰ δὲ καὶ δολερὰ πρὸς ἀλλήλους ἔπραττον. XLVI, 22 : Ἀντὶ δὲ τῆς ἀπιστίας, ἣν ἐκείνῳ προφέρεις, αὐτὸν μήτ' ἄπιστόν τι ποιεῖν, μήτ' αὐτομολεῖν, j'adopte ἄσπειστον. Aux exemples cités par Wesseling en faveur de cette substitution, j'en ajoute deux tirés de Denys d'Hal. A. R. III, 8 : Ὑμεῖς δὲ τὸ μετὰ τοῦτο ἤδη σκοπεῖσθε, πότερον οἴεσθε δεῖν περὶ βοϊδίων καὶ προβάτων ἁρπαγῆς ἄσπειστον πόλεμον φυλάττειν πρὸς τοὺς κτίσαντας καὶ πατέρας. VIII, 78 : Εἰσῄει γὰρ αὐτὸν δέος, μὴ φυγὰς ἐλαθεὶς ἐκ τῆς πατρίδος, ἀνὴρ στρατηγῆσαι πολέμους τῶν τότε δεινότατος, ὅμοια δράσῃ Μαρκίῳ, τά τε φίλια διαβάλλων, καὶ τὰ ἐχθρὰ συνιστὰς, καὶ πόλεμον ἄσπειστον ἐπαγάγῃ τῇ πατρίδι. Cf. un passage analogue d'Appien, VI, 9 : Ἐλέγετο δὲ καὶ, παῖς ὢν ἔτι, ὑπὸ τοῦ πατρὸς ὁρκωθῆναι ἐπὶ ἐμπύρων, ἄσπειστος ἐχθρὸς ἔσεσθαι Ῥωμαίοις, ὅτε ἐς πολιτείαν παρέλθοι κτλ.

D'ailleurs la confusion de ἄσπειστον avec ἄπιστον s'explique aisément 1° par la permutation de ει avec ι, trop fréquente pour qu'il soit nécessaire d'en citer des exemples; 2° par la confusion de σπ avec π. C'est ainsi que dans Hérodote, II, 77, au lieu de Αὐτῶν δὲ δὴ Αἰγυπτίων οἱ μὲν περὶ τὴν σπειρομένην Αἴγυπτον οἰκέουσι κτλ., le Ms. de Peiresc Περὶ ἀρετῆς καὶ κακίας, porte περὶ τὴν πειρομένην.

Je crois devoir remarquer, en passant, que dans le passage de Maxime de Tyr mentionné par Wesseling, Dissert. XXXII, 8, p. 130 de la Collect. Didot, M. Dübner lit, d'après Markland : Ἄπαυστος δ' ἂν ἦν ὁ πόλεμος οὗτος, ἀλλὰ ἡ Ἥρα σπένδεται καὶ διαλύει τὸν πόλεμον ; mais le Ms. de la Bibliothèque nationale de Paris donne ἄπιστος. Cf. Relat. Critic. de Maximo Tyrio, en tête du volume, p. XIX.

M. Tafel a suivi, dans sa traduction, la leçon ἄσπειστον.

τι τῶν ἐπακτῶν ἐφοίτα σφίσι, καὶ ἡ σιτοπομπεία παντελῶς ἀπεκέκλειστο [1])· οὐ μέντοι καὶ μεγάλην, ὅτε γε ἐχρῆν [2], φροντίδα [3] αὐτῶν ἐποιήσαντο· ἀλλ' ἐξέπεμπον μὲν καὶ ναυτικὰ καὶ στρατηγοὺς, ὥς που καθ' ἕκαστον τῶν προσαγγελλομένων ἐκινοῦντο· ἔπραττον δ' οὐδὲν, ἀλλὰ καὶ πολὺ πλείω τοὺς συμμάχους δι' αὐτῶν ἐκείνων ἐταλαιπώρουν· μέχρις οὗ [4] ἐν παντὶ ἐγένοντο [5]. Τότε δὲ συνελθόντες, ἐβουλεύσαντο ἐπὶ πολλὰς ἡμέρας ὅ, τι καὶ χρὴ πρᾶξαι. Τῇ τε γὰρ συνεχείᾳ τῶν κινδύνων τετρυχωμένοι, καὶ μέγαν καὶ πολὺν τὸν πρὸς αὐτοὺς πόλεμον ὁρῶντες ὄντα, καὶ οὔθ' ἅμα πᾶσι σφίσιν, οὔτ' αὖ καθ' ἑκάστους προσπολεμῆσαι δυνατὸν εἶναι νομίζοντες· (ἀλλήλοις τε γὰρ συνεβοήθουν, καὶ πανταχοῦ ἅμα ἀμήχανον ἦν αὐτοὺς ἀμύνασθαι) ἔν τε

1. Ἀπεκέκλειτο dans G et F, par la confusion de στ avec τ. Cf. p. 5, n. 6.
2. Robert Étienne propose : Ὅσην γ' ἐχρῆν. L'ancienne leçon est confirmée par les Ms., à l'exception de D et G, qui omettent γε. Cette particule est souvent omise. Dans Platon, Philèbe, § 84, éd. de Bekk. Lond. tom. V, p. 280-281, au lieu de Δοὺς δὲ ταῦτα ἐκεῖνο μηκέτι συγχωροίη, μὴ οὐ πονεῖν αὐτὴν ἐν ταῖς πολλαῖς γενέσεσι, καὶ τελευτῶσάν γε ἔν τινι τῶν θανάτων παντάπασιν ἀπόλλυσθαι, un Ms. porte καὶ τελευτῶσαν ἔν τινι κτλ.
3. Reimarus s'exprime ainsi à propos de cette leçon : « Ita recte Rob. Stephanus et Xylander pro φορτίδα. » Pour plus d'exactitude, je dois dire que φροντίδα se trouve dans tous les Ms., à l'exception de E qui porte φ ορτίδα (sic); mais on voit clairement qu'il y avait d'abord φροντίδα : le ρ a été gratté et le ν changé en ρ.
4. Correction de Leunclavius, au lieu de la leçon vulgaire μέχρις οὖν, confirmée par E et F, et qui provient de la confusion de οὖν avec οὗ, souvent confondu lui-même avec οὐ, comme dans ce passage de Platon, Banq. § IX, éd. de Bekk. Lond. tom. V, p. 30 : Ἐν Ἤλιδι μὲν γὰρ καὶ ἐν Βοιωτοῖς, καὶ οὗ μὲν σοφοὶ λέγειν, ἁπλῶς νενομοθέτηται καλὸν τὸ χαρίζεσθαι ἐρασταῖς κτλ., un Ms. porte καὶ οὗ μὴ σοφοὶ λέγειν. Plus loin, l. l. § XL, p. 101 : Τούτων δ' οὐ μάλα ἐγίγνετο οὐδὲν, ἀλλ' ὥσπερ εἰώθει διαλεχθεὶς ἄν

même les témoins (car les divers objets qu'ils tiraient du dehors n'étaient plus importés, et l'arrivage du blé était complétement interrompu); toutefois ils ne s'en préoccupèrent pas assez, lorsqu'ils l'auraient dû : ils envoyèrent bien contre les pirates des vaisseaux et des généraux, lorsque quelque nouvelle inquiétante venait les émouvoir; mais ces mesures ne produisirent aucun bon résultat et n'aboutirent même qu'à rendre les alliés beaucoup plus malheureux; jusqu'au moment où ils furent réduits eux-mêmes à la situation la plus critique. Alors ils s'assemblèrent et délibérèrent, pendant plusieurs jours, sur le parti qu'ils devaient prendre. Pressés par de continuels dangers, voyant qu'ils auraient à soutenir une lutte redoutable et compliquée, persuadés qu'il était également impossible de combattre les pirates tous à la fois, ou séparés les uns des autres (car ils se secouraient mutuellement et on ne pouvait les attaquer partout en même temps), les Romains ne savaient à quoi se résoudre

---

μοι καὶ συνημερεύσας ᾤχετο ἀπίων, un autre Ms. porte τούτων δ' οὖν μάλα κτλ.

5. « Ἐν παντὶ γενέσθαι, dit Fabricius, dicuntur qui in magno versantur discrimine, ut de summa re periclitentur; » et il cite à l'appui de cette interprétation Dion, XXXIX, 40 : Ὥστε ἐν παντὶ τὸν Καίσαρα γενέσθαι. Reiske voit dans ἐν παντὶ ἐγένοντο l'équivalent de παντοῖοι ἐγένοντο qu'il explique ainsi : *donec omnes animi motus experirentur*, spem, metum, iram, iræ remissionem; modo parvi eos facerent, modo ut summi discriminis hostes formidarent, et de salute sua essent solliciti, nescientes quo se verterent, quid instituerent.

Je m'en tiens à l'interprétation de Fabricius, qui est la plus naturelle. Sur ἐν παντὶ γίγνεσθαι, avec l'addition de ἀπορίας, δέους, κινδύνου, κακοῦ, et autres mots semblables, ou avec l'ellipse de ces mots, cf. Thes. gr. ling. tom. VI, p. 570-571, éd. Didot. Parmi les exemples qu'il donne, il en est un tiré de Denys d'Hal. A. R. VI, 76 : Ὡς ἐν παντὶ δι' ἀθυμίας ἐγένεσθε, d'après Sylburg, p. 399. Suivant les savants éditeurs, δι' ne doit pas être rejeté, comme le voulait Casaubon; mais remplacé par δή. J'adopterais

ἀπορίᾳ¹ καὶ ἀνελπιστίᾳ τοῦ κατορθώσειν τι ² πολλῇ ³ ἐγένοντο· πρὶν δὴ ⁴ Αὖλός τις ⁵ Γαουΐνιος δήμαρχος γνώμην ἔδωκεν, (εἴτ' οὖν τοῦ Πομπηΐου ⁶ καθέντος αὐτὸν, εἴτε καὶ ἄλλως χαρίσασθαί οἱ ἐθελήσας· οὐ γάρ που καὶ ὑπ' εὐνοίας αὐτὸ τῆς τοῦ κοινοῦ ἐποίησε· κάκιστος γὰρ ἀνὴρ ἦν·) στρατηγὸν ἕνα αὐτοκράτορα ἐφ' ἅπαντας αὐτοὺς ἐκ τῶν ὑπατευκότων ἑλέσθαι, τρισί τε ἔτεσιν ἄρξοντα, καὶ δυνάμει παμπληθεῖ μεθ' ὑποστρατήγων πολλῶν χρησόμενον. Ἄντικρυς μὲν γὰρ τὸ τοῦ Πομπηΐου ὄνομα οὐκ εἶπεν· εὔδηλον δὲ ἦν, ὅτι ἂν ⁷ ἅπαξ τι τοιοῦτον ὁ ὅμιλος ἀκούσῃ, ἐκεῖνον αἱρήσεται.

22. Καὶ ⁸ ἔσχεν οὕτω· τήν τε γὰρ ἐσήγησιν αὐτοῦ ἀπεδέξαντο ⁹, καὶ πρὸς τὸν Πομπήϊον παραχρῆμα πάντες, πλὴν τῆς γερουσίας, ἀπέκλιναν. Αὕτη γὰρ πᾶν ὁτιοῦν ὑπὸ τῶν λῃστῶν παθεῖν μᾶλλον ἢ ἐκείνῳ τοσαύτην ἡγεμονίαν ¹⁰ ἐγχειρίσαι ¹¹, ἡρεῖτο· καὶ ὀλίγου καὶ ἀπέκτειναν τὸν Γαουΐ-

volontiers cette ingénieuse conjecture, ou mieux encore la leçon suivie dans l'édition de Tauchnitz : ἐν παντὶ δι' ἀθυμίαν ἐγένεσθε.

1. G : ἐν τῇ ἀπορίᾳ, mais l'accent sur ἐν et l'ε placé au-dessus de l'η sont d'une main plus moderne.

2. D'après A, B, C, D et F, au lieu de l'ancienne leçon κατορθῶσαί τι. Ce passage est altéré dans E, qui porte κατορθωσον. G confirme l'ancienne leçon.

3. Πολλοὶ, dans F, par la confusion d'η avec οι.

4. Δέ, dans G par la fréquente confusion de ce mot avec δή. Ainsi dans Josèphe, Ant. Jud. II, 6, 2, Πέμπει δὴ καὶ Ἰάκωβος, τῇ; Χαναναίας δεινῶς ἐκτετρυχωμένης κτλ., le Ms. de Peiresc Περὶ ἀρετῆς καὶ κακίας, porte πέμπει δέ κτλ. Dans Platon, au contraire, Répub., I, § I, éd. de Bekk. Lond. tom. VI, p. 255, au lieu de Προσευξάμενοι δὲ καὶ θεωρήσοντες ἀπῇμεν πρὸς τὸ ἄστυ, un Ms. porte Προσευξάμενοι δὴ καὶ θεωρήσαντες κτλ.

5. F : Αὖτις (sic). λός

et désespéraient d'obtenir quelque succès ; lorsqu'un tribun du peuple, Aulus Gabinius (soit à l'instigation de Pompée, soit pour lui complaire ; car c'était un très-mauvais citoyen, nullement inspiré par l'amour du bien public), proposa de confier la guerre contre tous les pirates à un seul général, revêtu d'un pouvoir absolu, choisi parmi les consulaires, investi du commandement pour trois ans, et qui aurait sous ses ordres des forces très-considérables et plusieurs lieutenants. Il ne désigna point formellement Pompée ; mais il était évident que le peuple le choisirait, aussitôt qu'il aurait entendu faire une proposition de ce genre.

22. C'est ce qui arriva : la rogation de Gabinius fut approuvée, et à l'instant toute l'assemblée pencha pour Pompée, à l'exception des sénateurs, qui auraient mieux aimé souffrir les plus grands maux de la part des pirates que de lui donner un tel pouvoir : peu s'en fallut même qu'ils ne missent le tribun à mort dans leur palais. Il

---

6. G : Τοῦ πηίου, mais une main plus moderne a ajouté Πομ, dans une annotation marginale.
7. G : ὅτι ἂν ὅτι ἂν ἅπαξ (sic).
8. R. § 7, p. 90-91.
9. E : Ἀπεδέξατο.
10. E : Ἡγεμονείαν, par la confusion d'ει avec ι.
11. Ἐγχειρῆσαι, dans C, D, F et G. La confusion d'η avec ι est si fréquente, qu'il peut paraître superflu d'en donner des exemples. Je demande pourtant au lecteur la permission de citer un passage d'Aristænète, I, lettr. 3, dans lequel cette confusion, jointe à la réunion de deux mots en un seul et à la confusion de αι avec ε, a produit un énorme barbarisme : Ἐπὶ τοῦ πεδίου κατεκλίθημεν, ἧ τῶν πολυτελεστάτων δαπίδων· δένδρη τε πολλὰ τῆς ὀπώρας πλησίον. Un Ms. porte δενδρῖται. Cf. les notes de M. Boissonade. p. 266-270.

νιον [1] ἐν αὐτῷ τῷ συνεδρίῳ. Ὑπεκδράντος δ' οὖν πη αὐτοῦ, μαθόντες οἱ πολλοὶ τὴν [2] τῶν βουλευτῶν γνώμην [3], ἐθορύβησαν [4], ὥστε καὶ ἐπ' αὐτοὺς συγκαθημένους ἐφορμῆσαι [5]· καὶ, εἴ γε μὴ ἐξεκεχωρήκεσαν [6], πάντως ἂν αὐτοὺς διεφθάρκεσαν. Οἱ μὲν δὴ οὖν ἄλλοι σκεδασθέντες διέλαθον· Πίσωνα δὲ τὸν Γάϊον τὸν ὕπατον (ἐπὶ γὰρ ἐκείνου, τοῦ τε Ἀκιλίου, ταῦτ' ἐγίγνετο [7]) συλληφθέντα, καὶ μέλλοντα καὶ ἀντὶ τῶν ἄλλων ἀπόλλυσθαι, ὁ Γαουΐνιος ἐξῃτήσατο. Ἐκ δὲ τούτου οἱ δυνατοὶ αὐτοὶ μὲν τὴν [8] ἡσυχίαν ἦγον, ἀσμενίζοντες ἄν τις σφᾶς ζῆν ἐάσῃ· τοὺς δὲ δημάρχους τοὺς ἐννέα [9] ἀνέπεισαν ἐναντιωθῆναι τῷ Γαουϊνίῳ. Καὶ αὐτῶν οἱ μὲν ἄλλοι φοβηθέντες τὸ πλῆθος, οὐδὲν ἀντεῖπον· Λούκιος δὲ δή τις Τρεβέλλιος [10], καὶ Λούκιος Ῥώσκιος, ἐτόλμησαν μὲν [11], οὐκ

---

1. Τὸν Γαιούνιον, dans G, qui, lign. 9, porte aussi ὁ Γαιούνιος; mais lign. 12, il donne correctement τῷ Γαουϊνίῳ. Les deux leçons fautives proviennent de la confusion de α avec αι; cf. Bast, Comment. Palæogr. p. 705; 884. Elles ont été corrigées par une main plus moderne, qui a effacé le premier ι et intercalé un ι au dessus de l'υ et du premier ν.

2. Cet article manque dans la leçon vulgaire. Comme Sturz, je le donne d'après A et d'après Xiphilin, p. 5, éd. de Rob. Étienne, Paris, 1551. Il a été ajouté dans la marge de F. L'omission de l'article est très-fréquente; en voici un exemple tiré de Xénophon, Cyrop. VIII, 8, 21 : Κατὰ τὴν χώραν γὰρ αὐτῶν ῥᾷον οἱ πολέμιοι ἢ οἱ φίλοι ἀναστρέφονται. Le Ms. de Peiresc, Περὶ ἀρετῆς καὶ κακίας, porte οἱ πολέμιοι ἢ φίλοι.

3. Xiphilin ajoute, l. l. p. 5 : τοῖς ταῦτα εἰσηγησαμένοις δεινῶς ὠργισμένων. Je n'ai pas inséré ces mots dans le texte de Dion ; parce qu'ils auraient embarrassé la marche de la phrase.

4. B : Ἐθορυβήθησαν. Dans D, ἐθρύβησαν est une faute : le copiste a omis ο après θ.

5. Xiphilin, l. l. p. 5 : Ἐπὶ τοὺς συγκαθημένους ἐφώρμησαν.

6. L'ancienne leçon ἐξεχωρήκεσαν, qui est fautive, a été maintenue par

s'échappa de leurs mains ; mais à peine la multitude eut-elle connu le vote des sénateurs, qu'il s'éleva un violent tumulte. Elle envahit le lieu où ils siégeaient, et elle les eût massacrés, s'ils ne s'étaient retirés. Ils se dispersèrent et se cachèrent, à l'exception de Caïus Pison (car ces événements se passèrent pendant qu'il était consul avec Acilius) : il fut arrêté, et il aurait payé de sa mort l'opposition de tous ses collègues, si Gabinius n'avait obtenu sa grâce. Dès lors, les grands personnellement se tinrent tranquilles, trop heureux de conserver la vie ; mais ils persuadèrent à neuf des tribuns du peuple de se déclarer contre Gabinius. Par crainte de la multitude, ces tribuns ne firent aucune opposition, excepté Lucius Trébellius et Lucius Roscius, qui osèrent prendre parti contre lui ; mais

Reimarus et par Sturz : elle se trouve dans tous les Ms. On pourrait la remplacer par ἐκκεχωρήκεσαν, d'après Xiphilin, l. l. ; mais j'ai mieux aimé rétablir l'augment du plus-que-parfait, quoiqu'il soit très-souvent omis en prose, et lire ἐξεκεχωρήκεσαν, proposé par Leunclavius et par Turnèbe.

7. D'après A, E et F, au lieu de l'ancienne leçon ἐγίνετο, qui est dans G ; mais C porte ἐγένετο.

8. Reiske pense que μὲν manque dans l'ancienne leçon, αὐτοὶ τὴν ἡσυχίαν ἦγον. Et, en effet, μέν a été souvent omis : ainsi dans Platon, Banq. § 29, éd. de Bekk. Lond. tom. V, p. 73, au lieu de Πατρὸς δὲ, ἦν δ' ἐγώ, τίνος ἐστὶ καὶ μητρός ; Μακρότερον μὲν, ἔφη, διηγήσασθαι · ὅμως δέ σοι ἐρῶ κτλ., plusieurs manuscrits portent μακρότερον ἔφη κτλ. Dans le texte de Dion, Sturz propose de changer τήν en μέν, l'article n'étant pas nécessaire dans la locution ἡσυχίαν ἄγειν, ou bien de le placer après μέν. C'est ce que j'ai fait.

9. Il y avait dix tribuns du peuple : Gabinius était le dixième.

10. B : Τι στρεβέλλιος. Ici le copiste a fait de la dernière lettre de τις la première du mot suivant. D'autres fois, le ς qui se trouve à la fin d'un mot, est répété au commencement du suivant ; par exemple, τῆς Σκίρτας, au lieu de τῆς Κίρτας ; cf. tom. II, p. 95-96 de cette édition.

11. Μέν ne se trouve ni dans D ni dans G. Je viens de parler de

ήδυνήθησαν δὲ οὔτ' εἰπεῖν τι ὧν ὑπέσχηντο, οὔτε πρᾶξαι. Ἐπειδὴ γὰρ ἡ κυρία ἡμέρα, ἐν ᾗ τὴν γνώμην ἐπικυρωθῆναι ἔδει, ἐνέστη, τάδε ἐγένετο· ὁ Πομπήϊος[1], ἐπιθυμῶν μὲν πάνυ ἄρξαι, καὶ ἤδη γε ὑπό τε τῆς ἑαυτοῦ φιλοτιμίας, καὶ ὑπὸ τῆς τοῦ δήμου σπουδῆς, οὐδὲ τιμὴν ἔτι τοῦτο, ἀλλὰ ἀτιμίαν, τὸ μὴ τυχεῖν αὐτοῦ, νομίζων εἶναι, τὴν δὲ ἀντίταξιν τῶν δυνατῶν ὁρῶν, ἠβουλήθη δοκεῖν ἀναγκάζεσθαι. Ἦν μὲν γὰρ καὶ ἄλλως ὡς ἥκιστα προσποιούμενος ἐπιθυμεῖν ὧν ἤθελε· τότε δὲ καὶ μᾶλλον, διά τε τὸ ἐπίφθονον, ἄν γε ἑκὼν τῆς ἀρχῆς ἀντιποιήσηται, καὶ διὰ τοῦτο τὸ εὐκλεές, ἄν γε καὶ ἄκων, ὥς γε καὶ ἀξιοστρατηγότατος ὤν, ἀποδειχθῇ, ἐπλάττετο[2].

23. Καὶ[3] παρελθὼν ἔφη· " Χαίρω μὲν τιμώμενος ὑφ' ὑμῶν, ὦ Κυϊρῖται. Φύσει τε γὰρ πάντες ἄνθρωποι καὶ ἐγκαλλωπίζονται ταῖς παρὰ τῶν πολιτῶν εὐεργεσίαις, καὶ ἐγὼ, ἅτε δὴ πολλάκις τῆς παρ' ὑμῶν τιμῆς ἀπολελαυκώς, οὐκ ἔχω πῶς[4] κατ' ἀξίαν ἡσθῶ τοῖς παροῦσιν. Οὐ μέν τοι[5] οὔθ' ὑμῖν νομίζω προσήκειν ἀπλήστως οὕτω πρὸς μὲ διακεῖσθαι, οὔτε ἐμοὶ διαπαντὸς ἔν τινι ἡγεμονίᾳ[6] εἶναι. Αὐτός

l'omission de ce mot par les copistes; cf. p. 19, not. 8. En voici un autre exemple : on lit dans Démosthène, Περὶ Συμμορ. § 13 : Οὐδεὶς δήπου τῶν ἁπάντων Ἑλλήνων τηλικοῦτον ἐφ' ἑαυτῷ φρονήσει, ὅστις ὁρῶν ὑμῖν χιλίους μὲν ἱππέας, ὁπλίτας ὅσους δὲ ἂν ἐθέλῃ τις κτλ.; mais dans Denys d'Hal., Jug. sur Thucyd. § LIV, où ce passage est cité, le Ms. de la Bibliothèque nationale n° 1657 porte ὅστις ὁρῶν ὑμῖν χιλίους ἱππέας κτλ.

1. Le passage ὁ Πομπήϊος — ἐπλάττετο, est ainsi abrégé par Xiphilin, l. l. p. 5 : Τοῦ Πομπηΐου παραιτήσει μὲν τῆς ἀρχῆς ἐπιπλάστῳ κεχρημένου, σπουδαρχίᾳ δὲ οὐδένα λανθανούσῃ προσκειμένου.

ils ne purent rien dire, ni rien faire de ce qu'ils avaient promis. Le jour où la proposition de Gabinius devait être convertie en loi étant arrivé, voici ce qui se passa : Pompée désirait vivement le commandement ; cependant, croyant déjà, tant à cause de son ambition qu'à cause de la faveur dont il jouissait auprès de la multitude, qu'il n'y aurait aucun honneur pour lui à l'obtenir ; mais un déshonneur véritable à ne pas en être chargé, et connaissant l'opposition des grands, il voulut paraître céder à la nécessité. Il était d'ailleurs dans son caractère de témoigner très-peu d'empressement pour ce qu'il ambitionnait, et il affecta d'autant plus d'agir alors ainsi, qu'en recherchant le commandement il aurait excité l'envie ; tandis qu'il serait glorieux pour lui d'être choisi, contre son gré ; uniquement parce qu'il était le général le plus capable.

23. Il s'avança au milieu de l'assemblée et parla ainsi : « Je suis heureux de la dignité que vous me décernez, « Romains ; car il est naturel à tous les hommes de s'enor- « gueillir des bienfaits qu'ils reçoivent de leurs conci- « toyens. Pour moi, souvent comblé d'honneurs par « vous, je ne puis assez me réjouir du témoignage d'es- « time que vous m'accordez aujourd'hui. Mais je ne « pense pas que vous deviez vous montrer ainsi d'une « bienveillance inépuisable envers moi, ni que je puisse

---

2. En marge de B, on lit : Δημηγορία Πομπηΐου ἐσχηματισμένη.

3. R. § 8, p. 91-92.

4. Sur la locution οὐκ ἔχω ὅτι — ὅπως — πῶς, cf. M. Boissonade, sur Aristænète, p. 248, où le célèbre helléniste cite ce passage de Dion Cassius.

5. Les mots οὐ μέν τοι manquent dans C et G.

6. F : Ἡγεμονεία, par la confusion d'ι avec ει.

τε γὰρ ἐκ παίδων [1] κέκμηκα, καὶ ὑμᾶς δεῖ καὶ περὶ τοὺς ἄλλους σπουδάζειν. Ἦ οὐ μέμνησθε ὅσα μὲν ἐν τῷ πρὸς τὸν Κίνναν πολέμῳ ἐταλαιπώρησα, καί τοι κομιδῇ νέος ὤν; ὅσα δὲ ἔν τε τῇ Σικελίᾳ [2], καὶ ἐν τῇ Ἀφρικῇ ἔκαμον, μηδέπω καθαρῶς ἐς ἐφήβους τελῶν; ὅσα δὲ ἐν τῇ Ἰβηρίᾳ ἐκινδύνευσα, μηδὲ βουλεύων πω; ἐφ᾽ οἷς ἅπασιν οὐχ [3] ὅτι ἀχάριστοι πρὸς μὲ ἐγένεσθε, ἐρῶ. Πόθεν; πολλοῦ γε καὶ δεῖ [4]. Πρὸς γὰρ τοῖς ἄλλοις, ὧν πολλῶν καὶ μεγάλων παρ᾽ ὑμῶν ἠξιώθην, καὶ αὐτὸ τὸ πιστευθῆναί με τὴν ἐπὶ τὸν

1. Dans E, ἐκ πέδων, par la confusion de αι avec ε. Cf. M. Boissonade, l. l. p. 223-224 ; 400 ; 403 ; 534. Par une confusion semblable, G porte un peu plus loin : ἐταλεπώρησα. D et G donnent οὐ μέμνησθαι, au lieu de οὐ μέμνησθε.
2. C : Ἐν τε Σικελίᾳ. J'ai déjà signalé l'omission de l'article par les copistes ; cf. p. 18, not. 2.
3. G : Ἅπασι οὐχ ὅτι. Sur l'omission du ν paragogique devant une voyelle ; cf. tom. II, p. 136, not. 1 de cette édition.
4. Reimarus et Sturz se contentent de dire : « ἐρῶ πόθεν Med. a. male. » Et, en effet, ce passage est mal ponctué dans ce Ms., qui le donne ainsi : Οὐχ ὅτι ἀχάριστοι πρὸς μὲ ἐγένεσθε ἐρῶ πόθεν πολλοῦ γε καὶ δεῖ. La même ponctuation est dans B et F ; mais C et G portent : οὐχ ὅτι ἀχάριστοι πρὸς μὲ ἐγένεσθε· ἐρῶ πόθεν πολλοῦ γε καὶ δεῖ. Dans D, on lit : Οὐχ ὅτι ἀχάριστοι πρὸς μὲ ἐγένεσθε. Ἐρῶ πόθεν πολλοῦ γε καὶ δεῖ. Enfin F porte : Οὐχ ὅτι ἀχάριστοι πρὸ; μὲ ἐγένεσθε· ἐρῶ πόθεν; πολλοῦ γε καὶ δεῖ. Pour arriver au véritable sens, il faut 1° adopter la ponctuation donnée par Leunclavius et par Reimarus : Οὐχ ὅτι ἀχάριστοι πρὸς μὲ ἐγένεσθε, ἐρῶ. Πόθεν; πολλοῦ γε καὶ δεῖ. 2° Faire dépendre, suivant la remarque de Sturz, οὐκ de ἐρῶ, et non de ὅτι.
La locution πόθεν; πολλοῦ γε καὶ δεῖ se trouve dans Dion, XLIV, 28 : Ἆρ᾽ οὖν — ἡσυχία τις ἐγένετο; πόθεν; πολλοῦ γε καὶ δεῖ — dans Démosthène, Disc. sur la Couronne, tom. I, p. 126 de la Coll. Didot : Ἀλλ᾽ οὐκ ἔστι ταῦτα, οὐκ ἐστίν· πόθεν; πολλοῦ γε καὶ δεῖ. — Cf. l. l. p. 127. « Dictis negativa gravis, dit Bremi, in qua hoc πόθεν scholiastæ explicant οὐδαμῶς.

« être revêtu sans cesse de quelque commandement;
« car j'ai eu des fatigues à endurer dès mon enfance, et
« il est juste que vos faveurs se portent sur les autres.
« Ne vous rappelez-vous point combien de maux j'ai
« supportés pendant la guerre contre Cinna, quoique je
« fusse dans la première jeunesse? combien j'ai eu à souf-
« frir en Sicile et en Afrique, quoiqu'à la rigueur je ne
« fusse pas encore au nombre des éphèbes? combien
« de dangers j'ai courus en Espagne, avant d'être en âge
« de siéger dans le sénat? Certes, je ne vous accuse pas
« d'avoir payé tous ces services par l'ingratitude, il s'en
« faut bien. Et en effet, outre tant de récompenses écla-
« tantes dont vous m'avez jugé digne, le commandement

οὖτοι. Vividius Græci negationem per interrogationem exprimunt :
Unde? sc. hoc fieri possit. Ad hanc interrogationem responsio est πολλοῦ
γε καὶ δεῖ, *multum sane abest*. Cf. Thes. gr. ling. tom. V, p. 1283-1284,
éd. Didot; Ast, Lexic. Platon. tom. III, p. 125.

Leunclavius, Reimarus et Sturz conservent l'accentuation πρός με,
au lieu de πρὸς μὲ que j'adopte avec M. Boissonade, Soph. Ajax, v. 290
(292 dans la Coll. Didot, qui porte πρός με). « Scripsi πρὸς μὲ, non
πρός με, dit le savant helléniste dans ses notes. Quæstio est anceps. »
Puis il cite ce passage de Charax : Αἱ προθέσεις ὀξυτονοῦνται καὶ ὅμως αἱ μετὰ
τούτων ἀντωνυμίαι ὀρθοτονοῦνται, περὶ μοῦ, κατὰ σοῦ, σὺν μοί, ὑπὲρ μοῦ ·
ὅθεν παρὰ Μενάνδρῳ (p. 621 ed. Meineke) σημειοῦται τὸ πρός με ἐγκλιθέν ·
οἱ δὲ ἐξηγηταὶ ἀστερίσκον προσφέρονται ἀντὶ τοῦ πρὸς ἐμέ. » Et il pour-
suit en ces termes: « Quod si in Menandro inclinatio pronominis no-
tata fuerit, quum esset πρὸς μὲ scribendum, siquidem idem ac πρὸς ἐμὲ
valeret, et in nostro loco πρός με scribi grammatici illi noluerint. Vir
doctus, qui anomaliam in πρός με censet recipiendam, tamen πρός σε,
ἐπί σε, ὑπέρ σου, ὑπό σου et similia vitiosa esse adfirmat.... Fateor me
non bene intelligere quid sit inter πρὸς σὲ et πρὸς μὲ discriminis, ut hoc
sit enclitice scribendum, illud non. Donec nitidiora præcepta afferantur,
pronomen post præpositionem acuam.... In Trachiniis, 285, vetus lectio
πρός σε a recentioribus editoribus non est servata, et ibid. 369, Erfurdtius
ait vitiosum esse Canterianum πρός σε. Dans les Trachiniennes de la
Collection Didot, l. l. on lit aussi : Χωροῦσι πρὸς σέ. — Ἔδοξεν οὖν μοι
πρὸς σὲ δηλῶσαι τὸ πᾶν.

24 ΤΩΝ ΔΙΩΝΟΣ ΙΣΤΟΡΙΩΝ ΡΩΜ. ΒΙΒΛ. ΑϚ.

Σερτώριον [1] στρατηγίαν, μηδενὸς ἄλλου μήτε ἐθελήσαντος μήτε δυνηθέντος αὐτὴν ὑποστῆναι· τό τε ἐπινίκια καὶ ἐπ' ἐκείνῃ παρὰ τὸ νενομισμένον πέμψαι, μεγίστην μοι τιμὴν ἤνεγκεν. Ἀλλ' ὅτι πολλὰς μὲν φροντίδας, πολλοὺς δὲ κινδύνους ὑπέμεινα [2], κατατέτριμμαι [3] μὲν [4] τὸ σῶμα, πεπόνημαι δὲ τὴν γνώμην. Μὴ γὰρ ὅτι νέος ἔτ' εἰμί, λογίζεσθε· μηδ' ὅτι τόσα καὶ τόσα γέγονα [5], ἀριθμεῖσθε [6]. Ἂν γάρ τοι [7] καὶ τὰς στρατείας, ἃς ἐστράτευμαι, καὶ τοὺς κινδύνους, οὓς κεκινδύνευκα, ἀναριθμήσητε [8], πολύ γε πλείους αὐτοὺς τῶν ἐτῶν εὑρήσετε· καὶ μᾶλλον οὕτω πιστεύσετε [9], ὅτι οὔτε πρὸς τοὺς πόνους, οὔτε πρὸς τὰς φροντίδας καρτερεῖν ἔτι δύναμαι. »

24. « Εἰ [10] δ' οὖν τις καὶ πρὸς ταῦτα ἀντέχοι [11], ἀλλ' ὁρᾶτε ὅτι καὶ ἐπίφθονα καὶ μισητὰ πάντα τὰ τοιαῦτά ἐστιν·

---

1. Σερτόριον, dans G, par la perpétuelle confusion d'ω avec o. Cf. M. Boissonade, sur Théophylacte Simoc., p. 319; Anecd. Gr., tom. I, p. 25; Anecd. Gr., tom. II, p. 11; 133; 181; 193, etc.

2. Reiske propose de lire ἀλλ' οὐκ ἐνθυμεῖσθε ὅτι, et de substituer ὑπομείνας à ὑπέμεινα. Ces conjectures sont ingénieuses, mais superflues. « Nihil mutandum, dit Sturz. Nam ὅτι est quia et κατέτριμμαι incipit apodosin.

3. C : Καὶ κατέτριμμαι, variante très-corrompue.

4. G : Μοί. En marge et d'une main plus moderne : μέν.

5. L'ancienne leçon porte : Μηδ' ὅτι τὸ σῶμα καὶ τόσα γέγονα. Leunclavius propose μήδ' ἔτη τὸ σῶμα καὶ πόσα γέγονα. Reimarus, après avoir mentionné la conjecture d'un critique qui voulait lire μηδ' ὅστις τὸ σῶμα καὶ πόσα γέγονα ἀριθμεῖσθε, propose, à son tour, μηδ' ὅτι τόσα καὶ τόσα γέγονα. Je n'ai pas hésité à adopter cette leçon, approuvée par Reiske et confirmée non-seulement par A, comme le dit Sturz; mais encore par B, F et G. L'ancienne leçon se trouve dans les autres Ms.

6. F : Ἀριθμεῖσθαι. G : Ἀριθμεῖσθαι, par la confusion des désinences αι et ε. Ainsi, dans Lysias, au lieu de Ὥστε, ἂν ἔμοιγε πείθησθε, οὐ τοὺς εὐ-

« que vous m'avez confié contre Sertorius, lorsque per-
« sonne ne voulait ni ne pouvait l'accepter ; le triomphe
« que vous m'avez accordé pour cette expédition, quoi-
« que les lois s'y opposassent ; tout cela m'a couvert de
« gloire. Mais les soins et les dangers qui ont pesé sur
« moi, ont épuisé mon corps et affaissé mon âme. Et
« n'allez pas considérer que je suis jeune encore, ne
« calculez pas que j'ai tel ou tel âge ; car si vous
« comptez combien j'ai fait de campagnes, combien de
« dangers j'ai affrontés, vous en trouverez beaucoup
« plus que d'années dans ma vie ; et par là vous re-
« connaîtrez mieux encore que je ne puis désormais
« supporter ni les fatigues ni les soucis.

24. « D'ailleurs, alors même qu'on a la force de les en-
« durer, le commandement, vous le voyez, attire l'envie

ἐργέτας, καθὸ δύνασθε, τῆς πατρίδος ἀποστερήσετε, le Ms. de la Bibliothèque nationale n° 1657, contenant le jugement de Denys d'Hal. sur Lysias où ce passage est cité § XXXII, porte καθὸ δύνασθαι.

7. F : Τί, par la confusion de τοι avec τι. De même dans Platon,
Répub. I, § 4, éd. de Bekk. Lond. tom. VI, p. 268, au lieu de Χαλέπως
δὲ τὸ γῆρας φέρουσιν εὖ ἔχει ὁ αὐτὸς λόγος, ὅτι οὔτ' ἂν ὁ ἐπιεικὴς πάνυ τι
ῥᾳδίως γῆρας μετὰ πενίας ἐνέγκοι κτλ., un Ms. porte πάνυ τοι. Sur cette
confusion, cf. M. Boissonade, sur Théophylacte Simoc. p. 320 ; Anecd.
Gr., tom. I, Addend. et Corr. p. 456.

8. C et D : Ἂν ἀριθμήσετε. Nous avons vu une faute analogue, tom. II,
p. 167-168, not. 11 de cette édition. Il y a une double faute dans G, qui
porte ἂν ἀριθμήσηται. B donne ἀναρυθμήσετε, par la confusion d'ι avec υ.

9. F : Πιστεύσεται.
10. R. § 9, p. 92.
11. G : Ἀντύχοι, variante fautive ; mais υ est marqué d'un signe d'altération et τέ a été ajouté par une main plus moderne, dans une annotation marginale.

ἅπερ ὑμεῖς μὲν ἐν οὐδενὶ λόγῳ τίθεσθε, (οὐδὲ γὰρ καλῶς ἔχει προσποιεῖσθαί τι ὑμᾶς αὐτῶν) ἐμοὶ μέντοι βαρύτατα ἂν γένοιτο. Καὶ ὁμολογῶ γε μὴ ὑφ' ἑνὸς οὕτω τῶν ἐν τοῖς πολέμοις δεινῶν μήτε ἐκταράττεσθαι, μήτε λυπεῖσθαι, ὡς ὑπὸ τῶν τοιούτων. Τίς μὲν γὰρ ἂν εὖ φρονῶν ἡδέως παρ' ἀνθρώποις φθονοῦσιν αὐτῷ ζώη; τίς τ' ἂν δημόσιόν τι διοικῆσαι προθυμηθείη, μέλλων, ἂν μὲν ἀποτύχῃ, δίκην ὑφέξειν· ἂν δὲ[1] κατορθώσῃ, ζηλοτυπηθήσεσθαι[2]; Ἀλλ' ἐμοὶ μὲν καὶ διὰ ταῦτα καὶ διὰ τἄλλα συγχωρήσατε, τήν τε ἡσυχίαν ἄγειν, καὶ τὰ ἐμαυτοῦ πράττειν· ἵν' ἤδη[3] ποτὲ καὶ τῶν οἰκείων ἐπιμεληθῶ, καὶ μὴ κατατριφθεὶς ἀπόλωμαι. Ἐπὶ δὲ δὴ τοὺς καταποντιστὰς ἄλλον χειροτονήσατε. Συχνοὶ δέ εἰσι καὶ βουλόμενοι ναυαρχῆσαι καὶ δυνάμενοι, καὶ νεώτεροι καὶ πρεσβύτεροι· ὥστε τὴν αἵρεσιν ὑμῖν ῥᾳδίαν ἐκ πολλῶν γενέσθαι. Οὐ γάρ πως[4] ἐγὼ μόνος ὑμᾶς φιλῶ, ἢ καὶ μόνος ἐμπείρως τῶν πολεμικῶν ἔχω[5]· ἀλλὰ καὶ ὁ δεῖνα, καὶ ὁ δεῖνα· ἵνα μὴ καὶ χαρίζεσθαί τισι δόξω, ὀνομαστὶ καταλέξας. »

25. Ταῦτα[6] αὐτοῦ δημηγορήσαντος, ὁ Γαουΐνιος ὑπολαβὼν εἶπε[7]· « Πομπήϊος μὲν, ὦ Κυιρῖται, καὶ αὐτὸ τοῦτο[8]

1. Δέ manque dans C et dans G ; mais dans G, il a été ajouté en marge par une main plus moderne. Les copistes omettent souvent cette particule. Dans Denys d'Hal. Περὶ συνθ., VII, p. 96, éd. de Schæfer, on lit Μία μὲν δὴ θεωρία τῆς συνθετικῆς ἐπιστήμης ἡ περὶ αὐτὰ τὰ πρῶτα μόρια καὶ στοιχεῖα τῆς λέξεως· ἑτέρα δὲ, ὥσπερ καὶ κατ' ἀρχὰς ἔφαμεν κτλ. ; mais deux Ms. de la Bibliothèque nationale de Paris, nos 1741 et 1656, portent ἑτέρα, ὥσπερ καὶ κτλ.

2. C : Ζηλοτυπηθήσεται. De même dans G, où la véritable leçon a été rétablie en marge par une main plus moderne.

« et la haine. Sans doute vous les méprisez et vous
« ne pourriez honorablement vous en inquiéter ; mais
« elles seraient pour moi un accablant fardeau. Je
« l'avoue, la guerre et ses dangers n'ont rien qui m'effraye,
« rien qui m'afflige autant que l'envie et la haine. Et
« quel homme sensé peut se trouver heureux, s'il est
« entouré de jaloux? Qui peut se consacrer aux af-
« faires publiques, avec la certitude d'être traduit en jus-
« tice, s'il échoue; ou d'être exposé à l'envie, s'il réussit?
« Pour ces raisons et pour beaucoup d'autres, permettez-
« moi de vivre en repos et de m'occuper de mes affaires
« privées; afin que je puisse enfin veiller aux intérêts
« de ma famille, et que je ne m'éteigne pas consumé de
« fatigues! Chargez un autre général de la guerre
« contre les pirates : il en est plusieurs, plus jeunes
« ou plus âgés que moi, tous désireux et capables
« de commander votre flotte : dans ce grand nom-
« bre vous pourrez facilement choisir. Je ne suis pas le
« seul qui vous aime, le seul qui ait l'expérience de la
« guerre. Un tel et un tel sont aussi dévoués, aussi ha-
« biles que moi; mais je craindrais de paraître vouloir
« leur complaire, en les appelant par leur nom. »

25. Après ce discours, Gabinius prit la parole et dit :
« Romains, ici encore Pompée se montre digne de lui,

3. G : Ἵνα ἤδη.
4. A et B : Ποῦ.
5. D et G : Ἔχων. Souvent les copistes confondent la désinence ω
avec celle du participe présent ων. Ainsi, dans Denys d'Halicarnasse Περὶ
τ. λεκτ. Δημοσθ. δεινότητος, § L, au lieu de Ἡ καὶ τὸν Δημοσθένη κεχρημένον ὁρῶ, le Ms. de la Bibliothèque nationale de Paris n° 1742 porte
ὁρῶν.
6. R. § 10, p. 92-93.
7. E portait primitivement εἶπεν, mais le ν a été effacé.
8. D'après A et B. L'ancienne leçon καὶ αὐτό; τὸ est confirmée par les

ἄξιον τῶν ἑαυτοῦ ἠθῶν ποιεῖ, μήτε ἐφιέμενος τῆς ἀρχῆς, μήτε διδομένην οἱ αὐτὴν ἐξ ἐπιδρομῆς δεχόμενος. Οὔτε γὰρ ἄλλως ἀγαθοῦ ἀνδρός ἐστιν, ἄρχειν ἐπιθυμεῖν, καὶ πράγματ' ἔχειν ἐθέλειν· κἂν τούτῳ προσήκει πάντα τὰ προσταττόμενα μετ' ἐπισκέψεως ὑφίστασθαι [1], ἵν' αὐτὰ καὶ ἀσφαλῶς [καὶ [2]] ὁμοίως πράξῃ [3]. Τὸ μὲν γὰρ προπετὲς ἐν ταῖς ὑποσχέσεσιν [4], ὀξύτερον καὶ ἐν ταῖς πράξεσι τοῦ καιροῦ γιγνόμενον, πολλοὺς σφάλλει [5]· τὸ δ' ἀκριβὲς ἀπ' ἀρχῆς [6], καὶ ἐν τοῖς ἔργοις ὅμοιον διατελεῖ ὂν [7], καὶ πάντας

autres Ms.; mais elle doit être abandonnée. « Comparatur enim, dit Reimarus, hæc actio cum aliis viri honesti; non Pompeius, cum aliis viris. »

1. C : Ὑφίσταται, variante fautive.

2. A l'ancienne leçon ἀσφαλῶς, ὁμοίως, Reiske substitue ἀσφαλῶς καὶ ὁμοίως : « ut sententia, dit-il, sit non solum *tuto*, sed etiam *æquabiliter* ; ita ut posteriores actiones prioribus, et eventus promissis auctoris, populique exspectationi, respondeant. » J'ai adopté cette correction ; mais en plaçant καὶ entre crochets.

3. Πράξει, dans G, par la confusion d'η avec ει.

4. G : Ὑποσχέσιν, par l'omission de la syllabe σε. De pareilles omissions sont fréquentes. Cf. M. Boissonade, Choricius, p. 7, auquel j'emprunte un exemple : au lieu de ἰσχυροτέροις ἀγόμενον λίνοις, un des Ms. qu'il a collationnés porte ἰσχυτέροις.

5. C : Σφάλει. Le copiste n'a mis qu'une consonne quand il en fallait deux. Cf. M. Boissonade, Choricius, p. 33 ; 349.

A propos du passage ὀξύτερον — σφάλλει, Xylander fait cette remarque : « Verborum ordo in Græco est perturbatus, suntque ita collocanda : Τὸ μὲν γὰρ προπετὲς ἐν ταῖς ὑποσχέσεσιν, ὀξύτερον τοῦ καιροῦ γενόμενον, καὶ ἐν ταῖς πράξεσι πολλοὺς σφάλλει. Mais, comme le dit Reimarus, cette critique n'est point fondée. J'ai maintenu l'ancienne leçon.

6. J'adopte le même sens que l'auteur de la version latine ; parce qu'elle est conforme à l'enchaînement des idées : Contra accurata consideratio *ab initio* adhibita etc. Peut-être y a-t-il lieu cependant de faire sur cette version la même remarque que sur celle d'Aristænète, II, 11 : Ἀλλ' ἡ τούτων ἐξ ἀρχῆς τὴν τύχην ἐνδεὴς κτλ. — Sed illa, *ab initio* omnium indiga. Abresch propose ἡ οὕτως ἐξ ἀρχῆς : j'aimerais mieux, pour tenir compte du τ initial

« en ne courant pas après le commandement, en ne
« s'empressant point de l'accepter lorsqu'il lui est
« déféré. Il ne convient jamais à l'homme de bien de
« rechercher le pouvoir avec ardeur, ni de se jeter
« volontairement dans des entreprises difficiles ; et
« quand il s'agit, comme aujourd'hui, d'une tâche
« très-importante, il ne doit l'accepter qu'après de
« mûres réflexions, afin de s'en acquitter sans faire de
« faux pas et sans se démentir. La témérité, qui promet
« tout, dégénère dans l'action en une précipitation qui
« n'attend pas le moment propice et conduit souvent à
« des fautes. Au contraire, la circonspection, mise en pra-
« tique dès le début, reste la même dans l'exécution et

de τούτων, lire avec Walckenaër ἢ γ' οὕτως, à cause de la fréquente confusion de γ avec τ; conjecture approuvée par M. Boissonade, not. sur Aristæn., p. 686. Dans la version, Abresch remplacé *ab initio* par *prorsus, omnino* : « Idem, dit-il, ἐξ ἀρχῆς, ἀρχὴν et τὴν ἀρχήν : Interpres *ab initio*, errore consueto, sed non novo, quod docebit Brissonii Lexicon, et Jensins Demonstr. Pand. pag. xxj. § 12. De même dans Démosthène, Disc. contre Lept. § 56, tom. I, p. 247 de la Coll. Didot : Τὸ μὲν γὰρ ἐξ ἀρχῆς τι μὴ δοῦναι γνώμῃ χρησαμένων ἔργον ἀνθρώπων ἐστι. — Nam *omnino* aliquid non tribuere, prudentium hominum est. » Cf. Bast, not. sur Aristæn., l. l., et pour d'autres exemples d'ἐξ ἀρχῆς, — ἀρχὴν dans le sens de *per se, omnino*, Ast, Lexic. Platon. tom. I, p. 283-285, au mot ἀρχή. Dans ces exemples il n'est pas question de ἀπ' ἀρχῆς ; mais il semble qu'on peut lui appliquer ce que nous venons de dire de ἐξ ἀρχῆς — *per se, omnino*.

Si les observations qui précèdent paraissaient fondées, on pourrait considérer τὸ ἀκριβὲς ἀπ' ἀρχῆς du texte de Dion, comme l'équivalent de τὸ ἀκριβὲς πάνυ, dans Thucydide, VI, 18 : Νομίσατε νεότητα μὲν καὶ γῆρας ἄνευ ἀλλήλων μηδὲν δύνασθαι· ὁμοῦ δὲ τό τε φαῦλον καὶ τὸ μέσον καὶ τὸ πάνυ ἀκριβὲς ἂν ξυγκαθὲν μάλιστ' ἂν ἰσχύειν.

Enfin, pour préciser le sens de τὸ ἀκριβὲς dans le passage de Dion, j'ai sous-entendu ἐπισκέψεως, qui se trouve un peu plus haut. Lucien, Anach. 21, se sert d'une locution semblable : Τὸ γὰρ ἀκριβὲς τῆς περὶ αὐτῶν διασκέψεως ἑτέρου ἂν εἴη λόγου. — Τὸ ἀκριβὲς τῆς διασκέψεως = ἡ ἀκρίβεια τῆς διασκέψεως = ἡ ἀκριβὴς διάσκεψις — *Exacta consideratio*, s. *Accurata examinatio.* Cf. Thes. gr. ling. tom. I, p. 1297, éd. Didot.

7. L'annotation marginale οὐ, écrite par une main plus moderne dans B, est une conjecture fautive. Ὄν manque dans C.

ὀνίνησιν. Ὑμᾶς δὲ δὴ χρὴ μὴ τὸ τούτῳ [1] κεχαρισμένον, ἀλλὰ τὸ τῇ πόλει συμφέρον ἑλέσθαι. Οὐ γάρ που τοὺς σπουδαρχοῦντας, ἀλλὰ τοὺς ἐπιτηδείους προστάττειν τοῖς πράγμασι προσήκει. Ἐκείνους μὲν γὰρ πάνυ πολλοὺς, τοιοῦτον δὲ δή τινα ἄλλον οὐδένα εὑρήσετε [2]. Μέμνησθε δὲ, ὅσα καὶ οἷα ἐπάθομεν ἐν τῷ πρὸς τὸν Σερτώριον [3] πολέμῳ, στρατηγοῦ δεόμενοι· καὶ ὅτι οὐδένα ἕτερον οὔτε τῶν νεωτέρων, οὔτε τῶν πρεσβυτέρων ἁρμόζοντα αὐτῷ εὕρομεν. Ἀλλὰ καὶ τοῦτον καὶ τότε μηδέπω μήθ' ἡλικίαν ἔχοντα, μήτε βουλεύοντα, καὶ ἀντὶ ἀμφοτέρων τῶν ὑπάτων ἐξεπέμψαμεν. Βουλοίμην μὲν γὰρ ἂν πολλοὺς ἡμῖν [4] ἀγαθοὺς ἄνδρας εἶναι, καὶ, εἴγε καὶ εὔξασθαι δεῖ, εὐξαίμην ἄν. Ἐπεὶ δ' οὐδ' εὐχῆς [5] τὸ πρᾶγμα τοῦτό ἐστιν, οὔτ' αὐτόματόν [6] τῳ [7] παραγίγνεται, ἀλλὰ δεῖ καὶ φῦναί τινα πρὸς αὐτὸ ἐπιτηδείως, καὶ μαθεῖν τὰ πρόσφορα, καὶ [8] ἀσκῆσαι τὰ προσήκοντα, καὶ παρὰ πάντα ἀγαθῇ τύχῃ χρῆσθαι, (ἅπερ που [9] σπανιώτατα ἂν τῷ αὐτῷ ἀνδρὶ συμβαίη,) χρὴ πάντας

---

1. F : Μὴ τοσούτῳ, variante fautive : le copiste a réuni τὸ avec τούτῳ, et pris la première lettre du second mot pour un ς.

2. Εὑρήσεται, dans le même Ms., par la confusion de αι avec ε.

3. G : τὸν ερτώριον. La lettre initiale du substantif avait été négligée par le copiste. Sur des fautes analogues, cf. tom. II, p. 68, not. 3 de cette édition. Elle a été écrite au-dessus de l'ε par une main plus moderne.

4. A, C et G : Ὑμῖν. La confusion d'ἡμῖν avec ὑμῖν est perpétuelle.

5. Comme Reimarus et Sturz, je substitue, d'après Xylander, εὐχῆς à l'ancienne leçon εὐχαῖς, confirmée par les Ms. Sur la confusion d'η avec αι, cf. M. Hase, Lydus, De Ostent. 100. A.

6. D et G : Οὔτε αὐτόματον.

« profite à tous. Quant à vous, votre devoir est d'adopter
« non ce qui plaît à Pompée, mais ce qui est utile à
« l'État ; car ce n'est pas à ceux qui briguent le comman-
« dement que vous devez le confier ; mais bien aux hom-
« mes les plus capables. Les premiers abondent, tandis
« que vous ne trouverez que Pompée qui le mérite. Sou-
« venez-vous de tous les maux que nous avons soufferts
« pendant la guerre contre Sertorius, parce que nous
« n'avions point de général ; souvenez-vous que parmi
« les citoyens, plus jeunes ou plus vieux, Pompée seul
« nous parut digne de la diriger. Alors, il n'avait pas
« l'âge voulu par les lois, il ne siégeait pas encore
« dans le sénat ; cependant nous l'envoyâmes à la place
« des deux consuls. Certes je voudrais que vous eussiez
« un grand nombre d'hommes éminents ; et s'il y avait
« des vœux à faire pour cela, je le souhaiterais. Mais ici
« les vœux sont impuissants et on ne peut compter sur le
« hasard : pour être propre à commander, il faut avoir
« reçu de la nature certaines dispositions particulières,
« posséder les connaissances nécessaires, s'être livré aux
« exercices convenables et, par-dessus tout, avoir la
« fortune favorable. Or, tous ces avantages sont bien
« rarement réunis dans un seul homme, et vous devez,

---

7. A l'ancienne leçon πω, qui se trouve dans C, D, E, F et G, je substitue τῷ proposé par Reiske. Reimarus cite cette variante ; mais il ne dit
pas qu'elle est confirmée par A et B. Je l'insère dans le texte, d'après ces
deux Ms. Le τ est facile à confondre avec le π ; cf. Bast. Comment. Palæograph. p. 731 ; Schæfer, Melet. Crit. p. 128. C'est ainsi que του et που ont
été confondus dans Théophylacte Simoc. Dial. p. 20, éd. Boisson. Paris,
1835, où, au lieu de Ἀνδρὸς ἤκουσά του λέγοντος κτλ., deux Ms. portent
ἤκουσά που. Cf. les notes du savant Éditeur, p. 200.

8. Le passage πρὸς αὐτὸ — πρόσφορα καί a été adopté par Reimarus et
par Sturz, d'après A et B. Il manque dans les autres Ms.

9. G : Ἅπερ τοῦ, autre exemple de la confusion de π avec τ.

ὑμᾶς ὁμοθυμαδὸν, ὅταν τις τοιοῦτος εὑρεθῇ, καὶ σπουδάζειν [1] αὐτὸν, καὶ καταχρῆσθαι αὐτῷ, κἂν μὴ βούληται. Καλλίστη γὰρ ἡ τοιαύτη βία καὶ τῷ ποιήσαντι καὶ τῷ παθόντι γίγνεται· τῷ μὲν, ὅτι σωθείη ἂν ὑπ' αὐτῆς· τῷ δὲ, ὅτι σώσειεν ἂν τοὺς πολίτας, ὑπὲρ ὧν καὶ τὸ σῶμα καὶ τὴν ψυχὴν ὅγε χρηστὸς καὶ φιλόπολις ἑτοιμότατα ἂν ἐπιδοίη.

26. " Ἦ [2] οἴεσθε [3] ὅτι Πομπήϊος οὗτος ἐν μὲν μειρακίῳ καὶ στρατεύεσθαι, καὶ στρατηγεῖν, καὶ τὰ ἡμέτερα [4] αὔξειν, καὶ τὰ τῶν συμμάχων σώζειν, τά τε τῶν ἀνθισταμένων προσκτᾶσθαι ἐδύνατο· νῦν δὲ ἀκμάζων, καὶ ἐν ταύτῃ τῇ ἡλικίᾳ ὤν, ἐν ᾗ πᾶς τις ἄριστος αὐτὸς αὑτοῦ [5] γίγνεται, καὶ ἐμπειρίαν ἐκ τῶν πολέμων πλείστην ὅσην προσειληφὼς, οὐκ ἂν ὑμῖν χρησιμώτατος γένοιτο; Ἀλλ' ὃν ἔφηβον ὄντα [6] ἄρχειν εἵλεσθε, τοῦτον ἄνδρα γεγονότα ἀποδοκιμάσετε; Καὶ ᾧ ἱππεῖ ἔτ' ὄντι τοὺς πολέμους ἐκείνους ἐνεχειρίσατε [7], τούτῳ τῆς βουλῆς γεγονότι [8] τὴν στρατείαν [9] ταύτην οὐ πιστεύσετε; Καὶ οὗ καὶ πρὶν [10] ἀκριβῶς πειραθῆναι, μόνου πρὸς τὰ τότε κατεπείξαντα [11] ὑμᾶς ἐδεήθητε, τούτῳ νῦν,

1. Σποδάζειν, dans G est une faute du copiste.
2. R. § II, p. 93.
3. D'après A, B et E. Les autres Ms. portent καὶ οἴεσθε : pour la confusion d'ἢ avec κ' = καὶ, cf. Grég. de Corinth. De Dialect. éd. Schæf. p. 384, 410, 419, 623.
4. C, F et G : Ὑμέτερα, sans cesse confondu avec ἡμέτερα.
5. B et D : Αὑτοῦ, autre faute du copiste.
6. G : Ὄντα.
7. Ἐνεχειρήσατε, dans les Ms., par la confusion d'ι avec η. Sur la permutation de ces deux verbes, cf. p. 17, not. 11 de ce volume.
8. L'ancienne leçon τούτῳ βουλῆς γεγονότι déplaisait à Reiske, qui pro-

« quand vous en avez trouvé un qui les possède, mon-
« trer tous pour lui un dévouement unanime et profiter
« de ses services, même malgré lui. Une semblable vio-
« lence est très-honorable pour celui qui l'exerce et
« pour celui qui en est l'objet : elle sauve l'un et met
« l'autre à même de sauver ses concitoyens, pour les-
« quels un homme de bien, un ami de son pays doit être
« prêt à sacrifier son corps et son âme.

26. « Pensez-vous que ce même Pompée qui, dans sa
« jeunesse, porta les armes, commanda des armées,
« augmenta notre puissance, sauva nos alliés et fit des
« conquêtes sur nos ennemis, ne pourrait plus vous
« être très-utile, aujourd'hui qu'il est dans toute sa force
« et qu'il a atteint cet âge où l'homme est supérieur
« à lui-même; aujourd'hui qu'il possède la plus grande
« expérience de la guerre? Celui que vous choisîtes pour
« général lorsqu'il était dans l'adolescence, le repous-
« serez-vous maintenant qu'il est homme? Celui que
« vous chargeâtes des guerres les plus importantes quand
« il était encore simple chevalier, ne vous paraîtra-t-il pas
« digne de votre confiance pour cette expédition main-
« tenant qu'il est sénateur? Avant de l'avoir efficacement
« éprouvé, vous le recherchâtes comme votre seul appui
« dans les dangers qui vous pressaient; et maintenant que

posa 1° τούτῳ βουλευτῇ γεγονότι, construction parfaitement correspon-
dante à celle que nous venons de voir : ᾧ ἱππεῖ ἔτ' ὄντι. 2° τῆς βουλῆς
γεγονότι avec l'ellipse de ἑνὶ ou de κοινωνῷ. Comme Sturz, j'adopte la seconde conjecture, justifiée par Dion, XLI, 11 : Τῶν τε γὰρ Συλλείων ἐγεγόνει κτλ.

9. G : Στρατιάν, perpétuellement confondu avec στρατείαν.

10. G : Καὶ οὔ πρίν. Καὶ est très-souvent omis. Ainsi, dans Platon, Théa-
gès, § X, éd. de Bekk. Lond. tom. VI, p. 15, au lieu de Καὶ ἐγὼ οἷός τ' ἔσο-
μαι τοιοῦτος γενέσθαι οἷοί περ καὶ ἐκεῖνοι κτλ., un Ms. porte οἷοί περ ἐκεῖνοι.

11. G : Κατεπίξαντα, par la confusion d'ει avec ι.

ἱκανώτατα αὐτοῦ πεπειραμένοι, τὰ παρόντα οὐδὲν ἧττον ἐκείνων ἀναγκαῖα [1] ὄντα οὐκ ἐπιτρέψετε; Καὶ ὃν οὐδὲ ἄρχειν ἔτι πω καὶ τότε δυνάμενον ἐπὶ τὸν Σερτώριον ἐχειροτονήσατε, τοῦτον ὑπατευκότα ἤδη, ἐπὶ τοὺς καταποντιστὰς οὐκ ἐκπέμψετε; Ἀλλὰ μήθ' ὑμεῖς ἄλλως πως ποιήσατε [2]· καὶ σύ, ὦ Πομπήϊε, πείσθητι [3] καὶ ἐμοὶ καὶ τῇ πατρίδι. Ταύτῃ γὰρ γεγέννησαι [4], καὶ ταύτῃ τέθραψαι [5]· καὶ δεῖ σε τοῖς τε συμφέρουσιν αὐτῇ δουλεύειν, καὶ ὑπὲρ αὐτῶν μήτε πόνον τινά, μήτε κίνδυνον ἐξίστασθαι [6]· ἀλλά, κἂν ἀποθανεῖν ἀνάγκη σοι γένηται, μὴ τὴν εἱμαρμένην ἀναμεῖναι, ἀλλὰ τῷ προστυχόντι θανάτῳ χρῆσθαι.

27. " Γελοῖος [7] δὲ δήπουθέν εἰμι ταῦτα ἐγώ σοι παραινῶν, ὅστις ἐν τοσούτοις καὶ τηλικούτοις πολέμοις καὶ τὴν ἀνδρείαν καὶ τὴν πρὸς τὴν πατρίδα εὔνοιαν ἐπιδέδειξαι. Πείσθητι οὖν καὶ ἐμοὶ καὶ τούτοις· μηδέ, ὅτι τινὲς φθονοῦσι, φοβηθῇς [8], ἀλλὰ καὶ δι' αὐτὸ τοῦτο [9] μᾶλλον σπούδασον· ὥστε [10], πρός τε τὴν παρὰ τῶν πλειόνων φιλίαν καὶ πρὸς τὰ κοινῇ πᾶσιν ἡμῖν συμφέροντα, καὶ τῶν βα-

1. G : Ἀναγκεα, par la confusion d'αι avec ε.
2. Reimarus cite A comme portant ποιήσητε : cette leçon se trouve aussi dans B, E et F.
3. D et G : Πείθεντι, faute du copiste. De même plus loin § 27 lig. 4.
4. G : Γεγένησαι.
5. Comme Sturz, je donne cette leçon, d'après H. Étienne. Reimarus reproduit τέτραψαι, adopté par Leunclavius et confirmé par les Ms.
6. C et G : Κίνδυνόν τινα. Reimarus rejette avec raison τινά comme superflu. Sur la locution κίνδυνον ἐξίστασθαι, cf. Lobeck, sur l'Ajax de Sophocle, p. 231 et suiv.
7. R. § 12, p. 93. — G portait γελλοῖος ; mais le second λ a été effacé.

HISTOIRE ROMAINE DE DION, L. XXXVI.

« vous le connaissez à fond, vous ne vous confieriez
« pas à lui dans une situation non moins critique.
« Alors qu'il n'avait pas le droit d'exercer le comman-
« dement, vous le nommâtes général contre Sertorius,
« et vous ne l'enverriez pas combattre contre les pira-
« tes, après qu'il a été consul? Citoyens, que votre
« choix ne se porte pas sur un autre ; et toi, Pompée,
« écoute-moi, écoute la patrie. C'est elle qui t'a donné
« le jour, c'est elle qui t'a nourri : tu dois être esclave
« de ses intérêts et ne reculer, pour les soutenir, devant
« aucune fatigue, devant aucun danger. Fallût-il même
« mourir, loin d'attendre l'heure marquée par le destin,
« tu devrais à l'instant courir au-devant du trépas.

27. « Je parais ridicule sans doute en donnant ces
« conseils à l'homme qui, dans tant de guerres im-
« portantes, a déployé son courage et son dévouement
« pour la patrie. Cède donc à mes instances et à celles de
« tes concitoyens, ô Pompée. Si quelques hommes te por-
« tent envie, ne crains rien : que ce soit même pour toi
« un nouveau motif de montrer plus de zèle. L'affection
« du peuple et les avantages que tu procureras à la
« République doivent te rendre insensible à l'envie ; et

---

8. D'après A, au lieu de l'ancienne leçon φοβηθείς : η et ει sont perpétuellement confondus.

9. C : Διὰ τοῦτο.

10. L'ancienne leçon porte ὥστε πρός τε — καταφρονει. Sturz supprime ὥστε d'après Turnèbe et Reiske. J'ai mieux aimé maintenir cette conjonction, en lisant καταφρονεῖν proposé par Reimarus, et adopter le même sens que Wagner : *Musz dich vielmehr noch eifriger machen; denn wenn du die gröszere zahl derer, die dich lieben, und den nutzen, den du uns allen schaffest, dagegen hältst, kannst du sicher deine Neider verachten.* M. Tafel, qui donne à peu près la même interprétation, a remplacé avec raison *die gröszere zahl derer die dich lieben* par *die liebe des Volks*.

σκαινόντων [1] σε καταφρονεῖν. Καὶ, εἴγε καὶ λυπῆσαί τι αὐτοὺς ἐθέλεις, καὶ διὰ τοῦτο ἄρξον, ἵνα καὶ ἐκείνους ἀνιάσῃς,
παρὰ γνώμην αὐτῶν καὶ ἡγεμονεύσας καὶ εὐδοκιμήσας·
καὶ αὐτὸς ἄξιον σεαυτοῦ τέλος τοῖς προκατειργασμένοις
ἐπαγάγῃς, πολλῶν καὶ μεγάλων κακῶν ἡμᾶς ἀπαλλάξας. "

28. Τοιαῦτα [2] δὴ τοῦ Γαουϊνίου εἰπόντος, ὁ Τρεβέλλιος ἐπειράθη μὲν ἀντειπεῖν [3]· ὡς δ' οὐδενὸς λόγου ἔτυχεν,
ἠναντιοῦτο τῷ μὴ τὴν [4] ψῆφον δοθῆναι. Ὁ οὖν Γαουΐνιος
ἀγανακτήσας, τὴν μὲν περὶ τοῦ Πομπηΐου διαψήφισιν [5]
ἐπέσχεν [6], ἑτέραν δὲ περὶ αὐτοῦ ἐκείνου ἀντεισῆγε· καὶ
ἔδοξεν ἑπτακαίδεκα φυλαῖς ταῖς πρώταις χρηματισάσαις
ἀδικεῖν τε αὐτὸν, καὶ μηκέτι χρῆναι δημαρχεῖν. Μελλούσης
οὖν καὶ τῆς ὀκτωκαιδεκάτης τὰ αὐτὰ ψηφιεῖσθαι, μόλις
ποτὲ ὁ Τρεβέλλιος ἐσιώπησεν. Ἰδὼν δὲ τοῦτο ὁ Ῥώσκιος,
φθέγξασθαι μὲν οὐδὲν ἐτόλμησε, τὴν δὲ δὴ χεῖρα [7] ἀνατεί-
νων, δύο ἄνδρας ἐκέλευε σφᾶς ἑλέσθαι, ὅπως ἔν γε τούτῳ

Quant à la leçon καταφρονεῖν, au lieu de καταφρόνει, elle est facile à justifier : on sait que les copistes ont très-souvent confondu les désinences ει
et ειν. Ainsi, dans Isocrate, Trapezit. § 5, au lieu de ἐπιστέλλει δὲ τοῖς
ἐνθάδε ἐπιδημοῦσιν ἐκ τοῦ Πόντου τά τε χρήματα παρ' ἐμοῦ παραλαβεῖν, καὶ
αὐτὸν εἰσπλεῖν κελεύειν, le Ms. de la Bibliothèque nationale n° 1657, contenant le Jug. sur Isocrate par Denys d'Hal., où ce passage est cité, § XIX,
porte κελεύει.

1. G : Τῶν βαχανῶν τῶν. Le copiste a confondu l'ο avec l'ω. De plus, il a
pris la dernière syllabe de βασκανόντων pour un article. Les mots coupés
ou réunis mal à propos ont été une source d'erreurs, cf. p. 167-168,
not. 11, tom. II de cette édition. Nous en trouvons un autre exemple
dans E, qui un peu plus loin donne ἄξιόν σε αὐτοῦ, au lieu de ἄξιον σεαυτοῦ.

2. R. § 13, p. 94.

3. Reimarus cite ἀπειπεῖν, comme une variante fautive fournie par C.

« si tu as à cœur de chagriner tes ennemis, dans cette
« vue même accepte le commandement. Ils s'affligeront
« lorsque, malgré eux, tu auras commandé et tu te seras
« couvert de gloire. Enfin, tu mettras à tes exploits pas-
« sés un couronnement digne de toi, en nous affran-
« chissant de maux nombreux et terribles. »

28. A peine Gabinius eut-il cessé de parler, que Trébellius essaya de le réfuter; mais n'ayant pu obtenir
la parole, il empêcha les tribus d'aller aux voix. Gabinius indigné ajourna le vote concernant Pompée; mais
il en proposa un autre contre Trebellius lui-même. Les
dix-sept tribus qui votèrent les premières, déclarèrent
qu'il agissait illégalement et qu'il ne devait pas conserver la puissance tribunitienne. Déjà la dix-huitième
allait en faire autant, et Trebellius eut encore beaucoup de peine à se taire. Voyant ce qui se passait,
Roscius n'osa prendre la parole; mais, levant la main,
il demanda par un signe qu'on élût deux généraux,

Elle est aussi dans E et dans G; mais elle a été corrigée par une main moderne dans G, qui porte : ἄντει
ἀπειπεῖν.
4. C : Τῷ καὶ τήν. D : Τὸ καὶ τήν. E, F et G : Τὸ μὴ τὴν, mais dans G,
la bonne leçon a été rétablie en marge par une main plus moderne.
5. Διαψήφησιν, dans A, B, C, D et F, par la confusion d'ι avec η.
6. Dans C, D et F : Ἔσχε. La préposition a été omise suivant l'usage
des copistes; mais G porte, en marge, ἐπεσχεν écrit par une main plus
moderne.
7. Cette leçon est confirmée par les Ms. et par Xiphilin, l. l. p. 5. Turnèbe voudrait τὰς δὲ χεῖρας, parce qu'il s'agissait d'élire deux consuls.
Cette conjecture n'est point fondée : « Duo, dit Fabricius, significabantur
manu læva duobus digitis prioribus erectis, deflexoque digito minimo
et qui ei proximus. »

38 ΤΩΝ ΔΙΩΝΟΣ ΙΣΤΟΡΙΩΝ ΡΩΜ. ΒΙΒΛ. ΛϚ.

τῆς δυναστείας τι ¹ τῆς Πομπηίου ² παρατέμοιτο. Ταῦτ᾽ οὖν ³ αὐτοῦ χειρονομοῦντος ⁴, ὁ ὅμιλος μέγα καὶ ἀπειλητικὸν ⁵ ἀνέκραγεν ⁶· ὥστε κόρακά τινα ὑπερπετόμενον σφῶν ἐκπλαγῆναι, καὶ πεσεῖν ὥσπερ ἐμβρόντητον. Γενομένου δὲ τούτου, ἐκεῖνος μὲν τὴν ἡσυχίαν οὐ τῇ γλώττῃ ἔτι μόνον, ἀλλὰ καὶ τῇ χειρὶ ἤγαγεν. Ὁ δὲ δὴ Κατοῦλος ἄλλως μὲν ἐσιώπα· τοῦ δὲ Γαουϊνίου προτρεψαμένου τι αὐτὸν εἰπεῖν, ὅτι τά τε πρῶτα τῆς βουλῆς ⁷ ἦν, καὶ ἐδόκει δι᾽ ἐκείνου καὶ τοὺς ἄλλους ὁμογνωμονήσειν σφίσι· (καὶ γὰρ ἤλπιζεν ⁸ αὐτόν, ἐξ ὧν τοὺς δημάρχους πάσχοντας εἶδε, συνεπαινέσειν) λόγου τε ἔτυχεν ⁹, ἐπειδὴ καὶ ᾐδοῦντο πάν-

---

1. Τί manque dans l'ancienne leçon et dans les Ms. Je l'insère, comme Reimarus et Sturz, d'après Xiphilin, l. l. p. 5. Les exemples de l'omission de τί surabondent; il me suffira d'en citer un. Dans Platon, Répub., II, § 1, éd. de Bekk. Lond. tom. VI, p. 329, au lieu de Ἔμοι γε, ἦν δ᾽ ἐγώ, δοκεῖ τι εἶναι τοιοῦτον, un Ms. porte δοκεῖ εἶναι τοιοῦτον.

2. Reimarus dit que A donne τῆς τοῦ Πομπηίου : je dois ajouter que la même leçon est dans C, E et F.

3. C : Ταῦτα οὖν, et en marge ταὐτὸ οὖν.

4. Χειροτονοῦντος, variante fautive, dans le même Ms.

5. Ἀπειλητικὸν dans le même Ms., par la confusion d'η avec ι.

6. Xiphilin, l. l. p. 5 : Τοῦ Πομπηίου παραιτήσει μὲν τῆς ἀρχῆς ἐπιπλάστῳ κεχρημένου, σπουδαρχίᾳ δὲ οὐδένα λανθανούσῃ προσκειμένου, ὅ τε καὶ Ῥώσκιος τὴν τοῦ δήμου σπουδὴν βλέπων : le reste, comme dans Dion, jusqu'a ἐμβρόντητον. Dans M. A. Mai, Exc. Vat. p. 551, éd. Rom. : Ὅτι Πομπηίου τὴν ἀρχὴν ἐπιπλάστως παραιτουμένου, Ῥώσκιός τις τὴν τοῦ δήμου : le reste, comme dans Xiphilin. Cf. Plutarque, Pompée, XXV.

7. Sur cette locution, cf. Wesseling, sur Herodote, VI, 100.

8. C : Ἤλπιζον, par la confusion d'ε avec ο. Ainsi dans Thucydide, III, 82, au lieu de Ἐστασίαζέ τε οὖν τὰ τῶν πόλεων κτλ., le texte de Denys d'Hal., Jug. sur Thucyd. § XXIX, porte ἐστασιάζετο. Les deux mots ont été réunis, et l'ε de τέ a été remplacé par ο. Quelques lignes plus haut, on lit dans Denys d'Hal. : Ἐστασιαζόν τε οὖν τὰ τῶν πόλεων; mais des deux Ms. de la Bibliothèque nationale de Paris, l'un (n° 1657) donne ἐστασίαζον avec l'omission de τέ; l'autre (n° 1715) porte ἐστασιάζοντο, par la

afin de diminuer, au moins de cette manière, la puissance de Pompée. Pendant qu'il gesticulait ainsi, la multitude poussa un cri si terrible et si menaçant qu'un corbeau, qui volait au dessus du lieu où elle était assemblée, en fut effrayé et tomba, comme s'il eût été frappé de la foudre : après cet incident, Roscius contint non-seulement sa langue, mais encore sa main. Catulus avait jusqu'alors gardé le silence : Gabinius l'engagea à dire quelques mots, persuadé que Catulus, qui était le chef du sénat, entraînerait ses collègues à voter comme les amis de Pompée. Gabinius espérait d'ailleurs qu'éclairé par ce qui était arrivé aux tribuns, il approuverait sa proposition. La parole fut accordée à Catulus, à cause du respect et de la considération dont l'entourait la

réunion des deux mots et par le changement d'ε en ο. En voici un autre exemple, tiré de Thucydide. On lit, liv. V, 87 : Εἰ μὲν τοίνυν ὑπονοίας τῶν μελλόντων λογιούμενοι ἢ ἄλλο τι ξυνήκετε ἢ ἐκ τῶν παρόντων καὶ ὧν ὁρᾶτε περὶ σωτηρίας βουλεύσοντες τῇ πόλει, παυοίμεθ' ἄν. La même leçon est dans Denys d'Hal. l. l., XXXII, où ce passage est cité ; mais le Ms. n° 1657 de la Bibliothèque nationale de Paris porte ξυνήκετο.

9. B : Ἔτυχε, par l'omission du ν paragogique devant une voyelle. C'est ainsi que dans Thucydide, II, 65, au lieu de Ὁπότε γοῦν αἰσθοιτό τι αὐτοὺς παρὰ καιρὸν ὕβρει θαρσοῦντας, λέγων κατέπλησσεν ἐπὶ τὸ φοβεῖσθαι κτλ., le Ms. de Peiresc, Περὶ ἀρετῆς καὶ κακίας, porte λέγων κατέπλησσε ἐπὶ τὸ φοβεῖσθαι κτλ. Un peu plus bas, au lieu de ἐτίμων ὡς τὰ συμφέροντα σφίσι καὶ λέγοντα ἀεὶ καὶ πράττοντα, le manuscrit C, au contraire, porte τὰ συμφέροντα σφίσιν καὶ λέγοντα κτλ. par l'addition de ν paragogique devant une consonne. Les exemples de cette addition sont très-nombreux, et je crois inutile d'en citer ici. Je termine cette note, en disant que G donne ὡς τὰ συμφέροντα σφίσι ναὶ λέγοντα κτλ. : le copiste, qui avait σφίσιν sous les yeux, a fait du ν final la première lettre du mot suivant et transformé καί en ναί. C'est ainsi que dans Platon, Banq. § 37, éd. de Bekk. Lond. tom. V, p. 91, au lieu de Τὸν οὖν Ἀγάθωνα, Παῖδες, φάναι, οὐ σκέψεσθε ; Καὶ ἐὰν μέν τις τῶν ἐπιτηδείων ᾖ, καλεῖτε, un Ms. porte ναὶ ἐὰν μέν τις κτλ. Cf. pour la confusion de καὶ avec ναὶ D'Orville, sur Chariton, p. 520 ; M. Boissonade, sur Nicétas Engen. p. 361 ; sur Sophocle, tom. I, p. 368, et pour la confusion de ν avec κ, Bast, Comment. Palæogr. p. 726.

τες αὐτὸν, καὶ ἐτίμων ὡς τὰ συμφέροντα σφίσι καὶ λέγοντα ἀεὶ καὶ πράττοντα· καὶ [1] ἐδημηγόρησε τοιάδε.

29. "Ὅτι [2] μὲν ἐς ὑπερβολὴν, ὦ Κυΐρῖται [3], πρὸς τὸ πλῆθος ὑμῶν ἐσπούδακα, πάντες [4] που σαφῶς ἐπίστασθε. Τούτου δὲ δὴ [5] οὕτως ἔχοντος, ἐμοὶ μὲν ἀναγκαῖόν ἐστι πάντα ἁπλῶς, ἃ γιγνώσκω συμφέρειν τῇ πόλει, μετὰ παρρησίας εἰπεῖν, καὶ ὑμῖν προσῆκον ἀκοῦσαί τε μεθ' ἡσυχίας αὐτῶν, καὶ μετὰ τοῦτο βουλεύσασθαι. Θορυβήσαντες μὲν γὰρ, ἴσως τι καὶ χρήσιμον δυνηθέντες ἂν μαθεῖν οὐχὶ λήψεσθε· προσέχοντες δὲ τοῖς λεγομένοις, πάντως τι τῶν συμφερόντων ὑμῖν ἀκριβῶς εὑρήσετε. Ἐγὼ τοίνυν πρῶτον μὲν καὶ μάλιστά φημι δεῖν μηδενὶ ἀνδρὶ [6] τοσαύτας κατὰ τὸ ἑξῆς ἀρχὰς ἐπιτρέπειν. Τοῦτο γὰρ καὶ ἐν τοῖς νόμοις ἀπηγόρευται, καὶ τῇ [7] πείρᾳ σφαλερώτατον ὂν πεφώραται. Οὔτε γὰρ τὸν Μάριον ἄλλο τι, ὡς εἰπεῖν [8], τοιοῦτον ἐποίησεν, ἢ ὅτι τοσούτους τε ἐν ὀλιγίστῳ [9] χρόνῳ πολέμους ἐνεχειρίσθη [10], καὶ ὕπατος ἑξάκις ἐν βραχυτάτῳ

---

1. Καί manque dans C. Sur cette omission, cf. p. 47, not. 3 de ce volume.
2. R. § 14, p. 94-95.
3. Ce mot est altéré dans E et dans G. Le premier porte Κυριῖται, et le second Κυρῖται.
4. D'après B, au lieu de l'ancienne leçon πάντως.
5. Δέ manque dans E, et δή dans G. Ces particules ont été souvent omises par les copistes : en voici un exemple tiré de Platon, Banq. § 7, éd. de Bekk. Lond. tom. V, p. 23 : Ὀρφέα δὲ τὸν Οἰάγρου ἀτελῆ ἀπέπεμψαν ἐξ Ἅδου κτλ. Un Ms. porte Ὀρφέα τὸν Οἰάγρου. Quelques lignes plus bas, au lieu de Ὅθεν δὴ καὶ ὑπεραγασθέντες οἱ Θεοὶ διαφερόντως αὐτὸν ἐτίμησαν, on lit dans un autre Ms., ὅθεν καὶ ὑπεραγασθέντες κτλ.
6. Comme Reimarus je conserve l'ancienne leçon, qui est confirmée par les Ms. Sturz adopte μηδενὶ ἑνὶ ἀνδρὶ, d'après Reiske.

multitude, qui avait toujours reconnu dans ses discours et dans ses actes un ami du peuple. Il s'exprima ainsi :

29. « Romains, vous connaissez tous mon dévoue-
« ment sans bornes pour vous : puisqu'il en est ainsi, mon
« devoir est de dire librement et sans détour tout ce que
« je sais être utile à la patrie. Le vôtre est d'écouter mes
« paroles avec calme, et de prendre ensuite votre résolu-
« tion. Si vous excitez du tumulte, vous n'emporterez
« d'ici aucun avis salutaire; tandis que vous auriez pu
« recevoir de bons conseils. Au contraire, en me prêtant
« une oreille attentive, vous arriverez infailliblement à
« une détermination conforme à vos intérêts. D'abord,
« et c'est sur ce point que j'insiste le plus, vous ne devez
« confier à aucun homme de si grands pouvoirs, sans
« interruption : les lois s'y opposent, et l'expérience a
« prouvé qu'il n'est rien de plus dangereux. Ce qui
« rendit Marius si redoutable, c'est uniquement, pour
« ainsi parler, qu'en très-peu de temps vous l'aviez
« chargé des guerres les plus importantes et revêtu six

---

7. Cet article est omis dans B, C, D et G. Je signalerai une omission analogue dans deux Ms. de Denys d'Hal. Περὶ συνθ., § I, p. 12-14, éd. de Schæfer : Εἰς δὴ τοῦτο τὸ μέρος ὃ δεῖ πρῶτον νέοις ἀσκεῖσθαι, συμβάλλομαί σοι μέρος εἰς τὸν ἔρωτα τὸν περὶ συνθέσεως τῶν ὀνομάτων, τὴν πραγματείαν οὐκ ὀλίγοις μὲν ἐπὶ νοῦν ἐλθοῦσαν κτλ. Les Ms. n° 1741 et n° 1656 de la Bibliothèque nationale de Paris portent τὸν περὶ συνθέσεως τῶν ὀνομάτων, πραγματείαν οὐκ ὀλίγοις κτλ. Τήν manque aussi dans l'édition d'Alde, citée par Goëller, p. 7 de son édition, Iéna, 1815.

8. C : Ὡς εἰπεῖν, ἄλλο τι. Les mots ὡς εἰπεῖν manquent dans D et dans G.

9. C : Ὀλίγῳ. F : Ολιςῳ.

10. G : Ἐνεχειρήσθη, par la confusion d'ι avec η Cf. p. 17, not 11.

ἐγένετο· οὔτε τὸν Σύλλαν, ἢ ὅτι τοσούτοις ἐφεξῆς ἔτεσι [1] τὴν ἀρχὴν τῶν στρατοπέδων ἔσχε, καὶ μετὰ τοῦτο δικτάτωρ, εἶθ᾽ ὕπατος ἀπεδείχθη. Οὐ γάρ ἐστιν ἐν τῇ τῶν ἀνθρώπων φύσει ψυχὴν, μὴ ὅτι νέαν, ἀλλὰ καὶ πρεσβυτέραν, ἐν ἐξουσίαις ἐπὶ πολὺν χρόνον ἐνδιατρίψασαν, τοῖς πατρίοις ἔθεσιν [2] ἐθέλειν ἐμμένειν.

30. « Καὶ [3] τοῦτο μὲν οὐχ ὡς καὶ κατεγνωκώς τι τοῦ Πομπηΐου λέγω, ἀλλ᾽ ὅτι μήτ᾽ ἄλλως συνενεγκόν ποτε ὑμῖν φαίνεται, μήτε ἐκ τῶν νόμων ἐπιτέτραπται. Καὶ γὰρ εἴτε τιμὴν τοῖς ἀξιουμένοις αὐτοῦ φέρει, πᾶσιν αὐτῆς [4], οἷς γε ἐπιβάλλει, προσήκει τυγχάνειν· (τοῦτο γάρ ἐστιν ἡ δημοκρατία [5]) εἴτε κάματον, καὶ τούτου πρὸς τὸ μέρος πάντας μεταλαμβάνειν δεῖ· (τοῦτο γάρ ἐστιν ἡ ἰσομοιρία.) Ἔτι τοίνυν ἐν μὲν τῷ τοιούτῳ, πολλούς τε ἐν ταῖς πράξεσιν ἐγγυμνάζεσθαι, καὶ ῥᾳδίαν ὑμῖν τὴν αἵρεσιν τῶν πιστευθῆναι δυναμένων πρὸς πάντα τὰ πρακτέα [6] ἀπὸ τῆς πείρας ὑπάρχειν, συμβαίνει· ἐκείνως [7] δὲ δὴ, πολλὴν τὴν σπάνιν

---

1 D : Ἔτεσιν, par l'addition du ν paragogique devant τ. C'est ainsi que dans Polybe, XII, 10, p. 509 de la Collect. Didot, au lieu de Ἐπεὶ δὲ δύο ἔθνη Λοκρῶν ἐστι, πρὸς ποτέρους ἦλθε καὶ πρὸς ποίας πόλεις τῶν ἑτέρων, καὶ παρὰ τίσιν εὗρε τὰς συνθήκας ἀναγεγραμμένας ; le Ms. de Peiresc, Περὶ ἀρετῆς καὶ κακίας, porte εὗρεν τὰς συνθήκας ἀναγεγραμμένας.

2. A l'ancienne leçon ἤθεσιν, maintenue par Reimarus, je substitue ἔθεσιν proposé par Turnèbe et adopté par Sturz : « Hoc edendum putavi, dit-il, quia patria ἔθη non ἤθη, dicere solemne est. » Ces deux mots ont été souvent confondus ; cf. M. Boissonade, sur Théophylacte Simoc. p. 241.

3. R. § 15, p. 95.

4. C et G : Αὐτοῖς, par la confusion d'η avec οι. Dans ces deux Ms., αὐτοῖς a pris la place de αὐτῆς. Le Ms. de Peiresc, Περὶ ἀρετῆς καὶ κακίας, donne, au contraire, αὐτῆς au lieu de αὐτοῖς, dans Polybe, XXVII, 16 :

« fois du consulat en quelques années. Ce qui fit Sylla si
« puissant, c'est que durant tant d'années consécutives
« il commanda les armées et fut ensuite dictateur, puis
« consul ; car il n'est pas dans notre nature qu'un jeune
« homme, ni même qu'un vieillard, qui ont longtemps
« eu le pouvoir dans les mains, se soumettent volontiers
« aux lois de leur pays.

30. « Si je tiens ce langage, ce n'est pas que j'aie
« quelque reproche à faire à Pompée ; c'est parce qu'il
« ne vous serait pas avantageux de lui déférer un sembla-
« ble commandement: les lois d'ailleurs ne le permettent
« point. Et en effet, si le commandement est un honneur
« pour les citoyens que vous en jugez dignes, tous
« ceux qui ont droit d'y prétendre doivent l'obtenir
« (c'est en cela que la démocratie consiste) : s'il expose
« aux fatigues, tous les citoyens doivent les partager
« (c'est ce qui constitue l'égalité). De plus, si vous agissez
« comme je vous le conseille, un grand nombre de ci-
« toyens s'exerceront au maniement des affaires publi-
« ques, et il vous sera facile, par l'expérience, de choisir
« les plus capables, quels que soient les besoins de l'État.
« Au contraire, la manière dont vous procédez a pour

Ὑπαρχούσης γὰρ αὐτῆς οὐ μόνον φιλίας, ἀλλὰ συμπολιτείας πρὸς Ἀπολλω-
νιάτας.

5. La démocratie est définie à peu près de la même manière dans un
petit fragment, tom. I, p. 102, Fr. LI de cette édition : Ὅτι Δμμοκρατία —
φέρεσθαι.

6. Πρακταία, dans A : πρακταῖα, dans B, C, D, E et F, par la continuelle
confusion d'αι avec ε. G porte πρακταῖα.

7. C : Ἐκείνους, par la confusion des désinences ως et ους. Dans Denys
d'Hal., 1re Lettre à Ammæus, § X : Μετὰ δὲ Θεμιστοκλέα, Ἀρχίας· ἐφ' οὗ
παραινεῖ τοῖς Ἀθηναίοις μὴ κωλύειν Φίλιππον τῆς Ἀμφικτυονίας μετέχειν,
μηδὲ ἀφορμὴν διδόναι πολέμου, νεωστὶ πεποιημένους τὴν πρὸς αὐτὸν εἰρήνην,

καὶ τῶν ἀσκησόντων τὰ προσήκοντα καὶ τῶν ἐπιτραπησομένων ἀνάγκη πᾶσα γίγνεσθαι. Καὶ διὰ τοῦτο οὐχ [1] ἥκιστα ἐν τῷ πρὸς τὸν Σερτώριον [2] πολέμῳ στρατηγοῦ ἠπορήσατε [3], ὅτι τὸν πρὸ τούτου [4] χρόνον τοῖς αὐτοῖς [5] ἐπὶ πολὺ ἐχρῆσθε [6]· ὥστ' εἰ καὶ κατὰ τὰ ἄλλα [7] πάντα ἄξιός ἐστι Πομπήϊος ἐπὶ τοὺς καταποντιστὰς χειροτονηθῆναι· ἀλλ' ὅτι γε παρά τε τὰ διατεταγμένα ἐν τοῖς νόμοις, καὶ παρὰ τὰ διεληλεγμένα [8] ἐν τοῖς ἔργοις, αἱρεθείη ἂν, ἥκιστα καὶ ὑμῖν καὶ τούτῳ προσήκει αὐτὸ πραχθῆναι.

31. " Πρῶτον [9] μὲν οὖν τοῦτο καὶ μάλιστα λέγω. Δεύτερον δὲ ἐκεῖνο, ὅτι τεταγμένως ἐκ τῶν νόμων τάς τε ἀρχὰς καὶ τὰς ἡγεμονίας λαμβανόντων καὶ ὑπάτων καὶ στρατηγῶν, καὶ τῶν ἀντὶ τούτων ἀρχόντων, οὔτ' ἄλλως καλῶς ὑμῖν ἔχει, παριδόντας αὐτοὺς [10] καινήν τινα ἀρχὴν ἐπεισαγαγέσθαι, οὔτε [11] συμφέρει. Τίνος μὲν γὰρ ἕνεκα καὶ

au lieu de πεποιημένους, le Ms. de la Bibliothèque nationale de Paris, n° 1657, porte πεποιημένως νους.

1. C et G : Διὰ τοῦτό γε οὐχ.
2. C : Σωρτόριον, variante doublement fautive.
3. A : Ἠπορήσατο, par la confusion d'ε avec ο. Cf. p. 38, not. 8 de ce volume.
4. G portait primitivement πρὸς τούτου, mais le ς a été effacé.
5. D'après Xylander, je substitue, comme Reimarus et Sturz, cette leçon à l'ancienne ἐν τοῖς αὑτοῖς, qui est fautive : elle se trouve non-seulement dans A cité par Reimarus ; mais encore dans C.
6. Ἐχρῆσθαι, dans E, par la confusion d'ε avec αι. θε
7. Κατὰ ἄλλα, dans l'ancienne leçon. J'ajoute τά, d'après A, comme Reimarus et Sturz. Sur l'omission de l'article, cf. p. 41, not. 7 de ce volume.
8. Fabricius propose de remplacer διεληλεγμένα par διαλελημμένα. Je maintiens l'ancienne leçon, avec tous les Ms.

« conséquence inévitable de rendre fort rares les hom-
« mes convenablement préparés aux affaires publi-
« ques et dignes de les diriger. Si vous avez manqué d'un
« général pour la guerre contre Sertorius, c'est surtout
« parce que, pendant les années qui l'avaient précédée,
« vous aviez longtemps laissé le commandement dans
« les mêmes mains. Ainsi, quoique Pompée mérite, à
« tous égards, d'être chargé de l'expédition contre les
« pirates, par cela même que ce choix serait condamné
« par les lois et par l'expérience, il ne doit avoir ni
« votre approbation ni la sienne.

31. « Voilà ce que j'avais d'abord à dire et à signaler
« particulièrement à votre attention. J'ajoute que, lors-
« que des consuls, des préteurs, des proconsuls et des
« propréteurs n'obtiennent les magistratures civiles et
« le commandement des armées que d'après les prescrip-
« tions des lois, il n'est ni honorable ni utile pour vous
« de les violer, pour créer je ne sais quelle magistra-
« ture nouvelle. A quoi bon élire des magistrats annuels,

---

9. R. § 16, p. 95-96.

10. L'ancienne leçon porte : Ὅτι τεταγμένως ἐκ τῶν νόμων τάς τε ἀρχὰς καὶ τὰς ἡγεμονίας λαμβανόντων, καὶ ὄντων καὶ στρατηγῶν, καὶ τῶν ἀντὶ τούτων ἀρχόντων, οὔτ' ἄλλως καλῶς ὑμῖν ἔχει, παραδόντας αὐτοὺς κτλ. Turnèbe propose de remplacer ἀντὶ τούτων par ὑπάτων. Oddey, qui l'approuve, voudrait, en outre, supprimer καὶ ὄντων. Reimarus, de son côté, maintient ἀντὶ τούτων et se contente de substituer ὑπάτων à ὄντων, correction adoptée par Reiske, qui conseille en même temps de lire ὅτι ὄντων τῶν τεταγμένως κτλ., au lieu de ὅτι τεταγμένως, conjecture ingénieuse, mais inutile. Enfin, au lieu de παραδόντας, confirmé par les Ms., Reimarus adopte παριδόντας, proposé aussi par Turnèbe et qui lui paraît indubitable. Comme Sturz, je me borne à remplacer ὄντων par ὑπάτων, et παραδόντας par παριδόντας. Au lieu de ἡγεμονίας, F donne ἡγεμονείας, par la confusion d'ι avec ει.

11. Οὔτε manque non-seulement dans A, B et C, mentionnés par Sturz ; mais aussi dans D, F et G. Ce mot a été ajouté, en marge, dans G, par une main plus moderne.

τοὺς ἐνιαυσίους ἄρχοντας χειροτονεῖτε, εἴγε μηδὲν αὐτοῖς πρὸς τὰ τοιαῦτα χρήσεσθε [1]; Οὐχ ἵνα ἐν τοῖς περιπορφύροις ἱματίοις περινοστῶσιν· οὐδ' ἵνα τὸ ὄνομα μόνον τῆς ἀρχῆς περιβεβλημένοι, τοῦ ἔργου αὐτῆς στέρωνται [2]. Πῶς δ' οὐχὶ καὶ [3] τούτοις καὶ τοῖς ἄλλοις ἅπασι, τοῖς τι πράττειν τῶν πολιτικῶν προαιρουμένοις ἀπεχθήσεσθε [4], ἂν τὰς μὲν πατρίους ἀρχὰς καταλύητε, καὶ τοῖς ἐκ τῶν νόμων χειροτονουμένοις μηδὲν ἐπιτρέπητε, ξένην δέ τινα καὶ μήπω ποτὲ γεγενημένην ἡγεμονίαν [5] ἰδιώτῃ προστάξητε;

32. « Εἰ [6] γάρ τοι [7] καὶ παρὰ τὰς ἐτησίους [8] ἀρχὰς ἀνάγκη τις εἴη ἑτέραν ἑλέσθαι, ἐστὶ καὶ τούτου [9] παράδειγμα ἀρχαῖον. Λέγω δὲ τὸν δικτάτορα [10]. Καὶ τοῦτον

1. G : χρήσεσθαι, par la confusion des désinences θε et θαι dans les verbes. Nous en avons vu plusieurs exemples.
2. L'ancienne leçon porte : Ἵνα ἐν τοῖς περιπορφύροις ἱματίοις περινοστῶσιν; οὐδ' ἵνα τὸ ὄνομα μόνον τῆς ἀρχῆς περιβεβλημένοι τοῦ ἔργου αὐτῆς στέρωνται; Xylander propose οὐχ ἵνα, à cause de οὐδ' ἵνα; mais alors il faut effacer le point d'interrogation après περινοστῶσιν et après στέρωνται. — *Quid enim causæ est, cur annui a vobis magistratus eligantur, ubi eorum nullo ad ejus generis negotia utendum videtur? Non ideo videlicet, ut in prætextis purpura vestibus obambulent, neque ut solo magistratus nomine sint ornati, ipsa re careant.* En conservant le signe de l'interrogation après περινοστῶσιν et après στέρωνται, il faudrait lire avec Reiske ἵνα ἐν τοῖς — Οὐκ· ἀλλ' οὐδ' ἵνα — *An ut in prætextis purpura vestibus obambulent? Minime quidem. Neque vero ut* etc. ; ou bien avec Sturz : ἵνα ἐν τοῖς — Ἢ ἵνα — *An ut..... Aut ut solo magistratus nomine sint ornati* etc. J'ai adopté la conjecture de Xylander, parce qu'elle n'exige que l'addition de οὐχ dans l'ancienne leçon, qui est confirmée par les Ms. Quant au point d'interrogation, j'ai cru pouvoir le remplacer par le point en haut après περινοστῶσιν et par le point final après στέρωνται. On sait combien la ponctuation est arbitraire dans les Ms.

Au lieu de ἵνα ἐν, E porte ἵν' ἐν. G donne αὐτοῖς στέρωνται, au lieu de αὐτῆς στέρωνται. Sur la confusion de ces deux mots, cf. p. 42, not. 4 de ce volume.

« si vous ne vous en servez pas, lorsque les circonstances
« l'exigent? Certes, ce n'est pas pour qu'ils se promènent
« avec la toge bordée de pourpre, ni pour que revêtus
« du titre de leur charge, ils soient privés de l'auto-
« rité qu'elle confère. Et comment ne serez-vous pas
« en butte à la haine de ces hommes et de tous ceux
« qui aspirent à prendre part au gouvernement de l'État,
« si vous abolissez les magistratures établies dans notre
« pays; si vous ne laissez rien à faire à ceux que vous
« avez élus conformément aux lois, pour décerner à un
« simple citoyen un commandement extraordinaire et
« tel qu'il n'a jamais existé.

32. « S'il est nécessaire de créer un magistrat en
« dehors des magistrats annuels, nous en avons un
« exemple ancien; je veux parler du dictateur. Mais ce

---

3. Καὶ manque dans C. Les copistes omettent souvent cette conjonction. Ainsi, dans Hérodote, IX, 34, au lieu de Καὶ γὰρ δὴ καὶ Μελάμπους τῶν ἐν Ἀργεῖ γυναικῶν μανεισέων, le Ms. de Peiresc, Περὶ ἀρετῆς καὶ κακίας, porte Καὶ γὰρ δὴ Μελάμπους κτλ.

4. C : Ἀπεχθήσεσθαι, autre exemple de la confusion des désinences θε et θαι. Cf. p. 46, not. 1.

5. F : Ἡγεμονείαν, par la confusion d'ι avec ει.

6. R. § 17, p. 96-97.

7. C, D et G : Εἰ γάρ τι, par la permutation de τοι avec τι. Cf. M. Boissonade, Anecd. Gr. tom. I, p. 456.

8. Ce mot manque dans C. Il a été ajouté en marge dans G, par une main plus moderne. A, B et E portent ἐπετησίους.

9. G : Ἐστὶ δὲ τούτου, par la confusion de καί avec δέ. Cf. Schæfer, sur Denys d'Hal. Περὶ συνθ., p. 158, 294, et Meletem. p. 59.

10. Sturz conserve l'ancienne leçon δικτάτωρα et dit à ce propos : « Paulo post et inferius, δικτάτορα perperam scribit A. » Ce n'est pas seulement A qui donne ce nom avec un o : la même écriture est ici et partout ailleurs, dans C, D, E et G. Elle s'appuie donc sur le plus grand nombre des Ms. de Dion; ce qui me détermine à l'adopter. Cf. Thes. gr. ling. tom. II, p. 1496, éd. Didot.

μὲν [1] τοιοῦτον ὄντα, οὔτε ἐπὶ πᾶσί ποτε τοῖς πράγμασιν [2] οἱ πατέρες ἡμῶν [3], οὔτε ἐπὶ πλείω χρόνον ἐξαμήνου [4] κατεστήσαντο· ὥστ' εἰ μὲν τοιούτου τινὸς δεῖσθε, ἔξεστιν ὑμῖν, μήτε παρανομήσασι, μήτ' ὀλιγώρως ὑπὲρ τῶν κοινῶν βουλευσαμένοις, δικτάτορα, εἴτε Πομπήϊον, εἴτε καὶ ἄλλον τινα [5] προχειρίσασθαι [6], ἐφ' ᾧ [7] μήτε πλείω τοῦ τεταγμένου χρόνου, μήτε ἔξω τῆς Ἰταλίας ἄρξῃ [8]. Οὐ γάρ πω [9] ἀγνοεῖτε, ὅτι καὶ τοῦτο δεινῶς οἱ πατέρες ἡμῶν ἐφυλάξαντο. Καὶ οὐκ ἂν εὑρεθείη δικτάτωρ οὐδεὶς ἄλλως [10], πλὴν ἑνὸς [11] ἐς Σικελίαν [12], καὶ ταῦτα μηδὲν πράξαντος, αἱρεθείς [13]. [Εἰ δ'] οὔτε [14] δεῖται ἡ Ἰταλία τοιούτου τινὸς, οὔτ' ἂν ὑμεῖς ὑπομείνητε ἔτι οὐχ ὅτι τὸ ἔργον τοῦ δικτάρορος, ἀλλ'

1. Turnèbe propose μέντοι, conjecture approuvée par Reiske : je l'aurais adoptée, si elle était confirmée par les Ms. Les copistes ont probablement omis τοι, pour éviter la même syllabe, à la fin d'un mot et au commencement du mot suivant.

2. On ne nommait un dictateur, à Rome, que dans les circonstances les plus difficiles. C'était la suprême ressource dans les grandes crises ; Denys d'Hal., Ant. Rom., V, 77 : Μία βοήθεια παντός ἐστιν ἀνιάτου κακοῦ καὶ τελευταία σωτηρίας ἐλπίς, ὅταν ἀπορραγῶσιν ἅπασαι διὰ καιρούς τινας, ἡ τοῦ δικτάτορος ἀρχή. Au lieu de πράγμασιν, C donne πράγμασι. Sur l'omission du ν paragogique devant une voyelle, cf. p. 39, n. 9 de ce volume.

3. Sturz dit avec raison que A porte ὑμῶν. La même variante se trouve dans B, C, E, F, G. La confusion d'ἡμῶν avec ὑμῶν est très-fréquente : il me parait inutile d'en donner des exemples.

4. Cicéron, De Leg. III, 3 : Ast quando duellum gravius, discordiæve civium crescunt, œnus ne *amplius sex menses*, nisi senatus creverit, idem juris quod duo consules teneto, isque ave sinistra dictus, populi magister esto. » Cf. les Eclaircissements à la fin du volume.

5. C : Εἴτε ἄλλον τινα, par l'omission de καί. Cf. p. 47, not. 3 de ce volume.

6. Ἀποχειρίσασθαι dans le même manuscrit. Sur la confusion de πρό avec ἀπό, cf. Bast, Comment. Palæogr., p. 886.

« dictateur, avec l'autorité dont il était revêtu, nos pères
« ne l'établirent jamais pour toutes les affaires indis-
« tinctement, ni pour plus de six mois. Si vous avez
« besoin d'un magistrat extraordinaire, vous pouvez
« donc, sans enfreindre les lois et sans vous montrer peu
« soucieux des intérêts de la république, nommer un
« dictateur, que ce soit Pompée ou tout autre citoyen;
« pourvu que son autorité ne s'étende pas au delà du
« terme légal, ni hors de l'Italie. Vous n'ignorez pas
« avec quel respect nos pères observèrent cette règle,
« et vous ne trouverez pas de dictateur élu à d'autres
« conditions, excepté un seul : je veux parler de celui
« qui fut envoyé en Sicile et qui ne fit rien. Du reste,
« l'Italie n'a pas besoin d'un tel magistrat, et vous ne

7. Ἐφ' ὧν dans Robert Étienne, provient de la confusion du ν avec l'ι final, devenu plus tard l'ι souscrit. Cf. M. Boissonade, Notices des Manuscrits, tom. X, p. 11; 240; tom. XII, p. 11; 28; not. sur Nicétas Eugenian. p. 28, et sur Planude, Métamorph. p. 91; M. Hase, Lydus, De Ostent. p. 172, C.

8. Turnèbe propose ἄρξει.

9. A et E : Οὐ γάρ που. Sur la confusion de πω avec που, cf. Thucyd. 1, 37, et les notes de Poppo, Pars IIª, p. 240.

10. D'après Reimarus, je substitue à l'ancienne leçon ἄλλος qui est dans les Ms., l'adverbe ἄλλως exigé par l'enchaînement des idées.

11. Il est question d'A. Atilius Calatinus. Cf. les Eclaircissements à la fin du volume.

12. G : Ἐς ικελίαν. Le σ avait été omis par le copiste, comme il arrive souvent pour la lettre initiale des noms propres; cf. tom. I, p. 286, n. 6; tom. II, p. 212, n. 2 de cette édition, et p. 30, not. 3 de ce volume. Il a été ajouté par une main plus moderne.

13. G : Εὑρεθείς. Sur la permutation de ευ avec α, fréquemment confondu lui-même avec αι, cf. Bast, l. l. p. 706; 765, et M. Hase, Lydus, DeOstent. p. 142, B.

14. Leunclavius propose εἰ οὔτε, Turnèbe εἰ δέ, Reimarus, ἀλλ' οὔτε. Reiske aimerait mieux εἰ δ' οὔτε, ayant pour *apodosis* πῶς δ' ἄν. Sturz regarde la conjecture de Reiske comme la plus probable, surtout

οὐδὲ τὸ ὄνομα· (δῆλον δὲ ἐξ ὧν πρὸς τὸν Σύλλαν ἠγανακ-
τήσατε)· πῶς δ' ἂν ὀρθῶς ἔχοι καὶ νῦν ἡγεμονίαν [1], καὶ
ταύτην ἐς ἔτη τρία, καὶ ἐπὶ πᾶσιν, ὡς εἰπεῖν, καὶ τοῖς ἐν
τῇ Ἰταλίᾳ καὶ τοῖς ἔξω πράγμασιν ἀποδειχθῆναι; Ὅσα γὰρ
ἐκ τοῦ τοιούτου δεινὰ ταῖς πόλεσι συμβαίνει, καὶ ὅσοι διὰ
τὰς παρανόμους φιλαρχίας [2] τόν τε δῆμον ἡμῶν πολλάκις
ἐτάραξαν, καὶ αὐτοὶ [αὐτοὺς [3]] μυρία κακὰ εἰργάσαντο,
πάντες ὁμοίως ἐπίστασθε.

33. « Ὥστε [4] περὶ μὲν τούτων παύομαι λέγων. Τίς γὰρ
οὐκ οἶδεν, ὅτι οὔτ' ἄλλως καλῶς ἔχει [5] οὔτε συμφέρει, ἑνί
τινι τὰ πράγματα προστάσσεσθαι, καὶ ἕνα τινὰ πάντων τῶν
ὑπαρχόντων ἡμῖν ἀγαθῶν κύριον γίγνεσθαι, κἂν τὰ μάλιστα
ἄριστός τις [6] ᾖ; αἵτε γὰρ μεγάλαι τιμαί, καὶ αἱ ὑπέρογκοι
ἐξουσίαι, καὶ τοὺς τοιούτους ἐπαίρουσι καὶ διαφθείρουσιν [7].
Ἐκεῖνο δὲ δὴ [8] σκοπεῖν ὑμᾶς ἀξιῶ, ὅτι οὐδὲ [9] οἷόν τέ ἐστιν

---

après ὥστ' εἰ μὲν κτλ. Je l'ai substituée à l'ancienne leçon ἢ οὔτε, qui est confirmée par les Ms.; mais j'ai mis εἰ δ' entre crochets.

1. A : Καινὴν ἡγεμονίαν. Le copiste a réuni les deux mots καὶ et νῦν, et confondu υ avec η. La leçon καινὴν ἡγεμονίαν, proposée d'ailleurs par Reiske, comme une simple conjecture, ne serait complétement satisfaisante, suivant Sturz, que par l'addition de τινά, comme p. 44, § 31, lign. 5-6 : Αὐτοὺς καινήν τινα ἀρχὴν ἐπεισαγαγέσθαι. Mais l'ancienne peut être maintenue : « Νῦν, dit-il, explicari potest *in hac rerum conditione; præcedens* καὶ autem adsequens referri. »

2. F : Φυλαρχίας, par la confusion d'υ avec ι. La véritable leçon a été rétablie en marge, par une main plus moderne.

3. L'ancienne leçon : Καὶ αὐτοὶ μυρία κακὰ εἰργάσαντο est confirmée par les Ms. Sturz, d'après Reiske, adopte αὐτοὶ αὐτοὺς; — *Et sibimet ipsi innumera mala consciverint.* J'ai traduit, d'après cette correction, en plaçant αὐτοὺς entre crochets.

4. R. § 18, p. 96-97.

5. Sturz signale avec raison καλῶς ἔχοι comme une mauvaise variante,

« supporteriez point, je ne dis pas l'autorité, mais le nom
« d'un dictateur : j'en ai pour garant votre indignation
« contre Sylla. Comment pourriez-vous, sans imprudence,
« créer aujourd'hui un pouvoir qui durerait trois ans, qui
« s'étendrait, pour ainsi dire, sur tout dans l'Italie et hors
« de l'Italie? Les malheurs qu'une pareille autorité attire
« sur les États, les troubles qu'excitèrent souvent au
« milieu de nous les hommes dévorés de la soif de do-
« miner au mépris des lois, les maux qu'ils appelèrent
« sur eux-mêmes, vous les connaissez tous également.

33. « Je n'ajouterai donc rien à ce sujet. Qui ne sait,
« en effet, qu'il n'est ni honorable ni avantageux que
« toutes les affaires soient dans les mains d'un seul
« homme, ni qu'un seul homme, eût-il un mérite
« éminent, soit l'arbitre de la fortune de tous ? Les grands
« honneurs, un pouvoir excessif enorgueillissent et cor-
« rompent même les cœurs les plus vertueux. Il est d'ail-
« leurs une chose qu'à mon avis vous ne devez point

fournie par A. Cette leçon, qui se trouve aussi dans les autres Ms., provient de la confusion des désinences ει et οι. Ainsi dans Denys d'Hal. Περὶ τ. λεκτ. Δημοσθ. δεινότ. § XII, on lit ce passage de Démosthène, Disc. contre Conon, § 4 : Καὶ ἦν δειπνοποιεῖσθαι τοῖς ἄλλοις ὥραν συμβαίνει, ταύτην ἂν οὗτοι ἐπαρῴνουν ἤδη. Mais le Ms. n° 1745 de la Bibliothèque nationale de Paris donne συμβαίνοι, leçon justement conservée dans le Démosthène de la Collect. Didot, tom. II, p. 660, qui porte en outre ἦν οὖν, au lieu de καὶ ἦν. Pour d'autres exemples de la confusion de ει avec οι, cf. M. Boissonade, sur Théophylacte Simoc. p. 306.

6. Τίς manque dans E. Sur l'omission de ce mot, cf. D'Orville sur Charit., p. 564; M. Boissonade, l. l., p. 186 ; 192 ; 293.

7. C et G : Διαφθείρουσι. Ἐκεῖνο. Sur l'omission du ν paragogique devant une voyelle, cf. p. 8, not. 2 de ce volume.

8. G : Δὲ δεῖ σκοπεῖν, par la confusion de δὴ avec δεῖ. C'est ainsi que dans Platon, Banq. § XXXI, éd. de Bekk. Lond. tom. V, p. 80, au lieu de Τί δὴ οὖν τῆς γεννήσεως ; deux Ms. portent Τί δεῖ οὖν κτλ. Sur cette confusion, cf. M. Boissonade, Anecd. Gr. 1, Addend. et Corrig. p. 450.

9. Οὐδὲ manque dans G.

4.

ἕνα ἄνδρα πάσης τῆς θαλάσσης ἐπάρξαι, καὶ πάντα τὸν πόλεμον τοῦτον ὀρθῶς διοικῆσαι [1]. Δεῖ μὲν γὰρ ὑμᾶς, εἴπερ τι τῶν δεόντων ποιήσετε, πανταχῇ ἅμα αὐτοῖς πολεμῆσαι [2]. ἵνα μὴ συνιστάμενοι πρὸς ἀλλήλους, μήτ' αὖ τὰς ἀναφυγὰς [3] πρὸς τοὺς οὐ πολεμουμένους ἔχοντες, δύσληπτοι γένωνται. Τοῦτο δὲ οὐδένα ἂν [4] τρόπον εἷς τις ἄρξας πρᾶξαι δυνηθείη. Ποῦ γὰρ ἂν ὑπὸ τὰς αὐτὰς ἡμέρας ἔν τε τῇ Ἰταλίᾳ καὶ ἐν τῇ Κιλικίᾳ, τῇ τε Αἰγύπτῳ καὶ τῇ Συρίᾳ [5], τῇ τε Ἑλλάδι καὶ τῇ Ἰβηρίᾳ, τῷ τε Ἰονίῳ καὶ ταῖς νήσοις, πολεμήσειε; πολλοὺς μὲν [6] δὴ [7] διὰ τοῦτο καὶ στρατιώτας καὶ στρατηγοὺς ἐπιστῆναι δεῖ τοῖς πράγμασιν, εἴπερ τι ὄφελος αὐτῶν ἔσται.

34. « Εἰ [8] δὲ δή τις ἐκεῖνό φησιν, ὅτι κἂν ἑνί τῳ [9] πάντα τὸν πόλεμον ἐπιτρέψητε, πάντως που καὶ ναυάρχους καὶ ὑπάρχους [10] πολλοὺς ἕξει· πῶς οὐ πολὺ δικαιότερον καὶ

---

1. Reiske propose de substituer διοῖσαι à διοικῆσαι, parce que, suivant lui, τὸν πόλεμιν διαφέρειν est beaucoup plus usité que τὸν πόλεμον διοικεῖν. Mais cette conjecture n'est point fondée : l'ancienne leçon doit être maintenue ; elle est confirmée par Dion, LV, 27 : Τά τε γὰρ τῶν πολέμων ἅμα διώκει κτλ. Dans C διηκῆσαι est un barbarisme, né de la confusion d'οι avec η. La leçon de G, διοικῆσθαι, est fautive : elle a été corrigée par une main plus moderne, dans une annotation marginale.

2. Le passage δεῖ μὲν γὰρ ὑμᾶς — πολεμῆσαι manque dans C.

3. A l'ancienne leçon αὐτὰς τὰς ἀναφυγὰς, je substitue, comme Sturz αὖ τὰς ἀναφυγὰς, d'après Xylander et Turnèbe. Cette conjecture, approuvée par Reimarus, qui pourtant conserve la leçon vulgaire, est confirmée jusqu'à un certain point par A, B, C, E, F et G. Ils portent αὐτὰς ἀναφυγὰς qu'il faut couper ainsi : αὖ τὰς ἀναφυγὰς. Sans cela, l'article τὰς devrait être ajouté, comme dans l'ancienne leçon.

J'ai cité, p. 92, not. 3, tom. II de cette édition, un exemple de la confusion de αὖ τοῦ avec αὐτοῦ. Il justifie la division de αὐτὰς en αὖ τάς.

« perdre de vue, c'est qu'il n'est pas possible qu'un seul
« homme commande sur toute la mer et dirige con-
« venablement cette guerre; car, si vous voulez faire
« ce que les circonstances exigent, vous devez combat-
« tre les pirates sur tous les points à la fois, afin qu'ils
« ne puissent se réunir, ni se ménager un refuge auprès
« de ceux qui ne sont pas engagés dans cette guerre;
« de sorte qu'il sera très-difficile alors de mettre la main
« sur eux. Un seul chef ne saurait y suffire en aucune
« façon. Comment pourrait-il, en effet, faire la guerre, le
« même jour, en Italie, en Cilicie, en Égypte, en Syrie,
« en Grèce, dans l'Ibérie, dans la mer Ionienne et dans
« les îles? Vous devez donc consacrer à cette expédition
« un grand nombre de soldats et de généraux, si vous
« voulez en retirer quelque avantage.

34. « On m'objectera peut-être que, si vous chargez
« un seul chef de cette guerre, il aura plusieurs lieute-
« nants sur mer et sur terre. Comment ne serait-il pas plus

4. Ἄν manque dans C, D et G ; mais il a été ajouté, en marge, par une main plus moderne dans G. Il est omis aussi dans Platon, Banq. l. l. § XXVI, p. 69 : Αἰσχρῶν γὰρ οὐκ εἴη ἔρως. Ast propose avec raison οὐκ ἂν εἴη. Cf. les notes l. l.

5. Καὶ Συρίᾳ, dans C. Le copiste a omis l'article, ce qui arrive très-fréquemment. Cf. p. 11, not. 5 de ce volume.

6. Reiske voudrait remplacer μὲν par γέ. Ce changement n'est point nécessaire. Au lieu de πολλοὺς, G porte πολλὰς οὓς.

7. C : Οὖν, variante qui n'est pas à dédaigner.

8. R. § 19, p. 97.

9. Τῷ manque dans C.

10. E : Ἱππάρχους. Le copiste a confondu υ avec ι et mis deux π, lorsqu'il n'en fallait qu'un ; fautes très-fréquentes.

συμφορώτερον; ἔγωγ' ἂν εἴποιμι ¹· καί τι κωλύει τούτους αὐτοὺς ², τοὺς ³ ὑπάρξειν ἐκείνῳ μέλλοντας, καὶ προχειρισθῆναι ὑφ' ὑμῶν ⁴ ἐπ' αὐτὸ τοῦτο, καὶ τὴν ἡγεμονίαν ⁵ παρ' ὑμῶν αὐτοτελῆ λαβεῖν; οὕτω μὲν γὰρ καὶ ⁶ φροντιοῦσι τοῦ πολέμου μᾶλλον, ἅτε καὶ ἰδίαν ἕκαστος αὐτῶν μερίδα πεπιστευμένος, καὶ ἐς μηδένα ἕτερον τὴν ὑπὲρ αὐτῆς ⁷ ἀμέλειαν ἀνενεγκεῖν δυνάμενος· καὶ φιλοτιμήσονται πρὸς ἀλλήλους ἀκριβέστερον, ἅτε καὶ αὐτοκρατεῖς ὄντες, καὶ τὴν δόξαν ὧν ἂν ἐργάσωνται ⁸, αὐτοὶ κτησόμενοι. Ἐκείνως δὲ, τίνα μὲν ὁμοίως οἴεσθε ἄλλῳ τῳ ὑποκείμενον, τίνα δ' ἀπροφασίστως ὁτιοῦν ποιήσειν, μέλλοντα μὴ ἑαυτῷ, ἀλλ' ἑτέρῳ κρατήσειν ⁹ ; ὥσθ' ὅτι ¹⁰ μὲν εἷς οὐδ' ἂν δύναιτο

1. L'ancienne leçon porte : Πῶς οὐ πολὺ δικαιότερον καὶ συμφορώτερον ἐγὼ γὰρ ἂν εἴποιμι. Reimarus l'a maintenue, et elle est confirmée par les Ms. Seulement, dans B, il y a un point en haut après συμφορώτερον. Reiske propose de mettre le point d'interrogation après ce mot et de remplacer γάρ par γ'. J'adopte ces deux modifications : elles conduisent à un sens excellent, outre qu'elles n'ont rien de forcé; d'abord parce que la ponctuation est arbitraire dans les Ms., et ensuite, parce que γάρ et γέ sont fréquemment confondus. Cf. Bast, Comment. Palæogr. p. 877 et les autorités qu'il cite.
2. Αὐτοὺς manque dans E.
3. J'ajoute cet article d'après Sturz, pour rendre la construction plus nette.
4. Au lieu de ὑφ' ὑμῶν — παρ' ὑμῶν, Xylander voudrait ὑφ' ἡμῶν — παρ' ἡμῶν. L'ancienne leçon est défendue par Fabricius : « Ita recte.... Nam jam Dio dixerat κἂν ἑνί τῳ πάντα τὸν πόλεμον ἐπιτρέψητε, non ἐπιτρέψωμεν. »
5. F : Ἡγεμονείαν, par la confusion d'ι avec ει.
6. C : Οὕτω μὲν γὰρ οὖν καί.
7. Turnèbe aimerait mieux αὐτοῦ, h. e. πολέμου. L'ancienne leçon est correcte : il suffit de sous-entendre μερίδος.
8. C : Ἢν ἀνεργάσωνται. Le copiste a écrit le passage sans le comprendre et réuni ἂν et ἐργάσωνται. Sur une faute analogue, cf. tom. II, p. 167-168, not. 11 de cette édition.

« juste et plus utile, dirai-je à mon tour, que ceux qui
« doivent y prendre part, sous ses yeux, soient désignés
« par vous pour cette mission, et reçoivent de vous une
« autorité indépendante? Quel est donc l'obstacle qui
« s'y oppose? Alors ils s'occuperont de la guerre
« avec plus de soin, par cela même que chacun aura
« sa tâche à remplir et ne pourra imputer à personne
« sa propre négligence. De là aussi une émulation
« plus active, parce que chacun aura une autorité ab-
« solue et recueillera lui-même la gloire de ses exploits.
« Au contraire, si vous nommez un chef unique,
« croyez-vous qu'un homme, soumis à un autre, dé-
« ploiera la même ardeur; qu'il exécutera tout ce qui
« lui sera ordonné, sans jamais chercher une excuse,
« alors que l'honneur de la victoire devra revenir non

9. Leunclavius remplace l'ancienne leçon ἄλλῳ τὸν ὑποκείμενον par ἄλλῳ τινὶ ὑποκείμενον, conjecture confirmée par A et B, qui portent ἄλλῳ τῳ, approuvé par Fabricius et adopté par Sturz après Reimarus. Reiske se déclare aussi pour cette corection; mais il propose d'ajouter προθυμη-θήσεσθαι après οἴεσθε, en sous-entendant ἢ εἰ μὴ ἄλλῳ τῳ ὑπέκειτο, ou bien ἢ εἰ αὐτοτελής καὶ κύριος ἦν αὐτός; — *Quemnam existimatis fore, qui alterius cujusquam in potestate constitutus, pari alacritate partibus sibi demandatis fungatur, ac si juris sui sit?* Enfin le même critique n'est pas content de κρατήσειν. Il aimerait mieux κατορθώσειν : « Nam, dit-il, hic non de sola victoria, sed de omni recta rei injunctæ procuratione et expeditione sermo est. » Sturz n'est pas éloigné d'insérer ou de sous-entendre προθυμηθήσεσθαι, ou tout autre verbe analogue; mais il ne lui paraît pas nécessaire de changer κρατήσειν. Je me borne à remplacer ἄλλῳ τὸν par ἄλλῳ τῳ.

C, F et G donnent ἄλλῳ τὸ ὑποκείμενον. D'après cette variante, on pourrait lire τὸ ἄλλῳ, au lieu de ἄλλῳ τὸ, et faire de τὸ ὑποκείμενον et de ὁτιοῦν le complément de ποιήσειν. — *Quemnam existimatis fore, qui pari studio partibus alii demandatis fungatur* (s.-ent. *ac si mandentur sibi*), *citraque recusationem aliquid esse facturum, si non sibi, sed alii victoriam sit quæsiturus.* Dans G, τὸ ὑποκείμενον a été corrigé par une main plus moderne, qui a substitué τὸν à τό.

10. Ὡς ὅτι, variante fautive par l'omission de θ'.

56 ΤΩΝ ΔΙΩΝΟΣ ΙΣΤΟΡΙΩΝ ΡΩΜ. ΒΙΒΛ. ΛϚ.

τοσοῦτον ἅμα πόλεμον πολεμῆσαι, καὶ παρ' αὐτοῦ Γαουϊνίου ὡμολόγηται. Πολλοὺς γοῦν τῷ χειροτονηθησομένῳ συνεργοὺς ἀξιοῖ δοθῆναι. Λοιπὴ δὲ δὴ σκέψις ἐστὶ, πότερόν ποτε ἄρχοντας αὐτοὺς, ἢ ὑπάρχοντας καὶ στρατηγοὺς[1], καὶ πρὸς τοῦ δήμου παντὸς ἐπ' αὐτοκράτορός τινος[2] ἡγεμονίας, ἢ πρὸς ἐκείνου μόνου ἐφ' ὑπηρεσίᾳ αὐτοῦ πεμφθῆναι δεῖ. Οὐκοῦν ὅτι μὲν καὶ νομιμώτερον[3] καὶ πρὸς τἄλλα πάντα καὶ πρὸς αὐτοὺς τοὺς λῃστὰς τοῦθ' ὅπερ ἐγὼ λέγω ἐστὶ, πᾶς ἄν τις ὑμῶν[4] ὁμολογήσειε. Χωρὶς δὲ τούτου, καὶ ἐκεῖνο ὁρᾶτε οἷόν ἐστι, τὸ πάσας ὑμῶν τὰς ἄλλας ἀρχὰς ἐπὶ τῇ τῶν καταποντιστῶν προφάσει καταλυθῆναι, καὶ μηδεμίαν αὐτῶν μήτε ἐν τῇ Ἰταλίᾳ μήτε ἐν τῇ ὑπηκόῳ τὸν χρόνον τοῦτον[5] ***. "

35. *** τῆς[6] δὲ Ἰταλίας ἀντὶ ὑπάτου ἐπὶ τρία ἔτη, προσέταξαν αὐτῷ ὑποστρατήγους τε[7] πεντεκαίδεκα, καὶ τὰς ναῦς ἁπάσας, τά τε χρήματα καὶ τὰ στρατεύματα

---

1. Ou bien ὑποστρατήγους, proposé par Reiske : cette leçon s'accorde mieux avec ὑπάρχοντας : elle se trouve plusieurs fois dans le § 35.
2. Le même critique préférerait ἐπ' αὐτοκράτορί τινι. Je maintiens l'ancienne leçon, qui s'appuie sur un passage analogue de Dion, XXXVIII, 15 : Ὑποστρατήγῳ οἱ χρήσεσθαι ὑπισχνεῖτο, ὅπως μὴ μετ' ὀνείδους, ὡς καὶ ὑπεύθυνος ὢν, ἀλλὰ ἐπί τε ἀρχῆς καὶ μετὰ τιμῆς ἐκποδὼν δὴ τῷ Κλωδίῳ γένηται.
3. Reimarus propose d'ajouter καὶ συμφερώτερον après νομιμώτερον, par analogie avec δικαιότερον καὶ συμφορώτερον que nous avons vu plus haut.
4. E : Ἡμῶν.
5. Dans B et dans E, il y a ici une lacune d'environ deux pages. Elle est indiquée dans F par le mot λείπει; mais aucun signe ne l'annonce dans A, C, D et G. Le passage qui manque contenait sans doute la fin du discours de Catulus et quelques détails sur l'effet produit par ce discours. Nous n'avons sur tout cela que quelques lignes de Xiphilin, l. l. p.

« à lui, mais à un autre ? Non, il n'est pas possible
« qu'un seul général dirige en même temps toutes les
« opérations d'une si grande guerre : Gabinius lui-même
« l'a reconnu, en demandant que plusieurs aides
« soient donnés au chef qui doit être choisi par vos
« suffrages. Il reste à examiner s'ils devront avoir
« le titre de commandants, de lieutenants ou de chefs ;
« s'ils seront élus par tout le peuple et revêtus d'une
« autorité indépendante, ou nommés par Pompée seul
« et placés sous ses ordres. Mon opinion est, sous tous
« les rapports et même au point de vue des pirates,
« plus conforme aux lois : chacun de vous doit le recon-
« naître. Outre cette considération, vous voyez com-
« bien il est dangereux de détruire toutes les magistra-
« tures, à l'occasion de la guerre contre ces brigands, et
« de n'en laisser subsister aucune, pendant sa durée, ni
« en Italie, ni dans les contrées soumises à notre domi-
« nation ***. »

35. *** on lui confia pour trois ans le gouvernement
de l'Italie avec l'autorité proconsulaire; on lui donna en
outre quinze lieutenants, et un décret lui permit de

Κάτλου δέ τινος τῶν ἀρίστων ἀνδρῶν εἰρηκότος πρὸς τὸν δῆμον, ἐὰν ἐπὶ ταῦτα ἐκπεμφθεὶς σφαλῇ (d'après H. Étienne et le Ms. *h*, au lieu de ἀφῇ donné par Rob. Étienne), οἷα ἔν τε ἀγῶσι πολλοῖς καὶ τούτοις θαλαττίοις φιλεῖ γίνεσθαι, τινὰ ἄλλον ἀντ' αὐτοῦ πρὸς τὰ ἀναγκαιότερα εὑρήσετε ; Ὁ ὅμιλος σύμπας, ὥσπερ ἀπὸ συγκειμένου τινὸς, ἀνεβόησεν εἰπών· Σέ. Καὶ οὕτω ὁ Πομπήϊος τὴν ἡγεμονίαν τῆς θαλάττης, τῶν τε νήσων καὶ τῆς ἠπείρου, ἐς τετρακοσίους σταδίους ἀπὸ τῆς θαλάσσης ἄνω εἴληφει. Cf. Plutarque, Pompée, XXV-XXVI ; Appien, Mithrid. XCIV.

6. R. § 20, p. 98.

7. D'après A. La particule τέ manque dans les autres Ms. et dans l'ancienne leçon : elle a été souvent omise par les copistes. Je n'en donnerai qu'un exemple, tiré de Thucydide, VIII, 82 : au lieu de Καὶ ἀπὸ ταύτης τῆς ἐκκλησίας· εὐθὺς ᾤχετο, ἵνα δοκῇ πάντα μετ' ἐκείνου κοινοῦσθαι, καὶ ἅμα βουλόμενος αὐτῷ τιμιώτερός τε εἶναι καὶ ἐνδείκνυσθαι κτλ., le Ms. de Peiresc,

58   ΤΩΝ ΔΙΩΝΟΣ ΙΣΤΟΡΙΩΝ ΡΩΜ. ΒΙΒΛ. ΛϚ.

ὅσα[1] ἂν ἐθελήσῃ[2], λαβεῖν ἐψηφίσαντο. Καὶ ἐκεῖνά τε καὶ ἡ γερουσία καὶ[3] ἄκουσα ἐπεκύρωσε, καὶ τἄλλα ὅσα πρόσφορα ἐς αὐτὰ εἶναι ἑκάστοτε[4] ἐγίγνωσκεν· ἄλλως τε καὶ ἐπειδὴ τοῦ Πίσωνος μὴ ἐπιτρέψαντος τοῖς ὑπάρχοις[5] καταλόγους[6] ἐν τῇ Γαλατίᾳ τῇ Ναρβωνησίᾳ, ἧς ἦρχε, ποιήσασθαι, δεινῶς ὁ ὅμιλος[7] ἠγανάκτησε. Καὶ εὐθύς γ' ἂν αὐτὸν ἐκ τῆς ἀρχῆς ἐξήλασαν, εἰ μὴ ὁ Πομπήϊος παρῃτήσατο. Παρασκευασάμενος οὖν, ὡς τό τε πρᾶγμα καὶ τὸ φρόνημα αὐτοῦ ἀπῄτει, πᾶσαν ἅμα τὴν θάλασσαν, ὅσην οἱ καταποντισταὶ ἐλύπουν, τὰ μὲν αὐτός, τὰ δὲ καὶ διὰ τῶν ὑποστρατήγων περιέπλευσε, καὶ τὰ πλείω αὐτῆς[8] αὐτοετὲς[9] ἡμέρωσε. Πολλῇ μὲν γὰρ καὶ τῇ παρασκευῇ τῇ τε τοῦ ναυτικοῦ καὶ τῇ τῶν ὁπλιτῶν ἐχρῆτο[10], ὥστε καὶ ἐν τῇ θαλάσσῃ καὶ ἐν τῇ γῇ ἀνυπόστατος εἶναι· πολλῇ δὲ καὶ τῇ φιλανθρωπίᾳ τῇ πρὸς τοὺς ὁμολογοῦντάς οἱ, ὥστε[11] καὶ

Περὶ ἀρετῆς καὶ κακίας, porte τιμιώτερος εἶναι κτλ. Cf. M. Boissonade, Anecd. Nov. I, p. 213.

1. Plutarque, l. l. XXVI : Γενομένης ἐκκλησίας αὐτῷ, διεπράξατο προσλαβεῖν ἕτερα πολλὰ τοῖς ἐψηφισμένοις ἤδη, μικροῦ διπλασιάσας τὴν παρασκευήν. Πεντακόσιαι μὲν γὰρ αὐτῷ νῆες ἐπληρώθησαν, ὁπλιτῶν δὲ μυριάδες δώδεκα καὶ πεντακισχίλιοι ἱππεῖς ἠθροίσθησαν. Ἡγεμονικοὶ δὲ καὶ στρατηγικοὶ κατελέγησαν ἀπὸ βουλῆς ἄνδρες εἰκοσιτέσσαρες ὑπ' αὐτοῦ, δύο δὲ ταμίαι παρῆσαν. Pour plus de détails, cf. les Eclaircissements à la fin du volume.

2. D'après B, au lieu de l'anciennne leçon, Ὅσα ἐὰν ἐθελήσῃ.

3. Καί manque dans C. Sur cette omission, cf. p. 6, not. 9 de ce volume.

4. Sturz dit que l'ancienne leçon ἐς αὐτὰ εἶναι ἦν ἑκάστοτε est confirmée par A : elle se trouve aussi dans C, F et G.

5. F : Ἱππάρχοις, cf. p. 53, not. 10 de ce volume.

prendre tous les vaisseaux, tout l'argent, toutes les troupes qu'il voudrait. Le sénat sanctionna, malgré lui, ces mesures et celles qui parurent successivement réclamées par cette guerre; surtout lorsque, Pison ayant refusé aux lieutenants de Pompée de lever des troupes dans son gouvernement de la Gaule Narbonnaise, le peuple fit éclater un vif mécontentement : il aurait même déposé Pison sur-le-champ, si Pompée n'avait pas intercédé en sa faveur. Celui-ci, après avoir tout préparé comme l'exigeaient l'importance de cette expédition et la grandeur de ses vues, parcourut soit en personne, soit par ses lieutenants, toutes les mers qu'infestaient les pirates, et il en pacifia la plus grande partie, cette année même. Disposant d'une flotte considérable et de nombreux corps d'armée, rien ne put lui résister ni sur mer ni sur terre : en même temps il se montrait plein d'humanité pour ceux qui fai-

6. C : Κατὰ λόγον, variante fautive. Rob. Étienne avait adopté κατὰ λόγους dans son texte ; mais il a corrigé cette leçon dans les notes.

7. C : Ὅμιλος, par l'omission de l'article. Cf. p. 11, not. 5 de ce volume.

8. Τὰ πλείω αὐτοετὲς, dans l'ancienne leçon. J'ajoute αὐτῆς, comme Reimarus et Sturz, d'après A, B et C.

9. Cf. les Eclaircissements à la fin du volume.

10. Appien est plus précis, Mithrid. XCIV : Ἀνήρ τε οὐδείς πω, πρὸ τοῦ Πομπηίου, ἐπὶ τοσήνδε ἀρχὴν αἱρεθεὶς ὑπὸ Ῥωμαίων ἐξέπλευσεν· ᾧ στρατιὰ μὲν αὐτίκα ἦν ἐν δυώδεκα μυριάσι πεζῶν, καὶ ἱππεῖς τετρακισχίλιοι· νῆες δὲ, σὺν ἡμιολίαις, ἑβδομήκοντα καὶ διακόσιαι. Dans le texte de Dion, G donne πολὺ μὲν γὰρ, au lieu de πολλῇ μὲν γάρ. Le copiste a écrit πολλῇ avec un seul λ et confondu η avec υ, d'après la prononciation moderne.

11. L'ancienne leçon : Πρὸς τοὺς ὁμολογοῦντας οἵως τε, est altérée. Robert

ἀπὸ τοῦ τοιούτου [1] παμπόλλους [2] προσποιήσασθαι. Οἱ γὰρ ἄνθρωποι, ταῖς τε δυνάμεσιν ἡττώμενοι [3], καὶ τῆς χρηστότητος αὐτοῦ πειρώμενοι, προθυμότατα [4] αὐτῷ προσεχώρουν. Τά τε γὰρ ἄλλα αὐτῶν ἐπεμελεῖτο, καὶ, ὅπως μηδ᾽ αὖθίς ποτε ἐς ἀνάγκην πονηρῶν ἔργων ὑπὸ πενίας ἀφίκωνται, καὶ χώρας σφίσιν ὅσας [5] ἐρήμους ἑώρα, καὶ πόλεις ὅσαι ἐποίκων ἐδέοντο, ἐδίδου [6]. Καὶ ἄλλαι τε ἐκ τούτου [7] συνῳκίσθησαν, καὶ ἡ Πομπηϊόπολις [8] ἐπικληθεῖσα· ἔστι δὲ ἐν τῇ Κιλικίᾳ τῇ παραθαλασσίᾳ [9]· καὶ

Étienne en a fait sortir la véritable par la simple division de οὕως en deux mots, οἱ et ὡς, réunis mal à propos par le copiste. Sur des fautes analogues, cf. tom. II, p. 167-168, not. 11 de cette édition. La correction de Robert Étienne, approuvée par Xylander, a été suivie par Reimarus et Sturz : elle est confirmée par A, B, C, F et G. Dans E, la leçon primitive est douteuse ; mais ὁμολογοῦτάς οἱ, ὥστε est écrit en marge. Leunclavius et H. Étienne ont eu tort d'omettre οἱ.

1. A l'ancienne leçon ὑπὸ τοῦ τοιούτου, je substitue, comme Sturz, ἀπὸ τοῦ τοιούτου, d'après Dion, Fr. CCCXXX, 2, tom. II, p. 224 de cette édition : Καὶ ἀπ᾽ αὐτοῦ καὶ τοὺς ἄνδρας σφῶν προσεποιήσατο. Dans C, l'article τοῦ a été omis par le copiste. Cf. p. 11, not. 5 de ce volume.

2. Παμποπόλους, dans le même Ms., par la répétition de la syllabe πο, et par la suppression d'un λ, cf. not. 10, p. 53.

3. Tout en déclarant que cette leçon peut être maintenue, Reiske propose de remplacer ἡττώμενοι par ἐλαττώμενοι, d'après le § 45, p. 90 de ce volume, Καὶ ὃς τέως μὲν ἔφευγε (ταῖς γὰρ δυνάμεσιν ἡλαττοῦτο κτλ.), ou bien de substituer τῆς δυνάμεως à ταῖς δυνάμεσιν — *adversus præpollentes Pompeii vires et copias nihil valentes efficere*. Sturz, de son côté, traduit ταῖς τε δυνάμεσιν ἡττώμενοι par *copiis inferiores — minus valentes*, et il justifie cette construction et cette interprétation par un passage de Xénophon, Cyrop. VIII, 2 (p. 160 dans la Collect. Didot) : Ἐκεῖνος τοίνυν λέγεται κατάδηλος εἶναι μηδενὶ ἂν οὕτως αἰσχυνθεὶς ἡττώμενος, ὡς φίλων θεραπείᾳ. Sturz me paraît être dans le vrai : j'adopte son explication, et je maintiens l'ancienne leçon, qui est confirmée par les Ms.

4. Προθυμώτατα, variante fautive dans C, E, F et G.

5. Sturz dit à propos de ce passage : « Ita etiam Med. a. et Coisl. Sed

HISTOIRE ROMAINE DE DION, L. XXXVI.   61

saient volontairement leur soumission. Par là il gagna un grand nombre de pirates qui, inférieurs en forces et témoins de sa bonté, se mettaient avec empressement à sa discrétion. Pompée s'occupait de leurs besoins, et, pour que la pauvreté ne les entraînât pas à de nouveaux brigandages, il leur donnait toutes les terres qu'il voyait désertes et toutes les villes qui manquaient d'habitants. Plusieurs furent ainsi peuplées, entre autres celle qui prit le nom de Pompéiopolis : située sur les

uterque Steph. ὅσους. » Cette remarque manque de netteté : on pourrait en conclure que la leçon tirée du Cod. Coisl. et de l'édition des deux Étienne a rapport, comme celle du Cod. Med., au texte du Dion; tandis qu'elle se rapporte à celui de Xiphilin, l. l. p. 5, où on lit ὅσους, ainsi que dans les Ms. *a, b, c* de cet abréviateur (cf. tom. II, p. 212, not. 1 de cette édition); mais *d, e, f* et *h* portent ὅσας, comme le Cod. Coisl. Quant au Cod. Med. que j'appelle A, il donne ὅσας ici et dans la phrase suivante : καὶ πόλεις ὅσας ἐποίκων ἐδέοντο, leçon fautive qui se retrouve dans B, E et F. Elle provient de la confusion d'ι avec ς à la fin des mots ; cf. M. Boissonade, not. sur Aristænète, p. 499.

6. Appien, Mithrid. XCVI : Τοὺς δὲ πειρατὰς, οἳ μάλιστα ἐδόκουν οὐχ ὑπὸ μοχθηρίας, ἀλλ' ἀπορίᾳ βίου διὰ τὸν πόλεμον, ἐπὶ ταῦτα ἐλθεῖν, ἐς Μάλλον καὶ Ἄδανα καὶ Ἐπιφάνειαν, ἢ εἴ τι ἄλλο πόλισμα ἔρημον ἢ ὀλιγάνθρωπον ἦν τῆσδε τῆς Τραχείας Κιλικίας, συνῴκιζε· τοὺς δέ τινας αὐτῶν καὶ ἐς Δύμην τῆς Ἀχαΐας ἐξέπεμπεν. Cf. Plutarque, Pompée, XXVIII.

7. Dans Xiphilin : Ἐκ τούτων, c'est-à-dire τῶν πειρατῶν. Leunclavius se déclare pour cette leçon.

8. De même, dans les Ms. Le texte de Xiphilin porte, l. l. p. 5, Πομπηΐου πόλις, comme celui de Strabon, liv. XIV, p. 664, éd. de Casaub., Paris, 1620 ; mais liv. XII, p. 562, l. l., on lit dans ce Géographe Πομπηϊούπολις, ainsi que dans Appien, Mithrid. CXV. Πομπηϊούπολις et Πομπηϊόπολις sont également admissibles. Πομπηϊούπολις, dit Étienne de Byzance, p. 644, éd. Berkel., πόλις Παφλαγονίας. Τινὲς δὲ δίχα τοῦ υ Πομπηϊόπολιν λέγουσι, καὶ Πομπηϊοπολίτης. J'ai maintenu l'ancienne leçon : elle est confirmée par une médaille dans Ezech. Spanheim, De Præst. et Usu Numism. tom. II, p. 67, éd. in-fol. Amstel. 1717.

9. Reimarus dit que Xiphilin donne παραθαλασσίῳ. L'édition de Rob.

ἐπεπόρθητο ὑπὸ τοῦ Τιγράνου, Σόλοι[1] πρότερον ὠνομασμένη[2].

36. Ἐπὶ[3] μὲν δὴ τοῦ τε Ἀκιλίου τοῦ τε Πίσωνος ταῦτά τε οὕτως ἐγένετο, καὶ κατὰ τῶν δεκασμοῦ περὶ τὰς ἀρχὰς ἁλισκομένων[4] ἐνομοθετήθη[5] πρὸς αὐτῶν τῶν ὑπάτων, μήτ' ἄρχειν μήτε βουλεύειν σφῶν μηδένα, ἀλλὰ καὶ χρήματα προσοφλισκάνειν. Ἐπειδὴ γὰρ ἥ τε τῶν δημάρχων δυναστεία ἐς τὸ ἀρχαῖον[6] ἐπανεληλύθει[7], καὶ πολλοὶ ὑπὸ τῶν τιμητῶν διαγεγραμμένοι ἀναλαβεῖν τὴν πρότερον βουλείαν ἐσπούδαζον[8], συστάσεις καὶ παρακελευσμοὶ παμπληθεῖς ἐφ' ἁπάσαις ταῖς ἀρχαῖς ἐγίγνοντο. Ἔπραξαν δὲ τοῦθ' οἱ ὕπατοι[9], οὐχ ὅτι καὶ ἤχθοντο τῷ πράγματι· (αὐτοὶ γὰρ διασπου-

---

Etienne que j'ai sous les yeux porte, l. l. p. 5, παραθαλασσίᾳ, leçon confirmée par les Ms. de cet abréviateur.

1. Σολι, dans le Ms. *b* de Xiphilin, par la confusion d'ο: avec ι.
2. L'ancienne leçon ὀνομαζομένη se trouve dans F ; mais les autres Ms. confirment ὠνομασμένη que donnent aussi le texte et les Ms. de Xiphilin.
3. R. § 21, p. 98-99.
4. La variante ἀναλισκομένων, rejetée avec raison par Sturz, n'est pas seulement dans A, cité par cet éditeur : elle se trouve également dans E, F et G.
5. Allusion à la loi Calpurnia. Cf. les Éclaircissements à la fin du volume.
6. La puissance tribunitienne avait été réduite par Sylla au seul droit d'opposition; cf. César, Guer. Civ. I, 5 et 7. Pompée lui rendit tous ses anciens priviléges ; cf. Dion, XXVIII, 30, et les Éclaircissements à la fin du volume.
7. Ἐπανελύθει dans G, faute du copiste, qui, par distraction, a omis la syllabe λη.
8. L'ancienne leçon, καὶ πολλοὶ ὑπὸ τῶν τιμητῶν τῶν διαγεγραμμένων ἀναλαβεῖν πρότερόν τινα τὴν βουλείαν ἐσπούδαζον, est confirmée par les Ms. : seulement G porte τιμιτῶν, par la confusion d'η avec ι. Elle a donné lieu à diverses conjectures. Xylander se contente de déplacer l'article τῶν qui précède διαγεγραμμένων, et propose : καὶ πολλοὶ τῶν ὑπὸ τῶν τιμητῶν διαγεγραμμένων κτλ. Leunclavius va plus loin et lit : καὶ πολλο. τῶν δια-

côtes de la Cilicie, elle s'appelait autrefois Soli et avait été ruinée par Tigrane.

36. Tels sont les événements qui se passèrent pendant le consulat d'Acilius et de Pison. De plus, ils proposèrent eux-mêmes contre ceux qui seraient convaincus de brigue dans les élections une loi qui les déclarait incapables d'exercer aucune magistrature, de siéger dans le sénat, et les frappait d'une amende. Depuis que la puissance tribunitienne avait recouvré ses anciens priviléges, et que plusieurs citoyens dont les noms avaient été effacés par les censeurs sur la liste du sénat, cherchaient à reconquérir leur ancienne dignité, les factions et les cabales se multipliaient à l'infini, à propos de toutes les charges. Les consuls ne proposèrent pas cette loi par haine contre ces menées ; puisqu'ils avaient été élus eux-mêmes

γεγραμμένων ὑπὸ τῶν τιμητῶν πρότερον, ἀναλαβεῖν τινὲς τὴν βουλείαν ἐσπούδαζον. Oddey aimerait mieux ἀναλαβεῖν τὴν πρότερον βουλείαν, en rejetant τινές proposé par Leunclavius, et τινά qui lui semble surabondant dans l'ancienne leçon. Reiske approuve Oddey, sauf la suppression de τινά qu'il défend et auquel il donne même une signification importante : « Unus, dit-il, studebat dignitatem consularem, alter prætoriam, alter tribunitiam, et sic porro recuperare. Indicat ergo diversa genera et gradus dignitatum senatoriarum. Quasi dicas τὴν πρότερον βουλείαν ἥν τινα οὖν, vel ἥ τις οὖν αὔτη ἦν. » Reimarus, au contraire, dans sa lettre à Reiske, p. 678, repousse τινά, comme Oddey. Enfin, dans ses *Addenda*, tom. II, p. 1696 de son édition, il dit que l'article τῶν, avant διαγεγραμμένων, a pu naître de la dernière syllabe de τιμητῶν et détourner de son véritable cas le participe, qui aura été mis au génitif, quand il devait être au nominatif. Il propose donc : καὶ πολλοὶ ὑπὸ τῶν τιμητῶν διαγεγραμμένοι, ἀναλαβεῖν πρότερον τὴν βουλείαν ἐσπούδαζον.

Comme Sturz, j'adopte cette correction ; mais en substituant τὴν πρότερον βουλείαν à πρότερον τὴν βουλείαν. Le même éditeur propose encore : πολλῶν ὑπὸ τῶν τιμητῶν διαγεγραμμένων, ἀναλαβεῖν τινες τὴν πρότερον βουλείαν ἐσπούδαζον. Suivant lui, on pourrait aussi mettre πρότερον, soit avant, soit après διαγεγραμμένων.

9. C : Τοῦθ' ὕπατοι. L'article manque. Sur cette omission, cf. p. 11, not. 5 de ce volume.

δάσαντες ἀπεδείχθησαν, καὶ ὅ γε Πίσων καὶ γραφεὶς [1] ἐπὶ τούτῳ, καὶ πρὸς ἑνὸς καὶ πρὸς ἑτέρου τινὸς ἐξεπράξατο [2] τὸ μὴ κατηγορηθῆναι·) ἀλλ' ὅτι ἠναγκάσθησαν ὑπὸ τῆς γερουσίας. Αἴτιον δὲ, ὅτι Γάϊός τις Κορνήλιος [3] δημαρχῶν πικρότατα ἐπιτίμια τάξαι κατ' αὐτῶν ἐπεχείρησε· καὶ αὐτὰ καὶ [4] ὁ ὅμιλος ᾑρεῖτο. Ἡ γὰρ βουλὴ, συνιδοῦσα [5] ὅτι τὸ μὲν ὑπερβάλλον τῶν τιμωρημάτων ἐν μὲν ταῖς ἀπειλαῖς ἔκπληξίν τινα ἔχει, οὔτε δὲ τοὺς κατηγορήσοντας, οὔτε τοὺς καταψηφιουμένους τῶν ὑπαιτίων, ἅτε καὶ ἀνηκέστων [6] αὐτῶν ὄντων, ῥᾳδίως εὑρίσκει. Τὸ δὲ δὴ μέτριον ἔς τε τὰς κατηγορίας συχνοὺς προάγει, καὶ τὰς καταψηφίσεις οὐκ ἀποτρέπει· μεταρρυθμίσαι [7] πῃ τὴν ἐσήγησιν αὐτοῦ, καὶ τοῖς ὑπάτοις νομοθετῆσαι αὐτὴν, ἐκέλευσεν.

37. Ἐπεὶ [8] δὲ αἵ τε ἀρχαιρεσίαι προεπηγγελμέναι ἦσαν, καὶ κατὰ τοῦτ' οὐδὲν προνομοθετηθῆναι πρὸ αὐτῶν ἐξῆν, καὶ οἱ σπουδαρχιῶντες πολλὰ καὶ [9] κακὰ ἐν τῷ διακένῳ

1. Πίσων dans G, par la confusion d'ει avec ι. La leçon γραφεὶς avait été attaquée par Reiske; mais Reimarus l'a défendue p. 679 de sa lettre à Reiske, qui, après avoir proposé καταγραφεὶς, finit par reconnaître la légitimité de l'ancienne leçon.
2. Ἐξεπρίατο, en marge de A.
3. Τίς manque dans C. Sur l'omission de ce mot, cf. p. 38, not. 1 de ce volume. Asconius donne quelques détails sur Cornélius, schol. in Cornelian. p. 56, éd. d'Orelli : C. Cornelius, homo non improbus vita habitus est. Fuerat quæstor Cn. Pompeii, dein tribunus plebis C. Pisone cos. biennio antequam hæc dicta sunt. In eo magistratu ita se gessit, ut justo pertinacior videretur. Alienatus est autem a senatu ex hac causa.
4. D'après A; mais καὶ manque dans les autres Ms. Sur cette omission, cf. p. 9, not. 6 de ce vol.
5. Συνειδοῦσα, dans A et E, par la confusion d'ει avec ι.

HISTOIRE ROMAINE DE DION, L. XXXVI.

à force d'intrigues et Pison, déféré à la justice pour ce fait, n'avait échappé à la nécessité de se défendre que par le dévouement d'un ou deux de ses amis ; mais parce qu'ils y furent contraints par le sénat. Voici à quelle occasion : un certain Caïus Cornelius, tribun du peuple, avait cherché à faire établir les châtiments les plus sévères contre ceux qui seraient convaincus de brigue, et le peuple avait approuvé sa proposition. Le sénat, sachant par expérience que si les peines sont trop rigoureuses, les menaces de la loi peuvent bien inspirer quelque terreur ; mais que, par cela même que ces peines sont excessives, il n'est pas facile de trouver des accusateurs, ni même des juges disposés à condamner les coupables ; tandis que des peines modérées déterminent plusieurs hommes à intenter des accusations et ne détournent point les juges d'une sentence de condamnation, ordonna aux consuls d'amender cette proposition et de la présenter au peuple ainsi adoucie.

37. Les comices avaient été déjà annoncés, et par cela même il n'était plus permis de faire aucune loi avant leur réunion ; mais, dans l'intervalle, ceux qui aspiraient aux charges publiques se portèrent à de nombreux excès ; des massacres furent même commis. Le

---

6. L'ancienne leçon ἀνηκάστων, confirmée par G, est fautive. Je lui substitue ἀνηκέστων, fourni par A, deviné par Xylander, adopté par Turnèbe et Leunclavius. Ἀνηκότων dans C provient 1° de la confusion d'ο avec ε, 2° de la confusion de στ avec τ. Nous avons vu des exemples de l'une et de l'autre.

7. Μεταρυθμίσαι, dans A, D et F ; les copistes n'ont mis qu'un ρ, quand il en fallait deux ; cf. tom. II, p. 221, de cette édition. Μεταρυθμῆσαι, dans C et E ; même faute que dans les Ms. précédents, et de plus confusion d'ι avec η. G porte μεταριθμῆσαι : outre les deux fautes que je viens de signaler dans C et E, il y a ici confusion d'υ avec ι.

8. R. § 22, p. 99-100.

9. Ici encore καὶ manque dans C. Sur cette omission, cf. p. 9, not. 6 de ce volume.

χρόνῳ τούτῳ [1] ἐποίουν, ὥστε καὶ σφαγὰς γίγνεσθαι· τόν τε νόμον ἐψηφίσαντο καὶ πρὸ ἐκείνων [2] ἐσενεχθῆναι [3] καὶ φρουρὰν τοῖς ὑπάτοις δοθῆναι. Ἀγανακτήσας οὖν ἐπὶ τούτοις ὁ Κορνήλιος, γνώμην ἐποιήσατο, μὴ ἐξεῖναι [4] τοῖς βουλευταῖς μήτε ἀρχήν τινι ἔξω τῶν νόμων αἰτήσαντι διδόναι, μήτ' ἄλλο [5] μηδὲν τῶν τῷ δήμῳ προσηκόντων ψηφίζεσθαι [6]. Τοῦτο γὰρ ἐνενομοθέτητο μὲν ἐκ τοῦ πάνυ ἀρχαίου [7], οὐ μέντοι καὶ τῷ ἔργῳ ἐτηρεῖτο. Θορύβου τε ἐπ' αὐτοῦ [8] πολλοῦ συμβάντος, (καὶ γὰρ [9] ἀντέπρασσον τῶν τε ἄλλων τῶν ἐκ τῆς γερουσίας [10] συχνοὶ, καὶ ὁ Πίσων [11]·) τάς τε ῥάβδους αὐτοῦ ὁ ὄχλος συνέτριψε [12], καὶ αὐτὸν διασπάσα-

1. A et C : Ἐν τῷ διακένῳ τούτῳ χρόνῳ. G : Ἐν τῆς διακένῳ τούτῳ χρόνῳ : les lettres α et β indiquent que χρόνῳ doit être mis avant τούτῳ.

2. Cette leçon, approuvée par Turnèbe, s'accorde mieux avec ce qui précède : προνομοθετηθῆναι πρὸ αὐτῶν. L'ancienne, πρὸς ἐκείνων est confirmée par C, D, E et G.

3. Asconius, schol. in Cornelian. p. 57, éd. d'Orelli : Promulgavitque legem, qua auctoritatem senatus minuebat, ne quis nisi per populum legibus solveretur. Quod antiquo quoque jure erat cautum ; itaque in omnibus senatus consultis, quibus aliquem legibus solvi placebat, adjici erat solitum, ut de ea re ad populum ferretur; sed paulatim ferri erat desitum, resque jam in eam consuetudinem venerat, ut postremo ne adjiceretur quidem in senatus consultis de rogatione ad populum ferenda, eaque ipsa senatus consulta per pauculos admodum fiebant.

4. C : Ἐξῆναι, par la confusion d'ει avec η. Cette confusion, dans le Ms. de Peiresc, Περὶ ἀρετῆς καὶ κακίας, a produit un barbarisme dans un passage de Polybe, XVIII, 38 : Περὶ ὧν, ὅταν ἐπὶ τοὺς καιροὺς ἔλθωμεν, οὐκ ὀκνήσομεν διασαφεῖν τὰ παρακολουθήσαντα ταῖς ἐξουσίαις αὐτῶν ἀπρεπῆ. Ce Ms. porte διασαφὴν κτλ.

5. Ἄλλῳ, autre variante fautive dans C ; ainsi que νομοθέτητο, un peu plus bas, au lieu de ἐνενομοθέτητο.

6. Reimarus propose de remplacer l'ancienne leçon ψημίζεσθαι par σφετερίζεσθαι — *ad se trahere*. Comme Sturz, je préfère ψηφίζεσθαι, qui

sénat décida que la loi serait rendue avant les comices et qu'on donnerait une garde aux consuls. Indigné de ce décret, Cornelius proposa une loi qui défendait aux sénateurs d'accorder une charge à quiconque la demanderait illégalement, ou de statuer sur aucune des questions qu'il appartenait au peuple de résoudre. Tout cela avait été depuis longtemps réglé par des lois; mais on ne s'y conformait plus. Cette proposition souleva un grand tumulte : elle rencontra une vive opposition dans le sénat, surtout de la part de Pison. La multitude brisa ses faisceaux et tenta même de le

donne un sens excellent et s'éloigne moins de la leçon primitive. Entre φημίζεσθαι et ψηφίζεσθαι, la permutation est facile, à cause de la fréquente confusion du ψ avec φ. Cf. Bast, Comment. Palæogr. p. 737.

7. A l'ancienne leçon ἐκ πάνυ ἀρχαίου, je substitue avec Sturz ἐκ τοῦ πάνυ ἀρχαίου, non-seulement d'après A, cité par cet éditeur; mais aussi d'après C. Cette leçon est d'ailleurs confirmée par Dion, XXXVIII, 13 : Καὶ τὰ ἑταιρικὰ κολλήγια ἐπιχωρίως καλούμενα, ὄντα μὲν ἐκ τοῦ ἀρχαίου, καταλυθέντα δὲ χρόνον τινα, ἀνενεώσατο.

8. Turnèbe propose de remplacer ἐπ' αὐτοῦ par ἀπ' αὐτοῦ, changement qui ne paraît point nécessaire à Reimarus. J'ai maintenu l'ancienne leçon. Si elle avait besoin d'être modifiée, j'adopterais ἐπ' αὐτῷ, que Sturz préfère, d'après un passage analogue de Dion, XL, 53 : Θορυβησάντων τε ἐπὶ τούτῳ τινῶν κτλ.

9. Comme Reimarus et Sturz, je substitue, d'après Xylander, Turnèbe et Leunclavius, καὶ γὰρ à l'ancienne leçon οὐ γάρ, qui est confirmée par A, B, C et D.

10. G : Ἐκ γῆς γερουσίας. Le copiste a confondu le ς avec le γ. Cf. Bast, Comment. Palæogr. p. 710, 716, 755, 853.

11. Πείσων dans le même Ms., par la confusion d'ι avec ει.

12. Asconius, l. l. p. 58 : « Tum Cornelius ipse codicem recitavit. Quod quum improbe fieri C. Piso consul vehementer quereretur.... gravi convicio a populo exceptus est; et quum ille eos qui sibi intendebant manus prendi a lictore jussisset, fracti ejus fasces cuncti, lapidesque etiam ex ultima concione in consulem jacti. »

σθαι ἐπεχείρησεν¹. Ἰδὼν οὖν τὴν ὁρμὴν αὐτῶν ὁ Κορνήλιος, τότε μὲν², πρὶν ἐπιψηφίσαι τι³, διαφῆκε τὸν σύλλογον⁴· ὕστερον δὲ προσέγραψε τῷ νόμῳ, τήν τε βουλὴν πάντως περὶ αὐτῶν προβουλεύειν, καὶ τὸν δῆμον ἐπάναγκες⁵ ἐπικυροῦν τὸ⁶ προβούλευμα.

38. Καὶ⁷ οὕτως ἐκεῖνόν τε διενομοθέτησε, καὶ ἕτερον τοιόνδε· οἱ στρατηγοὶ πάντες τὰ δίκαια⁸ καθ' ἃ δικάσειν ἔμελλον αὐτοὶ⁹, συγγράφοντες ἐξετίθεσαν¹⁰· οὐ¹¹ γάρ πω πάντα τὰ δικαιώματα, ἃ περὶ τὰ συμβόλαια διετέτακτο,

1. Ἐπεχείρησε. Ἰδὼν, dans D, E, G. Le ν paragogique a été omis devant une voyelle ; cf. p. 8, not. 2 de ce volume.
2. L'ancienne leçon τότε μὴ est contraire à l'enchaînement des idées : j'ai adopté, comme Leunclavius, Reimarus et Sturz, τότε μὲν, correction conseillée par Xylander et par Robert Étienne. Turnèbe propose de supprimer μὲν et de lire τότε, πρίν κτλ. ; mais cette particule est nécessaire à cause de ce qui suit : ὕστερον δὲ κτλ. Sturz affirme qu'elle a été retranchée dans C; mais il se trompe. Ce Ms. porte τότε μὴ πρὶν κτλ., ainsi que G.
3. « Verbum ἐπιψηφίσαι, dit Sturz, pertinet ad C. Cornelium et dicitur de eo qui populum in suffragia mittit, sive rogat velitne, jubeatne. Sed qui legem proponit, promulgat, fert, suadet, is dicitur γνώμην ποιεῖσθαι (cf. § 36, p. 66), vel νόμον εἰσφέρειν (cf. § 40, p. 72), vel νόμον εἰσηγεῖσθαι (cf. p. 70), quæ duæ formulæ multo sunt quam prima illa frequentiores. Verum nulla ex his tribus confundi debet cum verbo ἐπιψηφίζειν aut ψηφίζεσθαι. V. Hemsterhus. ad Luciani Timonem, c. 44, t. I, p. 157. »
4. Asconius, l. l. : « Quo tumultu Cornelius perturbatus concilium dimisit. Actum deinde ea de re in senatu magnis contentionibus. Tum Cornelius ita ferre rursus cœpit, ne quis in senatu legibus solveretur nisi CC affuissent; neve quis, quum solutus esset, intercederet, quum ea de re ad populum ferretur. Hæc sine tumultu res acta est. Nemo enim negare poterat, pro auctoritate senatus eam legem esse; sed tamen eam tulit invitis optimatibus. »
5. L'addition de εἶναι, proposée par Turnèbe, qui voulait lire ἐπάναγκες εἶναι ἐπικυροῦν, n'est pas nécessaire : ἐπάναγκες est pris adverbialement. Cf. Thes. gr. ling., tom. III, p. 1400, éd. Didot.
6. Ce passage est altéré dans C et dans G. Le premier porte ἐπικυροῦντα τό, et le second ἐπικουροῦν τό.

HISTOIRE ROMAINE DE DION, L. XXXVI. 69

mettre en pièces. Cornelius, voyant qu'elle se laissait emporter trop loin, congédia l'assemblée, avant de recueillir les suffrages : plus tard il ajouta à sa loi que le sénat délibérerait sur ces questions, avant qu'elles fussent portées devant le peuple, et que le peuple devrait ratifier la délibération du sénat.

38. Telle fut la loi de Cornelius à ce sujet : il en proposa une autre que je vais faire connaître. Tous les préteurs consignaient, dans un édit qu'ils affichaient, les principes d'après lesquels ils devaient rendre la justice; mais ils ne donnaient point toutes

---

7. R. § 23, p. 100.
8. C : Τῷ δικαίῳ, faute du copiste.
9. L'ancienne leçon ἔμελλον αὐτοῖς, confirmée par les Ms., est fautive. Il faut nécessairement ἔμελλον αὐτοί, proposé par Leunclavius, ou bien ἔμελεν αὐτοῖς, suivant Oddey. J'ai adopté la correction qui se rapproche le plus du texte primitif. La désinence οι est souvent confondue avec οις, surtout lorsque le mot suivant commence par un σ. Ainsi on lit dans Thucydide, III, 81 : Ἡμέρας τε ἑπτά, ἃς ἀφικόμενος ὁ Εὐρυμέδων ταῖς ἑξήκοντα ναυσὶ παρέμεινεν, Κερκυραῖοι σφῶν αὐτῶν τοὺς ἐχθροὺς δοκοῦντας εἶναι ἐφόνευον κτλ.; mais les deux Ms. de la Bibliothèque nationale de Paris, n° 1657 et 1745, contenant le Jug. de Denys d'Hal. sur Thucyd. où ce passage est cité, § XXVIII, portent, le premier Κερκυραίοις, et le second Κερκυρέοις.
αἱ
10. C : Ἐξετήθεσαν, par la confusion d'ι avec η.
11. Cette leçon est confirmée par tous les Ms. Xylander traduit ainsi : *neque enim prætores id jus quod ad contractus dirigendos positum erat observabant*. C'est probablement d'après cette version que Reiske conseille de remplacer ἐποίουν par ἐκύρουν, ou de lire κύρια ἐποίουν. Mais ἐκύρουν n'est point probable : il s'écarte trop d'ἐποίουν, pour admettre que ces deux mots ont été confondus; mieux vaudrait supposer que κύρια a été omis devant ἐποίουν. La suite n'a pas été mieux entendue par Xylander : *neque id unquam fecerant, neque scripto juri steterant; sed sæpenumero ea variaverant*. Reimarus a refait ainsi toute la traduction : *neque vero omnia jura statuerant, quæ ad contractus dirigendos pertinerent; neque id simul semelque fecerant, neque scripto juri steterant; sed illud mutaverant sæpius*. Sturz a conservé cette version, qui a été adoptée par Wagner et par M. Tafel. Cependant il suffit de la mettre en

ἐποίουν· οὔτε ἐσάπαξ τοῦτ' ἐποίουν, οὔτε τὰ γραφέντα ἐτήρουν· ἀλλὰ πολλάκις αὐτὰ μετέγραφον, καὶ συχνὰ ἐν τούτῳ πρὸς χάριν ἢ καὶ [1] κατ' ἔχθραν τινῶν, ὥσπερ εἰκός, ἐγίγνετο. Ἐσηγήσατο οὖν [2], κατ' ἀρχάς τε εὐθὺς αὐτοὺς τὰ δίκαια [3], οἷς χρήσονται [4], προλέγειν, καὶ μηδὲν ἀπ' αὐτῶν παρατρέπειν. Τό τε σύμπαν, οὕτως ἐπιμελὲς τοῖς Ῥωμαίοις κατὰ τὸν χρόνον ἐκεῖνον τὸ μηδὲν δωροδοκεῖσθαι [5] ἐγένετο, ὥστε πρὸς τῷ τοὺς ἐλεγχομένους κολάζειν, καὶ τοὺς κατηγοροῦντας αὐτῶν ἐτίμων. Τοῦ γοῦν Κόττου [6] τοῦ Μάρκου τὸν μὲν ταμίαν Πούπλιον Ὄππιον ἐπί τε δώροις καὶ ἐπὶ ὑποψίᾳ [7] ἐπιβουλῆς ἀποπέμψαντος, αὐτοῦ δὲ πολλὰ ἐκ τῆς Βιθυνίας χρηματισαμένου, Γάϊον

regard du texte, pour en reconnaître toutes les inexactitudes. Leunclavius propose en marge de son édition : *Nec enim jura et leges omnes ad contractus pertinentes exprimebant, nec uno id eodemque tempore faciebant, nec ab se scripta servabant; sed Albi scripturam mutabant sæpius.* A l'exception de *exprimebant*, qui doit être remplacé par *edicebant*, j'ai suivi cette version ; parce qu'elle est de tout point conforme à l'enchaînement des idées et calquée sur le texte. Seulement, d'après l'opinion de deux savants Académiciens, MM. Naudet et Ed. Laboulaye, profondément versés dans la législation romaine, je rends δικαιώματα par *formules;* interprétation autorisée par Cicéron, Disc. pour Q. Roscius, VIII : « Sunt jura, sunt *formulæ* de omnibus rebus constitutæ, ne quis aut in genere injuriæ, aut ratione actionis errare possit. *Expressæ sunt enim* ex uniuscujusque damno, dolore, incommodo, calamitate, injuria, *publicæ a prætore formulæ,* ad quas privata lis accommodetur. » Le même, Des Dev. III, 14 : Stomachari Canius; sed quid faceret? Nondum enim Aquillius, collega et familiaris meus, *protulerat* de dolo malo *formulas.* » Cf. Sam. Pitiscus, Ant. Rom. tom. I, p. 801 ; 803, au mot *Formulæ.* Quant à l'emploi d'ἐποίουν dans le sens que je lui donne, il serait facile de le justifier par divers passages analogues. Cf. Thes. gr. ling., au mot ποιέω-ῶ, tom. V, p. 1288 et suiv., éd. Didot.

1. Χάριν καὶ, dans G. Une main plus moderne a ajouté en marge ἤ, qui a été omis aussi dans D.

HISTOIRE ROMAINE DE DION, L. XXXVI.   71

les formules qui avaient été établies au sujet des contrats. De plus, ils ne composaient point cet édit tout d'une fois, et ils n'observaient pas ce qu'ils avaient écrit : souvent même ils le changeaient, et la plupart du temps c'était, comme cela devait arriver, par bienveillance ou même par haine pour certaines personnes. Cornelius proposa donc une loi en vertu de laquelle les préteurs seraient tenus de faire connaître, aussitôt qu'ils entreraient en charge, d'après quelles règles ils rendraient la justice, et de ne s'en écarter jamais. En un mot, les Romains, à cette époque, se montrèrent si soucieux de réprimer la corruption, qu'ils établirent des peines contre ceux qui s'en rendraient coupables et des honneurs pour leurs accusateurs. Ainsi, quoique Caïus Carbon n'eût été que tribun du peuple, on lui décerna les honneurs consulaires, parce qu'il avait mis en accusation M. Cotta, qui avait destitué le questeur

2. Οὖν manque dans l'ancienne leçon. Je l'ajoute, comme Sturz, d'après Leunclavius. C'est un de ces petits mots qui ont été souvent omis par les copistes. Dans Platon, Banq. § XXVII, éd. de Bekk. Lond. tom. V, p. 70, au lieu de Δοκεῖ οὖν μοι ῥᾷστον εἶναι οὕτω διελθεῖν, un Ms. porte δοκεῖ μοι κτλ.

3. Asconius, l. l. p. 58 : Aliam deinde legem Cornelius, etsi nemo repugnare ausus est, multis tamen invitis, tulit, ut prætores ex edictis suis perpetuis jus dicerent. Quæ res tum gratiam ambitiosis prætoribus, qui varie jus dicere solebant, sustulit. Alias quoque complures leges Cornelius promulgavit, quibus plerique collegæ intercesserunt : per quas contentiones totus tribunatus ejus peractus est.

4. B : Χρήσωνται, par la confusion d'ο avec ω.

5. G : Ἡ δοροδοκεῖσθαι, variante doublement fautive.

6. Ici, et un peu plus loin, Κότου dans C : le copiste n'a mis qu'une consonne, au lieu de deux, faute qui revient sans cesse. Il est question de M. Cotta, qui fut consul l'an de Rome 680, et obtint, un an après, la Bithynie pour province.

7. G : Ἐπὶ ὑποψίαν. Le copiste a pris pour un ν l'ι final dont on a fait plus tard l'ι souscrit. Cf. p. 49, not. 7 de ce volume.

Κάρβωνα τὸν κατηγορήσαντα αὐτοῦ τιμαῖς ὑπατικαῖς, καίπερ δεδημαρχηκότα μόνον, ἐσέμνυναν. Καὶ οὗτος μὲν τῆς τε Βιθυνίας καὶ αὐτὸς ὕστερον ἄρξας, καὶ μετριώτερον οὐδὲν τοῦ Κόττου πλημμελήσας, ἀντικατηγορήθη ὑπὸ τοῦ υἱέος [1] αὐτοῦ, καὶ ἀνθεάλω. Πολλῷ γάρ που ῥᾷον ἄλλοις ἐπιτιμῶσί τινες, ἢ ἑαυτοῖς παραινοῦσι· καὶ προχειρότατά γε ἐφ' οἷς τιμωρίας ἀξίους τοὺς πέλας εἶναι νομίζουσιν, αὐτοὶ ποιοῦσιν· ὥστε μηδεμίαν πίστιν, ἐξ ὧν ἑτέροις ἐγκαλοῦσιν, ὅτι καὶ μισοῦσιν αὐτὰ, λαμβάνειν [2].

39. Λούκιος [3] δὲ δὴ Λούκουλλος [4] τὴν μὲν στρατηγίαν τὴν οἴκοι διῆρξε· τῆς δὲ δὴ Σαρδοῦς ἄρξαι μετ' αὐτὴν λαχὼν, οὐκ ἠθέλησε, μισήσας τὸ πρᾶγμα, διὰ τοὺς πολλοὺς τοὺς οὐδὲν ὑγιὲς ἐν τοῖς ἔθνεσι δρῶντας. Ὅτι γὰρ ἐπιεικὴς ἦν, ἱκανώτατα διέδειξε. Τοῦ γὰρ Ἀκιλίου [5] συντριβῆναι τὸν δίφρον αὐτοῦ ἐφ' οὗ ἐδίκαζε, κελεύσαντος, ὅτι παριόντα ποτὲ αὐτὸν ἰδὼν οὐκ ἐξανέστη, οὔτε ὀργῇ [6] ἐχρήσατο, καὶ ὀρθοστάδην μετὰ τοῦτο καὶ αὐτὸς καὶ οἱ συνάρχοντες αὐτοῦ δι' ἐκεῖνον διεδίκασαν.

40. Ἐσήνεγκε [7] μὲν οὖν καὶ ὁ Ῥώσκιος [8] νόμον, ἐσ-

---

1. E donne la forme attique υἱέως.
2. Suivant Reiske, il faut sous-entendre δεῖν. Rien ne l'exige, ainsi que Sturz l'a remarqué.
3. R. § 24, p. 100-101.
4. Je maintiens l'ancienne leçon, qui est confirmée par les Ms. Oddey conseille de substituer Μάρκος à Λούκιος, afin qu'on ne confonde point ce Lucullus avec le général qui fit la guerre contre Mithridate. Cette correction ne m'a point paru suffisamment justifiée. Les deux Lucullus, d'ailleurs très-distincts, ont pu avoir le même prénom.

Publius Oppius soupçonné de se laisser corrompre et d'ourdir des trames criminelles, mais qui s'était enrichi lui-même en Bithynie. Plus tard Carbon eut aussi le gouvernement de cette province et n'y commit pas moins d'exactions que Cotta : il fut accusé par le fils de celui-ci et condamné à son tour ; car pour certains hommes il est plus facile de blâmer les autres que de se corriger eux-mêmes. Ils sont très-prompts à faire ce qui leur paraît mériter d'être puni dans autrui ; et s'ils condamnent le mal chez les autres, ce n'est pas une raison pour qu'on croie qu'ils l'ont en aversion.

39. Lucius Lucullus était arrivé au terme de sa préture urbaine. Nommé ensuite au gouvernement de la Sardaigne, il ne l'accepta pas : il se sentait de l'éloignement pour cette charge, parce que la plupart des gouverneurs de province se conduisaient mal. Il était d'une grande douceur et il en donna une preuve éclatante. En effet, Acilius ayant fait briser le siége d'où Lucullus rendait la justice, sous prétexte que celui-ci ne s'était point levé en le voyant passer auprès de lui, Lucullus ne se fâcha pas et rendit la justice debout à partir de ce jour : ses collègues en firent autant, par égard pour lui.

40. Roscius proposa une nouvelle loi : C. Manilius,

5. C'est le consul M'. Acilius Glabrion ; cf. p. 259 ; 261 ; 265, tom. II de cette édition, et p. 3 de ce volume.
6. D et E : Οὔτ' ὀργῇ.
7. R. § 25, p. 101.
8. L. Roscius Othon ; celui qui régla par une loi les places que les chevaliers devaient occuper au théâtre et leur assigna quatorze rangs de siéges, les plus voisins de ceux des sénateurs. Plutarque, Cic. XIII, lui donne le prénom de Marcus ; mais c'est une erreur. Son prénom est Lucius, comme on le voit par l'Épitome de Tite-Live, XCIX : L. Roscius, tribunus plebis, legem tulit, ut equitibus romanis in theatro quatuordecim

ἤνεγκε δὲ καὶ ὁ Γάϊος Μάλλιος [1], ὅτε ἐδημάρχησεν [2]. ἀλλ' ἐκεῖνος μὲν γὰρ [3] τὰς τῶν ἱππέων τὰς ἐν τοῖς θεάτροις ἕδρας ἀκριβῶς ἀπὸ τῶν ἄλλων ἀφώρισε [4] καὶ ἔπαινον ἐπ' αὐτῷ [5] ἔλαβεν· ὁ δὲ δὴ Μάλλιος καὶ δίκην ὀλίγου ὑπέσχε. Τῷ γὰρ ἔθνει τῷ τῶν [6] ἀπελευθέρων ἔν τε τῇ ἐσχάτῃ τοῦ ἔτους [7] ἡμέρᾳ, καὶ πρὸς ἑσπέραν, παρασκευάσας τινὰς [8] ἐκ τοῦ ὁμίλου, ψηφίσασθαι μετὰ τῶν ἐξελευθερωσάντων [9] σφᾶς ἔδωκεν. Ἐπεὶ δὲ ἡ βουλὴ (εὐθὺς τῇ ὑστεραίᾳ ἐν αὐτῇ τῇ νουμηνίᾳ ἐπύθετο [ἐν ᾗ] Λούκιός τε Τούλλιος καὶ Αἰμίλιος Λέπιδος ὑπατεύειν ἤρξαντο [10]), τὸν νόμον αὐτοῦ ἀπε-

---

gradus proximi assignarentur. Cf. Cicéron, pro Muren. XIX; Vell. Paterc. II, 32; Acron, in Horat. Epod. IV, et les not. de M. J. Vict. Le Clerc, sur la Vie de Cicéron par Plutarque, OEuv. Comp. de Cic., tom. I, 1ʳᵉ partie, p. 128, éd. in-12.

1. Asconius, schol. in Milonian. p. 46, éd. d'Orelli : « Eo tempore, quum Cn. Manlius, tribunus plebis, subnixus libertinorum et servorum manu, perditissimam legem ferret, ut libertinis in omnibus tribubus suffragium esset, idque per tumultum ageret, et clivum Capitolinum obsideret, discusserat perruperatque coetum Domitius, ita ut multi Manlianorum interficerentur; quo facto et plebem infimam offenderat et senatus magnam gratiam inierat. » Suivant Asconius, schol. in Cornelian. l. l. p. 66, cette proposition ayant été condamnée par un sénatus-consulte, Manilius lui-même l'abandonna. Orelli relève, en passant, une inadvertance de Pighius : « Qui culpa non vacat, dit-il (Ann. Rom. t. III, p. 315, éd. Schott), ubi ab Asconio ad Milonianam et ad Cornelianam eandem legem Maniliam significari affirmavit, quod etiam Ernestio accidit in indice legum quarum in libris Ciceronis nominatim mentio fit. »
Je conserve l'ancienne leçon, d'après tous les Ms. de Dion. « Manilius iste, dit Reimarus, in græcis quibusdam codicibus Μάλλιος, ut in latinis nonnullis Manlius, et pro Caio vitiose Cneio. » Leunclavius propose Μανίλιος, en marge de son édition.

2. Ὅτε ἐδημάρχησε· ἀλλ' ἐκεῖνος, dans C, D et G, par l'omission du ν paragogique devant une voyelle. Cf. p. 8, not. 2 de ce vol.

3. Reiske propose de supprimer γάρ. Cette conjonction manque dans C, mais c'est par la faute des copistes, qui l'ont souvent omise; par exemple

qui était aussi tribun du peuple, en proposa une autre. Le premier demanda qu'au théâtre les places des chevaliers fussent séparées de celles des autres citoyens, et cette proposition lui valut des éloges : peu s'en fallut, au contraire, que Manilius ne fût puni pour la sienne. Le dernier jour de l'année, vers le soir, à la tête de quelques hommes du peuple qu'il avait disposés pour un coup de main, il proposa de conférer aux affranchis le droit de voter comme ceux qui leur avaient donné la liberté. Le lendemain (c'était le premier jour du mois dans lequel L. Tullius et Æmilius Lépidus prirent possession du consulat), le sénat, instruit de cette proposition,

An de Rome 688.

dans Platon, Banq. § I, éd. de Bekk. Lond. tom. V, p. 6, où, au lieu de Καὶ γὰρ ἔγωγε καὶ ἄλλως, ὅταν μέν τινας περὶ φιλοσοφίας λόγους ἢ αὐτὸς ποιῶμαι ἢ ἄλλων ἀκούω, un Ms. porte καὶ ἔγωγε κτλ.

4. E : Ἀφόρισε. Le copiste a négligé l'augment. Cf. p. 8, not. 4, tom. II de cette édition.

5. L'ancienne leçon ἐπ' αὐτὸν, qui se trouve dans C, D, F et G, est fautive. Il faut, d'après Rob. Étienne et Xylander, ἐπ' αὐτῷ, correction approuvée par Turnèbe, ou bien ἀπ' αὐτοῦ, d'après Oddey. Comme Reimarus et Sturz, j'adopte ἐπ' αὐτῷ, d'abord parce que cette leçon est excellente au point de vue du sens et de la grécité ; ensuite, parce qu'elle se déduit sans peine de ἐπ' αὐτῶν donné par A et E : on sait que les désinences ῳ et ων sont fréquemment confondues. Cf. M. Boissonade, sur Aristænète, p. 393 ; 589 ; 591 ; 584 ; sur Théophylacte Simoc. p. 315. G donne ἐπ' ῷ αὐτόν : l'ῳ a été ajouté par une main plus moderne.

6. Cet article manque dans C et G ; mais dans C, il a été ajouté en marge par une main plus moderne. Sur l'omission de l'article, cf. p. 18, not. 2 de ce volume.

7. F : Ἔθους, par la confusion du τ avec le θ. Ainsi, au lieu de αὖθις, le Ms. de Peiresc, Περὶ ἀρετῆς καὶ κακίας, porte αὖτις, dans Thucydide, V, 43 : Ἀλλ' ἵνα Ἀργείους σφίσι σπεισάμενοι ἐξέλωσι καὶ αὖθις ἐπ' Ἀθηναίους μόνους ἴωσι, τούτου ἕνεκα σπένδεσθαι αὐτούς.

8. « Scilicet, dit Reiske, φίλους καὶ συμφωνοῦντας. »
λευθε
9. G : Ἐξερωσάντων.
10. L'ancienne leçon Ἐπεὶ δὲ ἡ βουλὴ εὐθὺς τῇ ὑστεραίᾳ ἐν αὐτῇ τῇ

76 ΤΩΝ ΔΙΩΝΟΣ ΙΣΤΟΡΙΩΝ ΡΩΜ. ΒΙΒΛ. ΛϚ.

ψηφίσατο· φοβηθείς, ἐπειδὴ τὸ πλῆθος δεινῶς ἠγανάκτει, τὰ μὲν πρῶτα ἔς τε τὸν Κράσσον καὶ ἐς ἄλλους τινὰς τὴν γνώμην ἀνῆγεν· ὡς δ' οὐδεὶς [1] ἐπίστευέν οἱ, τὸν Πομπήϊον καὶ ἄκων [2] ἐκολάκευσεν, ἄλλως τε καὶ ὅτι τὸν Γαουΐνιον πλεῖστον παρ' αὐτῷ δυνάμενον ᾔσθετο. Τόν τε γὰρ τοῦ Τιγράνου καὶ τὸν τοῦ Μιθριδάτου πόλεμον, τήν τε Βιθυνίαν καὶ τὴν Κιλικίαν ἅμα ἀρχὴν [3] αὐτῷ προσέταξεν [4].

41. Ἀγανάκτησις [5] μὲν γὰρ [6] καὶ ἀντιλογία καὶ τότε παρὰ τῶν δυνατῶν [7], διά τε τὰ ἄλλα [8], καὶ διότι ὅ τε

νουμηνίᾳ ἐπύθετο, Λούκιός τε Τούλλιος καὶ Αἰμίλιος Λέπιδος ὑπατεύειν ἤρξαντο, τὸν νόμον αὐτοῦ ἀπεψηφίσαντο· φοβηθεὶς κτλ., est confirmée par les Ms. Seulement B et E portent Αἰμύλιος, au lieu de Αἰμίλιος par la confusion d'ι avec υ. C omet les mots ἐν αὐτῇ τῇ νουμηνίᾳ, et E donne ἤρξατο, au lieu de ἤρξαντο, par la confusion de αν avec α. Au contraire, au lieu de ἤρξατο dans Denys d'Hal. Ant. Rom. I, 2, Ἡ δὲ Μακεδονικὴ δυναστεία...... μετὰ τὴν Ἀλεξάνδρου τελευτὴν ἐπὶ τὸ χεῖρον ἤρξατο φέρεσθαι, le Ms. de la Bibliothèque nationale de Paris n° 1654 porte, ἤρξαντο.

L'ancienne leçon est évidemment tronquée. Leunclavius, dans ses notes, propose : Ἐπεὶ δὲ — ἐπύθετο τόδε, ᾗ Λούκιος τε Τούλλιος (ou mieux Τοῦλλος) καὶ Αἰμίλιος Λέπιδος ὑπατεύειν ἤρξαντο καὶ τὸν νόμον αὐτοῦ ἀπεψηφίσαντο· φοβηθεὶς κτλ. Au lieu de ἀπεψηφίσαντο, il propose aussi, en marge de son texte, ἀπεψηφίσατο, en le faisant dépendre de βουλή, correction approuvée par Oddey. Turnèbe voudrait remplacer ἐπύθετο par πυθομένη et ἤρξαντο par ἀρξάμενοι. Reiske, à son tour, lit : Ἐπεὶ δὲ — νουμηνίᾳ ἐνιαυτοῦ, ὃν Λούκιος — (illius anni Calendis, quo consules, etc.) — ἀπεψηφίσατο (s.-ent. ἡ βουλή). A ces conjectures, plus ou moins heureuses, j'ai dû préférer celle de Sturz, qui, pour arriver à un sens très-plausible, n'exige que l'insertion de ἐν ᾗ dans le texte primitif. Elle est justifiée par Dion, XLI, 1 : Ἦλθέ τε ἐς τὴν Ῥώμην ἐν αὐτῇ τῇ νουμηνίᾳ ἐν ᾗ ὅ τε Λεντοῦλος ὁ Κορνήλιος καὶ ὁ Κλαύδιος ὁ Γάϊος τὴν ἀρχὴν ἐνεστήσαντο. Quant à ἀπεψηφίσαντο, on pourrait le maintenir à cause du sujet ἡ βουλή nom collectif; cependant j'ai préféré ἀπεψήφισατο. Enfin il n'est pas nécessaire d'ajouter τόδε après ἐπύθετο, ce mot pouvant être facilement sous-entendu. J'ai inséré ἐν ᾗ dans le texte; mais entre crochets.

1. B et E : Ὡς οὐδείς. Sur l'omission de δέ, cf. p. 26, not. 1 de ce volume. En voici un exemple tiré de Denys d'Hal. Περὶ συνθ. § III,

la rejeta sur-le-champ : l'indignation de la multitude était montée à son comble. Manilius, qui en fut effrayé, attribua d'abord à Crassus et à quelques autres la pensée de cette loi; mais comme personne ne le crut, il chercha, malgré une vive répugnance, à flatter Pompée et prit surtout ce parti, parce qu'il savait que Gabinius avait beaucoup de crédit auprès de lui. Il lui fit donc confier la guerre contre Tigrane et contre Mithridate, avec le gouvernement de la Bithynie et de la Cilicie.

41. Alors le mécontentement et l'opposition des Grands éclatèrent encore pour diverses causes; mais prin-

---

p. 46, éd. de Schæfer : Ὅτι δὲ οὐδὲν ἐν αὐτοῖς ἐστι σεμνὸν οὐδὲ περιττὸν, ὁ βουλόμενος εἴσεται. Le Ms. de la Bibliothèque nationale de Paris n° 1797, porte ὅτι οὐδὲν κτλ.

2. A l'ancienne leçon ἄκοντα, confirmée par les Ms., je substitue, d'après le critique appelé N dans Reimarus, ἄκων adopté par Sturz.

3. Ἄρχειν, dans C et G, par la confusion d'η avec ει, dont on trouve partout des exemples.

4. C, D et G : Προσέταξε. Sur le ν paragogique, omis à la fin des phrases, cf. tom. I, Introd., p. LIX de cette édition.

5. R. § 26, p. 101-102.

6. Reiske aimerait mieux οὖν, mais γὰρ doit être maintenu. L'enchaînement des idées exige une conjonction explicative; cf. Sturz, tom. I, p. 247 de son édition.

7. C : Παρά τε τῶν δυνατῶν. La particule τέ a été souvent ajoutée par les copistes. Dans Josèphe, A. J. I, 2, 2, au lieu de Ἔτι δὲ ζῶντος Ἀδάμου καὶ Κάϊος τοὺς ἐκγόνους πονηροτάτους συνέβη γενέσθαι, κατὰ διαδοχὴν καὶ μίμησιν ἄλλον ἄλλου χείρονα τελευτῶντα, le Ms. de Peiresc, Περὶ ἀρετῆς καὶ κακίας, porte ἔτι δὲ ζῶντος Ἀδάμου τε καὶ Κάϊου κτλ. Avec cette leçon, il faudrait traduire : *Viventibus adhuc Adamo atque Caio*, etc. Le véritable sens est donné par la version latine, dans la Collect. Didot, tom. I, p. 8 : *Ceterum adhuc vivente Adamo, progeniem Caïs sceleratissimam fieri contigit, quum per successionem et imitationem alius alio in dies deterior evaderet*. Cette interprétation est exigée par ce qui précède : καὶ τὴν ἀπραγμοσύνην — εἰς πανουργίαν παραγαγών, l. l. p. 8, et par ce qui suit : Πρός τε πολέμους εἶχον ἀκρατῶς καὶ πρὸς λῃστείαν ὡρμήκεσαν. Ὅλως δ' εἴ τις ὀκνηρὸς ἦν πρὸς τὸ φονεύειν, ἀλλ' οὖν ἀπονοίᾳ ἦν θρασὺς, ὑβρίζων καὶ πλεονεκτῶν. Ἄδαμος δὲ — παιδοποιΐας ἐφρόντιζε.

8. C et G : Τἄλλα.

78 ΤΩΝ ΔΙΩΝΟΣ ΙΣΤΟΡΙΩΝ ΡΩΜ. ΒΙΒΛ. ΛϚ.

Μάρκιος καὶ ὁ Ἀκίλιος ¹, πρὶν τὸν χρόνον ² σφίσι τῆς ἀρχῆς ἐξήκειν, κατελύοντο, ἐγένετο. Ὁ δὲ ὅμιλος, καί τοι μικρὸν³ ἔμπροσθεν τοὺς ἄνδρας τοὺς καταστήσοντας τὰ ἑαλωκότα, ὡς καὶ διαπεπολεμηκὼς ἐξ ὧν σφίσιν ὁ Λούκουλλος ⁴ ἐπεστάλκει ⁵, πέμψας, ὅμως ἐψηφίσατο ⁶ αὐτὰ, ἐναγόντων σφᾶς ἐς τὰ μάλιστα τοῦ τε Καίσαρος ⁷ καὶ τοῦ Κικέρωνος ⁸ τοῦ Μάρκου. Οὕτω γὰρ αὐτοῖς ⁹ συνηγωνίσαντο, οὐχ ὅτι καὶ συμφέρειν αὐτὰ τῇ πόλει ἐνόμιζον, οὐδ᾽ ὅτι τῷ Πομπηΐῳ χαρίσασθαι ἤθελον· ἀλλ᾽ ἐπειδὴ καὶ ὣς γενήσεσθαι ἔμελλε ¹⁰, Καῖσαρ μὲν τόν τε ¹¹ ὄχλον ἅμα ¹² ἐθερά-

1. Q. Marcius Rex et M'. Acilius Glabrion. Μαρχὸς est une faute du copiste dans A, B, C, E et F.
2. L'ancienne leçon ὡς πρὶν τὸν χρόνον κτλ. est confirmée par les Ms., à l'exception de C qui donne τῷ χρόνῳ, variante fautive. Ὡς a été probablement ajouté par les copistes. C'est ainsi que dans Josèphe, A. J. II, 6, 5 éd. d'Havercamp : Οἱ δὲ Ἰακώβου παῖδες.... ἀπήγγελλον τῷ πατρὶ τὰ κατὰ Αἴγυπτον αὐτοῖς συμβάντα, καὶ ὅτι κατάσκοποι δόξειαν ἀφῖχθαι τοῦ βασιλέως, καὶ λέγοντες ἀδελφοί τε εἶναι καὶ τὸν ἑνδέκατον οἴκοι καταλιπεῖν παρὰ τῷ πατρὶ ἀπιστηθεῖεν, ὡς καταλίποιέν τε Συμεῶνα παρὰ τῷ στρατηγῷ, μέχρι Βενιαμὶν αὐτὸν ἀπιών, πίστις αὐτῷ τῶν εἰρημένων παρ᾽ αὐτῶν γένοιτο κτλ., le Ms. de Peiresc, Περὶ ἀρετῆς καὶ κακίας, porte ὡς αὐτὸν (ὡς dans le sens de πρός). Ce passage, qui ne peut s'expliquer avec la leçon suivie par Havercamp, présente avec ὡς αὐτὸν un sens assez plausible : *Donec Benjamin ad illum* (s.-ent. præfectum) *profectus verbis eorum fidem adstrueret;* mais la meilleure leçon est celle que donne M. G. Dindorf, dans la Collect. Didot, l. l. : Μέχρι Βενιαμὶν αὐτὸς ἀπιὼν κτλ. — *Donec Benjamin ipse illuc profectus verbis eorum fidem adstrueret.*
3. C : Σμικρόν.
4. E : Λούκουλος. Le copiste n'a mis qu'une consonne, quand il en fallait deux ; cf. p. 71, not. 7 de ce volume.
5. Il n'est pas hors de propos de rapprocher de ce passage ce que Lucullus dit à Pompée ; Dion, p. 90 de ce volume : Καὶ αὐτῷ (h. e. τῷ Πομπηΐῳ) ἐν τῇ Γαλατίᾳ ἤδη ὄντι ὁ Λούκουλλος ἀπαντήσας, διαπεπολεμῆσθαί τε πάντα ἔφη, καὶ μηδὲν ἔτι στρατείας δεῖσθαι.
6. C · Ἐψηφίσαντο, à cause du sujet ὁ ὅμιλος, nom collectif : cette va-

cipalement parce que Marcius et Acilius furent déposés avant d'être parvenus au terme de leur charge. Le peuple avait envoyé, peu de temps auparavant, des commissaires pour régler les affaires dans les pays conquis (la guerre paraissait finie d'après ce que Lucullus avait écrit) ; mais il n'en approuva pas moins la loi Manilia, à l'instigation de César et de M. Cicéron, qui soutinrent cette loi, non qu'ils la crussent avantageuse pour l'État, ou qu'ils voulussent complaire à Pompée, mais parce qu'ils voyaient

riante confirme ce qui a été dit p. 75-76, not. 10 de ce volume, sur une construction analogue.

7. Vell. Paterculus, II, 44 : Cæsar...... animadvertebat se, cedendo Pompeii gloriæ aucturum suam, et invidia communis potentiæ in illum relegata, confirmaturum vires suas.

8. Témoin son discours pour la loi Manilia. Au lieu de Κικέρωνος, G donne Κικέρονος, par la confusion d'ω avec ο. Par une confusion semblable, C et D portent un peu plus loin συνηγονίσαντο, au lieu de συνηγωνίσαντο. Dans E, on lit συνηγονήσαντο : outre la confusion d'ω avec ο, il y a ici celle d'ι avec η.

9. Turnèbe aimerait mieux αὐτῷ (h. e. Μαλλίῳ). Je conserve, d'après les Ms., αὐτοῖς, et je l'interprète, comme Reimarus et Sturz : *Manilio et Pompeio*. L'explication de Reiske est plus ingénieuse que solide. « Subaudi, dit-il, τοῖς πράγμασι vel διαϐουλίαις — *molitionibus Manilii*, volentis Pompeio belli Mithridatici administrationem et summam in Republica auctoritatem comparare. » Je doute qu'on puisse dire τοῖς πράγμασι συναγωνίζεσθαι : ce verbe ne se joint guère qu'aux noms de personnes. Suivant le même critique οὕτω est ici le nominatif de οὗτος au duel — *Hi duo*, et non pas un adverbe. Sturz semble avoir approuvé cette remarque, en adoptant la version : *Hi duo enim*. Mais pour cela il faudrait τούτω et non pas οὕτω. L'interprétation de Reimarus doit être maintenue : *Ita hi quidem*.

10. G : Ἔμελλεν, Καῖσαρ. Sur ce ν paragogique, cf. tom. II, p. 61, not. 9 de cette édition.

11. Τέ manque dans C. Les copistes omettent souvent cette particule; par exemple dans Platon, Lysis, § 2, éd. de Bekk. Lond. tom. I, p. 210-211, au lieu de Εἰμὶ δ' ἐγὼ τὰ μὲν ἄλλα φαῦλος καὶ ἄχρηστος, τοῦτο δέ μοί πως ἐκ Θεοῦ δέδοται, ταχὺ οἵῳ τ' εἶναι γνῶναι ἐρῶντά τε καὶ ἐρώμενον κτλ., un Ms. porte ἐρῶντα καὶ ἐρώμενον.

12. Ce mot manque dans B.

80 ΤΩΝ ΔΙΩΝΟΣ ΙΣΤΟΡΙΩΝ ΡΩΜ. ΒΙΒΛ. ΛϚ.

πευσεν [1], ἅτε καὶ ὁρῶν ὅσα τῆς βουλῆς ἐπικρατέστεροι [2] ἦσαν, καὶ ἑαυτῷ [3] τό τι τῶν ὁμοίων ψηφισθῆναί ποτε παρεσκεύασε. Κἂν τούτῳ καὶ τὸν Πομπήϊον καὶ ἐπιρθονώτερον καὶ ἐπαχθέστερον ἐκ τῶν διδομένων οἱ ποιῆσαι, ὅπως σφίσι πρὸς κόρου θᾶσσον γένηται, ἠθέλησε [4]. Κικέρων δὲ τήν τε πολιτείαν ἄγειν ἠξίου, καὶ ἐνεδείκνυτο καὶ τῷ πλήθει καὶ τοῖς δυνατοῖς, ὅτι ὁποτέροις ἂν σφῶν προσθῆται, πάντως αὐτοὺς ἐπαυξήσει [5]. Ἐπημφοτέριζέ τε γὰρ [6], καί ποτε μὲν τὰ τούτων, ἔστι δ' ὅτε [7] καὶ τὰ ἐκείνων, ἵν' ὑπ' ἀμφοτέρων σπουδάζηται, ἔπραττεν [8]. Τοὺς γοῦν [9] βελτίους πρότερον προαιρεῖσθαι [10] λέγων, καὶ διὰ τοῦτο καὶ ἀγο-

---

1. Xiphilin, l. l. p. 6 : Τὸν ὄχλον ἐξαρχῆς ὑφεῖρπε καὶ ἐθεράπευε.
2. Sturz cite ἐπικρατέστερον, comme une variante fautive tirée de A. Elle se trouve aussi dans B, C, E et F. — G porte ἐπικρατέστερον̅ οι.
3. C : Ἑαυτῷ τι τῶν ὁμοίων ψηφισθῆναι. L'article τὸ, que je conserve, n'est pas absolument nécessaire. Sur l'infinitif pris substantivement sans l'adjonction de l'article, cf. les autorités citées dans les notes de Platon, éd. de Bekk. Lond. tom. VI, p. 310-311, et surtout p. 359, à propos de ce passage : Ἢ τίν' οἴει ἀρχὴν ἄλλην πόλιν οἰκίζειν — *An vero tu putas aliud exstitisse civitatibus constituendis initium ?*
4. Le passage κἂν τούτῳ — ἠθέλησε est omis dans C et D. Il manquait aussi dans G; mais il a été ajouté en marge, par une main plus moderne.
5. Le passage τήν τε πολιτείαν ἄγειν — ἐπαυξήσει, est littéralement reproduit par Xiphilin, l. l. Seulement, au lieu de ἐπαυξήσει, h donne ἔτι αὐξήσει : le copiste a réuni les deux mots et confondu π avec τι. Sur cette confusion, cf. Porson, Advers. p. 38.
6. Xiphilin, l. l. : Ἐπημφοτέριζε τὰ πολλά. Dans le texte de Dion, au lieu de ἐπημφοτέριζέ τε, F donne ἐπημφοτερίζεται̅ τε. Le copiste a confondu les sons αι et ε et réuni la particule τέ avec le verbe.
7. D : Ἔστι δὲ ὅτε. G : Ἔτι δὲ ὅτε : ici ἔστιν a été remplacé par ἔτι. Dans Platon, au contraire, Banq. § XXXII, éd. de Bekk. Lond. tom. V, p. 82, Πολὺ δὲ τούτων ἀτοπώτερον ἔτι ὅτι καὶ αἱ ἐπιστῆμαι, μὴ ὅτι αἱ μὲν

qu'elle serait inévitablement adoptée. César voulait tout à la fois flatter le peuple, qui lui paraissait beaucoup plus puissant que le sénat, et se frayer la voie pour obtenir, un jour, un semblable décret en sa faveur. Il cherchait en même temps à exciter encore davantage la jalousie et la haine contre Pompée, par les honneurs qui lui seraient conférés; afin que le peuple se dégoûtât plus promptement de lui. Quant à Cicéron, il aspirait à gouverner l'État et voulait montrer au peuple et aux Grands qu'il accroîtrait considérablement la force du parti qu'il aurait embrassé. Il favorisait donc tantôt les uns, tantôt les autres, pour être recherché par les deux partis : ainsi, après avoir fait cause commune avec les Grands et préféré, par suite

γίγνονται, αἱ δὲ ἀπόλλυνται... ἀλλὰ καὶ κτλ., un Ms. donne ἔστιν, au lieu de ἔτι. Sur la confusion de ces deux mots, cf. M. Boissonade, sur Aristænète, p. 224.

8. La leçon vulgaire : Ὃν ὑπ᾽ ἀμφοτέρων σπουδάζητε πράττειν est inintelligible, et les Ms. ne fournissent aucune variante satisfaisante. A donne ὃν ὑπ᾽ ἀμφοτέρων σπουδάζηται πράττειν — C, D et F : Ὃν ἐπ᾽ ἀμφοτέρων σπουδάζητε π. — F : Ὃν ἐπ᾽ ἀμφοτέρων σπουδάζηται π. — G : Ὁ ἐπ᾽ ἀμφοτέρων σπουδάζηται πράττειν. Il est clair que σπουδάζητε, dans C, D et E, est né de la confusion des désinences ται et τε, comme dans Thucydide, V, 86, où, au lieu de Ἡ μὲν ἐπιείκεια τοῦ διδάσκειν καθ᾽ ἡσυχίαν ἀλλήλους οὐ ψέγεται κτλ., le Ms. de la Bibliothèque nationale de Paris n° 1657, contenant le Jug. de Denys d'Hal. sur Thucyd. § XXXVII, donne οὐ ψέγετε. On ne peut donc douter que σπουδάζηται ne soit la véritable leçon. Quant à ὃν ὑπ᾽ ἀμφοτέρων ou ἐπ᾽ ἀμφοτέρων, dont le copiste a fait ὁ ἐπ᾽ ἀμφοτέρων dans G, il est impossible d'en tirer un sens. Enfin l'infinitif πράττειν ne pourrait être maintenu que par l'insertion de εἵλετο ou de προσεποιεῖτο, ajouté avant ce verbe, ainsi que le voulait Reiske. L'ancienne leçon étant inadmissible, et les Ms. ne donnant pas le moyen de trouver la véritable, j'adopte, comme Sturz, la conjecture de Rob. Etienne, approuvée par Xylander et par Turnèbe.

9. C : Τοὺς γάρ.

10. Le critique désigné par N dans l'édition de Reimarus propose προαιρεῖσθαι λογίζων — *Quum Optimatium partes præferendas existi-*

ρανομῆσαι μᾶλλον [1] ἢ δημαρχῆσαι ἐθελήσας, τότε πρὸς τοὺς συρφετώδεις μετέστη.

42. Καὶ [2] μετὰ τοῦτο δίκης [3] τέ τινος τῷ Μαλλίῳ [4] πρὸς τῶν δυνατῶν παρασκευασθείσης, καὶ ἐκείνου χρόνον τινὰ ἐμποιῆσαι αὐτῇ σπουδάζοντος, τά τε ἄλλα κατ' αὐτοῦ ἔπραττε, καὶ μόλις αὐτὸν (ἐστρατήγει γὰρ, καὶ τὴν ἡγεμνίαν τοῦ δικαστηρίου [5] εἶχεν) ἐς τὴν ὑστεραίαν [6] ἀνεβάλετο, πρόφασιν ἐπ' ἐξόδῳ τὸ ἔτος εἶναι ποιησάμενος, κἀν τούτῳ δυσχεράναντος τοῦ ὁμίλου [7], ἐσῆλθέ [8] τε ἐς τὸν σύλλογον αὐτῶν, ἀναγκασθεὶς δῆθεν [9] ὑπὸ τῶν δημάρχων, καὶ κατά τε τῆς βουλῆς κατέδραμε, καὶ συναγορεύσειν τῷ Μαλλίῳ ὑπέσχετο [10]. Καὶ ὁ μὲν ἐκ τούτου τά τε ἄλλα κακῶς ἤκουε, καὶ αὐτόμολος [11] ὠνομάζετο [12]. Τάραχος δέ τις

masset ; conjecture approuvée par Penzel. Reiske reconnaît que προσαιρεῖσθαι peut être maintenu, en l'expliquant par *assumere — adsciscere ;* mais il préfère προχρῆσθαι. En même temps, il voudrait substituer ἐθελῆσαι à ἐθελήσας. Ce changement n'est pas nécessaire. Comme Sturz, je me contente de substituer προαιρεῖσθαι à προσαιρεῖσθαι, d'après Reimarus, dans ses *Addenda*, p. 1696, tom. II de son édition.

1. Μᾶλλον manque dans C.
2. R. § 27, p. 102-103.
3. A cause de la loi qu'il avait proposée; cf. § 40, p. 74 de ce volume.
4. Μαλίῳ dans F. Μαλ́ίῳ, dans G.
5. G : Δεικαστηρίου, par la confusion d'ι avec ει.
6. Ὑστερέαν dans le même Ms., par la confusion d'αι avec ε. Un peu plus loin, le même Ms. donne ἀνεβάλλετο au lieu de ἀνεβάλετο, et δυσχεράνοντος. C porte ἀνεχαλεῖτο, au lieu de ἀνέβαλετο, variante très-fautive.
7. B et E : Ὁμίλλου, par deux consonnes au lieu d'une. La même faute est dans deux Ms. de Xiphilin, *b* et *f*, pour ce passage : Ἀλλ' εὐθὺς ἐξέμαθεν ὅσον ἥ τε ἀρετὴ καὶ ἡ τέχνη παντὸς ὁμίλλου κρατεῖ, p. 4, éd. de Rob. Étienne, Paris 1551.

HISTOIRE ROMAINE DE DION, L. XXXVI. 83

de cette résolution, l'édilité au tribunat, il se déclara alors pour la lie du peuple.

42. Une action en justice fut ensuite intentée à Manilius par les Grands. Il chercha à obtenir un ajournement; mais Cicéron, qui lui était opposé en tout, consentit à grand'peine à remettre la cause au lendemain, sous prétexte qu'on était à la fin de l'année : il était alors préteur et présidait la commission chargée de cette affaire. La multitude s'étant montrée fort mécontente, Cicéron fut contraint par les tribuns de se rendre dans l'assemblée du peuple : il attaqua vivement le sénat et promit de défendre Manilius. Sa conduite, dans cette circonstance, lui attira d'amers reproches, et il fut appelé transfuge. Un mouvement populaire, qui éclata sur-le-champ, empêcha la commission de se réunir. Publius Pætus et Cornélius Sylla, neveu du célèbre

---

8. B : Ἐσχλθε.

9. G : Ἐδῆθεν (sic).

10. C et D : Ὑπέσετο, par l'omission du χ. Les copistes ont souvent omis une ou plusieurs lettres dans le corps des mots. Cf. p. 2 , not. 4 de ce volume.

11. Cf. Dion, XXXIX, 64; XLVI, 3, et la déclamation contre Cicéron, attribuée à Salluste, § III : « Aliud stans, aliud sedens de Republica sentis. His maledicis, illos odisti; levissime *Transfuga*, neque in hac, neque in illa parte fidem habes. » De là, cette plaisanterie de Laberius, rapportée dans Macrobe, Saturn. II, 3 : Ait Cicero prætereunti Laberio et sedem quærenti : *Recepissem te, nisi anguste sederem*, simul et illum respuens et in novum senatum jocatus, cujus numerum Cæsar supra fas auxerat. Nec impune; respondit enim Laberius : *Mirum si anguste sedes, qui soles duabus sellis sedere.*

12. F : Ὀνομάζετο. L'augment a été négligé par le copiste. Cf. Denys d'Hal. Ant. Rom. I, 53 : Τελευτήσαντος καὶ αὐτόθι Μισήνου τῶν ἐπιφανῶν τινος, ἀπ' ἐκείνου τὸν λιμένα ὠνόμασαν. Le Ms. de la Bibliothèque nationale de Paris n° 1654 porte ὀνόμασαν, qu'une main plus moderne a corrigé, en écrivant ω au-dessus du premier o.

εὐθὺς ἐπιγενόμενος ἐκώλυσε τὸ δικαστήριον συναχθῆναι. Πούπλιός τε γὰρ Παῖτος καὶ Κορνήλιος Σύλλας [1], ἀδελφιδοῦς ἐκείνου τοῦ πάνυ Σύλλου, ὕπατοί τε ἀποδειχθέντες καὶ δεκασμοῦ ἁλόντες [2], ἐπεβούλευσαν [3] τοὺς κατηγορήσαντας [4] σφῶν Κότταν τε καὶ Τορκουᾶτον Λουκίους, ἄλλως τε καὶ ἐπειδὴ αὐτοὶ ἀνθῃρέθησαν [5], ἀποκτεῖναι [6]. Καὶ παρεσκευάσθησαν μὲν ἄλλοι τε καὶ Γνήϊος [7] Πίσων [8], καὶ Λούκιος Κατιλίνας [9], ἀνὴρ θρασύτατος, (ᾐτήκει δὲ καὶ αὐτὸς τὴν ἀρχὴν [10], καὶ διὰ τοῦτο ὀργὴν ἐποιεῖτο) οὐ μέντοι καὶ ἠδυνήθησάν τι δρᾶσαι, διὰ τὸ τήν τε ἐπιβουλὴν προμηνυθῆναι, καὶ φρουρὰν τῷ τε Κόττᾳ καὶ τῷ Τορκουάτῳ παρὰ τῆς βουλῆς δοθῆναι· [ὥστε καὶ] δόγμα τι [11] κατ' αὐτῶν γενέσθαι, εἰ μὴ δήμαρχός τις ἠναντιώθη [12]. Ἐπεὶ δ' οὖν καὶ ὡς ὁ Πίσων [13] ἐθρασύνετο, ἐφοβήθη τε ἡ γερουσία,

1. P. Autronius Pætus et P. Cornélius Sylla.
2. G : Ἄλλοντες, variante doublement fautive.
3. C : Ἐπε λευσαν (sic). G : Ἐπεσπυλευσαν (with δου above).
4. G : Ἀνηγορήσαντας (sic) (with κατ above).
5. L'ancienne leçon ἀνῃρέθησαν est confirmée par les Ms. D'après Xylander, j'adopte, avec Reimarus et Sturz, ἀνθῃρέθησαν, préférable à καθῃρέθησαν, proposé par Turnèbe.
6. Le Grammairien, publié par Bekker, Anecd. tom. I, p. 136, en citant le passage ἐπεβούλευσαν — ἀποκτεῖναι, s'est arrêté à Κότταν τε καὶ Τορκουᾶτον, sans faire attention que ces deux noms sont le complément de ἀποκτεῖναι, et il a faussement conclu que ἐπιβουλεύω se construit avec l'accusatif. J'ai déjà signalé cette erreur, tom. II, p. 336, not. 3 de cette édition.
7. A, E et G : Γναῖος. C : Γάϊος, leçons également fautives.
8. Πείσων, dans A, C, D, E, F et G, par la confusion d'ι avec ει.
9. A l'ancienne leçon Κατιλίνας je substitue Κατιλίνας. Cf. les notes, liv. XXXVII, § 29.
10. Reiske pense qu'il manque ici quelque chose et propose d'ajouter

Sylla, désignés consuls, et qui avaient été convaincus de corruption, résolurent d'attenter aux jours de L. Cotta et de L. Torquatus, parce qu'ils les avaient accusés ; mais surtout parce qu'ils avaient été élus à leur place. Plusieurs s'associèrent à ce projet, entre autres Cn. Pison et Lucius Catilina, homme plein d'audace, qui avait aussi brigué le consulat et conservait un vif ressentiment de ne l'avoir pas obtenu. Mais ils ne purent réussir : leur complot fut dévoilé, et le sénat donna une garde aux consuls. Un décret aurait même été rendu contre les coupables, sans l'opposition d'un tribun du peuple. Cependant Pison conservait encore toute sa hardiesse : le sénat, craignant qu'il n'excitât des troubles, l'en-

καὶ διήμαρτεν αὐτῆς. Cette addition complète la pensée ; mais elle n'est pas nécessaire. Si Catilina éprouva du ressentiment après avoir brigué le consulat, il va sans dire que c'était parce qu'il avait échoué.

11. Leunclavius et Turnèbe, ne pouvant tirer un sens de l'ancienne leçon δοθῆναι · δόγματι κατ' αὐτῶν γενέσθαι, devinèrent que δόγματι était altéré et proposèrent, le premier δόγμα-τε, le second δόγμα τι. La conjecture de Turnèbe est confirmée par B qui donne δόγμα τι. Reimarus croit qu'il y a ici une lacune et propose καὶ συνέβαινεν ἂν δόγμα τι κτλ., ou bien, καὶ ἐκινδύνευε δόγμα τι κτλ. La conjecture de Wagner ὥστε καὶ δόγμα τι κατ' αὐτῶν γενέσθαι est excellente pour le sens. Elle est d'ailleurs confirmée par B. Je n'ai pas hésité à l'adopter, en plaçant ὥστε καὶ entre crochets. La correction de Sturz, κἂν δόγμα τι κ. α. ἐγένετο n'est pas moins satisfaisante ; mais elle fait subir à γενέσθαι une trop grande métamorphose.

12. « Pro ἐναντιώθη scripsi ἠναντιώθη, dit Sturz, quia sic est p. 2. D. (tom. II, p. 230, lig. 9 de cette édition) et Imperfectum semper augmentum η habet. » J'ai adopté la leçon ἠναντιώθη pour cette raison, et parce qu'elle est confirmée par G.

13. C : Ὁ Πείσων. G : Ὁ Πίσων. La particule ὡς a été omise dans ces deux Ms. par les copistes. Cf. Poppo, Thucyd. Pars II, tom. I, p. 243, et M. Dübner, Annot. Critic. in Arrian. p. 10, XXVII, dans la Collect. Didot.

μή τι συνταράξῃ, καὶ εὐθὺς αὐτὸν ἐς Ἰβηρίαν, πρόφασιν, ὡς καὶ ἐπ' ἀρχήν τινα, ἔπεμψε. Καὶ ὁ μὲν ἐνταῦθα ὑπὸ τῶν ἐπιχωρίων, ἀδικήσας τι αὐτοὺς, ἐσφάγη.

43. Πομπήϊος [1] δὲ τὸ μὲν πρῶτον ὡς καὶ ἐπὶ τὴν Κρήτην τόν τε Μέτελλον πλευσόμενος [2] ἡτοιμάζετο· μαθὼν δὲ τὰ δεδογμένα [3], προσεποιεῖτο μὲν ἄχθεσθαι [4]. ὡς καὶ πρότερον, καὶ τοῖς ἀντιστασιώταις, ὡς καὶ πράγματα [5] ἀεί ποτε αὐτῷ, τὸ καὶ πταῖσαί τι [6], παρέχουσιν, ἐπεκάλει· ἀσμενέστατα [7] δὲ αὐτὰ ἀναδεξάμενος, Κρήτην μὲν, ἢ τἄλλα [8] τὰ ἐν τῇ θαλάσσῃ, εἴ πού τι ἀδιοίκητον [9] καταλέλειπτο [10], παρ' οὐδὲν ἔτ' ἤγαγε [11]· πρὸς δὲ δὴ τὸν [12] τῶν βαρβάρων πόλεμον παρεσκευάζετο· κἀν τούτῳ βουληθεὶς τῆς τοῦ Μιθριδάτου διανοίας πειρᾶσθαι, πέμπει τὸν Μητροφάνη, φιλίους [13] αὐτῷ λόγους φέροντα. Καὶ ὃς τότε

1. R. § 28, p. 103.
2. Πλευσούμενος, dans A, B, C, E, F et G. Sur les deux formes πλευσομαι et πλευσοῦμαι, cf. Thes. gr. ling. tom. VI, p. 1194-1195, éd. Didot. Sturz cite aussi la leçon πλευσούμενος, mais il se trompe en ne l'attribuant qu'à A.
3. C ne porte point δεδραμένα, comme le dit Reimarus; mais bien δεδραγμένα, leçon inadmissible. Elle a pourtant été suivie par Rob. Etienne; mais H. Etienne et Leunclavius proposent de la remplacer par δεδραμένα. Xylander aime mieux πεπραγμένα : avec Reimarus et Sturz, j'adopte δεδογμένα, d'après A et B.
4. Sur la jalousie de Pompée envers Métellus, cf. p. 213, n. 9, tom. II de cette édition.
5. G : Καὶ τὰ πράγματα. L'article τὰ a été ajouté par une main plus moderne, d'après la leçon vulgaire. Comme Reimarus et Sturz, je le supprime d'après les autres Ms. Πράγματα παρέχειν est une locution faite, sur laquelle il serait inutile d'insister.
6. Turnèbe propose καὶ τό, et Oddey ἐς τό. Reiske défend avec raison l'ancienne leçon que j'ai conservée. Elle est aussi admissible, avec l'ellipse

voya incontinent en Espagne, sous prétexte d'y remplir un commandement. Il fut égorgé par les habitants qu'il avait révoltés par quelques injustices.

43. Pompée fit d'abord ses préparatifs, comme s'il devait se rendre en Crète auprès de Métellus; mais, instruit des décrets qui venaient d'être rendus, il feignit d'être mécontent, comme il l'avait déjà fait, et accusa ses adversaires de lui susciter sans cesse des embarras pour lui faire commettre quelque faute; tandis que, au fond, il se réjouissait de ces décrets. La Crète et ce qui pouvait rester à faire sur mer ne lui parut plus d'aucune importance, et il tourna tous ses soins vers la guerre contre les barbares. Voulant dès lors sonder Mithridate, il chargea Métrophanès de lui porter des paroles de

---

de πρὸς ou d'ἐπὶ, que le serait le génitif τοῦ καὶ πταῖσαί τι, avec l'ellipse de χάριν ou de ἕνεκα.

7. A, E et F donnent la forme attique ἀσμεναίτατα.

8. Reiske propose καὶ τἄλλα, conjecture approuvée par Reimarus dans ses *Addenda*, p. 1696, tom. II de son édition.

9. C : Ἀδίκητον, variante fautive. Sur les lettres ou les syllabes omises dans le corps des mots, cf. p. 28, not. 4 de ce volume. Ici, le copiste a omis la syllabe οι après ι, probablement à cause de la similitude des sons.

10. A : Κατελέλειπτο. Cf. Fischer. Animadvers. in Weller. Specim. II, p. 317.

11. D'après A, B, C, D, et G. Seulement C porte ἔτι ἤγαγε, au lieu de ἔτ' ἤγαγε. La leçon vulgaire ἠγάγετο, qui est confirmée par F, a été ajoutée en marge, dans G, par une main plus moderne.

12. Τὸν manque dans E. Sur l'omission de cet article, cf. p. 18, not. 2 de ce volume.

13. A l'ancienne leçon φίλους.... λόγους, donnée aussi par les Ms., je substitue avec Sturz, φιλίους .... λόγους d'après deux passages analogues de Dion, LXV, 10 ; LXVIII, 18.

88 ΤΩΝ ΔΙΩΝΟΣ ΙΣΤΟΡΙΩΝ ΡΩΜ. ΒΙΒΛ. ΛϚ.

μὲν ἐν ὀλιγωρίᾳ αὐτὸν ἐποιήσατο· (τοῦ [1] γὰρ Ἀρσάκου τοῦ τῶν Πάρθων βασιλέως ἀποθανόντος [2] ἐν τῷ χρόνῳ τούτῳ [3], Φραάτην [4] τὸν διάδοχον αὐτοῦ προσεδόκησεν [5] οἰκειώσεσθαι·) ἐπεὶ δ' ὁ Πομπήιος τὴν [6] φιλίαν τῷ Φραάτῃ διαταχέων ἐπὶ τοῖς αὐτοῖς προσυνέθετο [7], καὶ ἐς τὴν Ἀρμενίαν αὐτὸν τὴν τοῦ Τιγράνου [8] προεμβαλεῖν [9] ἀνέπεισε· πυθόμενος τοῦτο κατέδεισε [10], καὶ πρεσβευσάμενος εὐθὺς, σύμβασιν ἔπραττε [11]. Κελεύσαντός τε [12] αὐτῷ τοῦ Πομπηίου τά τε ὅπλα καταθέσθαι, καὶ τοὺς αὐτομόλους ἐκδοῦναι [13]· οὐκ ἔσχε καιρὸν βουλεύσασθαι. Ἀκούσαντες γὰρ ταῦτα οἱ ἐν τῷ στρατοπέδῳ αὐτοῦ ὄντες, καὶ φοβηθέντες οἵ τε αὐτόμολοι (πολλοὶ δὲ [14] ἦσαν) μὴ ἐκδοθῶσι, καὶ οἱ βάρβαροι, μὴ ἄνευ ἐκείνων πολεμεῖν ἀναγκασθῶσιν, ἐθορυβήθησαν. Κἂν [15] ἐξειργάσαντό τι [16] τὸν Μιθριδάτην, εἰ μὴ

1. Ὅτι τοῦ, dans le Ms. de Munich n° 1.
2. Τελευτήσαντος, dans le Ms. de Munich n° 1.
3. Les mots ἐν τῷ χρόνῳ τούτῳ manquent dans le même Ms.
4. Φραάντην ici, et Φραάντῃ à la ligne suivante, par la confusion de α avec αν, dans tous les Ms. de Dion Cassius. Parmi ceux de Xiphilin, a, b, c, d et f portent Φραάτην — Φραάτῃ ; mais ce nom est très-altéré dans e, qui donne Φραλάτην — Φραιάτην — Φαάτη. Il en est de même d aus h.
5. Ὁ Πομπήιος προσεδόκησεν, dans le Ms. de Munich n° 1.
6. Au lieu de ἐπεὶ δ' ὁ Πομπήιος τὴν, on lit dans le même Ms. : καὶ ἐπὶ τήν.
7. B : Προσανέθετο.
8. A, E, F et G : Τῇ τοῦ Τιγράνου, variante fautive par la confusion du ν avec l'ι dont on a fait plus tard l'ι souscrit ; cf. p. 49, not. 7 de ce volume.
9. La conjecture de Leunclavius qui propose, dans ses notes, de substituer προεμβαλεῖν à l'ancienne leçon προσβαλεῖν, est confirmée par A. Je l'adopte avec Reimarus et Sturz. B et E donnent προσεκβαλεῖν, et F προσβαλεῖν. Quant à C, il porte προεβαλεῖν né évidemment de προεμβαλεῖν, par l'omission du μ.

HISTOIRE ROMAINE DE DION, L. XXXVI.   89

paix ; mais Mithridate ne tint alors aucun compte de Pompée; parce qu'Arsace, roi des Parthes, venant de mourir, il espérait mettre dans ses intérêts Phraates, son successeur. Pompée le prévint, fit sur-le-champ alliance avec Phraates, aux mêmes conditions, et l'engagea à se jeter dans l'Arménie, qui dépendait de Tigrane. A cette nouvelle, le roi du Pont effrayé envoya aussitôt une députation à Pompée, pour demander la paix. Pompée ayant exigé qu'il déposât les armes et rendît les transfuges, Mithridate n'eut pas le temps de délibérer; car à peine les conditions imposées par le général romain eurent-elles transpiré parmi les soldats de ce roi, qu'ils se révoltèrent; les transfuges (et ils étaient en grand nombre), par la crainte d'être livrés; les barbares, par la crainte d'être forcés à combattre sans eux. Ils se seraient

10. Κατέδυσε, dans le Ms. de Munich n° 3, par la confusion de ει avec υ. J'ai signalé la même faute dans le même Ms. Fr. CLXII, tom. I, p. 261, not. 6 et p. 262, not. 4 de cette édition.

11. Ἔπραττεν, dans E. Sur l'addition du ν paragogique devant une consonne, cf. p. 8, not. 1 de ce volume. C donne ἔπλαττε par la confusion de ρ avec λ; cf. Greg. de Corinth. Des Dialect., p. 269, éd. de Schæfer.

12. Τέ manque dans G. Sur l'omission de cette particule, cf. p. 57, not. 7 de ce volume.

13. Suivant Appien, Mithrid. XCVIII, Pompée exigea que le roi du Pont se mît à sa discrétion : Πρέσβεις οὖν ἐς Πομπήϊον πέμψας, ἠξίου μαθεῖν, τίς ἂν εἴη τοῦ πολέμου διάλυσις. Ὁ δ' ἐὰν τοὺς αὐτομόλους ἡμῖν παραδῷς, ἔφη, καὶ σεαυτὸν ἡμῖν ἐπιτρέψῃς.

14. Πολλοὶ γὰρ, dans le Ms. de Munich n° 1.

15. Καὶ κἂν, faute du copiste dans le même Ms.

16. Reiske propose de supprimer τι ou de le remplacer par πη. « Nam, dit-il, ἐξεργάζεσθαί τινα significat trucidare. Si Dio id voluisset, quod interpretatio latina suggerit, simplex εἰργάσαντο adhibuisset. » Cette critique n'est point fondée : la locution ἐξεργάζεσθαί τί τινα — aliquem aliquo malo afficere se rencontre fréquemment dans Dion. Cf. l'Index de Reimarus, au mot ἐξεργάζομαι, tom. II, p. 1587 de son édition. C donne ἐξηργάσαντο, par la confusion d'ει avec η.

ψευσάμενος ὅτι οὐκ ἐπὶ σπονδαῖς, ἀλλ' ἐπὶ κατασκοπῇ τῆς τῶν Ῥωμαίων παρασκευῆς τοὺς πρέσβεις ἔπεμψε, μόλις αὐτοὺς κατέσχεν [1].

44. Ὁ [2] οὖν Πομπήϊος ἐπειδὴ πολεμητέα οἱ ἔγνω εἶναι, τά τε ἄλλα παρεσκευάσατο, καὶ τοὺς Οὐαλεριείους [3] προσκατελέξατο. Καὶ αὐτῷ ἐν τῇ Γαλατίᾳ ἤδη ὄντι ὁ Λούκουλλος [4] ἀπαντήσας, διαπεπολεμῆσθαί τε πάντα ἔφη, καὶ μηδὲν ἔτι στρατείας [5] δεῖσθαι· καὶ διὰ τοῦτο καὶ τοὺς ἄνδρας τοὺς ὑπὸ τῆς βουλῆς πρὸς τὴν διοίκησιν αὐτῶν [6] πεμφθέντας, ἤδη παρεῖναι. Ὡς δ' οὐκ ἐπείσθη ἐπαναχωρῆσαι, πρὸς λοιδορίας ἐτράπετο, τά τε ἄλλα καὶ πολυπράγμονα καὶ φιλοπόλεμον καὶ φιλαρχοῦντα αὐτὸν ἀποκαλῶν [7]. Ὁ οὖν Πομπήϊος, βραχὺ αὐτοῦ φροντίσας, ἀπεῖπε [8] μηδένα ἔτ' αὐτῷ πειθαρχῆσαι [9], καὶ ἐπὶ τὸν Μιθριδάτην ἠπείχθη, σπουδὴν ἔχων ὅτι τάχιστά οἱ συμμίξαι.

45. Καὶ [10] ὃς τέως μὲν ἔφευγε, (ταῖς γὰρ δυνάμεσιν ἠλαττοῦτο) καὶ τήν τε ἐν ποσὶν ἀεὶ ἔκειρε, καὶ ἐπλάνα τε

---

1. Les faits sont autrement présentés dans Appien, l. l. : Ὧν ὁ Μιθριδάτης πυθόμενος, τοῖς αὐτομόλοις τὸ περὶ αὐτῶν ἔρρασε· καὶ δεδιότας ὁρῶν, ὤμοσεν ὅτι οἱ τὰ πρὸς Ῥωμαίους ἐστὶν ἄσπονδα διὰ τὴν πλεονεξίαν αὐτῶν, καὶ οὐκ ἐκδώσει τινά, οὐδὲ πράξει ποτὲ ὃ μὴ κοινῇ πᾶσι συνοίσει.

2. R. § 29, p. 104.

3. J'adopte ici la même leçon que dans le Fr. CCCXXIX, § 14 et § 15. Cf. tom. II, p. 256, 260 de cette édition; la note 10, p. 257 et la note 6 p. 261. Reimarus et Sturz lisent Οὐαλερείους. A, B, C, E, F et G portent Οὐαλερίους.

4. E : Λούκουλος.

5. Στρατίᾳ: dans le même Ms., par la confusion d'ει avec ι.

même portés à quelque extrémité envers lui, s'il n'était parvenu, quoique bien difficilement, à les contenir en prétextant qu'il avait envoyé une députation, non pour négocier ; mais pour observer les préparatifs des Romains.

44. Pompée, dès qu'il eut reconnu qu'il devait faire la guerre, s'occupa de tous les préparatifs nécessaires et rappela sous les drapeaux les légions Valériennes. Déjà il était en Galatie, lorsque Lucullus vint à sa rencontre, lui assura que, la guerre étant terminée, une nouvelle expédition serait inutile, et que, pour cette raison, les commissaires, chargés par le sénat d'établir l'ordre dans les pays conquis, étaient arrivés. N'ayant pu lui persuader de se retirer, il eut recours aux injures et lui reprocha, entre autres choses, de se mêler de toutes les affaires et d'être passionné pour la guerre et pour le commandement. Pompée s'inquiéta peu des attaques de Lucullus, défendit à l'armée de lui obéir et marcha, à grandes journées, contre Mithridate, impatient d'en venir aux mains avec lui le plus tôt possible.

45. Mithridate, dont les forces étaient moindres que celles de Pompée, l'évita pendant quelque temps ; ra-

---

6. « Non habet αὐτῶν quo referatur, dit Sturz avec raison : durum certe ad præcedens πάντα referre ; mallem τῶν πραγμάτων. » J'ai traduit d'après cette remarque.

7. Vell. Paterc. II, 33 : Magnisque certatum inter imperatores jurgiis, quum Pompeius Lucullo infamiam pecuniæ, Lucullus Pompeio interminatam cupiditatem objiceret imperii, neuterque ab eo quo arguebatur, mentitus argui posset. Cf. Plutarque, Reg. et Imper. Apophthegm. p. 246-248 de la Collect. Didot.

8. G : Ἐπεῖπε. La véritable leçon a été rétablie par une main plus moderne, dans une annotation marginale.

9. E : Πιθαρχῆσαι, par la confusion d'ει avec ι.

10. R. § 30, p. 104

αὐτὸν [1] ἅμα, καὶ ἐπιδεῖσθαι τῶν ἐπιτηδείων ἐποίει. Ἐπεὶ δὲ ἐκεῖνος ἐς τὴν Ἀρμενίαν [2] διά τε τοῦτο, καὶ ὡς ἐρήμην αὐτὴν αἱρήσων, ἐνέβαλεν [3], οὕτω δὴ δείσας μὴ προκαταληφθῇ, ἦλθέ τε ἐς αὐτήν, καὶ λόφον ἀντικαταλαβὼν ὀχυρὸν, τῷ μὲν παντὶ στρατῷ ἡσύχαζεν, ἐλπίζων τοὺς μὲν Ῥωμαίους ἀπορίᾳ τῶν τροφῶν ἐκτρυχώσειν [4], (αὐτὸς γὰρ ἅτε ἐν ὑπηκόῳ χώρᾳ πολλαχόθεν [5] αὐτῶν εὐπόρει) τῶν δὲ δὴ ἱππέων ἀεί τινας ἐς τὸ πεδίον ψιλὸν [6] ὂν καταπέμπων [7], τούς τε προστυγχάνοντας σφίσιν ἐκάκου, καὶ ἐξαυτομολοῦντας ἐπὶ τούτῳ συχνοὺς ἐδέχετο. Ὁ οὖν Πομπήϊος ἐνταῦθα μὲν οὐκ ἐθάρσησεν αὐτοῖς συμβαλεῖν· μεταστρατοπεδευσάμενος δὲ ἑτέρωσε, ὅθεν ὑλώδους τοῦ πέριξ χωρίου ὄντος, ἧττον ὑπό τε τοῦ ἱππικοῦ καὶ ὑπὸ τοῦ τοξικοῦ τοῦ τῶν ἐναντίων λυπηθήσεσθαι ἔμελλεν, ἐλόχισεν ᾗ καιρὸς ἦν, καὶ ὀλίγοις τισὶν ἐκ τοῦ προφανοῦς τῷ στρατοπέδῳ τῶν βαρβάρων προσμίξας, ἐτάραξέ τε αὐτούς, καὶ ὑπαγαγὼν

---

1. L'ancienne leçon ἑαυτόν, confirmée par les Ms., est contraire au sens; car ἑαυτὸν ne pourrait s'appliquer qu'à Mithridate; tandis qu'il s'agit évidemment de Pompée. J'adopte donc, avec Reimarus et Sturz, αὐτὸν proposé par Xylander.

2. C : Εἰς τὴν Ἀρμενίαν, c'est-à-dire, dans l'Arménie soumise à Mithridate. Il sera question de l'Arménie soumise à Tigrane, § 40, p. 94 de ce volume.

3. C : Ἐνέβαλλεν. Les formes βαλεῖν et βάλλειν sont souvent confondues à tous les modes. Cf. M. Boissonade, sur Choricius, p. 277, 282.

vageant tous les lieux qui se trouvaient sur son passage, promenant son ennemi de contrée en contrée et le réduisant à manquer de vivres. Mais le général romain s'étant jeté dans l'Arménie, parce que ses provisions s'épuisaient, et dans l'espoir de s'emparer de cette contrée qui n'avait pas de défenseurs, Mithridate craignit qu'elle ne lui fût enlevée en son absence. Il s'y rendit donc de son côté, occupa vis-à-vis de l'ennemi une hauteur fortifiée par la nature, et se tint en repos avec toute son armée. Il se flattait de détruire les Romains par la disette; tandis que les vivres lui arrivaient en abondance de tous côtés, par cela même qu'il était dans un pays soumis à sa puissance. Au pied de cette hauteur s'étendait une plaine nue, où Mithridate faisait incessamment descendre quelques cavaliers qui maltraitaient tous ceux qu'ils rencontraient : aussi vit-il plusieurs romains passer de son côté, comme transfuges. Pompée n'eut pas la témérité d'attaquer là Mithridate et son armée. Il transporta son camp dans un autre endroit, qui était entouré de bois et où il devait être moins inquiété par la cavalerie et par les archers de l'ennemi. Il plaça en embuscade quelques-uns de ses soldats dans un lieu convenablement choisi, s'approcha ouvertement du camp des barbares avec quelques autres, y porta le trouble et les ayant attirés

---

4. G : Ἐκτρυχώσιν, par la confusion d'ει avec ι.

5. Πολαχόθεν, dans C. Le copiste n'a mis qu'une consonne, quand il en fallait deux.

6. Penzel aimerait mieux ψιλῶν, qui devrait se rapporter à ἱππέων. Cette conjecture est justement réprouvée par Sturz.

7. Appien, Mithrid. XCVIII : Ὁ δὲ Πομπήϊος, ἐνέδραν ποι καθεὶς ἱππέων, ἑτέρους ἔπεμπεν, ἐκ φανεροῦ τοῖς προφύλαξι τοῦ βασιλέως ἐνοχλεῖν κτλ.

94   ΤΩΝ ΔΙΩΝΟΣ ΙΣΤΟΡΙΩΝ ΡΩΜ. ΒΙΒΛ. ΛϚ.

ἐς ὃ¹ ἐβούλετο², πολλοὺς ἀπέκτεινε. Θαρσήσας τε ἐκ τούτου καὶ³ κατὰ τὴν χώραν ἄλλους ἄλλῃ ἐπὶ τὰ ἐπιτήδεια ἔπεμπεν.

46. Ὁ⁴ οὖν Μιθριδάτης, ἐπειδὴ⁵ ταῦτά τε ἀσφαλῶς ἐπορίζετο, καὶ τὴν Ἀναῖτιν⁶, χώραν τῆς τε Ἀρμενίας οὖσαν καὶ θεῷ τινι ἐπωνύμῳ ἀνακειμένην, διά τινων ἐχειρώσατο· κἀκ τούτου καὶ ἄλλοι συχνοὶ πρὸς αὐτὸν ἀπέκλινον, καὶ αὐτῷ καὶ οἱ τοῦ Μαρκίου⁷ στρατιῶται προσεγένοντο⁸· ἐφοβήθη, καὶ οὐκέτι κατὰ χώραν ἔμεινεν, ἀλλ'⁹ αὐτίκα τε¹⁰ τῆς νυκτὸς ἄρας ἔλαθε, καὶ μετὰ ταῦτα νυκτοπορῶν, ἐς τὴν τοῦ Τιγράνου Ἀρμενίαν προῄει. Καί οἱ ὁ Πομπήϊος ἐπηκολούθει μέν, ἐπιθυμῶν διὰ μάχης ἐλθεῖν· οὐ μέντοι καὶ πρότερον, οὔτε μεθ' ἡμέραν, (οὐ γὰρ ἐξῄεσαν ἐκ τοῦ στρατοπέδου) οὔτε νύκτωρ ἐτόλμησε τοῦτο ποιῆσαι, (τὴν γὰρ ἀγνωσίαν τῶν χωρίων ἐδεδίει¹¹)· πρὶν σφᾶς πρὸς

1. E : Εἰς ὅ.
2. Rob. Etienne dit avoir trouvé dans son Ms. la trace de l'ancienne leçon ἐβούλετο. Cette leçon existait positivement dans G, qui porte ἐβούλετο / ἐβουλεύετο : les lettres superposées ont été ajoutées par une main plus moderne. Les autres Ms. donnent ἐβουλεύετο. Comme Sturz, j'ai rétabli l'ancienne leçon d'après la lettre de Reimarus à Reiske, p. 680, et Lobeck, sur l'Ajax de Sophocle, 44, p. 220. Pour la confusion de βούλεσθαι et βουλεύεσθαι, cf. M. Boissonade, Anecd. Nov. I, p. 154, et Stallbaum, sur le Philèbe de Platon, tom. V, p. 504; 558, éd. de Bekk. Lond.
3. Ce passage paraît tronqué à Reiske, qui propose d'ajouter μέγα φρονῶν entre καὶ et κατά. Comme Reimarus et Sturz, je respecte l'ancienne leçon, qui donne un sens satisfaisant, en prenant καὶ dans le sens de *adeo*.
4. R. § 31, p. 104-105.
5. Reiske propose d'insérer Πομπήϊος après ἐπειδή. L'addition de ce nom rendrait la phrase beaucoup plus claire ; mais il suffit de le sous-entendre.

où il désirait, il en fit un grand carnage. Enhardi par ce succès, il envoya plusieurs détachements de son armée chercher des vivres sur divers points de cette contrée.

46. Mithridate, voyant que Pompée s'en procurait sans danger, qu'avec une poignée de soldats il s'était emparé de l'Anaïtis, contrée de l'Arménie consacrée à une divinité de ce nom, que ces succès lui attiraient de nombreux partisans, et que les soldats de Marcius se joignaient à lui, fut en proie à de vives alarmes. Il ne séjourna pas davantage dans ce pays, s'éloigna sans délai, à la faveur des ténèbres, et, ne marchant que pendant la nuit, il gagna l'Arménie soumise à Tigrane. Pompée le suivit pas à pas avec un vif désir d'engager le combat; mais il n'osa l'attaquer, ni durant le jour, parce qu'alors les barbares ne sortaient point de leur camp; ni durant la nuit, parce qu'il redoutait des lieux qui lui étaient inconnus : il attendit donc qu'on fût arrivé au pays limitrophe. Là, instruit que les

---

6. L'ancienne leçon τὴν Μαναίτιν est confirmée par A. Μαναίτην, donné par C, E, F et G n'en diffère que par la confusion d'ι avec η. Il est probable, comme le dit Reimarus, que les copistes, ayant pris pour un M l'abréviation qui représentait μὲν, ont joint cette lettre au mot suivant : d'après lui Μαναίτιν = Μὲν Ἀναίτιν. D porte Ἀναίτην : c'est la véritable leçon, sauf l'η qui doit être remplacé par ι avec lequel le copiste l'a confondu. Cf. les Éclaircissements à la fin du volume.

7. Ici B confirme cette leçon, qui est la véritable.

8. Parce que les consuls Q. Marcius Rex et M'. Acilius Glabrion avaient été forcés d'abdiquer, avant le terme légal de leur magistrature; cf. § 41, p. 77 de ce volume.

9. D : Ἔμεινε, ἀλλ' αὐτίκα. Le ν paragogique a été omis devant une voyelle; cf. p. 8, not. 2 de ce volume.

10. Τέ manque dans G. Sur l'omission de cette particule, cf. p. 57, not. 7 de ce volume.

11. Ἐδεδείει, dans A et E, par la confusion d'ι avec ει.

τῇ μεθορίᾳ γενέσθαι. Τότε γὰρ εἰδὼς αὐτοὺς διαφεύγειν μέλλοντας, ἠναγκάσθη νυκτομαχῆσαι. Γνοὺς οὖν τοῦτο προαπῆρε, μεσημβριάζοντας τοὺς βαρβάρους λαθὼν, ᾗ πορεύεσθαι ἔμελλον [1]. Καὶ ἐντυχὼν τινι χωρίῳ κοίλῳ [2], μεταξὺ γηλόφων τινῶν ὄντι, ἐνταῦθα τό τε στράτευμα [3] ἐπὶ τὰ μετέωρα ἀνεβίβασε, καὶ τοὺς πολεμίους ὑπέμεινεν. Ἐπειδή τε ἐκεῖνοι μετά τε ἀδείας, καὶ ἄνευ προφυλακῆς, (ἅτε μηδὲ ἔμπροσθεν [4] δεινόν τι πεπονθότες, καὶ τότε ἐς τὸ ἀσφαλὲς ἤδη προχωροῦντες, ὥστε μηδὲ ἐφέψεσθαι σφίσιν ἔτι τοὺς Ῥωμαίους ἐλπίζειν) ἐς τὸ κοῖλον ἐσῆλθον· ἐπέθετο αὐτοῖς ἐν τῷ σκότῳ. Οὔτε γὰρ ἄλλο τι φῶς εἶχον, οὔτε ἐκ τοῦ οὐρανοῦ τι ἔλαμπεν [5].

47. Ἐγένετο [6] δὲ ἡ μάχη τοιάδε· πρῶτον μὲν οἱ σαλπιγκταὶ [7] πάντες ἅμα τὸ πολεμικὸν ἀπὸ συνθήματος ἐβόησαν. Ἔπειτα δὲ οἵ τε [8] στρατιῶται καὶ ὁ λοιπὸς ὄχλος [9] πᾶς ἐπηλάλαξε. Καὶ οἱ μὲν τὰ δόρατα πρὸς τὰς ἀσπίδας,

---

1. Ou bien ἔμελλεν, d'après Oddey et Fabricius — *qua iturus esset*; conjecture assez probable, à cause de la fréquente confusion d'ε avec ο. Suivant Reimarus, on peut conserver ἔμελλον et le rapporter à toute l'armée romaine. Reiske lit aussi ἔμελλον, mais il l'explique autrement : *ea via præcessit* (s.-ent. Pompeius), *qua barbari erant promoturi*. Cette interprétation m'a paru la plus vraisemblable : je l'ai suivie dans la traduction.

2. Xylander, Oddey et Penzel soutiennent l'ancienne leçon καλῷ, qui est confirmée par B, C, E et G. Elle se trouvait probablement dans le Ms. reproduit par F; puisque le copiste a écrit καιλῷ, par la confusion d'α avec αι.

Je donne κοίλῳ, comme Reimarus et Sturz, d'après Xiphilin, l. l. p. 6, et tous ses Ms. : Ἐν τινι χωρίῳ κοίλῳ μεταξὺ γηλόφων (γυλόφων, dans *h*, par la confusion d'η avec υ) ὄντι. Nul doute que καλῷ, au lieu de κοίλῳ, ne provienne de la confusion d'οι avec α; cf. Bast, Comment. Palæogr.

ennemis songeaient à lui échapper par la fuite, il se vit forcé d'en venir aux mains avec eux, pendant la nuit. Cette résolution une fois arrêtée, il s'éloigna le premier, à leur insu, lorsqu'ils faisaient la méridienne, et prit la route qu'ils devaient suivre. Le hasard l'ayant conduit dans une gorge entourée de plusieurs hauteurs, il fit monter ses soldats sur ces hauteurs et attendit les barbares, qui, parce qu'ils n'avaient encore rien souffert, se croyaient même alors tellement à l'abri du danger qu'ils espéraient que les Romains cesseraient de les poursuivre, et s'engagèrent dans cette gorge avec sécurité et sans précaution. Pompée tomba sur eux au milieu des ténèbres ; car ils n'avaient point de lumière, et aucun astre ne brillait au firmament.

47. Voici la description de cette bataille : d'abord, à un signal convenu, tous les trompettes à la fois sonnèrent la charge. Ensuite les soldats, les valets et les gens attachés à l'armée poussèrent tous ensemble un cri de guerre. Ils frappaient, ceux-ci les boucliers avec les lances,

---

p. 722 ; 769 ; M. Boissonade, sur Théophyl. Simoc. p. 200 et Anecd. Gr. tom. III, p. 209.

3. G : Στρατόπευμα, variante des plus corrompues.

4. Ἔμπροσθε, dans A, B et E.

5. C, D et G : Ἔλαμψεν. L'imparfait que je conserve s'accorde mieux avec εἶχον.

6. R. § 32, p. 105-106.

7. A et B : Σαλπικταί. De même, dans Xiphilin, l. l. p. 6 et dans tous ses Ms. Avec Reimarus et Sturz, j'adopte Σαλπιγκταί que Lobeck déclare préférable ; cf. ses notes sur Phrynichus, p. 191-192.

8. Τέ manque dans C. Sur cette omission, cf. p. 72, not. 2 de ce volume.

9. « Calones et lixæ, dit Fabricius, ad clamorem et ἀλαλαγμὸν strepitumque majorem edendum. »

οἱ δὲ καὶ λίθους πρὸς τὰ χαλκᾶ σκεύη προσεπέκρουσαν [1]. Καὶ σφῶν τὴν ἠχὴν τὰ ὄρη ἔγκοιλα ὄντα καὶ ὑπεδέξατο καὶ ἀνταπέδωκε φρικωδεστάτην· ὥστε τοὺς βαρβάρους, ἐξαπιναίως ἔν τε τῇ νυκτὶ καὶ ἐν τῇ ἐρημίᾳ αὐτῶν ἀκούσαντας, δεινῶς ἐκπλαγῆναι, ὡς καὶ δαιμονίῳ τινὶ πάθει περιπεπτωκότας. Κἂν τούτῳ οἱ Ῥωμαῖοι πανταχόθεν ἀπὸ τῶν μετεώρων λίθοις, τοξεύμασιν, ἀκοντίοις βάλλοντες, πάντως γέ τινας ὑπὸ τοῦ πλήθους αὐτῶν ἐτίτρωσκον, καὶ ἐς πᾶν κακοῦ [2] σφᾶς κατέστησαν. Οὔτε γὰρ ἐς παράταξιν, ἀλλ' ἐς πορείαν ἐσταλμένοι, καὶ ἐν ταὐτῷ [3] τοῖς τε ἵπποις καὶ ταῖς καμήλοις [καὶ [4]] παντοδαποῖς οὖσι, καὶ οἱ ἄνδρες καὶ αἱ γυναῖκες ἀναστρεφόμενοι· καὶ οἱ μὲν, ἐπὶ κελήτων, οἱ δὲ, ἐφ' ἁρμάτων (τῶν τε καμαρῶν καὶ τῶν ἁρμαμαξῶν), ἀναμὶξ ὀχούμενοι [5]· καὶ οἱ μὲν, ἤδη τιτρωσκόμενοι, οἱ δὲ

1. Xiphilin, l. l. : Προσέκρουσαν, par l'omission d'une préposition, suivant l'usage des copistes.

2. Comme Reimarus, Sturz conserve l'ancienne leçon πᾶν κακὸν, et il cite à l'appui plusieurs exemples, tout en mentionnant la leçon πᾶν κακοῦ fournie, dit-il, par A : j'ajoute qu'elle est aussi dans C, E et F. Je l'ai adoptée pour cette raison et parce que Dion semble avoir un goût prononcé pour cette construction ; cf. les exemples dans l'Index de Reimarus, tom. II, p. 1613 de son édition. Reiske la regarde aussi comme préférable. Toutefois l'ancienne leçon peut être maintenue; cf. Fr. LIII, tom. I, p. 112 de cette édition.

3. G : Ἔν τ' αὐτῷ, variante fautive.

4. Suivant Oddey, il faut supprimer καί, ou ajouter un mot avant cette conjonction ; par exemple πολλοῖς. Reiske refait ainsi le texte : Καὶ παντοδαποὶ, καὶ ὁμοῦ τι καὶ ἄνδρες καὶ γυναῖκες — *mixti inter se sexus ordinesque hominum*, h. e. Paphlagones, Cilices aliique barbari, levis gravisque armaturæ, pedites et equites. Cette conjecture s'éloigne trop du texte primitif. Je place καί entre crochets, comme un mot interpolé et douteux. Nous avons vu que cette conjonction a été souvent ajoutée par les copistes. J'ai traduit littéralement, d'après l'ancienne

HISTOIRE ROMAINE DE DION, L. XXXVI.

ceux-là les ustensiles d'airain avec des pierres : les sons, réfléchis et répétés par les flancs creux des montagnes, répandaient le plus grand effroi. Les barbares, surpris au milieu de la nuit et dans des lieux déserts par ce bruit soudain, furent épouvantés, comme s'ils avaient été frappés d'un fléau envoyé par les dieux. En ce moment, les Romains, de tous les points qu'ils occupaient sur les hauteurs, lancèrent des pierres, des traits et des javelots, qui, tombant sur des masses compactes, faisaient toujours quelques blessures et réduisirent les barbares à la position la plus critique. Équipés non pour le combat, mais pour la route; confondus, hommes et femmes, avec les chevaux et les chameaux de toute espèce ; les uns à cheval, les autres sur des chars, tels que litières couvertes et voitures de voyage; ceux-ci déjà blessés, ceux-là s'attendant à l'être, ils étaient en proie à mille craintes, se serraient les uns

leçon. Peut-être, suivant une ingénieuse conjecture que je dois à M. Ch. Müller, vaudrait-il mieux remplacer οὖσι par σκεύεσι. Alors le sens serait : *confondus, hommes et femmes, avec les chevaux, les chameaux et les bagages de toute espèce*, etc.

5. Reiske propose de remplacer χαμαρῶν par χαμαρωτῶν — *currus apsidati desuper,* et il ajoute : « Respicit enim ad ἁρμάτων. Quapropter etiam τῶν τε, dixit, dicturus alias χαμαρῶν τε. Sed longe aliud est ἐπὶ χαμάρας ὀχεῖσθαι et ἐφ' ἅρματος χαμαρωτοῦ. Illud est *super ipsa apside* in conspicuo *sedere,* quo modo neque facile est vehi, neque sanus quisquam vehatur; hoc autem est *curru vehi apsidato,* ita ut sub tegmine sedeas, tutus ab imbribus et ventis. »

Sturz, tout en reconnaissant la justesse des observations de Reiske, conserve χαμαρῶν — *currus arcuati,* comme dans Hérodote, I, 199 : Πολλαὶ δὲ (s.-ent. γυναῖκες).... ἐπὶ ζευγέων ἐν χαμάρῃσι ἐλάσασαι πρὸς τὸ ἱρὸν ἑστᾶσι. A l'appui de cette leçon et de cette interprétation, il cite Casaubon, qui, dans ses notes sur Athénée et sur Strabon, donne l'explication de χαμάρα. Voici les deux textes et le commentaire : 1° Athénée, IV, p. 139, F, éd. Casaub. Paris, 1597 : Τῶν δὲ παρθένων αἱ μὲν ἐπὶ κανάθρων (ici et plus bas, lis. κανάθρων), χαμαρωτῶν ξυλίνων ἁρμάτων, φέρονται, πολυτελῶς κατεσκευα-

7.

προσδεχόμενοι τρωθήσεσθαι, ἐταράσσοντο· κἀκ τούτου ῥᾷον, ἅτε καὶ ἀλλήλοις ἐμπελαζόμενοι[1], ἐφθείροντο. Καὶ ταῦτα μὲν, ἕως ἄπωθεν[2] ἐβάλλοντο, ἔπασχον· ἐπεὶ δὲ ἐξαναλώσαντες οἱ Ῥωμαῖοι τὴν πόρρωθεν ἀλκὴν[3], ἐπικατέδραμον[4] σφίσιν, ἐφονεύετο μὲν τὰ περιέσχατα[5]· (καὶ ἐξήρκει πρὸς τὸν θάνατον αὐτοῖς μία πληγὴ, ἅτε καὶ ψιλοῖς οὖσι τοῖς πλείοσι)· συνεπιέζετο δὲ τὰ μέσα[6], πάντων ἐπ' αὐτὰ[7]

σμένων. Comment. ch. VII, p. 165 : « Totum solemnitatis ejus (h. e. *Hyacinthiorum*) ritum describit Didymus. In ea narratione plana sunt omnia et sana; nisi quum ait de virginibus spartanis, αἱ μὲν ἐπὶ καναθρων κομαρωτων ξυλίνων ἁρμάτων φέρονται. Scribendum καναθρων, καμαρωτων ξ., quam lectionem superiore capite exposuimus. *Currus tectos* vocat Didymus καμαρωτοὺς, ut Strabo *naves tectas* vocatas ait καμάρας; Tacitus, *cameras*...... *Cannathris* spartanarum virginum respondent Romanorum *carpenta* et *pilenta*, quibus ad Deorum ædes feminæ vehebantur; item plebeiæ *arceræ* et *capsi*. » — 2° Strabon, XI, p. 495, D. éd. Casaub. Paris, 1620 : Καλοῦσι δ' αὐτὰ οἱ Ἕλληνες καμάρας. Comment. p. 204, D : « Quia erant illæ naves ita fabricatæ, ut claudi possent in modum tecti, ideo *Camaræ* sunt appellatæ. Καμάρα enim (quæ vox originem e lingua Hebræa habet) fornix est, sive tectum in modum fornicis. Sic plaustri genus, quia similiter tegebatur, *Arceram* leges decemvirales vocabant : vide Gellium. » (Casaubon fait allusion à ce passage d'Aulu-Gelle XX, I : SI.IN.IVS.VOCAT . SI. MORBVS.ÆVITAS.VE.VITIVM.ESCIT.QVI. IN . IVS.VOCABIT . IVMENTVM . DATO.SI.NOLET .ARCERAM.NE.STERNITO.)

D'après Sturz, ἅρματα indique le genre; καμάραι et ἁρμάμαξαι sont les espèces; cf. Pollux, X, 52. Ἁρμάτων sans article et τῶν mis devant καμαρῶν et ἁρμαμαξῶν, prouvent que les mots τῶν τε καμαρῶν καὶ τῶν ἁρμαμαξῶν doivent être regardés comme une explication de ἐφ' ἁρμάτων. Pour cette raison, je les place entre parenthèses et je lis : οἱ δὲ ἐφ' ἁρμάτων (τῶν τε καμαρῶν καὶ τῶν ἁρμαμαξῶν), ἀναμὶξ ὀχούμενοι — *partim curribus* (iis, inquam, quos tectos currus et carros vocamus) *vectati* etc. L'illustre M. Boissonade que j'ai consulté sur ce passage s'est montré favorable à l'explication que j'adopte.

1. Reiske propose ἐμπελεμιζόμενοι — *inter se concussi, conquassati.* Si l'ancienne leçon devait être modifiée, je préférerais, avec Sturz, ἐμπλαζόμενοι, d'après Dion, LXII, 16 : Πολλοὶ δὲ καὶ τὰ ἀλλότρια ἁρπάζοντες, ἀλ-

contre les autres, et par cela même ils trouvaient plus promptement la mort. Voilà ce qu'ils eurent à souffrir, tant qu'ils furent attaqués de loin. Lorsque les Romains, ayant épuisé les moyens de les frapper à distance, tombèrent sur eux, ceux qui occupaient les extrémités furent taillés en pièces : comme ils étaient la plupart sans armes, un seul coup suffisait pour leur donner la mort. En même temps le centre était foulé, parce qu'on s'y

λήλοις ἐνεπλάζοντο, καὶ περὶ τοῖς σκεύεσιν ἐσφάλλοντο. — Inter se palantes discurrere, suppellectilibus falli.

2. B, C, D, E, F et G : Ἄποθεν. Je maintiens l'ancienne leçon, d'après la remarque de Lobeck, sur Phrynich. p. 9-10 : « Ἄπωθεν apud scenicos poetas, Aristoph. Avv. 1184. Plut. 674. Eur. Iph. A. 983. Iph. T. 108, indubitabile est : in scriptoribus prosaicis summa deprehenditur lectionum ambiguitas...... Nolo nunc utriusque formae exempla omnia enumerare, quibus colligendis nihil aliud consecutus sum, quam ut intelligerem, in tanta lectionum discrepantia rem ad liquidum confessumque perduci non posse. Quemadmodum autem sine cujusquam offensione ἔξω ἐκφέρειν, ἀνάγειν ἄνω, *extra excedere*, dicitur ; ita cum majore abundantia ἀπάγειν τινὰ ἄπωθεν (ἄποθεν cod. Med.) ἀπὸ τοῦ κλέμματος Æschin. C. Ctesiph. 491. »

3. Pour compléter et éclaircir le sens de τὴν πόρρωθεν ἀλκὴν, je transcris dans cette note un passage de Xiphilin, l. l. p 6, tiré probablement de Dion : Καὶ πρῶτον μὲν οἱ Ῥωμαῖοι ἠκόντιζον καὶ ἐτόξευον εἰς αὐτούς · ἐπεὶ δὲ κτλ.

4. L'ancienne leçon ἔπειτα κατέδραμον est bien dans A, comme le dit Sturz ; mais elle se trouve aussi dans B, C, E, F et G. J'adopte néanmoins, d'après Leunclavius, ἐπικατέδραμον, correction approuvée par Fabricius. Xiphilin porte ἐπέδραμον : ici encore une préposition a été omise, suivant l'usage des copistes.

5. Cette leçon est confirmée par A, B et C, par Xiphilin et par les Ms. de cet abréviateur. Toutefois Leunclavius préfère l'ancienne περιέχοντα, opposé à τὰ μέσα. Elle se trouve dans D, F et G ; mais l'opposition avec τὰ μέσα est aussi bien exprimée par τὰ περιέσχατα = τὰ πέριξ ἔσχατα. Pour cette raison, d'après trois Ms. et d'après le texte de Xiphilin, j'adopte τὰ περιέσχατα, comme Reimarus et Sturz.

6. De même dans Xiphilin, l. l. p. 6. C porte δὲ καὶ τὰ μέσα. La conjonction καὶ a été ajoutée par le copiste, cf. p. 98, not. 4.

7. L'ancienne leçon ὑπ' αὐτὰ est confirmée par tous les Ms. et par

ὑπὸ τοῦ πέριξ δέους χωρούντων. Καὶ οὕτω καὶ [1] ὑπ' ἀλλήλων ὠθούμενοι καὶ συμπατούμενοι διώλλυντο [2]· οὐδ' εἶχον οὐδὲν [3] οὔτε ἑαυτοῖς ἐπαρκέσαι, οὔτε ἐς τοὺς [4] πολεμίους τολμῆσαι. Ἱππεῖς [5] γὰρ καὶ τοξόται τὸ πλεῖστον ὄντες, ἄποροι μὲν ἐν τῷ σκότῳ προϊδέσθαι τι, ἄποροι δὲ ἐν τῇ στενοχωρίᾳ μηχανήσασθαι, ἐγίγνοντο. Ἐπειδὴ δὲ ἡ σελήνη ἀνέτειλεν, οἱ μὲν ἔχαιρον ὡς καὶ ἐν τῷ φωτὶ πάντως τινὰ ἀμυνούμενοι [6]. Κἂν ὠφελήθησάν τι, εἰ μὴ οἱ Ῥωμαῖοι κατόπιν αὐτὴν ἔχοντες, πολλὴν σφίσι πλάνην, τοτὲ μὲν τῇ, τοτὲ δὲ τῇ προσπίπτοντες, καὶ ἐν τῇ ὄψει καὶ ἐν τῷ ἔργῳ ἐνεποίουν. Πάμπολλοί [7] τε γὰρ ὄντες, καὶ

Xiphilin. J'adopte néanmoins ἐπ' αὐτὰ, d'après Leuclavius, Turnèbe et Fabricius, malgré le scrupule qui a arrêté Reimarus : « Non ausus sum mutare, dit-il, quia quod hic divisim dicitur ὑπ' αὐτὰ χωρούντων, alias conjunctim Græcis dici solet ὑποχωρεῖν — *recedere, se recipere;* quamquam cum dandi potius, fateor, quam accusandi casu. » C'est pour cette raison surtout que je me suis décidé en faveur de ἐπ' αὐτὰ, leçon d'autant plus admissible que ὑπὸ et ἐπὶ ont été souvent confondus par les copistes. Cf. M. Boissonade, sur Aristænète, p. 430, et sur Choricius, p. 236 ; 269 ; 328.

1. Suivant Reiske, cette conjonction est superflue et doit être supprimée, ou bien elle indique une lacune : « Fortassis, dit-il, sic scripsit auctor : καὶ οὕτω καὶ οὗτοι ὑπ' ἀλλήλων, ut illud οὗτοι respiciat ad oppositum suum, illos nempe in extremis ab hostium ferro peremtos. Aut videri potest sic dedisse Dio : καὶ οὕτω καὶ κατατοξευόμενοι (aut κατακοντιζόμενοι, aut συγκεντούμενοι) καὶ ὑπ' ἀλλήλων κτλ. » Il n'y a rien à changer ici. Καὶ signifie *etiam* — pressés par les ennemis, *et aussi les uns par les autres*, c'est-à-dire, par le mouvement rétrograde des premières lignes. Cf. p. 100, lig. 2 : ἅτε καὶ ἀλλήλοις ἐμπελαζόμενοι.

2. B : Διόλλυντο. Le copiste a négligé l'augment. Cf. p. 8, not. 4, tom. II de cette édition. E porte διόλυντο : l'augment a été négligé, et le copiste n'a mis qu'une consonne, quand il en fallait deux ; faute qui se reproduit très-souvent.

3. Οὐδὲν manque dans Xiphilin, l. l. p. 6.

portait des extrémités, par l'effet de la crainte qui régnait tout autour. Les barbares périssaient ainsi pressés et écrasés les uns par les autres, sans avoir aucun moyen de se défendre et sans oser rien entreprendre contre les ennemis. Cavaliers et archers, pour la plupart, ils ne pouvaient ni voir devant eux à cause des ténèbres, ni rien tenter dans la gorge étroite où ils étaient engagés. La lune enfin brilla : ils s'en réjouirent dans l'espérance de se défendre enfin à sa clarté. Ils auraient pu en tirer quelque avantage, si les Romains, qui l'avaient par derrière, fondant sur leurs ennemis tantôt d'un côté, tantôt d'un autre, n'avaient trompé et leurs yeux et leurs bras. Comme ils étaient fort nombreux et que leurs corps

4. G : Εἰς τούς.

5. La forme attique ἱππῆς n'est pas seulement dans A, cité par Sturz ; elle se trouve aussi dans B.

6. Sturz propose trois conjectures sur ce passage qu'il croit altéré : 1° πάντως τρόπον τινὰ ἀμυνούμενοι, 2° πάντως τι ἀμυνούμενοι, 3° πάντως τινὰ ἀμυνούμενον, en regardant τινὰ ἀμυνούμενον comme des accusatifs absolus. Elles sont superflues ; l'ancienne leçon doit être conservée : ἔχαιρον ὡς . . . . πάντως τινὰ ἀμυνούμενοι — *Gaudebant ut qui in luce certum in modum habituri essent quem repellerent, contra quem se defenderent.* Cf. p. 98, lig. 7 : ἀκοντίοις βάλλοντες, πάντως γέ τινας . . . . ἐτίτρωσκον.

7. Avant d'entrer dans l'examen de la polémique soulevée entre Reimarus et Reiske par le passage παμπολλοί τε — ἐτιτρώσκοντο, je crois devoir transcrire quelques lignes de Plutarque, Pompée, XXXII : Οὐδὲ γὰρ σκότος ἦν παντάπασιν, ἀλλὰ ἡ σελήνη καταφερομένη παρεῖχεν ἔτι τῶν σωμάτων ἱκανὴν ὄψιν. Καὶ τοῦτο μάλιστα τοὺς βασιλικοὺς ἔσφηλεν. Ἐπῄεσαν μὲν γὰρ οἱ Ῥωμαῖοι κατὰ νώτου τὴν σελήνην ἔχοντες· πεπιεσμένου δὲ περὶ τὰς δύσεις τοῦ φωτός αἱ σκιαὶ πολὺ τῶν σωμάτων ἔμπροσθεν προϊοῦσαι τοῖς πολεμίοις ἐπέβαλλον, οὐ δυναμένοις τὸ διάστημα συνιδεῖν ἀκριβῶς, ἀλλ' ὡς ἐν χερσὶν ἤδη γεγονότων τοὺς ὑσσοὺς ἀφέντες μάτην οὐδενὸς ἀφίκοντο. Il est d'accord avec Frontin, Stratag. II, 1, 12 : Præterea sic constituit aciem, ut Ponticorum quidem oculos luna perstringeret, suis autem illustrem et conspicuum præberet hostem. Tennulius (cf. Frontin. éd. Oudendorp.

ἐπὶ βαθύτατον κοινῇ πάντες ἀποσκιάζοντες, ἔσφαλλον αὐτοὺς, ἐν ᾧ γε οὕτω προσέμισγον σφίσιν. Ἐς γὰρ τὸ κενὸν οἱ [1] βάρβαροι, ὡς καὶ ἐγγὺς αὐτῶν ὄντων, μάτην ἔπαιον, καὶ ὁμόσε χωρήσαντες ἐν τῇ σκιᾷ, μὴ προσδεχόμενοι ἐτιτρώσκοντο, καὶ οὕτως ἀπέθανον αὐτῶν πολλοὶ, καὶ ἑάλωσαν οὐκ ἐλάττους [2]. Συχνοὶ δὲ καὶ διέφυγον, ἄλλοι τε καὶ ὁ Μιθριδάτης [3].

48. Καὶ [4] τότε μὲν πρὸς τὸν Τιγράνην ἠπείγετο [5]· ἐπεὶ

---

p. 156, not. 40) a donc raison d'adopter dans Florus, III, 5 : Luna in partibus, quippe quasi commilitans, quum *a facie se hostibus, a tergo Romanis* præbuisset, au lieu de la leçon vulgaire : *a tergo se hostibus, a facie Romanis, præbuisset.*

La controverse entre Reimarus et Reiske porta 1° sur le sens de ἐπὶ βαθύτατον, 2° sur la leçon οὕτω προσέμισγον.

Suivant Reiske, ἐπὶ βαθύτατον doit être traduit par *quam longissime*. Reimarus, dans sa lettre à ce critique, p. 681, cite à l'appui de son interprétation *in profundiora*, ce qui a été dit, p. 96 : τότε στράτευμα ἐπὶ τὰ μετέωρα ἀνεβίβασε, et p. 100 : ἐπικατέδραμον σφίσιν. Il en tire cette conséquence : « Hinc ἐπὶ βαθύτατον ἀποσκιάζοντες visi sunt desuper umbram *in profundiora* jecisse, ut altæ caderent de collibus umbræ. » Mais, pour que cette conclusion fût admissible, il faudrait lire, ainsi que Sturz l'a remarqué, ἐπὶ τὰ βαθύτερα, ou bien ἐπὶ τὸ βαθύτερον. Le texte de Plutarque αἱ σκίαι πολὺ τῶν σωμάτων ἔμπροσθεν προϊοῦσαι est favorable à Reiske. Du reste, il est facile de concilier les deux opinions : Reimarus s'est attaché au sens littéral de βαθύτατον; mais puisque les Romains descendaient d'une hauteur et avaient la lune par derrière, plus ils avançaient, plus leur ombre, en se projetant *au loin* devant eux, devait descendre *au fond* de la gorge. Sur βαθύσκιος, dans le sens de βαθεῖαν σκίαν ποιούμενος, cf. Thes. gr. ling. à ce mot. La version de Xylander *umbram perquam densam edebant* n'est pas assez fidèle.

Quant à la leçon οὕτω προσέμισγον, Reiske voulait la remplacer par οὔπω προσέμισγον, changement facile à cause de la perpétuelle confusion du τ avec le π ; cf. M. Boissonade, sur Théophylacte Simoc. p. 200, et sur la confusion de οὕτω avec οὔπω, Anecd. Gr. tom. II, p. 47 ; et ses not. sur

projetaient tous ensemble des ombres bien au loin dans la gorge ; tant qu'ils s'approchaient ainsi des barbares, ils les induisaient en erreur. En effet, ceux-ci, croyant l'ennemi près d'eux, portaient des coups qui se perdaient dans le vide, et ils étaient blessés sans s'y attendre lorsqu'ils voulaient combattre ces ombres corps à corps. Plusieurs périrent de cette manière : d'autres non moins nombreux furent faits prisonniers, et beaucoup d'autres, parmi lesquels se trouvait Mithridate, prirent la fuite.

48. Mithridate alors se dirigea vers Tigrane : il se fit

Eunape, p. 132 ; 158. Mais Reimarus, l. l., défend victorieusement l'ancienne οὕτω. « Romani, dit-il, exhaustis telis eminus emittendis, ἐπικατέδραμον σφίσιν, sic tamen ut hostes plerumque in errorem conjicerent, τοτὲ μὲν τῇ, τοτὲ δὲ τῇ προσπίπτοντες πολλὴν σφίσι πλάνην ἐνεποίουν. Ergo et hic statim idem aliis verbis dicitur : ἐσφαλλον αὐτοὺς ἐν ᾧ τε οὕτω προσέμισγον σφίσιν. » J'ai donc maintenu οὕτω, mais en remplaçant τέ par γέ, d'après Sturz : « ἐν ᾧ γε οὕτω προσέμισγον σφίσιν recte explicari potest, dit-il : dum, sive quamdiu quidem ita (in umbra) ad eos accedebant. » Τέ et γέ sont souvent confondus ; cf. M. Boissonade, Anecd. Gr. tom. II, p. 200 ; Krüger, Dionys. Hal. Historiogr. p. 127.

Quant aux Ms., ils ne donnent qu'une variante pour le passage qui nous occupe, et elle est sans importance. Au lieu de ἔσφαλλον, A, E et G portent ἔσφαλον.

1. L'article οἱ manque dans E. Sur cette omission cf. p. 18, not. 2 de ce volume.

2. Plutarque, l. l. est plus précis : Τοῦτο συνιδόντες οἱ Ῥωμαῖοι..... ἐκπεπληγμένους καὶ φεύγοντας ἔκτεινον, ὥστε πολὺ πλείονας μυρίων ἀποθανεῖν, ἁλῶναι δὲ τὸ στρατόπεδον. Orose, VI, 4, porte le nombre des prisonniers et des morts à 44,000.

3. Plutarque, l. l. : Αὐτὸς δὲ Μιθριδάτης, ἐν ἀρχῇ μὲν ὀκτακοσίοις ἱππεῦσι διέκοψε καὶ διεξήλασε τοὺς Ῥωμαίους· ταχὺ δὲ τῶν ἄλλων σκεδασθέντων, ἀπελείφθη μετὰ τριῶν· ἐν οἷς ἦν Ὑψικράτεια παλλακίς, ἀεὶ μὲν ἀνδρώδης τις οὖσα καὶ παράτολμος κτλ.

4. R. § 33, p. 106-107.

5. C : Ἡπήγετο, par la confusion d'ει avec η.

δὲ προπέμψας πρὸς αὐτὸν οὐδὲν φίλιον[1] εὕρετο[2], ὅτι τοῦ υἱέος αὐτῷ[3] Τιγράνου στασιάσαντος[4], ἐκεῖνον μὲν, πάππον αὐτοῦ ὄντα[5], αἴτιον τῆς διαφορᾶς ὑπετόπησε γεγονέναι, καὶ διὰ τοῦτο οὐχ ὅπως αὐτὸν ἐδέξατο[6], ἀλλὰ καὶ τοὺς προπεμφθέντας ὑπ' αὐτοῦ συνέλαβε καὶ κατέδησε· διαμαρτὼν[7] ὧν ἤλπισεν, ἔς τε τὴν Κολχίδα ἀπετράπετο, καὶ ἐκεῖθεν πεζῇ πρός τε τὴν Μαιῶτιν[8] καὶ πρὸς τὸν Βόσπορον, τοὺς μὲν πείθων, τοὺς δὲ καὶ βιαζόμενος, ἀφίκετο[9]. Καὶ τήν τε χώραν ἐκομίσατο, τὸν Μαχάρην τὸν παῖδα, τὸν τὰ τῶν Ῥωμαίων ἀνθελόμενον[10], καὶ τότε αὐτῆς κρατοῦντα, καταπλήξας, ὥστε μηδὲ[11] ἐς ὄψιν αὐτῷ ἐλθεῖν· καὶ ἐκεῖνον διὰ τῶν συνόντων οἱ, τήν τε ἄδειαν σφίσι καὶ χρήματα δώσειν ὑπισχνούμενος, ἀπέκτεινεν[12]. Ἐν ᾧ δὲ ταῦτ' ἐγίγνετο, ὁ Πομπήιος ἔπεμψε τοὺς ἐπιδιώξοντας[13] αὐτόν. Ἐπεὶ

---

1. Bien loin de là, Tigrane refusa de recevoir Mithridate et promit cent talents à qui lui apporterait sa tête; cf. Plutarque, l. l. Au lieu de φίλιον, E donne φίλον. Sur la leçon que j'adopte, cf. p. 87, not. 13 de ce volume.

2. Avec Sturz, je substitue cette leçon à l'ancienne εὕρατο, forme Alexandrine. Cf. Lobeck, sur Phrynich. p. 139-140.

3. C et E : Αὐτοῦ par la confusion des désinences ῳ ou ου, cf. M. Boissonade, sur Aristænète, p. 328; 347.

4. Plutarque, l. l. XXXIII : Πομπήιος δὲ εἰς Ἀρμενίαν ἐνέβαλε, τοῦ νέου Τιγράνου καλοῦντος αὐτόν· ἤδη γὰρ ἀφειστήκει τοῦ πατρὸς κτλ.

5. Tigrane le père était gendre de Mithridate; son fils avait donc Mithridate pour aïeul. Il était en même temps gendre de Phraate, roi des Parthes (cf. Plutarque, l. l. XXXII).

6. Εἰδέξατο est une faute du copiste dans G.

7. « Οὖν addit Med. a et V. a. quod nexum cum antecedenti ἐπεὶ turbat, dit Fabricius. » Οὖν se trouve aussi dans C, E, F et G : il a pu naître de ὧν, à cause de la fréquente confusion de ου avec ων. La conjonction οὖν est quelquefois ajoutée par les copistes, et très-souvent omise :

précéder d'une députation ; mais il ne trouva chez lui aucune disposition amicale, parce que ce roi supposait que si son fils s'était révolté, il y avait été poussé par Mithridate, son aïeul. Aussi, bien loin de lui accorder un asile, Tigrane fit-il arrêter et charger de chaînes ses envoyés. Déçu dans son espoir, Mithridate tourna ses pas du côté de la Colchide; puis il s'avança par terre jusqu'au Palus-Méotide et jusqu'au Bosphore, gagnant les uns et réduisant les autres par la force. Il s'empara de cette contrée alors soumise à Macharès, son fils, qui avait embrassé le parti des Romains et auquel il inspira tant d'effroi qu'il n'osa paraître en sa présence. Macharès fut mis à mort par ses amis, à l'instigation de son père, qui leur promit l'impunité et de l'argent. Sur ces entrefaites, Pompée fit poursuivre Mithridate; mais

---

ainsi dans Platon, Répub. II, § 4, éd. de Bekk. Lond. tom. VI, p. 338, au lieu de Ἄδηλον οὖν εἴτε τοῦ δικαίου εἴτε τῶν δωρεῶν τε καὶ τιμῶν ἕνεκα τοιοῦτος εἴη, deux Ms. portent ἄδηλον εἴτε κτλ., sans οὖν. Un peu plus loin, au contraire, au lieu de Ἀλλ' ἤτω ἀμετάστατος μέχρι θανάτου, δοκῶν μὲν εἶναι ἄδικος διὰ βίου κτλ., un Ms. donne δοκῶν μὲν οὖν εἶναι κτλ.

8. D : Μεῶτιν, par la confusion d'αι avec ε. Quoiqu'elle soit tellement fréquente que les exemples puissent paraître superflus, je demande au lecteur la permission de citer l'étrange leçon née de la confusion de ces deux sons et de la réunion de trois mots en un seul, dans Polybe, V, 11 : au lieu de Ὧν ἦν ἓν καὶ τὸ τότε πραχθέν, le Ms. de Peiresc, Περὶ ἀρ. καὶ κακ., porte : Ὧν ἤνεγκε τότε τὸ πραχθέν.

9. Cf. Appien, Mithrid. CI-CIV, et Plutarque, l. l. XXXIII, sqq.

10. Ἑλόμενον, dans Xiphilin, l. l. p. 6, par l'omission de la préposition, suivant l'usage des copistes.

11. C : Ὡς καὶ μηδέ.

12. Le récit d'Appien diffère de celui de Dion; cf. les Éclaircissements à la fin du volume. Xiphilin se contente de quelques mots, l. l. : Κἀνταῦθα τὸν Μαχάρην τὸν παῖδα τὰ Ῥωμαίων ἑλόμενον δολοφονήσας, ἦρχε τῆς χώρας.

13. Ἐπιδιώξαντας est une faute, non-seulement dans A cité par Sturz; mais aussi dans B, D, E, F et G.

δὲ ἔφθη ὑπὲρ τὸν Φᾶσιν ἐκδρὰς, πόλιν [1] ἐν τῷ χωρίῳ ἐν ᾧ ἐνενικήκει συνῴκισε, τοῖς τραυματίαις καὶ τοῖς ἀφηλικεστέροις τῶν στρατιωτῶν αὐτὴν δούς [2]. Καὶ σφίσι καὶ τῶν περιχώρων ἐθελονταὶ πολλοὶ [καὶ] συνῴκησαν [3]· καὶ εἰσὶ καὶ νῦν, Νικοπολῖταί τε ὠνομασμένοι, καὶ ἐς τὸν Καππαδοκικὸν νομὸν [4] συντελοῦντες· καὶ ὁ μὲν ταῦτ' ἐποίει.

49. Ὁ [5] δὲ δὴ Τιγράνης, ὁ τοῦ Τιγράνου παῖς, παραλαβών [6] τινας τῶν πρώτων, ἐπεὶ οὐ [7] καθ' ἡδονὴν αὐτοῖς ὁ γέρων ἦρχε, πρός τε τὸν Φραάτην [8] κατέφυγε, καὶ περισκοποῦντα αὐτὸν, διὰ τὰς συνθήκας τὰς πρὸς τὸν Πομπήϊον γενομένας, ὅ τι χρὴ πρᾶξαι, ἐς τὴν Ἀρμενίαν ἐμβαλεῖν ἀνέπεισε. Καὶ ἦλθον μὲν μέχρι τῶν Ἀρταξάτων, πᾶσαν τὴν ἐν ποσὶ χειρούμενοι, καὶ αὐτοῖς ἐκείνοις προσέβαλον· ὁ γὰρ Τιγράνης ὁ γέρων ἐς τὰ ὄρη, φοβηθεὶς σφᾶς, ἀνέφυγεν. Ἐπεὶ μέντοι χρόνου τε τῇ προσεδρείᾳ [9] δεῖν ἔδοξε, καὶ διὰ τοῦτο ὁ Φραάτης μέρος τι τῆς δυνάμεως τῷ παιδὶ

---

1. Xiphilin, l. l. : Πομπήϊος δὲ καθ' ὃ ἐνενικήκει χωρίον, πόλιν κτίσας, τούς τε τραυματίας καὶ τοὺς ἀφηλικεστέρους τῶν στρατιωτῶν συνῴκισεν ἐν αὐτῇ. Orose, VI, 4 : Inter duo flumina Euphratem et Araxem, urbem Nicopolis senibus lassis et aegris volentibus condidit.
2. D'après A et B. L'ancienne leçon αὐτὴν δύναμιν, qui est inintelligible, se trouve dans D, F et G. Xylander avait proposé διανείμας, Leunclavius διανέμων et Turnèbe δειμάμενος.
3. Συνῴκισαν, par la confusion d'η avec ι, dans A cité par Reimarus, et dans B, D et G. Reiske propose de supprimer καὶ qui précède ce verbe. Sur l'addition de cette conjonction par les copistes, cf. p. 101, not. 6 de ce volume. Je l'ai conservée, mais en la mettant entre crochets
4. Ce mot est mal accentué dans D, E, F et G, qui portent νόμον, ainsi que le texte de Xiphilin, éd. de Rob. Etienne, l. l. p. 6 : Καὶ εἰσι νῦν Νικο-

celui-ci avait pris les devants, et il était déjà arrivé au delà du Phasis. Le général romain fit bâtir, dans l'endroit où il avait remporté la victoire, une ville qu'il donna aux blessés et aux soldats affaiblis par l'âge. Plusieurs habitants des lieux voisins vinrent s'y établir volontairement avec eux : ils l'occupent encore aujourd'hui, sous le nom de Nicopolitains et font partie de la province de Cappadoce. Tels furent les exploits de Pompée.

49. Tigrane le fils, à la tête de quelques hommes considérables qui supportaient avec peine l'autorité de son père, se retira auprès de Phraate; et comme celui-ci hésitait sur le parti qu'il devait prendre, à raison de ses traités avec Pompée, il le détermina à envahir l'Arménie. Ils s'avancèrent jusqu'à Artaxata, soumirent tout sur leur passage et attaquèrent même cette ville. Tigrane le père, effrayé à leur approche, s'était enfui dans les montagnes. Cependant Phraate, pensant que le siége d'Artaxata durerait quelque temps, laissa au jeune Tigrane une partie de son armée et rentra

---

πολῖται ὠνομασμένοι καὶ εἰς τὸν Καππαδοκικὸν νόμον συντελοῦντες. Cf. les Éclaircissements à la fin du volume.

5. R. § 34, p. 107.

6. E : Παραλαβόν, faute du copiste, par la confusion d'ω avec ο.

7. Cette négation, exigée par le sens, manque dans la leçon vulgaire et dans A, E, F et G. Je l'ajoute, comme Reimarus et Sturz, d'après Xylander, Oddey et Fabricius.

8. Φραάντην, et un peu plus loin Φραάντης, dans A, B, C, E, F et G, qui donnent partout la même leçon pour ce nom.

9. Sturz adopte ici, et partout ailleurs dans Dion Cassius, προσεδρίᾳ : cf. la not. 9, tom. I, p. 263-265 de son édition. J'ai respecté l'ancienne leçon προσεδρείᾳ, confirmée par les Ms. C'est la seule forme admissible en prose; cf. Thes. gr. ling. tom. VI, p. 1890, éd. Didot.

αὐτοῦ καταλιπὼν, ἐς τὴν οἰκείαν ἀνεχώρησεν [1]· ἀντεπῆλθέ τε ἐνταῦθα ὁ πατὴρ αὐτῷ μονωθέντι [2], καὶ ἐνίκησε. Φυγὼν οὖν ἐκεῖνος, τὸ μὲν πρῶτον πρὸς τὸν Μιθριδάτην τὸν πάππον ὥρμησεν· ἐπεὶ δὲ ἔμαθεν αὐτὸν ἡττημένον, καὶ βοηθείας μᾶλλον δεόμενον [3], ἤ τινι ἐπικουρῆσαι δυνάμενον, προσεχώρησε τοῖς Ῥωμαίοις, καὶ αὐτῷ ὁ Πομπήϊος ἡγεμόνι χρησάμενος, ἔς τε τὴν Ἀρμενίαν καὶ ἐπὶ τὸν πατέρα αὐτοῦ ἐστράτευσε.

50. Καὶ [4] ὃς, μαθὼν τοῦτο, καὶ καταδείσας, ἐπεκηρυκεύσατό τε εὐθὺς αὐτῷ, καὶ τοὺς πρέσβεις τοῦ Μιθριδάτου [5] ἐξέδωκεν. Ἐπειδή τε, ἐναντιωθέντος οἱ τοῦ υἱέος, οὐδενὸς μετρίου ἔτυχεν, ἀλλὰ καὶ ὡς ὁ Πομπήϊος τόν τε Ἀράξην διέβη, καὶ τοῖς Ἀρταξάτοις [6] ἐπλησίασεν· οὕτω δὴ τήν τε πόλιν αὐτῷ [7] παρέδωκε, καὶ ἐς τὸ στρατόπεδον αὐτοῦ ἐθελοντὴς ἧκεν, ἐν μέσῳ ἑαυτὸν ὅτι μάλιστα τοῦ τε προτέρου ἀξιώματος καὶ τῆς τότε ταπεινότητος σκευάσας· ὅπως αἰδέσεώς [8] τε καὶ ἐλέου ἅμα ἄξιος αὐτῷ φανείη. Τὸν μὲν γὰρ χιτῶνα τὸν μεσόλευκον καὶ τὸν κάνδυν τὸν ὁλοπόρ-

---

1. C: Ἀνεχώρησε. Le ν paragogique a été omis devant une voyelle; cf. p. 8, not. 2 de ce volume. Un peu plus loin, au contraire, le même Ms. donne ἐνίκησεν. Φυγὼν κτλ., par l'addition du ν paragogique devant une consonne; cf. l. l., not. 1.

2. G : Μοθέντι : la syllabe νω a été ajoutée par une main plus moderne.

3. Le passage καὶ βοηθείας — δυνάμενον manquait dans G. Il a été inséré en marge par une main plus moderne.

4. R. § 35, p. 107-108.

5. La leçon τοὺς πρέσβεις τοὺς τοῦ Μιθριδάτου, citée par Sturz comme fournie par A, se trouve aussi dans C et dans E.

6. A l'ancienne leçon Ἀρταξαταῖς, évidemment fautive comme on le voit

dans ses États. Tigrane le père marcha alors contre son fils ainsi abandonné à lui-même et le vainquit. Celui-ci prit la fuite et se dirigea d'abord vers son aïeul ; mais, instruit que Mithridate, vaincu lui-même, avait besoin de secours plutôt qu'il n'était en mesure de secourir les autres, il se jeta dans les bras des Romains et servit de guide à Pompée dans une expédition en Arménie contre son père.

50. A cette nouvelle, le vieux Tigrane, saisi de crainte, envoya un héraut à Pompée et lui livra les ambassadeurs de Mithridate ; mais l'opposition de son fils l'empêcha d'obtenir des conditions raisonnables. D'un autre côté, Pompée, ayant franchi l'Araxe, s'était avancé jusque sous les murs d'Artaxata, malgré les démarches de Tigrane, qui, dans cette extrémité, lui abandonna la ville et se rendit volontairement dans son camp ; mais, afin de lui inspirer tout à la fois du respect et de la pitié, il prit soin que tout, dans son extérieur, tînt le milieu entre son ancienne dignité et son abaissement présent. Il se dépouilla donc de sa tunique coupée de raies blanches et de son manteau qui était tout de pourpre ; mais il

---

par Xiphilin, l. l. : Τήν τε πόλιν τὰ Ἀρτάξατα παρέλαβε, je substitue Ἀρταξάτοις, cf. Leunclavius dans une note marginale de son édition. C'est d'après cette correction que j'ai lu Ἀρταξάτων, au lieu de Ἀρταξατῶν, p. 108, lig. 22. Ἀρτοξάτοις dans C provient de la confusion d'α avec ο ; cf. Bast, Comment. Palæogr. p. 906.

7. C : Αὐτῶν, par la confusion d'ῳ avec ων : ainsi dans Xénophon, Cyr. V, 2, au lieu de Εἴσω δὲ πέμψαι πρὸς ἑαυτὸν τῶν πιστῶν τινας, οἵτινες αὐτῷ τὰ ἔνδον ἰδόντες ἀπαγγελοῦσιν, le Ms. de Peiresc, Περὶ ἀρετῆς καὶ κακίας, porte οἵτινες αὐτῶν τὰ ἔνδον κτλ.

8. Αἰδέσεως : ἀντὶ τοῦ αἰδοῦς. Δημοσθένης ἐν τῷ κατὰ Μειδίου. Cf. Antiatticist. dans Bekker, Anecd. Gr. tom. I, p. 80 ; Συναγ. λεξ. χρησ. l. l. 361-362 ; Thes. gr. ling. tom. I, p. 921, éd. Didot.

ΤΩΝ ΔΙΩΝΟΣ ΙΣΤΟΡΙΩΝ ΡΩΜ. ΒΙΒΛ. ΛϚ.

φυρον ἐξέδυ· τὴν δὲ δὴ τιάραν [1] τό τε ἀνάδημα εἶχε. Πομπήϊος δὲ ἀπὸ μὲν τοῦ ἵππου κατεβίβασεν αὐτὸν, ῥαβδοῦχόν τινα πέμψας [2]. Προσήλαυνε γὰρ ὡς καὶ ἐς αὐτὸ [3] τὸ ἔρυμα, κατὰ τὸ σφέτερον ἔθος, ἱππεύσων. Ἐσελθόντα δὲ αὐτοποδίᾳ, καὶ τό τε διάδημα ἀποῤῥίψαντα, καὶ ἐς τὴν γῆν [4] πεσόντα, προσκυνοῦντά τε ἰδὼν [5], ἠλέησε, καὶ ἀναπηδήσας [6], ἐξανέστησέ τε αὐτὸν, καὶ ταινιώσας τῷ ἀναδήματι [7], ἔς τε τὴν πλησίαν ἕδραν [8] ἐκάθισε, καὶ παρεμυθήσατο [9]· εἰπὼν ἄλλα τε, καὶ ὅτι οὐ [10] τὴν τῶν Ἀρμε-

---

1. E : Τὴν δὲ τιάραν. La particule δὴ est souvent omise par les copistes ; cf. Platon, Banq. éd. de Bekk. Lond. tom. V, p. 23 ; 76.
2. Xiphilin, l. l. : Ἐπεὶ καὶ ἐς τὸ στρατόπεδον ὡς ἐσιὼν ἔφιππος ἤλαυνε, τοῦ μὲν ἵππου, ῥαβδοῦχον στείλας, καταβῆναι πεποίηκεν.
3. Dans B, ἑαυτὸ, au lieu de ἐς αὐτὸ, est une faute du copiste.
4. C : Εἰς τὴν γῆν. De même dans Xiphilin, l. l. p. 6-7.
5. Xiphilin, l. l. p. 7 : Τε αὐτὸν ἰδών.
6. Plutarque, l. l. XXXIII : Ὡς δὲ ἦλθεν ἱππότης ἐπὶ τὸν χάρακα, ῥαβδοῦχοι δύο τοῦ Πομπηΐου προσελθόντες ἐκέλευσαν ἀποβῆναι τοῦ ἵππου καὶ πεζὸν ἐλθεῖν· οὐδένα γὰρ ἀνθρώπων ἐφ' ἵππου καθεζόμενον ἐν Ῥωμαϊκῷ στρατοπέδῳ πώποτε ὀφθῆναι. Καὶ ταῦτα οὖν ὁ Τιγράνης ἐπείθετο καὶ τὸ ξίφος αὐτοῖς ἀπολυσάμενος παρεδίδου· καὶ τέλος, ὡς πρὸς αὐτὸν ἦλθε τὸν Πομπήϊον, ἀφελόμενος τὴν κίταριν ὥρμησε πρὸ τῶν ποδῶν θεῖναι καὶ καταβαλὼν ἑαυτὸν αἴσχιστα δὴ πάντων προσπεσεῖν αὐτοῦ τοῖς γόνασιν. Cf. Appien, Mithrid. CIV ; Vell. Paterc. II, 37 ; Plutarque, De Alexand. M. Fort. aut Virt. § III.
7. Lenuclavius, d'après Xiphilin, l. l. p. 7, propose dans une note marginale διαδήματι. Et, en effet, cet abréviateur, après avoir dit, p. 6, καὶ τό τε διάδημα ἀποῤῥίψαντα κτλ., emploie le même substantif, p. 7, καὶ ταινιώσας τῷ διαδήματι, tout aussi admissible que ἀναδήματι, d'après Fabricius, qui pense que διάδημα et ἀνάδημα peuvent être employés l'un pour l'autre. Penzel (préf. p. XIV) s'est rallié à l'opinion de Fabricius, après avoir soutenu que ἀνάδημα désignait une bandelette qui entourait la tiare ; tandis que διάδημα se disait de toute espèce de coiffure royale.
Tout en reconnaissant la justesse de la remarque de Fabricius, je main-

HISTOIRE ROMAINE DE DION, L. XXXVI.

garda sa tiare et la bandelette qui y était attachée. Pompée envoya au-devant de lui un licteur chargé de le faire descendre de cheval; car Tigrane, suivant la coutume de son pays, se disposait à pénétrer à cheval dans les retranchements des Romains. Mais lorsqu'il y fut entré à pied; lorsqu'il eut déposé son diadème, qu'il se fut prosterné et eut adoré Pompée, ce général, ému de compassion par un tel spectacle, s'élança vers lui, le releva, ceignit son front du bandeau royal, le fit asseoir à ses côtés et le consola en lui disant, entre autres choses,

---

tiens la leçon καὶ ταινιώσας τῷ ἀναδήματι. A mon avis, dans le passage καὶ τό τε διάδημα ἀποῤῥίψαντα κτλ., διάδημα est pris pour la tiare et tous ses ornements, comme on le voit par Plutarque, l. l. XXXIII : Ἀφελόμενος τὴν κίταριν, et par Dion lui-même, un peu plus haut : Τὴν δὲ δὴ τιάραν, τό τε ἀνάδημα εἶχε. Dans le second passage, au contraire, qu'on adopte διαδήματι ou ἀναδήματι, il ne peut être question que de la bandelette qui entourait la tiare, comme le prouve ταινιώσας. Je maintiens donc ἀναδήματι d'après un passage analogue de Xiphilin : Φυγόντος δὲ αὐτοῦ τὴν τιάραν τό τε ἀνάδημα τὸ περὶ αὐτὴν εὑρόντες κτλ. Cf. Fr. CCCXXIX, tom. II, p. 226-228 de cette édition.

Au lieu de ταινιώσας, C, D et G portent τενιώσας. Ici, αι a été remplacé par ε. Dans Denys d'Hal. Περὶ συνθ. § XX, p. 272, éd. Schæf., au lieu de δείγματος ἢ παραδείγματος ἕνεκα ταῦτα εἴρηκα, le Ms. de la Bibliothèque nationale de Paris, n° 1741, porte δείγματος ἢ παραδείγματος ἔναικα, où ε est remplacé par αι.

8. Xiphilin, l. l. p. 7 : Εἴς τε τὴν πλησίον ἕδραν.

9. Plutarque, l. l. : Καὶ πλησίον ἱδρυσάμενος ἑαυτοῦ, τὸν δὲ υἱὸν ἐπὶ θάτερα, τῶν μὲν ἄλλων ἔφησε δεῖν αἰτιᾶσθαι Λούκουλλον· ὑπ' ἐκείνου γὰρ ἀφῃρῆσθαι Συρίαν, Φοινίκην, Κιλικίαν, Γαλατίαν, Σωφηνήν· ἃ δὲ ἄχρις ἑαυτοῦ διατετήρηκεν ἕξειν, ἐκτίσαντα ποινὴν ἑξακισχίλια τάλαντα Ῥωμαίοις τῆς ἀδικίας, Σωφηνῆς δὲ βασιλεύειν τὸν υἱόν. Cf. Appien, Mithrid. CV.

10. C : Καὶ ὃ οὐ, variante fautive. Elle se trouvait aussi dans G; mais elle a été corrigée, dans une annotation marginale, par une main plus moderne.

νίων [1] βασιλείαν ἀπολωλεκὼς [2], ἀλλὰ καὶ τὴν τῶν Ῥωμαίων [3] φιλίαν προσειληφὼς εἴη. Καὶ ὁ μὲν τούτοις τε αὐτὸν ἀνεκτήσατο, καὶ ἐπὶ δεῖπνον [4] ἐκάλεσεν.

51. Ὁ [5] δὲ υἱὸς (ἐκάθητο [6] δὲ ἐκ τοῦ ἐπὶ θάτερα τοῦ Πομπηΐου) οὔθ' ὑπανέστη τῷ πατρὶ, οὔτ' ἄλλο τι αὐτὸν ἐδεξιώσατο· ἀλλὰ καὶ ἐπὶ δεῖπνον κληθεὶς οὐκ ἀπήντησεν [7]. Ὅθεν ὑπό γε [8] τοῦ Πομπηΐου μάλιστα ἐμισήθη. Τῇ γοῦν ὑστεραίᾳ διακούσας αὐτῶν, τῷ μὲν πρεσβυτέρῳ τὴν πατρῴαν πᾶσαν ἀρχὴν ἀπέδωκε· τὰ γὰρ προσκτηθέντα ὑπ' αὐτοῦ (ἦν δὲ ἄλλα τε, καὶ τῆς Καππαδοκίας τῆς τε Συρίας μέρη, ἥ τε Φοινίκη καὶ ἡ Σωφηνὴ [9] χώρα, τοῖς Ἀρμενίοις πρόσορος) οὐ σμικρὰ, παρείλετο αὐτοῦ [10], καὶ προσέτι καὶ χρήματα αὐτὸν ᾔτησε· τῷ δὲ νεωτέρῳ [11] τὴν Σω-

---

1. Xiphilin, l. l. p. 7 : Τὴν Ἀρμενίων. Sur l'omission de l'article, cf. p. 18, not. 2 de ce volume.

2. C : Ἀπολελωκὼς, faute du copiste. G : Ἀπολωλωκώς.

3. Xiphilin, l. l. p. 7 : Τὴν Ῥωμαίων. Cf. la note 11.

4. A, B et E : Ἐπὶ τὸ δεῖπνον, ici et § 51, lig. 3.

5. R. § 36, p. 108-109.

6. D et G : Ἐκάθιτο, par la confusion d'η avec ι.

7. C et D : Ἀπήντησε, par l'omission du ν paragogique devant une voyelle. Cf. p. 8, not. 2 de ce volume.

8. J'adopte γέ, d'après Sturz : « Ὑπό γε, dit-il, scribendum duxi pro ὑπό τε, quia non habet τέ quo referatur. Sensus est : *a Pompeio quidem præcipue, sed etiam ab aliis fuit odio habitus.* » Ces deux particules sont souvent confondues. Dans Platon, Banq. § XXVIII, éd. de Bekk. Lond. tom. V, p. 72, au lieu de διὰ τούτου καὶ ἡ μαντικὴ πᾶσα χωρεῖ καὶ ἡ τῶν ἱερέων τέχνη τῶν τε περὶ τὰς θυσίας καὶ τὰς τελετὰς κτλ., un Ms. porte ἡ τῶν ἱερέων τέχνη τῶν γε περὶ κτλ.

9. L'ancienne leçon Σωφανήνη peut être maintenue d'après Étienne de Byzance : Σωφηνὴ...... ὡς Στράβων ἑνδεκάτῃ. Παρὰ δ' Ἀρριανῷ Σωφανήνη, τετρασυλλάβως. (Σωφανίνη est une faute d'impression dans l'éd. de Berkelius,

qu'il n'avait point perdu son royaume d'Arménie, mais gagné l'amitié des Romains. Après avoir ranimé son courage par ces paroles, il l'invita à souper.

51. Le fils de Tigrane, assis de l'autre côté de Pompée, ne se leva pas devant son père et ne lui donna aucune marque d'affection. Il ne se rendit pas même au souper auquel il avait été invité; et ce fut là ce qui lui attira surtout la haine de Pompée. Le lendemain, après avoir entendu le père et le fils, le général romain rendit au vieux Tigrane les États qu'il avait reçus de ses ancêtres : quant aux provinces qu'il avait conquises (c'étaient, entre autres contrées, diverses parties de la Cappadoce et de la Syrie, la Phénicie, la Sophène, pays limitrophe de l'Arménie), et elles formaient un tout assez vaste, il les lui enleva : de plus, il exigea une contribution d'argent et ne donna à Tigrane le

---

p. 689.) J'ai néanmoins adopté Σωφηνὴ d'après Plutarque, l. l. XXXIII ; Appien, Mithrid. CV ; Strabon, éd. Casaub. Paris, 1620, liv. XI, p. 521; 527; 528; 530; liv. XII, p. 555; Josèphe, VII, 5, 1; VIII, 7, 6.

10. Reiske propose : χώρα, τοῖς Ἀρμενίοις πρόσορος, οὖσα οὐ σμικρά) παρείλετο αὐτόν, à moins, dit-il, qu'on ne prenne σμικρά pour un pluriel neutre, et qu'on ne le place, soit après ἄλλα τε, soit après μέσῃ. La conjecture πρόσορος, οὖσα οὐ σμικρά ne manque pas de probabilité ; mais l'ancienne leçon peut être maintenue. Quant à παρείλετο αὐτὸν que Reiske conseille de substituer à παρείλετο αὐτοῦ, par la raison qu'on dit bien ἀφαιρεῖσθαί τί τινος ou τινά, tandis qu'on ne peut dire que παραιρεῖσθαί τι τινά, cette assertion n'est point fondée. Pour des exemples de παραιρεῖσθαί τί τινος, cf. Thes. gr. ling. tom. VI, p. 264, éd. Didot.

11. Avec l'ancienne leçon τῷ δὲ υἱεῖ τῷ ἑτέρῳ, il faut ajouter Τιγράνῃ, ou bien sous-entendre ce nom. Reiske propose τῶν εἰρημένων, ou τῶν ἑτέρων — *reliquorum autem*, c'est-à-dire, les autres provinces que Tigrane n'avait pas reçues en héritage, mais qu'il avait ajoutées au royaume de ses ancêtres : cette conjecture paraît la plus probable à Sturz. Ici, comme p. 118, § 52, je lis τῷ νεωτέρῳ, à cause de τῷ μὲν πρεσβυτέρῳ, qui se trouve quelques lignes plus haut. Υἱεῖ, dans l'ancienne leçon, est probablement une glose qui de la marge se sera glissée dans le texte.

8.

φηνὴν μόνην ἀπένειμε[1]. Καὶ ἔτυχον γὰρ οἱ θησαυροὶ ἐν αὐτῇ ὄντες· ἠμφισβήτησέ τε περὶ αὐτῶν ὁ νεανίσκος, καὶ ἁμαρτὼν (οὐ[2] γὰρ εἶχεν ὁ Πομπήϊος ὁπόθεν ἄλλοθεν τὰ ὡμολογημένα[3] κομίσηται) ἠγανάκτησε, καὶ δρασμὸν ἐβουλεύσατο. Ὁ οὖν Πομπήϊος, προμαθὼν τοῦτο, ἐκεῖνόν τε ἐν φυλακῇ ἀδέσμῳ[4] ἐποιήσατο· καὶ πέμψας πρὸς τοὺς τὰ χρήματα φυλάττοντας[5], τῷ πατρὶ αὐτοῦ πάντα σφᾶς[6] δοῦναι ἐκέλευσεν. Ἐπειδή τε μήθ' ὑπήκουσαν, λέγοντες, τὸν νεανίσκον, οὗπερ ἡ χώρα ἤδη ἐνομίζετο, χρῆναι σφίσι τοῦτο προστάξαι, ἔπεμψεν[7] αὐτὸν πρὸς τὰ φρούρια. Καὶ ὁ μὲν, κεκλεισμένα αὐτὰ εὑρών, προσῆλθέ τε ἐγγὺς, καὶ ἐκέλευσε καὶ ἄκων αὐτὰ ἀνοιχθῆναι. Ὡς δ' οὐδὲν μᾶλλον ἐπείθοντο, προϊσχόμενοι, ὅτι μὴ ἑκούσιος, ἀλλὰ ἀναγκαστὸς τὴν πρόσταξιν ἐποιεῖτο, ἐχαλέπηνεν ὁ Πομπήϊος καὶ ἔδησε τὸν Τιγράνην. Καὶ οὕτως ὅ τε γέρων τοὺς θησαυροὺς παρέλαβε, καὶ αὐτὸς ἔν τε τῇ χώρᾳ τῇ τ' Ἀναΐτιδι[8], καὶ πρὸς τῷ ποταμῷ τῷ Κύρνῳ[9], τριχῇ νείμας τὸν στρατὸν,

---

1. Suivant Appien, Mithrid. CV, Pompée lui donna la Sophène et la Gordyène.

2. Οὐ manquait dans G : il a été ajouté en marge par une main plus moderne. Le même Ms. donne εἶχον au lieu de εἶχεν, par la confusion d'ε avec ο. Cf. p. 38, not. 8 de ce volume.

3. D et E : Ὁμολογημένα. Les copistes ont négligé l'augment et confondu ω avec ο; cf. tom. II, p. 8, not. 4 de cette édition, p. 75, not. 4 et p. 102, not. 2 de ce volume.

4. Dans G, le copiste, par distraction, a écrit deux fois les mots ἐν φυλακῇ ἀδέσμῳ.

5. F : Φυλάσσοντας. J'ai conservé la forme attique.

6. Dans D, πάντς σφᾶς, le ς de πάντς, au lieu de πάντα, est né de la première lettre du mot suivant.

7. A l'ancienne leçon ἔπεμψαν, je substitue ἔπεμψεν, proposé par Tur-

fils que la Sophène : c'était là que se trouvaient les trésors du roi d'Arménie. Le jeune Tigrane les réclama avec énergie : n'ayant pu les obtenir (car Pompée ne pouvait se faire payer avec d'autres fonds les sommes qui lui avaient été promises), il éprouva un vif mécontentement et résolut de prendre la fuite. Instruit à temps de son projet, Pompée le fit garder à vue et envoya aux gardiens de ces trésors l'ordre de les remettre à Tigrane le père. Ils refusèrent, sous prétexte que cet ordre devait être donné par le jeune Tigrane, déjà regardé comme le souverain de ce pays. Pompée l'envoya alors lui-même au château où les trésors étaient déposés : celui-ci, l'ayant trouvé fermé, s'en approcha de très-près et ordonna, malgré lui, de l'ouvrir. Les gardiens n'obéirent pas davantage, soutenant qu'il ne donnait pas cet ordre de bon gré, mais par contrainte. Pompée indigné fit mettre en prison Tigrane le jeune ; et les trésors furent ainsi remis à son père. Pompée partagea son armée en trois corps et établit ses quartiers d'hiver dans l'Anaïtis et sur les

---

nèbe et approuvé par Oddey et par Reimarus, qui conserve pourtant l'ancienne ἔπεμψαν. A la rigueur, cette leçon pourrait être maintenue : « Pluralis, dit Sturz, qui adopte la conjecture de Turnèbe, referri ad eos potest quos Pompeius ad custodes pecuniæ miserat ; quod tamen fateor durum esse. Sed multo minus placet, ut cum Xylandro vertatur in *missus est*. » Wagner et M. Tafel traduisent *So schickte*, d'après la leçon ἔπεμψεν.

8. Cf. p. 95, not. 6 de ce volume. Tous les Ms. portent : Τῇ Ταναΐτιδι = Τῇ τ' Ἀναΐτιδι. Les copistes ont fait un seul mot du nom Ἀναΐτιδι et de la particule τέ, surabondante ici et qu'on peut supprimer sans inconvénient.

9. Κύονῳ, dans C, par la confusion de ρ avec ο ; cf. Bast, Comm. Palæogr. p. 732 ; 814. Un peu plus loin, le même Ms donne correctement le nom de ce fleuve. Sur les variantes Κύρτος et Κύρος, cf. la note de Fabricius et les auteurs qu'il cite. Penzel se déclare pour Κῦρος. Dans le Strabon de Tzschuck, on lit Κύρος ; mais les Ms. donnent Κῦρος que les éditeurs de Strabon ont arbitrairement changé en Κύρος, pour distinguer le fleuve

παρεχείμασε· τά τε ἄλλα παρὰ τοῦ Τιγράνου συχνὰ, καὶ χρήματα πολλῷ πλείω [1] τῶν ὁμολογηθέντων λαβών. Ἀφ' οὗπερ οὐχ ἥκιστα καὶ ἐκεῖνον ἔς τε τοὺς φίλους καὶ ἐς τοὺς συμμάχους [οὐ] πολλῷ ὕστερον [2] ἐσέγραψε [3], καὶ τὸν υἱὸν αὐτοῦ ἐς τὴν Ῥώμην μετὰ φρουρᾶς ἐσήγαγεν [4]· οὐ μέντοι καὶ ἐν ἡσυχία διεχείμασεν [5].

52. Ὀροίσης [6] γὰρ, Ἀλβανῶν τῶν ὑπὲρ τοῦ Κύρνου [7] οἰκούντων βασιλεὺς, τὸ μέν τι [8], καὶ τῷ Τιγράνῃ τῷ νεωτέρῳ φίλῳ οἱ ὄντι χαρίσασθαι βουληθεὶς, τὸ δὲ δὴ πλεῖστον, δείσας μὴ καὶ ἐς τὴν Ἀλβανίδα οἱ Ῥωμαῖοι ἐσβάλωσι· καὶ νομίσας ὅτι, ἂν ἐν τῷ χειμῶνι ἀδοκήτοις σφίσι καὶ μὴ καθ' ἓν στρατοπεδευομένοις προσπέσῃ [9], πάντως τι ἐξεργάσεται· ἐστράτευσεν ἐπ' αὐτοὺς παρ' αὐτὰ τὰ Κρόνια [10]. Καὶ αὐτὸς μὲν [11] ἐπὶ Μέτελλον Κέλερα [12], παρ' ᾧ ὁ Τιγρά-

du roi Cyrus. Cf. Cramer, Strabon. tom. II, p. 427, Berlin, 1842. Sur l'orthographe de ce fleuve, cf. Uckert, Geogr. tom. III, 2, p. 230; Forbiger, Geogr. II, p 79; Thes. gr. ling. tom. IV, p. 2153, ed. Didot; Xiphilin, l. l. p. 7; Pline, VI, 10.

Au lieu de τριχῇ, écriture aujourd'hui abandonnée, G porte τρύχειν, variante triplement fautive, par la confusion d'υ avec ι, d'ει avec η et de ν avec l'ι final dont on a fait plus tard l'ι souscrit. En marge, une main plus moderne a ajouté la syllabe χῇ, comme devant être substituée à χειν.

1. C et G : Πολλὰ πλείω.
2. Reiske propose de substituer οὐ πολλῷ ὕστερον à l'ancienne leçon πολλῷ ὕστερον. Penzel approuve cette conjecture, par la raison qu'en donne Sturz : « Quod neque Pompeius neque Tigranes admodum diu paci factæ superstites fuerint, et quia Tigranes filius paulo post eandem pacem captivus abductus sit Romam, quippe quem Clodius jam, A. U. C. 696 e custodia liberaverit. » J'ai adopté la correction de Reiske, mais en mettant οὐ entre crochets.
3. Ἐγέγραψε, faute du copiste dans G.
4. C : Ἐσήγαγε. Sur l'omission du ν paragogique devant une voyelle, cf. p. 8, not. 2 de ce volume.

bords du Cyrnus, après avoir reçu de Tigrane le père un grand nombre de présents et des sommes beaucoup plus considérables que celles qui avaient été convenues. Ce fut là surtout ce qui le détermina à l'inscrire bientôt après au nombre des amis et des alliés du peuple romain et à envoyer son fils à Rome sous escorte. Néanmoins il ne passa pas l'hiver dans le repos.

52. Orosès, roi des Albanais qui habitent au delà du Cyrnus, voulant jusqu'à un certain point complaire à Tigrane le fils, qui était son ami; mais craignant par-dessus tout que les Romains n'envahissent aussi l'Albanie, et persuadé que, s'il profitait de l'hiver pour tomber sur eux à l'improviste, pendant qu'ils n'étaient pas réunis dans le même camp, il pourrait remporter quelque avantage, se mit en marche, la veille des Saturnales. Il se dirigea en personne contre Métellus Céler, qui avait Tigrane

5. Διεχείμασε, dans le même manuscrit.

6. R. § 37, p. 109-110. Au lieu d'Ὀροίσης, C porte Ὀρίσης, par la confusion d'οι avec ι. Appien, Mithrid. CIII, CXVII, l'appelle Ὀροίζης; mais les Ms. de cet historien portent tantôt cette écriture, tantôt Ὀρίζης. Cf. la note de Reimarus. Florus, III, 5, et Eutrope, VI, 14, l'appellent Orodes.

7. Reimarus aimerait mieux ὑπὲρ τὸν Κύρνον; mais, ainsi que Sturz en a fait la remarque, ce changement n'est point nécessaire.

8. L'ancienne leçon τῷ μέν τι, évidemment fautive à cause de τὸ δὲ δὴ qui suit, est pourtant confirmée par tous les Ms. Comme Reimarus et Sturz, j'adopte τὸ μέν τι, d'après H. Étienne et Leunclavius.

9. F : Ἐκπέσῃ.

10. C'est-à-dire au mois de décembre. Cf. Macrobe, Saturnal. I, 10; Pitiscus, Antiq. Rom. II, p. 693-694, et les Éclaircissements à la fin du volume.

11. Les mots καὶ αὐτὸς μὲν manquent dans C, qui un peu plus loin porte Κάλερα, faute du copiste, au lieu de Κέλερα.

12. G : Κέτελλ κέλερα (sic). La syllabe ου a été intercalée par une main plus moderne.

νης ἦν, ἤλασεν· ἄλλους δὲ ἐπὶ τὸν Πομπήϊον, καὶ ἄλλους ἐπὶ Λούκιον Φλάκκον, τὸν τῆς τριτημορίδος [1] ἄρχοντα, ἔπεμψεν· ὅπως πάντες ἅμα [2] ταραχθέντες μὴ συμβοηθήσωσιν ἀλλήλοις. Οὐ μὴν καὶ διεπράξατο οὐδαμόθι οὐδέν. Ἐκεῖνόν τε γὰρ ὁ Κέλερ ἰσχυρῶς [3] ἀπεκρούσατο. καὶ ὁ Φλάκκος, ἐπειδὴ πολὺν τὸν περίβολον τῆς ταφρείας ὄντα ἀδύνατος ἦν ὑπὸ τοῦ μεγέθους σῶσαι, ἑτέραν [4] ἔνδοθεν ἐποιήσατο· καὶ δόξαν ἀπ' αὐτοῦ τοῖς ἐναντίοις, ὡς καὶ φοβηθείς, ἐμβαλών, ἐπεσπάσατο αὐτοὺς εἴσω τῆς ἔξωθεν τάφρου· κἀνταῦθα μὴ προσδεχομένοις σφίσιν ἐπεκδραμών [5], πολλοὺς μὲν ἐν χερσί, πολλοὺς δὲ καὶ φεύγοντας ἐφόνευσε. Κἂν τούτῳ ὁ Πομπήϊος [6], προμαθὼν τήν τε πεῖρασιν τῶν βαρβάρων, ἣν ἐπὶ τοὺς ἄλλους ἐπεποίηντο, προαπήντησε τοῖς ἐφ' ἑαυτὸν ἐπιοῦσιν [7] ἀπροσδοκήτως [8]· καὶ κρατήσας, ἐπὶ τὸν Ὀροίσην εὐθύς, ὥσπερ εἶχεν, ἠπείχθη. Καὶ ἐκεῖνον μὲν οὐ κατέλαβεν· (ἀπωσθείς τε γὰρ ὑπὸ τοῦ Κέλερος [9], καὶ μαθὼν καὶ τὰ τῶν ἄλλων πταίσματα, ἔφυγε·) τῶν μέντοι Ἀλβανῶν συχνοὺς περὶ τὴν τοῦ Κύρνου διάβασιν συλλαβών, ἔφθειρε· κἀκ τούτου δεηθεῖσιν αὐτοῖς ἐσπείσατο.

1. G : Τριμορίδος. La syllabe τη a été intercalée par une main plus moderne.
2. Ἅμα πάντες, dans C.
3. Dans E, le copiste, par distraction, a écrit deux fois ἰσχυρῶς.
4. C : Ἕτερον, faute du copiste.
5. F : Ἐκπεκδραμών, faute du copiste.
6. G : Ὁ μηήϊος. La syllabe πο a été ajoutée par une main plus moderne.

auprès de lui. En même temps, il envoya quelques troupes contre Pompée et quelques autres contre Lucius Flaccus, gouverneur de la troisième partie de la province ; afin que les Romains, inquiétés sur tous les points à la fois, ne pussent se secourir les uns les autres ; mais il ne réussit nulle part. Métellus Céler le repoussa vigoureusement : quant à Flaccus, ne pouvant défendre le retranchement qui entourait son camp, parce qu'il avait un trop vaste circuit, il en fit creuser un autre en dedans du premier : par-là il fit croire aux ennemis qu'il éprouvait des craintes et les attira en deçà du retranchement extérieur ; puis fondant sur eux à l'improviste, il en massacra un grand nombre dans la mêlée et beaucoup d'autres dans leur fuite même. Sur ces entrefaites, Pompée, informé d'avance de l'attaque des barbares contre la partie de l'armée romaine qui n'était pas avec lui, fit tout à coup volte-face, mit en déroute ceux qui s'avançaient contre lui et marcha sans retard contre Orosès ; mais il ne put l'atteindre. Repoussé par Céler et connaissant l'échec des divers corps de son armée, ce roi avait pris la fuite. Pompée tomba sur plusieurs Albanais, au moment où ils traversaient le Cyrnus et en fit un grand carnage ; puis, à la prière de ceux qui avaient échappé à la mort,

7. Ἀπιοῦσιν, par la confusion de ἐπί avec ἀπό dans A, B, D, F et G. Dans ce dernier Ms. ε a été écrit en marge, par une main plus moderne, comme devant remplacer α.

8. A : Ἀπροσδοκήτος, leçon qui serait fort admissible, si le copiste avait écrit ἀπροσδόκητος ; mais la place de l'accent prouve qu'il a confondu ω avec ο.

9. Κέλορος, dans C et D, par la confusion d'ε avec ο.

Ἄλλως μὲν γὰρ καὶ σφόδρα ἐπεθύμει ἐς τὴν χώραν αὐτῶν ἀντεμβαλεῖν· διὰ δὲ δὴ τὸν χειμῶνα ἡδέως τὸν πόλεμον ἀνεβάλετο. Τότε μὲν δὴ ταῦτ' ἔπραξε [1].

1. Un peu au-dessous de ce mot, on lit dans A : Δίωνος Ῥωμαϊκῶν ΛϚ.

il accorda la paix. Il désirait vivement de faire une invasion dans l'Albanie ; mais, à cause de l'hiver, il différa volontiers la guerre. Tels furent alors les exploits de Pompée.

ΤΩΝ

ΔΙΩΝΟΣ

ΙΣΤΟΡΙΩΝ ΡΩΜΑΙΚΩΝ

ΤΟ ΤΡΙΑΚΟΣΤΟΝ ΕΒΔΟΜΟΝ ΒΙΒΛΙΟΝ [1].

Τάδε ἔνεστιν ἐν τῷ τριακοστῷ ἑβδόμῳ τῶν Δίωνος Ῥωμαϊκῶν [2].

Ὡς ὁ Πομπήϊος πρὸς Ἴβηρας τοὺς ἐν τῇ Ἀσίᾳ ἐπολέμησεν.

Ὡς Πομπήϊος τὸν [3] Πόντον τῇ Βιθυνίᾳ προσένειμεν· ὡς Πομπήϊος τήν τε Συρίαν καὶ τὴν Φοινίκην ὑπηγάγετο [4].

Ὡς Μιθριδάτης ἀπέθανε.

Περὶ τῶν Ἰουδαίων.

Ὡς Πομπήϊος καταστησάμενος τὰ ἐν τῇ Ἀσίᾳ ἐς Ῥώμην ἐπανῆλθε.

---

1. J'ai collationné pour ce livre les mêmes manuscrits que pour le livre XXXVI; cf. tom. II, p. 214, not. 1 de cette édition, et celui de Turin n° LXXVI : je l'appellerai H. Sur ce Ms., cf. tom. I, Introd. p. xliv-xlv de cette édition.

2. Sturz adopte, comme Reimarus : Τῶν Δίωνος Ῥωμαϊκῶν ἱστοριῶν, leçon confirmée par E ; mais il fait remarquer que le mot ἱστοριῶν ne se

HISTOIRE ROMAINE

DE DION.

LIVRE TRENTE-SEPTIÈME.

Matières contenues dans le trente-septième livre de l'Histoire romaine de Dion.

Comment Pompée fit la guerre contre les Ibères en Asie, § 1-7.

Comment Pompée ajouta le Pont à la Bithynie, et comment il subjugua la Syrie et la Phénicie, § 8-9.

Comment mourut Mithridate, § 10-14.

Sur les Juifs, 15-19.

Comment Pompée retourna à Rome, après avoir réglé les affaires de l'Asie, § 20-23.

---

trouve pas dans A. Comme il manque aussi dans D, F, G et H, non-seulement pour ce livre, mais encore pour les autres, je le supprime ici et partout ailleurs. Je lis donc : Τῶν Δίωνος Ῥωμαϊκῶν.

3. H : Ὡς ὁ Πομπήϊος τὸν Πόντον.

4. Cette partie du liv. XXXVII ne nous est point parvenue : il ne nous reste sur la conquête de la Syrie et de la Phénicie qu'un résumé de Xiphilin. Cf. la fin du § 7 de ce livre.

ΤΩΝ ΔΙΩΝΟΣ ΙΣΤΟΡΙΩΝ ΡΩΜ. ΒΙΒΛ. ΛΖ.

Περὶ Κικέρωνος καὶ Κατιλίνου καὶ τῶν ὑπ' αὐτῶν πραχθέντων.

Περὶ Καίσαρος καὶ Πομπηΐου καὶ Κράσσου, καὶ τῆς συνωμοσίας αὐτῶν.

Χρόνου πλῆθος, ἔτη ἓξ ἐν οἷς Ἄρχοντες οἱ ἀριθμούμενοι οἵδε ἐγένοντο·

Λ. Αὐρήλιος [1], Μ. υἱὸς, Κόττας καὶ [2] Λ. Μάλλιος Λ. υἱ. [3].

Λ. Καῖσαρ καὶ Γ. Μάρκιος, Γ. υἱ., Φίγουλος.

Μ. Τούλλιος, Μ. υἱ., Κικέρων καὶ Γ. Ἀντώνιος [4], Μ. υἱ.

Δέκιμος Ἰούνιος, Μ. υἱὸς, Σίλανος καὶ Λ. Λικίννιος [5], Λ. υἱὸς, Μουρήνας [6].

Μ. Πούπιος [7], Μ. υἱὸς, Πίσων [8] καὶ Μ. Οὐαλέριος [9], Μ. υἱ., Μεσσαλᾶς Νιγρός [10].

1. Ἀὐήλιος, dans C ; faute du copiste.
2. Entre les noms des deux consuls de chaque année, j'ajoute, comme Reimarus et Sturz, la conjonction καὶ, quoiqu'elle ne se trouve pas dans les manuscrits; cf. p. 128, not. 3.
3. Pighius, Annal. Rom., t. III, p. 316-317, éd. Schott, l'appelle avec raison A. Manlius Torquatus, d'après Dion lui-même; cf. § 1 de ce livre, au commencement.
4. Il eut le surnom d'*Hybride*; Pline, VIII, 53 : In nullo genere æque facilis mixtura cum fero, qualiter natos antiqui *Hybridas* vocabant, ceu semiferas : ad Homines quoque, ut in C. Antoninm, Ciceronis in consulatu collegam, appellatione translata. Cf. Suétone, Aug. XIX, à propos d'Asinius Epicadus.
5. F : Λικίνιος. Le second ν a été ajouté par une main plus moderne.
6. Η : Μορήνας, faute du copiste.

Sur Cicéron, sur Catilina et sur ce qu'ils firent, § 24-42.

Sur César, sur Pompée, sur Crassus et sur leur triumvirat, § 43-58.

Temps compris dans ce livre : six ans. Les consuls furent :

L. Aurelius Cotta, fils de M. et L. Manlius, fils de L.

L. Cæsar et C. Marcius Figulus, fils de C.

M. Tullius Cicéron, fils de M. et C. Antonius, fils de M.

Decimus Junius Silanus, fils de M. et L. Licinius Murena, fils de L.

M. Pupius Pison, fils de M. et M. Valerius Messala Niger, fils de M.

7. Sturz cite H comme portant Πούπλιος, au lieu de Ποúπιος. La leçon Πούπλιος se trouve aussi dans A, B, C, E, F et G. Ποúπιος est approuvé par Paulmier de Grentemesnil, dans ses *Exercitationes*, p 243. Il s'agit, en effet, de M. Pupius Pison, de la famille *Calpurnia*, qui était patricienne; mais il avait été adopté par un plébéien nommé *Pupius*. Sans cela, il n'aurait pu être consul avec le praticien Messala. Cf. Lett. à Attic. I, 13, et les notes, tom. XXI, des OEuvres de Cicéron, éd. de M. J.-V. Le Clerc, in-12.

8. F : Πίσσων, par deux consonnes, quand il n'en fallait qu'une; ce qui arrive perpétuellement.

9. E et H : Βαλέριος. Sur cette écriture et sur Βαλλέριος, cf. tom. I, p. 134-135, not. 5 et 7; p. 198, not. 5 de cette édition.

10. Tous les Ms. portent Νιπρός par la confusion de Γ avec Π; cf. Bast, Comment. Palæogr. p. 710; 803; 916. J'ai adopté la forme Νιγρός, qui correspond au latin *Niger*. Cf. Paulmier de Grentemesnil : il lit Μεσσάλας, au lieu de Μεσσαλᾶς, l. l.

Λ. Ἀφράνιος, Αὖλ.[1] υἱὸς, καὶ Κ. Καικίλιος[2], Κ. υἱ., Μέτελλος Κέλερ[3].

---

1. Τῷ δ᾽ ἐπιγιγνομένῳ[4] ἔτει, τοῦ τε Κόττου τοῦ Λουκίου καὶ τοῦ Τορκουάτου Λουκίου ὑπατευόντων, ἐπολέμησε μὲν καὶ τοῖς Ἀλβανοῖς, ἐπολέμησε δὲ καὶ τοῖς Ἴβησι. Καὶ προτέροις[5] γε τούτοις καὶ παρὰ γνώμην ἠναγκάσθη συνενεχθῆναι. Ἀρτώκης[6] γὰρ ὁ βασιλεὺς αὐτῶν (νέμονται δὲ ἐπ᾽ ἀμφότερα τοῦ Κύρνου, τῇ μὲν, τοῖς Ἀλβανοῖς, τῇ δὲ, τοῖς Ἀρμενίοις πρόσοροι) φοβηθεὶς μὴ καὶ ἐφ᾽ ἑαυτὸν τράπηται, πρέσβεις μὲν ὡς ἐπὶ φιλίᾳ[7] πρὸς αὐτὸν ἔπεμψε· παρεσκευάζετο δὲ, ὅπως ἐν τῷ θαρσοῦντι, καὶ διὰ τοῦτο

---

1. D'après A et E. « Apud Dionem, dit Pighius, l. l. p. 346, reperiuntur L. Afranius L. F. Q. Cæcilius Q. F. Metellus Celer. Utrumque vero Pompeii largitione et opera ad consulatum pervenisse refert idem, quum legati ejus in Asia fuissent, ut haberet scilicet Pompeius sibi obvinctos consules, atque promptos ad acta sua Asiatica comprobanda. Astipulaturque Dioni Cicero ad Atticum scribens ante comitia superioris anni, quibus hi creati fuerunt, nisi quod Auli filium vocat in tribus epistolis, ut hinc suspicer mendum esse in Dione, si non ille per contemptum obscuro et spurio prænomine isto usus est. Verba ejus hæc sunt : *Nunc est exspectatio comitiorum, in quæ omnibus invitis trudit Magnus noster Auli filium, atque in eo neque auctoritate, neque gratia pugnat, sed quibus Philippus omnia castella expugnari posse dicebat, in quæ modo asellus onustus auro posset ascendere.* » Leunclavius lit : Λ. Ἀφράνιος Λ. υἱός.

2. G : Κεκίλιος, par la confusion d'αι avec ε.

3. A, E et F sont les trois Ms. qui donnent le plus correctement la liste des consuls. La voici textuellement : Λ. Αὐρήλιος Μ. υἱ Κόττας ὕπ. Λ. Μάλλιος Λ. υἱ. Καῖσαρ ὕπ. Γ. Μάρκιος Γ. υἱ. Φίγουλος. Μ. Τούλλιος Μ. υἱ. Κικέρων. Γ. Ἀντώνιος Μ. υἱ. ὕπατος. Δέξιμος Ἰούνιος Μ. υἱ. Σιλανὸς (E et F : Σιλανὸς) ὕπ. Λ. Λικίννιος Λ. υἱ. Μουρήνας. Μ. Πούπλιος Μ. υἱ. Πίσων ὕπ.

HISTOIRE ROMAINE DE DION, L. XXXVII.

L. Afranius, fils d'Aulus et Q. Cæcilius Metellus Celer, fils de Q.

―――

1. L'année suivante, sous le consulat de L. Cotta et de L. Torquatus, Pompée fit la guerre aux Albanais et aux Ibères. Il se vit forcé de la faire d'abord contre ceux-ci, quoique tel ne fût point son dessein. Artocès, leur roi (ils habitent sur les deux rives du Cyrnus et leur pays touche à l'Albanie d'un côté et à l'Arménie de l'autre), craignit que Pompée ne marchât aussi contre lui. Il lui envoya une ambassade, comme pour solliciter son amitié; mais il se disposa à profiter de la sécurité qu'il aurait ainsi inspirée au général romain, pour

An de Rome 689.
L. Aurelius Cotta et L. Manlius Consuls.

M. Γαλέριος (E : Βαλέριος. Lisez : Οὐαλέριος) M. υἱ. Μεσσαλᾶς (E : Μεσσαλάς. F : Μεσσάλας) Νιπρός. Ἀφράνιος, Αὐλ. (F: Λ.) υἱ. ὕπ. Κ. Καικίλιος Κ. υἱ. Μέτελλος Κέλερ.

Au-dessous de la liste des consuls, on lit dans les Ms. : Βιβλίον τριακοστὸν ἕβδομον. D porte εὔδομον, par la confusion de β avec υ; cf. les notes sur Grégoire de Corinthe, De Dialect. p. 218; 505, éd. de Schæfer, Leipzig, 1811; Montfaucon, Palæograph. IV, 1, p. 263.

4. C, D, G et H : Τῷ δὲ ἐπιγιγνομένῳ. E et F : ᾧ δ' ἐπιγιγνομένῳ, par l'omission de la lettre initiale.

5. G. Καὶ τέροις; mais la syllabe προ a été ajoutée dans une annotation marginale, par une main plus moderne.

6. Florus, III, 5, l'appelle Arthoces, et Eutrope, VI, 14, Arthaces. Ἀρτάκης, adopté par Pæanius dans sa version grecque d'Eutrope et critiqué par Verheyk, p. 268 de son édition de cet historien, se trouvait aussi dans le Ms. de Dion dont s'est servi Nic. Leoniceno. Je lis Ἀρτώκης, d'après tous les Ms. de Dion que j'ai eus sous la main et d'après les meilleures éditions d'Appien, Mithrid. 103 : Ὀροίζης δ' ὁ τῶν Ἀλβανῶν βασιλεὺς, καὶ Ἀρτώκης, ὁ Ἰβήρων, κτλ. Cf. l. l. 117.

7. C : Ὡς καὶ ἐπὶ φιλίᾳ. J'ai souvent parlé de l'addition de καὶ par les copistes.

T. III.   9

ΤΩΝ ΔΙΩΝΟΣ ΙΣΤΟΡΙΩΝ ΡΩΜ. ΒΙΒΛ. ΛΖ.

ἀνελπίστῳ οἱ [1] ἐπίθηται [2]. Προμαθὼν οὖν [3] καὶ [4] τοῦτο ὁ Πομπήϊος [5] ἔς τε τὴν χώραν αὐτοῦ προενέβαλε, πρὶν ἱκανῶς [6] τε αὐτὸν ἑτοιμάσασθαι, καὶ τὴν ἐσβολὴν δυσχερεστάτην οὖσαν προκατασχεῖν· καὶ ἔφθη [7] καὶ πρὸς τὴν πόλιν τὴν Ἀκρόπολιν [8] ὠνομασμένην προχωρήσας, πρὶν καὶ αἰσθέσθαι [9] τὸν Ἀρτώκην ὅτι παρείη. Ἦν δὲ ἐπ' αὐτοῖς τοῖς στενοῖς, ἔνθεν μὲν [καὶ [10] ἔνθεν] τοῦ Καυκάσου παρατείνοντος, οὗ καὶ ἐπὶ τῇ φυλακῇ [11] τῶν ἐσβολῶν [12] ὠχύ-

1. D'après C, D et H, je substitue cette leçon à l'ancienne ἀνελπίστως οι, confirmée par B et E. Ἀνελπίστω οι, dans A et F, sans ς sonscrit, prouve que le copiste a omis le ς : la même leçon était dans G ; mais le ς a été ajouté au-dessus de l'ω, par une main plus moderne.

2. A, B, C, E et F : Ἐπίθητε par la confusion d'αι avec ε.

3. B et F : Προμαθὼν δέ.

4. Reiske propose de supprimer καί. Je conserve l'ancienne leçon ; parce qu'elle est confirmée par les Ms. et par la version de Nic. Leoniceno : *Havendo adunque anchora Pompeo inteso.*

         Πο
5. G : Ὁ μπήϊος. Les lettres Πο ont été ajoutées par une main plus moderne.

6. H : Ἱκανοῖς τε καὶ αὐτόν. Outre l'addition de καί déjà mentionnée plusieurs fois, le copiste a substitué ici la désinence οις à ως. D'autres fois, au contraire, c'est la désinence ως qui remplace οις. Ainsi, dans Platon, Banq. § XL, tom. V, éd. de Bekk. Lond. p. 101, Ὥμην αὐτίκα διαλέξεσθαι αὐτόν μοι ἅ περ ἂν ἐραστὴς παιδικοῖς ἐν ἐρημίᾳ διαλεχθείη, au lieu de παιδικοῖς, trois Ms. portent παιδικῶς. C et G donnent aussi τε καὶ αὐτόν, mais ils confirment la leçon ἱκανῶς.

7. G : Ἔφη. La véritable leçon a été rétablie par une main plus moderne, dans une annotation marginale. Ἔφη se trouve aussi dans H, qui porte en marge ἔφθακε.

8. Suivant toutes les probabilités, Ἀκρόπολις est le nom grec substitué à celui qu'avait dans la langue des Ibères la place forte dont il est question. Mais quel est ce nom ? Est-ce Ἁρμοζική, d'après Strabon, XI, p. 501, éd. Casaub., Paris, 1620, ou Ἁρμακτικά, suivant Ptolémée, V, p. 330, ou bien Ἁρμόπολις, qui se rapproche de l'Ἁρμοζική de Strabon. Je me déciderais plutôt, comme Sturz, pour *Harmastis*, d'après Pline, VI, 11 : « Ab iis sunt portæ Caucasiæ, magno errore multis Caspiæ dictæ, ingens naturæ opus, montibus interruptis repente, ubi fores obditæ fer-

HISTOIRE ROMAINE DE DION, L. XXXVII.

l'attaquer à l'improviste. Instruit à temps de ce projet, Pompée pénétra dans les États d'Artocès, avant que celui-ci eût terminé ses préparatifs et occupé les défilés qui rendent l'entrée de son royaume très-difficile. Il arriva jusqu'à la ville nommée Acropolis, sans qu'Artocès eût vent de sa présence. Située au pied des gorges d'où les bras du Caucase s'allongent des deux côtés, elle avait été fortifiée pour en défendre l'entrée. Artocès

ratis trabibus, subter medias amne diri odoris fluente, citraque in rupe castello (quod vocatur Cumania) communito ad arcendas transitu gentes innumeras : ibi loci, terrarum orbe portis discluso, ex adverso maxime Harmastis oppidi Iberum. » Tous les Ms. que j'ai collationnés portent Ἀκρόπολιν. Nic. Leoniceno avait une autre leçon sous les yeux, puisqu'il a traduit : *E pervenne alla citta chiamata Accompolis.*

9. C et D : ἐσθέσθαι, par la confusion d'αι avec ε. H : ἐσθέσθαι. Ἄγεσθαι est une leçon on ne peut plus fautive dans G. La véritable a été rétablie en marge, par une main plus moderne.

10. L'ancienne leçon ἔνθεν μὲν τοῦ Καυκάσου παρατείνοντος, οὗ καὶ κτλ. est confirmée par les Ms. Reiske et Reimarus regardent ce passage comme altéré et proposent, le premier d'ajouter ἔνθεν δὲ τοῦ Κύρνου après παρατείνοντος et d'effacer οὗ avant καί; le second, de lire ἔνθεν μὲν καὶ ἔνθεν, conjecture justifiée par un passage de Strabon, à propos de l'Ibérie et du Caucase, l. l. p. 499-500 : Τῆς δὲ χώρας τὰ μὲν κύκλῳ τοῖς Καυκασίοις ὄρεσι περιέχεται· προπεπτώκασι γὰρ, ὥς εἶπον, ἀγκῶνες ἐπὶ τὴν μεσημβρίαν εὔκαρποι, περιλαμβάνοντες τὴν σύμπασαν Ἰβηρίαν, καὶ συνάπτοντες πρός τε τὴν Ἀρμενίαν καὶ Κολχίδα· ἐν μέσῳ δ' ἐστὶ πεδίον ποταμοῖς διάρρυτον, μεγίστῳ δὲ τῷ Κύρῳ. Comme Sturz, j'adopte la conjecture de Reimarus; mais je place entre crochets les mots καὶ ἔνθεν. M. Imm. Bekker a conservé l'ancienne leçon.

11. C : Ἐπὶ τῆς φυλακῆς. Les copistes ont souvent confondu ς, à la fin des mots, avec l'ι qui est devenu plus tard l'ι souscrit. Ainsi, dans Denys d'Hal. Jug. sur les Anciens, art. Stésichore, au lieu de λέγω δὲ τῆς μεγαλοπρεπείας, le Ms. de la Bibliothèque nationale de Paris n° 2847, porte λέγω δὲ τῇ μεγαλοπρεπίᾳ.

12. Sturz dit qu'il substitue ἐσϐολῶν à εἰσϐολῶν, d'après A : cette leçon que j'adopte, comme lui, est aussi dans D et G.

ρωτο. Ὅ τε οὖν Ἀρτώκης ἐκπλαγεὶς οὐδένα καιρὸν ὥστε συντάξασθαι ἔσχεν, ἀλλὰ διαβὰς [1] τὸν ποταμὸν, τὴν γέφυραν κατέπρησε. Καὶ οἱ ἐν τῷ τείχει [2], πρός τε τὴν φυλακὴν αὐτοῦ καὶ ἅμα καὶ μάχῃ νικηθέντες, ἐνέδοσαν. Κρατήσας οὖν τῶν διόδων [3] ὁ Πομπήϊος, φρουράν τε ἐπ' αὐταῖς κατεστήσατο [4], καὶ ἐκεῖθεν ὁρμώμενος, πᾶσαν τὴν ἐντὸς τοῦ ποταμοῦ κατεστρέψατο.

2. Μέλλοντος δ' αὖ [5] καὶ τὸν Κύρνον διαβήσεσθαι, πέμπει πρὸς αὐτὸν ὁ Ἀρτώκης, εἰρήνην τε αἰτῶν, καὶ γέφυραν, τά τε ἐπιτήδεια ἑκὼν οἱ παρέξειν ὑπισχνούμενος [6]. Καὶ ἐποίησε μὲν ἑκάτερον, ὡς [7] καὶ συμβησόμενος· δείσας δὲ, ἐπειδὴ εἶδεν [8] αὐτὸν διαβεβηκότα, πρὸς τὸν Πέλωρον, ἐν τῇ ἀρχῇ καὶ ἐκεῖνον τῇ αὐτοῦ ῥέοντα, ἀπέφυγεν. Ὃν γὰρ ἐξῆν αὐτῷ κωλῦσαι διαβῆναι, τοῦτον ἐπισπασάμενος ἀπεδίδρασκεν. Ἰδὼν οὖν τοῦθ' ὁ Πομπήϊος ἐπεδίωξέ τε αὐτὸν,

1. B et F : Ἀλλὰ καὶ διαβάς, par l'addition de καί : nous en avons déjà vu plusieurs exemples.
2. Xylander se contente de dire que l'ancienne leçon καὶ οἱ ἐν τῷ τείχει, πρός τε τὴν φυλακὴν αὐτοῦ, καὶ ἅμα καὶ μάχῃ νικηθέντες, ἐνέδοσαν, est tronquée, et il traduit : *præsidio urbis victo devictoque.* Leunclavius, dans une note marginale, propose de remplacer πρός τε τὴν φυλακὴν αὐτοῦ par πρός τε τὴν φυγὴν αὐτοῦ (s.-ent. Ἀρτώκου) — Qui erant in oppido, *tum propter Artocis fugam, tum quod etiam pugna victi fuissent,* se dediderunt. Sturz et M. Imm. Bekker out adopté cette conjecture, qui semble indubitable à Reiske. Fabricius, au contraire, la repousse avec énergie : « Sensus utique bonus : itaque non audiendus Leunclavius, qui legit πρός « τε τὴν φυγὴν αὐτοῦ. » Je me suis rangé à l'avis de Fabricius ; parce qu'il m'a paru suffisant de supprimer la virgule après αὐτοῦ, pour tirer de l'ancienne leçon un très-bon sens, en rapportant αὐτοῦ à la citadelle et non pas à Artocès, et en expliquant πρὸς τὴν φυλακὴν par *en ce qui concerne la garde ou la défense de la citadelle.* J'entends ce passage comme Wagner et M. Tafel. Le premier traduit : *Die Besatzung in der Stadt*

HISTOIRE ROMAINE DE DION, L. XXXVII. 133

effrayé n'eut pas le temps de prendre toutes les mesures nécessaires : il traversa le fleuve et brûla le pont. La garnison, vaincue dans la défense de la place et dans une sortie contre les Romains, capitula. Pompée, maître de ce passage, y établit un corps de troupes, pénétra plus avant et subjugua tout le pays en deçà du fleuve.

2. Il allait à son tour traverser le Cyrnus, lorsque Artocès lui envoya une ambassade pour demander la paix; offrant, de son plein gré, de construire un pont et de fournir aux Romains ce dont ils avaient besoin. Il fit l'une et l'autre chose dans l'espoir d'obtenir la paix ; mais lorsqu'il vit que Pompée avait passé le fleuve, il fut saisi de crainte et se retira en toute hâte vers le Pélore, qui coule aussi dans ses États; cherchant à échapper à un ennemi qu'il aurait pu empêcher de passer le Cyrnus et qu'il avait attiré sur ses pas. Pompée, le voyant fuir, se mit à sa poursuite, l'attei-

---

ergab sich, theils weil sie in Vertheidigung ihrer Mauern, theils in einem Ausfalle viel verlohren hatte. Le second : *Die Besatzung, welche in deren Vertheidigung und bei einem Ausfalle viel gelitten, ergab sich.* La version de Nic. Leoniceno, *E quegli i quali erano nella città abbandonorono la guardia essendo stati vinti prima in battaglia,* est trop inexacte pour donner quelque lumière.

3. D et H : Τὸν διόδων, faute du copiste, par la confusion d'ω avec ο.

4. G : Καταστήσατο. L'augment a été négligé; cf. plusieurs notes de ce volume.

5. Reiske aimerait mieux μέλλοντος δ' αὐτοῦ, ou bien μέλλοντος δὲ καὶ αὐτοῦ. Je conserve l'ancienne leçon, parce qu'elle est inattaquable pour le sens et confirmée par les Ms. Seulement, αὖ signifie ici *de son côté, à son tour*, et non pas *derechef — una altra volta*, comme l'a cru Nic. Leoniceno.

6. B : Ὑπισχούμενος, faute du copiste.

7. Ὡς manque dans C et H. Il a été déjà question de cette omission dans les notes de ce volume.

8. Ἴδεν, dans C, E, F, G et H, par la perpétuelle confusion d'ει avec ι.

καὶ καταλαβὼν ἐνίκησε. Δρόμῳ γὰρ, καὶ πρὶν τοὺς τοξότας αὐτοῦ τῇ σφετέρᾳ τέχνῃ χρήσασθαι, ὁμόσε σφίσιν ἐχώρησε, καὶ δι' ἐλαχίστου [1] αὐτοὺς ἐτρέψατο [2]. Γενομένου δὲ τούτου, Ἀρτώκης μὲν τόν τε Πέλωρον διαβὰς, καὶ τὴν γέφυραν [3] καὶ τὴν ἐκείνου καύσας, ἔφυγε. Τῶν δ' ἄλλων οἱ μὲν ἐν χερσὶν, οἱ δὲ καὶ τὸν ποταμὸν πεζῇ [4] περαιούμενοι [5], ἀπέθανον [6]. Συχνοὶ δὲ καὶ κατὰ τὰς ὕλας σκεδασθέντες, ἡμέρας μέν τινας ἀπὸ τῶν δένδρων ὑπερυψήλων ὄντων ἀποτοξεύοντες διεγένοντο· ἔπειτα δὲ καὶ αὐτοὶ, ὑποτμηθέντων τῶν δένδρων, ἐφθάρησαν [7]. Καὶ οὕτω καὶ ὁ Ἀρτώκης ἐπεκηρυκεύσατο μὲν αὖθις τῷ Πομπηΐῳ, καὶ δῶρα ἔπεμψεν [8]· ἐκείνου δὲ δὴ ταῦτα μὲν, ὅπως τὰς σπονδὰς ποιήσασθαι [9] ἐλπίσας μὴ περαιτέρω ποι [10] προχωρήσῃ, λαβόντος, τὴν δ' εἰρήνην [11] οὐχ ὁμολογήσαντος δώσειν [12], ἂν μὴ τούς [τε [13]] παῖδας οἱ ὁμήρους προαποστείλῃ· χρόνον τινὰ ἐπέσχε, μέχρις οὗ [14] οἱ Ῥωμαῖοι καὶ τὸν Πέλωρον

---

1. G : Ἐλλαχίστου, le copiste a mis deux λ, au lieu d'un ; faute qui se reproduit sans cesse.
2. H : Ἐπετρέψατο. La préposition a pu être ajoutée par les copistes.
3. Γέφυραν manquait dans G : ce mot a été ajouté en marge, par une main plus moderne.
4. G : Πεζοὶ, par la confusion d'η avec οι.
5. Παιραιούμενοι, dans le même Ms.
6. Après ce mot, il y a une petite lacune dans D, E et G ; mais rien n'est omis.
7. C, G et H : Διεφθάρησαν. Les verbes simples et les verbes composés sont souvent confondus par l'omission de la préposition.
8. Au lieu de καὶ οὕτω — ἔπεμψεν, le Ms. de Munich n° 1 porte : Ὅτι ὁ Ἀρτώκης ἡττηθεὶς ὑπὸ Πομπηΐου ἐπεκηρυκεύσατο αὐτῷ καὶ δῶρα ἔπεμψεν.
9. Turnèbe aimerait mieux ποιήσεσθαι.

gnit et le vainquit. Par la rapidité de sa course, le général romain en vint aux mains avec les Ibères, avant que les archers pussent se servir de leurs flèches avec avantage, et il les mit en déroute en un clin d'œil. Après cet échec, Artocès franchit le Pélore, brûla aussi le pont construit sur ce fleuve et prit la fuite. Ses soldats périrent, les uns sur le champ de bataille, les autres en traversant le fleuve à pied : plusieurs, dispersés dans les bois, se défendirent pendant quelques jours avec leurs flèches du haut des arbres qui étaient très-élevés; mais ces arbres ayant été coupés, ils succombèrent aussi. Dans cette situation, Artocès fit de nouveau demander la paix à Pompée et lui envoya des présents. Pompée les accepta, afin que ce roi, dans l'espoir de traiter, ne poussât pas plus loin sa fuite; mais il déclara qu'il n'accorderait pas la paix, à moins qu'Artocès ne lui remît ses enfants comme otages. Artocès différa, jusqu'à ce que les Romains eussent franchi

10. Ce mot manque dans le Ms. de Munich n° 1.

11. Τὴν δὲ εἰρήνην dans le même Ms. G donne : Τήν τ' εἰρήνην.

12. G : Περαιδώσειν. Le copiste a omis les deux syllabes τέρω et les mots ποι προχωρήσῃ, λαβόντος, τὴν δ' εἰρήνην οὐχ ὁμολογήσαντος. Cette omission a été réparée dans une annotation marginale, par une main plus moderne.

13. Reiske propose de supprimer τέ qui a pu être ajouté par les copistes, comme cela arrive souvent, ou bien de lire : Τούς τε ἑαυτοῦ καὶ τῶν ἐν Ἴβηρσι πρώτων παῖδας. Je me contente de mettre τέ entre crochets : M. Imm. Bekker a retranché cette particule.

14. Ἐπέσχεν, μέχρις οὗ, par l'addition du ν paragogique devant une consonne. Voici un nouvel exemple du ν final ajouté devant μ. Dans Josèphe, II, 9, 5, au lieu de Παραγενομένων δὲ τῶν ἐπὶ τοῦτο σταλέντων, μετὰ τῆς κοιτίδος ἰδοῦσα τὸ παιδίον, ὑπερηγάπησε μεγέθους ἕνεκά τε καὶ κάλλους, le Ms. de Peiresc, Περὶ ἀρετῆς καὶ κακίας, porte ὑπερηγάπνησεν μεγέθους κτλ. Dans le passage de Dion qui nous occupe, on lit dans C μέχρι οὗ, au lieu de μέχρις οὗ. Cf. tom. II, p. 101, not. 5 de cette édition.

διαβατόν πη τοῦ θέρους γενόμενον [1] οὐ [2] χαλεπῶς, ἄλλως τε [3] καὶ μηδενὸς κωλύοντος, ἐπεραιώθησαν [4]. Οὕτω δὲ δὴ τούς τε παῖδας αὐτῷ ἔπεμψε, καὶ μετὰ τοῦτο καὶ συνηλλάγη.

3. Κἀκ τούτου μαθὼν ὁ Πομπήϊος οὐ πόρρω τὸν Φάσιν [5] ὄντα, καὶ νομίσας ἔς τε τὴν Κολχίδα παρ' αὐτὸν καταβήσεσθαι, καὶ ἐκεῖθεν ἐπὶ τὸν Μιθριδάτην ἐς τὸν Βόσπορον πορεύσεσθαι [6], προῄει [7] μὲν ᾗ [8] διενοεῖτο, καὶ τούς τε Κόλχους καὶ τοὺς προσχώρους σφίσι [9], τὰ μὲν πείθων, τὰ δὲ καὶ ἐκφοβῶν, διῆλθεν [10]. Αἰσθόμενος δὲ ἐνταῦθα, ὅτι ἥ [11] τε ἐπὶ τῆς ἠπείρου κομιδὴ διὰ πολλῶν καὶ ἀγνώστων καὶ πολεμικῶν ἐθνῶν, καὶ ἡ διὰ τῆς θαλάσσης χαλεπωτέρα [12], διά τε τὸ ἀλίμενον τῆς χώρας καὶ διὰ τοὺς ἐνοικοῦντας αὐτὴν, εἴη· τῷ μὲν Μιθριδάτῃ τὸ ναυτικὸν ἐφορμεῖν ἐκέ-

---

1. L'ancienne leçon τοῦ θέρους γενομένου se trouve dans D, E et H. Les autres Ms. confirment celle que j'adopte avec Sturz. Seulement, au lieu de θέρους, F porte θέρος, faute du copiste. C'est également au copiste qu'il faut imputer l'inintelligible leçon διαβατὸν πείθει τοῦ, donnée par le Ms. de Munich n° 1.

2. Cette négation manque dans E : elle a été probablement négligée à cause de la dernière syllabe de γενομένου dans l'ancienne leçon.

3. Ἀλλ' ὥς τε, dans G et H. Le copiste a mal à propos coupé ἄλλως en deux mots. J'ai signalé ailleurs des fautes analogues.

4. G : Ἐπαιρεώθησαν. Après avoir mis αι au lieu de ε, à la deuxième syllabe, le copiste a remplacé αι par ε, à la troisième.

5. G : Φσιν. La syllabe σιν a été ajoutée par une main plus moderne.

6. Πορεύεσθαι dans A, B, C, D, E, G et H.

7. E : Προείη. Le copiste a confondu η avec ει et ει avec η.

8. Ἡ manque dans F.

9. Cf. l'Epitome de Tite-Live, CI, et Plutarque, Pompée, XXXIV.

10. Διῆλθε, dans A, B, D et H, par l'omission du ν paragogique devant une voyelle.

le Pélore, devenu facile à traverser à cause de l'été et dont le passage n'était d'ailleurs défendu par personne : alors il envoya ses enfants à Pompée et obtint ensuite la paix.

3. Après ce traité Pompée, informé que le Phasis n'était pas loin et comptant pouvoir, en suivant le cours de ce fleuve, descendre dans la Colchide et de là se mettre à la poursuite de Mithridate dans le Bosphore, s'avança, comme il l'avait résolu, et s'ouvrit un chemin dans la Colchide et dans les pays limitrophes, tantôt par la persuasion, tantôt par la crainte. Là, voyant que sa marche sur terre devait se faire à travers des peuples inconnus et guerriers; que sur mer elle serait plus difficile encore, soit parce que le pays n'avait point de ports, soit à cause des habitants, il ordonna à sa flotte de mouiller en face de Mithridate et de l'observer; afin de ne lui laisser aucun moyen de mettre à la voile

11. L'article ἡ manque dans C, E et G. Nous avons vu plusieurs exemples de cette omission. La leçon que j'adopte avec Reimarus et Sturz est confirmée par les autres Ms.

12. Reiske propose de sous-entendre τοῦ εἰκότος ou bien ἢ κατὰ προσδοκίαν, après χαλεπωτέρα. Cette ellipse n'est point justifiée par l'enchaînement des idées. Pour rendre le passage clair, il suffit de mettre une virgule après ἐθνῶν, et de sous-entendre le verbe εἴη, qui se trouve un peu plus loin. De cette manière le sens est satisfaisant; c'est à peu près celui que donne Wagner : *Da er aber hier hörte, dasz der Weg zu Lande durch viele unbekannte und kriegerische Nationen gehe : der Weg zur See hingegen, weil nirgend ein Hafen in der Gegend wäre, und wegen Wildheit der Anwohner noch weit gefährlicher sey*, etc. Cette version a été à peine modifiée par M. Tafel. Nic. Leoniceno donne le même sens que les traducteurs allemands : *Havendo inteso in questo loco che per terra ferma se portava la roba per molte genti incognite et bellicose, et anchora piu difficilmente si portavan per mare per il diffetto de porti et per li inhabitanti*, etc.

λευσεν, ὥστε ἐκεῖνόν τε τηρεῖσθαι μὴ μηδαμόσε ἐκπλεῦσαι [1], καὶ τὴν ἐπαγωγὴν [2] αὐτοῦ τῶν ἐπιτηδείων ἀφελέσθαι· αὐτὸς δὲ ἐπὶ τοὺς Ἀλβανοὺς, οὐ τὴν συντομωτάτην [3], ὅπως σφᾶς καὶ ὑπὸ τούτου πρὸς ταῖς σπονδαῖς ἀνελπίστους καταλάβῃ, ἀλλ' ἐς τὴν Ἀρμενίαν ἐπανελθὼν, ἐτράπετο. Καὶ τόν τε Κύρνον, ᾗ πορεύσιμος ὑπὸ τοῦ θέρους ἐγεγόνει, πεζῇ διέβη· τήν τε ἵππον κατὰ τὸν ῥοῦν [4], καὶ τὰ σκευοφόρα ἑξῆς [5], εἶτα τοὺς πεζοὺς διιέναι κελεύσας, ἵν' οἵ τε [6] ἵπποι τὸ σφοδρὸν αὐτοῦ τοῖς σώμασι σφῶν διαχέωσι, καὶ ἐκ τῶν σκευοφόρων, εἴ πού τι καὶ ὡς περιτραπείη, ἔς τε τοὺς ἐπὶ θάτερα παρακολουθοῦντας ἐμπίπτῃ [7], καὶ μὴ περαιτέρω καταφέρηται. Κἀντεῦθεν πρὸς τὸν Καμβύσην [8] πορευόμενος, ὑπὸ μὲν τῶν [9] πολεμίων οὐδὲν δεινὸν ἔπαθεν· ὑπὸ δὲ δὴ τοῦ καύματος, καὶ διὰ τοῦτο καὶ τοῦ δίψους, ἰσχυρῶς μετὰ παντὸς τοῦ στρατοῦ (καίτοι νυκτὸς τὸ πολὺ τῆς [10] ὁδοῦ διελθὼν) ἐταλαιπώρησεν [11]. Οἱ γὰρ ἀγωγοὶ σφῶν, ἐκ τῶν αἰχμαλώτων ὄντες, οὐ τὴν ἐπιτηδειοτάτην [12]

1. L'ancienne leçon ἐκεῖνον τετηρῆσθαι μηδαμόσε ἐκπλεῦσαι, provient par la confusion d'ει avec η, de la leçon τετηρεῖσθαι (cf. A, B, E et F) = τε τηρεῖσθαι : je l'adopte avec Reimarus et Sturz. Reiske propose une conjecture ingénieuse : ἐκεῖνόν τε τηρῆσαι, μὴ μηδαμόσε ἐκπλεῦσαι. Je l'aurais volontiers admise dans le texte, si elle était confirmée par les Ms. ; mais quoique τηρῆσαι soit fort probable, je m'en tiens à la leçon de Reimarus, comme M. Imm. Bekker.
Au lieu de μηδαμόσε, C donne μηδαμόσαι par la confusion d'ε avec αι.
2. Je remplace l'ancienne leçon ἀπαγωγὴν par ἐπαγωγὴν, d'après deux passages de Dion, liv. XLVII, 30 : Τότε γὰρ ἀμφοτέρωθεν τῆς ἐπαγωγῆς τῶν ἐπιτηδείων εἰρχθεὶς κτλ. Liv. XLIX, 26 : Τῶν δὲ δὴ σφετέρων πολλοὺς μὲν ἐπὶ τῇ τῶν ἐπιτηδείων ζητήσει καὶ ἐπαγωγῇ ἀποβάλλων. Cf. Thucyd. VII, 4 ; 24.
3. G : Συντομοτάτην, faute du copiste.

et pour le priver de l'arrivage des vivres. Quant à lui, il se dirigea vers le pays des Albanais, non par le chemin le plus court, mais en revenant dans l'Arménie : son but était de tomber à l'improviste sur ce peuple, qui, déjà rassuré par le traité récemment conclu, le serait encore davantage par cette marche. Pompée traversa le Cyrnus à pied, dans l'endroit où l'été l'avait rendu guéable. Il ordonna à la cavalerie de passer la première en aval du fleuve : les bêtes de somme, qui portaient les bagages, formèrent la seconde ligne, et l'infanterie la troisième. De cette manière, les chevaux brisaient la force du courant en lui opposant leurs corps, et si, malgré cela, quelques-unes des bêtes de somme venaient à être entraînées par les eaux, recueillies par les soldats qui marchaient un peu au-dessous, elles n'étaient pas emportées plus loin. De là, Pompée se dirigea vers le Cambyse. Les ennemis ne lui causèrent aucun dommage ; mais il eut beaucoup à souffrir, avec toute son armée, de la chaleur et de la soif qu'elle causait, quoiqu'il fît de nuit la plus grande partie de la route. Les guides, qui avaient été pris parmi les

4. H : Κατὰ τὸν νοῦν, par la confusion de ρ avec ν. Cf. Bast, Comment. Palæogr., 726 ; 731 ; 741 ; 776.

5. C : Τὰ σκευοφόρα εὐθὺς ἑξῆς.

6. G : Ἵνα οἵ τε.

7. F : Ἐμπίπτει, par la confusion d'η avec ει.

8. Pline, VI, 13 : Flumina per Albaniam decurrunt in mare, Casius et Albanus ; deinde Cambyses in Caucasiis ortus montibus.

9. B : Ὑπὸ τῶν. Sur l'omission de μὲν par les copistes, cf. les notes du tom. II de cette édition.

10. G : Τὸ τῆς, mais πολὺ a été ajouté en marge par une main plus moderne. H : Το λὺ (sic), avec l'addition de πο, dans une note marginale, par une main plus moderne.

11. Ἐταλεπώρησεν, dans G, par la confusion d'αι avec ε.

12. Ἐπιδειοτάτην, dans le même Ms.

αὐτοὺς ἤγαγον. Οὐ μὴν οὐδ' ὁ ποταμὸς [1] ἐν δέοντι σφίσιν ἐγένετο. Ψυχρότατόν τε γὰρ τὸ ὕδωρ ὂν, καὶ ἀθρόον ὑπ' αὐτῶν ποθὲν, συχνοῖς [2] ἐλυμήνατο. Ὡς δ' οὖν οὐδὲ ἐνταῦθα ἀντίπαλόν τι αὐτοῖς ὤφθη, πρὸς τὸν Ἄβαντα προσεχώρησαν, ὕδωρ μόνον ἐπιφερόμενοι. Τὰ γὰρ ἄλλα παρ' ἑκόντων τῶν ἐπιχωρίων ἐλάμβανον, καὶ διὰ τοῦτο οὐδὲ ἐκακούργουν οὐδέν.

4. Καὶ σφίσι διαβεβηκόσιν ἤδη τὸν ποταμὸν ὁ Ὀροίσης προσιὼν ἠγγέλθη. Ὁ οὖν Πομπήϊος, βουληθεὶς αὐτὸν, πρὶν τὸ τῶν Ῥωμαίων πλῆθος γνῶναι, πρὸς μάχην ὑπαγαγέσθαι, μὴ καὶ αἰσθόμενος [3] αὐτοῦ ἀναχωρήσῃ· τούς τε ἱππέας προέταξε, προειπὼν σφίσιν ἃ ποιήσουσι [4], καὶ τοὺς λοιποὺς ὄπισθεν αὐτῶν ἔς τε τὰ γόνατα κεκλιμένους [5], καὶ ταῖς ἀσπίσι συγκεκαλυμμένους ἔχων, ἀτρεμεῖν ἐποίησεν· ὥστε τὸν Ὀροίσην μὴ πρότερον μαθεῖν αὐτοὺς παρόντας, πρὶν ἐν χερσὶ γενέσθαι. Κἀκ τούτου ἐκεῖνός τε τῶν ἱππέων, ὡς καὶ μόνον ὄντων, καταφρονήσας, συνέμιξε σφίσιν, καὶ [6]

1. G et H : Οὐδὲ ὁ ποταμός.
2. Ce mot avait été omis dans G : il a été ajouté en marge par une main plus moderne.
3. L'ancienne leçon καὶ μὴ αἰσθόμενος est confirmée par C, D, E, G et H. Comme Reimarus et Sturz, j'adopte μὴ καὶ, d'après A, B et F. Leunclavius propose, dans une note marginale, ἵνα μὴ, conjecture approuvée par Oddey et Fabricius : elle confirme la leçon que je préfère avec trois Ms. et qui se trouvait probablement dans celui de Nic. Leoniceno, puisqu'il traduit : *Volendo adunque Pompeo venire alle mani con costui, avanti che lui intendesse la moltitudine de Romani, accioche conoscendola non se ne fugisse*, etc. Les mots μὴ καὶ αἰσθόμενος ont été négligés par le traducteur latin et par M. Tafel. Wagner les rend

prisonniers, ne conduisirent pas les Romains par le chemin le plus facile. Le fleuve lui-même ne leur fut d'aucun secours : bien au contraire, comme l'eau était très-froide, elle rendit malades un grand nombre de soldats, qui en buvaient outre mesure. Là encore les Romains ne rencontrèrent aucune résistance, et ils s'avancèrent vers l'Abas, n'emportant que de l'eau. Les habitants du pays leur fournirent volontairement tout le reste : aussi les Romains ne leur firent-ils aucun mal.

4. Ils avaient déjà traversé le fleuve, lorsque l'arrivée d'Orœsès leur fut annoncée. Pompée voulut l'attirer au combat, avant qu'il connût les forces des Romains, de peur qu'il ne se retirât en apprenant combien elles étaient considérables. Il mit la cavalerie sur la première ligne et lui donna ses instructions : derrière elle, il plaça le reste de ses soldats, genou à terre et couverts de leurs boucliers, avec ordre de ne pas remuer. Orœsès ne fut pas plus tôt informé de la présence des Romains, qu'il engagea la bataille. D'après les dispositions prises par Pompée, le roi des Albanais, persuadé qu'il n'avait à combattre que la cavalerie,

---

ainsi : *Denn diese Entdeckung könne denselben leicht zum Rückzug bewegen.*

4. D : Ποιήσουσιν, καί, par l'addition du ν paragogique devant une consonne. Dans H, ἀποιήσουσιν est une faute du copiste qui a fait un seul mot du relatif et du verbe. La véritable leçon ἃ ποιήσουσιν a été ajoutée en marge, par une main plus moderne.

5. Cf. Frontin, Strategem. III, 3, 14, p. 186-188, éd. d'Oudendorp. Τέ manque dans G et H. Sur l'omission de cette particule, cf. diverses notes de ce volume.

6. Σφίσι καὶ dans C, D, E, F et G. Le ν paragogique est fréquemment omis devant κ ; par exemple dans Josèphe, VI, 13, 7, au lieu de Θεασαμένη δ' αὐτὸν ἡ γυνὴ κατεπήδησεν, καὶ πεσοῦσα ἐπὶ πρόσωπον προσεκύνει, le Ms. de Peiresc Περὶ ἀρετῆς καὶ κακίας, porte κατεπήδησε, ʹκαὶ πεσοῦσα κτλ.

δι' ὀλίγου τραπέντας ἐξεπίτηδες, ἀνὰ κράτος [1] ἐπεδίωξε. Καὶ οἱ πεζοὶ, ἀναστάντες ἐξαίφνης [2] καὶ διαστάντες, τοῖς μὲν σφετέροις ἀσφαλῆ τὴν φυγὴν διὰ μέσου σφῶν παρέσχον· τοὺς δὲ πολεμίους ἀπερισκέπτως τῇ διώξει χρωμένους ἐσδεξάμενοι, συχνοὺς ἐκυκλώσαντο. Καὶ οὗτοί τε τοὺς ἔνδον ἔκοπτον· καὶ οἱ ἱππεῖς [3], οἱ μὲν ἐπὶ δεξιὰ, οἱ δ' ἐπὶ [4] θάτερα αὐτῶν περιελθόντες, κατὰ νώτου τοῖς ἔξω τῆς κυκλώσεως προσέπεσον. Καὶ ἐκεῖ τε πολλοὺς ἐφόνευσαν ἑκάτεροι, καὶ ἑτέρους [5] ἐς τὰς ὕλας καταφυγόντας κατέπρησαν· Ἰὼ Κρόνια [6], Κρόνια, πρὸς τὴν ἐπίθεσιν σφῶν τὴν τότε γενομένην [7], ἐπιλέγοντες [8].

5. Πράξας δὲ ταῦθ' ὁ Πομπήϊος [9], καὶ τὴν χώραν ἐπιδραμὼν, τοῖς τε Ἀλβανοῖς εἰρήνην ἔδωκε, καὶ ἄλλοις τισὶ τῶν παρὰ τὸν Καύκασον [10], μέχρι τῆς Κασπίας θαλάσσης [11]

1. Ἀνακράτως, dans C et G, par la confusion d'o avec ω, au lieu d'ἀνακράτος = ἀνὰ κράτος. Cf. les notes du tom. I, de cette édition.

2. C : Ἐξέφνης. Ici la confusion d'αι avec ε a produit un barbarisme. Dans Denys d'Hal. Ant. Rom. I, 16, Θεῶν ὀτῳδὴ καθιεροῦντες ἀνθρώπων ἐτείους γονάς· ἐξέπεμπον κτλ., où le Ms. de la Bibliothèque Nationale de Paris porte αἰτίους, au lieu de ἐτείους, elle rend la pensée inintelligible. La note marginale ἐτίους, par la confusion de ει avec ι, n'a fait disparaître que la première faute.

3. A : Οἱ ἱππῆις : c'est la forme attique, avec l'ancienne écriture dans laquelle l'ι ne se souscrivait pas.

4. C, D et G : Οἱ δὲ ἐπί.

5. Comme Sturz, je substitue ἑτέρους à l'ancienne leçon ἑκατέρους, d'après la conjecture de Reiske, approuvée par Reimarus dans ses *Addenda*, tom. II, p. 1696 de son édition. La version de Nic. Leoniceno, *Et molti i quali erano fuggiti alle selve ne arsono*, n'est d'aucun secours.

6. Reiske a proposé Ἰὼ Κρόνια, au lieu de ὦ Κρόνια, ancienne leçon, confirmée par les Ms. et par la version de Nic. Leoniceno. J'adopte cette correction avec Sturz, d'après Diou, LX, 19 : Συμβοήσαντες ἐξαίφνης τοῦτο δὴ τὸ θρυλλούμενον, Ἰὼ Σατουρνάλια, κτλ.

crut ne pas devoir s'en inquiéter et l'attaqua : elle prit bientôt la fuite à dessein et Orœsès la poursuivit avec acharnement. Alors l'infanterie se leva subitement et entr'ouvrit ses rangs, pour donner à la cavalerie le moyen de battre en retraite sans danger. En même temps, elle fit bonne contenance contre les ennemis qui poursuivaient témérairement la cavalerie, et les cerna en grande partie. Tous ceux qui furent ainsi enveloppés périrent sous les coups de l'infanterie : quant aux autres, la cavalerie les tourna, les uns à droite, les autres à gauche et tomba sur eux. Ainsi un grand nombre d'Albanais furent tués là par l'infanterie et par la cavalerie de Pompée. Ceux qui s'étaient réfugiés dans les bois furent brûlés avec les arbres par les Romains qui criaient : les Saturnales! les Saturnales! parce que les barbares les avaient attaqués pendant cette fête.

5. Après ces exploits, Pompée parcourut tout ce pays et accorda la paix aux Albanais : il traita aussi avec quelques autres peuples des environs du Caucase,

7. Allusion à l'attaque des Albanais contre les Romains; cf. Dion, XXXVI, 37, et Plutarque, Pomp. XXXIV : Ἀλβανοὶ δὲ..... αἰτοῦντι Πομπηΐῳ δίοδον ἔδοσαν· χειμῶνος δὲ τὴν στρατιὰν ἐν τῇ χώρᾳ καταλαβόντος καὶ τῆς Κρονικῆς ἑορτῆς τοῖς Ῥωμαίοις καθηκούσης, γενόμενοι τετρακισμυρίων οὐκ ἐλάττους ἐπεχείρησαν αὐτοῖς διαβάντες τὸν Κύρνον ποταμόν, κτλ.

8. La leçon vulgaire ἐπιλέγοντας n'est pas seulement dans A et H, cités par Sturz : elle se trouve aussi dans C, F et G. Comme Reimarus, je lis ἐπιλέγοντες, correction exigée par le sens et approuvée par Xylander et par Turnèbe.

9. G : Ὁ μπήϊος. Les lettres πο ont été ajoutées par une main plus moderne.

10. Καύσον, dans le même Ms., où la syllabe κα a été ajoutée par une main plus moderne.

11. Pompée était éloigné de la mer Caspienne par une distance de trois jours de marche, lorsqu'il se dirigea vers la petite Arménie; Plutarque,

144 ΤΩΝ ΔΙΩΝΟΣ ΙΣΤΟΡΙΩΝ ΡΩΜ. ΒΙΒΛ. ΛΖ.

(ἐς ἣν ἀπὸ τοῦ Πόντου τὸ ὄρος ἀρξάμενον τελευτᾷ) κατοικούντων, ἐπικηρυκευσαμένοις ἐσπείσατο· Φραάτης [1] δὲ ἔπεμψε [2] μὲν πρὸς αὐτὸν, ἀνανεώσασθαι τὰς συνθήκας ἐθέλων [3]. Ὡς γὰρ ἐκεῖνόν τε οὕτω φερόμενον ἑώρα, καὶ τῆς Ἀρμενίας τοῦ τε Πόντου τοῦ [4] ταύτῃ οἱ ὑποστράτηγοι [5] αὐτοῦ τὰ λοιπὰ προσκατεστρέφοντο, ὅ τε Γαουΐνιος καὶ ὑπὲρ τὸν Εὐφράτην μέχρι τοῦ Τίγριδος προεχώρησεν· ἐφοβήθη τε αὐτοὺς [6], καὶ τὴν σύμβασιν βεβαιώσασθαι ἐπεθύμησεν· οὐ μέντοι καὶ διεπράξατό τι. Ὁ γὰρ Πομπήϊος πρός τε τὰ παρόντα, καὶ πρὸς τὰς ἐξ αὐτῶν ἐλπίδας, κατεφρόνησεν αὐτοῦ· καὶ τά τε ἄλλα ὑπερφρόνως τοῖς πρέσβεσιν ἐλάλησε [7], καὶ τὴν χώραν τὴν Κορδουηνὴν [8], ὑπὲρ ἧς πρὸς τὸν [9] Τιγράνην διεφέρετο [10], ἀπῄτησεν. Ἐπειδή τε ἐκεῖνοι μηδὲν [11], ἅτε μηδὲ ἐπεσταλμένοι τι περὶ αὐτῆς, ἀπεκρί-

l. l. XXXVI : Ὁρμήσας δὲ μετὰ τὴν μάχην ὁ Πομπήϊος ἐλαύνειν ἐπὶ τὴν Ὑρκανίαν καὶ Κασπίαν θάλασσαν ὑπὸ πλήθους ἑρπετῶν θανασίμων ἀπετράπη τριῶν ὁδὸν ἡμερῶν ἀποσχών, εἰς δὲ τὴν μικρὰν Ἀρμενίαν ἀνεχώρησε. L'empereur Julien fait allusion à cette marche de Pompée vers la mer Caspienne, dans Ammien Marcellin, XXIII, 5 : « Namque ut Lucullum transeam vel Pompeium, qui per Albanos et Massagetas, quos Alanos nunc appellamus, hac quoque natione perrupta, vidit Caspios lacus. »

1. Φραάντης, et un peu plus bas Φραάντῃ, dans A, B, C, F, G et H, qui ont partout la même écriture.

2. C : Ἔπεμψεν πρὸς, où il faut remarquer 1° l'addition du ν paragogique devant une consonne, 2° l'omission de μέν. Nous avons déjà parlé de ces deux particularités palæographiques. Au lieu de μὲν πρὸς, H porte μέντινα πρὸς == μέν τινα πρὸς κτλ., leçon bonne à noter.

3. Dans l'Epitome de Tite-Live, C : Cneius Pompeius ad gerendum bellum adversus Mithridatem profectus, cum rege Parthorum Phraate amicitiam renovavit. Cf. Lucain, VIII, 219.

4. A l'ancienne leçon Τοῦ τε Πόντου ταύτῃ, j'ajoute l'article τοῦ d'après Sturz : « Τοῦ ante ταύτῃ inserui ex conjectura Reimari in Addendis,

jusqu'à la mer Caspienne, où finit cette montagne qui commence au Pont : ils lui avaient envoyé une députation. Phraate, qui voulait renouveler son alliance avec les Romains, lui envoya aussi une ambassade. En voyant la rapidité des progrès de Pompée, le reste de l'Arménie et de la partie du Pont qui lui est contiguë déjà conquis par les lieutenants de ce général, Gabinius parvenu au delà de l'Euphrate jusque sur les bords du Tigre, il fut frappé de crainte et désira confirmer ses traités avec Pompée; mais il ne put rien obtenir. Pompée, confiant dans ses succès et dans les espérances qu'ils lui donnaient pour l'avenir, ne lui témoigna que du dédain : il parla avec arrogance à ses ambassadeurs et exigea que Phraate lui abandonnât la Gordyène, pour laquelle ce roi était en contestation avec Tigrane. Les ambassadeurs n'ayant rien répondu à cette demande, parce qu'ils n'avaient au-

egregie etiam Reisko probata. Diversi enim erant Ponti : Galaticus, Cappadocius, Polemoniacus. V. Cellarii Notit. Orbis Antiqui, T, II, p. 337. »

5. Metellus Celer, L. Flaccus et Afranius.

6. « Pompeii legatos, dit Fabricius. Itaque non est necesse cum Leunclavio αὐτὸς scribere. » Wagner semble avoir craint d'opter entre αὐτοὺς et αὐτὸς, en traduisant : *fing er an unruhig zu werden*. J'ai suivi la leçon αὐτοὺς, confirmée par tous les Ms. et par la version de Nic. Leoniceno : *Comincio haver paura de Romani*.

7. G : Τοῖς πρέσβεσιν | κατεφρόνησεν | ἐλάλησε : par distraction le copiste a intercalé avant ἐλάλησε le mot κατεφρόνησεν qui se trouvait dans la ligne précédente.

8. Plutarque, Pomp. XXXVI, et Appien, Mithrid. CV, l'appellent Γορδυηνήν.

9. Πρός τε τὸν, dans le même Ms. Il a été souvent question de l'addition de τέ par les copistes.

10. Cf. les Éclaircissements à la fin du volume.

11. Suivant Sturz, il faut ajouter, ou tout au moins sous-entendre ici, φίλιον proposé par Reiske. Rien ne l'exige : le sens est parfaitement clair, en mettant une virgule après αὐτῆς, comme le conseille Turnèbe. Je suis

ναντο, ἔγραψε μέν τινα τῷ Φραάτῃ, οὐκ ἀνέμεινε δὲ ἀντιπεμφθῆναί τι· ἀλλ' ἐς τὴν χώραν τὸν Ἀφράνιον παραχρῆμα ἔστειλε, καὶ κατασχὼν [1] αὐτὴν ἀμαχὶ [2] τῷ Τιγράνῃ ἔδωκε. Καὶ ὁ μὲν Ἀφράνιος διὰ τῆς Μεσοποταμίας ἐς τὴν Συρίαν παρὰ τὰ συγκείμενα πρὸς τὸν Πάρθον κομιζόμενος ἐπλανήθη, καὶ πολλὰ ὑπό τε τοῦ χειμῶνος καὶ ὑπὸ τῆς σπάνεως τῶν τροφῶν ἐκακώθη. Κἂν ἀπώλοντο [3], εἰ μὴ Καρραῖοι [4], Μακεδόνων τε ἄποικοι ὄντες καὶ ἐνταῦθά που οἰκοῦντες, ὑπέλαβόν τε αὐτὸν, καὶ παρέπεμψαν.

6. Ταῦτά τε πρὸς τὸν Φραάτην ἀπὸ τῆς παρούσης οἱ δυνάμεως ἔπραξε, σαφέστατα τοῖς πλεονεκτεῖν βουλομένοις ἐπιδείξας ὅτι πάντα ἐκ τῶν ὅπλων ἤρτηται [5], καὶ ὁ ἐν αὐτοῖς κρατῶν νομοθέτης ὧν βούλεται ἀναγκαῖος [6] γίγνεται· καὶ προσέτι καὶ πρὸς τὴν ἐπίκλησιν αὐτοῦ ὕβρισεν, ἥπερ [7] πρός τε τοὺς ἄλλους πάντας ἠγάλλετο [8] καὶ πρὸς

la traduction de Nic. Leoniceno : *E poi che li ambasciadori di questo non gli dettono alcuna risposta, come quelli i quali non havevano alcuna commissione.*

1. Sturz dit à propos de ce passage : « Ad hunc et similes locos pertinent, quæ Grammaticus Περὶ συντάξεως, in Imman. Bekkeri Anecd. Græc. Vol. I. p. 152, 19 (lis. 9) præcepit : κατασχὼν αἰτιατικῇ. Δίων τριακοστῷ ἕκτῳ βιβλίῳ. Videtur scribere debuisse τριακοστῷ ἑβδόμῳ βιβλίῳ. » Il est probable, en effet, que le grammairien avait en vue le passage qui nous occupe ; mais ce qu'il faut surtout remarquer, c'est que l'exemple ne se rapporte pas à κατασχών. Cf. tom. II, p. 340-342 de cette édition.

2. Ἀμαχὶ, dans A, B, C, D, E et H : comme Sturz, je substitue cette leçon à l'ancienne ἀμαχεί.

3. Oddey propose κἂν ἀπώλετο, qui concorde avec la version de Xylander *periissetque cum suis*, conservée par Reimarus et suivie par Wagner : *Er würde ganz mit seinen Leuten ungekommen seyn*. Mais l'addition de *cum suis* montre que l'ancienne leçon, qui est confirmée par les Ms., peut être maintenue, avec l'ellipse d'οἱ Ῥωμαῖοι, sujet

cune instruction à ce sujet, Pompée écrivit quelques lignes à Phraate et, sans attendre sa réponse, il envoya incontinent Afranius dans la Gordyène, s'en empara sans coup férir et la donna à Tigrane. Afranius, au mépris de ses conventions avec le roi parthe, gagna la Syrie à travers la Mésopotamie, s'égara dans la route et eut beaucoup à souffrir de l'hiver et du manque de vivres. Il aurait même péri avec ses soldats, si les Carrhéens, colonie macédonienne établie dans ce pays, ne l'avaient reçu et accompagné plus loin.

6. Telle fut la conduite que tint envers Phraate Pompée enorgueilli de sa puissance présente : il fit voir, par un exemple éclatant, à ceux qui aspirent aux conquêtes, que tout dépend des armes et que celui à qui elles donnent la victoire est l'arbitre de tout. De plus, il se moqua du surnom dont Phraate se parait auprès des autres peu-

---

indiqué par l'enchaînement des idées; comme l'ont fait M. Tafel, *Sie wären ungekommen*, et Nic. Leoniceno : *Et sarebbono tutti distrutti*.

4. Étienne de Byzance, p. 452, éd. de Berkelius : Κάρραι, πόλις Μεσοποταμίας, ἀπὸ Κάρρα ποταμοῦ Συρίας· τὸ ἐθνικὸν Καρρηνὸς, ἢ Καρραῖος. Sur le double nom des habitants, cf. les notes de Berkelius et Ezech. Spanheim, De Præstant. et Usu Numism. p. 601-602, in-fol. Lond. 1706. Au lieu de Καρραῖοι, C, D, G et H portent καὶ Ῥωμαῖοι, leçon fautive. L'ancienne est confirmée par les autres Ms., à l'exception de F, qui porte Καρναῖοι.

5. Ἥρτητε, dans F, par la confusion d'αι avec ε.

6. Reimarus propose ἀναγκαίως. Je conserve l'ancienne leçon, et j'entends νομοθέτης ἀναγκαῖος, comme Sturz : *legislator quem pati necesse est*, quem a se amoliri nequit ille cui lex irrogatur, quam necessario suscipit.

7. Ὅσπερ, dans H. Le copiste, qui avait probablement sous les yeux Ἥιπερ = Ἥπερ, a pris pour un ς l'ι dont on a fait plus tard l'ι souscrit.

8. Ἠγγέλλετο, dans le même Ms.

10.

αὐτοὺς τοὺς Ῥωμαίους· οὗτοί τε αὖ πρὸς ἐκεῖνον ἀεί ποτε ἐκέχρηντο. Βασιλέως γὰρ αὐτοῦ βασιλέων καλουμένου, τό τε τῶν βασιλέων ὄνομα περιέκοψε, καὶ βασιλεῖ αὐτῷ μόνον ἐπιστέλλων ἔγραψε· καίτοι τῷ Τιγράνη τῷ αἰχμαλώτῳ καὶ τοῦτο [1] παρὰ τὸ νομιζόμενον αὐτοῖς δοὺς, ὅτε τὰ ἐπινίκια αὐτοῦ ἐν τῇ Ῥώμῃ ἔπεμψεν [2]. Ὁ οὖν Φραάτης, καίπερ δεδιώς [3] τε αὐτὸν καὶ θεραπεύων, ἠγανάκτησεν ἐπὶ τούτῳ, ὡς καὶ τῆς βασιλείας ἐστερημένος· καὶ πέμψας πρέσβεις, πάντα τε ὅσα ἠδίκητο ἐπεκάλει οἱ, καὶ τὸν Εὐφράτην ἀπηγόρευε μὴ διαβαίνειν. Ἐπειδή τε οὐδὲν μέτριον [4] ἀπεκρίνατο, εὐθὺς ἐπὶ τὸν Τιγράνην μετὰ τοῦ υἱέος [5] αὐτοῦ, ᾧ τὴν θυγατέρα ἐδεδώκει [6], ἐστράτευσεν, ἐν τῷ ἦρι ἐν ᾧ Λούκιός τε Καῖσαρ καὶ Γάϊος Φίγουλος ὑπάτευον· καὶ [7] νικηθεὶς μάχῃ, ἔπειθ' ὕστερον ἀντεπεκράτησε. Τοῦ τε [8] Τιγράνου τὸν Πομπήϊον ἐν Συρίᾳ ὄντα ἐπικαλεσαμένου, πρέσβεις τε αὖθις πρὸς αὐτὸν ἀπέστειλε, καὶ πολλὰ μὲν ἐκείνου κατηγόρησε, πολλὰ δὲ καὶ ἐς τοὺς Ῥωμαίους ὑπεσήμηνεν· ὥστε τὸν Πομπήϊον καὶ αἰσχυνθῆναι καὶ καταπλαγῆναι.

7. Οὔκουν οὔτε τῷ Τιγράνῃ ἐπεκούρησεν [9], οὔτε πρὸς τὸν Φραάτην πολέμιόν τι [10] ἔτ' ἔπραξε, πρόφασιν ποιησά-

---

1. Τοῦ dans G, est une faute du copiste qui a oublié la dernière syllabe du mot.
2. Ἔπεμψε, dans C, D et H, par l'omission du ν paragogique devant une voyelle.
3. G : Δεδηώς τε, par la confusion d'ι avec η.
4. Ce mot a été omis dans D.
5. D, G et H donnent la forme attique υἱέως.

ples et des Romains eux-mêmes, qui le lui avaient toujours accordé. On l'appelait *roi des rois ;* mais Pompée, dans ses lettres, retrancha *des rois* et ne l'appela que *roi ;* bien qu'il eût donné, contre les usages de son pays, ce titre de *roi des rois* à Tigrane captif, lorsqu'il reçut les honneurs du triomphe, à Rome, après l'avoir vaincu. Phraate craignait Pompée et cherchait à se l'attacher : cependant il se montra aussi indigné de la suppression de son titre que s'il avait été dépouillé de la royauté. Il lui envoya une députation pour se plaindre de toutes les injustices qu'il avait essuyées et pour lui défendre de passer l'Euphrate. Pompée n'ayant montré aucune modération dans sa réponse, Phraate, au commencement du printemps, l'année où L. César et C. Figulus furent consuls, se mit en campagne contre Tigrane avec son gendre, qui était le fils de ce roi : défait dans une bataille, il fut ensuite vainqueur. Tigrane ayant appelé à son secours Pompée qui était en Syrie, Phraate envoya de nouveau une ambassade au général romain, l'accusa hautement, donna à entendre qu'il avait aussi à se plaindre beaucoup des Romains, et fit naître la honte et la crainte dans l'âme de Pompée.

7. Celui-ci ne secourut pas Tigrane ; mais il ne fit plus rien d'hostile contre Phraate, sous le prétexte qu'il

6. Ἐδεδόχει dans E, par la confusion d'ω avec o.
7. Cette conjonction manque dans C, qui porte ensuite κινηθείς, au lieu de νικηθείς. Sur la confusion de ces deux mots, cf. M. Boissonade, Soph. Electr. V, 563.
8. Ou mieux τοῦ δὲ, proposé par Reiske.
9. Après ἐπεκούρησεν, Xiphilin, l. l. p. 7, ajoute ὑπὸ τῶν Πάρθων πολεμουμένῳ.
10. De même dans Xiphilin et dans les Ms., à l'exception de H, qui

μενος το μήτε έκείνην οι την στρατείαν [1] προστετάχθαι [2], και τον Μιθριδάτην εν όπλοις έτ' είναι. Άρκεῖσθαί τε τοις κατειργασμένοις έφασκε, και ουκ εβούλετο πλειόνων ορεγόμενος, και περί εκείνοις, ώσπερ που και ο Λούκουλλος, πταῖσαι [3]. Τοιαῦτα γαρ εφιλοσόφει, και τό τε πλεονεκτεῖν δεινόν, και το των αλλοτρίων εφίεσθαι άδικον είναι τότε έλεγεν, ότ' ουκέτ' αυτοίς χρῆσθαι εδύνατο. Τάς τε γαρ του Πάρθου δυνάμεις δείσας [4], και το ασταθμητον των πραγμάτων φοβηθείς, ούτε τον πόλεμον, καίτοι πολλών εναγόντων, ανείλετο, και τα εγκλήματα του βαρβάρου εφαύλισεν· αντειπών μεν ουδέν, φήσας δε υπέρ ορίων [5] τινών την διαφοράν αυτώ προς τον Τιγράνην είναι· περί ων δικάσειν σφίσιν άνδρας τρείς. Ούς και έπεμψε· και [6] αυτούς ως αληθώς εκείνοι διαιτητάς επιγραψάμενοι [7], πάντα τα προς αλλήλους εγκλήματα διελύσαντο [8]· οργιζόμενος μεν ο Τιγράνης, ότι της επικουρίας ουκ έτυχε, βου-

---

omet τι. L'omission de ce mot est fréquente ; je me borne à un exemple. Dans Platon, Banq. § VI, éd. de Bekk. Lond. tom. V, p. 20, au lieu de λέγω δὲ δή τι τοῦτο, un manuscrit donne λέγω δὲ δὴ τοῦτο.

1. Στρατιὰν, dans A, D, E et G. On sait que ces deux mots sont perpétuellement confondus par les copistes.

2. G : Προτετάχθαι, par la confusion de πρὸς avec πρό. Je maintiens l'ancienne leçon, exigée par le sens et confirmée par les Ms.

3. L'ancienne leçon καὶ οὐκ ἐβούλετο μὴ πλειόνων ὀρεγόμενος — πταίσῃ, confirmée par les Ms., m'a paru inadmissible. Reiske refait ainsi ce passage : ἔφασκε, καὶ οὐκ ἐπὶ πλεῖον κινδυνεύειν (vel προβαίνειν) βούλεσθαι, μὴ πλειόνων — πταίσῃ. Sturz propose de supprimer μὴ, ou de le remplacer par ἀεὶ ou par ἔτι. Enfin Leunclavius et Turnèbe retranchent cette particule, et substituent πταίσας à πταίσῃ, correction approuvée par Oddey.

J'adopte ces deux changements : M. Imm. Bekker conserve l'ancienne leçon.

n'avait pas été chargé de cette expédition et que Mithridate avait encore les armes à la main. Il répétait qu'il se contentait de ce qu'il avait fait et qu'il ne voulait point, par le désir de faire davantage, compromettre ses succès passés, comme Lucullus. Affectant alors le langage d'un sage, il disait que la passion d'acquérir sans cesse est dangereuse et qu'il est injuste de convoiter le bien d'autrui ; mais il ne parlait ainsi que parce qu'il ne pouvait plus le prendre. Redoutant les forces du roi parthe, craignant l'inconstance des choses humaines, il ne fit point la guerre, quoique plusieurs le poussassent à l'entreprendre. Il se mit au-dessus des accusations de Phraate et, sans s'attacher à les réfuter, il répondit que, ce prince et Tigrane étant en contestation au sujet de certaines limites, il chargerait trois commissaires de prononcer sur ce différend. Il les envoya en effet : Tigrane et Phraate les acceptèrent comme de véritables arbitres et mirent fin à leurs griefs réciproques ; le premier, parce qu'il était indigné de n'avoir obtenu aucun secours ; le second, parce qu'il

---

4. Δήσας, dans E, G et H, par la confusion d'ει avec η ; mais δείσας a été ajouté en marge dans G, par une main plus moderne.

5. H : Ὑπερορίων. Le copiste a réuni mal à propos les deux mots. J'ai signalé plusieurs fautes analogues.

6. Ἔπεμψεν· καὶ, dans A, D et G, par l'addition du ν paragogique devant une consonne. Le passage φήσας δὲ — ἔπεμψε est ainsi résumé dans Xiphilin, l. l. : Διαιτητὰς μέντοι ἔπεμψεν ἄνδρας τρεῖς τῶν πρὸς ἀλλήλους διαφορῶν, τῷ τε Φραάτῃ καὶ τῷ Τιγράνῃ.

7. Xiphilin, l. l. : Οὓς ἐκεῖνοι καὶ προσηκάμενοι, πάντα τὰ πρὸς ἀλλήλους ἐγκλήματα διελύσαντο. Dans le texte de Dion, Oddey propose de substituer ἐπιδεξάμενοι à ἐπιγραψάμενοι, qui doit être maintenu, comme le prouvent les exemples cités par Reimarus.

8. Διελύσατο, dans G, par la confusion de αν avec α. Nous en avons déjà vu des exemples.

λόμενος δὲ ὁ Φραάτης περιεῖναι τὸν Ἀρμένιον, ὅπως καὶ συμμάχῳ ποτὲ αὐτῷ, εἰ δεηθείη, κατὰ τῶν Ῥωμαίων χρήσαιτο. Καὶ γὰρ εὖ ἠπίσταντο ἀμφότεροι ὅτι, ὁπότερος ἂν αὐτῶν τοῦ ἑτέρου κρατήσειε, τῶν τε πραγμάτων τοῖς Ῥωμαίοις προκόψει [1] καὶ αὐτὸς εὐχειρωτότερος [2] σφίσι γενήσεται. Ἐκεῖνοι μὲν δὴ διὰ ταῦτα κατηλλάγησαν. Πομπήϊος δὲ ἔν τε τῇ Ἀσπίδι καὶ τότε ἐχείμασε, καὶ τά τε ἄλλα τὰ ἔτ' ἀνθιστάμενα προσηγάγετο, καὶ Συμφόριον τεῖχος [3], Στρατονίκης οἱ προδούσης, ἔλαβεν. Αὕτη δὲ γυνή τε τοῦ

1. L'ancienne leçon Ὅτι ὁπότερος ἂν αὐτῶν τοῦ ἑτέρου κρατήσειε, τῶν τε πραγμάτων, τοῖς Ῥωμαίοις προσκόψει, confirmée par les Ms, est rendue par Xylander de cette manière : *Utrique satis constabat, uter ipsorum alterum superasset, quod is et Romanam rem sibi infensam redditurus* (s.-ent. *esset*). Le traducteur, embarrassé par la construction de la phrase, s'est efforcé d'en tirer un sens quelconque. Sa version a été ainsi modifiée par Leunclavius : *Utrique satis constabat uter ipsorum et alterius et rerum potiturus esset, illum et negotium cum Romanis habiturum*, etc. Reimarus change quelques mots; mais il adopte le même sens : *Utrique satis constabat, uter ipsorum alterum superasset et rerum potiretur, eum et Romanos sibi infensos habiturum*, etc., version suivie par Wagner et par M. Tafel. Elle donne un sens fort plausible et n'exigerait dans l'ancienne leçon que la suppression de la virgule après κρατήσειε, si la construction ὁπότερος ἂν αὐτῶν τοῦ ἑτέρου κρατήσειε τῶν τε πραγμάτων était irréprochable. Mais pour que l'interprétation de Leunclavius et celle de Reimarus fussent admissibles, il faudrait nécessairement ὁπότερος ἂν αὐτῶν τοῦ ἑτέρου (ou bien τοῦ τε ἑτέρου) κρατήσειε καὶ τῶν πραγμάτων, κτλ.

Je me suis décidé pour la leçon de Reiske, qui propose de supprimer la virgule après πραγμάτων et de substituer προκόψει à προσκόψει : *Expeditiorem Romanis parabit viam ad consequenda et conficienda sua destinata*. Πράγματα, dit-il, sunt res quas agebant et moliebantur Romani, h. e. summa rerum potestas, qua ut potirentur Romani nihil non agebant. M. Imm. Bekker donne la leçon que j'ai adoptée d'après Reiske.

Cette ingénieuse correction m'a paru d'autant plus vraisemblable qu'il y a une dépendance évidente entre τῶν τε πραγμάτων — προκόψει et καὶ αὐτὸς — γενήσεται. De plus, la confusion de πρὸς avec πρὸ, surtout dans

voulait que le roi d'Arménie conservât quelque puissance, afin de l'avoir un jour pour allié contre les Romains, si les circonstances l'exigeaient. Ils savaient très-bien tous les deux que celui qui l'emporterait sur l'autre frayerait aux Romains la route vers l'accomplissement de leurs projets, en même temps qu'il tomberait plus facilement lui-même sous leur domination : tels furent les motifs de leur réconciliation. Pompée passa cet hiver à Aspis, soumit diverses contrées qui luttaient encore contre les Romains et, par la trahison de Stratonice, il devint maître de la citadelle appelée Sympho-

σ

les mots composés, est perpétuelle; témoin G qui porte προκόψει : le σ a été ajouté par une main plus moderne. Quant à la locution τῶν τε πραγμάτων τοῖς Ῥωμαίοις προκόψει, elle est tout à fait attique, comme on le voit par ce passage de Thucydide, IV, 60 : Πόλεμον γὰρ αἰρομένων ἡμῶν. . . . κακῶς τε ἡμᾶς αὐτοὺς ποιούντων τέλεσι τοῖς οἰκείοις, καὶ τῆς ἀρχῆς ἅμα προκοπτόντων ἐκείνοις — *Quum enim bellum suscipiamus ... quumque nos ipsos domesticis sumptibus vexemus, et simul* paulatim aditum illis ad hoc imperium occupandum patefaciamus. Τὸ δὲ προκοπτόντων, dit le Scholiaste, προοδοποιούντων, καὶ εὐτρεπιζόντων, ἤγουν προκοπὴν καὶ ἐπίδοσιν ποιούντων ἡμῶν τῆς ἀρχῆς ἐκείνων. Cf. Thes. gr. ling. au mot προκόπτειν, tom. VI, p. 1758-1759, éd. Didot.

La version de Nic. Leoniceno est favorable à la correction proposée par Reiske : *Perche l'uno et l'altro loro erano certi che qualunque di loro dui superasso l'altro, la possanza de Romani crescerebbe.*

2. L'ancienne leçon εὐχειρότερος est confirmée par tous les Ms. J'adopte néanmoins avec Reimarus εὐχειρωτότερος. Cf. Th. gr. ling. tom. III, p. 2516, éd. Didot.

3. Appien, Mithrid. CVII, raconte le même fait; mais sans donner le nom de ce château fort : Φρούριον ἦν τι Μιθριδάτῃ, ἔνθα λανθάνοντες ὑπόγαιοι θησαυροὶ πολλῶν σιδηροδέτων χαλκείων πολλὰ χρήματα ἔκρυπτον. Στρατονίκη δὲ, μία τῶν Μιθριδάτου παλλακῶν ἢ γυναικῶν, ἢ τοῦδε τοῦ φρουρίου τὴν ἐπιστήμην καὶ φυλακὴν ἐπετέτραπτο, περιιόντος ἔτι τὸν Πόντον τοῦ Μιθριδάτου, τὸ φρούριον ἐνεχείρισε τῷ Πομπηΐῳ. Καὶ τοὺς θησαυροὺς ἀγνοουμένους ἐμήνυσεν, ἐπὶ συνθήκῃ μόνῃ τῇδε, ὅτι οἱ τὸν υἱὸν Ξιφάρην ὁ Πομπήϊος, εἰ λάβοι, περισώσει. Καὶ ὁ μὲν, τοῖς χρήμασιν ἐπιτυχὼν, ὑπέσχητο αὐτῇ τὸν Ξιφάρην· καὶ ἐδεδώκει φέρεσθαι καὶ τὰ ἴδια. Αἰσθόμενος δὲ τῶν γεγονότων ὁ Μιθριδάτης κτείνει τὸν Ξιφάρην ἐπὶ τοῦ πόρου, ἐφορώσης τῆς μητρὸς πέραθεν, καὶ

154 ΤΩΝ ΔΙΩΝΟΣ ΙΣΤΟΡΙΩΝ ΡΩΜ., ΒΙΒΛ. ΛϚ.

Μιθριδάτου ούσα, καὶ ὀργὴν αὐτῷ ὅτι ἐγκατελείφθη ἔχουσα, τούς τε φρουρούς ἐς παρασκευὴν δὴ τροφῆς ἐξέπεμψε, καὶ τοὺς Ῥωμαίους ἐδέξατο· καί τοι παιδὸς αὐτῆς·[1] ***.

[Ὑποτρέψας δὲ ἐξ Ἀρμενίας, καὶ τοῖς βασιλεῦσι καὶ τοῖς δυνάσταις τοῖς προσιοῦσιν αὐτῷ διαιτήσας καὶ χρηματίσας, καὶ τοῖς μὲν τὰς βασιλείας βεβαιώσας, τοῖς δὲ τὰς δυναστείας ἐπαυξήσας, τῶν δὲ καὶ τὰς ὑπεροχὰς κολούσας[2] καὶ ταπεινώσας, τήν τε Κοίλην Συρίαν, καὶ τὴν Φοινίκην, ἄρτι γε βασιλέων ἀπηλλαγμένας[3], καὶ ὑπό τε τῶν Ἀρραβίων[4] καὶ ὑπὸ τοῦ Τιγράνου κεκακωμένας, συνεστήσατο. Ἐτόλμησε μὲν γὰρ ὁ Ἀντίοχος ἀπαιτῆσαι αὐτάς, οὐκ ἀπέλαβε δέ· ἀλλ' ἔς τε ἀρχὴν μίαν συνετάχθησαν, καὶ νόμους ἔλαβον, ὥστε τὸν τῶν Ῥωμαίων τρόπον πολιτεύεσθαι.]

8. *** [Οὐ[5]] παρὰ τοῦτο μόνον ἐν τῇ ἀγορανομίᾳ ἐπη-

ἐξέρριψεν ἄταφον. Καὶ ὁ μὲν υἱοῦ κατεφρόνησεν, ἐς ἀνίαν τῆς ἁμαρτούσης· Strabon, XII, p. 556, éd. Casaub. Paris, 1620, appelle ce château fort Καινὸν χωρίον.

Au lieu de αὕτη δὲ, C etǀG donnent αὕτη τε. Sur la confusion δέ avec τέ, cf. M. Hase, Lydus, De Ostent. 14, B. 170, A. 232, B.

1. La traduction latine complète le sens de la phrase par l'addition des mots *summopere repugnante*, comme s'il y avait δεινῶς κωλύοντος. Wagner comble ainsi la lacune : *Obgleich ihr Sohn Xiphares, in den händen des Mithridates war* — Καί τοι παιδὸς αὐτῆς [ἐν ταῖς χερσὶν τοῦ Μιθριδάτου ὄντος], et il ajoute : *Der ihn hernach, um die Mutter zu kränken, vor ihren Augen umbringen liesz,* par allusion à ce qui vient d'être rapporté dans la note précédente, au sujet de la conduite de Mithridate envers Stratonice et Xipharès.

Il y a évidemment une lacune ici ; mais elle n'est indiquée par aucun signe dans A, C, D, G et H. Dans B, on lit αὐτῆς παρά, et c'est après cette préposition que se trouve une lacune de trois pages. La suite commence par τοῦτο μόνον κτλ. Il en est de même dans F, où la lacune est de quatre

rion. Stratonice était une des femmes de Mithridate : irritée de ce qu'il l'avait abandonnée, elle fit faire une sortie à la garnison pour aller chercher des vivres, et reçut les Romains, quoique son fils s'y opposât avec force ***.

[A son retour de l'Arménie, Pompée devint l'arbitre des rois et des princes qui se rendaient auprès de lui : il prononça sur les affaires qui lui furent soumises, assura aux uns la possession de leurs royaumes, augmenta les principautés des autres, restreignit et abaissa la puissance de ceux qui s'étaient trop agrandis, rétablit l'ordre dans la Cœlè-Syrie et dans la Phénicie récemment affranchies de leurs rois, mais opprimées par les Arabes et par Tigrane. Antiochus osa les revendiquer ; mais il ne les obtint pas. Ces deux contrées, réunies en une seule province, reçurent des lois, et l'administration romaine y fut établie.]

8. *** Ce ne fut point la seule chose qui valut des

pages et 21 lignes. Quant à E, la lacune est indiquée après ἐδέξατο, par cette annotation marginale : Λείπει ἐνταῦθα περὶ Καίσαρος. Avant παρὰ τοῦτο, il n'y a aucun signe de lacune.

J'ai cru pouvoir sans inconvénient insérer dans le texte, mais entre crochets, un passage de Xiphilin, pour combler une partie de la lacune qui se trouve dans Dion à la fin de ce §.

2. Rob. Étienne, l. l. p. 7, donne κωλύσας, et cette leçon est confirmée par les Ms. de Xiphilin. J'adopte pourtant κολούσας avec Fabricius ; cf. ses notes dans l'édition de Reimarus, tom. I, p. 116. Cette correction est justifiée par un passage analogue de Dion, § 17 de ce livre : Καὶ ἔστι καὶ παρὰ τοῖς Ῥωμαίοις τὸ γένος τοῦτο, κολουσθὲν μὲν πολλάκις, αὐξηθὲν δὲ ἐπὶ πλεῖστον, κτλ.

3. Ἀπηλαγμένας, dans *d* : le copiste n'a mis qu'un λ, là où il en fallait deux.

4. Ἀραβίων dans le même Ms. et dans la note de Fabricius.

5. Dans le passage qui ne nous est point parvenu, Dion racontait probablement les faits relatifs à l'Édilité de César, comme Suétone, Cæs. X : Ædilis, præter comitium ac forum basilicasque, etiam Capitolium ornavit, porticibus ad tempus exstructis, in quibus, abundante rerum copia, pars

νέθη, ἀλλ' ὅτι καὶ τὰ Ῥωμαῖα καὶ τὰ Μεγαλήσια πολυτε-
λέστατα ἐποίησεν [1], ἔτι τε καὶ μονομάχων ἀγῶνας ἐπὶ τῷ
πατρὶ μεγαλοφρονέστατα διέθηκεν. Ἐγένετο μὲν γὰρ τῶν
δαπανηθέντων ἐς αὐτὰ, τὰ μὲν κοινῇ αὐτῷ πρὸς τὸν συν-
άρχοντα Μάρκον Βίβουλον, τὰ δὲ καὶ ἰδίᾳ. Τοσοῦτον δὲ
δὴ ἐν τούτοις ὑπερῆρεν [2], ὥστε καὶ τὴν ἐπ' ἐκείνοις δόξαν
σφετερίσασθαι, καὶ δοκεῖν ἅπαντα αὐτὸς ἀναλωκέναι [3]. Ὁ
οὖν Βίβουλος αὐτὸς ἐπισκώπτων [4] ἔλεγεν ὅτι τὸ αὐτὸ τῷ
Πολυδεύκει πεπονθὼς εἴη [5]· τοῦ γάρ τοι ναοῦ κοινοῦ οἱ
πρὸς τὸν ἀδελφὸν τὸν Κάστορα ὄντος, ἐπ' ἐκείνου μόνου ἡ
ἐπωνυμία αὐτοῦ γίγνεται.

9. Ἐπὶ μὲν οὖν τούτοις ἔχαιρον οἱ Ῥωμαῖοι· τὰ δὲ δὴ
τέρατα καὶ πάνυ αὐτοὺς ἐθορύβει. Ἐν γὰρ τῷ Καπιτωλίῳ [6]
ἀνδριάντες [7] τε πολλοὶ ὑπὸ κεραυνῶν συνεχωνεύθησαν [8],
καὶ ἀγάλματα ἄλλα τε καὶ Διὸς, ἐπὶ κίονος ἱδρυμένον·
εἰκών τέ τις λυκαίνης σύν τε τῷ Ῥώμῳ καὶ σὺν [9] τῷ Ῥω-

---

apparatus exponeretur. Puis, arrivant aux diverses dépenses faites par
César dans le but de capter la multitude (cf. Plutarque, Cés. V), il ajoutait sans doute, οὐ παρὰ τοῦτο μόνον. Cette conjecture est tellement conforme à l'enchaînement des idées, qu'elle a été adoptée par tous les inter-
prètes que j'ai sous les yeux. Nic. Leoniceno, dès 1526 (cf. l'Introd. tom. I,
p. XCVIII de cette édition), traduisait : *E non fu laudato per questo
nella dignita edilitia ; ma anchora*, etc.

1. Suétone, l. l. : Venationes autem ludosque, et cum collega et sepa-
ratim edidit.

2. C : Ὑπηρῆρεν, faute du copiste. G porte : Ὑπηρῆρεν. L'ε a été ajouté
par une main plus moderne.

3. Sturz fait une assez longue note sur ce verbe, qui le plus souvent ne
reçoit pas l'augment, surtout chez les Attiques, et qui le prend quelquefois,
soit dans l'α initial du verbe, soit dans celui de la préposition. On la lira avec

éloges à César pendant son édilité : on le loua aussi d'avoir fait célébrer avec la plus grande pompe les jeux romains et la fête de Cybèle, et d'avoir donné un magnifique combat de gladiateurs, en l'honneur de son père. Les dépenses avaient été supportées en partie par César et par son collègue M. Bibulus, en partie par César seul, mais il se montra si somptueux dans celles qu'il fit seul, qu'on lui attribua même celles qui avaient été au compte de Bibulus, et il parut avoir payé seul tous les frais. Aussi, Bibulus disait-il en plaisantant qu'il lui arrivait la même chose qu'à Pollux ; car le même temple était consacré à Pollux aussi bien qu'à son frère, et cependant il ne portait que le nom de Castor.

9. Ces fêtes et ces jeux comblaient les Romains de joie ; mais divers prodiges les remplirent de terreur. Au Capitole, plusieurs statues humaines et plusieurs statues des dieux, entre autres celle de Jupiter, qui était placée sur une colonne, furent fondues par le feu de la foudre ; une image de la louve allaitant Romulus et

---

fruit ; mais je n'ai pas cru nécessaire de la transcrire. Je me contente d'ajouter que ἀναλωκέναι est confirmé par les Ms. Reimarus lit ἀνηλωκέναι.

4. Ἐπισκόπτων, dans F, par la confusion d'ω avec ο.

5. Suétone rapporte le même fait dans les mêmes termes, l. l. X.

6. E : Καπητολίῳ, par la confusion d'ι avec η.

7. Je me suis attaché à traduire littéralement ἀνδρίαντες et ἀγάλματα. Sur la valeur précise de ces deux mots que le traducteur latin rend par *statuæ* et *simulacra*, Nic. Leoniceno, par *statue*, Wagner, par *Bildsäulen* et *statue*, M. Tafel, par *Standbilder* et *Säule*, cf. Th. gr. ling. tom. I, p. 163-173, éd. Didot ; Ruhnken. Lex. Tim. au mot ἄγαλμα.

8. G : Συνεχωρεύθησαν, par la confusion de ν avec ρ. Cf. Bast, Comment. Palæogr. p. 726, 731, 741, 776. Le ν a été ajouté par une main plus moderne.

9. Cette préposition manque dans C, G et H.

158 ΤΩΝ ΔΙΩΝΟΣ ΙΣΤΟΡΙΩΝ ΡΩΜ., ΒΙΒΛ. ΛϚ.

μύλῳ ἱδρυμένη ἔπεσε[1]. Τά τε γράμματα τῶν στηλῶν ἐς ἃς οἱ νόμοι ἐσεγράφοντο[2] συνεχύθη[3] καὶ ἀμυδρὰ ἐγένετο[4]. Τά τε οὖν ἄλλα ἐξεθύοντο[5] τοῖς μάντεσι πειθόμενοι, καὶ τῷ Διῒ ἄγαλμα μεῖζον, πρός τε τὰς ἀνατολὰς καὶ πρὸς τὴν ἀγορὰν βλέπον, ὅπως αἱ συνωμοσίαι ὑφ' ὧν ἐταράττοντο ἐκφανεῖεν, ἱδρυθῆναι[6] ἐψηφίσαντο[7]. Ταῦτά τε ἐν ἐκείνῳ τῷ ἔτει συνέβη, καὶ οἱ τιμηταὶ[8] περὶ τῶν ὑπὲρ τὸν Ἠριδανὸν οἰκούντων[9] διενεχθέντες (τῷ μὲν γὰρ ἐς τὴν πολιτείαν αὐτοὺς[10] ἐσάγειν ἐδόκει, τῷ δὲ οὔ[11]) οὐδὲν οὐδὲ τῶν ἄλλων ἔπραξαν, ἀλλὰ καὶ τὴν ἀρχὴν ἀπεῖπον. Καὶ διὰ

1. Cicéron, De Divinat. II, 20 :

Tum pater altitonans, stellanti nixus Olympo,
Ipse suos quosdam tumulos ac templa petivit,
Et Capitolinis injecit sedibus ignes.

Tum statim Nattæ, tum simulacra Deorum, Romulusque et Remus cum altrice bellua, vi fulminis icti conciderunt. Cf. De Divinat. I, 11 ; Catilina III, 8, et Jul. Obsequens, De Prodig. CXXII.

2. F : Ἐνεγράφοντο.
3. Jul. Obsequens, l. l. : Tabulæ legum æneæ litteris liquefactis.
4. C et G : Ἐγένοντο.
5. Ἐξεδύοντο, dans C, E et G.
6. J'adopte Ἱδρυθῆναι, d'après A, C, D, F. G porte Ἱ̆ρυθῆναι; mais le v a été ajouté par une main plus moderne. M. G. Dindorf, Thes. gr. ling. tom. IV, p. 523, éd. Didot, rejette la forme ἰδρυνθῆναι par des raisons qui me déterminent à l'abandonner moi-même, malgré la remarque de M. Lobeck, sur Phrynich., p. 37 : « Quam cupide huc intret illud N ostendit aoristus ἰδρύνθη, cujus apud recentiores innumera sunt exempla, apud veteres non rara ; v. Aristoph. Danaid. Fr. XII. quem locum sine fraudis suspicione laudat Porsonus, Advers. p. 248. Thucyd. I, 131, III, 72. Xenoph. Cyrop. VIII, 4, 10. Aristot. De Poet. 18, 241. Æschin. Dial. III, 37.
7. Cicéron, Catilin. III, 8 : Iidemque (s.-ent. Aruspices) jusserunt simulacrum Jovis facere majus et in excelso collocare, et contra atque ante

Rémus, fut renversée de son piédestal; les lettres gravées sur les colonnes qui portaient le texte des lois, furent confondues et obscurcies. Tous les sacrifices expiatoires prescrits par les devins, furent célébrés, et l'on décréta qu'il serait érigé en l'honneur de Jupiter une statue plus grande, ayant la face tournée du côté de l'orient et du Forum, afin d'obtenir la découverte des conspirations qui troublaient Rome. Voilà ce qui se passa cette année : les censeurs, divisés d'opinions au sujet des peuples qui habitent au delà du Pô (l'un pensait qu'il fallait leur donner le droit de cité, l'autre était d'un avis contraire), ne firent absolument rien et se désistèrent de leur charge. Pour le même motif, leurs

fuerat, ad orientem convertere, ac se sperare dixerunt, si illud signum, quod videtis, solis ortum et forum curiamque conspiceret, fore ut ea consilia, quæ clam essent inita contra salutem urbis atque imperii, illustrarentur, ut a S. P. Q. R. perspici possent, etc. Le même, De Divinat. I, 12 :

> Atque hæc fixa gravi fato ac fundata teneri,
> Ni post, excelsum ad columen formata decore,
> Sancta Jovis species claros spectaret in ortus.

Cf. Arnobe, VII, p. 245.

8. M. Crassus et Q. Lutatius Catulus; cf. Pighius, Annal. Rom. tom. III, p. 317, éd. Schott. Au lieu de τιμηταὶ, G porte τιταὶ. La syllabe μη a été ajoutée par une main plus moderne.

9. C'est-à-dire, les Insubres, les Cénomans, les Orobiens, etc. Le droit de cité leur fut accordé par César; Dion, XLI, 36 : Καὶ τοῖς Γαλάταις, τοῖς ἐντὸς τῶν Ἀλπέων ὑπὲρ τὸν Ἠριδανὸν οἰκοῦσι, τὴν πολιτείαν, ἅτε καὶ ἄρξας αὐτῶν, ἀπέδωκε. Cf. Sigon. De Antiq. Jur. Ital. III, 2, et Ezech. Spanheim, Orb. Roman. I, 12.

10. Αὐτοῦ est une faute dans E et G.

11. G : Τῷ δ' ἄν, variante fautive : οὐ a été ajouté en marge, par une main plus moderne.

τοῦτο καὶ οἱ διάδοχοι αὐτῶν [1] ἐν τῷ ὑστέρῳ ἔτει οὐδὲν [2] ἐποίησαν, ἐμποδισάντων σφᾶς τῶν δημάρχων πρὸς τὸν τῆς βουλῆς κατάλογον, δέει τοῦ μὴ τῆς γερουσίας αὐτοὺς ἐκπεσεῖν. Κἂν τούτῳ πάντες οἱ ἐν τῇ Ῥώμῃ διατρίβοντες, πλὴν τῶν τὴν νῦν [3] Ἰταλίαν [4] οἰκούντων, ἐξέπεσον, Γαΐου τινὸς Παππίου δημάρχου γνώμῃ [5]· ἐπειδὴ ἐπεπόλαζον [6] καὶ οὐκ ἐδόκουν ἐπιτήδειοι σφίσιν εἶναι συνοικεῖν.

10. Τῷ δὲ [7] ἐχομένῳ [8] ἔτει, τοῦ τε Φιγούλου καὶ τοῦ Καίσαρος τοῦ Λουκίου ἀρχόντων, βραχέα μὲν, μνήμης δ' οὖν ἄξια πρὸς τοὺς τῶν ἀνθρωπείων πραγμάτων παραλόγους [9] συνηνέχθη [10]. Ὅ τε γὰρ τὸν Λουκρήτιον [11] ἐκ τῆς τοῦ

---

1. L. Aurelius Cotta et P. Servilius Isauricus, d'après Sigonius et Pighius. Fabricius adopte leur opinion; mais Schott, d'après Onuphre et Goltzius, substitue Q. Metellus Pius à P. Servilius Isauricus, dans les Annal. Rom. l. l. p. 319.
2. Ce mot manque dans A et dans le Ms. de Munich n° 2. Il avait été omis aussi dans G; mais il a été ajouté par un renvoi au bas de la page.
3. Τὴν γῆν dans H et dans le Ms. de Munich n° 2, par la confusion de γ avec ν, cf. Bast. Comment. Palæogr. p. 710, 727, et par celle d'η avec υ, cf. l. l. p. 806.
4. L'Italie proprement dite et dans laquelle la Gaule cisalpine n'était pas comprise.
5. Cicéron blâme cette loi, De Offic. III, 11 : Male etiam qui peregrinos urbibus uti prohibent, eosque exterminant, ut Pennus apud Patres nostros (il s'agit de M. Junius Pennus, qui fut tribun du peuple l'an de Rome 628); Papius nuper. Nam esse pro cive, qui civis non sit, rectum est non licere : quam tulerunt legem sapientissimi consules Crassus et Scævola; usu vero urbis prohibere peregrinos, sane inhumanum est. Il est question de la loi Papia dans Cicéron, Lettr. à Attic. IV, 16 : Disc. pour Archias, V; Disc. pour L. Corn. Balbus, XXIII; 1er Disc. sur la loi agraire, IV, et dans Val. Maxime, III, 4.
Au lieu de Παππίου, A, B, C, D, E, F et G portent Παπίου.

HISTOIRE ROMAINE DE DION, L. XXXVII.

successeurs ne firent rien non plus l'année suivante ; les tribuns du peuple les ayant empêchés de dresser la liste du sénat, dans la crainte d'être dépouillés de la dignité sénatoriale. En même temps, sur la proposition d'un certain Caïus Papius, tribun du peuple, tous les étrangers résidant à Rome, à l'exception des habitants de la contrée qui porte maintenant le nom d'Italie, furent chassés, sous le prétexte qu'ils étaient trop nombreux et qu'ils ne paraissaient pas dignes de vivre avec les Romains.

10. L'année suivante, sous le consulat de Figulus et de L. César, il arriva peu d'événements ; mais ils sont mémorables, parce qu'ils montrent les vicissitudes imprévues des choses humaines. L'homme qui, par l'ordre de Sylla, avait donné la mort à Lucrétius et celui qui

An de Rome 690.

L. César et C. Figulus Consuls.

---

6. H : Ἐπιπόλαζον. Le copiste a négligé l'augment. Cf. plusieurs notes de ce volume.

7. Les Ms. portent τῷ τε, que j'ai remplacé, comme Sturz, par τῷ δὲ, d'après Turnèbe. J'adopte cette leçon, parce qu'elle se trouve souvent dans Dion, et à cause de la fréquente confusion de δὲ avec τέ. Cf. p. 175, not. 12 de ce volume.

8. Τρεχομένῳ est une faute du copiste dans G, qui porte, en outre, ἔτι au lieu de ἔτει, par la confusion d'ει avec ι. La véritable leçon a été ajoutée en marge, par une main plus moderne.

9. Leunclavius propose πρὸς τοῖς — παραλόγοις, parce que, suivant lui, on ne dit pas οἱ παράλογοι ; mais bien τὰ παράλογα. Je maintiens l'ancienne leçon, qui est confirmée par les Ms. et très-bien défendue par Sturz. Cf. tom. I, p. 291 de son édition.

10. E : Συνήχθη. C'est l'ancienne leçon : elle a été ajoutée par une main plus moderne en marge de G, qui porte συνηνέχθη. J'adopte συνηνέχθη, proposé par Turnèbe et confirmé par les autres Ms.

11. Epitome de Tite-Live, LXXXIX : Q. Lucretium Ofellam consulatum contra voluntatem suam petere ausum, Sylla jussit interimi in foro ; et quum hoc indigne ferret populus romanus, concione advocata, se jussisse dixit. C'est le même Lucretius Ofella que Sylla avait chargé du siége de Préneste ; cf. tom. II, p. 181, not. 4 de cette édition.

T. III.

Σύλλου [1] προστάξεως ἀποκτείνας, καὶ ἕτερός [2] τις συχνοὺς τῶν ἐπικηρυχθέντων ὑπ' αὐτοῦ φονεύσας, καὶ κατηγορήθησαν ἐπὶ ταῖς σφαγαῖς [3] καὶ ἐκολάσθησαν, τοῦ Καίσαρος τοῦ Ἰουλίου [4] τοῦθ' ὅτι μάλιστα παρασκευάσαντος. Οὕτω καὶ τοὺς πάνυ ποτὲ δυνηθέντας [5] ἀσθενεστάτους αἱ μεταβολαὶ τῶν πραγμάτων πολλάκις ποιοῦσι. Τοῦτό τε οὖν παρὰ δόξαν τοῖς πολλοῖς ἐχώρησε, καὶ ὅτι καὶ ὁ Κατιλίνας [6] ἐπὶ τοῖς αὐτοῖς ἐκείνοις αἰτίαν (πολλοὺς γὰρ καὶ αὐτὸς τῶν ὁμοίων ἀπεκτόνει) λαβὼν ἀπελύθη. Καὶ δὴ καὶ ἐκ τούτου χείρων [7] τε πολὺ ἐγένετο, καὶ διὰ τοῦτο καὶ ἀπώλετο. Τοῦ γὰρ δὴ Κικέρωνος τοῦ Μάρκου μετὰ [8] Γαΐου Ἀντωνίου ὑπατεύσαντος, ὅτε Μιθριδάτης [9] οὐδὲν ἔτι δεινὸν τοὺς Ῥωμαίους εἰργάσατο, ἀλλὰ καὶ αὐτὸς ἑαυτὸν διέφθειρεν, ἐπεχείρησεν [10] ἐκεῖνος τήν τε πολιτείαν νεωτερίζειν, καὶ τοὺς συμμάχους ἐπ' αὐτῇ [11] συνιστὰς, ἐς φόβον

1. F : Σύλου. Le copiste a mis une consonne, quand il en fallait deux.
2. De même dans tous les Ms. ; mais C porte en marge ἑτέρους. L'ancienne leçon est préférable ; je l'ai maintenue.
3. C : Ἐκολλάσθησαν. Le copiste a mis deux consonnes quand il n'en fallait qu'une. C'est le contraire de ce que nous venons de voir not. 1.
4. Ἰουλλίου, dans E. Ici encore le copiste a mis deux consonnes, au lieu d'une.
5. Le passage παρασκευάσαντος — δυνηθέντας manquait dans G. Il a été ajouté en marge par une main plus moderne.
6. G : Ὁ Κατιλίνας. C'est l'accentuation suivie dans les meilleures éditions d'Appien, de Plutarque et de Diodore de Sicile. M. Imm. Bekker l'a adoptée.
7. Χεῖρον, dans G, par la confusion d'ω avec ο.
8. C : Τοῦ Μάρκου τὰ (au lieu de μετὰ) Γαΐου.
9. La leçon vulgaire ὅ τε Μιθριδάτης provient d'une correction faite mal à propos dans E, qui avait primitivement ὅτε et qui porte maintenant ὅ, τε ; mais la virgule n'est pas de la même encre que le texte du Ms.,

HISTOIRE ROMAINE DE DION, L. XXXVII.

avait tué un grand nombre de citoyens proscrits par le même Sylla, furent mis en accusation et punis pour ces meurtres : Julius César fut le principal promoteur de cette mesure. Ainsi les révolutions abaissent souvent ceux qui eurent, à une certaine époque, le plus grand pouvoir. Cette condamnation arriva contre l'attente publique : il en fut de même de l'absolution de Catilina mis en jugement pour le même motif; car lui aussi avait fait mourir un grand nombre de proscrits. Cette absolution le rendit plus audacieux et l'entraîna à sa perte. En effet, sous le consulat de M. Cicéron et de C. Antonius, alors que Mithridate ne pouvait plus nuire aux Romains et s'était même donné la mort, Catilina tenta de changer la constitution de la République. Il

---

preuve évidente qu'elle a été ajoutée après coup. Les autres Ms. donnent ὅτε, que j'adopte avec Reimarus. Leunclavius et Fabricius approuvent cette leçon : elle dispense de recourir à diverses conjectures mises en avant par Turnèbe, qui proposait ὡς ὅ τε Μιθριδάτης, ou bien : ὅ τε Μιθριδάτης οὐδὲν — εἰργάσατο — καὶ ἐπεχείρησεν ἐκεῖνος.

10. B et F : Ἐπεχείρισεν, par la confusion d'η avec ι.

11. Reiske propose sans nécessité ἐπ' αὐτήν. Je conserve l'ancienne leçon, qui donne le même sens et qui est parfaitement correcte. La version de Xylander *adscitisque ad hoc cœptum sociis* semble permettre de prendre συμμάχους au figuré, comme l'ont fait Nic. Leoniceno, *Et havendo raccolto de compagni de Romani*, Wagner, *Machte sich zu dem Ende einen Anhang*, et M. Tafel : *Sammelte sich einen Anhang*. Ἐπ' αὐτῇ ne signifie pas *ad hoc cœptum*; mais, *in eam* (s.-ent. Rempublicam), d'après Leunclavius et Reimarus, et συμμάχους est pris ici dans le sens propre, comme on le voit § 30 de ce livre : Ἐκ γὰρ τῆς Ῥώμης αὐτῆς τούς τε κακίστους... ... κἀκ τῶν συμμάχων ὡς ὅτι πλείστους — συνῆγε.

σφᾶς οὐ σμικροῦ [1] πολέμου ἐνέβαλεν. Ἐπράχθη δὲ ὧδε ἑκάτερον.

11. Ὁ Μιθριδάτης αὐτὸς μὲν οὐχ ὑπεῖκε ταῖς συμφοραῖς, ἀλλὰ τῇ βουλήσει πλέον ἢ τῇ δυνάμει νέμων, ἐνενόει, ἄλλως τε καὶ ἐπειδὴ ὁ Πομπήϊος ἐν τῇ Συρίᾳ διέτριβε, πρός τε τὸν Ἴστρον διὰ τῶν Σκυθῶν ἐλθεῖν, κἀντεῦθεν ἐς τὴν Ἰταλίαν [2] ἐσβαλεῖν [3]· φύσει τε γὰρ [4] μεγαλοπράγμων ὤν, καὶ πολλῶν μὲν πταισμάτων, πολλῶν δὲ καὶ εὐτυχημάτων πεπειραμένος, οὐδὲν οὔτε ἀτόλμητον οὔτε ἀνέλπιστόν οἱ [5] εἶναι [6] ἐνόμιζεν [7]. Εἰ δὲ δὴ καὶ σφαλείη, συναπολέσθαι τῇ βασιλείᾳ μετὰ ἀκεραίου [8] τοῦ φρονήματος μᾶλλον ἢ στερηθεὶς αὐτῆς, ἔν τε [9] ταπεινότητι καὶ ἐν ἀδοξίᾳ ζῆν ἤθελεν [10]. Αὐτὸς μὲν οὖν ἐπὶ τούτοις ἔρρωτο· ὅσῳ γὰρ τῇ [11] τοῦ σώματος ἀσθενείᾳ ἀπεμαραίνετο, τοσούτῳ τῇ τῆς γνώμης ῥώμῃ ἰσχυρίζετο, ὥστε καὶ τὴν ἐκείνου ἀρρωστίαν τοῖς ταύτης λογισμοῖς ἀναλαμβάνειν. Οἱ δ᾽ ἄλλοι [12] οἱ συνόντες αὐτῷ, ὥς τά τε τῶν Ῥωμαίων ἰσχυρό-

1. C : Οὐ μικροῦ.
2. Florus, III, 5 : Colchis tenus jungere Bosporum, inde per Thraciam, Macedoniam et Græciam transilire, sic Italiam nec opinatus invadere tandem cogitavit. Cf. Plutarque, Pomp. XLI; Appien, Mithrid. CIX.
3. C : Ἐμβαλεῖν. Nous avons déjà noté ἐνεγράφοντο, au lieu de ἐσεγράφοντο. Cf. p. 158, not. 2 de ce volume.
4. Γὰρ manque dans D, E, et dans la leçon vulgaire. Je l'ajoute, d'après les autres Ms. Cette conjonction a été souvent omise. Ainsi, dans Denys d'Hal. π. συνθ. § XVI, Schæfer lit : Ἅπας ἐστὶν ὁ κατάλογος αὐτῶν τοιοῦτος, tandis que deux Ms. de la Bibliothèque nationale de Paris, nos 1656 et 1741, portent ἅπας γάρ ἐστιν κτλ. ; leçon adoptée par Fr. Goeller, p. 112 de son édition, Iéna, 1815.
5. Οἱ a été omis par les copistes dans C et E. Il se trouve dans les autres Ms.

souleva contre elle les alliés et fit craindre aux Romains une guerre terrible : voici comment se passa l'un et l'autre événement.

11. Mithridate ne céda pas à l'adversité : consultant sa volonté plus que ses forces et tenant surtout à profiter du séjour de Pompée en Syrie, il nourrissait la pensée de se rendre vers le Danube à travers le pays des Scythes, pour faire de là une invasion en Italie. Naturellement porté aux grandes entreprises, ayant souvent éprouvé la bonne et la mauvaise fortune, il croyait pouvoir tout oser et ne devoir désespérer de rien. D'ailleurs, dût-il échouer, il aimait mieux périr sous les ruines de son trône, avec un cœur toujours ferme, que de vivre dans l'humiliation et dans l'obscurité, après l'avoir perdu. Il se raffermit avec énergie dans cette résolution; car plus son corps était épuisé et flétri, plus son âme avait de vigueur, et la faiblesse de l'un était relevée par les mâles inspirations de l'autre. Mais ceux qui jusqu'alors s'étaient montrés ses partisans, voyant la puissance des Romains grandir et celle de

6. Dion dit la même chose en parlant de Scipion, Fr. CCXLI, tom. II, p. 48 de cette édition : Μήτε τι ἀνέλπιστον ποιούμενος.

7. D : Ἐνόμιζε, par l'omission du ν paragogique devant une voyelle. Nous en trouvons des exemples à chaque page.

8. F : Ἀχαιραίου. L'ε a été superposé par une main plus moderne.

9. Τέ manque dans E et dans la leçon vulgaire. J'ai signalé plusieurs fois l'omission de cette particule par les copistes. Comme Sturz, je l'ajoute d'après les autres Ms.

10. La leçon vulgaire ζῆν μᾶλλον ἤθελεν provient d'E.

11. Τῇ a été omis dans E et dans la leçon vulgaire. Il est dans les autres Ms. : je l'adopte donc avec Sturz.

12. Οἱ δὲ ἄλλοι, dans D, G et H.

τερα καὶ τὰ τοῦ Μιθριδάτου ἀσθενέστερα ἀεὶ ἐγίγνετο (τά τε γὰρ ἄλλα καὶ ὁ σεισμὸς μέγιστος δὴ τῶν πώποτε συνενεχθεὶς αὐτοῖς πολλὰς τῶν πόλεων ἔφθειρεν), ἠλλοιοῦντο [1]· καὶ τά τε στρατιωτικὰ ἐκινεῖτο, καὶ παῖδάς τινας αὐτοῦ συναρπάσαντές τινες πρὸς τὸν Πομπήϊον ἐκόμισαν.

12. Ἐπ' οὖν τούτοις τοὺς μὲν ἐφώρα καὶ ἐκόλαζε [2], τοὺς δὲ καὶ ἐξ ὑποψίας ὀργῇ προκατελάμβανε. Καὶ ἦν πρὸς οὐδένα ἔτι πιστός, ἀλλὰ καὶ τῶν λοιπῶν τέκνων ὑποτοπήσας τινὰ ἀπέσφαξεν. Ἰδὼν οὖν ταῦτα υἱός τις αὐτοῦ Φαρνάκης, καὶ ἐκεῖνόν τε ἅμα φοβηθεὶς καὶ παρὰ τῶν Ῥωμαίων τὴν βασιλείαν (καὶ γὰρ ἀνὴρ ἤδη ἦν) λήψεσθαι προσδοκήσας, ἐπεβούλευσεν αὐτῷ. Φωραθεὶς δὲ (πολλοὶ γὰρ καὶ φανερῶς καὶ λάθρᾳ πάντα τὰ πραττόμενα ὑπ' αὐτοῦ ἐπολυπραγμόνουν) εὐθὺς ἄν, εἴπερ τι καὶ τὸ βραχύτατον εὐνοίας οἱ δορυφόροι τῷ γέροντι εἶχον, ἐδικαιώθη· νῦν δὲ, καίτοι σοφώτατος ὁ Μιθριδάτης ἐς πάντα [3] τὰ βασιλικὰ γενόμενος, οὐκ ἔγνω ὅτι οὐδενὶ οὐδὲν [4] οὔτε τὰ ὅπλα οὔτε τὰ πλήθη τῶν ὑπηκόων ἄνευ τῆς παρ' αὐτῶν φιλίας ἰσχύει· ἀλλὰ καὶ ὅσῳ τις ἂν πλείω, μὴ μέντοι καὶ πιστὰ αὐτὰ ἔχῃ, χαλεπώτερα αὐτῷ γίγνεται [5]. Ὁ γοῦν Φαρνάκης

---

1. C et H : Ἡλαριοῦντο. Cette leçon, fort bizarre en apparence, s'explique par la permutation de Λ avec Α et de ρ avec ο. Entre ΗΛΛΟΙΟΥΝΤΟ et ΗΛΑΡΙΟΥΝΤΟ la confusion est facile. Dans G, qui porte ἠλλαριοῦντο, les six premières lettres ont été soulignées, et une main plus moderne a écrit en marge ἤλλοι.

2. H : Ἐκώλαζε, par la confusion d'ο avec ω.

3 E : Ἐς τὰ πάντα, mais l'article est surmonté de trois points, comme mot suspect.

Mithridate décroître de jour en jour, abandonnèrent sa fortune : outre diverses calamités, le plus terrible tremblement de terre qu'on eût vu de mémoire d'homme détruisit plusieurs de ses villes, des troubles éclatèrent dans son armée, on enleva même plusieurs de ses enfants et on les conduisit à Pompée.

12. Mithridate mit la main sur plusieurs des coupables et les livra au supplice; mais dans sa colère, il punit, sur un simple soupçon, des hommes qui n'avaient rien fait. Il ne se fia plus à personne, et quelques-uns des enfants qui lui restaient encore étant devenus suspects, il les fit égorger. Témoin de ces cruautés, Pharnace, un de ses fils, trama sa perte, autant par crainte que dans l'espoir d'être placé sur le trône par les Romains : il avait déjà atteint l'âge viril. Son crime fut découvert (car toutes ses actions étaient observées ouvertement et en secret), et il aurait été puni sur-le-champ, si les gardes du vieux roi avaient eu quelque dévouement pour lui. Mais Mithridate, fort habile dans l'art de régner, ignorait que les armes et le grand nombre de sujets, quand ils n'ont pas d'amour pour leur roi, ne sont d'aucune utilité. Bien au contraire, plus ils sont nombreux et plus on doit les craindre, lorsqu'ils ne sont pas fidè-

---

4. Οὐδὲν οὐδενὶ dans A, B, C, F et G. Reiske, qui conseille cette leçon, propose en même temps de supprimer οὔτε avant τὰ ὅπλα et de substituer λυσιτελεῖ à ἰσχύει dont l'emploi ne lui paraît pas d'une grécité irréprochable ; à moins qu'on ne refasse ainsi ce passage : Οὐδεὶς οὐδὲν οὔτε τοῖς ὅπλοις, οὔτε τοῖς πλήθεσιν ἰσχύει. Je maintiens l'ancienne leçon, qui est confirmée par les Ms., tout en avouant que je préfèrerais λυσιτελεῖ à ἰσχύει. M. Imm. Bekker lit οὐδὲν οὐδενί.

5. G : Αὐτῷ καὶ γίγνεται.

168 ΤΩΝ ΔΙΩΝΟΣ ΙΣΤΟΡΙΩΝ ΡΩΜ. ΒΙΒΛ. ΛΖ.

μετά τε τῶν προπαρεσκευασμένων καὶ μετὰ τῶν ὑπὸ τοῦ πατρὸς [1] πρὸς τὴν σύλληψιν αὐτοῦ πεμφθέντων (ῥᾷστα γὰρ αὐτοὺς ᾠκειώσατο), καὶ ἐπ' αὐτὸν ἄντικρυς τὸν πατέρα ἠπείχθη [2]. Πυθόμενος δὲ τοῦτο ὁ γέρων (ἦν δὲ ἐν Παντικαπαίῳ) στρατιώτας τινὰς ἐπὶ τὸν υἱὸν, ὡς καὶ αὐτὸς ἐφεψόμενος σφίσι, προέπεμψε [3]. Καὶ τούτους τε ἐκεῖνος διὰ βραχέος, ἅτε μηδ' αὐτοὺς φιλοῦντας τὸν Μιθριδάτην, ἐπετρέψατο, καὶ τὴν πόλιν ἑκουσίαν ἔλαβε, τόν τε πατέρα ἐς τὸ βασίλειον καταφυγόντα ἀπέκτεινεν [4].

13. Ἐπεχείρησε μὲν γὰρ [5] ἑαυτὸν διαχρήσασθαι, καὶ τάς τε γυναῖκας καὶ τοὺς παῖδας [6] τοὺς λοιποὺς [7] φαρμάκῳ προαπαλλάξας τὸ λοιπὸν ἐξέπιεν· οὐ μέντοι οὔτε δι' ἐκείνου [8], οὔτε διὰ ξίφους αὐτοχειρίᾳ ἀποφθαρῆναι ἠδυ-

1. Τῶν τοῦ πατρὸς, dans le même Ms. Ὑπὸ a été ajouté, en marge, par une main plus moderne:
2. Reimarus dit, à propos de cette leçon, qu'il la préfère à l'ancienne ἤχθη, moins parce qu'elle est conseillée par Turnèbe que parce qu'elle se trouve dans B. Sturz ajoute qu'elle est dans H : les autres Ms. la donnent aussi. G porte ἠπείσθη; mais une main plus moderne a souligné les premières lettres et écrit ἤχθη en marge : ἠπείσθη est une faute du copiste, qui, n'ayant pas bien lu l'abréviation par laquelle la syllabe ει est souvent représentée dans les Ms., a écrit εισ au lieu de ειχ. De là ἠπείσθη substitué à ἠπείχθη.
3. Προέπεμφε dans H, par la confusion de φ avec ψ; cf. Bast, Comment. Palæogr. p. 737.
4. Pharnace ne tua pas son père; mais il lui fit donner la mort; cf. le § suivant.
5. Γὰρ manque dans C. Nous avons déjà remarqué l'omission de cette conjonction.
6. G : Τούς τε παῖδας. J'ai parlé ailleurs de l'addition de cette particule par les copistes. J'en donnerai deux exemples, tirés des extraits inédits de Georges Hamartolus, d'après le Ms. de Peiresc Περὶ ἀρετῆς καὶ κακίας, comparé aux Ms. n°ˢ 1704 et 1705 de la Bibliothèque nationale de Paris.

les. Pharnace, à la tête des hommes associés dès le principe à son projet et avec ceux que Mithridate avait envoyés pour l'arrêter (il n'eut aucune peine à les gagner), marcha sans détour contre son père. A cette nouvelle le vieillard, qui était à Panticapée, envoya contre son fils quelques soldats auxquels il promit de les suivre. Pharnace les mit bientôt dans ses intérêts ; car eux aussi n'aimaient pas Mithridate. Il s'empara de la ville qui n'opposa aucune résistance et fit périr son père dans le palais royal, où il s'était réfugié.

13. Mithridate essaya de se tuer : après avoir donné du poison à ses femmes et aux enfants qu'il avait encore, il but le reste; mais il ne put s'ôter la vie ni par le poison, ni en se frappant lui-même avec une épée.

1° Texte du Ms. de Peiresc, fol. 65 r° : Ὅτι ὁ Ἄβελ παρθένος καὶ δίκαιος ὑπῆρχεν. Les Ms. 1704 et 1705 portent παρθένος τε καὶ δίκαιος ὑ. 2° Ms. de Peiresc, fol. 68 v° : Πρὸς τὸν σκληρὸν καὶ ἐπίπονον εὐθὺς μετετάξαντο βίον, διὰ πάντων χωρήσαντες τῶν δυσχερῶν καὶ τεθλιμμένων. Le Ms. 1704 donne δυσχερῶν τε καὶ τεθλιμμένων, et le Ms. 1705 : τῶν δυσχερῶν καὶ ἐπιπόνων.

Les Extraits de Georges Hamartolus, contenus dans le manuscrit de Peiresc, offrent souvent de l'intérêt. J'avais l'intention de les publier à part avec les variantes des Ms. de la Bibliothèque nationale de Paris. Mes travaux sur Dion Cassius me forcent d'ajourner l'exécution de ce projet : je demande au lecteur la permission d'en citer ici quelques passages.

7. A l'ancienne leçon τοὺς παῖδας λοιποὺς, je substitue, d'après les Ms., τοὺς παῖδας τοὺς λοιποὺς, et aux exemples que j'ai déjà donnés sur l'omission de l'article par les copistes, j'en ajoute un tiré des extraits de G. Hamartolus. Le Ms. de Peiresc, fol. 67 r° porte : Τὰ δὲ λοιπὰ τῶν ἐντολῶν πᾶσιν ὁμοίως νενομοθετιμένα (lis. νενομοθετημένα), οὐκ ἀκίνδυνα τοῖς παραβαίνουσιν· καὶ γὰρ εὐαγγελιζόμενος ὁ Χριστὸς τὰ τοῦ πατρὸς ἐντάλματα τοῖς ἐν κόσμῳ διελέγετο, mais on lit τοῖς ἐν τῷ κόσμῳ διελέγετο dans les Ms. n°ˢ 1704 et 1705.

8. G : Δι' ἐκείνων, par la confusion des désinences ου et ων. C'est ainsi

νήθη. Τό τε γὰρ φάρμακον, καίτοι θανάσιμον ὄν, οὐ συνεῖλεν αὐτὸν, ἐπειδὴ πολλῇ καθ' ἑκάστην ἡμέραν προφυλακῇ ἀλεξιφαρμάκων ἐκεκράτυντο [1]· καὶ ἡ τοῦ ξίφους πληγὴ διά τε τὴν τῆς χειρὸς αὐτοῦ ἀπό τε τῆς ἡλικίας καὶ ἀπὸ τῶν περιεστηκότων ἀσθένειαν [2], καὶ διὰ τὴν φαρμάκου ὁποιουδηποτοῦν [3] λῆψιν ἀπημβλύνθη. Ὡς οὖν οὔτε δι' ἑαυτοῦ ἀνηλίσκετο, καὶ πέρα τοῦ καιροῦ χρονίζειν ἐδόκει, προσέπεσόν [4] τε αὐτῷ ἐκεῖνοι οὓς ἐπὶ τὸν υἱὸν ἐπεπόμφει, καὶ συνετάχυναν [5] τοῖς ξίφεσι καὶ ταῖς λόγχαις [6] τὸν ὄλεθρον. Μιθριδάτης μὲν δὴ ποικιλωτάτῃ ἀεὶ καὶ μεγίστῃ τῇ τύχῃ χρησάμενος οὐδὲ τὴν τελευτὴν τοῦ βίου ἁπλῆν ἔσχεν [7]. Ἐπεθύμησέ τε γὰρ ἀποθανεῖν μὴ βουλόμενος, καὶ αὐτὸς ἑαυτὸν ἀποκτεῖναι σπουδάσας οὐκ ἠδυνήθη· ἀλλὰ τοῦτο μὲν φαρμάκῳ, τοῦτο δὲ καὶ ξίφει αὐθέντης τε ἅμα ἐγένετο, καὶ ὑπὸ τῶν ἐχθρῶν ἀπεσφάγη.

14. Φαρνάκης δὲ τό τε σῶμα αὐτοῦ τῷ Πομπηΐῳ ταριχεύσας, ἔλεγχον τοῦ πεπραγμένου, ἔπεμψε, καὶ ἑαυτὸν

---

que dans Thucydide, I, 75, au lieu de Καὶ γὰρ αὐτὴν (h. e. τὴν ἀρχὴν) τήνδ' ἐλάβομεν οὐ βιασάμενοι, ἀλλ' ὑμῶν μὲν οὐκ ἐθελησάντων παραμεῖναι: πρὸς τὰ ὑπόλοιπα τοῦ βαρβάρου, deux Ms., cités par Poppo, donnent τῶν βαρβάρων.

1. L'ancienne leçon ἐκεκράτητο est confirmée par C, D, E et H ; mais dans E, ce mot est ainsi écrit : ἐκεκράτη το. En mettant un ν à la place vide, on aurait ἐκεκράτηντο, comme dans A, B, F et G. Dans ce dernier Ms., une main plus moderne a écrit τῃ au-dessus de τῃν. Comme Sturz, j'adopte, d'après Reiske et Reimarus, dans ses *Addenda*, tom. II, p. 1666 de son édition, ἐκεκράτυντο, d'abord parce que les syllabes ην et υν sont écrites par les copistes de telle manière qu'il est facile de les confondre; ensuite, parce que cette leçon est confirmée par Dion lui-même, XL. 36 : Τό τε γὰρ φρούριον ἐπί τε λόφου καρτεροῦ ἦν καὶ τεύχεσιν ἰσχυρῶς

Ce poison était mortel, il est vrai ; mais il fut impuissant, parce que Mithridate s'était prémuni contre la mort par les contrepoisons dont il faisait usage chaque jour. Quant au coup d'épée, il fut émoussé par une main que l'âge et les malheurs présents avaient engourdie, et par l'effet du poison quelque affaibli qu'il fût. Mithridate n'ayant donc pu mourir de sa propre main et paraissant devoir vivre trop longtemps, les hommes qu'il avait envoyés contre son fils précipitèrent sa fin, en se jetant sur lui avec leurs épées et leurs lances. Ainsi ce roi, qui avait traversé toutes les extrémités de la bonne et de la mauvaise fortune, termina sa vie d'une manière extraordinaire : il désira la mort, sans le vouloir ; il essaya de se tuer et il ne put y parvenir ; il attenta à ses jours par le poison et par le fer, et il fut égorgé par ses ennemis !

14. Pharnace embauma les restes de son père et les envoya à Pompée, comme une preuve irrécusable de

---

ἐxεκράτυντο, leçon donnée par tous les Ms., à l'exception de C qui porte ἐxεκράτητο.

2. C : Ἀσθενειῶν, faute du copiste.

3. Ὁποιδηποτοῦν, dans A, C, E, F et H. Nous avons déjà remarqué que les copistes omettent souvent une syllabe dans le corps des mots.

4. G : Προπεσον. Les lettres σέ ont été ajoutées par une main plus moderne.

5. Συνετάχαναν, dans le même Ms. Les lettres υν ont été ajoutées par une main plus moderne.

6. Τοῖς λόγχοις, faute du copiste dans le même Ms.

7. D : Ἔσχε, par l'omission du ν paragogique devant une voyelle, comme dans beaucoup d'autres passages.

τήν τε ἀρχὴν παρέδωκε. Καὶ ὃς τῷ μὲν Μιθριδάτῃ [1] οὐδὲν ἐλυμήνατο, ἀλλὰ καὶ ἐν τοῖς πατρῴοις ἠρίοις [2] αὐτὸν ταφῆναι ἐκέλευσε [3]. Τὸ γὰρ πολέμιον αὐτοῦ συναπεσθηκέναι [4] τῇ ψυχῇ νομίζων οὐδὲν ἔτι τῷ νεκρῷ μάτην ὠργίζετο [5]. Τὴν μέντοι βασιλείαν τοῦ Βοσπόρου [6] μισθὸν τῷ Φαρνάκῃ τῆς μιαιφονίας [7] ἐχαρίσατο, καὶ ἔς γε τοὺς φίλους τούς τε συμμάχους αὐτὸν ἀνέγραψεν. Ὡς οὖν ἐκεῖνός τε ἀπολώλει [8], καὶ τὰ τῆς ἀρχῆς αὐτοῦ πάντα, πλὴν ὀλίγων, κατέστραπτο· τείχη γάρ τινα φρουροὶ ἔξω τοῦ Βοσπόρου ἔτι καὶ τότε ἔχοντες, οὐκ εὐθὺς ὡμολόγησαν, οὐχ ὅτι καὶ ἀνθίστασθαί οἱ διενοοῦντο, ἀλλ᾽ ὅτι ἐφοβοῦντο μὴ τὰ χρήματα, ἃ ἐφύλασσον [9], προδιαρπάσαντές τινες ἐκείνοις τὴν αἰτίαν προσθῶσι· καὶ διὰ τοῦτο ἀνέμενον, αὐτῷ βουλόμενοι τῷ Πομπηΐῳ πάντα ἐπιδεῖξαι.

15. Ὡς οὖν τά τε ἐνταῦθα κατείργαστο [10] καὶ ὁ Φραάτης ἡσυχίαν ἦγεν, ἥ τε Συρία καὶ ἡ Φοινίκη [11] καθειστή-

---

1. G : Τῷ μὲν Μιθριδάτην. Le copiste a pris pour un ν l'ι dont on a fait plus tard l'ι souscrit.

2. Σηρίοις, dans B. Le σ initial provient de la répétition de la dernière lettre du mot qui précède. Il en est de même de Συρίοις dans F, où η a été confondu avec υ. Dans G, Σκρίοις est un barbarisme né du ς final du mot qui précède et de la confusion d'η avec κ. Cf. Bast, Comment. palæogr. p. 716, 721, 776, 815, 917.

3. A, B et F : Ταφῆναι αὐτὸν ἐκέλευσε. Appien, Mithrid. CXIII : Πομπήϊος δ᾽ ἐς μὲν τὸ σῶμα τοῦ Μιθριδάτου χορηγίαν ἔδωκε, καὶ θάψαι βασιλείῳ ταφῇ τοῖς θεραπευτῆρσιν αὐτοῦ προσέταξε, καὶ ἐν Σινώπῃ τοῖς βασιλείοις ἐνθέσθαι τάφοις. Cf. Plutarq. Pomp. XLII.

4. Comme Sturz et M. Imm. Bekker, je remplace l'ancienne leçon συναπεσθεκέναι par συναπεσθηκέναι, qui se trouve dans les Ms.

ce qu'il avait fait : en même temps il mit à sa discrétion sa personne et son royaume. Pompée, loin d'insulter au cadavre de Mithridate, ordonna de le déposer dans le tombeau de ses pères. Il pensa que sa haine s'était éteinte avec sa vie, et il ne voulut pas exercer contre un corps inanimé une vengeance inutile. Cependant il donna le royaume du Bosphore à Pharnace pour prix de son parricide, et il le mit au nombre des amis et des alliés de Rome. Après la mort de Mithridate, ses États furent conquis, à quelques exceptions près. Les garnisons, qui occupaient encore hors du Bosphore quelques places fortes, ne se soumirent pas immmédiatement, non qu'elles eussent la pensée d'entrer en lutte avec Pompée; mais dans la crainte que si les richesses confiées à leur garde étaient enlevées, ce ne fût contre elles un chef d'accusation : elles différèrent donc, dans l'intention de livrer ces richesses à Pompée lui-même.

15. Tout était fini dans ces contrées, Phraate se tenait tranquille, l'ordre était établi en Syrie et dans la

---

5. F : Ὀργίζετο. L'augment a été négligé par le copiste, comme nous l'avons vu dans plusieurs autres passages.

6. C'est-à-dire le Bosphore Cimmérien; cf. Dion, XLII, 45.

7. G : Μιφονίας. Ici encore, une syllabe a été omise dans le corps du mot ; cf. p. 171, not. 3.

8. Wagner traduit *Dies war Mithridats Ende*, d'après la version latine *Ita Mithridates e medio sublatus*, comme si ὡς était pour οὕτως. Nic. Leoniceno donne le véritable sens : *Poiche adunque costui fu morto*, etc.

9. C porte la forme attique ἐφύλαττον.

10. Κατειργάσατο est une faute du copiste dans le même manuscrit.

11. D'après A, C, F et H. La leçon vulgaire καὶ Φοινικὴ est confirmée par les autres Ms.

174 ΤΩΝ ΔΙΩΝΟΣ ΙΣΤΟΡΙΩΝ ΡΩΜ. ΒΙΒΛ. ΛΖ.

κει [1], τρέπεται πρὸς Ἀρέταν. Οὗτος δὲ Ἀραβίων [2] μὲν, τῶν νῦν τοῖς Ῥωμαίοις δουλευόντων, μέχρι τῆς ἐρυθρᾶς θαλάσσης ἐβασίλευε [3]. Πλεῖστα δὲ δὴ [4] τὴν Συρίαν πρότερον [5] λυπήσας, καὶ διὰ τοῦτο μάχῃ πρὸς τῶν Ῥωμαίων ἀμυνόντων αὐτῇ νικηθεὶς, ὅμως καὶ τότε ἔτ' ἐπολέμει [6]. Ἐπ' οὖν τοῦτον τούς τε πλησιοχώρους αὐτῷ ὁ Πομπήϊος ἐλάσας, ἀκονιτί [7] τε αὐτοὺς προσηγάγετο καὶ φρουρᾷ παρέδωκε. Κἀντεῦθεν ἐπὶ τὴν Συρίαν τὴν Παλαιστίνην, ὡς καὶ τὴν [8] Φοινίκην κακώσαντας, ὥρμησεν. Ἦρχον δὲ αὐτῶν Ὑρκανός τε καὶ Ἀριστόβουλος ἀδελφοὶ [9], καὶ ἐτύγχανον ὑπὲρ τῆς τοῦ σφετέρου θεοῦ (ὅστις ποτὲ οὗτός [10] ἐστιν) ἱερωσύνης (οὕτω γὰρ τὴν βασιλείαν σφῶν ὠνόμαζον [11]) αὐτοί τε [12]

---

1. Καθιστήκει, dans C, D, F et H, par la confusion d'ε avec ι. Dion fait allusion à ce qui est rapporté dans le résumé de Xiphilin, p. 154 de ce volume, au sujet de la Syrie et de la Phénicie : Ἔς τε ἀρχὴν μίαν συνετάχθησαν καὶ νόμους ἔλαβον, ὥστε τὸν τῶν Ῥωμαίων τρόπον πολιτεύεσθαι.

2. Ou mieux Ἀρραβίων. Cf. § 7, p. 154, not. 4 de ce volume.

3. D et H : Ἐβασίλευσε.

4. C confirme la leçon πλεῖστα δέ; mais en marge il porte δή, ce qui permet de lire πλεῖστα δὲ δὴ, qui se trouve dans A, G et H, et que j'adopte avec M. Imm. Bekker, d'après les habitudes du style de Dion.

5. Πρότερον τὴν Συρίαν, dans C.

6. Ἔτι ἐπολέμει, dans D, G et H ; mais ἔτι manque dans C.

7. Ἀκονητί, dans tous les Ms. à l'exception de B, par la confusion d'ι avec η. Sturz, qui cite cette variante comme fournie par un Ms. de Naples, suppose que le copiste a voulu écrire ἀπονητί. De plus D porte τί, au lieu de τέ.

8. Cet article manque dans l'ancienne leçon ; je l'ajoute d'après les Ms. Wakefield, Sylv. Critic. P. IV. p. 93, refait ainsi tout ce passage : εἰς καὶ τὴν Φοινίκην καθήκουσαν ἐσώρμησεν. Si ce changement était nécessaire, il faudrait lire, suivant la remarque de Sturz, ὡς καὶ εἰς τ. Φ. ; mais l'ancienne leçon doit être maintenue. L'auteur a rapporté le participe κακώσαντας aux habitants du pays, au lieu de le rapporter au pays lui-

Phénicie : Pompée alors marcha contre Arétas, qui régnait jusqu'à la mer Rouge, sur le pays des Arabes maintenant soumis aux Romains. Antérieurement, il avait souvent causé du dommage à la Syrie, et, quoiqu'il eût été déja vaincu par les Romains venus au secours de cette contrée, il faisait encore la guerre. Pompée se mit donc en campagne contre Arétas et contre ses voisins, les vainquit sans peine et laissa un corps d'armée dans ce pays. De là, il se rendit en toute diligence dans la Syrie-Palestine dont les habitants avaient dévasté la Phénicie. La Syrie-Palestine était gouvernée par deux frères, Hyrcan et Aristobule, qui se disputaient la dignité de grand prêtre de leur dieu : on ne sait quel est ce dieu, et cette dignité confère le pouvoir suprême dans ce pays. Cette rivalité

---

même, comme l'a fait Thucydide, III, 79 : Τῇ δ' ὑστεραίᾳ ἐπὶ μὲν τὴν πόλιν οὐδὲν μᾶλλον ἐπέπλεον, καίπερ ἐν πολλῇ ταραχῇ καὶ φόβῳ ὄντας — postridie vero *urbem* nihilo magis classe petierunt, licet *ejus incolæ* in magna perturbatione et trepidatione *essent*. C'est une construction familière aux écrivains attiques; Grégoire de Corinthe, De Dialect. p. 71, éd. de Schæf. Leipzig, 1811 : Ἔθος αὐτοῖς μὴ ἀποδιδόναι τὴν σύνταξιν πρὸς τὴν φωνήν, ἀλλὰ πρὸς τὸ σημαινόμενον. Cf. les notes, l. l.; Denys d'Hal. IIe lettre à Ammæus, § XIII ; Matthiæ, Gr. § 301 et 434. Xiphilin confirme l'ancienne leçon ὡς καὶ τὴν Φοινίκην κακώσαντας.

9. D'après Wakefield, l. l., Sturz ajoute οἵ : avec M. Imm. Bekker, je conserve l'ancienne leçon.

10. Αὐτὸς, dans le Cod. Coisl. de Xiphilin, collationné par Montfaucon.

11. Le titre et les fonctions de chef de la nation étaient joints à la grande sacrificature, depuis que les Juifs, par reconnaissance envers Simon, avaient rendu cette double autorité héréditaire dans sa famille. Un décret solennel, déposé dans les archives du temple, consacra le souvenir de cette révolution. Cf. Maccab. liv. I, 14 ; Josèphe, Ant. Jud. XIII, 6, tom. I, p. 499 de la Coll. Didot.

12. C et G : Αὐτοὶ δὲ; mais τέ a été écrit en marge, par une main plus moderne dans G. Sur la confusion de ces deux mots, cf. M. Hase, Lydus de Ostent. 14. B. 170. A.

διαφερόμενοι καὶ τὰς πόλεις στασιάζοντες [1]. Ὁ οὖν Πομπήϊος [2] Ὑρκανὸν μὲν, οὐδεμίαν ἀξιόχρεων ἰσχὺν ἔχοντα, ἀμαχὶ [3] εὐθὺς προσέθετο· Ἀριστόβουλον δὲ ἐς χωρίον τι κατακλείσας ὁμολογῆσαί οἱ ἠνάγκασε [4]. Καὶ ἐπειδὴ μήτε τὰ χρήματα μήτε τὸ φρούριον παρεδίδου [5] [καί τοι προσιὼν αὐτῷ καὶ ὑποσχόμενος ταῦτα [6]], ἔδησεν [7] αὐτόν. Κἀκ τούτου τοὺς μὲν ἄλλους ῥᾷον προσεποιήσατο· τὰ δὲ [8] Ἱεροσόλυμα πολιορκῶν πράγματα ἔσχε.

16. Τὴν μὲν γὰρ ἄλλην πόλιν, ἐσδεξαμένων αὐτὸν τῶν τὰ τοῦ Ὑρκανοῦ [9] φρονούντων, ἀπραγμόνως ἔλαβεν· αὐτὸ δὲ τὸ ἱερὸν προκατασχόντων τῶν ἑτέρων, οὐκ ἀπόνως εἷλεν. Ἐπί τε [10] γὰρ μετεώρου ἦν καὶ περιβόλῳ ἰδίῳ ὠχύρωτο [11]. Καὶ εἴγε ἐν πάσαις ταῖς ἡμέραις ὁμοίως ἠμύνοντο,

---

1. Cf. Josèphe, l. l. XIV, 1, 2, 3; Guer. J. I, 6, 1, 2 et suiv.
2. Ὡς οὖν Πομπήϊος, dans B et F.
3. Ici, comme dans d'autres passages, je lis, d'après les Ms., ἀμαχὶ, au lieu d'ἀμαχεί.
4. Josèphe, Guer. J. I, 6, 5 : Ἀκούσας (ὁ Πομπήϊος) συμπεφευγέναι τὸν Ἀριστόβουλον εἰς Ἀλεξάνδρειον (τοῦτο δέ ἐστι φρούριον τῶν πάνυ φιλοτίμως ἐξησκημένων, ὑπὲρ ὄρους ὑψηλοῦ κείμενον), πέμψας καταβαίνειν αὐτὸν ἐκέλευσε κτλ. Cf. Ant. Jud. l. l.
5. Le même, Guer. J. l. l. 6 : Ἕωθεν ἠπείγετο (ὁ Πομπήϊος) πρὸς τὰ Ἱεροσόλυμα. Καταπλαγεὶς δὲ τὴν ἔφοδον Ἀριστόβουλος ἱκέτης ὑπαντᾷ, χρημάτων τε ὑποσχέσει καὶ τῷ μετὰ τῆς πόλεως ἐπιτρέπειν καὶ ἑαυτὸν χαλεπαίνοντα καταστέλλει τὸν Πομπήϊον. Οὐ μήν τι τῶν ὡμολογημένων ἔπραττε· τὸν γὰρ ἐπὶ τῇ κομιδῇ τῶν χρημάτων πεμφθέντα Γαβίνιον οἱ τὰ Ἀριστοβούλου φρονοῦντες οὐδὲ τῇ πόλει δέχονται. Cf. Ant. Jud. l. l. 4, 1.
6. J'ajoute, d'après Xiphilin, l. l. p. 8, les mots καί τοι — ταῦτα qui étaient probablement dans le texte de Dion et qui sont confirmés par Josèphe, Ἀριστόβουλος ἱκέτης ὑπαντᾷ (cf. la note précédente); mais je les place entre crochets.
7. G : Ἔδισεν, par la confusion d'η avec ι. Xiphilin, l. l. : Τὸν δὲ Ἀριστόβουλον δήσας κτλ.

HISTOIRE ROMAINE DE DION, L. XXXVII. 177

remplissait les villes de séditions. Pompée réduisit sous sa puissance, sur-le-champ et sans combat, Hyrcan, qui n'avait point des forces suffisantes. Quant à Aristobule, il l'enferma dans un château fort et le contraignit à traiter. Puis, comme Aristobule ne lui livrait ni ce château, ni les sommes qu'il avait promises en capitulant, il le fit prisonnier. Dès lors le reste de la Syrie fut facile à conquérir; mais Pompée eut de grands obstacles à surmonter au siége de Jérusalem.

16. Reçu par les partisans d'Hyrcan, il fut aisément maître de la ville même; mais la prise du temple, dont le parti contraire s'était emparé, lui coûta beaucoup d'efforts. Il était situé sur une hauteur et entouré de remparts qui le rendaient plus fort. Si ceux qui l'occupaient l'avaient défendu tous les jours avec la même vigilance, Pompée n'aurait pu le prendre; mais ils suspendaient le

8. Δὲ manque dans Xiphilin, l. l. Josèphe, l. l. 7, 1 : Πρὸς ταῦτα ἀγανακτήσας Πομπήϊος Ἀριστόβουλον μὲν ἐφρούρει· πρὸς δὲ τὴν πόλιν ἐλθὼν περιεσκόπει ποῖ προσβαλεῖ· τήν τε γὰρ ὀχυρότητα τῶν τειχῶν δυσμεταχείριστον ἑώρα καὶ τὴν πρὸ τούτων φάραγγα φοβεράν, τό τε ἱερὸν ἐντὸς τῆς φάραγγος, ὀχυρώτατα τετειχισμένον ὥστε τοῦ ἄστεος ἁλισκομένου δευτέραν εἶναι καταφυγὴν τοῦτο τοῖς πολεμίοις.

9. Josèphe, Guer. J. l. l. 7, 2 : Διαποροῦντος δ' ἐπὶ πολὺν χρόνον, στάσις τοῖς ἔνδον ἐμπίπτει, τῶν μὲν Ἀριστοβούλου πολεμεῖν ἀξιούντων καὶ ῥύεσθαι τὸν βασιλέα, τῶν δὲ τὰ Ὑρκανοῦ φρονούντων ἀνοίγειν Πομπηΐῳ τὰς πύλας... Ἡττωμένον δὲ τὸ Ἀριστοβούλου μέρος εἰς τὸ ἱερὸν ἀνεχώρει καὶ τὴν συνάπτουσαν ἀπ' αὐτοῦ τῇ πόλει γέφυραν ἀποκόψαντες ἀντισχεῖν εἰς ἔσχατον παρεσκευάζοντο. Τῶν δὲ ἑτέρων δεχομένων Ῥωμαίους τῇ πόλει κτλ. Cf. Ant. Jud. l. l. 4, 2.

Dans le texte de Dion, F porte τὰ Ὑρκανοῦ, au lieu de τὰ τοῦ Ὑρκανοῦ. Sur l'omission de l'article, cf. p. 18, not. 1 de ce volume.

10. A l'ancienne leçon ἐπί γε, je substitue, comme Sturz, ἐπί τε, d'après Reiske, dont la conjecture est confirmée par A, B, D, E et H. Sur la confusion de γέ avec τέ, cf. M. Boissonade, Anecd. Gr. tom. II, p. 200.

11. Strabon, XVI, p. 762, éd. de Casaub. Paris, 1620 : Ἦν γὰρ πετρώ-

T. III. 12

οὐκ ἂν αὐτὸ ἐχειρώσατο [1]. νῦν δὲ τὰς τοῦ Κρόνου δὴ ὠνομασμένας ἡμέρας [2] διαλείποντες, καὶ οὐδὲν τὸ παράπαν ἐν αὐταῖς δρῶντες [3], παρέδωκαν τοῖς Ῥωμαίοις καιρὸν ἐν τῷ διακένῳ τούτῳ [4] τὸ τεῖχος διασεῖσαι [5]. Μαθόντες γὰρ τὴν ἐμποίησιν αὐτῶν ταύτην [6], τὸν μὲν ἄλλον χρόνον οὐδὲν σπουδῇ ἔπραττον, ταῖς δὲ δὴ ἡμέραις ἐκείναις [7], ὁπότε ἐκ τῆς περιτροπῆς ἐπέλθοιεν, ἐντονώτατά οἱ προσέβαλλον [8]. Καὶ οὕτως ἑάλωσάν [9] τε ἐν τῇ τοῦ Κρόνου ἡμέρᾳ, μηδ' ἀμυνόμενοι· καὶ πάντα τὰ χρήματα διηρπάσθη [10]· ἥ τε βασιλεία τῷ Ὑρκανῷ ἐδόθη, καὶ ὁ Ἀριστό-

δες καὶ εὐερκὲς ἔρυμα, ἐντὸς μὲν εὔυδρον, ἐκτὸς δὲ παντελῶς διψηρόν, τάφρον λατομητὴν ἔχον, βάθος μὲν ἑξήκοντα ποδῶν, πλάτος δὲ πεντήκοντα καὶ διακοσίων. Ἐκ δὲ τοῦ λίθου τοῦ λατομηθέντος ἐπεπύργωτο τὸ τεῖχος τοῦ ἱεροῦ.

1. L'ancienne leçon ἐχειρώσαντο provient de E. Avec Reimarus et Sturz, je la remplace par ἐχειρώσατο, qui a pour sujet ὁ Πομπήιος, comme ἔλαβεν — εἷλεν. Dans E, ἐχειρώσαντο est né de la confusion de α avec αν, dont j'ai déjà cité des exemples. Aussi les autres Ms. confirment-ils la leçon que j'adopte. G porte bien ἐχειρώσατο, mais le ν a été ajouté par une main plus moderne.

2. Ἡμέρας; qui manque dans A et H, comme le dit Sturz, est également omis dans C, D et G.

3. Les Juifs ne pouvaient combattre, le jour du sabbat, que pour la défense de leurs personnes. Josèphe, Ant. Jud. l. l. 4, 2 : Ἄρχοντας γὰρ μάχης καὶ τύπτοντας ἀμύνασθαι δίδωσιν ὁ νόμος· ἄλλο δέ τι δρῶντας τοὺς πολεμίους, οὐκ ἐᾷ. Cf. Guer. J. 1. l. 7, 2.

4. Xiphilin, l. l. p. 8 : Νῦν δὲ ἐν τῷ διακένῳ τούτῳ καιρῷ, παρέδωκαν τοῖς Ῥωμαίοις τὸ τεῖχος διασεῖσαι.

Dans le texte de Dion, C et H portent διακόνῳ, au lieu de διακένῳ, par la fréquente confusion d'ε avec ο.

5. Cf. Josèphe, Ant. Jud. l. l. 4, 2, et Guer. J. l. l. 7, 2.

6. Τὴν ἐμποίησιν — persuasionem, dit Reiske. Nam ἐμποιεῖν τινί τι est alicui aliquid insinuare, imprimere, persuadere, indere animo sententiam. Xenoph. De Exped. Cyr. II, 6, 5 : ἱκανὸς ἐμποιῆσαι τοῖς παροῦσιν, ὡς οὐκ ἀπειστέον εἴη Κλεάρχῳ.

combat pendant les jours qui portent le nom de Saturne ; parce qu'ils ne font rien ces jours-là. Cette interruption fournit aux assaillants le moyen d'ébranler les remparts. Les Romains, ayant remarqué l'usage dont je viens de parler, ne poussaient point sérieusement l'attaque pendant le reste de la semaine ; mais lorsqu'arrivaient périodiquement les jours de Saturne, ils donnaient l'assaut de toutes leurs forces. Ainsi le temple tomba au pouvoir des Romains, le jour dédié à Saturne, sans que ses défenseurs fissent aucune résistance. Tous ses trésors furent pillés, le pouvoir suprême fut donné à Hyrcan et Aristobule em-

---

7. Josèphe, Ant. Jud. l. I. 4, 3 : Ὁ δὴ καὶ Ῥωμαῖοι συνιδόντες, κατ' ἐκείνας τὰς ἡμέρας, ἅς δὴ Σάββατα καλοῦμεν, οὔτ' ἔβαλλον τοὺς Ἰουδαίους, οὔτ' εἰς χεῖρας αὐτοῖς ὑπήντων, χοῦν δὲ καὶ πύργους ἀνίστασαν, καὶ τὰ μηχανήματα προσῆγον, ὥστε αὐτοῖς εἰς τὴν ἐπιοῦσαν ἐνεργὰ ταῦτα εἶναι.

8. E : Προσέβαλον. Le copiste n'a mis qu'un λ, quand il fallait deux. Dans F, προσέλαβον provient de la perpétuelle confusion des verbes βάλλω et λαμβάνω.

9. G : Ἑάλλωσαν. Ici, au contraire, le copiste a mis deux λ, quand il n'en fallait qu'un ; mais le second a été effacé. Josèphe, Ant. Jud. l. l. 4, 3 : Ἁλούσης τῆς πόλεως περὶ τρίτον μῆνα τῇ τῆς νηστείας ἡμέρᾳ, κατὰ τὴν ἐνάτην καὶ ἑβδομηκοστὴν καὶ ἑκατοστὴν Ὀλυμπιάδα, ὑπατευόντων Γαΐου Ἀντωνίου καὶ Μάρκου Τουλλίου Κικέρωνος κτλ. La prise de Jérusalem valut à Pompée le surnom de *Hierosolymarius;* Cic. Lett. à Atticus, II, 9.

10. Διηρπάστη, dans G est une faute du copiste. Dion n'est point d'accord avec Josèphe, Guer. J. I, 7, 6 : Παρελθὼν γοῦν σὺν τοῖς περὶ αὐτὸν ὁ Πομπήϊος εἰς τὸν ναόν, ἔνθα μόνῳ θεμιτὸν ἦν παριέναι τῷ ἀρχιερεῖ τὰ ἔνδον ἐθεάσατο, λυχνίαν τε καὶ λύχνους καὶ τράπεζαν καὶ σπονδεῖα καὶ θυμιατήρια, ὁλόχρυσα πάντα, πλῆθός τε ἀρωμάτων σεσωρευμένων, καὶ τῶν ἱερῶν χρημάτων εἰς τάλαντα δισχίλια. Οὔτε δὲ τούτων οὔτ' ἄλλου τινὸς τῶν ἱερῶν κειμηλίων ἥψατο. Cf. Ant. Jud. XIV, 4, 4, et Cicéron, Disc. pour L. Flaccus, XXVIII : Cn. Pompeius, captis Hierosolymis, victor ex illo fano nihil attigit.

δουλος ἀπηνέχθη [1]. Ταῦτα μὲν τότε ἐν τῇ Παλαιστίνῃ ἐγένετο· οὕτω γὰρ τὸ σύμπαν ἔθνος, ὅσον ἀπὸ τῆς Φοινίκης μέχρι τῆς Αἰγύπτου παρὰ τὴν θάλασσαν τὴν ἔσω παρήκει, ἀπὸ παλαιοῦ [2] κέκληται. Ἔχουσι δὲ καὶ ἕτερον ὄνομα ἐπίκτητον· ἥ τε γὰρ χώρα, Ἰουδαία, καὶ αὐτοὶ, Ἰουδαῖοι [3] ὠνομάδαται.

17. Ἡ δὲ ἐπίκλησις αὕτη ἐκείνοις μὲν [4] οὐκ οἶδ' ὅθεν ἤρξατο γενέσθαι, φέρει δὲ καὶ ἐπὶ τοὺς ἄλλους ἀνθρώπους, ὅσοι τὰ νόμιμα αὐτῶν, καίπερ ἀλλοεθνεῖς ὄντες, ζηλοῦσι. Καὶ ἔστι καὶ παρὰ τοῖς Ῥωμαίοις τὸ γένος τοῦτο, κολουσθὲν μὲν πολλάκις, αὐξηθὲν δὲ ἐπὶ πλεῖστον, ὥστε καὶ ἐς παρρησίαν τῆς νομίσεως [5] ἐκνικῆσαι. Κεχωρίδαται [6] δὲ ἀπὸ τῶν λοιπῶν ἀνθρώπων ἔς τε τὰ ἄλλα [7] τὰ περὶ τὴν

---

1. Cf. Josèphe, Guer. J. 1. 1. et Ant. Jud. 1. 1. Reiske défend l'ancienne leçon ἀνηνέχθη. — Ἀναφέρεσθαι, ἀναπέμπεσθαι, ἀναβαίνειν — *referri, remitti, adscendere*, dicebantur ea quæ Romam, ut urbem imperii principem, ibant e provinciis. » Elle est confirmée par les Ms.; mais j'aime mieux lire avec Turnèbe, ἀπηνέχθη, par le simple changement du ν en π. Sur la confusion de ces deux lettres, cf. Bast, Comment. Palæogr. p. 716, 726, 730, 747.

2. L'ancienne leçon ὑπὸ παλαιοῦ, au lieu d'ἀπὸ παλαιοῦ que donnent les Ms., est signalée comme suspecte par Leunclavius. Je l'ai abandonnée, avec Reimarus et Sturz. Sur la fréquente confusion d'ἀπὸ avec ὑπὸ, cf. Schæfer, Meletem. 22, 83; D'Orville, sur Chariton, p. 534, et M. Hase, Lydus, De Ostent. 323. A. Le Ms. G porte ἀπὸ παλαιοῦ, mais ὑπὸ a été écrit en marge par une main plus moderne.

3. F : Αὐτοὶ οἱ Ἰουδαῖοι.

4. Μὲν manque dans A, B et F. Sur l'omission de cette particule, cf. p. 19, not. 8 et 11 de ce volume.

5. De même dans Xiphilin, l. l. « Est παρρησία τῆς νομίσεως, dit Fabricius, nihil aliud quam *libertas legibus patriis* et νομίμοις, sive *institutis, sine prohibitione* utendi. » Wagner et M. Tafel ont suivi cette explication. Nic. Leoniceno adopte un tout autre sens : *Et questa generatione*....

HISTOIRE ROMAINE DE DION, L. XXXVII. 181

mené en captivité. Tels sont les événements qui se passèrent alors en Palestine : c'est l'ancien nom de la contrée qui s'étend depuis la Phénicie jusqu'à l'Égypte, le long de la mer intérieure ; mais elle en prend aussi un autre. Elle se nomme Judée et les habitants s'appellent Juifs.

17. Je ne connais pas l'origine de ce second nom ; mais il s'applique à d'autres hommes qui ont adopté les institutions de ce peuple, quoiqu'ils lui soient étrangers. Il y a des Juifs même parmi les Romains : souvent arrêtés dans leur développement, ils se sont néanmoins accrus au point qu'ils ont obtenu la liberté de vivre d'après leurs lois. Ils sont séparés du reste des hommes par toutes les habitudes de la vie ; mais surtout parce

tanto e cresciuta, che hanno l'audacia di chiamarsi per una parte de gli huomini. Un mépris traditionnel pour les Israélites lui a fait perdre le texte de vue.

6. G : Κεχωρίδατε. La syllabe ται a été ajoutée par une main plus moderne. La confusion des finales ται et τε est si fréquente, que je n'en aurais pas cité un nouvel exemple, si, à cette occasion, je n'avais à corriger une faute plus grave dans Georges Hamartolus. Le Ms. de Peiresc, fol. 66 R° porte : Καὶ κατὰ τὸν ἀσεβῆ καὶ θεοστυγῆ (θεοστοιγῆ dans le Ms. 1704, par la confusion d'υ avec οι) μυσταγωγὸν αὐτῶν Κοπρώνυμον νέαν καὶ πρόσφατον, ταύτην δογματίζοντες, ἐξ ἄκρας μανίας τε καὶ ἀπονοίας καὶ ἀβελτηρίας, μηνοῦντες μήτε ἃ λέγουσιν, μήτε περί τινων διαβεβαιοῦνται. Le Ms. 1704 porte διαβεβαιοῦντε ; mais dans celui de Peiresc, le copiste, en omettant un ο et en joignant la négation μὴ au participe νοοῦντες, a été conduit à μηνοῦντες, leçon barbare. Sur les fautes provenant de la réunion de mots qui doivent être séparés, cf. tom. II, p. 167-168, not. 11 de cette édition.

Le texte de Xiphilin, l. l. p, 8, porte, comme celui de Dion, κεχωρίδαται δὲ ἀπὸ τῶν λοιπῶν ἀνθρώπων : le Ms. *f* donne κεχώρισται, et le Ms. *h* χωρίδατε, par l'omission du redoublement, et par la confusion d'αι avec ε.

7. A et F : Ἔς τε τ' ἄλλα. Xiphilin, l. l., confirme la leçon ἔς τε τὰ ἄλλα ; mais les mots τὰ ἄλλα manquent dans *h*.

δίαιταν πάνθ', ὡς εἰπεῖν [1], καὶ μάλισθ' ὅτι [2] τῶν μὲν ἄλλων θεῶν οὐδένα τιμῶσιν, ἕνα δέ τινα ἰσχυρῶς [3] σέβουσιν. Οὐδ' ἄγαλμα [4] οὐδὲν ἐν αὐτοῖς ποτε [5] τοῖς Ἱεροσολύμοις ἔσχον, ἄρρητον [6] δὲ δὴ καὶ ἀειδῆ αὐτὸν νομίζοντες εἶναι, περισσότατα ἀνθρώπων θρησκεύουσι. Καὶ αὐτῷ νεών τε μέγιστον καὶ περικαλλέστατον, πλὴν καθ' ὅσον ἀχανής [7] τε καὶ ἀνώροφος [8] ἦν, ἐξεποίησαν. Καὶ τὴν ἡμέραν τὴν τοῦ Κρόνου [9] καλουμένην ἀνέθεσαν· καὶ ἄλλα τε ἐν αὐτῇ ἰδιαίτατα πολλὰ [ἃ] ποιοῦσι [10], καὶ ἔργου [11] οὐδενὸς σπουδαίου προσάπτονται. Καὶ τὰ μὲν κατ' ἐκεῖνον, τίς τέ ἐστι, καὶ ὅθεν οὕτως ἐτιμήθη [12], ὅπως τε περὶ αὐτὸν ἐπτόηνται, πολλοῖς τε εἴρηται καὶ οὐδὲν τῇδε τῇ ἱστορίᾳ προσήκει.

1. De même dans Xiphilin, l. l. ; mais *h* porte παντ', ὡς εἰπεῖν, faute du copiste.

2. C : Μάλλιστα ὅτι. Le copiste a mis deux λ, quand il n'en fallait qu'un : nous en avons vu de nombreux exemples.

3. C : Αἰσχυρῶς;, faute du copiste qui a répété l'α final de τινά en tête du mot suivant.

4. Tacite, Hist. V, 9 : Romanorum primus Cn. Pompeius Judæos domuit; templumque jure victoriæ ingressus est. Inde vulgatum, *nulla intus deum effigie, vacuam sedem, et inania arcana*. Cf. le même, l. l. 5.

5. Xiphilin, l. l. : Ἐπ' αὐτοῖς ποτε. Xylander a lu τότε, puisqu'il traduit : *tum quoque temporis nullum Hierosolymis extabat simulacrum*. Le véritable sens est celui que donne Leunclavius : *Nec ullum simulacrum Hierosolymis unquam habuerunt*. Reiske propose ἐν αὐτοῖς τε Ἱεροσολύμοις καὶ ἄλλοθι ἔσχον.

6. Wakefield, Sylv. Crit. P. IV, p. 94, propose ἀόρατον — καὶ ἀειδῆ : *invisibilem et sine specie*. Je maintiens, avec Reimarus et Sturz, l'ancienne leçon, qui est confirmée par les Ms. et par Xiphilin, l. l.

7. « Verum hoc, dit Fabricius, de atrio Templi et ὑπαιθρίοις duplicibus ante Templum, in quorum prius omni populo, in alterum levitis et sacerdotibus ingredi licebat..... non de sanctuario nec de sancto sanctorum cujus laquearia inaurata erant. » Cf. la description du Temple dans Josèphe, Guer. J. V, 5, 1-6.

8. G : Ἀνόροφος, par la confusion d'ω avec ο. Dans le texte de Xiphilin,

qu'ils n'honorent aucun dieu des autres peuples ; ils n'en reconnaissent qu'un qui leur est propre et qu'ils adorent avec ferveur. Jamais il n'y eut aucune statue à Jérusalem : ils regardent ce dieu comme un être ineffable, invisible, et ils célèbrent son culte avec un zèle qu'on ne trouve point chez les autres hommes. Ils lui ont érigé un temple très-vaste et très-beau, mais qui n'est ni fermé ni couvert. De plus, ils lui ont consacré le jour de Saturne : ce jour-là ils se livrent à de nombreuses pratiques qui ne sont usitées que chez eux, et ils s'abstiennent de tout travail sérieux. Quant aux détails sur ce dieu, sur ce qu'il est, sur l'origine des honneurs qui lui sont rendus, sur la crainte religieuse qu'il inspire à ce peuple, ils ont été donnés par plusieurs écrivains et ne sont point du domaine de cette histoire.

le Ms. *h*, au lieu de ἀνώροφος, porte ἀνάροφος, par la confusion d'ω avec α.

9. Xiphilin, l. l. : Καὶ τὴν ἡμέραν αὐτὴν τοῦ Κρόνου κτλ.

10. L'ancienne leçon καὶ ἄλλα τε ἐν αὐτῇ ἰδιαίτατα οὐ ποιοῦσι est repoussée par Leunclavius, qui propose οἱ ποιοῦσι — *et in ea quum alia maxime illi propria peragunt, tum*, etc. Puis il ajoute : « Cur enim diceret Dio Judæos die Sabbathi sui non facere opera maxime illi diei propria? Nequit hoc admitti. Ot fœmineo genere etiam lib. LI, p. 451. » Les Ms. A, B et F donnent καὶ ἄλλα τε ἐν αὐτῇ ἰδιαίτατα πολλὰ ἃ ποιοῦσι ; πολλὰ manque dans C, D, G et H. Reiske propose de supprimer ἃ — *multa faciunt modo ipsis maxime proprio et moribus cæterorum hominum diverso*. Cette conjecture est confirmée par Xiphilin, qui porte καὶ ἄλλα τε ἐν αὐτῇ ἰδιώτατα (ἰδιαίτατα dans *a* et *c*) πολλὰ ποιοῦσι. Sturz adopte, comme Reimarus, la leçon des Ms. A, B et F, tout en reconnaissant que ἃ gêne la marche de la phrase. Et en effet, il y a quelque embarras dans l'agglomération de ἄλλα — πολλὰ — ἃ : je supprimerais volontiers ἃ né probablement de la dernière lettre du mot qui précède, comme il arrive souvent. Je place ce mot entre crochets et je n'en tiens pas compte dans la traduction. M. Imm. Bekker l'a retranché.

11. Ἔργον, dans G par la confusion d'υ avec ν.

12. G : Οὕτω ἐτιμήθη, faute du copiste.

18. Τὸ δὲ δὴ ἐς τοὺς ἀστέρας τοὺς ἑπτὰ, τοὺς πλανήτας ὠνομασμένους, τὰς ἡμέρας ἀνακεῖσθαι κατέστη μὲν ὑπ' Αἰγυπτίων [1], πάρεστι [2] δὲ καὶ ἐπὶ πάντας ἀνθρώπους, οὐ πάλαι ποτὲ, ὡς λόγῳ εἰπεῖν, ἀρξάμενον. Οἱ γοῦν ἀρχαῖοι Ἕλληνες οὐδαμῇ αὐτὸ (ὅσα γε [3] ἐμὲ εἰδέναι) ἠπίσταντο· ἀλλ' ἐπειδὴ καὶ πάνυ νῦν [4] τοῖς τε ἄλλοις ἅπασι καὶ αὐτοῖς τοῖς Ῥωμαίοις [5] ἐπιχωριάζει, καὶ ἤδη καὶ τοῦτο σφίσι πάτριον τρόπον τινά ἐστι, βραχύ τι περὶ αὐτοῦ διαλεχθῆναι βούλομαι, πῶς τε καὶ τίνα τρόπον οὕτω τέτακται. Ἤκουσα δὲ δύο λόγους [6], ἄλλως μὲν οὐ χαλεποὺς γνωσθῆναι, θεωρίας δέ [7] τινος ἐχομένους. Εἰ γάρ τις τὴν ἁρμονίαν τὴν διὰ τεσσάρων καλουμένην (ἥπερ που [8] καὶ τὸ κῦρος τῆς μουσικῆς συνέχειν [9] πεπίστευται) καὶ ἐπὶ

1. Hérodote, II, 82 : Καὶ τάδε ἄλλα Αἰγυπτίοισί ἐστι ἐξευρημένα, μείς τε καὶ ἡμέρη ἑκάστη θεῶν ὅτεν ἐστί.
2. Reiske aimerait mieux παρέστη, mais il reconnaît qu'aucun changement n'est nécessaire. J'ai donc maintenu l'ancienne leçon, d'après les Manuscrits.
3. Γέ manque dans G. Sur l'omission de cette particule par les copistes, cf. p. 12, not. 1 de ce volume.
4. Le passage καὶ πάνυ — καὶ ἤδη est omis dans C.
5. Cette leçon, adoptée par Reimarus et par Sturz, est confirmée par les Ms. et par Xiphilin, l. l. p. 9. Dans l'ancienne καὶ αὐτοῖς καὶ Ῥωμαίοις, le second καὶ a été interpolé. Leunclavius l'avait bien vu, puisqu'il place cette conjonction entre crochets. Nous avons déjà remarqué qu'elle a été souvent ajoutée par les copistes. Ainsi dans Platon, Répub. II, § 111, tom. VI, p. 334, éd. de Bekk., Lond., on lit : Ἐπ' αὐτοφώρῳ οὖν λάβοιμεν ἂν τὸν δίκαιον τῷ ἀδίκῳ εἰς ταὐτὸν ἰόντα διὰ τὴν πλεονεξίαν, ὃ πᾶσα φύσις διώκειν πέφυκεν ὡς ἀγαθὸν, νόμῳ δὲ καὶ βίᾳ παράγεται ἐπὶ τὴν τοῦ ἴσου τιμήν. Cette leçon, confirmée par plusieurs Ms., a été suivie par Marsile Ficin : *lege autem ac vi;* mais les éditions d'Alde et d'Etienne portent νόμῳ δὲ βίᾳ, bien préférable pour le sens et justement rétabli par M. C. E. Ch. Schneider, dans la Collect. Didot, Paris, 1846, tom. II,

HISTOIRE ROMAINE DE DION, L. XXXVII. 185

18. L'usage de déterminer l'ordre des jours d'après les sept astres qu'on appelle planètes vient des Égyptiens : il existe chez les autres peuples ; mais, suivant mes conjectures, il ne remonte pas à une époque éloignée. Les anciens Grecs, du moins autant que je puis le savoir, ne le connaissaient pas ; mais puisqu'il est adopté aujourd'hui dans tous les pays et par les Romains eux-mêmes, comme une coutume nationale, je veux exposer en peu de mots comment et suivant quelles règles il a été établi. D'après ce que j'ai appris, il repose sur deux systèmes faciles à comprendre, mais qui s'appuient sur une certaine théorie. Si, rapportant à ces astres, d'où dépend toute la magnifique ordonnance des cieux, l'harmonie fondée sur l'intervalle de la quarte et qui est regardée comme tenant la première place dans la musique, on suit l'ordre dans lequel chacun

---

p. 23 : « Ibi tum ipso facto coarguemus justum eodem atque injustum contendere, ut plus habeat, quod quidem natura omnis ut bonum sectatur, *lege vero per vim* ad æqualitatem observandam traducitur.

6. Xiphilin, l. l. : Πῶς τε καί τινα τρόπον οὕτω πέπρακται, ἤκουσα δύο λόγους.

7. De même dans Xiphilin, l. l. Δέ manque dans A, B, E, F, G et H. Sur l'omission de cette particule par les copistes, cf. p. 26, not. 1 de ce volume.

8. Xiphilin, l. l. Τοι. H Étienne : Ποι.

9. Συνέχει, dans le Ms. *f* de Xiphilin, par la confusion des désinences ειν et ει. Ainsi, dans Aristote, Rhet., I, 2, au lieu de Τὸ δὲ τινῶν ὄντων, ἕτερόν τι διὰ ταῦτα συμβαίνειν, παρὰ τὸ ταῦτ' εἶναι ἢ καθόλου, ἢ ὡς ἐπιτοπολὺ κτλ., les Ms. de la Bibliothèque nationale de Paris nos 1657, 1742, 1743 et 1800, contenant la première lettre de Denys d'Hal. à Ammæus, où ce passage est cité, § VII, portent συμβαίνει. Ici, c'est ει qui a pris la place de ειν : d'autres fois, c'est ειν qui est substitué à ει ; par exemple, dans Denys d'Hal. l. I., § VI : Ἃ δὲ αὐτὸς ὁ φιλόσοφος ὑπὲρ ἑαυτοῦ γράφει, le Ms. n° 1742 donne γράφειν.

τοὺς ἀστέρας τούτους, ὑφ' ὧν [1] ὁ πᾶς τοῦ οὐρανοῦ κόσμος διείληπται, κατὰ τὴν τάξιν, καθ' ἣν ἕκαστος αὐτῶν περιπορεύεται, ἐπαγάγοι [2], καὶ ἀρξάμενος ἀπὸ τῆς ἔξω περιφορᾶς τῆς τῷ Κρόνῳ δεδομένης [3], ἔπειτα διαλιπὼν [4] δύο τὰς ἐχομένας [5], τὸν τῆς τετάρτης δεσπότην ὀνομάσειε· καὶ μετ' αὐτὸν [6] δύο αὖ ἑτέρας ὑπερβάς, ἐπὶ τὴν ἑβδόμην ἀφίκοιτο· κἂν τῷ αὐτῷ τούτῳ τρόπῳ αὐτάς τε ἐπιὼν [7], καὶ τοὺς ἐφόρους σφῶν θεοὺς ἀνακυκλῶν ἐπιλέγοι [8] ταῖς ἡμέραις, εὑρήσει πάσας αὐτὰς μουσικῶς πως τῇ τοῦ οὐρανοῦ διακοσμήσει προσηκούσας.

19. Εἷς μὲν δὴ οὗτος λέγεται λόγος. Ἕτερος δὲ ὅδε· τὰς ὥρας τῆς ἡμέρας καὶ τῆς νυκτὸς ἀπὸ τῆς πρώτης [9] ἀρξάμενος ἀριθμεῖν· καὶ ἐκείνην μὲν [10] τῷ Κρόνῳ διδούς, τὴν δὲ ἔπειτα τῷ Διί, καὶ τρίτην Ἄρει, τετάρτην Ἡλίῳ,

---

1. G : Ἀστέρους, τούς τε ὑφ' ὧν κτλ.
2. F : Ἐπαγάγει, par la confusion d'οι avec ει; cf. M. Boissonade, Choricius, p. 93; 272.
3. J'adopte cette leçon, d'après A, F, H et Xiphilin, l. l. p. 9. Elle est dans G; mais un ι a été ajouté au-dessus du premier ε par une main plus moderne. M. Imm. Bekker substitue aussi δεδομένης à l'ancienne leçon διδομένης.
4. Διαλειπὼν, dans F et G : la place de l'accent prouve que cette leçon provient de la confusion d'ει avec ι.
5. M. Vincent, dans ses recherches sur la musique grecque, Notic. et Extr. des Manuscr., tom. XVI, Paris, 1847, p. 138, cite Dion Cassius et s'exprime ainsi : « Je pense qu'il faut lire ...... διαλιπὼν δύο τὰς ἑπομένας, au lieu de διαλ. δ. τ. ἐχομένας, puisque l'on compare ici les deux planètes intermédiaires aux sons mobiles du tétracorde, sons nommés ἑπόμενοι, par opposition aux sons fixes ou ἡγούμενοι. » Il se réfère à sa note C, l. l. p. 108, où il est dit : « Ἡγεμόνα, synonyme de ἡγούμενον, parce que dans le système grec, les sons se comptent toujours de l'aigu au grave : ce mot est l'opposé de ἑπόμενον, qui désigne le dernier son ou le son grave

accomplit sa révolution ; si, commençant par le cercle le plus éloigné du centre et qui est consacré à Saturne, on laisse de côté les deux cercles qui viennent ensuite et on désigne le quatrième par le nom du dieu auquel il est dédié; si, après celui-là, franchissant encore les deux suivants, on arrive au septième, et que, parcourant les autres d'après la même marche, on donne successivement aux jours le nom du dieu auquel chaque astre est consacré, on trouvera entre l'ordre des jours et celui des cieux un rapport fondé sur la musique.

19. Tel est, dit-on, le premier système. Voici le second : comptez les heures du jour et celles de la nuit, en commençant par la première. Attribuez cette première heure à Saturne, la suivante à Jupiter, la troisième à Mars, la quatrième au Soleil, la cinquième à

---

du tétracorde, ou, plus généralement encore, qui s'applique à chacun des sons mobiles. » Dion s'étant servi, pour rendre sa pensée, de περιφοράς, je doute, malgré toute ma déférence pour le savant Académicien, qu'on puisse appliquer à ce substantif le participe ἑπομέναις, dans le sens qu'il lui assigne. Je maintiens donc, d'après tous les Ms. et comme mes devanciers, l'ancienne leçon ἐχομέναις.

6. Αὐτοῦ, dans H.

7. L'ancienne leçon αὐτός τε ἔπαινον ἐπιών est confirmée par A, C, D, G, E et H; mais dans A, ἔπαινον est signalé comme douteux, et ἐπιών a été ajouté en marge. Leunclavius propose de remplacer αὐτός τε ἔπαινον ἐπιών par αὐτός τε ἐπανιών. Mieux vaudrait lire αὐτός τε ἐπιών, avec B et F. La véritable leçon est celle que j'adopte avec Reimarus et Sturz, d'après Xiphilin, l. l. p. 9 : elle avait été conseillée par Xylander.

8. F : Ἐπιλέγει, de même qu'un peu plus haut il porte ἐπαγάγει, au lieu d'ἐπαγάγοι.

9. Πρότης, dans G, par la confusion d'ω avec ο.

10. F : Ἐκείνημεν. Le copiste a réuni les deux mots et omis le ν final du premier.

πέμπτην Ἀφροδίτῃ ¹, ἕκτην Ἑρμῇ ², καὶ ἑβδόμην Σελήνῃ, κατὰ τὴν τάξιν τῶν κύκλων καθ' ἣν οἱ Αἰγύπτιοι αὐτὴν ³ νομίζουσι, καὶ ⁴ τοῦτο καὶ αὖθις ποιήσας· πάσας γὰρ οὕτως τὰς ⁵ τέσσαρας καὶ εἴκοσιν ὥρας περιελθών, εὑρήσεις τὴν πρώτην τῆς ἐπιούσης ἡμέρας ὥραν ἐς τὸν Ἥλιον ἀφικνουμένην ⁶. Καὶ τοῦτο καὶ ἐπ' ἐκείνων τῶν τεσσάρων καὶ εἴκοσιν ὡρῶν κατὰ τὸν αὐτὸν τοῖς πρόσθεν ⁷ λόγον πράξας, τῇ Σελήνῃ τὴν πρώτην τῆς τρίτης ἡμέρας ὥραν ἀναθήσεις, κἂν οὕτω καὶ διὰ τῶν λοιπῶν πορεύσῃ ⁸, τὸν προσήκοντα ἑαυτῇ θεὸν ἑκάστη ἡμέρα λήψεται ⁹. Ταῦτα μὲν οὕτω παραδέδοται.

20. Πομπήϊος δὲ ἐπειδὴ καὶ ἐκεῖνα κατέπραξε, πρός ¹⁰ τε τὸν Πόντον αὖθις ἦλθε, καὶ παραλαβὼν τὰ τείχη, ἐς τὴν Ἀσίαν ¹¹, κἀντεῦθεν εἰς τὴν Ἑλλάδα τήν τε Ἰταλίαν ¹² ἐκομίσθη ¹³. Πολλὰς μὲν δὴ οὖν μάχας ἐνίκησε· πολλοὺς

---

1. Ἀφροδίτην, dans le Ms. *h* de Xiphilin : l'ι, devenu plus tard l'ι souscrit, a été confondu avec ν.

2. A : Ἑρμεῖ, par la confusion d'η avec ει.

3. D'après Xiphilin, l. l. p. 9, et A, B, F et H. L'ancienne leçon τοιαύτην se trouve dans C, D et E. Quant à G, il portait αὐτήν : la syllabe τοι a été ajoutée par une main plus moderne.

4. D, G et H : Νομίζουσιν, καί, par l'addition du ν paragogique devant une consonne.

5. Οὕτω τὰς, dans Xiphilin, l. l., et dans A, B, C, E et F ; mais *a* porte οὕτως τάς.

6. Xiphilin confirme cette leçon que H. Etienne remplace par ἀφικομένην. Dans *d*, *e* et *f*, ἀφικνουμένων est une faute du copiste.

7. A et F : Πρόσθε, par l'omission du ν paragogique devant une consonne.

8. Πορεύῃ, dans B, E, G, H et dans Xiphilin, l. l. p. 9, ainsi que dans M. Imm. Bekker.

HISTOIRE ROMAINE DE DION, L. XXXVII.

Vénus, la sixième à Mercure, la septième à la Lune, en suivant l'ordre des cercles fixé par les Égyptiens. Faites plusieurs fois cette opération : lorsque vous aurez parcouru les vingt-quatre heures, d'après la même marche, vous trouverez que la première heure du jour suivant écheoit au Soleil. Opérez de la même manière sur les vingt-quatre heures de ce jour, et la première heure du troisième jour reviendra à la Lune. Si vous appliquez ce procédé aux autres jours, chaque jour sera donné au dieu auquel il appartient. Voilà ce qu'on rapporte à ce sujet.

20. Pompée, après avoir terminé cette expédition, retourna dans le Pont : il s'empara des places fortes, se dirigea vers l'Asie Mineure et de là vers la Grèce, pour rentrer en Italie. Vainqueur dans plusieurs combats, il

9. Λείψεται, dans Xiphilin, l. 1. p. 9, par la confusion d'η avec ει; mais b, d, e et h donnent la véritable leçon λήψεται. Sur la confusion de ces deux verbes, cf. M. Hase, Lydus, De Ostent. 100, A.

10. B, D, G et H : Κατέπραξεν, πρὸς κτλ., par l'addition du ν paragogique devant une consonne.

11. A, B, F, G et H : Ἔς τε τὴν Ἀσίαν. D : Εἰς τὴν Ἀσίαν.

12. L'ancienne leçon ἐς τὴν Ἑλλάδα τὴν Ἰταλίαν, tirée de E, est confirmée par G et H : les copistes ont omis τέ; cf. p. 57, not. 7 de ce volume. Celle que je donne avec Reimarus, Sturz et M. Imm. Bekker se trouve dans A, B, C et F. Je la préfère à καὶ τὴν Ἰταλίαν proposé par Leunclavius, parce qu'elle a l'avantage de s'appuyer sur plusieurs Ms. La conjecture de Xylander, qui conseille τῆς Ἰταλίας et qui voit là une allusion à la Grande-Grèce, n'est point probable.

13. « Cogitavi aliquando ἀνεκομίσθη, dit Reiske : *rediit, recepit se, relatus est*. Et sane facillime potuit initium hujus verbi ob concursum cum fine vocabuli præmissi perire. Jam tamen nolim quidquam mutare, usu doctus, Dionem simplici κομίζεσθαι gaudere. » J'ai conservé l'ancienne leçon, d'après les Ms.

δὲ καὶ δυνάστας καὶ βασιλέας, τοὺς μὲν προσεπολεμώ-
σατο, τοὺς δὲ καὶ ὁμολογίᾳ προσεποιήσατο [1]· πόλεις τε
ὀκτὼ ἀπῴκισε, καὶ χώρας προσόδους τε συχνὰς τοῖς Ῥωμαίοις ἀπέδειξε [2]· τά τε πλείω ἔθνη τῶν ἐν τῇ [3] Ἀσίᾳ τῇ
ἠπείρῳ [4] τότε αὐτοῖς ὄντων, νόμοις τε ἰδίοις καὶ πολιτείαις
κατεστήσατο καὶ διεκόσμησεν· ὥστε καὶ δεῦρο αὐτοὺς τοῖς
ἀπ' ἐκείνου [5] νομισθεῖσι χρῆσθαι. Ἀλλὰ ταῦτα μὲν, καίπερ
μεγάλα τε ὄντα, καὶ μηδενὶ τῶν πρόσθεν [6] Ῥωμαίων πραχθέντα, καὶ τῇ τύχῃ καὶ τοῖς συστρατευσαμένοις οἱ ἀναθείη ἄν τις [7]· ὃ δὲ δὴ μάλιστα αὐτοῦ τε τοῦ Πομπηίου
ἔργον ἐγένετο, καὶ θαυμάσαι διὰ πάντων ἄξιόν ἐστι, τοῦτο
νῦν ἤδη φράσω. Πλείστην μὲν γὰρ ἰσχὺν καὶ ἐν τῇ θαλάσσῃ καὶ ἐν τῇ ἠπείρῳ ἔχων, πλεῖστα δὲ χρήματα ἐκ
τῶν αἰχμαλώτων πεπορισμένος, δυνάσταις τε καὶ βασιλεῦσι συχνοῖς ᾠκειωμένος [8], τούς τε δήμους ὧν ἦρξε πάντας, ὡς εἰπεῖν, δι' εὐνοίας εὐεργεσίαις [9] κεκτημένος· δυ-

---

1. Velleius Paterc. II, 40 : « Secuta deinde Cn. Pompeii militia, gloriæ laborisne majoris incertum. Penetratæ cum victoria Media, Albania, Hiberia, ac deinde flexum agmen ad eas nationes, quæ dextra atque intima Ponti incolunt, Colchos, Heniochosque et Achæos..... Tum victor omnium quas adierat gentium Pompeius, suoque et civium voto major, et per omnia fortunam hominis egressus, revertit in Italiam. »

2. A l'ancienne ponctuation πόλεις τε ὀκτὼ ἀπῴκισε καὶ χώρας· προσόδους τε συχνὰς τοῖς Ῥωμαίοις ἀπέδειξε — *octo urbes regionesque colonis auxit; complures reditus populo romano paravit*, je préfère, d'après Reimarus, *Addenda*, p. 1696, tom. II de son édition, et d'après Sturz, celle qui a été proposée par Reiske : πόλεις τε ὀκτὼ ἀπῴκισε, καὶ χώρας προσόδους τε τοῖς Ῥωμαίοις ἀπέδειξε — *octo urbes colonis auxit, et regiones complures reditusque populo romano paravit*. Au lieu de προσόδους, F donne προσώδους, par la confusion d'ο avec ω.

3. Dans G, ὧν ἐν τῇ est une faute du copiste.

HISTOIRE ROMAINE DE DION, L. XXXVII.   191

soumit par les armes ou s'attacha par des traités un grand nombre de rois et de princes, établit des colonies dans huit villes, ajouta plusieurs contrées aux possessions des Romains et leur assura de nombreux revenus. Il donna à la plupart des nations qui leur étaient alors soumises, sur le continent de l'Asie, des lois particulières et une meilleure forme de gouvernement : aujourd'hui elles conservent encore les institutions établies par Pompée. Certes tout cela est grand, et jamais Romain, avant lui, ne fit rien de semblable; mais on pourrait l'attribuer à ses compagnons d'armes ou à la fortune : maintenant je vais raconter ce que nous devons admirer plus que tout le reste et dont la gloire n'appartient qu'à lui. Exerçant une très-grande puissance sur terre et sur mer, possesseur de richesses considérables qu'il avait amassées par la rançon des prisonniers, devenu l'ami de plusieurs rois et de plusieurs princes, sûr du dévouement de presque toutes les nations qui avaient été sous son autorité et qu'il avait gagnées par ses bienfaits, il aurait pu,

---

4. A : Ἤπειρον, par la confusion des désinences ῳ et ον. Ainsi dans Platon, Banq. § XLI, éd. de Bekk. Lond. tom. V, p. 504, au lieu de Εἰ δὴ καθαρῶν αὐτὸ κοινώσασθαί τέ μοι ἐπιχειρεῖς καὶ ἐλλάξασθαι κάλλος ἀντὶ κάλλους, οὐκ ὀλίγῳ μου πλεονεκτεῖν διανοεῖ κτλ., trois Ms. portent οὐκ ὀλίγον.

5. Sturz et M. Imm. Bekker lisent ὑπ' ἐκείνου, que j'adopterais volontiers, si cette conjecture était confirmée par les Ms.

6. A et D : Πρόσθε.

7. Xiphilin, l. l. p. 9 : Τῶν μέντοι Πομπηΐῳ πεπραγμένων τὰ μὲν ἄλλα, καίπερ μεγάλα ὄντα, καὶ μηδενὶ τῶν πρόσθεν Ῥωμαίων πραχθέντα, καὶ τῇ τύχῃ καὶ τοῖς συστρατευσαμένοις αὐτῷ ἀναθείη ἄν τις. Dans le texte de Dion, au lieu de ἀναθείη, G porte ἀνάγθειν ; mais la bonne leçon a été rétablie en marge par une main plus moderne.

8. Le passage τῇ ἠπείρῳ — πεπορισμένος était omis dans G. Il a été ajouté par une main plus moderne.

9. Reiske aimerait mieux εὐνοίᾳ καὶ εὐεργεσίαις.

νηθείς τ' ἂν δι' αὐτῶν τήν τε Ἰταλίαν κατασχεῖν, καὶ τὸ τῶν Ῥωμαίων κράτος [1] πᾶν περιποιήσασθαι, τῶν μὲν πλείστων ἐθελοντὶ [2] ἂν αὐτὸν [3] δεξαμένων, εἰ δὲ καὶ ἀντέστησάν τινες, ἀλλ' ὑπ' ἀσθενείας γε πάντως ἂν ὁμολογησάντων· οὐκ ἠβουλήθη τοῦτο ποιῆσαι, ἀλλ' εὐθύς, ἐπειδὴ τάχιστα ἔς τε τὸ Βρεντέσιον ἐπεραιώθη, τὰς δυνάμεις πάσας αὐτεπάγγελτος, μήτε τῆς βουλῆς, μήτε τοῦ δήμου ψηφισαμένου τι [4] περὶ αὐτῶν, ἀφῆκεν [5], οὐδὲν οὐδὲ τοῦ ἐς τὰ νικητήρια αὐταῖς χρήσασθαι φροντίσας [6]· ἐπειδὴ γὰρ τά τε τοῦ [7] Μαρίου [8] καὶ τὰ τοῦ Σύλλου [9] ἐν μίσει τοῖς ἀνθρώποις ἠπίστατο ὄντα, οὐκ ἠθέλησε φόβον τινὰ αὐτοῖς, οὐδ' ἐπ' ὀλίγας ἡμέρας, ὅτι τι τῶν ὁμοίων [10] πείσονται, παρασχεῖν.

21. Οὔκουν οὐδ' ὄνομα [11] οὐδέν, καίτοι πολλὰ ἀπὸ τῶν κατειργασμένων λαβεῖν ἂν δυνηθείς, προσεκτήσατο. Τὰ μὲν γὰρ ἐπινίκια, λέγω δὴ τὰ μείζω νομιζόμενα, καίπερ οὐχ ὅσιον ὂν ἔκ γε τῶν πάνυ πατρίων, ἄνευ τῶν συννικησάντων τινὶ πεμφθῆναι, ὅμως ψηφισθέντα ἐδέξατο. Καὶ αὐτὰ

1. G : Καὶ τῷ (sic) τῶν Ῥωμαίων κράτος κτλ.
2. Ἐθελοντὴ, dans F, par la confusion d'ι avec η.
3. Αὐτῶν, leçon fautive dans C, D et H.
4. Xiphilin , l. l. p. 10 : Μήτε τοῦ δήμου, μήτε τῆς βουλῆς ψηφισαμένης τε.
5. Velleius Paterc. II, 40 : Omni quippe dimisso exercitu , nihil præter nomen imperatoris retinens, cum privato comitatu, quem semper illi vacare moris fuit, in urbem rediit.
6. Dans l'ancienne leçon οὐδὲν οὐδὲ τὰ ἐς τὰ νικητήρια αὐταῖς χρήσασθαι φροντίσας, tirée de E et confirmée par C, D, G et H. Reimarus propose de substituer οὐδὲ τὸ à οὐδὲ τὰ κτλ. Comme Sturz, je lis οὐδὲ τοῦ κτλ., d'après A. Les Ms. B et F portent οὐδὲ ἐς τὰ κτλ.
7. Les Ms. confirment l'ancienne leçon ἐπειδὴ τὰ τοῦ. J'adopte la cor-

HISTOIRE ROMAINE DE DION, L. XXXVII. 193

avec leur concours, tenir l'Italie sous sa dépendance et concentrer dans sa main toute la puissance de Rome; car la plupart des peuples l'auraient volontairement accepté pour maître, et si quelques-uns avaient résisté, leur faiblesse les aurait infailliblement amenés à se soumettre à lui : Pompée ne profita pas de cette position. Bien au contraire, à peine débarqué à Brindes, il congédia de son plein gré toutes les troupes, sans aucun décret du sénat ou du peuple; il n'eut pas même la pensée de les faire servir d'ornement à son triomphe. Il savait quelle haine la conduite de Marius et de Sylla avait soulevée, et il ne voulut pas que ses concitoyens pussent craindre, même pendant quelques jours, d'avoir de semblables maux à souffrir.

21. Pompée ne se donna aucun surnom, quoique ses exploits lui permissent d'en prendre plusieurs. Le grand triomphe lui fut décerné et il en reçut les honneurs, malgré les lois romaines qui défendaient à un général de le célébrer sans les compagnons de sa vic-

---

rection proposée par Reimarus et approuvée par Sturz : « Multo mollius, dit-il, fluit Reimariana correctio proposita in Addendis : ἐπειδή τε τὰ, quam recepi. »

8. Μορίου dans C, où l'α ressemble souvent à l'ο.

9. F : Σύλου. Le copiste n'a mis qu'un λ, quand il en fallait deux.

10. A l'ancienne leçon ὅτι τῶν ὁμοίων, confirmée par les Ms., à l'exception de C, qui donne ἔτι au lieu de ὅτι, souvent confondus (cf. M. Dübner, Annot. Crit. in Arrian. p. 8, V), je substitue, comme Sturz, d'après Turnèbe, ὅτι τι τῶν ὁμοίων. — « Τὶ addere, dit Sturz, propter genitivum ὁμοίων pæne necessarium fuit. » Ce mot a été souvent omis par les copistes; cf. p. 38, not. 1 de ce volume. Cette omission s'explique facilement ici, à cause de ὅτι qui précède.

11. C : Οὔκουν δ' ὄνομα, leçon fautive.

ΤΩΝ ΔΙΩΝΟΣ ΙΣΤΟΡΙΩΝ ΡΩΜ. ΒΙΒΛ. ΛΖ.

μὲν ἅπαξ ἀπὸ πάντων τῶν πολέμων ἤγαγε· τρόπαια[1] δὲ ἄλλα τε πολλὰ, καὶ καλῶς κεκοσμημένα, καθ' ἕκαστον τῶν ἔργων καὶ τὸ βραχύτατον ἔπεμψε· καὶ ἐπὶ πᾶσιν ἓν μέγα, πολυτελῶς[2] κεκοσμημένον καὶ γραφὴν ἔχον[3], ὅτι τῆς οἰκουμένης ἐστίν. Οὐ μέντοι καὶ ἐπωνυμίαν τινὰ προσεπέθετο, ἀλλὰ καὶ μόνῃ τῇ τοῦ Μάγνου (ἥνπερ που καὶ πρὸ ἐκείνων τῶν ἔργων ἐκέκτητο[4]) ἠρκέσθη. Οὐ μὴν οὐδ' ἄλλην[5] τινὰ τιμὴν ὑπέρογκον λαβεῖν διεπράξατο, ἢ τοῖς γε ψηφισθεῖσιν ἀπόντι οἱ, πλὴν ἅπαξ, ἐχρήσατο. Ἦν δὲ ταῦτα, δαφνοφορεῖν[6] τε αὐτὸν κατὰ πάσας ἀεὶ τὰς πανηγύρεις[7], καὶ τὴν στολὴν, τὴν μὲν ἀρχικὴν, ἐν πάσαις αὐταῖς, τὴν δὲ ἐπινίκιον ἐν τοῖς τῶν ἵππων ἀγῶσιν ἐνδύνειν. Ταῦτα γὰρ αὐτῷ, συμπράσσοντος ἐς αὐτὰ τὰ μάλιστα[8] τοῦ Καίσαρος, καὶ παρὰ τὴν τοῦ Κάτωνος τοῦ Μάρκου γνώμην ἐδόθη.

1. F : Τρόπεα, par la confusion d'αι avec ε.
2. Xiphilin, l. l. p. 10 : Παντελῶς.
3. C : Γραφὴν ἔχων. G : Γραφὴν ἔχων par la confusion d'o avec ω.
4. Plutarque, Pompée, XIII : Πυθόμενος δὲ τἀληθῆ (s.-ent. ὁ Σύλλας) καὶ πάντας ἀνθρώπους αἰσθανόμενος δέχεσθαι καὶ παραπέμπειν τὸν Πομπήϊον ὡρμημένους μετ' εὐνοίας· ἔσπευδεν ὑπερβάλλεσθαι· καὶ προελθὼν ἀπήντησεν αὐτῷ καὶ δεξιωσάμενος ὡς ἐνῆν προθυμότατα μεγάλῃ φωνῇ Μάγνον ἠσπάσατο καὶ τοὺς παρόντας οὕτως ἐκέλευσε προσαγορεῦσαι......... Ἕτεροι δέ φασιν ἐν Λιβύῃ πρῶτον ἀναφώνημα τοῦτο τοῦ στρατοῦ παντὸς γενέσθαι, κράτος δὲ λαβεῖν καὶ δύναμιν ὑπὸ Σύλλα βεβαιωθέν. Αὐτὸς μέντοι πάντων ὕστατος καὶ μετὰ πολὺν χρόνον εἰς Ἰβηρίαν ἀνθύπατος ἐκπεμφθεὶς ἐπὶ Σερτώριον ἤρξατο γράφειν ἑαυτὸν ἐν ταῖς ἐπιστολαῖς καὶ τοῖς διατάγμασι Μάγνον Πομπήϊον.
5. Οὐδὲ ἄλλην, dans C et dans le Ms. de Munich n° 2.
6. Je conserve cette forme d'après les Ms. et la remarque de Lobeck sur Phrynich. p. 634-635 : « Primum veniat in medium δαφνηφορεῖν cum affinibus δαφνηφορεῖον, δαφνηφορικὸς, etc.; quibus hæc ita propria est forma,

toire ; mais il n'accepta qu'un seul triomphe pour toutes ses guerres. Il s'y montra entouré de nombreux trophées somptueusement ornés, en souvenir de chacun de ses exploits, même des moins importants : parmi ces trophées il s'en trouvait un très-grand et d'une magnificence excessive, avec cette inscription : *Sur le monde entier*. Toutefois Pompée ne se para d'aucun surnom nouveau et se contenta de celui de Grand qu'il avait obtenu avant cette expédition. Il ne rechercha aucun honneur extraordinaire et ne fit usage qu'une fois des distinctions qui lui avaient été accordées pendant son absence : elles consistaient dans le droit d'assister à toutes les fêtes publiques avec une couronne de laurier et avec le manteau de général, et aux jeux équestres avec la robe triomphale. César contribua plus que personne à les lui faire accorder, malgré M. Caton.

---

ut alterius scripturæ ne vestigium quidem extet apud Lexicographos, eoque apud quosdam in suspicionem venerit. Velut apud Pausan. IX, 10, 32, pro δαφνοφορεῖν Kuhnius maluit δαφνηφορεῖν, quod longe usitatissimum est. Sed illud apud Herodian. II, 2, 55, in cod. Vindob. extat et nullo codicum dissensu in Dion. Cass. XXXVI, 22, 126 legitur ; neque mihi ea forma attrectanda videtur. » Cf. la note de Sturz, tom. I, p. 308-309 de son édition.

7. Velleius Patercul. II, 40 : Absente Cn. Pompeio, T. Ampius et T. Labienus, tribuni plebis, legem tulerunt, ut is ludis circensibus corona laurea et omni cultu triumphantium uteretur ; scenicis autem prætexta, coronaque laurea. D'autres lisent ici et plus haut *aurea* : je propose *laurea* pour les deux passages, d'après Dion, δαφνοφορεῖν τε αὐτὸν κατὰ πάσας ἀεὶ τὰς πανηγύρεις.

8. Sturz efface αὐτὰ et lit, d'après Reiske : Συμπράσσοντος ἐς τὰ μάλιστα. Pour conserver αὐτὰ, il faudrait, suivant lui, συμπράσσοντος αὐτὰ ἐς τὰ μάλιστα ; mais la conjecture de Reiske lui paraît préférable.

L'ancienne leçon est confirmée par les Ms. De plus, si l'on peut dire

22. Καὶ περὶ μὲν ἐκείνου, ὅς τίς τε ἦν καὶ ὅτι τοὺς πολλοὺς ἐθεράπευε [1], τόν τε Πομπήϊον ἄλλως τε καθῄρει, δι' ὧν δὲ δὴ τῷ τε ὁμίλῳ χαριεῖσθαι καὶ αὐτὸς ἰσχύσειν ἔμελλε, προσεποιεῖτο [2], προείρηται [3]. Ὁ δὲ δὴ Κάτων οὗτος [4] ἦν ἐκ τοῦ τῶν Πορκίων γένους, καὶ τὸν Κάτωνα τὸν πάνυ ἐζήλου, πλὴν καθ' ὅσον παιδείᾳ Ἑλληνικῇ μᾶλλον αὐτοῦ ἐκέχρητο. Ἤσκει [5] δὲ τὰ τοῦ πλήθους ἀκριβῶς, καὶ ἕνα μὲν ἀνθρώπων οὐδένα ἐθαύμαζε, τὸ δὲ δὴ κοινὸν ὑπερηγάπα, καὶ πᾶν μὲν τὸ ὑπὲρ τοὺς ἄλλους πεφυκὸς ὑποψίᾳ δυναστείας ἐμίσει, πᾶν δὲ τὸ δημοτικὸν ἐλέῳ [6] τῆς ἀσθενείας ἐφίλει [7]. καὶ δήμου ἐραστής τε [8], ὡς οὐδεὶς ἄλλος, ἐγένετο [9]. καὶ τὴν ὑπὲρ τοῦ δικαίου παρρησίαν [10] καὶ μετὰ κινδύνων ἐποιεῖτο [11]. Καὶ ταῦτα μέντοι πάντα οὔτε πρὸς ἰσχὺν, οὔτε πρὸς δόξαν ἢ τιμήν τινα, ἀλλ' αὐτῆς ἕνεκα τῆς τε αὐτονόμου καὶ τῆς ἀτυραννεύτου διαί-

συμπράσσειν πρός, et Sturz reconnaît la légitimité de cette construction d'après Dion, XXXVIII, 15, Καὶ ἑαυτοῦ τι πρὸς τοῦτο συμπράξαντος, pourquoi ne se servirait-on pas du même verbe avec εἰς? Quant à τὰ μάλιστα, dans le sens de *maxima ex parte, maxime*, etc., comme ἐς τὰ μάλιστα, cf. § 23, p. 198 de ce volume, Κἂν τὰ μάλιστα ἐθελούσιοί τι ψηφίσωνται, et Thes. gr. ling., tom. V, p. 537, éd. Didot. Je n'ai donc rien changé : M. Imm. Bekker adopte la même leçon que Sturz.

1. H : Ἐθεράπευσε. L'ancienne leçon que je donne, d'après les autres Ms., est exigée par καθῄρει — προσεποιεῖτο.

2. Nul doute que προσεποιεῖτο ne signifie *sibi conciliabat*. Sur ce sens de προσποιοῦμαι, cf. tom. II, p. 343, not. 6 de cette édition. Il est inutile de sous-entendre, comme le conseille Reiske, θεραπεύειν, ou un autre verbe analogue.

3. Cf. § 41, p. 76 et suiv. de ce volume.

4. Velleius Patercul. II, 35 : Genitus proavo M. Catone...... homo virtuti simillimus, et per omnia ingenio diis quam hominibus propior, qui nunquam recte fecit ut facere videretur, sed quia aliter facere non

22. J'ai déjà fait connaître le caractère de César : j'ai dit qu'il recherchait la faveur du peuple, et que, tout en s'efforçant de renverser Pompée, il travaillait à se le rendre favorable dans ce qui pouvait lui concilier l'affection de la multitude et assurer sa puissance. Quant à Caton, issu de la famille des Porcius, il prenait le grand Caton pour modèle : seulement il avait plus de goût que lui pour les lettres grecques. Dévoué au peuple, il n'accordait jamais son admiration à un homme et réservait tout son amour pour la République : quiconque s'élevait au-dessus des autres lui devenait suspect d'aspirer à la domination et était en butte à sa haine. Touché de la faiblesse du peuple qu'il aimait plus que personne, il épousait chaleureusement ses intérêts et soutenait avec une entière liberté ce qui était juste, même en s'exposant au danger; et dans tout cela, il se montrait guidé non par l'ambition d'arriver à la puissance, à la gloire ou aux honneurs; mais par le désir de vivre indépendant et sans maître. Tel était l'homme qui,

---

poterat, cuique id solum visum est rationem habere, quod haberet justitiam, etc.

5. G : Ἥσει. Le x a été superposé par une main plus moderne.

6. Ἐλλέω dans le même Ms.; mais le second λ a été effacé.

7. De même dans Xiphilin, l. l. p. 10; mais *a* porte ἐφέλκει, faute du copiste.

8. Τέ manque dans C. Sur l'omission de cette particule, cf. p. 57, not. 7 de ce volume.

9. Sturz dit qu'il remplace l'ancienne leçon ἐγίνετο par ἐγένετο, d'après A et H. Ἐγένετο se trouve aussi dans B, C et F. Il était également dans G; mais une main plus moderne a écrit l'ι au-dessus du second ε.

10. Παρουσίαν, dans le même Ms., par la confusion du second ρ avec ο, cf. Bast. Comment. Palæogr. p. 732; 814, et par celle d'η avec υ.

11. Reimarus cite ἐπτοεῖτο, tiré de Xiphilin, d'après le Cod. Coisl. Montfaucon approuve cette leçon et traduit : *libertatem loquendi pro rebus*

τις ἔπραττε. Τοιοῦτος οὖν δή τις ὤν, ἔς τε τὸ κοινὸν τότε [1] πρῶτον παρῆλθε, καὶ πρὸς τὰ ψηφιζόμενα, καίπερ μηδεμίαν τῷ Πομπηΐῳ ἔχθραν ἔχων, ἀλλ' ὅτι γε ἔξω τῶν πατρίων ἦν, ἀντεῖπεν.

23. Ἀπόντι μὲν δὴ οὖν [2] αὐτῷ ταῦτ' [3] ἔδοσαν [4], ἐλθόντι δὲ οὐδέν· πάντως ἄν που καὶ ἕτερα προσθέντες, εἴπερ ἠθελήκει [5]. Ἄλλοις γοῦν τισιν ἐν ἐλάττονι αὐτοῦ κράτει γενομένοις [6] πολλὰ καὶ ὑπέρογκα πολλάκις ἔνειμαν [7]. Καὶ ὅτι γε καὶ ἐκεῖνα ἄκοντες ἔπραξαν, δῆλόν ἐστιν. Ὁ [8] οὖν Πομπήϊος, εὖ εἰδὼς ὅτι πάνθ' ὅσα ἐν ταῖς δυναστείαις τοῖς ἰσχύουσί τι παρὰ τῶν πολλῶν γίγνεται, τήν τε ὑπόνοιαν, (κἂν τὰ μάλιστα ἐθελούσιοί τι ψηφίσωνται) ὡς καὶ κατὰ βίαν ἐκ τῆς τῶν κρατούντων παρασκευῆς διδόμενα ἔχει, καὶ δόξαν οὐδεμίαν τοῖς λαβοῦσιν αὐτὰ [9] (ὡς καὶ μὴ παρ' ἑκόντων, ἀλλ' ἀναγκασθέντων, μηδ' ἀπ' εὐνοίας, ἀλλ' ἐκ κολακείας ὑπάρξαντα σφίσι) φέρει· οὐκ ἐπέτρεψεν ἀρχὴν οὐδενὶ οὐδὲν ἐσηγήσασθαι. Καὶ πολύ γε τοῦτο βέλτιον εἶναι ἔλεγεν ἢ ψηφισθέντα μὴ προσίεσθαι. Ἐν μὲν γὰρ τῷ μῖσός τε ἐπὶ τῇ δυναστείᾳ ὑφ' ἧς ἐγιγνώ-

---

justis etiam cum periculis conjunctam suspiciebat, sive mirabatur. Comme Reimarus, je préfère la leçon vulgaire : elle est confirmée par les Ms. de l'abréviateur de Dion, à l'exception de ᾗ, qui porte ἐπτοιεῖτο, bien rapproché d'ἐποιεῖτο.

1. Ce mot a été omis par le copiste dans B et F.
2. C : Οὖν δή.
3. Le passage ἔχων, ἀλλ' ὅτι γε ἔξω τῶν πατρίων ἦν, ἀντεῖπεν, à la fin du § précédent, et les mots ἀπόντι μὲν δὴ οὖν αὐτῷ ταῦτ', au commencement de celui-ci, manquent dans F.
4. D : Ἔδωσαν, par la confusion d'ο avec ω.
5. Comme M. Imm. Bekker, à l'ancienne leçon ἐθελήκει je substitue d'après Sturz ἠθελήκει. Cf. sa note et Lobeck, sur Phrynich. p. 332.

alors pour la première fois, prenait part aux affaires publiques : il combattit le décret relatif à Pompée, non par haine pour ce général ; mais parce qu'il était contraire aux lois.

23. Voilà quels furent les honneurs accordés à Pompée absent : il n'en reçut pas d'autres, à son retour. Cependant les Romains lui en auraient décerné de nouveaux, s'il l'eût voulu ; car ils accordèrent souvent à des généraux investis d'un commandement moins important de nombreuses et d'éclatantes distinctions ; mais, à la vérité, ce fut contre leur gré. Pompée savait très-bien que les honneurs donnés par la multitude à ceux qui ont une grande autorité et beaucoup d'influence font naître, alors même qu'elle les a conférés librement, le soupçon d'avoir été arrachés par la violence ou par les menées des hommes puissants, et qu'ils ne procurent aucune gloire à ceux qui les reçoivent ; parce que, loin d'être regardés comme l'hommage d'une volonté libre, ils paraissent obtenus par la contrainte et décernés moins par bienveillance que par flatterie. Aussi ne permit-il à personne de faire une proposition à ce sujet, disant qu'il valait infiniment mieux agir ainsi que de ne pas accepter les honneurs, lorsqu'ils ont été décrétés. En effet, quand on les refuse, outre la haine contre le pouvoir de

---

6. C : Γενόμενος, par la confusion de la désinence οις avec la désinence ος. Ainsi, dans Isocrate, Trapezit. § 7, p. 252 de la Coll. Didot, Βουλευομένοις οὖν ἡμῖν ἐδόκει βέλτιστον εἶναι κτλ., le Ms. n° 1657 de la Bibliothèque nationale de Paris, contenant le Jug. de Denys d'Hal. sur Isocr., où ce passage est cité § XIX, porte βουλευόμενος κτλ.

7. Ἔνειμεν, dans H, faute du copiste, par la confusion des désinences αν et εν.

8. D : Δῆλόν ἐστι. Ὁ κτλ., par l'omission du ν paragogique devant une voyelle.

9. Αὐτῷ, dans G, autre faute du copiste.

200 ΤΩΝ ΔΙΩΝΟΣ ΙΣΤΟΡΙΩΝ ΡΩΜ. ΒΙΒΛ. ΛΖ.

σκετο ¹, καὶ ὑπερηφάνειαν ² καὶ ὕβριν τῷ μὴ δέχεσθαι τὰ διδόμενα παρὰ τῶν κρειττόνων ³ δῆθεν, ἢ πάντως γε τῶν ὁμοίων, ἐνεῖναι⁴· ἐν δὲ τῷ ἑτέρῳ, τὸ δημοτικὸν ὄντως ⁵ καὶ ὄνομα καὶ ἔργον, οὐκ ἀπ' ἐνδείξεως ⁶, ἀλλ' ἐξ ἀληθείας ὑπάρχειν. Τὰς γάρ τοι ἀρχὰς καὶ τὰς ἡγεμονίας ἔξω τῶν πατρίων ὀλίγου πάσας λαβών, τὰ γοῦν ἄλλα τοιαῦτα ⁷, ἐξ ὧν μήτε ὠφελῶν τινα, μήτε ὠφελούμενος, φθόνον ἄλλως ⁸ καὶ μῖσος, καὶ πρὸς αὐτῶν τῶν διδόντων αὐτὰ σχήσειν ἔμελλεν, οὐκ ἐδέχετο. Καὶ ταῦτα μὲν ἀνὰ χρόνον ἐγένετο ⁹.

24. Τότε δὲ οἱ Ῥωμαῖοι πολέμων ἀνάπαυσιν τὸν λοιπὸν τοῦ ἔτους χρόνον ¹⁰ ἔσχον· ὥστε καὶ τὸ οἰώνισμα τὸ τῆς

---

1. Xylander traduit μῖσός τε ἐπὶ τῇ δυναστείᾳ ὑφ' ἧς ἐγιγνώσκετο par *cum odio ejus magistratus qui decretum fecisset* : je ne connais point d'exemple de δυναστεία dans le sens de *magistratus*. Penzel me paraît avoir prêté à Dion une idée politique trop moderne en rendant ainsi ce passage : *Letzteres ist immer* der gesetzgebenden Macht *verhasst*. La version de Reimarus, suivie par Sturz, *cum odio ejus potentiæ ob quam decretum fuisset*, est plus probable ; mais elle manque de netteté. Celle de Reiske, *cum odio potentiæ, quæ in causa esset, ut ejusmodi honores extraordinarii sibi decernerentur*, est plus satisfaisante. Wagner donne à peu près le même sens : *Im letztern Fall bleibt* der geheime Unwille über die zu grosze Macht, die solche Ehrenbezeugungen veranlaszte. M. Tafel est plus précis : *Das eine erzeuge* Hasz wegen der Übermacht, die es durchgesetzt. Au lieu de ὑφ' ἧς maintenu par M. Imm. Bekker, C et D portent ἐφ' ἧς qui ne modifie pas le sens.

2. Comme Reimarus, je maintiens cette leçon. Sturz préfère ὑπερηφανίαν, qui se trouve dans G et H, et dans le Fr. CCXLVI, p. 58, tom. II de cette édition : Ἀλλ' οὖν καὶ τότε τοσαύτῃ ὑπερηφανίᾳ ἐχρήσατο κτλ.

3. F : Κριττόνων, par la confusion d'ει avec ι.

4. Εἶναι, dans C, G et H : la préposition a été omise, suivant l'usage des copistes.

5. G : Ὄντος, par la confusion d'ο avec ω.

ceux qui les ont fait accorder, il y a de l'orgueil et de l'insolence à ne pas accepter des distinctions offertes par des hommes placés au-dessus de nous, ou tout au moins nos égaux : au contraire, en ne les demandant pas, on montre non par des paroles et par une vaine ostentation; mais par des actes, une âme vraiment démocratique. Ainsi, après être arrivé par la violation des lois à presque toutes les magistratures et au commandement des armées, il ne voulut d'aucun de ces honneurs inutiles pour les autres, comme pour lui-même, et qui l'auraient exposé à l'envie et à la haine de ceux qui les lui auraient conférés; mais cela se passa après un certain temps.

24. Pendant le reste de cette année, les Romains n'eurent point de guerre à soutenir : ils purent donc renou-

---

6. Οὐκ ἀποδείξεως, dans C. Le copiste, n'ayant fait qu'un seul mot de la préposition et de son complément, a confondu ο avec ε et négligé le ν.

7. E : Τοιαῦτα τοιαῦτα : par distraction le copiste a écrit deux fois le même mot.

8. Suivant Sturz, ἄλλως doit être traduit par *præterea*, ou remplacé par μᾶλλον. Aucun changement n'est nécessaire : ἄλλως a le sens d'*alioqui* — en allemand *überdiess*, et non pas *überall*, qui est sans doute une faute d'impression dans la version de Wagner.

9. « Quæ loquuntur, dit Reimarus dans ses *Addenda*, tom. II, p. 1696 de son édition, de recusatis a Pompeio præsente honoribus. Verte : *sed hæc interjecto tempore facta sunt*. Rediit enim Pompeius demum anno sequenti. Vide p. 139. Unde hic statim pergit Dio : Τότε δὲ οἱ Ῥωμαῖοι. »

10. L'ancienne leçon τὸν τοῦ ἔτους χρόνον a été maintenue par Leunclavius. Avec Reimarus et Sturz, j'adopte τὸν λοιπὸν τοῦ ἔτους χρόνον, correction confirmée non-seulement par A, B et H, cités par Sturz; mais encore par les autres Ms., à l'exception de G, qui porte τῶν λοιπῶν, né de la confusion d'ο avec ω. Nic. Leoniceno avait aussi dans son manuscrit la leçon que j'adopte, puisqu'il traduit *Ma i Romani cessarono da tutte le guerre in tutto il resto dell'anno*. Wagner et M. Tafel donnent le même sens.

ὑγιείας [1] ὠνομασμένον διὰ πάνυ πολλοῦ ποιῆσαι. Τοῦτο δὲ δὴ μαντείας [2] τις τρόπος ἐστὶ, πύστιν [3] τινὰ ἔχων, εἰ ἐπιτρέπει σφίσιν ὁ θεὸς ὑγίειαν τῷ δήμῳ αἰτῆσαι· ὡς οὐχ ὅσιον ὂν [4] οὐδὲ αἴτησιν αὐτῆς, πρὶν συγχωρηθῆναι, γενέσθαι. Καὶ ἐτελεῖτο κατ' ἔτος ἡμέρᾳ [5] ἐν ᾗ μηδὲν στρατόπεδον μήτε [6] ἐπὶ πόλεμον ἐξῄει [7], μήτ' ἀντεπαρετάττετό [8] τις [9], μήτε ἐμάχετο. Καὶ διὰ τοῦτο ἐν τοῖς συνεχέσι κινδύνοις, καὶ μάλιστα τοῖς ἐμφυλίοις, οὐκ ἐποιεῖτο. Ἄλλως τε γὰρ παγχάλεπον σφίσιν ἦν καθαρὰν ἀπὸ πάντων αὐτῶν ἡμέραν ἀκριβῶς τηρῆσαι, καὶ προσέτι καὶ ἀτοπώτατον, κακὰ αὑτοὺς ἐν ταῖς στάσεσιν ἑκουσίους ἀμύθητα ἀλλήλοις παρέχοντας, καὶ μέλλοντας, ἄν τε ἡττηθῶσιν, ἄν τε καὶ νικήσωσι, κακοῦσθαι· ἔπειτα σωτηρίαν παρὰ τοῦ θείου προσαιτεῖν.

25. Ἀμέλει καὶ τότε ἠδυνήθη μέν πως τὸ οἰώνισμα ἐκεῖνο ποιηθῆναι, οὐ μέντοι καὶ καθαρὸν [10] ἐγένετο. Ἐξε-

1. H donne la forme attique ὑγείας. Dans G, ὑγίας et ὑγίαν, un peu plus loin, proviennent de la confusion d'ει avec ι. M. Tafel aimerait mieux τῆς σωτηρίας que j'ai suivi dans la traduction.

2. A cause de la prédilection de Dion pour δὲ δὴ, je substitue, d'après A et C, cette leçon à l'ancienne τοῦτο δὲ μαντείας.

3. L'ancienne leçon porte πίστιν : « Videtur, dit Reimarus, aptius dici πύστιν. Nec enim πίστις dici potest, quæ adhuc anceps hæret ei ἐπιτρέπει ὁ θεός. » Reiske est du même avis. Avec Sturz et M. Imm. Bekker, j'adopte la conjecture de Reimarus, confirmée par A : les autres Ms. donnent πίστιν.

4. Avec Reimarus je substitue, comme M. Imm. Bekker, cette leçon à l'ancienne ὡς οὐχ ὅσιον, d'après un passage analogue de ce livre, § 21 : Καίπερ οὐχ ὅσιον ὂν κτλ. C porte οὐχ ὅσιον δέ.

5. L'ancienne leçon ἐτελεῖτο κατ' ἔτος ἡ ἡμέρα ἐν ᾗ κτλ., confirmée par les Ms. et maintenue par M. Imm. Bekker, a donné lieu à trois conjec-

veler, après une longue interruption, l'*Augure du Salut.*
C'est une sorte de divination qui a pour but de rechercher si les dieux veulent qu'on leur demande le salut du peuple; comme si c'était une impiété que de le demander, avant d'en avoir obtenu la permission. Elle avait lieu, tous les ans, le jour où aucune armée ne se mettait en campagne, où on n'était en présence d'aucun ennemi, où on n'avait pas à combattre. Pour cette raison, elle était suspendue lorsque les dangers se succédaient sans interruption, et surtout pendant les guerres civiles; car, outre que les Romains auraient bien difficilement trouvé un seul jour libre de tout empêchement, il eût été fort absurde qu'au moment où ils se faisaient volontairement mille maux les uns aux autres par les dissensions civiles, et où ils devaient en souffrir d'inévitables, autant par la victoire que par la défaite, ils priassent les dieux de les sauver.

25. L'Augure du Salut put donc être célébré alors ; mais il fut douteux. Plusieurs oiseaux ne s'envolèrent

tures. Turnèbe propose ἐν ᾗ ἡμέρᾳ, Reimarus ἐν ἡμέρᾳ ἐν ᾗ, et Reiske ἡμέρᾳ ἐν ᾗ. Elles aboutissent au même sens : je préfère celle de Reiske, parce qu'elle s'écarte moins du texte primitif. Elle a été adoptée par Sturz.

6. Μήτε manque dans C.

7. Ἐξίει, dans H, par la confusion d'η avec ι.

8. G : Ἀντεπαρετάτετό, faute du copiste.

9. Cette leçon est confirmée par les Ms. et donne un sens très-plausible : je la conserve pour ces deux raisons. Sturz adopte, d'après Reiske : ἀντεπαρετάττετό τισι — *in castris adversus aliquos tenderet.*

10. Cicéron, De Divinat. I, 47 : Tibi P. Claudius augur consuli nunciavit, addubitato Salutis augurio, bellum domesticum triste ac turbulentum fore : quod paucis post mensibus exortum, paucioribus a te est diebus oppressum. — « Quod Dio ait οὐ καθαρὸν, dit Fabricius, Cicero *addubitatum.* Nic. Leoniceno traduit littéralement : *Nientedimeno la auguratione non fu pura.* Wagner et M. Tafel en ont fait autant. Penzel a traduit : *Nicht völlig rechtskräftig.*

204 ΤΩΝ ΔΙΩΝΟΣ ΙΣΤΟΡΙΩΝ ΡΩΜ. ΒΙΒΛ. ΛΖ.

R.p. 128. ὅροι [1] γάρ τινες ὄρνιθες ἐπέπταντο [2], καὶ διὰ τοῦτ' ἀνεμαντεύσαντο [3]. Καὶ ἄλλα δὲ αὐτοῖς σημεῖα οὐκ αἴσια συνηνέχθη. Κεραυνοί τε γὰρ ἐν αἰθρίᾳ πολλοὶ ἔπεσον, καὶ ἡ γῆ ἰσχυρῶς ἐσείσθη, εἴδωλά τε πολλαχόθι ἀνθρώπων ἐφαντάσθη [4], καὶ λαμπάδες ἀνεκὰς ἐς τὸν οὐρανὸν ἀπὸ τῶν δυσμῶν ἀνέδραμον· ὥστε πάντα τινὰ καὶ ἰδιώτην [5] τὰ [6] σημαινόμενα ἀπ' αὐτῶν προγνῶναι. Οἱ γὰρ δήμαρχοι τὸν Ἀντώνιον τὸν ὕπατον ὁμοιοτροπώτατον σφίσιν ὄντα προσλαβόντες, ὁ μέν τις [7] τοὺς παῖδας τῶν ὑπὸ τοῦ Σύλλου ἐκπεσόντων πρὸς τὰς ἀρχὰς ἦγεν· ὁ δὲ τῷ τε Παίτῳ τῷ Πουπλίῳ [8], καὶ τῷ Σύλλᾳ [9] τῷ Κορνηλίῳ [10] τῷ μετ' αὐτοῦ

---

1. Littéralement : *extra sedem suam devolarunt*. « Ὄρνει; ἔξεδροι, dit Schneider (Griechisch Deutsches Wörterbuch, tom. I, p. 478), ungünstige Vögel zum *augurium*, wenn sie von der unrechten Seite Kamen. » On sait que lorsque les oiseaux volaient de gauche à droite, c'était un mauvais présage; cf. Is. Vossius, sur Catulle, p. 105; Ezech. Spanheim, sur Callimaque, p. 636 sqq., et Hesychius : Ἔξεδρον· τὸν οὐκ αἴσιον οἰωνόν, οὐκ εὔθετον ὄρνιν, οὐκ ἐν δέοντι τὴν ἕδραν ἔχοντα. Sur δίεδρος et σύνεδρος, autres expressions de la langue augurale, cf. Thes. gr. ling. à ces mots. Je crois devoir rapprocher du passage qui nous occupe celui de Xiphilin, Commode, p. 281, éd. de Rob. Etienne, Paris, 1551 : Ἀετοί τε γὰρ περὶ τὸ Καπιτώλιον πολλοὶ καὶ ἔξεδροι ἐπλανῶντο.

2. Ἐπέτοντο dans G, et en marge, d'une main plus moderne : ἐπέπταντο.

3. L'ancienne leçon ἀνεμαντεύσατο, confirmée par D, E et H, provient de la confusion d'α avec αν. G la donne aussi; mais en deux mots : ἂν ἐμαντεύσατο. J'ai signalé plusieurs fautes analogues. Cette leçon avait réduit Xylander à chercher un sens en dehors du texte : *Augurium sinistrum reddiderunt*. D'après les autres Ms., j'adopte, comme Reimarus et Sturz, ἀνεμαντεύσαντο. Dans l'*Index* de Reimarus, tom. II, p. 1588 de son édition, ἀναμαντεύομαι, précédé d'un signe indiquant qu'il ne se trouve pas dans le *Thesaurus* de H. Etienne, est traduit par *Augurium itero*. Schneider, l. l., p. 102, le rend par *Ich vernichte das Augurium — je détruis, j'annihile l'augure* ; d'où par extension : *je consulte de nouveau l'augure*. J'ai suivi cette interprétation.

point du côté favorable, et l'augure dut être recommencé. D'autres mauvais présages apparurent : la foudre tomba plusieurs fois par un temps serein, la terre éprouva une violente secousse, des simulacres humains se montrèrent dans beaucoup d'endroits, des traits de flamme s'élevèrent vers le ciel du côté du couchant; de sorte que tout le monde, même l'homme le plus grossier, pouvait prévoir ce qu'annonçaient de tels signes. Les tribuns du peuple s'adjoignirent le consul Antoine, qui avait avec eux une parfaite conformité de caractère : puis, l'un appela aux magistratures les enfants de ceux qui avaient été chassés de Rome par Sylla ; l'autre ac-

---

4. Cicéron, Catilin. III, 8 : Nam ut illa omittam, visas nocturno tempore ab occidente faces, ardoremque cœli, ut fulminum jactus, ut terræ motus relinquam, ut omittam cætera, quæ tam multa nobis consulibus facta sunt, etc.

5. C : Ὥστε πάντας καὶ ἰδιώτην.

6. Τὰ manque dans le même Ms. J'ai déjà insisté plusieurs fois sur l'omission de l'article par les copistes.

7. Ὁ μέν τοι, dans le même Ms. Ce tribun s'appelait L. Cæcilius. Sous le consulat de Cicéron, l'an de Rome 690, il proposa une loi *De Ambitu*, à laquelle il comptait donner un effet rétroactif, afin d'adoucir la rigueur du châtiment auquel il voyait Sylla condamné pour avoir brigué les suffrages. « Si P. Sylla, dit M. J. Vict. Le Clerc, auquel j'emprunte ces détails (cf. Disc. pour P. Sylla, § XXII, not. 28, OEuv. comp. de Cicéron, tom. XI, p. 478-479, éd. in-12), était neveu de P. Sylla, comme plusieurs savants le croient, *frater* veut dire ici *cousin*, et il s'agit de Cécilius, fils de Cécilia Metella, femme du dictateur. »

8. D'après A, B et F, au lieu de l'ancienne leçon τῷ τοῦ Ποπλίου. Reimarus et Sturz adoptent cette correction. C et D portent τῷ τοῦ Ποπλίου ; E et H Τῷ τοῦ Ποπλίου, G Τῷ τοῦ Ποπλίῳ. Il est question de P. Autronius Pætus; cf. § XLII, p. 84.

9. F : Σύλᾳ. Le copiste n'a mis qu'un λ, quand il en fallait deux. Tout à l'heure nous allons trouver la faute contraire; cf. p. 206, not. 1.

10. Κορνιλίῳ, dans G, par la confusion d'η avec ι.

ἁλόντι ¹, τό τε βουλεύειν καὶ τὸ ἄρχειν ἐξεῖναι ἐδίδου. Ἄλλος χρεῶν ἀποκοπὰς, ἄλλος ² κληρουχίας καὶ ἐν τῇ Ἰταλίᾳ καὶ ἐν τῷ ὑπηκόῳ γενέσθαι ἐσηγεῖτο. Καὶ ταῦτα μὲν πρός τε τοῦ Κικέρωνος καὶ πρὸς τῶν ἄλλων τῶν ὁμογνωμονούντων οἱ προκαταληφθέντα, πρὶν ἔργον τι ἀπ᾿ αὐτῶν συμβῆναι, ἐπαύθη.

26. Τίτος δὲ δὴ Λαβιηνὸς ³ Γάϊον Ῥαβίριον ⁴ ἐπὶ τῷ τοῦ Σατουρνίνου φόνῳ γραψάμενος, πλεῖστον σφίσι τάραχον παρέσχεν. Ὅ τε γὰρ Σατουρνῖνος πρὸ ἕξ που καὶ τριάκοντα ἐτῶν ἐτεθνήκει ⁵· καὶ τὰ κατὰ τὸν πόλεμον ⁶ τὸν πρὸς αὐτὸν οἱ ὕπατοι τότε παρὰ τῆς βουλῆς προσετετάχατο· ὥστε ἡ γερουσία ἄκυρος ἐκ τοῦ δικαστηρίου ἐκείνου τῶν ψηφισμάτων ἐγίγνετο· κἀκ τούτου πᾶς ὁ κόσμος τῆς πολιτείας ἐταράττετο. Ὁ μὲν γὰρ Ῥαβίριος ⁷ οὐδ᾿ ὡμολόγει ⁸ τὸν φόνον, ἀλλ᾿ ἄπαρνος ἦν. Οἱ δὲ δήμαρχοι τήν τε

---

1. Ἁλόντι, dans le même Ms. Le copiste a mis deux λ, quand il n'en fallait qu'un. Nous avons déjà vu ἁλόντες, au lieu de ἁλόντες, tiré du même Ms., p. 84, not. 2 de ce volume ; précisément à propos de la condamnation de P. Autronius Pætus et de P. Cornelius Sylla.

2. P. Servilius Rullus.

3. Cette accentuation avait été d'abord maintenue par Reimarus, ici et plus loin, § 37. Mais il se la reproche dans ses *Addenda*, tom. II, p. 1696 de son édition : « Aliis in locis constanter Λαβιῆνος, ad quæ proinde loca « et hæc librorum inconstantia reformanda erat. » En conséquence, Sturz adopte Λαβιῆνος. Parmi les Ms., les uns ont cette accentuation, les autres confirment celle que je donne ici et partout ailleurs, d'après les meilleures éditions de Plutarque, Pompée, LXIV ; César, XXXIV, et d'Appien, Guer. Civ. II, 62, 87, 95, 105 ; IV, 26 ; V, 65, 133. Dans cet historien l'accentuation Λαβιῆνος ne se trouve que dans deux fragments relatifs à la Gaule, I, 3 et XV.

4. H : Ῥαβέριον, faute du copiste.

corda à Publius Pætus et à Cornélius Sylla, condamnés ensemble pour brigue, le droit de siéger au sénat et de remplir les charges publiques. Un troisième proposa l'abolition des dettes, un autre le partage des terres dans l'Italie et dans les pays soumis aux Romains; mais tous ces projets furent déjoués à temps par Cicéron et par les hommes de son parti, avant d'avoir reçu un commencement d'exécution.

26. Titus Labiénus cita C. Rabirius en justice pour le meurtre de Saturninus et excita ainsi les troubles les plus violents dans Rome. Saturninus était mort depuis environ trente-six ans, et les consuls de son temps avaient été chargés par le sénat de lui faire la guerre. L'action intentée par Labiénus détruisait donc l'autorité des décrets du sénat et bouleversait la constitution de la République. Rabirius, loin d'avouer qu'il était l'auteur du meurtre de Saturninus, le niait avec force. Les tribuns

5. L'an de Rome 654, sous le consulat de C. Marius Nepos et de L. Valerius Flaccus.

6. « *Bellum* vocat, dit Xylander, *arma jussu senatus contra seditiosos usurpata.* Sic in Epitome Liviana LXIX : *Bello quodam interfectus hic ipse dicitur. Bella* autem hujusmodi res dicuntur, quia (ut de cæde Tiberii Gracchi Tullius ait) *non solum ex domestica sunt ratione, sed attingunt etiam bellicam, quoniam vi manuque conficiuntur.* »

7. C : Ῥαϐίρια, par la confusion des désinences ος et α; cf. Bast, Comment. Palæogr. p. 773; 852.

8. Ὁμολόγει, dans le même Ms. Le copiste a negligé l'augment; cf. p. 75, not. 4 de ce volume.

Au lieu de οὐδ' ὡμολόγει τὸν φόνον, ἀλλ' ἄπαρνος ἦν, le critique appelé N par Reimarus conseille Ῥαϐίριος ὡμολόγει τὸν φόνον, οὐδ' ἄπαρνος ἦν, et il ajoute que Rabirius fait cet aveu dans Cicéron. Mais c'est une erreur : « Arguis, est-il dit au contraire dans le Disc. pour Rabirius, § VI, occisum esse a C. Rabirio L. Saturninum; et id C. Rabirius multorum testimoniis, Q. Hortensio copiosissime defendente, antea falsum esse docuit. »

ἰσχὺν καὶ τὴν ἀξίωσιν τῆς βουλῆς καταλῦσαι παντελῶς ἐσπούδαζον, καὶ ἐξουσίαν ἑαυτοῖς τοῦ πάνθ' ὅσα βούλοιντο ποιεῖν, προπαρεσκεύαζον [1]. Διὰ γὰρ δὴ τοῦ τά τε τῷ συνεδρίῳ δόξαντα καὶ τὰ πρὸ τοσούτων ἐτῶν πραχθέντα εὐθύνεσθαι [2], τοῖς τέ τι τῶν ὁμοίων ἐπιχειροῦσιν [3] ἄδεια ἐδίδοτο [4], καὶ αἱ τιμωρίαι [5] αὐτῶν ἐκολούοντο [6]. Ἡ οὖν γερουσία δεινὸν μὲν καὶ ἄλλως ἐνόμιζεν εἶναι καὶ ἄνδρα βουλευτὴν, μήτ' ἀδικοῦντά [7] τι, καὶ ἐς γῆρας ἤδη προεληλυθότα ἀπολεῖσθαι. Πολλῷ δὲ δὴ μᾶλλον ἠγανάκτει [8], ὅτι τό τε πρόσχημα τῆς πολιτείας διεβάλλετο καὶ τὰ πράγματα τοῖς φαυλοτάτοις ἐπετρέπετο.

Reiske insiste sur la différence qu'il y a entre οὐχ ὡμολόγει et ἄπαρνος ἦν : « Potest aliquis facinus aliquod non fateri, neque tamen propterea dici id negare. Plus autem facit qui non tantum fatetur factum, sed etiam negat et pernegat, quam ille qui non fatetur, h. e. silentio dissimulat, et fueritne necne, in dubio relinquit. »

1. Ou mieux, suivant Reiske, προσπαρεσκεύαζον — *præterea quoque sibi comparabant*. Avec cette leçon, πρὸς - *præterea* doit se rapporter aux efforts des tribuns pour affaiblir la puissance du sénat. La conjecture de Reiske est d'autant plus plausible que πρὸς et πρὸ sont perpétuellement confondus. J'ai néanmoins maintenu l'ancienne leçon : elle est confirmée par les Ms.

2. L'ancienne leçon διὰ γὰρ δὴ τούτου τά τε — εὐθύνεσθαι κτλ., se trouve dans les Ms. Xylander traduit : *Ea de causa senatusconsulta et ab eo ordine ante tot annos acta in disquisitionem vocare: iis qui hujusmodi rem tentassent impunitatem proponere, eorumque pœnas diminuere*. Il avait bien vu que διὰ τούτου se rapporte à ce qui précède ; mais pour que son interprétation fût admissible, il faudrait τὴν ἄδειαν διδόναι — τὰς τιμωρίας αὐτῶν κολούεσθαι. Reimarus respecte l'ancienne leçon et la rend ainsi : *Nam eo ipso, quod senatusconsultorum et ab eo ordine ante tot annos actorum rationes exigerentur, iis qui consimilia tentassent securitas concedebatur, eorumque pœnæ diminuebantur*. Cette version serait irréprochable, si διὰ τούτου pouvait s'entendre de ce qui suit et non de ce qui précède. Pour qu'elle soit admissible, il faut néces-

travaillaient avec ardeur à détruire la puissance et l'autorité du sénat, afin de s'assurer les moyens de faire tout ce qu'ils voudraient. Et en effet, demander compte des sénatus-consultes et d'actes accomplis depuis tant d'années, c'était affranchir de toute crainte ceux qui tenteraient de faire des actes semblables, et diminuer les châtiments qui leur étaient réservés. Aussi le sénat regardait-il comme une injustice révoltante qu'on fît périr un sénateur auquel on n'avait rien à reprocher et qui était déjà parvenu à un âge très-avancé; mais il s'indignait bien plus encore que le premier corps de la République fût en butte à de vives attaques et que le gouvernement tombât dans les mains les plus méprisables.

sairement lire διὰ γὰρ δὴ τοῦ τά τε — εὐθύνεσθαι κτλ. Or, telle est la leçon proposée par Leunclavius, qui traduit : *Nam, eo quod nomine senatus-consultorum et ab eo ordine ante tot annos actorum rationes exigerentur; tum iis qui consimilia tentassent impunitas concedebatur, tum eorumdem pœna diminuebatur.* Oddey, après avoir cité la conjecture διὰ γὰρ δὴ τοῦ κτλ., ajoute *nescio quo sensu*. Le sens est pourtant bien clair.

Comme Sturz, je suis la correction et l'interprétation de Leunclavius.

3. Sturz dit avec raison que A porte ἐπιχειροῦσι : il en est de même de G et H. J'ai souvent parlé de l'omission du ν paragogique devant une voyelle.

4. Ἐδίδετο, dans C, par la confusion d'ο avec ε : il n'est pas nécessaire d'en donner de nouveaux exemples.

5. Ἐτίμωρίαι, dans D, par la confusion de αι avec ε et par la réunion de l'article avec le substantif.

6. Reiske propose de substituer ἐκωλύοντο à ἐκολούοντο, qui, suivant lui, ne peut se dire que des personnes : cette assertion n'est point fondée; cf. la note de Sturz, tom. I, p. 315 de son édition. Je maintiens donc l'ancienne leçon. B et F portent ἐκωλούοντο, par la confusion d'ο avec ω, déjà signalée plusieurs fois.

7. G : Μήτε ἀδικοῦντα.

8. Ἠγανάκτεις était une faute du copiste dans le même Ms. Le ς a été effacé.

27. Σπουδαί τε οὖν ταραχώδεις καὶ φιλονεικίαι[1] ἀφ' ἑκατέρων περί τε τοῦ δικαστηρίου, τῶν μὲν ὅπως μὴ συναχθῇ, τῶν δὲ ἵνα καθιζήσῃ[2], δικαιούντων· καὶ ἐπειδὴ τοῦτο διά τε τὸν Καίσαρα καὶ δι' ἄλλους τινὰς ἐνίκησε, περί τε τῆς κρίσεως[3] αὖθις συνέβησαν[4]· καὶ (ἦν γὰρ αὐτὸς ἐκεῖνος[5] καὶ μετὰ τοῦ Καίσαρος τοῦ Λουκίου δικάζων· οὐ γὰρ ἁπλῶς, ἀλλὰ τὸ δὴ λεγόμενον περδουελλίωνος ὁ Ῥαβίριος ἐκρίθη) κατεψηφίσαντο αὐτοῦ, καίτοι[6] μὴ πρὸς τοῦ δήμου κατὰ τὰ πάτρια, ἀλλὰ πρὸς αὐτοῦ τοῦ στρατηγοῦ, οὐκ ἐξὸν, αἱρεθέντες. Καὶ ἐφῆκε μὲν ὁ Ῥαβίριος, πάντως δ' ἂν καὶ παρὰ τῷ δήμῳ ἑάλω, εἰ μὴ ὁ Μέτελλος ὁ Κέλερ, οἰωνιστής τε ὢν καὶ στρατηγῶν, ἐνεπόδισεν. Ἐπειδὴ γὰρ οὔτε ἄλλως ἐπείθοντό οἱ, οὔθ' ὅτι παρὰ τὰ νενομισμένα ἡ κρίσις ἐγεγόνει ἐνεθυμοῦντο, ἀνέδραμεν ἐς[7] τὸ Ἰανίκουλον, πρὶν καὶ ὁτιοῦν σφᾶς ψηφίσασθαι, καὶ τὸ σημεῖον τὸ στρατιωτικὸν κατέσπασεν· ὥστε μηδὲν ἔτ' αὐτοῖς ἐξεῖναι διαγνῶναι.

28. Τοῦτο δὲ, τὸ κατὰ τὸ σημεῖον, τοιόνδε τί ἐστι·

---

1. Reiske sous-entend ici συνέβησαν qui se trouve un peu plus loin.
2. G : Καθιζήσει, par la confusion d'η avec ει.
3. Reiske explique ainsi περὶ τῆς κρίσεως : « De genere actionis et ratione judicii, quo titulo accusandus esset Rabirius, simplicine caedis an perduellionis, et quosnam apud judices, ordinariosne an duumviros perduellionis, a praetore an a populo datos. » M. Imm. Bekker lit περί γε τῆς κρίσεως.
4. « Haec nova σύμβασις περὶ κρίσεως, dit Reimarus dans ses Addenda, tom. II, p. 1696 de son édition, opponitur priori περὶ τοῦ δικαστηρίου. »
5. Suivant Fabricius, par les mots αὐτὸς ἐκεῖνος; il faut entendre T. Labiénus ; mais rien ne confirme son opinion : ces mots désignent C. Caesar.

27. Cette affaire donna naissance, dans les deux partis, à des mouvements séditieux et à de violentes querelles. Les uns ne voulaient pas qu'elle fût déférée à un tribunal; les autres demandaient qu'un tribunal en fût saisi. Ces derniers l'ayant emporté par l'influence de César et de quelques autres citoyens, il fallut s'entendre au sujet de l'action elle-même. Les juges étaient Caïus et Lucius César; car il ne s'agissait pas d'une simple accusation de meurtre, mais du crime de perduellion. Ils rendirent un arrêt de condamnation; quoiqu'ils n'eussent pas été désignés par le peuple, comme les lois l'exigeaient, mais par le préteur qui n'avait pas le droit de les choisir. Rabirius appela de ce jugement; mais il aurait été également condamné par le peuple, si Métellus, qui était alors augure et préteur, ne s'y fût opposé. Voyant que la multitude ne l'écoutait pas et ne considérait pas même que ce jugement était contraire aux lois, il courut au Janicule, avant qu'elle votât et enleva l'étendard militaire. Dès ce moment, le peuple n'eut plus le droit de délibérer.

28. Voici ce qu'on rapporte au sujet de cet étendard;

La contexture de la phrase et un passage formel de Suétone, Cæs. XII, ne laissent aucun doute à ce sujet : « Subornavit etiam (sous-ent. T. Atticum Labienum) qui C. Rabirio perduellionis diem diceret .... ac sorte judex in reum ductus, tam cupide condemnavit, ut ad populum provocanti nihil æque ac judicis acerbitas profuerit. » Cf. l'Introduction de M. Naudet, en tête de son élégante traduction du Disc. pour C. Rabirius; OEuv. Compl. de Cicéron, tom. XI, éd. de M. J. Vict. Le Clerc, in-12.

6. D et G : Καί τι, par la confusion de τι et de τοι que j'ai signalée plusieurs fois.

7. H : Ἀνέδραμε ἐς, par l'omission du ν paragogique devant une voyelle ; cf. p. 209, not. 9 de ce volume.

14.

πολλῶν τὸ ἀρχαῖον πολεμίων τῇ πόλει προσοικούντων [1], φοβούμενοι μή ποτε, ἐκκλησιαζόντων [2] σφῶν κατὰ τοὺς λόχους, ἐπιθῶνταί τινες τῇ πόλει τὸ Ἰανίκουλον καταλαϐόντες, ἐνόμισαν μὴ πάντες ἅμα ψηφίζεσθαι [3], ἀλλά τινας ἀεὶ ἐνόπλους τὸ χωρίον ἐκεῖνο ἐκ διαδοχῆς φυλάττειν. Καὶ αὐτὸ, ἕως μὲν ἡ ἐκκλησία ἦν, ἐφρούρουν· ὁπότε δὲ διαλυθήσεσθαι ἔμελλε, τό τε σημεῖον καθῃρεῖτο καὶ οἱ φύλακες ἀπηλλάσσοντο [4]. Οὐ γὰρ ἐξῆν, μὴ φρουρουμένου τοῦ χωρίου ἐκείνου, οὐδὲν ἔτι χρηματισθῆναι. Τοῦτο δὲ ἐν μόναις ταῖς κατὰ τοὺς λόχους ἀθροιζομέναις ἐκκλησίαις [5] ἐγίγνετο, ὅτι τε ἔξω τοῦ τείχους, καὶ ὅτι πάντες οἱ τὰ ὅπλα ἔχοντες ἀνάγκην εἶχον ἐς αὐτὰς συνιέναι· καὶ ἔτι τε καὶ νῦν ὁσίας ἕνεκα [6] ποιεῖται. Οὕτω μὲν δὴ τότε ἥ τε ἐκκλησία, καθαιρεθέντος τοῦ σημείου, διελύθη καὶ ὁ Ῥαϐίριος ἐσώθη [7].

1. Προσηκούντων, dans le même Ms., par la confusion d'η avec οι. Cf. p. 16, not. 3 de ce volume.
2. G : Ἐκλησιαζόντων.
3. L'ancienne leçon ψηφίσασθαι est confirmée par E et H. Sturz, qui cite ψηφίζεσθαι d'après A seulement, dit que cette leçon est préférable, à cause de φυλάττειν. Cependant, comme Reimarus, il conserve ψηφίσασθαι. J'adopte ψηφίζεσθαι à cause de φυλάττειν, et parce que cette leçon est confirmée non-seulement par A, mais encore par B, C, D, F et G. Dans ce dernier Ms. une main plus moderne a écrit σασθαι en marge. M. Imm. Bekker lit ψηφίζεσθαι.
4. Ἀπηλάσσοντο, dans D, E, G et H. Le copiste, comme il arrive perpétuellement, n'a mis qu'un λ, quand il en fallait deux. Cf. le Ms. de Peiresc Περὶ ἀρετῆς καὶ κακίας, qui, dans un passage de Diodore de Sicile, X, 20, au lieu de Καὶ γενέσθαι βασίλισσαν, ἰδιωτικῆς ἑστίας ἐξηλλαγμένην ἡγεμονίαν, porte ἐξηλαγμένην.
5. Lælius Felix, dans Aulu-Gelle, XV, 18 : « Centuriata autem comitia intra pomœrium fieri nefas esse; quia *exercitum* extra urbem *imperari* oporteat; intra urbem *imperari* jus non sit : propterea centuriata in

dans les premiers temps, Rome était entourée de nombreux ennemis. Les Romains, craignant que quelque peuple voisin n'attaquât furtivement la ville et ne s'emparât du Janicule pendant qu'ils seraient dans les assemblées centuriales, décidèrent qu'ils ne voteraient point tous ensemble et que quelques-uns d'entre eux veilleraient sur cette colline, successivement et en armes. Tant que durait l'assemblée, une garde était établie au Janicule : lorsque l'assemblée était au moment de se séparer, on enlevait l'étendard militaire et la garde se retirait. Il n'était plus permis de délibérer, dès que le Janicule n'était pas gardé; mais cela n'avait lieu que pendant les assemblées par centuries, parce qu'elles se tenaient hors des murs et que tous les citoyens qui avaient des armes étaient tenus de s'y rendre. Aujourd'hui, il en est encore de même, par respect pour cet antique usage. L'assemblée fut ainsi dissoute alors par l'enlèvement de l'é-

---

Campo Martio haberi, *exercitumque imperari* præsidii causa solitum ; quoniam populus esset in suffragiis ferendis occupatus. » Sur le sens de *imperari exercitum* dans ce passage, cf. l'édition de J. Frédér. et de Jacques Gronow, Leyde, 1706, p. 702. Je me borne à cette citation : « *Imperari exercitum* hic nequaquam est rogare..... an vellent juberent Quirites arma præsidii causa capi ; sed convocare populum dispositum per centurias et sub signis partem in Campum Martium ducere ad suffragia ferenda, partem præsidii causa locare in Janiculo. »

6. Sur cette locution, cf. Thes. gr. ling. tom. V, p. 2281, éd. Didot, où le passage de Dion est ainsi traduit : *Dicis ergo*, h. e., Animum religione exsolvendi gratia. J'ai adopté le sens donné par M. Tafel : *Auch noch jetzt hält man Diesz* dem alten Gebrauch zu Ehren, d'après Forcellini, Lex. tom II, p. 76, éd. de Padoue, 1771 : « *Dicis causa* .... moris, consuetudinis causa, non serio, sed perfunctorie et ad speciem ; neque ut officio plene fungamur, sed ad vitandam solummodo reprehensionem. »

7. G : Διεσώθη.

Ἐξῆν μὲν γὰρ τῷ Λαβιήνῳ [1] καὶ αὖθις δικάσασθαι, οὐ μέντοι καὶ ἐποίησεν αὐτό.

29. Ὁ δὲ δὴ Κατιλίνας [2] ὧδέ τε καὶ διὰ τάδε ἀπώλετο· ἔδοξε τῇ βουλῇ, τήν τε ὑπατείαν καὶ τότε αἰτήσαντος [3], καὶ πᾶν ὅ τι δήποτε ἐνεδέχετο ὅπως ἀποδειχθῇ μηχανωμένου [4], δέκα ἐτῶν φυγὴν, τοῦ Κικέρωνος ἐς τὰ μάλιστα ἐνάγοντος, τοῖς ἐπιτιμίοις τοῖς ἐπὶ τῷ δεκασμῷ τεταγμένοις προσνομοθετῆσαι [5]. Τοῦτ' οὖν [6] καὶ ἐκεῖνος δι' ἑαυτὸν (ὅπερ που καὶ ἀληθὲς ἦν) ἐγνῶσθαι νομίσας, ἐπεχείρησε μὲν, χεῖρά τινα παρασκευάσας, τὸν Κικέρωνα καὶ ἄλλους τινὰς τῶν πρώτων ἐν αὐταῖς ταῖς ἀρχαιρεσίαις, ἵν' ὕπατος εὐθὺς χειροτονηθῇ [7], φονεῦσαι [8]· οὐκ ἠδυνήθη δέ. Ὁ γὰρ Κικέρων προμαθὼν τὸ ἐπιβούλευμα τῇ τε γερουσίᾳ ἐμήνυσεν αὐτὸ [9] καὶ κατηγορίαν αὐτοῦ πολλὴν ἐποιήσατο. Ἐπειδή τε οὐκ ἔπεισε σφᾶς ψηφίσασθαί τι [10] ὧν ἠξίου (οὔτε γὰρ πιθανὰ [11] ἐξηγγελκέναι, καὶ διὰ τὴν ἑαυτοῦ ἔχθραν καταψεύδεσθαι τῶν ἀνδρῶν ὑπωπτεύθη [12]), ἐφο-

---

1. Λαβιίνῳ, dans B et F, par la confusion d'η avec ι.
2. Au lieu de Κατιλίνας, donné par Reimarus et par Sturz, j'adopte, comme M. Imm. Bekker, Κατιλίνας, d'après E, F, G et les meilleures éditions de Plutarque, Cic. XI ; XVIII; Cæs. VII, et Appien, Guer. Civ. II, 2 ; 7.
3. C'était pour la troisième fois que Catilina briguait le consulat; cf. Salluste, Catil. XXVI. Deux ans auparavant, il avait été exclu de la candidature; parce qu'il ne s'était pas mis sur les rangs dans le délai fixé par la loi, l. l. XVIII. L'année précédente, Cicéron lui avait été préféré, l. l. XXIV, et Epit. de Tite-Live, CII. Ayant échoué dans sa troisième candidature, et ses projets contre Cicéron ayant été découverts, il résolut d'en venir à une guerre ouverte; Sall. l. l. XXVII.
4. F : Μηχανουμένου, faute du copiste.

tendard militaire, et Rabirius fut sauvé. Labienus aurait pu l'appeler de nouveau en justice; mais il ne le fit pas.

29. Je vais raconter de quelle manière périt Catilina et quelles furent les causes de sa fin tragique. Il briguait encore le consulat, à cette époque, et ne négligeait rien pour l'obtenir : le sénat, à l'instigation de Cicéron, ajouta aux peines déjà établies contre la corruption un exil de dix ans. Catilina, convaincu que ce décret était dirigé contre lui (et il l'était réellement), tenta avec une poignée d'hommes qu'il avait réunis pour un coup de main de massacrer dans les comices mêmes Cicéron et d'autres citoyens considérables, afin d'être nommé consul sur-le-champ; mais il ne put y parvenir. Cicéron, instruit à temps de ce projet, le dénonça au sénat et accusa vigoureusement Catilina. N'ayant pu faire décréter aucune des mesures qu'il croyait nécessaires (car ses révélations ne parurent point vraisemblables, et on le soupçonna d'avoir, par inimitié personnelle, calomnié les accusés), il conçut des craintes; parce

---

5. D'après la loi Calpurnia, dont il a été question p. 62 de ce volume, et d'après celle que Cicéron avait portée lui-même contre la brigue; cf. le Disc. pour P. Sextius, LXIV, et le Disc. contre Vatinius. XV.

6. G : Τοῦτο οὖν.

7. G : Χειροτονιθῇ, par la confusion d'η avec ι.

8. Cf. Salluste, Catilin. XXVI.

9. Ἐμήνυσεν αὐτῷ est une faute du copiste dans C.

10. Τι manque dans F. Sur l'omission de ce mot par les copistes, cf. p. 38, not. 1 de ce volume.

11. C : Πινά, par l'omission de la syllabe θα. J'ai déjà signalé plusieurs fautes analogues. Dans G, πινα a été changé en τινα, par la confusion de π avec τ; cf. Schæfer, Meletem. p. 128; Bast. Comment. Palæogr. p. 731.

12. Ὑποπτεύθη, dans B : ici, comme dans beaucoup d'autres passages, le copiste a négligé l'augment.

ἐήθη, ἅτε καὶ προσπαρωξυγκὼς [1] τὸν Κατιλίναν [***2], καὶ οὐκ ἐτόλμησεν [3] ἁπλῶς [4] ἐς τὴν ἐκκλησίαν ἐσελθεῖν [5], ὥσπερ εἰώθει [6]· ἀλλὰ τούς τε ἐπιτηδείους συνεπηγάγετο [7] παρεσκευασμένους ἀμῦναί οἱ, εἴ τι δεινὸν γίγνοιτο, καὶ θώρακα [8], τῆς τε ἑαυτοῦ ἀσφαλείας καὶ τῆς ἐκείνων διαβολῆς ἕνεκα, ὑπὸ μὲν τὴν ἐσθῆτα, παραφαίνων δὲ αὐτὸν [9] ἐξεπίτηδες, ἐνεδύσατο. Ἔκ τε οὖν τούτου, καὶ ὅτι καὶ ἄλλως [10] φήμη τις ἐγένετο ὅτι ἐπιβουλεύεται, ὅ τε δῆμος δεινῶς ἠγανάκτησε, καὶ οἱ συνομωμοκότες [11] τῷ Κατιλίνα, φοβηθέντες αὐτὸν, ἡσύχασαν.

30. Καὶ οὕτως ὕπατοί τε ἕτεροι [12] ᾑρέθησαν, καὶ ἐκεῖνος οὐκέτι λάθρα, οὐδὲ ἐπὶ τὸν Κικέρωνα τούς τε σὺν αὐτῷ μόνους, ἀλλὰ καὶ ἐπὶ πᾶν τὸ κοινὸν τὴν ἐπιβουλὴν συνίστη.

1. L'ancienne leçon προπαρωξυγκὼς est confirmée par D, E. G et H : *ut qui jam dudum Catilinam irritasset.* Reiske la préfère à προσπαρωξυγκὼς adopté par Reimarus et par Sturz, d'après B ; mais altéré dans A et F qui portent πρὸς παροξυκὼς, et dans C, qui donne προσπιρωξυκώς. Comme M. Imm. Bekker, j'adopte προσπαρωξυγκώς. Wagner et M. Tafel ont traduit d'après cette leçon.

2. Au lieu de Κατιλῖναν. Cf. p. 214, not. 2 de ce volume.

Après ce mot, il y a une lacune d'une page trois quarts dans B ; de trois quarts de page dans C, qui porte en marge λείπει ; d'une page dans D, avec l'annotation marginale λείπει ; d'une demi-page dans E ; de deux pages et demie dans F ; d'une page et demie dans G, où on lit aussi en marge λείπει ; d'une page et quatre lignes dans H, avec la même annotation. Leunclavius, Reimarus et Sturz ne disent rien de cette lacune dans les Ms.

3. F : Οὐτετόλμησεν = Οὔτ' ἐτόλμησεν. Le copiste a confondu οὐκ avec οὔτ'.

4. Omis dans C.

5. Ἐλθεῖν, dans le même manuscrit, par l'omission de la préposition, suivant l'usage des copistes.

6. Les mots ὥσπερ εἰώθει manquent dans le même Ms.

qu'il venait d'irriter encore davantage Catilina ***
il n'osa point se rendre dans l'assemblée sans précaution, comme il avait coutume de le faire; mais il emmena avec lui des amis prêts à le défendre, s'il était menacé de quelque danger. Enfin, autant pour sa propre sûreté que pour rendre les conjurés odieux, il mit sous sa robe une cuirasse qu'il laissait voir à dessein. Tout cela, joint au bruit vaguement répandu que des embûches étaient dressées au consul, souleva l'indignation publique. Aussi les complices de Catilina, craignant le courroux de la multitude, se tinrent-ils tranquilles.

30. D'autres ayant ainsi obtenu le consulat, ce ne fut plus en secret contre Cicéron et ses amis, mais contre la République entière, que conspira Catilina. Il associa à

---

7. L'ancienne leçon συνεπήγαγε est confirmée par B, D et E. Reiske propose συνεπηγάγετο ou ἐπηγάγετο. Sturz dit, d'après Reimarus, que A et B portent συνεπηγάγετο, et il ajoute que cette leçon est aussi dans H. Il a raison pour A et pour H; mais il se trompe pour B : c'est C qu'il devait dire. Je donne συνεπηγάγετο, non-seulement avec A, C, mais encore avec G et H. M. Imm. Bekker l'adopte aussi.

8. Plutarque, Cicér. XIV : Τούτων εἰς τε τὴν βουλὴν καὶ τὸν δῆμον ἠνιγμένων ὑπ' αὐτοῦ, μᾶλλον ὁ Κικέρων ἔδεισε καὶ τεθωρακισμένον αὐτὸν οἵ τε δυνατοὶ πάντες ἀπὸ τῆς οἰκίας καὶ τῶν νέων πολλοὶ κατήγαγον εἰς τὸ πεδίον. Τοῦ δὲ θώρακος ἐπίτηδες ὑπέφαινέ τι παραλύσας ἐκ τῶν ὤμων τοῦ χιτῶνος ἐνδεικνύμενος τοῖς ὁρῶσι τὸν κίνδυνον. Οἱ δ' ἠγανάκτουν καὶ συνεστρέφοντο περὶ αὐτὸν κτλ.

9. F : δ' αὐτὸν, qui justifie la leçon proposée par Leunclavius, au lieu de l'ancienne, παραφαίνων δι' αὐτόν. Comme Reimarus et Sturz, j'adopte la conjecture de Leunclavius.

10. D'après Reimarus, Sturz et les Ms., à l'exception de E, qui confirme la leçon vulgaire ὅτι ἄλλος. J'ai signalé plusieurs fois l'omission de καὶ par les copistes.

11. Συνομωκότες, dans G, est une faute du copiste.

12. D. Junius Silanus et L. Licinius Muréna.

Ἐκ γὰρ τῆς [1] Ῥώμης τούς τε κακίστους καὶ καινῶν ἀεί ποτε πραγμάτων ἐπιθυμητὰς [2] κἀκ τῶν συμμάχων ὅτι πλείστους, χρεῶν τε ἀποκοπὰς [3] καὶ γῆς ἀναδασμοὺς, ἄλλα τε ἐξ ὧν μάλιστα δελεάσειν [4] αὐτοὺς ἤμελλεν [5], ὑπισχνούμενος [6] σφίσι, συνῆγε. Καὶ τούς γε [7] πρώτους αὐτῶν καὶ δυνατωτάτους [8] (ἦσαν δὲ ἄλλοι τε καὶ Ἀντώνιος ὁ ὕπατος) καὶ ἐς ἀθεμίτων ὁρκωμοσιῶν [9] ἀνάγκην προσήγαγε [10]. Παῖδα γάρ τινα καταθύσας, καὶ ἐπὶ τῶν σπλάγχνων αὐτοῦ τὰ ὅρκια ποιήσας, ἔπειτα ἐσπλάγχνευσεν [11] αὐτὰ μετὰ τῶν ἄλλων. Συνέπραττον δὲ αὐτῷ τὰ μάλιστα, τὰ μὲν ἐν τῇ Ῥώμῃ, ὅ τε ὕπατος καὶ ὁ Λεντοῦλος ὁ Πούπλιος [12], ὁ μετὰ τὴν ὑπατείαν ἐκ τῆς γερουσίας ἐκπεσών· (ἐστρατήγει γὰρ ὅπως τὴν βουλείαν ἀνα-

---

1. Reiske aimerait mieux ἔκ τε γὰρ, locution pour laquelle Dion semble avoir un goût prononcé. Ἐὰν γὰρ τῆς, est une faute du copiste dans H.
2. C : Ἐπιθυμιτάς, par la confusion d'η avec ι.
3. A, B, C, F et H : Χρεῶν τε καὶ ἀποκοπάς, leçon adoptée par Robert Étienne. Salluste, Catilin. XXI : Tum Catilina polliceri tabulas novas, proscriptiones locupletium, magistratus, sacerdotia, rapinas, alia omnia quæ bellum atque lubido victorum fert. Cf. Cic. Catilin. II, 8.
4. H : Δελεάζειν.
5. Je conserve cette leçon avec tous les Ms. Sturz préfère ἔμελλεν qu'il dit être plus fréquent dans Dion.
6. Ὑπισχούμενος, faute de copiste dans B, C, D et H. Dans F, ὑπισχούμενός φισι : le copiste a retranché le σ au commencement de σφίπι, parce que cette lettre se trouve à la fin du mot précédent.
7. H : Τούς τε, par la confusion de γε avec τε : nous en avons vu plusieurs exemples dans les notes de ce volume.
8. L'ancienne leçon πρώτους αὐτῶν δυνατωτάτους, maintenue par Reimarus, est dans tous les Ms. Avec Sturz je lis καὶ δυνατωτάτους, proposé par Leunclavius et approuvé par Reiske. L'addition de καὶ rend le sens plus net. M. Imm. Bekker l'a adoptée.

HISTOIRE ROMAINE DE DION, L. XXXVII. 219

ses projets les hommes les plus corrompus de Rome, toujours avides de changements, et un très-grand nombre d'alliés; promettant aux uns et aux autres l'abolition des dettes, le partage des terres et tout ce qui était propre à les séduire. Il força les plus distingués et les plus influents de ses complices (dans ce nombre était le consul Antoine), à se lier par d'horribles serments. Après avoir immolé un jeune esclave, il jura sur ses entrailles et confirma son serment, en les prenant dans ses mains : ensuite les conjurés en firent autant. Il avait pour agents principaux, à Rome, le consul Antoine et Publius Lentulus qui, chassé du sénat après son consulat, gérait alors la préture dans le but de recouvrer

9. C et F : Ὀρκομοσιῶν, par la fréquente confusion d'ω avec ο.

10. Dans A, D, G, H et M. Imm. Bekker : Προσήγαγεν. Παῖδα κτλ., par l'addition du ν paragogique devant une consonne : nous en avons vu plusieurs exemples. Reiske conseille de remplacer προσήγαγε par προήγαγε que Reimarus croit préférable; cf. l'*Index*, p. 1557, tom. II de son édition, au mot ἀνάγκη.

11. F : Ἔπειτ' ἐσπλάγχνευσεν. La version de Xylander, *Ea deinde ipse cum aliis comedit*, reproduite par Reimarus et par Sturz, a été suivie par Wagner et par M. Tafel. Mais tel n'est pas le sens de ἐσπλάγχνευσεν, comme l'a très-bien remarqué M. Mérimée dans une note de son Histoire de la Conjuration de Catilina, p. 113. La véritable signification est donnée par H. Étienne : Σπλαγχνεύω — *Exta in manus assumo et attrecto,* ut quum conjurati se jurejurando et religione astringebant. Cf. Thes. gr. ling. tom. VII, p. 598, éd. Didot; sans doute, à l'imitation de ce qui se passait dans les sacrifices. Cf. Duncan, Lexic. Homer.-Pindar. p. 1042 ; Eustathe, Comment. sur l'Iliade, I, v. 464.

12. Publius Cornélius Lentulus : il avait été consul avec Cn. Aufidius Orestes, l'an de Rome 683.

λάβῃ), τὰ δὲ ἐν ταῖς Φαισούλαις, ἐς ἃς [1] οἱ στασιῶται [2] αὐτοῦ συνελέγοντο, Γάϊός τις Μάλλιος [3], τῶν τε πολεμικῶν ἐμπειρότατος (μετὰ γὰρ τῶν τοῦ Σύλλου λοχαγῶν ἐστράτευτο [4]) καὶ πολυδαπανώτατος ὤν. Σύμπαντα γοῦν ὅσα τότε [5] ἐκτήσατο, καίπερ πάμπολλα ὄντα, κακῶς καταναλώσας, ἑτέρων ἔργων ὁμοίων [6] ἐπεθύμει [7].

31. Παρασκευαζομένων οὖν ταῦτα αὐτῶν, μηνύεται τῷ Κικέρωνι πρότερα [8] μὲν τὰ ἐν τῷ ἄστει γιγνόμενα διὰ γραμμάτων τινῶν, ἃ τὸν μὲν γράψαντα οὐκ ἐδήλου, τῷ δὲ δὴ Κράσσῳ [9] καὶ ἄλλοις τισὶ τῶν δυνατῶν ἐδόθη [10]. καὶ ἐπ' αὐτοῖς δόγμα ἐκυρώθη, ταραχήν τε εἶναι [11] καὶ ζήτησιν τῶν αἰτίων αὐτῆς [12] γενέσθαι. Δεύτερα δὲ τὰ ἀπὸ τῆς Τυρρηνίδος [13]· καὶ προσεψηφίσαντο τοῖς ὑπάτοις τὴν

---

1. Dans A, B, D, F et G, αἷς ἅς : par la confusion de αι avec ε, le copiste a substitué à la préposition le datif pluriel féminin de l'adjectif relatif.
2. C : Αἱ στασιῶται, solécisme né de la confusion d'ο avec α. Cf. M. Boissonade, sur Théophylacte Simoc. p. 321.
3. G : Μάλιος. Dans H, τί, au lieu de τίς, est une faute du copiste.
4. A l'ancienne leçon ἐστρατεύετο je substitue, comme Sturz, ἐστράτευτο, proposé par Turnèbe et exigé par l'enchaînement des idées. M. Imm. Bekker a adopté cette correction.
5. « Hoc adverbium, dit Reimarus dans ses *Addenda*, pertinet ad illud tempus quo C. Mallius sub Sulla λοχαγὸς fuerat. »
6. Reiske propose ἑτέρων (s.-ent. χρημάτων) δι' ἔργων ὁμοίων ἐπεθύμει. M. Tafel a traduit, d'après cette conjecture : *Suchte er neue dergleichen Bereicherungsquellen*. Je maintiens dans le texte l'ancienne leçon qui est confirmée par les Ms.; mais, comme M. Tafel, j'ai suivi la conjecture de Reiske dans la traduction.
7. C : Ἐπεθύμη, par la confusion d'ει avec η.
8. L'ancienne leçon πρῶτα est confirmée par E et G. Avec Reimarus, Sturz et M. Imm. Bekker, j'adopte πρότερα d'après les autres Ms.

son ancienne dignité; à Fésules, rendez-vous des conjurés, C. Mallius très-habile dans le métier des armes et qui avait servi sous Sylla en qualité de centurion; mais homme fort prodigue. Après avoir dissipé en folles dépenses les richesses qu'il avait amassées à cette époque (et elles étaient très-considérables), il aspirait à en acquérir de nouvelles par les mêmes voies.

31. Pendant ces préparatifs des conjurés, Cicéron fut instruit de ce qui se tramait à Rome par des lettres anonymes, remises à Crassus et à quelques autres nobles. Sur ces indices, on décréta qu'il y avait tumulte et qu'il fallait informer contre les coupables. On apprit ensuite ce qui se passait dans l'Étrurie : par un second décret

---

9. G : Τῷ δὲ Κράσσῳ.

10. Plutarque, Cic. XV : Τῷ Κράσσῳ μετὰ δεῖπνον ἐπιστολὰς ἀποδίδωσιν ὁ θυρωρὸς, ὑπὸ δέ τινος ἀνθρώπου κομισθείσας ἀγνώστου, ἄλλας ἄλλοις ἐπιγεγραμμένας, αὐτῷ δὲ Κράσσῳ μίαν ἀδέσποτον. Ἥν μόνην ἀναγνοὺς ὁ Κράσσος, ὡς ἔφραζε τὰ γράμματα φόνον γενησόμενον πολὺν διὰ Κατιλίναν καὶ παρῄνει τῆς πόλεως ὑπεξελθεῖν, τὰς ἄλλας οὐκ ἔλυσεν· ἀλλ' ἧκεν εὐθὺς πρὸς τὸν Κικέρωνα, πληγεὶς ὑπὸ τοῦ δεινοῦ καί τι τῆς αἰτίας ἀπολυόμενος, ἣν ἔσχε διὰ φιλίαν τοῦ Κατιλίνα.

11. La version de Xylander *Rem ad seditionem spectare* a été maintenue à tort par Reimarus et Sturz. Ils auraient dû la remplacer ici, comme ils l'ont fait liv. XLI, 3, et XLVI, 29, par *Tumultum decernere*. La locution ψηφίζεσθαι ταραχὴν εἶναι ou ὁρᾶν se trouve dans Plutarque, Pomp. LXI ; Cæs. XXXIII. Cf. Cicéron, Philipp. V, 12; VI, 1 et 6; et Brisson, De Formul. II, 157.

12. Αὐτοῖς, dans G, par la confusion d'αὐτῆς avec αὐτοῖς : j'ai eu à la signaler ailleurs.

13. C : Τυραννίδος, faute du copiste. Ici, comme dans le Fr. III, p. 4, tom. I de cette édition, je lis Τυῤῥηνίδος, au lieu de Τυρσηνίδος; cf. l. l. p. 5, not. 10.

φυλακὴν τῆς τε πόλεως καὶ τῶν ὅλων¹ αὐτῆς πραγμάτων, καθάπερ εἰώθεσαν. Καὶ γὰρ τούτῳ τῷ δόγματι² προσεγράφη³ τὸ διὰ φροντίδος αὐτοὺς σχεῖν, ὥστε μηδεμίαν ἀποτριβὴν τῷ δημοσίῳ συμβῆναι⁴. Γενομένου δὲ τούτου καὶ φρουρᾶς πολλαχόθι καταστάσης⁵, τὰ μὲν ἐν τῷ ἄστει οὐκέτ' ἐνεωτερίσθη, ὥστε καὶ ἐπὶ συκοφαντίᾳ τὸν Κικέρωνα διαβληθῆναι. Τὰ δὲ⁶ ἐκ τῶν Τυῤῥηνῶν⁷ ἀγγελλόμενα⁸ τήν τε αἰτίαν ἐπιστώσατο, καὶ βίας ἐπ' αὐτοῖς γραφὴν τῷ Κατιλίνᾳ παρεσκεύασε⁹.

32. Καὶ ὃς τὰ μὲν πρῶτα καὶ πάνυ αὐτὴν ἑτοίμως, ὡς καὶ ἀπὸ χρηστοῦ τοῦ συνειδότος, ἐδέξατο· καὶ πρός τε τὴν δίκην¹⁰ δῆθεν ἡτοιμάζετο, καὶ τῷ Κικέρωνι αὐτῷ τηρεῖν ἑαυτὸν¹¹, ὅπως δὴ μὴ φύγῃ που¹², παρεδίδου. Μὴ προσδεξαμένου δὲ ἐκείνου τὴν φρουρὰν αὐτοῦ, παρὰ τῷ Μετέλλῳ τῷ στρατηγῷ τὴν δίαιταν ἑκουσίως¹³ ἐποιεῖτο,

---

1. C : Τῶν ἄλλων, leçon fautive : le copiste a confondu ο avec α et mis deux λ quand il n'en fallait qu'un.
2. Τούτῳ τὸ δόγματι, dans G, par la confusion d'ω avec ο.
3. H : Προσεγράφετο.
4. Salluste, Catilin. XXX : Senatus decrevit, *darent operam consules, ne quid Respublica detrimenti caperet*. Ea potestas, more Romano, magistratui maxima : permittitur exercitum parare, bellum gerere, coercere omnibus modis socios atque cives; domi militiæque imperium summum habere. Aliter sine populi jussu, nulli earum rerum consuli jus est.
5. Cf. Salluste, l. l. XXXI ; Cicéron, Catil. I, 1 ; II, 12 ; III, 12, etc.
6. Cf. Salluste, l. l. XXIX, et Cicér. Catilin, I, 2.
7. A l'ancienne leçon Τυρσηνῶν je substitue Τυῤῥηνῶν, comme dans le Fr. IX, p. 22, tom. I de cette édition. Cf. l. l. not. 10 et Fr. VIII, p. 10-12 et les notes.
8. C : Ἀγγελόμενα. Le copiste n'a mis qu'un λ, quand il en fallait deux.
9. En vertu de la loi Plautia, rendue l'an de Rome 665, sur la proposi-

les consuls furent chargés, suivant l'usage, de veiller au salut de Rome et de la République; car il portait la formule solennelle, *les consuls auront soin que l'État n'éprouve aucun dommage.* Ces mesures et des corps de garde établis dans plusieurs quartiers de Rome, ayant empêché toute tentative criminelle, Cicéron fut regardé comme un calomniateur; mais les nouvelles venues de l'Étrurie confirmèrent ses révélations, et Catilina fut accusé de violence.

32. Il soutint d'abord cette accusation avec résolution, comme s'il avait eu la conscience pure. Il se prépara à se défendre et proposa à Cicéron de se mettre sous sa garde, afin qu'on ne craignît pas qu'il pût prendre la fuite. Cicéron ayant refusé de veiller sur lui, Catilina, pour n'être plus soupçonné de conspirer, vécut volontairement dans la maison de Métellus jusqu'à ce que les

---

tion du tribun du peuple, M. Plautius. Salluste, Catil. XXXI : Catilinæ crudelis animus eadem illa movebat, tametsi præsidia parabantur, et ipse lege Plautia interrogatus ab L. Paullo.

10. Avec Reimarus et Sturz, je substitue, d'après A, B, F et H, καὶ πρός τε τὴν δίκην, à l'ancienne leçon πρός τε τὴν δίκην. M. Imm. Bekker donne aussi la leçon que j'adopte.

11. Cf. Cicéron, Catilin. I, 8 : Quid quod tu te ipse in custodiam dedisti? Ad sodalem tuum virum optimum M. Marcellum demigrasti.

12. Reiske propose ποι, en invoquant D'Orville sur Chariton, p. 119 (p. 271, éd. de Leipzig). Mais l'opinion de D'Orville n'est pas favorable à ce changement. « Temerarium mihi videtur, dit ce célèbre critique, l. l., usum particularum harum, ὅποι, ὅπου, ποῖ, ποῦ, οἷ, οὗ, ex arbitrio ubique coarctare; quum nobis non plane pateat quid usus, quid licentia in his permiserint. »

13. A : Ἐκουσίος. La place de l'accent prouve que le copiste a confondu ω avec ο.

ἵν' ὡς ἥκιστα ὑποπτευθῇ νεωτερίζειν τι [1], μέχρις ἂν [2] καὶ ἐκ τῶν αὐτόθι [3] συνωμοτῶν ἰσχυρόν τι προσλάβῃ. Ὡς δ' οὐδέν οἱ προεχώρει (ὅ τε γὰρ Ἀντώνιος φοβηθεὶς ὑπεστέλλετο καὶ ὁ Λεντοῦλος ἥκιστα δραστήριος ἦν), προεῖπεν αὐτοῖς νυκτὸς ἐς οἰκίαν τινὰ συλλεγῆναι. Καὶ λαθὼν τὸν Μέτελλον ἦλθέ τε πρὸς αὐτοὺς καὶ ἐπετίμησε σφίσιν ἐπί τε τῇ ἀτολμίᾳ καὶ ἐπὶ τῇ μαλακίᾳ [4]. Κἀκ τούτου διεξελθὼν ὅσα τε πείσοιντο φωραθέντες καὶ ὅσων τεύξοιντο κατορθώσαντες, οὕτως αὐτοὺς καὶ ἐπέρρωσε καὶ παρώξυνεν, ὥσθ' ὑποσχέσθαι δύο τινὰς [5] ἔς τε τὴν τοῦ Κικέρωνος οἰκίαν [6] ἅμα τῇ ἡμέρᾳ ἐσήξειν, κἀνταῦθα αὐτὸν φονεύσειν.

33. Ὡς δὲ καὶ τοῦτο προεμηνύθη [7] (ὁ γὰρ Κικέρων πολὺ δυνάμενος, συχνούς τε ἐκ τῶν συνηγορημάτων, τοὺς μὲν οἰκειούμενος [8], τοὺς δὲ ἐκφοβῶν, πολλοὺς τοὺς διαγ-

---

1. Sturz dit qu'il remplace, d'après A, l'ancienne leçon νεωτερίζων τι par νεωτερίζειν τι, attendu que ὑποπτεύεσθαι se construit toujours avec l'infinitif : je donne la même leçon, pour cette raison et parce qu'elle se trouve dans F : M. Imm. Bekker l'a adoptée. Les désinences verbales ειν et ων sont souvent confondues par les copistes. Ainsi dans Denys d'Hal. IIe Lettre à Ammaeus § II, au lieu de Ἐκδηλότατα δὲ αὐτοῦ καὶ χαρακτηριστικώτατά ἐστι πεπειρᾶσθαι δι' ἐλαχίστων ὀνομάτων πλεῖστα σημαίνειν πράγματα κτλ., le Ms. de la Bibliothèque nationale de Paris n° 1736, porte σημαίνων.

2. Μέχρι ἂν, dans H. Sur l'addition de ς à la fin de μέχρι devant une voyelle, cf. tom. II, p. 101, not. 5 de cette édition.

3. Αὐτόθι, dans C, G et dans M. Imm. Bekker ; Αὐτόθεν, dans A et F.

4. C : Ἐπί τε τῇ μαλακίᾳ καὶ ἐπὶ τῇ ἀτολμίᾳ : les lettres 6 et α indiquent que les mots doivent être placés dans l'ordre que j'adopte, d'après la leçon vulgaire et les autres Ms.

5. Cicéron, Catil. I, 4 : Reperti sunt duo equites Romani, qui sese illa ipsa nocte ante lucem me in meo lectulo interfecturos pollicerentur.

conjurés qui étaient à Rome, lui donnassent plus de force. Mais, comme ses affaires n'avançaient pas (Antoine effrayé montrait moins de résolution et Lentulus n'avait aucune activité), il ordonna à ses complices de se réunir, pendant la nuit, dans une maison qu'il désigna. Il se rendit auprès d'eux, à l'insu de Métellus, leur reprocha leur lâcheté et leur mollesse : puis, énumérant les maux qu'ils auraient à souffrir si la conspiration était découverte, et les avantages qu'ils obtiendraient par le succès, il leur inspira tant d'assurance et tant d'ardeur que deux d'entre eux promirent d'aller chez Cicéron, à la pointe du jour, et de l'égorger dans sa maison.

33. Mais ce complot fut aussi dévoilé à temps. Cicéron exerçait une grande influence : par les nombreuses causes qu'il avait défendues, il avait gagné l'affection des uns et il était devenu la terreur des autres; en

---

6. C : Ἐς τε τὴν τοῦ Κικέρωνος οἰκία, par la confusion du ν avec l'ι final, devenu plus tard l'ι souscrit.

7. Q. Curius fit cette révélation à Fulvie, qui, à son tour, dévoila le complot à Cicéron.

8. Reiske propose de remplacer συνηγορημάτων par κατηγοριῶν ou par γραφῶν, ou bien d'ajouter καὶ τῶν κατηγοριῶν après συνηγορημάτων. « Nemo enim, dit-il, defensione terretur, sed accusatione. Ut συνηγορημάτων habet suum οἰκειούμενος, ita debet ἐκφοβῶν quoque habere cui respondeat. » L'addition de καὶ τῶν κατηγοριῶν n'est nullement nécessaire, et la raison alléguée par Reiske ne me paraît point fondée. Que représente συχνούς? tous les citoyens sur lesquels Cicéron avait acquis de l'ascendant par son éloquence, c'est-à-dire, 1° ceux qui, défendus par le grand orateur, lui étaient dévoués; 2° ceux qui, combattus par son éloquence, la redoutaient comme l'arme la plus terrible (τοὺς μὲν οἰκειουμένος, τοὺς δὲ ἐκφοβῶν), et les uns et les autres, mais par des motifs différents, s'empressaient de lui révéler les dangers qui pouvaient menacer sa personne, πολλοὺς τοὺς διαγγέλλοντάς οἱ τὰ τοιαῦτα ἔσχε. De cette manière, tout se suit et s'enchaîne.

Au lieu de οἰκειούμενος, C donne οἰκειουμένους, par la confusion des désinences ος et ους. C'est ainsi que dans Josèphe, II, 6, 8, éd. d'Havercamp,

226 ΤΩΝ ΔΙΩΝΟΣ ΙΣΤΟΡΙΩΝ ΡΩΜ. ΒΙΒΛ. ΛΖ.

γέλοντάς οἱ τὰ τοιαῦτα ἔσχε), μεταστῆναι ἡ γερουσία [1] τὸν Κατιλίναν ἐψηφίσατο [2]. Καὶ ὃς ἀσμένως τε ἐπὶ τῇ προφάσει ταύτῃ ἐξεχώρησε, καὶ πρὸς τὰς Φαισούλας ἐλθὼν τόν τε πόλεμον ἄντικρυς ἀνείλετο, καὶ τὸ ὄνομα καὶ τὴν σκευὴν τῶν ὑπάτων [3] λαβὼν, καὶ τοὺς προσυνειλεγμένους ὑπὸ τοῦ Μαλλίου συνεκρότει. Κἂν τούτῳ [4] καὶ ἄλλους τινὰς, πρῶτον μὲν ἐκ τῶν ἐλευθέρων, ἔπειτα δὲ καὶ ἐκ τῶν δούλων, προσεποιεῖτο. Ὅθεν περ καὶ οἱ Ῥωμαῖοι τήν τε βίαν [5] αὐτοῦ κατεψηφίσαντο, καὶ τὸν Ἀντώνιον [6] ἐς τὸν πόλεμον, ἀγνοοῦντές που τὴν συνωμοσίαν σφῶν, ἔστειλαν· αὐτοί τε τὴν ἐσθῆτα μετέβαλον [7]. Καὶ διὰ ταῦτα καὶ ὁ Κικέρων κατὰ χώραν ἔμεινεν. Εἰλήχει γὰρ τῆς Μακεδονίας ἄρξαι· οὔτε δὲ ἐς ἐκείνην [8] (τῷ γὰρ συνάρχοντι αὐτῆς διὰ τὴν περὶ τὰς δίκας σπουδὴν ἐξέστη [9]), οὔτε ἐς τὴν Γαλατίαν τὴν πλησίον, ἣν ἀντέλαβε διὰ τὰ παρόντα, ἐξήλασεν· ἀλλ' αὐτὸς μὲν τὴν πόλιν διὰ φυλακῆς ἐποιήσατο, ἐς δὲ τὴν Γαλατίαν τὸν Μέτελλον [10] (ὅπως μὴ καὶ ὁ Κατιλίνας αὐτὴν σφετερίσηται), ἔπεμψε.

au lieu de Ἀλλὰ μὴ πρὸς μόνους τοὺς κατ' ἄλλην πρόφασιν δεομένους ἐπικουρίας φιλάνθρωπος δοκῇς, le Ms. de Peiresc Περὶ ἀρετῆς καὶ κακίας, porte φιλανθρώπους δοκῇς.

1. F : Ἐν γερουσίᾳ, faute du copiste.

2. C, ἐψηφίσατο. H, ἐψηφίσαντο, par la confusion de α avec αν, ou peut-être à cause de ἡ γερουσία, nom collectif.

3. Appien, Guer. Civ. II, 3 : Ὁ μὲν δὴ ῥάβδους τε καὶ πελέκεας, ὥς τις ἀνθύπατος, κούφως μάλα ἀνέσχε πρὸ ἑαυτοῦ, καὶ ἐς τὸν Μάλλιον ἐχώρει στρατολογῶν. Cf. Salluste, Catil. XXXVI; Cicéron, Catilin. I, 2, 5, 9; II, 6.

4. Καὶ τούτῳ, dans A, B, C, F, G et H. Sur la confusion de καὶ avec κἂν, cf. M. Hase, Lydus, De Ostent. 178, B, et 186, D.

5. En vertu de la loi Plautia.

sorte que beaucoup de gens s'empressaient de lui révéler de semblables projets. Le sénat ordonna donc à Catilina de sortir de Rome : celui-ci partit volontiers sous ce prétexte. Il se dirigea vers Fésules, se jeta ouvertement dans la guerre, prit le titre et les insignes de consul et se mit à la tête des troupes réunies par Mallius. En même temps il attira autour de lui d'autres partisans : c'étaient d'abord des hommes libres, puis des esclaves. Les Romains, indignés de sa conduite, le déclarèrent coupable de violence : ils chargèrent Antoine de lui faire la guerre, ignorant qu'il était son complice, et prirent des vêtements de deuil : tout cela détermina Cicéron à rester à Rome. Le sort l'avait désigné pour le gouvernement de la Macédoine ; mais il ne se rendit ni dans cette province qu'il céda à son collègue, afin de pouvoir se livrer à son goût pour le barreau, ni dans la Gaule, voisine de l'Italie et qu'il avait acceptée en échange, à cause des circonstances présentes. Il veilla lui-même à la sûreté de Rome, et il envoya Métellus dans la Gaule, afin qu'elle ne tombât pas aussi au pouvoir de Catilina.

6. Cf. § XXX : Ἦσαν δὲ ἄλλοι τε καὶ Ἀντώνιος ὁ ὕπατος.

7. Comme c'était l'usage dans les calamités publiques et même dans les calamités particulières. Cf. les autorités citées par Fabricius.

8. La préposition ἐς a été omise dans F : c'est une distraction du copiste. Après ἐκείνην, il y a une lacune de trois quarts de ligne dans H.

9. Cicéron abandonna le gouvernement de la Macédoine à Antoine, pour le détacher du parti de Catilina ; cf. Plutarque, Cic. XII ; Salluste, Catilin. XXVI.

10. Plutarque, Cic. XVI : Ὁ Κικέρων τὰ μὲν ἔξω πράγματα Κοΐντῳ Μετέλλῳ διεπίστευσε, τὴν δὲ πόλιν εἶχε διὰ χειρὸς καὶ καθ' ἡμέραν προῄει δορυφορούμενος ὑπ' ἀνδρῶν τοσούτων τὸ πλῆθος, ὥστε τῆς ἀγορᾶς πολὺ μέρος κατέχειν κτλ. Cf. Salluste, Catil. XXX, XLII ; Cicér. Catilin. II, 3, 12, etc.

Dans le texte de Dion, au lieu de τὸν Μέτελλον, D et G portent τὸ Μέτελλον, faute du copiste.

34. Καὶ ἐν καιρῷ γε ἐς τὰ μάλιστα τοῖς Ῥωμαίοις κατέμεινε. Παρασκευαζομένου [1] γὰρ [2] τοῦ Λεντούλου καταπρῆσαί τέ τινα [3] καὶ σφαγὰς ἐργάσασθαι μετά τε τῶν ἄλλων τῶν συνομωμοκότων [4] καὶ μετὰ Ἀλλοβρίγων, οὓς κατὰ πρεσβείαν παρόντας ἀνέπεισε συμφρονῆσαί τε αὐτῷ ...... [5] καὶ συλλαβὼν τοὺς ἐπ' αὐτὸν [6] σταλέντας, ἔς τε τὸ βουλευτήριον μετὰ τῶν γραμμάτων ἐσήγαγε [7], καὶ ἄδειαν αὐτοῖς δοὺς πᾶσαν [8], οὕτω τὴν συνωμοσίαν ἤλεγξε. Κἀκ τούτου [9] ὁ Λέντουλος ἀπειπεῖν τὴν στρατηγίαν [10] ὑπὸ τῆς γερουσίας ἀναγκασθεὶς ἐν φρουρᾷ μετὰ τῶν ἄλλων τῶν [11] συλληφθέντων ἐγένετο, καὶ οἱ λοιποὶ ἀνεζητοῦντο.

1. Κατέμεινεν. Παρασκευαζομένου, dans A, B, D, F, G, H, et dans M. Imm. Bekker, par l'addition du ν paragogique devant une consonne. Sturz cite cette variante, mais d'après A seulement.

2. C : Παρασκευαζομένου δέ.

3. L'ancienne leçon τινάς est confirmée par les Ms. Oddey propose de remplacer τινὰς par τινά, et Reiske d'insérer κατοικίας avant τινάς. Le critique désigné par N dans Reimarus, substitue τὴν πόλιν à τινάς. Enfin Le Paulmier de Grentemesnil, Exercitat. in Opt. Auctor. Gr. Leyde, 1668, p. 244, conseille de lire καταπρήσεις τέ τινας καὶ σφαγὰς — *incendia et caedes quasdam*. Parmi ces conjectures plus ou moins probables, je choisis de préférence celle d'Oddey; parce qu'elle s'éloigne très-peu de l'ancienne leçon. M. Imm. Bekker lit καταπρῆσαί τε τὸ ἄστυ.

4. Συνομωμόκτων, dans C, faute du copiste.

5. Rob. Étienne n'a pas signalé la lacune qui existe ici. Sturz dit qu'elle n'est pas indiquée dans le Ms. de Turin : elle ne l'est pas davantage dans les autres Ms. Cependant on ne saurait douter qu'il n'y en ait une; mais elle ne peut être considérable, suivant Fabricius. Reiske propose d'ajouter après αὐτῷ : Καὶ τοῖς ἄλλοις τοῦ νεωτερισμοῦ κοινωνοῖς πυθόμενος περὶ τῆς συνωμοσίας ὁ ὕπατος κτλ.

Quant au fait historique, cf. Plutarque, Cic. XVIII-XIX; Appien, Guer. Civ. II, 4 ; Salluste, Catil. XL-XLI.

6. Les Ms. confirment tous l'ancienne leçon ἐπ' αὐτήν. Turnèbe propose ἐπ' αὐτόν. « Audacius est, dit Reimarus, dicere post lacunam ad quam

34. Cicéron resta à Rome fort à propos pour ses concitoyens; car Lentulus, de concert avec ses complices et avec les députés des Allobroges qu'il avait entraînés dans la conjuration, se préparait à incendier une partie de la ville et à égorger plusieurs citoyens ******* Cicéron fit arrêter ceux qui avaient été chargés de porter des lettres à Catilina, les introduisit avec ces lettres dans le sénat, leur assura l'impunité et mit ainsi la conspiration à nu. Lentulus, forcé par le sénat d'abdiquer la préture, fut jeté en prison avec tous ceux qui avaient été arrêtés, et l'on se mit à la recherche

vocem pronomen referatur, genusque inde definire. » J'ai cru pouvoir, avec Turnèbe, lire ἐπ' αὐτὸν (s.-ent. Κατιλίναν) 1° d'après Plutarque, l. l. XVIII : Τούτους οἱ περὶ Λέντλον ὠφελίμους ἡγούμενοι πρὸς τὸ κινῆσαι καὶ μεταβαλεῖν τὴν Γαλατίαν ἐποιήσαντο συνωμότας. Καὶ γράμματα μὲν αὐτοῖς πρὸς τὴν ἐκεῖ βουλὴν, γράμματα δὲ πρὸς Κατιλίναν ἔδοσαν........ Συναπέστελλον δὲ μετ' αὐτῶν πρὸς τὸν Κατιλίναν Τίτον τινα Κροτωνιάτην κομίζοντα τὰς ἐπιστολὰς κτλ., 2° d'après Appien, Guer. Civ. II, 4 : Ἀλλοβρίγων δὲ πρέσβεις αἰτιώμενοι τοὺς ἡγουμένους αὐτῶν, ἐς τὴν Λέντλου συνωμοσίαν ἐπήχθησαν....... Καὶ Λέντλος μὲν αὐτοῖς συνέπεμπεν ἐς Κατιλίναν Βουλτούρκιον ἄνδρα Κροτωνιάτην, γράμματα χωρὶς ὀνομάτων γεγραμμένα φέροντα.... Παρὰ δὲ τοῦ Σάγγα μαθὼν ὁ Κικέρων συνέλαβεν ἀπιόντας τοὺς Ἀλλόβριγάς τε καὶ Βουλτούρκιον, καὶ εἰς τὴν βουλὴν εὐθὺς ἐπήγαγεν.

7. C : Ἐσήγαγεν, καί. Ici encore, le ν paragogique a été ajouté devant une consonne. Cf. Salluste, Catil. XLVI ; Cicéron, Catil. III, 2, 3, 4, 5, 9.

8. On décerna même des récompenses aux ambassadeurs Allobroges et à Titus Volturcius; Salluste, Catil. L ; Cicéron, Catilin. IV, 3.

9. H : Καὶ τούτου, faute du copiste. La même leçon se trouvait dans G ; mais la véritable a été rétablie en marge par une main plus moderne.

10. Salluste, Catil. XLVII : Igitur perlectis litteris, quum prius omnes signa sua cognovissent, senatus decernit uti, abdicato magistratu, Lentulus, item ceteri, in liberis custodiis haberentur. Cf. Cicéron, Catil. IV, 3 ; Appien, Guer. Civ. II, 5.

11. Τῶν manque dans H, par l'omission de l'article, déjà signalée dans plusieurs notes de ce volume.

Καὶ ταῦτα καὶ τῷ δήμῳ ὁμοίως ἤρεσε, καὶ μάλιστα ἐπειδὴ[1], τοῦ Κικέρωνος δημηγοροῦντός τι περὶ αὐτῶν, τὸ ἄγαλμα τὸ τοῦ Διὸς[2] ἔς τε τὸ Καπιτώλιον παρ᾽ αὐτὸν τὸν καιρὸν τῆς ἐκκλησίας ἀνιδρύθη, καὶ κατὰ τὴν ὑφήγησιν τῶν μάντεων, πρός τε τὰς ἀνατολὰς[3] καὶ πρὸς τὴν ἀγορὰν βλέπον[4] ἀνετέθη. Ἐπειδὴ γὰρ ἐκεῖνοί τε[5] συνωμοσίαν[6] τινὰ ἐξελεγχθήσεσθαι ἐκ τῆς τοῦ ἀγάλματος στάσεως εἰρήκεσαν[7], καὶ ἡ ἀνάθεσις αὐτοῦ τοῖς φωραθεῖσι συνέβαινε, τό τε θεῖον ἐμεγάλυνον καὶ τοὺς τὴν αἰτίαν λαβόντας δι᾽ ὀργῆς μᾶλλον ἐποιοῦντο.

35. Διῆλθε μὲν οὖν λόγος ὅτι καὶ ὁ Κράσσος[8] ἐν αὐτοῖς εἴη, καὶ τοῦτο καὶ τῶν συλληφθέντων[9] τις ἐμήνυσεν· οὐ[10] μέντοι πολλοὶ ἐπίστευσαν. Οἱ μὲν γὰρ ἀρχὴν οὐδ᾽ ἠξίουν τοιοῦτό τι ἐς αὐτὸν ὑποπτεύειν· οἱ δὲ[11] καὶ ἐκ

---

1. Μάλιστ᾽ ἐπειδὴ, dans A, F et G.
2. Sur cette statue, cf. § IX.
3. C : Ἔς τε τὰς ἀνατολάς.
4. Βλέπων, dans le même Ms., par la confusion d'ο avec ω. C'est ainsi que dans un passage d'Hippocrate cité par un grammairien, Bekk. Anecd. Gr. tom. I, p. 169, Πίνω· γενικῇ· Ἱπποκράτης ἐν τῷ περὶ ἀρχαίης ἱστορίης· « ἀντὶ πυρῶν ἄρτον διδόναι », le Ms. de la Bibliothèque nationale de Paris n° 345, au lieu de ἄρτον, porte ἄρτων.
5. Τέ manque dans le même Ms. J'ai déjà parlé de l'omission de cette particule dans plusieurs notes de ce volume.
6. E : Συνομωσίαν, faute du copiste.
7. L'ancienne leçon εἰρήκεισαν, confirmée par les Ms., a été maintenue ici par Reimarus; mais, liv. LIX, 4, le même éditeur lit εἰρήκεσαν, qui se trouve dans les Ms. Comme Sturz et M. Imm. Bekker, j'adopte partout la forme attique εἰρήκεσαν. Cf. Maittaire, Gr. ling. Dial. p. 82; Lobeck, sur Phrynich. p. 149-150; Jacobs, sur Achill. Tatius, I, 1, p. 5, 3, et III, 3, p. 60, 33. Sur στάσεως que je substitue à πτώσεως, cf. les Éclaircissements.
8. G : Κράσος. Suivant Salluste, Catil. XLVIII, Crassus attribua ce bruit

des autres conjurés. Le peuple approuva ces mesures ; surtout parce qu'au moment où Cicéron parlait de cette affaire, en pleine assemblée publique, la statue de Jupiter fut replacée dans le Capitole, la face tournée du côté de l'orient et du Forum, suivant la prescription des augures. Ils avaient déclaré que l'existence d'une conspiration serait révélée par l'érection de cette statue, et comme son rétablissement coïncidait avec la découverte du complot de Catilina, le peuple glorifia les dieux et se montra plus irrité contre ses complices.

35. Le bruit courut que Crassus était aussi au nombre des conjurés : il avait été répandu par un de ceux qui étaient en prison ; mais peu de gens y ajoutèrent foi. Les uns refusaient absolument de soupçonner d'un tel crime un homme de ce caractère ; les autres suppo-

---

à Cicéron. Après avoir rapporté que L. Tarquinius avait déclaré en plein sénat qu'il était envoyé par M. Crassus à Catilina, pour lui recommander de ne point s'inquiéter de l'arrestation de Lentulus, de Céthégus et des autres conjurés, l'Historien ajoute : Erant eo tempore qui existumarent illud a P. Autronio machinatum, quo facilius, adpellato Crasso, per societatem periculi reliquos illius potentia tegeret. Alii Tarquinium a Cicerone immissum aiebant, ne Crassus, more suo, suscepto malorum patrocinio, rempublicam conturbaret. *Ipsum Crassum ego postea prædicantem audivi tantam illam contumeliam sibi ab Cicerone impositam.* La haine de Salluste pour Cicéron ne l'a-t-elle pas trop facilement rendu l'écho des soupçons de Crassus ?

9. G : Συληφθέντων. Le copiste n'a mis qu'un λ, quand il en fallait deux.

10. Ἐμήνυσε· οὐ, dans C, D et H, par l'omission du ν paragogique devant une voyelle.

11. Cette leçon est confirmée par les Ms., à l'exception de G, qui porte εἰ δὲ, par la confusion d'ε avec ο. J'ai maintenu οἱ δὲ, qui fournit un sens excellent. Dans la même ligne, au lieu de l'ancienne leçon τοιοῦτόν τι, A, C, D, F, G et H donnent τοιοῦτό τι, que j'adopte avec M. Imm. Bekker. F porte τοιοῦτότινἐξαὐτὸν : le copiste a déplacé le ν et réuni mal à propos les quatre mots.

τῶν ὑπαιτίων [1] ὑπετόπουν αὐτὸ, ὅπως βοηθείας τινὸς διὰ τοῦτο παρ' αὐτοῦ (ὅτι [2] πλεῖστον ἐδύνατο) τύχωσι, λογοποιεῖσθαι. Εἰ δ' οὖν τισὶ καὶ πιστὸν ἐδόκει εἶναι [3], ἀλλ' οὔτι [4] γε ἐδικαίουν ἄνδρα τε ἐν τοῖς πρώτοις σφῶν ὄντα ἀπολέσαι [5], καὶ τὴν πόλιν ἐπὶ πλεῖον [6] ἐκταράξαι· ὥστε τοῦτο μὲν παντελῶς διέπεσε. Παρασκευαζομένων [7] δὲ δὴ πολλῶν καὶ [8] δούλων καὶ ἐλευθέρων, τῶν μὲν ὑπὸ δέους, τῶν δὲ καὶ οἴκτῳ τοῦ τε Λεντούλου καὶ τῶν ἄλλων, ἐξαρπάσαι πάντας αὐτοὺς, ὅπως μὴ ἀποθάνωσι· προπυθόμενος τοῦθ' ὁ Κικέρων [9] τό τε Καπιτώλιον καὶ τὴν ἀγορὰν [10] τῆς [11] νυκτὸς φρουρᾷ προκατέσχε, καί τινα παρὰ τοῦ δαιμονίου χρηστὴν ἐλπίδα ἅμα τῇ ἕῳ λαβὼν, ὅτι, ἱερῶν ἐν τῇ οἰκίᾳ αὐτοῦ ὑπὸ τῶν ἀειπαρθένων ὑπὲρ τοῦ δήμου ποιηθέντων, τὸ πῦρ ἐπὶ μακρότατον παρὰ τὸ εἰκὸς ἤρθη [2], τὸν μὲν δῆμον τοῖς στρατηγοῖς ὁρκῶσαι ἐς τὸν κατάλογον, εἰ

αι
1. G : Ἐκ τῶν ὑπαντίων. Le copiste avait confondu αι avec αν : cette faute a été corrigée par une main plus moderne.
2. Ὅτι est omis dans F.
3. Ce verbe manque dans C.
4. Ὅτι γε, variante fautive dans le même Ms. Reiske voudrait substituer οὔτοί γε à οὔ τί γε, à cause de la perpétuelle confusion de τι avec τοι. Si quelque changement était nécessaire, j'aimerais mieux lire οὗτοι γε, comme M. Imm. Bekker.
5. Reiske propose ἀπολέσαι au lien d'ἀπολέσθαι, et Reimarus, dans ses *Addenda*, p. 1696, tom. II de son édition, se montre favorable à cette correction, à cause de ἐκταράξαι. Je l'ai adoptée avec M. Imm. Bekker. C porte ἀπώλεσθαι, par la confusion d'ο avec ω.
6. G : Ἐπὶ πλεῖστον, mais ἐπὶ πλεῖον a été ajouté en marge par une main plus moderne.
7. Διέπεσεν. Παρασκευαζομένων, par l'addition du ν paragogique devant une consonne.

saient que cette rumeur avait été semée par les conjurés, dans le but d'obtenir ainsi quelque secours de Crassus, qui jouissait d'un très-grand crédit. Si quelques-uns la regardèrent comme croyable, ils ne voulurent pourtant pas faire mettre à mort un citoyen placé au premier rang dans l'estime publique et exciter de nouveaux orages dans l'État : ce bruit tomba donc complétement. Cependant une foule d'hommes libres et d'esclaves, ceux-ci par crainte, ceux-là par compassion pour Lentulus et pour ses complices, se disposaient à les enlever tous, pour qu'ils ne subissent point la peine capitale. Cicéron, instruit de leur dessein, plaça pendant la nuit une garde dans le Capitole et dans le Forum. Puis, ayant reçu des dieux un bon présage, dès l'aurore (car dans un sacrifice célébré chez lui par les vestales pour le salut de l'État, la flamme s'était élevée plus haut que de coutume), il ordonna au peuple de prêter serment entre les mains des préteurs et de s'enrôler, si on avait besoin de sol-

8. Καὶ manque dans le même Ms. L'omission de ce mot a été signalée dans plusieurs notes de ce volume.
9. C, G et H : Προπυθόμενος δὲ τοῦθ' ὁ Κικέρων.
10. C : Καὶ αὐτὴν τὴν ἀγοράν.
11. Τῆς manque dans le même Ms. et dans H : sur l'omission de l'article, cf. p. 229, note 11.
12. Plutarque, Cic. XX : Ταῦτα τοῦ Κικέρωνος διαποροῦντος γίνεταί τι ταῖς γυναιξὶ σημεῖον θυούσαις. Ὁ γὰρ βωμός, ἤδη τοῦ πυρὸς κατακεκοιμῆσθαι δοκοῦντος, ἐκ τῆς τέφρας καὶ τῶν κεκαυμένων φλοιῶν φλόγα πολλὴν ἀνῆκε καὶ λαμπράν, ὑφ' ἧς αἱ μὲν ἄλλαι διεπτοήθησαν, αἱ δ' ἱεραὶ παρθένοι τὴν τοῦ Κικέρωνος γυναῖκα Τερεντίαν ἐκέλευσαν ᾗ τάχος χωρεῖν πρὸς τὸν ἄνδρα καὶ κελεύειν οἷς ἔγνωκεν ἐγχειρεῖν ὑπὲρ τῆς πατρίδος, ὡς μέγα πρός τε σωτηρίαν καὶ δόξαν αὐτῷ τῆς θεοῦ φῶς διδούσης. La flamme qui s'élevait ainsi dans un sacrifice, était regardée comme un heureux présage. Cf. le même, Thémist. XIV.

δή τις χρεία στρατιωτῶν γένοιτο, ἐκέλευσεν · αὐτὸς δὲ ἐν τούτῳ τὴν βουλὴν ἤθροισε, καὶ σφᾶς συνταράξας τε καὶ ἐκφοβήσας ἔπεισε θάνατον τῶν συνειλημμένων καταγνῶναι.

36. Ἐγένοντο μὲν γὰρ ἀμφίβολοι, καὶ παρ' ὀλίγον αὐτοὺς ἀπέλυσαν. Ὁ γὰρ Καῖσαρ, πάντων τῶν πρὸ αὐτοῦ ψηφισαμένων ἀποθανεῖν σφᾶς, γνώμην ἔδωκε δῆσαί τε αὐτοὺς καὶ ἐς πόλεις ἄλλους ἄλλῃ καταθέσθαι, τῶν οὐσιῶν ἐστερημένους, ἐπὶ τῷ μήτε περὶ ἀδείας ἔτι αὐτῶν χρηματισθῆναί τί[1] ποτε, κἂν διαδράσῃ τις, ἐν πολεμίων μοίρᾳ τὴν πόλιν ἐξ ἧς ἂν φύγῃ[2] εἶναι· καὶ τοῦτο πάντες οἱ μετὰ ταῦτα ἀποφηνάμενοι μέχρι τοῦ Κάτωνος ἐψηφίσαντο· ὥστε καὶ τῶν προτέρων τινὰς μεταγνῶναι[3]. Ἐπεὶ δὲ οὗτος αὐτός τε τὸν θάνατον αὐτῶν κατεδίκασε καὶ τοὺς λοιποὺς πάντας ὁμοψήφους ἐποιήσατο[4], οὕτω δὴ ἐκεῖνοί τε ἐκ τῆς νικώσης ἐκολάσθησαν[5], καὶ ἐπ' αὐτοῖς καὶ θυσία καὶ ἱερομηνία ἐψηφίσθη[6] (ὃ μὴ πώποτε ἐπὶ τοιούτῳ τινὶ ἐγεγόνει)· καὶ οἱ ἄλλοι οἱ μηνυθέντες ἐζητοῦντο· καί τινες καὶ ἐπὶ τῷ μελλῆσαι συμφρονήσειν αὐτοῖς ὑποπτευθέντες εὐθύνοντο. Καὶ τὰ μὲν ἄλλα οἱ ὕπατοι διώκουν· Αὖλον δὲ Φούλβιον, ἄνδρα βουλευτὴν, αὐτὸς ὁ πατὴρ ἀπέσφαξεν,

---

1. D'après A et F, je substitue, comme M. Imm. Bekker, cette leçon à l'ancienne χρηματισθῆναί ποτε. Le passage χρηματισθῆναι — μοίρᾳ manquait dans G : il a été ajouté en marge par une main plus moderne.
2. D'après trois Ms., A, F et G, je substitue cette leçon à l'ancienne φύγοι. M. Imm. Bekker l'adopte aussi.
3. Au lieu de l'ancienne leçon καταγνῶναι, je donne μεταγνῶναι, proposé par Turnèbe et approuvé par Reimarus et par M. Imm. Bekker. Xylander a traduit d'après cette correction.

dats. En même temps il convoqua le sénat et tâcha de l'amener, par le trouble et par la crainte, à décréter la peine capitale contre ceux qui avaient été arrêtés.

36. Les avis se divisèrent, et peu s'en fallut que les conjurés ne fussent absous. Tous ceux qui opinèrent avant César votèrent pour la peine de mort ; mais César émit l'avis qu'on les privât de leurs biens et qu'on leur donnât diverses villes pour prison, à condition qu'il ne serait jamais question de leur faire grâce, et que si quelqu'un d'entre eux s'évadait, on regarderait comme ennemie la ville d'où il se serait échappé. Cette opinion fut partagée par tous ceux qui votèrent après lui jusqu'à Caton : quelques-uns même de ceux qui avaient opiné avant César changèrent d'avis ; mais Caton se prononça pour la peine capitale, et son opinion fut adoptée par tous ceux qui n'avaient pas encore voté. Elle prévalut, et les conjurés subirent cette peine. On ordonna, à cette occasion, un sacrifice et de solennelles actions de grâces ; ce qui n'avait jamais eu lieu dans une circonstance semblable. Des recherches furent dirigées contre tous ceux qui avaient été dénoncés : quelques citoyens, soupçonnés d'avoir voulu entrer dans la conspiration, eurent à rendre compte de leur conduite. Tout cela était l'affaire des consuls ; mais le sénateur Aulus Fulvius périt de la main de son père, qui ne fut pas le seul, comme plusieurs l'ont cru, qui agit

---

4. D et H : Πάντας ὁμοψήφους πάντας : par distraction, le copiste a écrit deux fois le même mot.

5. Ἐκωλάσθησαν, dans G, par la confusion d'o avec ω.

6. Cicéron, Philipp. XIV, 8 : Mihi consuli supplicatio, nullis armis sumtis, non ob cædem hostium, sed ob conservationem civium, novo et inaudito genere, decreta est.

οὔτι γε καὶ μόνος (ὥς γέ τισι δοκεῖ) τοῦτ' ἐν ἰδιωτείᾳ¹ ποιήσας· συχνοὶ γὰρ δὴ καὶ ἄλλοι, οὐχ ὅτι ὕπατοι, ἀλλὰ καὶ ἰδιῶται, παῖδας σφῶν ἀπέκτειναν.

37. Τότε μὲν δὴ² τόδε ἐγένετο, καὶ τὰς αἱρέσεις τῶν ἱερέων, γράψαντος μὲν τοῦ Λαβιήνου³, σπουδάσαντος δὲ τοῦ Καίσαρος, ἐς τὸν δῆμον αὖθις ὁ ὅμιλος παρὰ τὸν τοῦ Σύλλου νόμον ἐπανήγαγεν, ἀνανεωσάμενος⁴ τὸν τοῦ Δομιτίου⁵. Ὁ γὰρ Καῖσαρ⁶, τοῦ Μετέλλου τοῦ Εὐσεβοῦς τελευτήσαντος, τῆς τε ἱερωσύνης αὐτοῦ, καίτοι καὶ νέος⁷ καὶ μηδέπω ἐστρατηγηκὼς, ἐπεθύμησε· καὶ ἐν τῷ πλήθει τὴν ἐλπίδα αὐτῆς, διά τε τἆλλα⁸ καὶ ὅτι τῷ τε Λαβιήνῳ κατὰ τοῦ Ῥαβιρίου συνηγωνίσατο⁹, καὶ τὸν Λεντοῦλον ἀποθανεῖν οὐκ ἐψήφιστο, λαβών· τοῦτό τε ἔπραξε, καὶ ἀρχιερεὺς¹⁰ τῶν ποντιφίκων, καίπερ ἄλλων τε τῆς τιμῆς πολλῶν¹¹, καὶ τοῦ Κατούλου μάλιστα, ἀντιποιουμένων, ἀπεδείχθη. Καὶ γὰρ θεραπεῦσαι καὶ κολακεῦσαι πάντα τινὰ καὶ τῶν τυχόντων ἑτοιμότατος ἐγένετο, καὶ οὔτε λόγου οὔτε ἔργου οὐδενὸς ἐς τὸ κατατυχεῖν ὧν ἐσπούδαζεν¹² ἐξίστατο· οὐδὲ ἔμελέν¹³ οἱ τῆς αὐτίκα ταπεινότητος πρὸς

---

1. Ἰδιωτίᾳ, dans A, B, C, F et G, par la confusion d'ει avec ι. — « Ἰδιωτεία, dit Reiske, hic loci est *status ille, quando senator aliquis munus aliquod senatorium non exercet, quando extra actum est.* »
2. Δὲ, dans C, faute de copiste. Le même Ms. porte τότε au lieu de τόδε. Cette faute se trouve aussi dans G.
3. T. Attius Labiénus, tribun du peuple. Il en a été question § XXVI.
4. H : Ἐπανήγαγε, ἀνανεωσάμενος κτλ., par l'omission du ν paragogique devant une voyelle.
5. G : Δομητίου, par la confusion d'ι avec η.
6. Cf. Plutarque, Cæs. VII, et Suétone, Cæs. XIII.

ainsi, de son autorité privée; car beaucoup d'autres (je ne parle pas seulement des consuls, mais des simples citoyens) donnèrent la mort à leurs fils.

37. Tels sont les événements qui se passèrent à cette époque. De plus, sur la proposition de Labiénus secondé par César, le peuple, contrairement à la loi de Sylla et par le renouvellement de celle de Domitius, décida que l'élection des pontifes lui appartiendrait de nouveau. Métellus le Pieux étant mort, César, jeune encore et qui n'avait pas été préteur, aspira à lui succéder. Il plaçait ses espérances dans la multitude pour divers motifs; mais surtout parce qu'il avait soutenu Labiénus contre Rabirius et n'avait point voté la mort de Lentulus. Il réussit et fut nommé grand pontife, quoiqu'il eût de nombreux compétiteurs, entre autres Catulus. Personne ne se résignait plus promptement que César à courtiser et à flatter les hommes les moins considérés; il ne reculait devant aucun discours ni devant aucune action, pour obtenir ce qu'il ambitionnait. Peu lui importait de s'abaisser dans le moment, pourvu que cet abaissement servît à le rendre puissant plus

---

7. L'ancienne leçon καί τοι νέος est tirée de E. Les autres Ms. confirment celle que je donne avec Reimarus et Sturz.

8. G : Διά τε ἄλλα.

9. Cf. § 27. C, D et G donnent συνηγωνήσατο, par la confusion d'ι avec η. M. Imm. Bekker lit συνηγώνιστο.

10. Ἀρχιερέως, dans C, E et F, est une faute du copiste. Dans G, elle a été corrigée par une main plus moderne.

11. Isauricus, entre autres; cf. Plutarque, l. l.

12. Ἐσπούδαζον, dans A, B, F et G, par la confusion d'ε avec ο.

13. C, D, F, G et H : Ἔμελλεν. La confusion de ces verbes est perpétuelle.

τὴν ἐκ τοῦ ἔπειτα ἰσχύν· ἀλλ' ὧν [1] ἐπεχείρει πρωτεῦσαι, τούτους ὡς καὶ κρείττονας ὑπήρχετο [2].

38. Τῷ μὲν οὖν Καίσαρι διὰ ταῦθ' οἱ πολλοὶ προσφιλεῖς ἦσαν· τὸν δὲ δὴ Κικέρωνα ἐν ὀργῇ ἐπὶ τῷ τῶν πολιτῶν θανάτῳ ποιούμενοι, τά τε [3] ἄλλα ἤχθαιρον, καὶ τέλος ἀπολογεῖσθαί τε καὶ καταλέξαι [4] πάνθ' ὅσα ἐν τῇ ὑπατείᾳ ἐπεποιήκει τῇ τελευταίᾳ τῆς ἀρχῆς ἡμέρᾳ ἐθελήσαντα [5] (πάνυ γάρ που ἡδέως οὐχ ὅπως ὑφ' ἑτέρων ἐπῃνεῖτο, ἀλλὰ καὶ αὐτὸς ἑαυτὸν ἐνεκωμίαζεν) ἐσίγασαν [6], οὐδὲ ἐπέτρεψαν αὐτῷ ἔξω τι τοῦ ὅρκου φθέγξασθαι, συναγωνιστῇ Μετέλλῳ Νέπωτι δημαρχοῦντι χρησάμενοι· πλὴν καθ' ὅσον [7] ἀντιφιλονεικήσας προσεπώμοσεν, ὅτι σεσωκὼς [8] τὴν πόλιν εἴη. Καὶ ὁ μὲν καὶ ἐκ τούτου πολὺ μᾶλλον ἐμισήθη.

39. Κατιλίνας δὲ ἐν ἀρχῇ εὐθὺς τοῦ ἔτους ἐν ᾧ Ἰούνιός [9] τε Σιλανὸς καὶ Λούκιος Λικίννιος ἦρξαν, ἀπεφθάρη. Τέως μὲν γάρ, καίπερ δύναμιν οὐκ ὀλίγην ἔχων, ἐκαραδόκει τὰ τοῦ Λεντούλου καὶ διέμελλεν, ἐλπίζων, ἂν φθά-

---

1. H : Ἄλλων. Le copiste a réuni les deux mots mal à propos. J'ai signalé plusieurs fautes analogues.
2. Le passage ἀλλ' ὧν — ὑπήρχετο se trouve dans Bekker, Aneed. gr. I, p. 178, 1 : 'Ὑπέρχομαι· τὸ ὑποτάσσομαι, αἰτιατική. Δίων τριακοστῷ ἑβδόμῳ βιβλίῳ· « ἀλλ' ὧν ἐπιχειρεῖ πρωτεῦσαι, τούτους ὡς καὶ κρείττονας ὑπήρχετο. » Le Grammairien auquel cette citation est empruntée s'est trompé, en donnant ἐπιχειρεῖ au lieu d'ἐπεχείρει ; mais la leçon κρείττονας, qui se trouve aussi dans A, B, C, D, F, G et H, est la véritable. C'est à tort que G l'a remplacée par la vulgaire κρείττων. Dans E, κρεῖττον provient de ce que le copiste a négligé l'abréviation placée, dans les autres manuscrits, au-dessus de ον et qui représente la syllabe ας. La bonne leçon a été devinée par Le Paulmier de Grentemesnil, Exercitat. p. 244 : seulement, au lieu de κρείττονας, il adopte la forme contracte κρείττους.

tard : il cherchait donc à se concilier, comme s'ils avaient été au-dessus de lui, ceux-là même qu'il espérait mettre sous sa dépendance.

38. Par là il gagna la multitude; tandis qu'elle était irritée contre Cicéron, à cause du supplice des conjurés. Après lui avoir témoigné son antipathie dans plusieurs circonstances, elle alla jusqu'à lui imposer silence; lorsqu'il voulut se défendre et énumérer, le dernier jour de son consulat, ce qu'il avait fait pendant cette magistrature; car outre qu'il aimait à être loué par les autres, il se louait volontiers lui-même. Le peuple, à l'instigation du tribun Métellus Népos, ne permit à Cicéron que de prononcer le serment; mais Cicéron, ne voulant pas avoir le dessous dans cette lutte, ajouta à son serment qu'il avait sauvé Rome et souleva par là contre lui une haine encore plus violente.

39. Catilina périt tout au commencement de l'année qui eut pour consuls Junius Silanus et Lucius Licinius. Quoiqu'il disposât de forces assez considérables, il voulait voir quel serait le sort de Lentulus, et il temporisait,

3. Τέ manque dans C. Sur l'omission de cette particule, cf. 230, not. 5 de ce volume.

4. Καταλλέξαι dans G et κάτ' ἀλλέξαι dans H sont des fautes du copiste.

5. Sturz cite avec raison ἐθελήσαντες, comme une faute dans H : elle se trouve aussi dans D et G. Le Ms. de Munich n° 2 porte ἐθέλοντος, leçon fautive.

6. Ἐσίγησαν, dans F, est repoussée par l'enchaînement des idées. Nic. Leoniceno avait sans doute cette leçon dans son Ms., puisqu'il traduit : *Tutti stetteno taciti*.

7. C : Πλὴν ὅσον.

8. H : σωκώς. La syllabe σε a été ajoutée par une main plus moderne.

9. Ἰούλιος, au lieu de Ἰούνιος, dans A, E, F, G et H, par la confusion de λ avec ν ; cf. Bast, Comment. Palæogr. p. 723 ; 726. Nul doute que Ἰούνιος ne soit la véritable leçon; cf. Pighius, Annal. Rom. tom. III, p. 328, éd. Schott.

σωσιν ὅ τε Κικέρων [1] καὶ οἱ σὺν αὐτῷ σφαγέντες, ῥᾳδίως τὰ λοιπὰ προσκατεργάσασθαι· ἐπεὶ δὲ ἐκεῖνόν τε ἀπολωλότα ἐπύθετο [2], καὶ τῶν συνόντων οἱ συχνοὺς μεθισταμένους διὰ τοῦτ' ᾔσθετο, ὅ τε Ἀντώνιος καὶ ὁ Μέτελλος ὁ Κέλερ [3] πρὸς ταῖς Φαισούλαις προσεδρεύοντες οὐδαμῇ προελθεῖν [4] αὐτῷ ἐπέτρεπον· ἀποκινδυνεῦσαι ἠναγκάσθη, καὶ (ἦσαν γὰρ δίχα ἐστρατοπεδευμένοι) πρὸς τὸν Ἀντώνιον ἐτράπετο [5], καίπερ τῷ ἀξιώματι προέχοντα τοῦ Μετέλλου, καὶ δύναμιν πλείω περιβεβλημένον. Αἴτιον δὲ, ὅτι ἐλπίδα αὐτοῦ κατὰ τὸ συνωμοτὸν ἐθελοκακήσειν ἔσχεν [6]. Ὑποπτεύσας [7] οὖν τοῦτ' ἐκεῖνος, καὶ μήτε δι' εὐνοίας ἔτ' αὐτῷ ἅτε ἀσθενεῖ ὄντι ὢν (πρός τε γὰρ τὰς δυνάμεις τινῶν καὶ πρὸς τὰ ἑαυτῶν συμφέροντα, καὶ τὰς ἔχθρας, τάς τε φιλίας [8] οἱ πολλοὶ ποιοῦνται), καὶ προσκαταδείσας μή πως προθύμως σφᾶς ἀγωνιζομένους ἰδὼν ἐξονειδίσῃ [9] τι καὶ [10] προενέγκῃ [11] οἱ τῶν ἀπορρήτων, αὐτὸς μὲν νοσεῖν προεφασίσατο [12], Μάρκῳ δὲ Πετρείῳ τὴν μάχην ἐπέτρεψε.

1. G et H : Ὅ τι Κικέρων, faute de copiste.
2. Cf. § 36 et Plutarque, Cic. XXII.
3. G : Ὁ Κέλλερος, leçon barbare.
4. A l'ancienne leçon προσελθεῖν je substitue προελθεῖν, proposé par Leunclavius, d'après la traduction de Xylander : *nullam ei progrediendi copiam faciebant*. On peut conclure de la version de Nic. Leoniceno, *Et non lasciavano passare avanti*, que la leçon προελθεῖν était dans son Ms. M. Imm. Bekker l'a adoptée.
5. C : Ἐτράποντο, faute de copiste.
6. Cette leçon est confirmée par les Ms. Reiske propose de substituer τοῦ à αὐτοῦ et de sous-entendre αὐτὸν devant ἐθελοκακήσειν. Sturz a adopté cette conjecture. Comme Reimarus, je maintiens l'ancienne leçon, qui donne un sens très-satisfaisant : *Eum, velut participem conjurationis, dedita opera, rem male gesturum sperabat*. E donne συνομωτὸν, au lieu de συνωμοτὸν, par la confusion d'ω avec ο.

persuadé qu'après la mort de Cicéron et de ses amis, il lui serait facile de mener son entreprise à bonne fin; mais il apprit que Lentulus avait été mis à mort et s'aperçut que cet événement causait plusieurs défections dans son parti. De plus Antoine et Métellus, qui assiégeaient Fésules, ne lui permettaient pas d'avancer : il fut donc forcé de tenter la fortune des combats. Les deux généraux étaient campés séparément : Catilina se dirigea vers Antoine, quoiqu'il fût supérieur en dignité à Métellus et qu'il eût des troupes plus nombreuses. Il agit ainsi dans l'espoir qu'Antoine, qui avait trempé dans la conspiration, perdrait à dessein la bataille; mais celui-ci s'en douta, et comme il n'était plus dévoué à Catilina devenu faible (car la plupart des hommes, dans leurs haines et dans leurs amitiés, ne tiennent compte que de la puissance des autres ou de leurs avantages personnels); comme il craignait d'ailleurs que Catilina, le voyant combattre avec ardeur contre les conjurés, ne lui adressât des reproches ou ne divulguât quelque secret, il feignit d'être malade et chargea Marcius Pétréius de livrer la bataille.

7. D : Ἔσχε. Ὑποπτεύσας κτλ., par l'omission du ν paragogique devant une voyelle.

8. Xylander et Reimarus traduisent *amicitias inimicitiasque suscipiunt*, comme si le texte portait τάς τε φιλίας καὶ τὰς ἔχθρας, leçon proposée par Reiske. L'ancienne doit être maintenue. « *Nihil mutandum*, dit Sturz, modo intelligas : *adeo inimicitias et amicitias*, etc. »

9. F : Ἐξονειδήσῃ, par la confusion d'ι avec η.

10. Τε καὶ, dans C, D, G et H.

11. D'après H. Comme Sturz, je préfère cette leçon à προσενέγκῃ, adopté par Reimarus, et à προσεσενέγκῃ proposé par Leunclavius. M. Imm. Bekker lit προενέγκῃ.

12. Προεφασείσατο, dans A, G et H, par la confusion d'ι avec ει.

40. Συμβαλὼν οὖν οὗτος σφίσι, τὸν Κατιλίναν καὶ ἄλλους τρισχιλίους προθυμότατα [1] ἀγωνιζομένους οὐκ ἀναιμωτὶ κατέκοψεν. Οὔτε γὰρ ἔφυγεν αὐτῶν οὐδεὶς, καὶ ἐν χώρᾳ πάντες ἔπεσον· ὥστε καὶ αὐτοὺς τοὺς κρατήσαντας πολὺ τῶν κοινῶν ὀδύρασθαι [2], ὅτι καὶ τοιούτους καὶ τοσούτους, εἰ καὶ [3] δικαίως, ἀλλὰ καὶ [4] πολίτας τε καὶ [5] συμμάχους ἀπολωλέκεσαν. Ὁ δ᾽ οὖν Ἀντώνιος τήν τε κεφαλὴν αὐτοῦ ἐς τὸ ἄστυ, ὅπως πιστεύσαντες αὐτὸν τετελευτηκέναι, μηδὲν ἔτι δεδιῶσιν, ἔπεμψε· καὶ [6] αὐτοκράτωρ ἐπὶ τῇ νίκῃ, καίτοι τοῦ ἀριθμοῦ [7] τῶν πεφονευμένων [8] ἐλάττονος παρὰ τὸ νενομισμένον ὄντος, ἐπεκλήθη. Βουθυτηθῆναί [9] τε ἐψηφίσθη, καὶ τὴν ἐσθῆτα, ὡς καὶ πάντων τῶν δεινῶν ἀπηλλαγμένοι, μετέβαλον [10].

41. Οὐ μὴν οἵ γε σύμμαχοι, οἱ μετασχόντες [11] τῷ Κα-

1. C et G : Προθυμώτατα, par la confusion d'o avec ω. On trouve un exemple d'une confusion analogue dans C, qui porte ἀναιμοτὶ, au lieu de ἀναιμωτί.

2. Cette leçon est correcte et fournit un sens excellent. « Ὀδύρεσθαί τινος, scil. ἕνεκα, dit Reimarus dans ses *Addenda*, t. II, p. 1706 de son édition, cum genitivo personæ usurpatum, referri solet ad eum, cujus vicem dolemus, hoc est, qui aliquid amisit; id quod in rempublicam, τὰ κοινὰ, bene quadrat, quæ multos cives amiserat, non vero in cives amissos. » Il est donc superflu de recourir à des conjectures, comme l'a fait Reiske.

Dans F, πολλοὶ au lieu de πολὺ, provient de la prononciation moderne. Nic. Leoniceno a bien rendu πολὺ τῶν κοινῶν — *In tanto che i vincitori medesimi si lamentarono assai del danno publico*. Wagner s'est trompé sur le sens : *Selbst die sieger beklagten laut den Senat dasz sie so viele — hätten erlegen müssen*.

3. C : Εἶναι. Le copiste a réuni les deux mots εἰ et καὶ, en confondant le κ avec le ν. Cf. Bast, Comment. Palæogr. p. 726.

4. Mieux ἀλλά γε, ou ἀλλὰ γὰρ, proposé par Reiske.

5. Cette conjonction manque dans C. Sur l'omission de καὶ, cf. p. 47, not. 3 de ce volume.

HISTOIRE ROMAINE DE DION, L. XXXVII.   243

40. Pétréius l'engagea ; mais ce ne fut pas sans effusion de sang qu'il remporta la victoire sur Catilina et sur ses trois mille soldats, qui combattirent avec la plus bouillante ardeur. Aucun ne prit la fuite et ils tombèrent tous à leur place. Aussi les vainqueurs eux-mêmes plaignaient-ils la République d'avoir perdu tant d'hommes si braves, dont la mort était juste, mais qui n'en étaient pas moins des citoyens et des alliés! Antoine envoya à Rome la tête de Catilina, pour que la certitude de sa mort mît fin à toutes les craintes. Cette victoire lui valut le titre d'*imperator*, quoique le nombre des morts fût moindre que celui qui était fixé par les lois. On ordonna des sacrifices, et les Romains changèrent de vêtements, comme s'ils avaient été délivrés de tous les maux.

41. Cependant les alliés, qui s'étaient déclarés pour

6. D et H : Ἔπεμψεν· καὶ, par l'addition du ν paragogique devant une consonne.

7. L'ancienne leçon καὶ τῇ τοῦ ἀριθμοῦ, qui se trouve dans C, E et G, est fautive par la confusion d'οι avec η. Je lis, d'après A, B et F : Καί τοι τοῦ ἀριθμοῦ. Robert Étienne avait proposé cette correction sans le secours des Ms.

8. Τῶν τε πεφονευμένων, dans A, F, G et H. La particule τέ a été souvent ajoutée par les copistes. Ainsi dans Josèphe, I, 8, 2, au lieu de Ἀβραμος, Αἰγυπτίους εὐδαιμονεῖν πυθόμενος, διαίρειν πρὸς αὐτοὺς ἦν πρόθυμος τῆς τε ἀφθονίας τῆς ἐκείνων μεθέξων, καὶ τῶν ἱερέων ἀκροατὴς ἐσόμενος, ὧν λέγοιεν περὶ θεῶν, le Ms. de Peiresc, Περὶ ἀρετῆς καὶ κακίας, porte ὧν λέγοιέν τε περὶ θεῶν.

9. Βουθητηθῆναι, dans G, par la confusion d'υ avec η.

10. C'est-à-dire qu'ils quittèrent la saie (cf. § 33) et reprirent la toge, que Dion, liv. XLI, 17, appelle τὴν ἐσθῆτα τὴν εἰρηνικήν. A, G et H portent μετέβαλλον. Le copiste a mis deux λ, quand il n'en fallait qu'un.

11. L'ancienne leçon κατασχόντες se trouve dans E. H. Étienne et Leunclavius ont adopté μετασχόντες, proposé par R. Étienne, sans le secours des Ms. Avec Reimarus et Sturz, je donne cette leçon, qui est confirmée

τιλίνα τῶν πραγμάτων, καὶ τότε ἔτι περιόντες [1], ἡσύχαζον, ἀλλὰ καὶ δέει τῆς τιμωρίας ἐταράττοντο [2]. Καὶ ἐκείνους μὲν στρατηγοὶ καθ' ἑκάστους πεμφθέντες προκατέλαβον τρόπον τινὰ ἐσκεδασμένους, καὶ ἐτιμωρήσαντο· ἕτεροι δὲ τῶν λανθανόντων, μηνύσει [3] Λουκίου Οὐεττίου [4], ἀνδρὸς ἱππέως, συγκοινωνήσαντος μὲν σφίσι τῆς συνωμοσίας [5], τότε δὲ ἐπ' ἀδείᾳ αὐτοὺς ἐκφαίνοντος, ἐλεγχόμενοι ἐδικαιοῦντο· μέχρις οὗ ἐσαγγείλας [6] τινὰς, τά τε ὀνόματα αὐτῶν ἐς δέλτιον συγγράψας, ὕστερον καὶ ἄλλους συχνοὺς προσεγγράψαι [7] ἠθέλησεν. Ὑποπτεύσαντες γὰρ αὐτὸν οἱ βουλευταὶ μηδὲν ὑγιὲς πράττειν, τὸ μὲν γραμματεῖον οὐκέτ' αὐτῷ [8] ἔδωκαν, μὴ καὶ ἀπαλείψῃ τινάς· εἰπεῖν δὲ ἀπὸ γλώσσης ἐκέλευσαν, ὅσους παραλελοιπέναι [9] ἔφασκε. Καὶ οὕτως αἰδεσθεὶς καὶ φοβηθεὶς, οὐκέτι πολλοὺς ἐνέδειξε. Θορύβου δ' οὖν καὶ ὡς [10] ἔν τε τῇ πόλει καὶ παρὰ τοῖς συμμάχοις, ἀγνοίᾳ τῶν ὠνομασμένων, ὄντος, καὶ τῶν μὲν

par A, B, C, D, F et H. Sturz a donc tort de ne l'attribuer qu'au dernier. G porte μετασχόντες κα. La syllabe κα a été superposée par une main plus moderne.

1. Xylander traduit : *Socii, qui Catilinæ rerum participes fuerant, etiam tum obambulantes,* comme s'il y avait περιιόντες. La véritable leçon est celle que je donne avec tous les Ms. et qui a été suivie aussi par Nic. Leoniceno : *I compagni i quali erano stati participi della congiuratione di Catilina, et anchora allora erano salvi non stavano quieti.*

2. Sturz aimerait mieux ἐτάραττον. Ce changement pourrait se justifier par un passage analogue, § 43 : Ἐλπίδι δὲ τοῦ δι' αὐτοῦ, ἅτε τὰ τοῦ πλήθους φρονοῦντος, ἰσχύσειν ἐν οἷς ἐτάρασσεν κτλ.; **mais il n'est** pas nécessaire.

3. Μηνύσι, dans G, par la confusion d'**ει avec** ι.

4. Cf. Cicéron, Disc. contre Vatinius, XI ; **Lettr.** à Attic. II, 24 ; Suétone, Cés. XVII ; H. Noris, Cenotaph. Pis. V, p. 66. Au lieu de Οὐεττίου, F et G

Catilina et qui avaient échappé à sa défaite, bien loin de se tenir tranquilles, remuaient encore dans la crainte d'être punis. Comme ils étaient en quelque sorte dispersés, les préteurs, envoyés contre eux sur divers points, prévinrent leurs attaques et les châtièrent. D'autres, qui étaient cachés, furent trahis par Lucius Vettius, de l'ordre des chevaliers et leur ancien complice ; mais qui alors découvrit leur retraite pour obtenir l'impunité : ils furent convaincus d'avoir conspiré et livrés au supplice. Vettius, qui avait déjà dénoncé plusieurs conjurés et inscrit leurs noms sur une tablette, voulut en ajouter plusieurs autres ; mais les sénateurs, le soupçonnant de ne pas agir loyalement, refusèrent de lui confier la tablette, de peur qu'il n'effaçât quelques noms, et lui ordonnèrent de faire connaître de vive voix ceux qu'il prétendait avoir omis. Vettius, par honte et par crainte, ne dénonça presque plus personne. Cependant le trouble régnait dans Rome et parmi les alliés : comme les noms de ceux qui avaient été dénoncés n'étaient pas connus, les uns craignaient pour eux-

donnent Οὐετίου. Les copistes n'ont mis qu'un τ, lorsqu'il en fallait deux.

5. Συνομωσίας, dans E et G, par la confusion d'ο avec ω. Ce mot est tout à fait corrompu dans C, qui porte συμμοσίας.

6. G : Ἀγγείλας, par l'omission de la préposition, suivant l'usage des copistes. La véritable leçon a été rétablie en marge par une main plus moderne. Dans H, la préposition est séparée du participe : Ἐς ἀγγείλας.

7. F : Προσεγγράψας, par la confusion des désinences αι et ας.

8. La leçon οὐκετ' αὐτῶν, par la confusion du ν avec l'ι final, dont on a fait plus tard l'ι souscrit, se trouve non-seulement dans A, cité par Reimarus ; mais aussi dans B et F.

9. Παραλελειπέναι, dans F, par la confusion d'ο avec ε.

10. L'ancienne leçon δ' οὖν ὡς est confirmée par les Ms. Leunclavius propose de supprimer ὡς. Reiske conseille aussi de retrancher ce mot, ou de le remplacer par ὁμοίως. Reimarus pense que l'ancienne leçon peut être maintenue en écrivant ὥς. Sturz change οὖν et ὡς en οὕτως, qui se trouve

246 ΤΩΝ ΔΙΩΝΟΣ ΙΣΤΟΡΙΩΝ ΡΩΜ. ΒΙΒΛ. ΛΖ.

περὶ σφίσιν αὐτοῖς [1] μάτην θορυβουμένων, τῶν δὲ καὶ ἐς ἑτέρους οὐκ ὀρθῶς ὑποπτευόντων, ἔδοξε τῇ γερουσίᾳ τὰ ὀνόματα αὐτῶν ἐκτεθῆναι. Κἀκ τούτου, οἵ τε ἀναίτιοι [2] κατέστησαν, καὶ τοῖς ὑπευθύνοις δίκαι [3] ἐγένοντο. Καὶ αὐτῶν οἱ μὲν παρόντες, οἱ δὲ καὶ ἐρήμην ὦφλον [4].

R. p.138.

42. Κατιλίνας μὲν ταῦτ' ἐποίησε, καὶ οὕτω κατελύθη· καὶ ἐπὶ πλεῖόν γε [5] τῆς τῶν πραχθέντων ἀξίας ὄνομα, πρὸς τὴν τοῦ Κικέρωνος δόξαν καὶ πρὸς τοὺς λόγους τοὺς κατ' αὐτοῦ λεχθέντας ἔσχε. Κικέρων δὲ ὀλίγου μὲν καὶ παραχρῆμα ἐπὶ τῇ [6] τοῦ Λεντούλου τῶν τε ἄλλων τῶν δεθέντων σφαγῇ ἐκρίθη· τὸ δὲ ἔγκλημα τοῦτο λόγῳ μὲν ἐκείνῳ ἐπεφέρετο, ἔργῳ δὲ ἐπὶ τῇ βουλῇ κατεσκευάζετο· ὡς γὰρ οὐκ ἐξὸν σφίσιν ἄνευ τοῦ δήμου θάνατον πολίτου τινὸς καταψηφίσασθαι, πολλὴν καταβοὴν [7] ἐν τῷ ὁμίλῳ πρὸς τοῦ Μετέλλου [8] τοῦ Νέπωτος ὅτι μάλιστα εἶχον [9].

à la ligne précédente : pour cette raison j'ai mieux aimé lire, avec M. Imm. Bekker, δ' οὖν καὶ ὡς.

1. E : Σφίσι αὐτοῖς, par l'omission du ν paragogique devant une voyelle.
2. G : Ἀνέτιοι, par la confusion d'αι avec ε.
3. Δίχαιοι est une faute du copiste dans H.
4. « Mihi planum est, dit Reimarus dans ses *Addenda*, παρόντες ὦφλον et ἐρήμην ὦφλον opponi. Ὀφλεῖν autem, vel ὀφλισκάνειν absolute pro *damnari, pœnam luere* est phrasis Thucydidis, III, 70, p. 212, 37, ὀφλόντων δὲ αὐτῶν — *quum illi damnati fuissent*. Ellipticam tamen phrasim esse non nego, subintelligendo δίκην aut τὶ, ut Dio p. 798 (lib. LXIX, 23) εἴ τέ τινα τῶν τέκνα ἐχόντων ὀφλῆσαι πάντως τι ἔδει. »

Ἐθήμην dans H, au lieu d'ἐρήμην, et ὦλον dans G, au lieu d'ὦφλον, sont des fautes de copiste.

5. Dans l'ancienne leçon ἐπὶ πλεῖόν τε, Reiske propose de supprimer τέ, qui manque dans A, B, C et F, et de transporter cette particule après πρὸς

mêmes sans aucune raison ; les autres faisaient planer le soupçon sur des innocents. Le sénat décréta que les noms seraient exposés en public : de cette manière ceux qui n'étaient pas inculpés recouvrèrent leur tranquillité, et ceux qui étaient accusés furent mis en jugement et condamnés. Les uns étaient alors à Rome : les autres furent condamnés par défaut.

42. Voilà ce que fit Catilina et comment il succomba : la gloire de Cicéron et les discours qu'il prononça contre Catilina donnèrent à celui-ci plus de célébrité qu'il n'aurait dû en avoir par son entreprise. Peu s'en fallut que Cicéron ne fût accusé presque aussitôt pour la mort de Lentulus et des conjurés qui avaient été mis en prison. Cette accusation, portée en apparence contre lui, était en réalité dirigée contre le sénat, que Métellus Népos attaquait avec acharnement auprès de la multitude. Il répétait sans cesse que le sénat n'avait pas le droit de condamner un citoyen à mort, sans l'interven-

---

dans le membre de phrase πρὸς τὴν τοῦ κτλ. Comme Sturz, je me contente de la remplacer par γέ, souvent confondu avec τέ, ainsi que nous l'avons déjà vu. Reimarus, dans ses *Addenda*, l. l. p. 1696, conseille de substituer καὶ ἔτι πλεῖον à καὶ ἐπὶ πλεῖον; mais pour que ἔτι pût prendre la place de ἐπὶ, il faudrait, suivant la remarque de Sturz, mettre μεῖζον au lieu de πλεῖον, à cause d'ὄνομα.

6. Τῇ manque dans H : l'article est souvent omis par les copistes.

7. F : Καταβολὴν, leçon fautive.

8. Τοῦ τέλλου, dans G : la syllabe Με, omise par le copiste, a été ajoutée en marge par une main plus moderne.

9. Les Ms. confirment cette leçon : εἶχον doit s'entendre du sénat et de Cicéron : je l'ai conservé avec M. Imm. Bekker. A cause de ὦφλε, qui ne peut s'appliquer qu'à Cicéron, et à cause de la haine bien connue que lui portait le tribun Métellus Népos (cf. Lettr. Famil. V, 2), Sturz adopte εἶχεν, proposé par Reiske. Ce changement est d'ailleurs autorisé par la perpétuelle confusion d'ε avec ο.

Οὐ μὴν καὶ ὤφλε[1] τότε οὐδέν[2]. τῆς γὰρ γερουσίας ἄδειαν πᾶσι τοῖς διαχειρίσασι τὰ τότε πραχθέντα δούσης, καὶ προσέτι καὶ[3] προειπούσης[4] ὅτι, κἂν αὖθίς τις[5] εὐθῦναί τινα αὐτῶν[6] τολμήσῃ, ἔν τε ἐχθροῦ καὶ ἐν πολεμίου μοίρᾳ ἔσται, ἐφοβήθη τε ὁ Νέπως καὶ οὐδὲν ἔτ' ἐκίνησεν.

43. Ἔν τε οὖν τούτῳ ἡ βουλὴ ἐπεκράτησε, καὶ ἐπ' ἐκείνῳ[7], ὅτι τὸν Πομπήιον[8] τοῦ Νέπωτος μεταπεμφθῆναι σὺν τῷ στρατεύματι (ἐν γὰρ τῇ Ἀσίᾳ ἔτ' ἦν), προφάσει μὲν τοῦ τὰ παρόντα καταστασθῆναι[9], ἐλπίδι δὲ τοῦ δι' αὐτοῦ, ἅτε τὰ τοῦ πλήθους φρονοῦντος, ἰσχύσειν ἐν οἷς ἐτάρασσεν, ἐσηγησαμένου, διεκώλυσαν αὐτὸ κυρωθῆναι. Τὰ μὲν γὰρ πρῶτα ὅ τε Κάτων καὶ Κύϊντος Μινούκιος δημαρχοῦντες ἀντέλεγον τοῖς γραφεῖσι, καὶ τόν τε γραμματέα τὸν ἀναγινώσκοντα τὴν γνώμην[10] ἐπέσχον, καὶ τοῦ Νέπωτος τὸ γραμματεῖον, ὅπως αὐτὸς ἀναλέξῃ, λαβόντος, ἐξήρπασαν[11]. Ἐπειδή τε καὶ ὡς ἀπὸ γλώσσης τινὰ εἰπεῖν

---

1. B : Ὤφθε né de la leçon barbare ὤφθαι, qui se trouve dans F.
2. Ou mieux, suivant Reiske : Τότε γε οὐδέν.
3. Cette conjonction manquait dans G : elle a été ajoutée en marge par une main plus moderne : j'ai déjà signalé l'omission de καὶ par les copistes.
4. D'après Reiske, je substitue, comme Sturz, προεπούσης à l'ancienne leçon προσειπούσης, confirmée par les Ms. Cf. tom. I, p. 336-337 de son édition : M. Imm. Bekker a adopté cette correction. Dans un passage d'Euripide, Iphig. Taur. v. 470, ὅν μοι προεῖπας πόσιν, les savants éditeurs du Th. gr. ling. tom. VI, p. 1894, éd. Didot, ont oublié de faire disparaître l'ancienne leçon προσεῖπας. Cet oubli m'a été signalé par M. Ch. Müller.
5. Τίς manque dans l'ancienne leçon : ce mot est très-souvent omis : avec Reimarus je lis αὖθίς τις, d'après A, B, C, D, E, F et H.
6. Αὐτὸν est une faute dans D, G et H. Avec les autres Ms., je maintiens, comme Reimarus et Sturz, l'ancienne leçon, exigée par ce qui précède : Τῆς γὰρ γερουσίας πᾶσι τοῖς διαχειρίσασι τὰ τότε πραχθέντα κτλ.

tion du peuple. Mais Cicéron ne fut point condamné alors ; car le sénat avait assuré l'impunité à tous ceux qui avaient été mêlés à ces affaires et déclaré que quiconque oserait citer encore un homme en justice, au sujet de la conjuration de Catilina, serait regardé comme un ennemi et comme traître à la patrie. Népos effrayé ne fit point de nouvelle tentative.

43. Le sénat eut donc le dessus sur ce point : il l'emporta aussi sur un autre. Népos avait proposé de rappeler Pompée avec son armée (il était encore en Asie), sous prétexte de rétablir l'ordre dans la République ; mais en réalité il espérait, à la faveur du zèle de Pompée pour le peuple, mener à bonne fin ses projets turbulents : le sénat fit rejeter sa proposition. Elle fut d'abord combattue par les tribuns du peuple, Caton et Q. Minucius : ils interrompirent le greffier qui la lisait, et Népos ayant pris la tablette pour en donner lecture lui-même, ils arrachèrent la tablette de ses mains. Népos essaya néanmoins de prononcer quelques

---

7. Reiske propose ἐν ἐκείνῳ, ou ἔτι ἐκείνῳ. Sturz approuve ces conjectures ; mais il conserve l'ancienne leçon. « Neutrum tamen recepi, dit-il, quia ἐπ' ἐκείνῳ explicari potest *præterea*, ita ut ἐν τούτῳ sit subaudiendum. » Pour cette raison je n'ai rien changé : M. Imm. Bekker lit ἐν ἐκείνῳ.

8. Il était soutenu par César et par Bestia ; Plutarque, Cic. XXIII : Ἐφ' οἷς ἔτι μᾶλλον ὅ τε Καῖσαρ οἵ τε δήμαρχοι χαλεπαίνοντες· ἄλλας τε τῷ Κικέρωνι ταραχὰς ἐμηχανῶντο, καὶ νόμος ὑπ' αὐτῶν εἰσήγετο καλεῖν Πομπήϊον μετὰ τῆς στρατιᾶς, ὡς δὴ καταλύσοντα τὴν Κικέρωνος δυναστείαν.

9. Cf. Plutarque, l. l. ; Cat. Min. XXVI-XXVII ; Cicéron, Disc. pour Sextius, XXIX.

10. L'ancienne leçon καὶ τὸν γραμματέα τὸν ἀναγινώσκοντα τήν τε γνώμην ἐπέσχον est confirmée par les Ms. On ne peut douter néanmoins que τέ n'ait été déplacé par les copistes. Avec Sturz, je le reporte après τὸν, ainsi que Reiske le propose et que l'a fait M. Imm. Bekker.

11. Le Grammairien, publié par Bekker, Anecd. Gr. tom. I, p. 119 et

ἐπεχείρησε, τὸ στόμα αὐτοῦ ἐπέλαβον [1]. Μάχης δὲ ἐκ τούτου καὶ ἐκείνων (ἄλλων τινῶν ἑκατέροις βοηθησάντων) ξύλοις [2], καὶ λίθοις, ἔτι δὲ καὶ ξίφεσι, γενομένης, οἱ βουλευταὶ συνῆλθον αὐθημερὸν ἐς τὸ συνέδριον, καὶ τά τε ἱμάτια [3] ἠλλάξαντο [4], καὶ τοῖς ὑπάτοις τὴν φυλακὴν τῆς πόλεως, ὥστε μηδὲν ἀπ' αὐτῆς ἀποτριβῆναι, ἐπέτρεψαν. Φοβηθεὶς οὖν καὶ τότε ὁ Νέπως, ἔκ τε τοῦ μέσου εὐθὺς ἐξεχώρησε [5], καὶ μετὰ τοῦτο γραφήν τινα κατὰ τῆς βουλῆς ἐκθεὶς, πρὸς τὸν Πομπήϊον ἀφώρμησε [6]· καίτοι μηδεμίαν αὐτῷ νύκτα ἀπολιπῆναι ἐκ τῆς πόλεως [7] ἐξόν.

44. Γενομένου δὲ τούτου, οὐδ' ὁ Καῖσαρ (ἐστρατήγει δὲ) οὐδὲν ἔτ' ἐνεωτέρισεν. Ἔπραττε μὲν γὰρ, ὅπως τὸ μὲν τοῦ Κατούλου [8] ὄνομα ἀπὸ τοῦ ναοῦ τοῦ Διὸς τοῦ Καπιτωλίνου [9] ἀφαιρεθείη (κλοπῆς τε γὰρ αὐτὸν εὔθυνε [10], καὶ τὸν λογισμὸν τῶν ἀναλωμένων χρημάτων ἀπῄτει)· τῷ δὲ

---

suiv., cite ce passage, p. 124, lig. 14-16; mais il aurait dû lire ἐξήρπασαν au lieu de ἐξήρπασεν.

1. H : Ἐπέλαβεν, par la confusion d'o avec ε.

2. L'ancienne leçon Μάχης δὲ ἐκ τούτου καὶ ἐκείνων, καὶ ἄλλων τινῶν ἑκατέροις βοηθησάντων ξύλοις κτλ. a été maintenue par Reimarus. « Ἐκείνων, dit Sturz, cohæret, ut recte Reiskius animadvertit, cum nomine μάχης, non cum participio βοηθησάντων. Quare signa parentheseos quæ erant ante verba καὶ ἐκείνων et post βοηθησάντων sustuli. » Avec F, je lis : Μάχης δὲ ἐκ τούτου καὶ ἐκείνων (ἄλλων τινῶν ἑκατέροις βοηθησάντων) ξύλοις κτλ. La version de Wagner est calquée sur cette leçon : *Weil es endlich unter ihnen zum Gefecht kam, auch andere von beyden Seiten sich darein mengten, und man mit Knitteln — focht*, etc.

3. G : Τά τ ἱμάτια. L'ε a été ajouté par une main plus moderne.

4. Ἠλάξαντο, dans C : le copiste n'a mis qu'un λ, quand il en fallait deux.

5. Au lieu de φοβηθεὶς — ἐξεχώρησε, Reiske propose : Φοβηθεὶς οὖν ὁ Νέπως, ἔκ τε τοῦ μέσου τότε εὐθὺς ἐξεχώρησε. J'ai respecté l'ancienne leçon

paroles ; mais Caton et Minucius lui fermèrent la bouche. Népos et les tribuns, soutenus chacun par leurs partisans, en vinrent aux mains et l'on se battit avec des bâtons, des pierres et des épées. Le sénat s'assembla le jour même dans son palais, prit le deuil et chargea les consuls de veiller à ce que la République n'éprouvât aucun dommage. Népos, effrayé de nouveau, disparut sur-le-champ, déposa ensuite une accusation contre le sénat et se rendit en toute hâte auprès de Pompée, quoiqu'il ne lui fût jamais permis de passer la nuit hors de Rome.

44. Après ces événements, César lui-même, alors préteur, ne fit plus de tentative nouvelle : il travaillait tout à la fois à faire disparaître du temple de Jupiter Capitolin le nom de Catulus qu'il accusait de concussion et auquel il demandait compte des sommes qu'il avait dépensées, et à faire confier la fin des travaux à Pom-

---

qui se trouve dans les Ms. et qui donne un sens très-satisfaisant : *Igitur Nepos iterum perterrefactus* etc. Sturz et M. Imm. Bekker l'ont maintenue.

6. C : Ἀφώρμισε, par la confusion d'η avec ι.

7. La préposition ἐx pourrait être supprimée d'après Sturz : « Τῆς πόλεως, auctore Reiskio, pro ἐx τῆς πόλεως dedi, quia ἀπολείπεσθαι simpliciter cum genitivo jungitur. » Cf. Thes. Gr. ling. tom. II, p. 655-656 de l'ancienne édition.

8. Ce nom est tout à fait corrompu dans G, qui porte τοῦ Κατάλλου.

9. L'ancienne leçon Καπιτωλίου est confirmée par A, C, E, F et H. Sturz et M. Imm. Bekker l'ont maintenue. Avec Leunclavius et Reimarus, j'adopte Καπιτωλίνου, ici et partout ailleurs. Cf. XLIV, 7 ; LI, 22 ; LV, 1 ; LXI, 19.

10. Comme Sturz, j'adopte εὔθυνε qui est la forme la plus usitée dans Dion ; cf. Fr. XCVIII, p. 168, tom. I de cette édition ; Fr. CCXLVIII, p. 60-62, et Fr. CCLXX, p. 96-98, tom. II de cette édition. Un peu plus loin, je préfère, avec le même éditeur, ἀναλωμένων à ἀνηλωμένων, conservé par M. Imm. Bekker.

δὴ Πομπηΐῳ τὰ λοιπὰ προσεξεργάσασθαι ἐπιτραπείη. Ἦν γάρ τινα, ὡς ἐν τηλικούτῳ καὶ τοιούτῳ ἔργῳ, ἡμιτέλεστα [1]· ἢ ἐκεῖνός γε ἐπλάττετο εἶναι, ὅπως ὁ Πομπήϊος τήν τε δόξαν τῆς ἐκποιήσεως αὐτοῦ λάβῃ, καὶ τὸ αὐτοῦ [2] ὄνομα ἀντεπιγράψῃ. Οὐ μὴν [3] οὕτω γε χαρίζεσθαι αὐτῷ ἤθελεν, ὥστε καὶ ἐφ' ἑαυτῷ [4] διὰ τοῦτο ψηφισθῆναί τι [5] τοιοῦτον, οἷον ἐπὶ [6] τῷ Νέπωτι δέδοκται [7], ὑπομεῖναι. Οὐδὲ γὰρ οὐδὲ ἐκείνου ἕνεκα ταῦτ' ἐποίει, ἀλλ' ἵνα αὐτὸς καὶ διὰ τούτων τὸ πλῆθος σφετερίσηται· καίπερ οὕτω πάντες τὸν Πομπήϊον ἐδεδίεσαν [8] (οὐδέπω γὰρ τὰ στρατεύματα ἀφήσων δῆλος ἦν), ὥστε ἐπειδὴ Μάρκον Πίσωνα [9] ὑποστράτηγον [10] πρὸς αἴτησιν ὑπατείας προύπεμψε [11], τάς τε ἀρχαιρεσίας, ὅπως ἀπαντήσῃ ἐς αὐτάς, ἀναβαλέσθαι, καὶ παρόντα [12] αὐτὸν ὁμοθυμαδὸν ἀποδεῖξαι. Καὶ γὰρ ἐκεῖνος οὐχ ὅτι τοῖς φίλοις, ἀλλὰ καὶ τοῖς ἐχθροῖς συνέστησεν αὐτόν.

1. F : Ἡμιτελέστατα.
2. C et F : Τὸ αὑτοῦ, qui est la leçon vulgaire.
3. D'après les Ms., au lieu de l'ancienne leçon οὐ μέν. Robert Etienne et Xylander avaient proposé la correction que j'adopte, comme Reimarus, Sturz et M. Imm. Bekker.
4. C : Ἐφ' αὐτῷ. G : Ἐφ' αυτῷ.
5. D'après C et H, j'adopte cette leçon, proposée par Robert Étienne et par Xylander : Oddey l'approuve aussi. Dans l'ancienne, ψεφισθῆναι ἔτι, l'ε est probablement né de la dernière syllabe de ψηφισθῆναι, à cause de leur ressemblance dans la prononciation moderne.
6. Cette préposition manque dans C.
7. Reiske aimerait mieux λέλεκται — *modo a nobis dictum est decretum fuisse*. « Nam, dit-il, si sententia esset *decretum fuerat*, deberet aut ἐψήφιστο dictum fuisse, aut ἐδέδοκτο. Et hoc quidem admisso, deberet

pée. Quelques parties étaient inachevées comme il arrive dans des ouvrages de cette importance, ou du moins César mettait ce prétexte en avant, pour que Pompée eût la gloire de terminer ce temple et pour inscrire son nom à la place de celui de Catulus. Toutefois il n'était pas disposé à souffrir, pour complaire à Pompée, qu'un décret semblable à celui qui avait été rendu contre Népos fût porté contre lui-même, à cette occasion ; car ce n'était pas dans l'intérêt de Pompée qu'il agissait ainsi ; mais pour se concilier encore davantage l'affection de la multitude. Cependant tout le monde craignait tellement Pompée (on ne savait pas s'il congédierait son armée), que celui-ci ayant envoyé d'avance son lieutenant M. Pison, pour briguer le consulat, on différa les comices, afin qu'il pût s'y présenter ; et quand il fut arrivé à Rome, on le nomma consul à l'unanimité ; parce que Pompée l'avait recommandé à ses amis et même à ses ennemis.

anctor paulo ante quoque non ψηφισθῆναι, sed δεδόχθαι vel δοχθῆναι scripsisse. » J'ai néanmoins conservé l'ancienne leçon, confirmée par les Ms. Elle était probablement dans celui de Nic. Leoniceno, qui traduit : *Che fusse fatto tale decreto contra di lui quale era stato contra di Nepote.*

8. Ou mieux ἐδέδισαν, d'après Lobeck, sur Phrynichus, p. 181. Ἐδεδείεσαν, dans A et B, provient de la confusion d'ι avec ει.

9. M. Pupius Calpurnius Pison ; cf. Cicéron, Lettr. à Atticus, I, 13 et 14.

10 G : Ὑποστράτιγον, par la confusion d'η avec ι.

11. Προὔπεμψεν dans C, D et H, par l'addition du ν paragogique devant une consonne.

12. Au lieu de παρόντα, Reiske propose παρόντος ; — *præsente tandem Pompeio — quum Pompeius advenisset.* Cette conjecture ne me paraît pas admissible. Pompée ne revint en Italie qu'en 693. Je maintiens donc, comme Reimarus, Sturz et M. Imm. Bekker, l'ancienne leçon, expliquée d'une manière fort plausible par Pighius, Annal. Rom. t. III, p. 337, éd. Schott : « Quem refert Dio legatum Cn. Pompeii fuisse et

45. Κἀν τούτῳ ὁ Καῖσαρ, τοῦ Κλωδίου τοῦ Πουπλίου [1] τὴν γυναῖκα αὐτοῦ, ἔν τε τῇ οἰκίᾳ καὶ παρὰ τὴν ποίησιν τῶν ἱερῶν [2], ἅπερ αἱ ἀειπαρθένοι παρά τε τοῖς ὑπάτοις καὶ παρὰ τοῖς στρατηγοῖς ἄγνωστα [3] ἐκ τῶν πατρίων ἐς πᾶν τὸ ἄρρεν ἐπετέλουν [4], αἰσχύναντος, ἐκείνῳ μὲν οὐδὲν ἐνεκάλεσε [5] (καὶ γὰρ εὖ ἠπίστατο ὅτι οὐχ ἁλώσεται διὰ τὴν ἑταιρείαν [6]), τὴν δὲ δὴ γυναῖκα ἀπεπέμψατο, εἰπών, ἄλλως μὲν μὴ πιστεύειν τῷ λεγομένῳ [7], μὴ μέντοι καὶ συνοικήσειν ἔτ᾽ αὐτῇ [8] δύνασθαι, διότι καὶ ὑπωπτεύθη [9] ἀρχὴν μεμοιχεῦσθαι. Τὴν γὰρ σώφρονα χρῆναι μὴ μόνον μηδὲν ἁμαρτάνειν, ἀλλὰ μηδὲ εἰς ὑποψίαν αἰσχρὰν ἀφικνεῖσθαι [10]. Τότε μὲν ταῦτά τε ἐγένετο, καὶ ἡ γέφυρα ἡ

ex Asia præmissum ad Comitia, Pompeii gratia obtinuisse consulatum, qui Pisonem commendaverat per litteras senatui, petieratque ut Comitia in ejus adventum differrentur, in quo etiam Pompeio gratificatum est. » Dion n'est pas d'accord avec Plutarque. Cf. Cat. Min. XXX; Pomp. XLIV.

1. Πομπηΐου, dans A, C, D, E, F, G et H. Dans G, la véritable leçon a été ajoutée en marge par une main plus moderne.

2. Les mystères de la Bonne Déesse. Epitome de Tite-Live, CIII : P. Clodius accusatus, quod in habitu mulieris in sacrarium, in quod virum intrare nefas esset, intrasset. Cf. Cicéron, Disc. pour Sextius, LIV; Plutarque, Cés. X; Cic. XXVIII.

3. L'ancienne leçon ἀγνῶς τὰ ἐκ τῶν πατρίων ἐς πᾶν τὸ ἄρρεν ἐπετέλουν est corrompue et ne donne aucun sens. Leunclavius supprime τὰ et remplace ἐς πᾶν τὸ ἄρρεν par ἄνευ παντὸς ἄρρενος: — *pura, omnibus maribus seclusis, antiquitus celebrare solebant*. Mais n'est-ce point pousser trop loin la liberté des conjectures? Reiske propose ἀγνώτατα (lis. ἀγνότατα), et il explique ἐς πᾶν τὸ ἄρρεν par *ad* (h. e. *erga*) *omne nomen masculinum*, ou mieux *quod ad genus virile attinet*.

45. A la même époque, P. Clodius souilla l'honneur de la femme de César, dans sa propre maison, pendant les sacrifices que les Vestales célébraient chez les consuls et chez les préteurs, et dont l'accès était interdit aux hommes par la coutume des ancêtres. César, persuadé que Clodius, soutenu par sa faction, ne serait pas condamné, ne l'appela pas en justice ; mais il répudia sa femme, non qu'il ajoutât foi aux bruits répandus contre elle ; mais parce qu'il ne pouvait plus la garder auprès de lui, du moment qu'elle était soupçonnée d'adultère ; car, disait-il, une femme vertueuse doit non-seulement être exempte de faute, mais ne pas même encourir un soupçon déshonorant. Tels sont les événements qui se passèrent alors : de plus on construisit un

---

Reimarus, mieux inspiré, conseille de lire ἄγνωστα, en réunissant les deux mots αγνωσ et τα, maladroitement séparés par quelque copiste que tous les autres ont imité. Cette correction est certaine ; car F donne ἀγνῶστα, d'où ἄγνωστα, en faisant disparaître une simple faute d'accentuation. Sturz et M. Imm. Bekker adoptent cette leçon.

4. Au lieu d'ἐπετέλουν, G porte ἐσετέλουν ; mais la véritable leçon a été rétablie en marge par une main plus moderne. Plutarque, Cés. IX : Ὅταν οὖν ὁ τῆς ἑορτῆς καθήκῃ χρόνος, ὑπατεύοντος ἢ στρατηγοῦντος ἀνδρὸς, αὐτὸς μὲν ἐξίσταται καὶ πᾶν τὸ ἄρρεν, ἡ δὲ γυνὴ τὴν οἰκίαν παραλαϐοῦσα διακοσμεῖ καὶ τὰ μέγιστα νύκτωρ τελεῖται, παιδιᾶς ἀναμεμιγμένης ταῖς παννυχίσι καὶ μουσικῆς ἅμα πολλῆς παρούσης.

5. A, B, D, F et G : Ἐνεκάλεσεν, par l'addition du ν paragogique devant une consonne.

6. F : Ἑταιρίαν, par la confusion d'ει avec ι.

7. C : Τῶν λεγομένων, par la confusion du ν avec l'ι final, devenu plus tard l'ι souscrit.

8. Ἐν ταύτῃ est une faute du copiste dans F.

9. B, C, F et G : Ὑποπτεύθη. L'augment a été négligé ici, comme dans beaucoup d'autres passages.

10. Les mots τὴν γὰρ — ἀφικνεῖσθαι manquent dans C.

λιθίνη, ἡ ἐς τὸ νησίδιον τὸ ἐν τῷ Τιβέριδι ὂν φέρουσα, κατεσκευάσθη ¹, Φαβρικία κληθεῖσα.

46. Τῷ δὲ ἑξῆς ² ἐπί τε Πίσωνος καὶ ἐπὶ Μάρκου Μεσσάλου ³ ὑπάτων, μισοῦντές τε ἄλλως οἱ δυνατοὶ τὸν Κλώδιον, καὶ ἅμα καὶ τὸ μίασμα αὐτοῦ ἀποδιοπομπούμενοι, ἐπειδὴ οἱ ποντίφικες ἀνατυθῆναι ⁴ τὰ ἱερά, ὡς οὐχ ὁσίως διὰ τοῦτο ⁵ τελεσθέντα, ἔγνωσαν, δικαστηρίῳ αὐτὸν παρέδωκαν, καὶ κατηγορήθη μὲν τῆς τε μοιχείας, καίπερ τοῦ Καίσαρος σιωπῶντος ⁶, καὶ τῆς μεταστάσεως τῆς περὶ Νίσιβιν ⁷, καὶ προσέτι καὶ ὅτι τῇ ἀδελφῇ ⁸ συγγίγνοιτο. Ἀφείθη δέ, καίτοι τῶν δικαστῶν φρουρὰν παρὰ τῆς βουλῆς, ὅπως μηδὲν κακὸν ὑπ' αὐτοῦ πάθωσι, καὶ αἰτησάντων καὶ λαβόντων. Ἐφ' ᾧπερ ⁹ καὶ ὁ Κάτουλος ἐπισκώπτων ἔλεγεν ¹⁰ ὅτι τὴν φυλακὴν ᾔτησαν, οὐχ ἵνα ἀσφαλῶς τοῦ

---

1. A l'ancienne leçon ἡ λιθίνη, ἐς τὸ νησίδιον τότε ἐν τῷ Τιβέριδι ὂν φέρουσα, κατεσκευάσθη, Leunclavius propose de substituer : ἡ λιθίνη, ἐς τὸ νησίδιον τὸ ἐν τῷ Τιβέριδι ὂν κτλ. Oddey approuve cette conjecture. On pourrait transporter τότε devant κατεσκευάσθη, comme le conseille Reimarus. Cette transposition concorderait avec la traduction de Nic. Leoniceno : *Et il ponte di pietra il quale conduce alla isola picciola posta dentro il Tevere* allora fu fabricato. Sturz lit : ἡ λιθίνη, ἡ ἐς τὸ νησίδιον τὸ τότε ἐν τῷ Τιβέριδι ὂν φέρουσα, κατεσκευάσθη. L'article τὸ étant nécessaire après νησίδιον, je supprime τότε, qui n'est probablement autre chose que cet article augmenté de τε qu'ajoutent souvent les copistes (cf. p. 243, not. 8), et je lis avec M. Imm. Bekker : ἡ λιθίνη, ἡ ἐς τὸ νησίδιον τὸ ἐν τῷ Τιβέριδι ὂν φέρουσα, κατεσκευάσθη.

2. Τῷ δὲ ἑξῆς ἔτει, dans le Ms. de Munich n° 2. M. Imm. Bekker adopte cette leçon. Avec Reimarus et Sturz, je conserve l'ancienne.

3. Μεσάλου, dans E et G. Le copiste n'a mis qu'une consonne, quand il en fallait deux.

4. Sturz dit qu'il remplace l'ancienne leçon ἀνατεθῆναι par ἀνατυθῆναι, d'après Reiske et d'après A. J'adopte ἀνατυθῆναι par la même raison, et

pont de pierre conduisant à la petite île qui existe dans le Tibre, et on l'appela le pont de Fabricius.

46. L'année suivante, sous le consulat de Pison et de M. Messala, les Grands, poussés par leur ancienne haine contre Clodius et voulant en même temps expier son sacrilége (les pontifes avaient déclaré qu'il fallait recommencer les sacrifices profanés par sa présence), le citèrent en justice. Accusé d'adultère, quoique César gardât le silence, du crime de défection à Nisibis et d'un commerce incestueux avec sa sœur, il fut absous; et cependant les juges avaient demandé et obtenu du sénat une garde, afin de n'avoir aucune violence à craindre de la part de Clodius. Aussi Catulus disait-il en plaisantant qu'ils avaient demandé une garde non pour

An de Rome 693.

M. Pison et M. Messala Consuls.

---

parce que cette leçon est confirmée par E et F. Dans G, qui portait ἀνατιθῆναι, né probablement d'ἀνατυθῆναι, par la confusion d'υ avec ι, une main plus moderne a rétabli ἀνατεθῆναι. M. Imm. Bekker lit aussi ἀνατυθῆναι.

5. Dans E, le copiste, par distraction, a écrit deux fois διὰ τοῦτο.

6. H : Σιωπόντος, par la confusion d'ω avec ο.

7. Cf. Fr. CCCXXX, § 14, p. 258, tom. II de cette édition, et § 17, p. 266. Νίσιδι, au lieu de Νίσιδιν, est une faute de copiste dans A, B, C, E, F, G, H, et dans le Ms. de Munich n° 2.

8. Elle avait épousé Lucullus; cf. Fr. CCCXXX, l. l. p. 258.

9. Comme Reimarus et Sturz, à l'ancienne leçon ἐφ' ὧνπερ je substitue, d'après A, B, G et H, ἐφ' ᾧπερ, adopté par M. Imm. Bekker. Nous avons souvent remarqué la confusion du ν avec l'ι final, devenu plus tard l'ι souscrit. Dans G, en regard de ἐφ' ᾧπερ, une main plus moderne a écrit en marge ἄλλως, ἐφ' ὧνπερ.

10. Cf. Plutarque, Cic. XXIX; Cicéron, Lettr. à Attic. I, 16, et Sénèque, Lettre XCVII : Judices Clodiani a senatu petierant præsidium, quod non erat nisi damnaturis necessarium, et impetraverant. Itaque eleganter illis Catulus, absoluto reo : « Quid vos, inquit, præsidium a nobis petebatis ? « An, ne numi vobis eriperentur ? »

Κλωδίου καταψηφίσωνται, ἀλλ' ἵν' αὐτοὶ¹ τὰ χρήματα ἃ δεδωροδοκήκεσαν ² διασώσωνται. Καὶ ὁ μὲν διαφανέστατα τῶν πώποτε τὸ ³ δημόσιον ἀεὶ πρὸ παντὸς προτιμήσας ἐτελεύτησεν οὐ πολλῷ ὕστερον ⁴. Ἐν δὲ δὴ τῷ ἔτει ἐκείνῳ οἵ τε τιμηταὶ πάντας τοὺς ἐν ταῖς ἀρχαῖς γενομένους ἐς τὸ βουλευτικὸν καὶ ὑπὲρ τὸν ἀριθμὸν ἐσέγραψαν, καὶ ὁ δῆμος ἀπαυστὶ⁵ μέχρι τότε τὰς ὁπλομαχίας θεώμενος, ἐξανέστη τε μεταξὺ τοῦ ἔργου καὶ ἄριστον εἵλετο. Καὶ τοῦτ' ἐκεῖθεν ἀρξάμενον ⁶ καὶ νῦν, ὁσάκις ἂν ὁ τὸ κράτος ἔχων ἀγωνοθετῇ⁷, γίγνεται. Ἐν μὲν οὖν τῇ πόλει ταῦθ' οὕτως ἐπράχθη.

47. Τῶν δὲ Ἀλλοβρίγων τὴν Γαλατίαν τὴν περὶ Νάρβωνα πορθούντων, Γάϊος Πομπτῖνος ⁸ ὁ ἄρχων αὐτῆς τοὺς μὲν ὑποστρατήγους ἐπὶ τοὺς πολεμίους ἔπεμψεν. Αὐτὸς δὲ ἐν ἐπιτηδείῳ ἱδρυθεὶς ἐπετήρει τὰ γιγνόμενα ὅπως κατὰ καιρὸν ⁹ πρὸς τὸ ἀεὶ χρήσιμον καὶ γνώμην σφίσι διδόναι καὶ ἐπαμύνειν δύνηται. Καὶ Μάλλιος μὲν Λεντῖνος

---

1. Ἵνα αὐτοί, dans A, D et E. Ἵνα καὶ αὐτοί, dans B et F, par l'addition de καὶ, suivant l'usage des copistes.

2. G : Δεδωροδοκήσεσαν.

3. Τὸ manque dans C. L'omission de l'article a été déjà signalée plusieurs fois.

4. Cicéron en parle aussi avec éloge, dans le Discours pour Sextius, XLVII : Qualis nuper Q. Catulus fuit, quem neque periculi tempestas, neque honoris aura potuit unquam de suo cursu aut spe aut metu dimovere.

5. Ou bien ἀπαυστὶ — *sine cibo*. Cf. Bulenger. De Circo, cap. 45. Thes. Græc. T. IX, p. 688. Reimarus approuve cette conjecture ; mais il maintient l'ancienne leçon, qui est confirmée par les Ms. et qui donne un

HISTOIRE ROMAINE DE DION, L. XXXVII.

le condamner sans courir aucun danger ; mais pour sauver l'argent qui avait servi à les corrompre. Catulus mourut peu de temps après : jamais personne ne mit plus franchement que lui la République au-dessus de tout. Cette même année, les censeurs, dépassant le nombre fixé par les lois, inscrivirent dans l'ordre du sénat tous les citoyens qui avaient rempli des magistratures publiques, et le peuple, qui jusqu'alors avait assisté aux combats des gladiateurs sans quitter ses places, se leva pendant le spectacle, pour dîner. Cet usage, qui date de cette époque, se renouvelle encore aujourd'hui, toutes les fois que le chef de l'État fait célébrer des jeux. Voilà ce qui se passa dans Rome.

47. Les Allobroges commettaient des dégâts dans la Gaule Narbonnaise. C. Pomptinus, gouverneur de cette province, envoya contre eux ses lieutenants : quant à lui, il campa dans un lieu d'où il pouvait observer tout ce qui se passait ; afin de leur donner, en toute occasion, des conseils utiles et de les secourir à propos. Manlius Lentinus se mit en marche contre

---

sens très-satisfaisant. Nic. Leoniceno l'avait sans doute dans son Ms., en traduisant *senza intermissione*. Mais ce n'est pas une raison pour dire avec Reiske que ἀπαστὶ doit être rejeté comme un mot barbare. Les meilleurs lexicographes l'admettent ; cf. Thes. Gr. ling. tom. III, p. 113 de l'ancienne édition.

6. Sous l'édilité de L. Domitius Ahenobarbus ; cf. Pighius, Annal. Rom. tom. III, p. 339, éd. Schott.

7. C, D et G : Ἀγωνοθετεῖ, par la confusion d'η avec ει.

8. Epitome de Tite-Live, CIII : C. Pontinus prætor Allobroges, qui rebellaverant, ad Solonem domuit. Cf. Cicéron, Disc. Sur les Provinces Consulaires, XIII.

9. C : Ὅπως καὶ κατὰ καιρὸν καὶ ἐς τὸ ἀεί.

ἐπὶ Οὐεντίαν πόλιν στρατεύσας οὕτως αὐτοὺς κατέπτη-
ξεν [1], ὥστε τοὺς πλείους ἐκδρᾶναι καὶ τοὺς λοιποὺς ὑπὲρ
εἰρήνης πρεσβεύσασθαι. Κἂν τούτῳ συμβοηθησάντων τῶν
ἐν τοῖς ἀγροῖς ὄντων καὶ προσπεσόντων αἰφνιδίως [2], τοῦ
μὲν τείχους [3] ἀπεώσθη [4]· τὴν δὲ δὴ [5] χώραν ἀδεῶς ἐλεη-
λάτει, μέχρις οὗ ὅ τε Κατούγνατος [6], ὁ τοῦ παντὸς αὐτῶν
ἔθνους στρατηγός, καί τινες καὶ [7] ἄλλοι τῶν παρὰ τὸν
Ἴσαρα [8] οἰκούντων ἐπεχούρησαν σφίσι. Τότε γὰρ οὐκ
ἐτόλμησε μὲν αὐτοὺς ὑπὸ τοῦ πλήθους τῶν πλοίων περαιωθῆναι κωλῦσαι, μὴ καὶ συστραφῶσιν ἰδόντες σφᾶς ἀντιπα-
ρατεταγμένους. Ὑλώδους δὲ τοῦ χωρίου μετὰ τὸν ποταμὸν
εὐθὺς ὄντος, ἐνέδρας ἐν [9] αὐτῷ ἐποιήσατο, καὶ τοὺς ἀεὶ
διαβαίνοντας ὑπολαμβάνων ἔφθειρε. Φεύγουσι δέ τισιν
ἐπισπόμενος [10], περιέπεσεν αὐτῷ Κατουγνάτῳ. Κἂν πασ-
συδὶ [11] διώλετο [12], εἰ μὴ χειμὼν σφοδρὸς ἐξαίφνης [11] ἐπιγενόμενος ἐπέσχε τοὺς βαρβάρους τῆς διώξεως.

1. Sturz et M. Imm. Bekker adoptent κατέπληξεν, proposé par Reiske.
Avec Reimarus, je maintiens l'ancienne leçon, aussi bonne pour le sens
et confirmée par les Ms.
2. Ἐφνιδίως, dans C, par la confusion d'αι avec ε. Αἰφνηδίοις, dans F,
provient de la confusion d'ι avec η.
3. Τείχνους, dans G, était une faute du copiste : le ν a été effacé par une
main plus moderne.
4. L'ancienne leçon ἀπώσθη, maintenue par Reimarus, se trouve dans
les Ms. J'adopte, avec Sturz et M. Imm. Bekker, ἀπεώσθη, donné par Reimarus lui-même, liv. XLI, 51 : Καλουῖνος δὲ τῆς Μακεδονίας ὑπὸ Φαύστου
ἀπεώσθη. Cf. liv. XXXVIII, 6 : Ὡς δὲ ἄνω τε ἐγένετο, καὶ ἀντιλέγειν ἐπειρᾶτο,
αὐτός τε κατὰ τῶν ἀναβασμῶν ἐώσθη κτλ.
5. Δὴ manque dans le même Ms. J'ai déjà signalé l'omission de cette
particule par les copistes.
6. Ce nom est altéré dans plusieurs Ms., comme il arrive souvent

Ventia et il effraya tellement les habitants que la plupart prirent la fuite : le reste lui envoya une députation pour demander la paix. Sur ces entrefaites, les gens de la campagne coururent à la défense de la ville et tombèrent à l'improviste sur les Romains. Lentinus fut forcé de s'en éloigner; mais il put piller la campagne sans crainte, jusqu'au moment où elle fut secourue par Catugnatus, chef de toute la nation, et par quelques Gaulois des bords de l'Isère. Lentinus n'osa dans ce moment les empêcher de franchir le fleuve; parce qu'ils avaient un grand nombre de barques : il craignit qu'ils ne se réunissent, s'ils voyaient les Romains s'avancer en ordre de bataille. Il se plaça donc en embuscade dans les bois qui s'élevaient sur les bords du fleuve, attaqua et tailla en pièces les barbares, à mesure qu'ils le traversaient; mais s'étant mis à la poursuite de quelques fuyards, il tomba entre les mains de Catugnatus lui-même, et il aurait péri avec son armée, si un violent orage, qui éclata tout à coup, n'eût arrêté les Barbares.

pour les noms propres. A et F portent καὶ τοῦ γνατος ; B, καὶ Τούγνατος.

7. D'après A, B, C, D, F, G et H. Le second καὶ manque dans E et dans la leçon vulgaire.

8. F : Τὸν Νίσαρα. Le copiste a répété le ν final de l'article devant le mot suivant. Nous avons déjà vu des fautes analogues.

9. Cette préposition a été omise par le copiste, dans C.

10. A l'ancienne leçon ἐπισπώμενος, confirmée par les Ms., à l'exception de A, et maintenue par Reimarus, par Sturz et par M. Imm. Bekker, je substitue ἐπισπόμενος, d'après A et d'après les savants éditeurs du Thes. gr. ling. tom. III, p. 1786 de l'édition Didot.

11. H : Πασυδί. Le copiste n'a mis qu'un σ, quand il en fallait deux.

12. Διώχετο, dans C, est une faute du copiste.

13. Ἐξέφνης, dans le même Ms., par la confusion d'αι avec ε.

48. Καὶ ὁ μὲν μετὰ τοῦτο, τοῦ Κατουγνάτου πόρρω ποι ἀφορμήσαντος, τήν τε χώραν αὖθις κατέδραμε καὶ τὸ τεῖχος παρ' ᾧ [1] ἐδυστύχησεν ἐξεῖλε. Λούκιος δὲ δὴ Μάριος καὶ Σερούϊος [2] Γάλβας τόν τε Ῥοδανὸν ἐπεραιώθησαν, καὶ τὰ τῶν [3] Ἀλλοβρίγων λυμηνάμενοι, τέλος πρὸς Σολώνιον [4] πόλιν ἦλθον· καὶ χωρίον [5] μέν τι [6] ὑπὲρ αὐτῆς ἰσχυρὸν κατέλαβον, μάχῃ τε τοὺς ἀντιστάντας σφίσιν ἐνίκησαν, καί τινα καὶ τοῦ πολίσματος ξυλίνου πη ὄντος ἐνέπρησαν· οὐ μέντοι καὶ εἷλον αὐτό. Ὁ γὰρ Κατούγνατος ἐπελθὼν ἐκώλυσε. Μαθὼν οὖν τοῦτο ὁ Πομπτῖνος ἐπεστράτευσέ τε ἐπ' αὐτὸν [7] παντὶ τῷ στρατῷ, καὶ πολιορκήσας σφᾶς ἐχειρώσατο πλὴν τοῦ Κατουγνάτου. Καὶ ὁ μὲν καὶ τὰ λοιπὰ ῥᾷον ἐκ τούτου προσκατεστρέψατο.

49. Πομπήϊος [8] δὲ ἦλθε μὲν ἐς τὴν Ἰταλίαν ἐν τῷ χρόνῳ τούτῳ, καὶ τόν τε Ἀφράνιον τὸν Λούκιον καὶ τὸν Μέτελλον τὸν Κέλερα ὑπάτους ἀποδειχθῆναι ἐποίησεν, ἐλπίσας δι' αὐτῶν μάτην [9] πάνθ' ὅσα ἐβούλετο καταπράξειν.

1. F : Παρ' ὅ.
2. Leunclavius propose Σέργιος, conjecture confirmée par A et approuvée par Penzel. Je conserve l'ancienne leçon avec les autres Ms., comme dans Appien, VII, 58; 99; Guer. Civ. II, 113. G portait Σερούλιος, mais le λ a été effacé.
3. Κατὰ τῶν, dans le même Ms. Le copiste a supprimé l'article τὰ et confondu καὶ avec κατά. Cf. M. Hase, Lydus, De Ostent. 88, C.
4. Solonem, dans l'Epitome de Tite-Live, CIII.
5. G : Χωρία. Sur la confusion de α avec ον, cf. Bast, Comment. Palæogr. p. 743; 771.
6. Sturz dit que A et H donnent μέν τοι. Je dois ajouter que cette leçon est aussi dans B, C, D, F et G. Nous avons déjà remarqué la confusion de τί avec τοί.

HISTOIRE ROMAINE DE DION, L. XXXVII.   263

48. Catugnatus s'étant ensuite retiré au loin en toute hâte, Lentinus fit une nouvelle incursion dans cette contrée et prit de force la ville auprès de laquelle il avait reçu un échec. L. Marius et Servius Galba passèrent le Rhône, dévastèrent les terres des Allobroges et arrivèrent enfin près de Solonium. Ils s'emparèrent d'un fort situé au-dessus de cette place, battirent dans un combat les barbares qui résistaient encore et brûlèrent quelques quartiers de la ville dont une partie était construite en bois : l'arrivée de Catugnatus les empêcha de s'en rendre maîtres. A cette nouvelle, Pomptinus marcha avec toute son armée contre Catugnatus, cerna les barbares et les fit prisonniers, à l'exception de Catugnatus. Dès lors il fut facile à Pomptinus d'achever la conquête de ce pays.

49. Sur ces entrefaites, Pompée arriva en Italie et fit élire consuls L. Afranius et Métellus Céler. Il comptait, mais à tort, sur leur concours pour exécuter tous ses projets qui consistaient, entre autres choses, à faire

<small>An de Rome 694.
L. Afranius et Métellus Céler Consuls.</small>

---

7. B, C, F et G portent ἐπ' αὐτό, qui serait admissible, en sous-entendant πόλισμα. Sturz préfère ἐπ' αὐτὸν (h. e. Κατούγνατον), conjecture très-bonne pour le sens et d'ailleurs fort probable, à cause de la fréquente confusion des désinences ον et ῳ. Je l'ai adoptée comme M. Imm. Bekker. Reiske, qui l'approuve, dit pourtant que l'ancienne leçon peut être maintenue et il l'explique par *post illum casum*, comme s'il y avait μετὰ τοῦτο; mais il propose de retrancher les mots ἐπ' αὐτῷ, qui lui paraissent nés de τέ et de παντὶ τῷ : rien ne motive cette suppression.

8. G : Ποππήιος. Le μ a été ajoutée par une main plus moderne, ainsi que la syllabe νω dans ἐν τῷ χρό τούτῳ.

9. Ou mieux, d'après Reiske : Μάτην ἐλπίσας δι' αὐτῶν.

Ἤθελε μὲν γὰρ ἄλλα τε καὶ ἐν τοῖς μάλιστα χώραν τέ τινα τοῖς συνεστρατευμένοις οἱ δοθῆναι [1], καὶ τὰ πεπραγμένα αὐτῷ πάντ' ἐπικυρωθῆναι [2]· διήμαρτε δὲ σφῶν τότε [3]. Οἵ τε γὰρ δυνατοὶ [4], μήτε ἐκ τοῦ πρὶν αὐτῷ ἀρεσκόμενοι, διεκώλυσαν αὐτὰ ψηφισθῆναι· καὶ αὐτῶν τῶν ὑπάτων Ἀφράνιος [5] μὲν (ὀρχεῖσθαι γὰρ βέλτιον ἤ τι διαπράσσειν ἠπίστατο) πρὸς οὐδὲν αὐτῷ συνήρατο· Μέτελλος δὲ ὀργῇ, ὅτι τὴν ἀδελφὴν αὐτοῦ [6], καίτοι [7] παῖδας ἐξ αὐτῆς ἔχων, ἀπεπέμπετο, καὶ πάνυ πρὸς πάντα ἀντέπραξεν. Ὅ τε Λούκουλλος ὁ Λούκιος [8], ᾧ ποτε ἐν τῇ Γαλατίᾳ ὁ Πομπήϊος ἐντυχὼν ὑπερφρόνως ἐκέχρητο, πολύς τε αὐτῷ ἐνέκειτο, καὶ ἐκέλευσεν αὐτὸν ἰδίᾳ καὶ καθ' ἕκαστον ὧν ἔπραξεν ἐπεξελθεῖν [9], καὶ μὴ πᾶσιν ἅμα αὐτοῖς τὴν κύρωσιν αἰτεῖν. Ἄλλως τε γὰρ δίκαιον εἶναι ἔλεγε, μὴ πάντα ἁπλῶς [10] ὅσα ἐπεποιήκει, καὶ ἃ μηδεὶς σφῶν ἠπίστατο

---

1. Cf. Cicéron, Lettr. à Atticus, I, 16.
2. Les mots καὶ τὰ πεπραγμένα αὐτῷ παντ' ἐπικυρωθῆναι manquent dans D, G et H; mais dans G ils ont été ajoutés en marge par une main plus moderne.
3. Reiske propose τότε γε, parce que Pompée obtint plus tard ce qui lui fut refusé alors.
4. G : Ὅ τε γὰρ δυνατοὶ, faute du copiste.
5. Cicéron en parle avec un souverain mépris, Lettr. à Atticus, I, 19 : Metellus est consul sane bonus, et nos admodum diligit : *ille alter ita nihil est, ut plane, quid emerit, nesciat.* Cf. les notes, dans les OEuvres complètes de Cicéron, tom. XXI, p. 185, éd. in-12 de M. J. V. Le Clerc.
6. Elle s'appelait Mucia ; Plutarque, Pomp. XLII : Ἐξύβρισε γὰρ ἡ Μουκία παρὰ τὴν ἀποδημίαν αὐτοῦ. Καὶ πόρρω μὲν ὢν ὁ Πομπήϊος κατεφρόνει τοῦ λόγου, πλησίον δὲ Ἰταλίας γενόμενος καὶ σχολάζοντι τῷ λογισμῷ μᾶλλον, ὡς

distribuer certaines terres aux soldats qui avaient servi sous ses ordres et à obtenir la ratification de tous ses actes; mais il ne put y parvenir alors. Les Grands, déjà mécontents de lui, empêchèrent que ses actes ne fussent en ce moment approuvés; et des deux consuls l'un, Afranius (il s'entendait mieux à danser qu'à gouverner l'État), ne lui fut d'aucun secours; l'autre, Métellus, irrité de ce que Pompée avait répudié sa sœur quoiqu'il en eût des enfants, lui fut très-opposé en tout. Enfin Lucius Lucullus, que Pompée avait traité avec arrogance dans l'entretien qu'il eut avec lui en Galatie, lui faisait une guerre acharnée. Il le sommait de soumettre au sénat chacun de ses actes séparément et de ne pas demander qu'ils fussent approuvés tous ensemble; disant qu'il serait juste de ne pas ratifier, indistinctement et comme s'il s'agissait

ἔοικε, τῆς αἰτίας ἀψάμενος ἔπεμψεν αὐτῇ τὴν ἄφεσιν, οὔτε τότε γράψας οὔθ' ὕστερον ἐφ' οἷς ἀφῆκεν ἐξειπών · ἐν δ' ἐπιστολαῖς Κικέρωνος ἡ αἰτία γέγραπται.

7. Ce mot manque dans C.

8. Cf. liv. XXXVI, 44, p. 90 de ce volume, et Plutarque, Lucull. XXXVI.

9. Reiske aimerait mieux διεξελθεῖν. « Alias, dit-il, significat (ἐπεξελθεῖν) *animo hostili, iracundo et ultore persequi,* ut mox (§ 50) ἀνθιστάμενος ἐπεξῆλθεν. Hic raro, et haud scio an probato modo posuit auctor pro διεξιέναι, *res a se gestas unam post alteram,* velut gradatim quasque perambulando, *senatui seorsim unamquamque percensere, sigillatim recensere,* etc. » Cette critique n'est point fondée. Sur l'emploi de ἐπεξέρχομαι dans le sens de *oratione persequi, percurrere, commemorare,* etc., cf. Thes. gr. ling. tom. III, p. 1485-1486, éd. Didot.

10. H : Καὶ πάντα ἁπλῶς, leçon fautive.

ὁποῖα εἶναι[1], βεβαιωθῆναι[2], ὥσπερ ὑπὸ δεσπότου τινὸς γεγενημένα· καὶ ἐπειδὴ καὶ τῶν ἑαυτοῦ ἔργων κατελελύκει τινά, ἠξίου ἐξετασμὸν ἑκατέρων ἐν τῇ βουλῇ γενέσθαι, ἵν' ὁπότερ' ἂν αὐτοῖς ἀρέσῃ[3] κυρώσωσι. Καὶ αὐτῷ καὶ ὁ Κάτων, ὅ τε Μέτελλος, οἵ τε ἄλλοι οἱ τὰ αὐτὰ σφίσι βουλόμενοι, ἰσχυρῶς συνεμάχουν.

50. Τοῦ γοῦν δημάρχου, τοῦ τὴν γῆν τοῖς τῷ[4] Πομπηΐῳ συνεξητασμένοις[5] κατανεῖμαι ἐσηγουμένου, προσγράψαντος τῇ γνώμῃ, τὸ καὶ πᾶσι τοῖς πολίταις, ὅπως τοῦτό τε αὐτὸ ῥᾷον ψηφίσωνται[6] καὶ τὰ πραχθέντα αὐτῷ βεβαιώσωσι, κλήρους τινὰς δοθῆναι· ἐπὶ πᾶν[7] ὁ Μέτελλος ἀνθιστάμενος ἐπεξῆλθεν[8]· ὥστε καὶ ἐς τὸ οἴκημα ὑπ' αὐτοῦ ἐμβληθῆναι, καὶ τὴν γερουσίαν ἐνταῦθα ἀθροῖσαι ἐθελῆσαι. Ἐπεὶ δὲ[9] ἐκεῖνος (Λούκιος δὲ δὴ Φλαούϊος ὠνομάζετο) τό τε βάθρον τὸ δημαρχικὸν ἐν αὐτῇ τῇ εἰσόδῳ αὐτοῦ ἔθηκε, καὶ ἐπ' αὐτὸ[10] καθεζόμενος ἐμποδὼν ὥστε

---

1. Nove, s'écrie Oddey, à propos de cet infinitif. Reimarus voudrait le remplacer par εἶεν, et Reiske par ἐστί : « Multo creberrima, dit-il, occurrit in libris græcis hæc librariorum ad hoc ab illo aberratio, cujus originem indicavi ad Constantini Cephalæ Anthologiam. » Mais aucun changement n'est nécessaire, comme le prouve Sturz ; cf. ses notes, p. 456, tom. I de son édition, à propos d'un passage analogue, XXXVIII, 41 : Ἐφ' ἡμῖν τό τισι πολεμητέον εἶναι διαγνῶναι καταλιπόντες.
2. Ce mot a été omis dans C.
3. F : Ἀρέσκει, faute du copiste. Le passage ἑκατέρων — ἀρέσῃ manquait dans G. Il a été ajouté au bas de la page par une main plus moderne.
4. G : Τῆς τῷ, par la confusion d'οι avec η.
5. F : Συνεξετασμένοις. Le copiste a négligé l'augment ; comme il arrive très-souvent.
6. G : Ψηφίσονται, par la confusion d'ω avec ο.
7. Reiske rapporte les mots ἐπὶ πᾶν à ἐπεξῆλθεν — insectatus (hoc vel

d'un maître, tous les actes de Pompée, alors qu'ils n'étaient suffisamment connus de personne, et que Pompée ayant cassé plusieurs de ses actes, il croyait convenable que les actes de l'un et de l'autre fussent examinés par le sénat, qui donnerait son approbation à ceux qu'il en croirait dignes. Caton, Métellus et tous les hommes de leur parti soutenaient énergiquement Lucullus.

50. Le tribun du peuple, qui proposait de distribuer des terres aux soldats de Pompée, ajouta à sa rogation, pour la faire passer plus facilement et pour obtenir la ratification des actes de Pompée, que tous les citoyens recevraient certains lots. Métellus le combattit avec tant d'ardeur, qu'il fut mis en prison par le tribun. Il voulut assembler le sénat dans la prison; mais ce tribun, nommé Flavius, plaça sa chaise tribunitienne à la porte et s'assit là, afin que personne ne pût entrer.

eum) fuit Metellus, quanta poterat, summa acerbitate, iracundia, audacia, pertinacia. Il m'a paru plus naturel de les rapporter à ἀνθιστάμενος et de leur donner le sens de *in omnibus, omnino,* comme Sturz le conseille.

8. G et H : Ἐξῆλθεν, par l'omission d'une préposition, suivant l'usage des copistes. Sturz donne cette variante, mais comme tirée de H seulement.

9. A l'ancienne leçon ἔπειτα, Reimarus propose dans ses *Addenda,* tom. II, p. 1696 de son édition, de substituer ἐπεὶ δὲ ou ἐπεί τε. Sturz adopte la première de ces corrections. Avec M. Imm. Bekker, je préfère la seconde, aussi bonne pour le sens et confirmée par A, E, F, et même par H, où ἐπί τε est pour ἐπεί τε.

10. Comme Sturz, je remplace l'ancienne leçon ἐπ' αὐτῷ, par ἐπ' αὐτὸ, qu'il attribue seulement à B; mais qui se trouve aussi dans C, E, G et H. M. Imm. Bekker conserve ἐπ' αὐτῷ.

μηδένα ἐσιέναι ἐγίγνετο· τόν τε τοῖχον [1] τοῦ δεσμωτηρίου διακοπῆναι ἐκέλευσεν, ὅπως δι' αὐτοῦ ἡ βουλὴ ἐσέλθῃ· καὶ ὡς νυκτερεύσων κατὰ χώραν παρεσκευάζετο. Μαθὼν οὖν τοῦθ' ὁ Πομπήϊος [2], καὶ αἰσχυνθείς τε ἅμα καὶ δείσας μὴ καὶ ὁ δῆμος ἀγανακτήσῃ, προσέταξε τῷ Φλαουΐῳ ἀπαναστῆναι. Ἔλεγε μὲν γὰρ ὡς τοῦ Μετέλλου [3] τοῦτ' ἀξιώσαντος, οὐ μὴν ἐπιστεύετο. Τὸ γὰρ φρόνημα αὐτοῦ κατάδηλον πᾶσιν [4] ἦν· ἀμέλει τῶν ἄλλων δημάρχων ἐξελέσθαι αὐτὸν βουληθέντων, οὐκ ἠθέλησεν. Οὔκουν οὐδ' αὖθις ἀπειλήσαντι [5] τῷ Φλαουΐῳ [6], μηδὲ ἐς τὸ ἔθνος ὃ ἐπεκεκλήρωτο [7], ἐπιτρέψειν αὐτῷ, εἰ μὴ συγχωρήσειέν [8] οἱ διανομοθετῆσαι, ἐξελθεῖν, ὑπεῖξεν· ἀλλὰ καὶ πάνυ ἄσμενος ἐν τῇ πόλει κατέμεινεν. Ὁ οὖν Πομπήϊος, ἐπειδὴ μηδὲν διά τε [9] τὸν Μέτελλον καὶ διὰ τοὺς ἄλλους διεπράξατο, ἔφη μὲν φθονεῖσθαί τε ὑπ' αὐτῶν καὶ τῷ πλήθει τοῦτο δηλώσειν· φοβηθεὶς δὲ μὴ καὶ ἐκείνου διαμαρτὼν μείζω αἰσχύνην ὀφλήσῃ [10], κατέβαλε τὴν ἀξίωσιν. Καὶ ὁ μὲν οὕτω γνούς, ὅτι μηδὲν ὄντως [11] ἴσχυεν, ἀλλὰ τὸ μὲν ὄνομα καὶ τὸν [12]

---

1. Τεῖχον, par la confusion d'οι avec ει, dans C, D, F et G.
2. C : Τοῦτο ὁ Πομπήϊος.
3. G : Ὡς αὐτοῦ Μετέλλου, faute du copiste.
4. Τοῖς πᾶσιν, dans C et H.
5. G : Ἀπειχήσαντι. Le λ a été superposé par une main plus moderne.
6. Le passage ἀπαναστῆναι — τῷ Φλαουΐῳ manque dans F.
7. A l'ancienne leçon ἐπεχλήρωτο, je substitue, comme Sturz, ἐπεκεκλήρωτο, d'après A, C et H. Dans G, qui porte ἐπεμεκλήρωτο, le κ a été superposé par une main plus moderne : Reiske préfère ἐκεκλήρωτο, parce que le verbe composé ἐπικληροῦσθαι signifie, suivant lui, *altera vice — post*

Alors Métellus fit percer le mur, pour ouvrir un passage aux sénateurs et se disposa à passer toute la nuit en prison. Pompée rougit en apprenant cet événement : en même temps il craignit l'indignation de la multitude et enjoignit au tribun de s'éloigner; disant qu'il lui donnait cet ordre à la prière de Métellus. Mais on ne le crut pas; parce que tout le monde connaissait la grandeur d'âme de Métellus : en effet, les autres tribuns lui ayant proposé de le délivrer, il avait refusé. Flavius le menaça ensuite de ne pas lui permettre de se rendre dans la province qui lui avait été assignée par le sort, s'il ne laissait point passer sa loi : Métellus ne céda pas et resta à Rome sans se plaindre. Pompée, voyant qu'il n'obtenait rien à cause de l'opposition de Métellus et de plusieurs autres citoyens, dit qu'il était victime de leur jalousie et qu'il dénoncerait leurs menées au peuple; mais la crainte de s'exposer à une nouvelle honte, s'il échouait encore, le détermina à se désister de sa demande. Reconnaissant enfin qu'il n'avait plus de crédit, qu'un

---

aliam priorem sortitionem — post alium sortiri. Cette interprétation ne m'a point paru suffisamment confirmée par les auteurs grecs. M. Imm. Bekker a admis la conjecture de Reiske dans son texte.

8. D'après A. L'ancienne leçon συγχωρήσαιεν, donnée par les autres Ms., est fautive.

9. Τέ manque dans H : j'ai souvent parlé de l'omission de cette particule par les copistes.

10. Ὀφλήθῃ, dans le même Ms., par la confusion de Θ avec C.

11. D'après Reiske et Sturz, au lieu de l'ancienne leçon οὕτως. Le sens exige cette correction : M. Imm. Bekker l'a adoptée.

12. Ce mot manque dans le même Ms. Nous avons remarqué plusieurs fois l'omission de l'article.

φθόνον ἐφ' οἷς [1] ἠδυνήθη ποτὲ εἶχεν, ἔργῳ δὲ οὐδὲν ἀπ' αὐτῶν ἀπώνητο [2], μετεμέλετο ὅτι τά τε στρατόπεδα προαφῆκε, καὶ ἑαυτὸν τοῖς ἐχθροῖς ἐξέδωκε.

51. Κλώδιος δὲ ἐπεθύμησε μὲν διὰ τοὺς δυνατοὺς ἐπὶ τῇ δίκῃ δημαρχῆσαι, καί τινας τῶν δημαρχούντων προκαθῆκεν ἐσηγήσασθαι [3] τὸ καὶ τοῖς εὐπατρίδαις τῆς ἀρχῆς μεταδίδοσθαι [4]· ὡς δ' οὐκ ἔπεισε, τήν τε εὐγένειαν ἐξωμόσατο καὶ πρὸς τὰ τοῦ πλήθους δικαιώματα, ἐς αὐτὸν σφῶν τὸν σύλλογον ἐσελθών, μετέστη [5]. Καὶ ᾔτησε μὲν εὐθὺς τὴν δημαρχίαν, οὐκ ἀπεδείχθη δέ, ἐναντιωθέντος οἱ τοῦ Μετέλλου. Ἐν γένει τε γὰρ αὐτῷ ἦν, καὶ τοῖς πραττομένοις ὑπ' αὐτοῦ οὐκ ἠρέσκετο. Πρόφασιν δὲ ἐποιήσατο ὅτι μὴ κατὰ τὰ πάτρια [6] ἡ ἐκποίησις αὐτοῦ ἐγεγόνει· ἐν γὰρ τῇ ἐσφορᾷ τοῦ φρατριατικοῦ [7] νόμου μόνως ἐξῆν γίγνεσθαι [8]. Ταῦτά τε οὖν οὕτως ἐπράχθη, καὶ ἐπειδὴ τὰ τέλη δεινῶς τήν τε πόλιν καὶ τὴν ἄλλην Ἰταλίαν ἐλύπει, ὁ μὲν νόμος, ὁ καταλύσας αὐτά, πᾶσιν ἀρεστὸς ἐγένετο· τῷ δὲ στρατηγῷ τῷ ἐσενεγκόντι αὐτὸν ἀχθόμενοι οἱ βουλευταί, (ὁ γὰρ Μέτελλος ὁ Νέπως ἦν) ἠθέλησαν τό τε

---

1. J'emprunte à M. Imm. Bekker cette leçon : elle est plus satisfaisante pour le sens et pour la grécité que l'ancienne ἐν' οἷς, maintenue par Reimarus et par Sturz.
2. Ou mieux, suivant Sturz, ἀπώνατο. Dans G, ἀπόνητο, est une faute du copiste qui a négligé l'augment.
3. G : ἐδηγήσασθαι. Avec Sturz, je substitue la leçon proposée par Leunclavius à l'ancienne : Ἐσηγήσασθαί τι καὶ τοῖς κτλ. Reiske en propose une autre assez probable : ἐσηγήσασθαι, ὅτι καὶ τοῖς κτλ.
4. Les patriciens ne pouvaient briguer le tribunat, qu'après avoir été placés

vain nom et l'envie étaient tout ce qu'il conservait de son ancienne puissance et qu'elle ne lui était réellement d'aucun secours, il se repentit d'avoir prématurément congédié son armée et de s'être livré à ses ennemis.

51. Clodius, pour se venger des Grands qu'il détestait à cause de son jugement, aspira au tribunat : il fit demander par quelques tribuns qu'il avait subornés que les nobles fussent admis à cette charge. Ayant échoué, il renonça à son titre de patricien, passa dans la classe des plébéiens pour participer à leurs droits et brigua aussitôt le tribunat : l'opposition de Métellus l'empêcha de l'obtenir. Celui-ci était son parent ; mais comme il désapprouvait sa conduite, il allégua, pour le combattre, que sa renonciation à la qualité de patricien ne s'était point faite légalement ; puisqu'elle n'aurait dû avoir lieu qu'en vertu d'une loi votée par les Curies : voilà ce qui se passa au sujet de Clodius. De plus, comme les droits de péage excitaient de vives plaintes à Rome et dans le reste de l'Italie, la loi qui les abolit fut approuvée de tout le monde. Cependant le sénat, irrité contre le préteur qui l'avait proposée (c'é-

---

dans la classe des plébéiens, en vertu d'une loi rendue dans une assemblée par Curies ; cf. Cic. pro Dom. ad Pontif. XIV ; Dion Cassius, LIII, 17.

5. L'an 694. Cf. Pighius, Annal. Rom. III, p. 348, éd. Schott.

6. G : Κατὰ πάτρια, autre exemple de l'omission de l'article par les copistes.

7. Au lieu de l'ancienne leçon στρατιωτικοῦ, évidemment fautive. Jac. Gronove a deviné cette correction, qui est confirmée par plusieurs Ms. Φρατιωτικοῦ est une faute du copiste dans H.

8. A, B, F et G : Ἐξῆν τοῦτο γίγνεσθαι.

ὄνομα αὐτοῦ ἀπαλεῖψαι ἀπὸ τοῦ νόμου καὶ ἕτερον ἀντεγγράψαι [1]. Καὶ οὐκ ἐπράχθη μὲν τοῦτο· καταφανὲς μέντοι πᾶσιν ἐγένετο ὅτι μηδὲ τὰς εὐεργεσίας παρὰ τῶν φαύλων ἀνδρῶν ἡδέως ἐδέχοντο. Κἀν τῷ αὐτῷ τούτῳ χρόνῳ Φαῦστος ὁ τοῦ Σύλλου [2] παῖς ἀγῶνά τε μονομαχίας ἐπὶ τῷ πατρὶ ἐποίησε [3], καὶ τὸν δῆμον λαμπρῶς εἱστίασε [4]· τά τε λουτρὰ καὶ τὸ [5] ἔλαιον προῖκα αὐτοῖς παρέσχεν [6]. Ἐν μὲν δὴ τῇ πόλει ταῦτ' ἐγίγνετο [7].

52. Ὁ δὲ δὴ Καῖσαρ τῆς τε Λυσιτανίας μετὰ τὴν στρατηγίαν ἦρξε [8], καὶ δυνηθεὶς ἂν τὰ λῃστικὰ [9], ἅπερ που ἀεὶ παρ' αὐτοῖς ἦν, ἄνευ μεγάλου τινὸς πόνου καθήρας [10] ἡσυχίαν ἔχειν, οὐκ ἠθέλησε. Δόξης τε γὰρ ἐπιθυμῶν, καὶ τὸν Πομπήϊον τούς τε ἄλλους τοὺς πρὸ αὐτοῦ μέγα ποτὲ δυνηθέντας ζηλῶν, οὐδὲν ὀλίγον ἐφρόνει· ἀλλ' ἤλπιζεν [11], ἄν τι τότε [12] κατεργάσηται, ὕπατός τε εὐθὺς αἱρεθήσεσθαι καὶ ὑπερφυᾶ ἔργα ἀποδείξεσθαι, διά τε τἆλλα, καὶ ὅτι ἐν τοῖς Γαδείροις, ὅτε ἐταμίευε, τῇ μητρὶ συγγίγνεσθαι ὄναρ

---

1. C : Ἀντιγράψαι. De même dans G, où la véritable leçon a été rétablie en marge par une main plus moderne.
2. Σύλου, dans F : le copiste n'a mis qu'un λ, lorsqu'il en fallait deux.
3. Le testament de son père lui en imposait l'obligation; Cicer. Orat. pro P. Syll. XIX : Interpositi sunt gladiatores, quos testamento patris videmus deberi.
4. Ἐστίασε est une faute de copiste dans G : elle a été corrigée dans une annotation marginale, par une main plus moderne.
5. D'après Reiske j'ajoute, comme Sturz, τὸ, qui manque dans l'ancienne leçon : M. Imm. Bekker le donne aussi.
6. Παρέσχε, dans C, D, F et H, par l'omission du ν paragogique devant une voyelle.

tait Métellus Népos), voulut faire disparaître son nom de la loi et le remplacer par un autre. Cela n'eut pas lieu ; mais il fut évident pour tous que le sénat n'acceptait pas volontiers, de la main des méchants, même un bienfait. A la même époque, Faustus, fils de Sylla, fit célébrer un combat de gladiateurs en l'honneur de son père, donna au peuple un banquet splendide et lui fournit gratuitement des bains et de l'huile. Tels sont les événements qui se passèrent à Rome.

52. César, après sa préture, fut nommé gouverneur de la Lusitanie. Il aurait pu, sans de grandes fatigues, purifier ce pays des brigands qui l'infestaient sans cesse et se livrer ensuite au repos ; mais il ne le voulut point. Avide de gloire, jaloux d'égaler Pompée et les autres hommes qui, avant lui, s'étaient élevés à une grande puissance, il ne formait que de vastes projets ; espérant, s'il se signalait alors, d'être nommé consul et d'accomplir des choses extraordinaires. Cette espérance lui venait surtout de ce que, pendant sa questure à Cadix, il avait cru avoir, dans un songe, com-

7. C : Ἐγένετο.
8. Cf. les Éclaircissements à la fin du volume.
9. G : Λῃστρικά.
10. A l'ancienne leçon καθῆραι, je substitue avec Reiske καθήρας, correction qui m'a paru pouvoir être admise, en plaçant une virgule après ἔχειν. Reimarus ne la désapprouve pas dans ses *Addenda*, p. 1696, tom. II de son édition. Sturz et M. Imm. Bekker conservent l'ancienne leçon.
11. C : Ἤλπιζε, par l'omission du ν paragogique devant une voyelle.
12. Reiske propose de lire ἄν τι μέγα, ou bien, ἄν τι τότε μέγα κατεργάσηται. Mais aucun changement n'est nécessaire. « Τί per se eam vim habet, » dit Sturz.

ἔδοξε ¹ καὶ παρὰ τῶν μάντεων ἔμαθεν ὅτι ἐν μεγάλῃ δυνάμει ἔσται. Ὅθενπερ καὶ εἰκόνα Ἀλεξάνδρου ἐνταῦθα ἐν τῷ Ἡρακλέους ἀνακειμένην ἰδὼν ἀνεστέναξε καὶ κατωδύρατο, ὅτι μηδέν πω μέγα ἔργον ἐπεποιήκει ². Ἀπ' οὖν τούτων ³, ἐξὸν αὐτῷ εἰρηνεῖν ⁴, ὥσπερ εἶπον, πρὸς τὸ ὄρος τὸ Ἑρμίνιον ⁵ ἐτράπετο καὶ ἐκέλευσε τοὺς οἰκήτορας αὐτοῦ ἐς τὰ πεδινὰ μεταστῆναι, προφάσει μὲν ⁶ ὅπως μὴ ἀπὸ τῶν ἐρυμνῶν ὁρμώμενοι λῃστεύσωσιν· ἔργῳ δὲ, εὖ εἰδὼς ὅτι οὐκ ἄν ποτε αὐτὸ ποιήσειαν, κἀκ τούτου πολέμου τινὰ ἀφορμὴν λήψεται ⁷. Ὃ καὶ ἐγένετο. Τούτους τε ⁸ οὖν ἐς ὅπλα ἐλθόντας ὑπηγάγετο· καὶ ἐπειδὴ τῶν πλησιοχώρων τινὲς, δείσαντες μὴ καὶ ἐπὶ σφᾶς ὁρμήσῃ, τούς τε παῖδας καὶ τὰς γυναῖκας τά τε ἄλλα τὰ ⁹ τιμιώτατα ὑπὲρ τὸν Δώριον ὑπεξέθεντο, τὰς πόλεις σφῶν ἐν ᾧ τοῦτ' ἔπραττον προκατέσχε, καὶ μετὰ ταῦτα καὶ ἐκείνοις προσέμιξε. Προβαλλομένων τε τὰς ἀγέλας ¹⁰ αὐτῶν, ὅπως σκεδασθεῖσι τοῖς Ῥωμαίοις πρὸς τὴν τῶν βοσκημάτων ἁρπαγὴν ἐπιθῶνται,

1. Cf. Plutarq. Cés. XXXII; Suétone, Jul. Cæs. VII, et Dion lui-même, XLI, 24.
2. Cf. Suétone, l. l. Plutarque a suivi une autre tradition, l. l. XI : Ἐν Ἰβηρίᾳ ἀναγινώσκοντά τι τῶν περὶ Ἀλεξάνδρου γεγραμμένων, σφόδρα γενέσθαι πρὸς ἑαυτῷ πολὺν χρόνον, εἶτα καὶ δακρῦσαι· τῶν δὲ φίλων θαυμασάντων τὴν αἰτίαν, εἰπεῖν· « Οὐ δοκεῖ ὑμῖν ἄξιον εἶναι λύπης, εἰ τηλικοῦτος μὲν ὢν Ἀλέξανδρος ἐθνῶν τοσούτων ἐβασίλευεν, ἐμοὶ δὲ λαμπρὸν οὐδὲν οὔπω πέπρακται. »
3. D'après A, B et F, je substitue, comme Reimarus, Sturz et M. Imm. Bekker, cette leçon à l'ancienne ἀπ' οὖν τοῦ τότε. Au lieu de τούτων, C et H portent τούτου, qui donne le même sens. Les mots ont été coupés d'une manière inintelligible dans E : Ἀπ' οὖν τοῦτό τε.
4. Ou bien εἰρηνήσειν, d'après Zonaras, Lexic. p. 646. Suidas, au mot

merce avec sa mère, et les devins lui avaient prédit qu'il obtiendrait un grand pouvoir. Aussi ayant vu dans un temple de cette ville consacré à Hercule une statue d'Alexandre, il gémit et versa des larmes ; parce qu'il n'avait encore rien fait de mémorable. Livré à ces pensées, il se dirigea vers le mont Herminium, lorsqu'il pouvait, comme je l'ai dit, jouir de la paix, et il ordonna aux habitants de s'établir dans la plaine, afin qu'ils ne pussent point se livrer au pillage, en descendant de leurs demeures fortifiées par la nature ; mais ce n'était qu'un prétexte : en réalité, il savait bien qu'ils ne feraient pas ce qu'il demandait, et que ce refus lui fournirait l'occasion de leur déclarer la guerre. C'est ce qui arriva : ils coururent aux armes et César les soumit. Plusieurs de leurs voisins, craignant qu'il ne fondît aussi sur eux, transportèrent au-delà du Douro leurs enfants, leurs femmes et tout ce qu'ils avaient de plus précieux. César profita de ce moment pour s'emparer de leurs villes, et en vint ensuite aux mains avec eux. Ils s'étaient fait précéder de leurs troupeaux, afin de tomber sur les Romains, quand ils se seraient dispersés pour les enlever ; mais César ne

---

εἰρηνήσειν, cite ainsi ce passage : Ὁ δὲ Καῖσαρ, ἐξὸν αὐτῷ εἰρηνεῖν, πόλεμον εἵλετο.

5. C et D : Πρὸς τὸ ὄρος Ἐρμίνιον : l'article a été omis par les copistes.
6. A, C et H : Πρόφασιν, adopté par M. Imm. Bekker. De plus μέν manque dans C. Nous avons remarqué ailleurs la fréquente omission de cette particule.
7. C : Λήψεσθαι.
8. G : Τούς τε. Le copiste a omis la première syllabe.
9. J'ajoute, d'après A et H, cet article qui manque dans la leçon vulgaire.
10. H : Ἀγγέλας. Le copiste a mis deux γ, quand il n'en fallait qu'un.

276   ΤΩΝ ΔΙΩΝΟΣ ΙΣΤΟΡΙΩΝ ΡΩΜ. ΒΙΒΛ. ΛΖ.

τά τε τετράποδα¹ παρῆκε, καὶ αὐτοὺς ὑπολαβὼν ἐνίκησε.

53. Κἂν τούτῳ μαθὼν τοὺς τὸ Ἑρμίνιον² οἰκοῦντας ἀφεστηκέναι τε καὶ ἐπανιόντα³ αὐτὸν ἐνεδρεύειν μέλλειν, τότε μὲν ἑτέραν ἀνεχώρησεν, αὖθις δὲ ἐπεστράτευσε σφίσι⁴, καὶ κρατήσας, πρὸς τὸν Ὠκεανὸν φεύγοντας αὐτοὺς κατεδίωξεν⁵. Ἐπειδή τε τὴν ἤπειρον ἐκλιπόντες ἐς νῆσόν τινα ἐπεραιώθησαν, αὐτὸς μὲν (οὐ γὰρ πλοίων εὐπόρει⁶) κατὰ χώραν ἔμεινε· σχεδίας δὲ συμπήξας μέρος τι τοῦ στρατοῦ δι' αὐτῶν ἔπεμψε, καὶ⁷ συχνοὺς ἀπέβαλε. Γῇ γάρ τινι πρὸς τῇ νήσῳ οὔσῃ προσσχὼν⁸ ὁ τὴν ἡγεμονίαν σφῶν ἔχων, καὶ ὡς⁹ καὶ πεζῇ διαβαδίσοντας¹⁰ αὐτοὺς ἐκβιβάσας¹¹, ἔπειτα αὐ-

---

1. L'ancienne leçon τά τε στρατόπεδα est confirmée par les Ms. La version de Xylander, *Contra Cæsar, exercitu emisso, ipse prælium deinde excipiens hostem fudit*, littéralement calquée sur cette leçon, n'offre pas un sens satisfaisant. Il en est de même de celle de Nic. Leoniceno, *lasciò le genti d' arme*, etc. Celle de Fr. Baldelli serait préférable à l'une et à l'autre, si elle était moins paraphrasée : *Cesare all' incontro havendo spinto innanzi le sue genti contra costoro, egli dipoi dando dentro ruppe i nimici*.

Mais les meilleurs critiques ont avec raison supposé ici quelque altération dans le texte. Reiske, par une conjecture fort ingénieuse, propose τὰ τετράποδα, correction approuvée par Reimarus, Sturz et M. Imm. Bekker : je n'hésite pas à l'adopter. Wagner et M. Tafel l'ont suivie dans leur traduction.

Le critique appelé N par Reimarus propose βοσκήματα. Sa conjecture donne le même sens que celle de Reiske; mais elle s'éloigne trop de la leçon primitive.

2. Ἑρμίον, dans C, D et H. Nous avons déjà remarqué plusieurs altérations nées de l'omission d'une syllabe dans le corps d'un mot. La même faute se trouvait dans G ; mais elle a été corrigée par une main plus moderne.

3. G : Ἐπανύοντα, par la confusion d'ι avec υ.

4. A : Σφίσιν, par l'addition du ν paragogique devant une consonne.

5. Κατεδίωξε, dans C, D et G, par l'omission du ν paragogique devant une voyelle.

HISTOIRE ROMAINE DE DION, L. XXXVII.

s'occupa point des troupeaux, attaqua les barbares et les vainquit.

53. En ce moment, instruit que les habitants du mont Herminium avaient fait défection et se disposaient à lui dresser des embûches à son retour, il prit une autre route, marcha de nouveau contre eux, les battit et les poursuivit, pendant qu'ils fuyaient vers l'Océan. Ils quittèrent la terre ferme et passèrent dans une île : César, qui manquait de vaisseaux, resta sur le continent. Il construisit quelques radeaux sur lesquels il fit passer une partie de ses soldats et il en perdit un grand nombre. Le chef qui les commandait, ayant abordé sur une langue de terre qui touchait à l'île, les fit débarquer, persuadé qu'ils pourraient continuer la

---

6. L'ancienne leçon αὐτὸς μὲν γὰρ οὐ πλοίων εὐπόρει est confirmée par A, E, G et H. Elle se trouve aussi dans C, mais avec l'omission de γάρ. Dans B et F le texte est altéré: ils portent αὐτὸς μὲν γάρ που κτλ. Comme Sturz et M. Imm. Bekker, j'adopte la correction de Reimarus, qui n'exige qu'une simple transposition : αὐτὸς μὲν (οὐ γὰρ πλοίων εὐπόρει) κτλ. Reiske l'approuve : seulement il lit ηὐπόρει, au lieu d'εὐπόρει.

7. G : Ἔπεμψεν, καὶ, par l'addition du ν paragogique devant une consonne.

8. Ce participe venant de προσέχειν, et non pas de προέχειν, Sturz reconnaît qu'il vaut mieux lire προσσχών que προσχών. Cependant il maintient l'ancienne leçon προσχών, d'après l'autorité du Grammairien publié par Schæfer à la suite de Grégoire de Corinthe, p. 675 sqq. de son édition : Ἔστιν ὅτε καὶ Ἀττικοὶ χρῶνται αὐτῇ (h. e. τῇ παρελλείψει) δι' εὐφωνίαν, ὡς ἐν τῷ χερρόνησος καὶ τῷ πρόσχες (l. l. p. 680). Je préfère προσσχών, avec M. Imm. Bekker, qui adopte cette leçon ici et dans ses Anecdot. Græc. tom. I, p. 298, 16.

9. Dans l'ancienne leçon ἅτε ὡς, Reiske proposait de retrancher ἅτε, qui a la même signification que ὡς : M. Imm. Bekker n'a pas hésité à faire cette suppression. Je suis son exemple, parce que ἅτε ne se trouve pas dans C. La leçon de G et H, καὶ ἅτε καὶ ὡς, pourrait être admise ; mais en écrivant ὡς, suivant la remarque de Sturz.

10. C, D et G : Διαβαδίζοντας, leçon fautive.

11. Ἐκβηβάσας, dans C et H, par la confusion d'ι avec η.

τός τε ἀπὸ τῆς ἀναρροίας ἐκβιασθεὶς [1] ἐξανήχθη [1], καὶ ἐκείνους ἐγκατέλιπε [3]. Καὶ αὐτῶν οἱ μὲν ἄλλοι γενναίως [4] ἀμυνόμενοι ἔπεσον· Πούπλιος δὲ δὴ Σκαιούϊος [5] μόνος τε περιλειφθεὶς καὶ τῆς ἀσπίδος στερηθείς, πολλά τε τραυματισθείς, ἔς τε τὸ ὕδωρ ἐσεπήδησε καὶ διενήξατο. Τότε μὲν δὴ ταῦτ' ἐγένετο· ὕστερον δὲ ὁ Καῖσαρ πλοῖα ἀπὸ Γαδείρων μεταπεμψάμενος, ἐς τὴν νῆσον παντὶ τῷ στρατῷ ἐπεραιώθη, καὶ ἀκονιτὶ [6] αὐτοὺς, κακῶς ὑπὸ σιτοδείας ἔχοντας, παρεστήσατο. Κἀντεῦθεν [7] ἐς Βριγάντιον πόλιν Καλαικίας [8] παραπλεύσας, τῷ τε ῥοθίῳ σφᾶς τοῦ προσπλου [9], οὐ πώποτε ναυτικὸν ἑωρακότας ἐξεφόβησε καὶ κατεστρέψατο.

54. Πράξας δὲ ταῦτα, καὶ νομίσας ἱκανὴν ἀπ' αὐτῶν

---

1. Ἐκβιβασθεὶς est un barbarisme dans C.
2. C : Ἐξανέχθη, faute du copiste.
3. Ἐγκατέλειπε, dans le même Ms., par la confusion d'ι avec ει.
4. G : Γεναίως.
5. Ce nom est altéré dans quatre Ms., comme il arrive souvent pour les noms propres. C, G et H donnent καὶ οὔϊος, par l'omission de la lettre initiale et par une mauvaise division du mot. F porte Σκαιούνιος.
6. Ἀκονειτὶ, dans A, D, F et G, par la confusion d'ει avec ι. Ἀκονητὶ, dans E et H, par la confusion d'ι avec η.
7. Καὶ τεῦθεν, dans G : le copiste a mal divisé les mots et confondu κἂν avec καὶ : nous en avons vu plusieurs exemples.
8. Cette leçon est confirmée par les Ms. Je la maintiens comme mes devanciers : toutefois j'aimerais mieux Καλλαικίας, et j'ai suivi cette orthographe dans la traduction. Il s'agit de la *Callæcia*, nommée aussi *Gallæcia* et dont les habitants sont appelés *Callæci* ou *Callaici*, et *Gallæci* dans Pline, IV, 34; dans Florus, II, 17 et dans J. Obsequens, Prodigior. Libell. CCXXIII : Lusitani, Gallæcis devicti. Mais Oudendorp préfère

route à pied ; mais, emporté en pleine mer par la violence du reflux, il fut séparé de ses soldats. Après s'être vaillamment défendus, ils périrent tous à l'exception de Publius Scævius, qui, laissé seul au milieu des ennemis, privé de son bouclier et couvert de blessures, s'élança dans les flots et se sauva à la nage. Voilà ce qui arriva alors : plus tard César fit venir des vaisseaux de Cadix, passa dans cette île avec toute son armée et soumit sans peine les barbares, qui souffraient du manque de vivres. De là il fit voile vers Brigantium, ville de la Callæcie. Les habitants n'avaient jamais vu de flotte : César les effraya par le bruit des eaux qui battaient avec fracas les flancs des navires et les soumit.

54. Après cette expédition, persuadé qu'il avait suf-

Callæci, dans ce passage : « *Callæci,* dit-il, sunt populus et pars Lusitaniæ, quæ hoc anno pacata est a Cæsare proprætore, a quo Callæciæ urbs Brigantium in potestatem accepta est. » Il se réfère au passage de Dion Cassius qui nous occupe.

9. L'ancienne leçon τῷ τε ὀρθίῳ τοῦ πρόσπλου est altérée. Xylander l'a traduite ainsi : *armamentis erectis territos*, version reproduite par Fr. Baldelli : *spaventati dal veder' alzar sù quell' armi* ; mais qui est loin d'offrir un sens satisfaisant. Turnèbe, au moyen d'une simple transposition de lettres, a ingénieusement corrigé ce passage. Il propose ῥοθίῳ, au lieu de ὀρθίῳ, et Lamb. Bos, Obs. Miscell. Franc. 1707, 8, p. 182 sq., confirme cette conjecture par un passage analogue de Thucydide, IV, 10 : Ὅτι εἴ τις ὑπομένοι, καὶ μὴ φόβῳ ῥοθίου καὶ νεῶν δεινότητος κατάπλου ὑποχωροίη, οὐκ ἄν ποτε βιάζοιτο, où ῥόθιον signifie, d'après l'explication très-juste de Lambert Bos, *impetus et strepitus undarum, qui oritur ex navibus per eas ferentibus*. Cf. Dion, XLIX, 3 : Οἵ τε γὰρ Σέξτειοι τοὺς μὲν ἄνδρας τοὺς ἐναντίους τῷ ῥοθίῳ ἐξέπλησσον. L, 32 : Οἱ μὲν τοῦ Καίσαρος, ἅτε καὶ μικροτέρας καὶ ταχυτέρας τὰς ναῦς ἔχοντες, ῥοθίῳ τε ἐχρῶντο κτλ.

ἐπιβασίαν [1] πρὸς τὴν ὑπατείαν εἰληφέναι, σπουδῇ [2] πρὸς τὰς ἀρχαιρεσίας, καὶ πρὶν τὸν διάδοχον ἐλθεῖν, ὥρμησε· καὶ ἠξίου καὶ πρὸ τοῦ πέμψαι τὰ ἐπινίκια, ἐπειδὴ μὴ οἷά τε προδιεορτασθῆναι [3] ἦν, αἰτῆσαι αὐτήν [4]. Μὴ τυχὼν δὲ, τοῦ Κάτωνος ὅτι μάλιστα ἐναντιωθέντος, ἐκεῖνα μὲν εἴασε. Καὶ γὰρ ἤλπιζε πολὺ πλείω καὶ μείζω ὕπατος ἀποδειχθεὶς καὶ ἔργα πράξειν καὶ ἐπινίκια πέμψειν. Πρὸς γὰρ τοῖς εἰρημένοις [5], ἐφ' οἷς μέγα ἀεί ποτε ἐφρόνει, ἵππος τις αὐτῷ διαφυὰς [6] ἐν ταῖς τῶν προσθίων ποδῶν ὁπλαῖς [7] ἔχων ἐγεννήθη, καὶ ἐκεῖνον μὲν γαυρούμενος ἔφερεν, ἄλλον δὲ ἀναβάτην οὐδένα ἀνεδέχετο [8]· ὥστε καὶ ἐκ τούτου μικρὸν οὐδὲν προσδοκῶν, τὰ μὲν νικητήρια ἑκὼν ἀφῆκεν· ἐς δὲ τὴν πόλιν ἐσελθὼν καὶ ἐπαγγειλάμενος τὴν ἀρχὴν, οὕτω τούς τε ἄλλους καὶ τὸν Πομπήϊον τόν τε Κράσσον ἐξεθεράπευσεν, ὥστε δι' ἔχθρας ἀλλήλοις ἔτι καὶ τότε αὐτοὺς

---

1. Xylander, Leunclavius, Turnèbe et Oddey proposent de substituer ἐπίβασιν à l'ancienne leçon ἐπὶ βασιλείαν, née d'une mauvaise division des mots et de la ressemblance de désinence entre βασιλείαν et ὑπατείαν. Sturz adopte ἐπίβασιν. Avec M. Imm. Bekker, je préfère ἐπιβασίαν aussi bon pour le sens et qui se rapproche beaucoup plus de ΕΠΙΒΑΣΙ[ΛΕΙ]ΑΝ : la syllabe ΛΕΙ a pu facilement être intercalée. Dion emploie plusieurs fois ἐπιβασία ; cf. Thes. gr. ling. tom. III, p. 1531, éd. Didot.
2. C : Σπουδῆς. Le copiste a pris pour un ς l'ι final, devenu plus tard l'ι souscrit.
3. C et G : Προδιορτασθῆναι, faute de copiste.
4. Plutarque, Cæs. XIII : Ἐπεὶ δὲ τοὺς μνωμένους θρίαμβον ἔξω διατρίβειν ἔδει, τοὺς δὲ μετιόντας ὑπατείαν παρόντας ἐν τῇ πόλει τοῦτο πράττειν, ἐν τοιαύτῃ γεγονὼς ἀντινομίᾳ καὶ πρὸς αὐτὰς τὰς ὑπατικὰς ἀφιγμένος ἀρχαιρεσίας, ἔπεμψε πρὸς τὴν σύγκλητον αἰτούμενος αὐτῷ δοθῆναι παραγγέλλειν εἰς ὑπατείαν ἀπόντι διὰ τῶν φίλων. Κάτωνος δὲ πρῶτον μὲν ἰσχυριζαμένου τῷ νόμῳ πρὸς τὴν ἀξίωσιν, εἶτα, ὡς ἑώρα πολλοὺς τεθεραπευμένους ὑπὸ τοῦ Καί-

fisamment préparé les voies pour arriver au consulat, il se rendit en toute hâte aux comices, sans attendre son successeur. Il désirait briguer cette charge avant d'avoir reçu les honneurs du triomphe; parce qu'il n'aurait pu le célébrer avant les comices. Caton s'y étant opposé, il ne s'occupa plus du triomphe, espérant qu'une fois consul il pourrait se distinguer par des exploits plus nombreux et plus éclatants et obtenir un triomphe plus brillant. Outre les présages dont j'ai parlé et qui le remplissaient d'orgueil, il était né dans sa maison un cheval qui avait le sabot des pieds de devant fendu en deux. Ce cheval se montrait fier de porter César; mais il ne voulait être monté par aucun autre. César tirait de là un nouveau présage qui excitait dans son âme de grandes espérances, et il renonça volontiers au triomphe. Entré dans Rome, il brigua le consulat et gagna si bien l'affection de tous les citoyens, et en particulier celle de Pompée et de Crassus, qu'il mit dans ses intérêts ces

σαρος, ἐκκρούσαντος τῷ χρόνῳ τὸ πρᾶγμα, καὶ τὴν ἡμέραν ἐν τῷ λέγειν κατατρίψαντος, ἔγνω τὸν θρίαμβον ἀφεὶς ὁ Καῖσαρ ἔχεσθαι τῆς ὑπατείας. Cf. Le même, Cat. Min. XXXI; Dion Cass. XLIV, 41.

5. Allusion au songe dont il est parlé § 52 de ce livre.

6. Avec l'ancienne leçon διφυὰς, il faut sous-entendre χηλάς, cf. Reimarus, *Addenda*, tom. II, p. 1696 de son édition. Comme Sturz et M. Imm. Bekker, je lis, d'après A, C, F et H, διαφυὰς qui dispense de toute ellipse et donne le même sens.

7. Ὁπλὰς, dans A, B et F, leçon qui confirme la conjecture de Reiske καὶ διφυὰς τὰς τῶν προσθίων ποδῶν ὁπλὰς ἔχων. Suétone, J. Cæs. LXI : Utebatur autem equo insigni, pedibus prope humanis, et in modum digitorum ungulis fissis : quem natum apud se, quum haruspices imperium orbis terræ significare domino pronuntiassent, magna cura aluit, nec patientem sessoris alterius primus ascendit; cujus etiam instar pro æde Veneris Genitricis postea dedicavit.

8. Pline, VIII, 42, dit la même chose du Bucéphale d'Alexandre.

ὄντας καὶ τὰς ἑταιρείας [1] ἔχοντας, καὶ πρὸς πάνθ᾽ ὅσα ὁ ἕτερος [2] τὸν ἕτερον ἐθέλοντα αἴσθοιτο [3] ἀντιστασιάζοντας, προσποιήσασθαι, καὶ ὑπὸ πάντων αὐτῶν ὁμοθυμαδὸν ἀποδειχθῆναι. Καίτοι τοῦτο τὴν σοφίαν ἐς τὰ μάλιστα αὐτοῦ τεκμηριοῖ, ὅτι τόν τε καιρὸν καὶ τὸ μέτρον τῆς θεραπείας αὐτῶν καὶ ἔγνω καὶ διέθετο οὕτως, ὥστ᾽ ἀμφοτέρους ἅμα, καίπερ [4] ἀντιπράττοντας σφίσι [5], προσθέσθαι.

55. Καὶ οὐδὲ τοῦτ᾽ αὐτῷ ἀπέχρησεν, ἀλλὰ καὶ αὐτοὺς ἐκείνους συνήλλαξεν· οὐχ ὅτι συνενεχθῆναι σφᾶς ἤθελεν, ἀλλ᾽ ὅτι δυνατωτάτους τε ἑώρα ὄντας, καὶ εὖ ἠπίστατο ὅτι οὔτε [6] χωρὶς τῆς παρ᾽ ἐκείνων ἀμφοτέρων ἢ καὶ θατέρου βοηθείας μέγα τι ἰσχύσειε [7]· κἂν τὸν ἕτερον ὁποτερονοῦν αὐτῶν προσεταιρίσηται [8], ἀνταγωνιστήν τε διὰ τοῦτο τὸν ἕτερον ἕξει, καὶ πλέον ὑπ᾽ αὐτοῦ σφαλήσεται ἢ ὑπὸ τοῦ συναιρομένου [9] οἱ κατεργάσεται. Τοῦτο μὲν γὰρ, προθυμότερον ἐδόκουν αὐτῷ πάντες ἄνθρωποι τοῖς ἐχθροῖς ἀντιπράττειν ἢ συναγωνίζεσθαι τοῖς ἐπιτηδείοις· οὐ κατ᾽ ἐκεῖνο μόνον ὅτι ἥ τε ὀργὴ καὶ τὸ μῖσος σφοδροτέρας τὰς σπουδὰς πάσης φιλίας ποιεῖ, ἀλλὰ καὶ ὅτι ὁ μὲν ὑπὲρ

---

1. H : Ἑταιρίας, par la confusion d'ει avec ι.
2. D'après A, E, F et H. L'article ὁ manque dans l'ancienne leçon.
3. E : Αἴσθοι. Le copiste a oublié la dernière syllabe. La même faute se trouvait dans G; mais elle a été corrigée par une main plus moderne :
il porte αἴσθοι.
το
4. Reimarus avait proposé de remplacer l'ancienne leçon καθάπερ par καίπερ, et Reiske approuve ce changement. Je l'adopte, comme M. Imm. Bekker.

deux hommes alors encore divisés par de mutuelles inimitiés, ayant chacun des partisans dévoués et se combattant sans cesse, dès que l'un avait découvert les projets de l'autre. César fut nommé consul à l'unanimité : il donna une grande preuve de son habileté, en se rendant Pompée et Crassus favorables, avec tant d'à-propos et de mesure, qu'il parvint à se les concilier tous les deux en même temps; quoiqu'ils fussent en lutte l'un contre l'autre.

55. Cela ne lui suffit pas : il rétablit la concorde entre Pompée et Crassus, non qu'il désirât les voir vivre en bonne intelligence, mais parce qu'ils étaient très-puissants. Il savait que, si le secours de tous les deux ou même d'un seul lui manquait, il ne pourrait avoir un grand crédit; et que s'il mettait l'un, n'importe lequel, dans ses intérêts, l'autre deviendrait par cela même un antagoniste qui lui nuirait plus que celui qu'il aurait gagné ne lui serait utile. D'une part, tous les hommes lui paraissaient avoir plus d'ardeur pour combattre leurs ennemis que pour soutenir leurs amis, non-seulement parce que la colère et la haine inspirent de plus énergiques efforts que l'amitié; mais aussi parce que celui

---

5. F : Ἀντιπράττοντας φισι. Le ς final du premier mot a fait oublier au copiste cette lettre au commencement du suivant.

6. Ce mot manque dans C.

7. Ἰσχύσει, dans M. Imm. Bekker.

8. G : Προσετερίσηται.

9. A l'ancienne leçon συναιρουμένου, confirmée par les Ms., je substitue, avec Sturz et M. Imm. Bekker, συναιρομένου exigé par l'enchaînement des idées.

ἑαυτοῦ[1], ὁ δὲ ὑπὲρ ἑτέρου πράττων, τήν τε ἡδονὴν, κατορθώσας, καὶ τὴν λύπην, σφαλεὶς, οὐχ ὁμοίας ἔχουσι[2]. τοῦτο δὲ, προχειρότερον ἐμποδίζειν τέ τινας[3] καὶ κωλύειν μηδεμίαν αὔξησιν[4] λαβεῖν, ἢ ἐπὶ μέγα προάγειν ἐθέλειν· διά τε τἄλλα καὶ μάλισθ' ὅτι[5] ὁ μὲν οὐκ ἐῶν τινα αὐξηθῆναι, τοῖς τε ἄλλοις ἅμα καὶ ἑαυτῷ χαρίζεται· ὁ δὲ ἐξαίρων τινὰ ἐπαχθῆ[6] αὐτὸν ἀμφοτέροις σφίσι ποιεῖ.

56. Τούτων δὴ οὖν ἕνεκα καὶ ὁ Καῖσαρ τότε[7] αὐτοὺς ὑπῆλθε, καὶ μετὰ τοῦτο ἀλλήλοις[8] κατήλλαξεν. Οὔτε γὰρ δίχα τούτων δυνήσεσθαί τι ἀεὶ καὶ οὐκ ἂν θατέρῳ ποτὲ αὐτῶν[9] προσκροῦσαι[10] ἐνόμιζεν· οὔτ' αὖ ἐφοβήθη μὴ καὶ συμφρονήσαντες κρείττους αὐτοῦ[11] γένωνται. Πάνυ γὰρ εὖ ἠπίστατο ὅτι τῶν μὲν ἄλλων εὐθὺς διὰ τῆς ἐκείνων φιλίας, αὐτῶν δ' οὐ πολλῷ ὕστερον δι' ἀλλήλων κρατήσοι[12]. Καὶ ἔσχεν οὕτω[13]. Τούτων μὲν οὖν ἕνεκα καὶ συνεβίβασεν[14] αὐτοὺς καὶ προσεποιήσατο. Καὶ γὰρ ὁ Πομπήϊος ὅ τε Κράσσος, ὡς ἀπ' οἰκείας[15] καὶ αὐτοὶ αἰτίας πρός τε ἀλλή-

1. G : Ὑπὲρ αὑτοῦ.
2. A, C, D, F, G et H : Ἔχουσιν· τοῦτο, par l'addition du ν paragogique devant une consonne.
3. Leunclavius aimerait mieux τέ τινα, comme un peu plus loin : ἐῶν τινα.
4. Αἴτησιν, dans B et F : l'ancienne leçon doit être maintenue d'après le sens et d'après ce qui suit : οὐκ ἐῶν τινα αὐξηθῆναι.
5. C et G. Μάλιστ' ὅτι, faute de copiste.
6. G : ἀπαχθῆ.
7. Ou mieux τότε τε, d'après Reiske. M. Imm. Bekker adopte cette leçon.

qui agit pour lui-même et celui qui agit pour un autre n'éprouvent ni la même satisfaction s'ils réussissent, ni la même peine s'ils échouent. D'autre part, il voyait qu'on est plus porté à susciter des obstacles à un homme et à l'empêcher de s'élever, qu'à favoriser son élévation ; et cela pour diverses raisons, mais surtout parce qu'en ne lui permettant pas de s'élever, on est agréable aux autres et utile à soi-même ; tandis qu'en l'élevant, on en fait un embarras et pour soi-même et pour les autres.

56. Telles furent les considérations qui déterminèrent alors César à s'insinuer dans les bonnes grâces de Pompée et de Crassus et à rétablir la concorde entre eux. Il était convaincu qu'il ne pourrait jamais devenir puissant sans eux, et il espérait ne jamais les choquer ni l'un ni l'autre. Il ne craignait pas non plus qu'une fois réconciliés ils devinssent plus puissants que lui; sachant bien qu'avec leur amitié il s'élèverait tout de suite au-dessus des autres, et que bientôt après ils contribueraient l'un et l'autre à le rendre plus puissant qu'eux : ce qui arriva en effet. Voilà dans quel but César les réconcilia et chercha à se les attacher.

8. G : Μετὰ τοῦτ' ἀλλήλοις. Au lieu d'ἀλλήλοις, H porte ἀλλήλης barbarisme né de la confusion d'οι avec η.

9. D et G : Ποτὲ αὐτῷ (sic).

10. Oddey aimerait mieux προσκρούσειν.

11. B et F : Κρείττους αὐτοί.

12. Κρατήσει, dans les mêmes Ms.

13. Οὕτως, non-seulement dans A cité par Sturz ; mais aussi dans C, D et F.

14. Appien, Guer. Civ. II, 9. Sur les divisions qui régnèrent entre Pompée et Crassus pendant leur consulat, cf. le même, Guer. Civ. I, 121 ; Plutarque, Crass. XII; Pomp. XXII, et Suétone, J. Cæs. XIX.

15. C : Οἰκίας, par la confusion d'ει avec ι.

λους, ἐπειδὴ τάχιστα ὥρμησαν, κατελύσαντο, καὶ ἐκεῖνον ἐς τὴν κοινωνίαν τῶν πραγμάτων προσέλαβον. Ὁ Πομπήϊος μὲν γὰρ οὔτ' αὐτὸς ὅσον [1] ἤλπισεν ἰσχύων, καὶ τὸν Κράσσον ἐν δυνάμει ὄντα τόν τε Καίσαρα αὐξανόμενον ὁρῶν, καὶ ἔδεισε μὴ παντάπασιν ὑπ' αὐτῶν καταλυθῇ, καὶ ἐπήλπισε, προσκοινωνήσας σφίσι τῶν παρόντων, τὴν ἀρχαίαν δι' αὐτῶν ἐξουσίαν ἀναλήψεσθαι· Κράσσος δὲ ἠξίου τε [2] πάντων ἀπό τε τοῦ [3] γένους καὶ ἀπὸ τοῦ πλούτου περιεῖναι· καὶ ἐπειδὴ τοῦ τε Πομπηΐου παρὰ πολὺ ἠλαττοῦτο [4], καὶ τὸν Καίσαρα ἐπὶ μέγα [5] ἀρθήσεσθαι ἐνόμιζεν [6], ἐς ἀντίπαλον αὐτοὺς ἀλλήλοις καταστῆσαι ἠθέλησεν, ὅπως μηδὲ ἕτερος σφῶν ὑπέρσχῃ [7]· προσδοκήσας, ἐκείνους τε ἀνταγωνιστὰς ἰσοκρατεῖς [8] ἔσεσθαι, καὶ αὐτὸς ἐν τούτῳ τήν τε ἑκατέρου φιλίαν ἐκκαρπώσεσθαι [9] καὶ ὑπὲρ ἀμφο-

---

1. L'ancienne leçon οὔτ' αὖ τοσοῦτον ἤλπισεν ἰσχύων, καὶ — ὁρῶν κτλ. est confirmée par les Ms., sauf trois variantes sans importance pour le sens : F porte ἤλπισε au lieu d'ἤλπισεν, par l'omission du ν paragogique devant une voyelle; H donne τοσοῦτο au lieu de τοσοῦτον; enfin on lit ἰδὼν au lieu de ὁρῶν, dans B et F.

Ce passage a donné lieu à de nombreuses conjectures. Leunclavius propose de remplacer ἰσχύων par ἰσχύειν, conjecture fort probable, à cause de la fréquente confusion des désinences ων et ειν : toutefois j'aimerais mieux ἰσχύσειν proposé par Reimarus et adopté par Sturz, correction suffisante pour arriver à un sens très-satisfaisant : *Pompeius enim partim non tantum rursus potentiæ se habiturum speravit, quum etiam Crassum potentem esse, Cæsarisque potentiam crescere videret, partim timuit, ne omnino ab his opprimeretur, et præterea simul speravit* etc. Reiske refond une partie du texte : οὔτ' αὐτὸς ἐφ' ἑαυτῷ ἤλπισε, τοσοῦτον ἰσχύων, καὶ τὸν Κράσσον — ὁρῶν, ὅσον καὶ ἔδεισε — *Pompeius, quamvis tam potens et Crassum — videns, in se tantam non habebat fiduciam quantum videbat* etc. En outre, il substitue un peu plus loin ἔτι ἤλπισε à ἐπήλπισε. Reimarus revient sur ce passage dans ses *Addenda*, tom. II, p.

De leur côté, Pompée et Crassus, mus par des considérations personnelles, firent la paix, aussitôt qu'ils se furent abouchés, et associèrent César à leurs projets. Pompée n'était pas aussi puissant qu'il avait espéré le devenir : en même temps il voyait que Crassus jouissait d'un grand crédit, que César prenait chaque jour plus d'influence, et il craignait d'être brisé par eux. Enfin il se flattait qu'en s'unissant présentement avec eux, il pourrait avec leur concours recouvrer son ancienne puissance. Crassus s'imaginait que sa naissance et ses richesses devaient le placer au-dessus de tous : très-inférieur à Pompée et convaincu que César était appelé à un grand rôle, il chercha à les mettre en lutte l'un contre l'autre ; afin que ni l'un ni l'autre ne fût plus puissant que lui. Il comptait pouvoir, pendant qu'ils se combattraient avec des forces égales, mettre leur ami-

---

1696 de son édition, et propose : οὔτ' αὖ τοσοῦτον, ὡς ἤλπισεν, ἰσχύων κτλ., en conservant plus bas ἐπήλπισε — *amplius speravit*, sens parfaitement justifié par les autorités qu'il cite.

M. Imm. Bekker, par le simple changement de αὖ τοσοῦτον en αὐτὸς ὅσον, tire de l'ancienne leçon un sens tout à fait nouveau et fort probable : *quum non tantum potentiæ haberet, quantum speraverat*. J'ai adopté sa correction.

2. Comme M. Imm. Bekker, d'après A, au lieu de l'ancien leçon : Ἠξίου πάντων.

3. Cet article manque dans B et F.

4. C : Ἐλαττοῦτο. Le copiste a négligé l'augment, comme dans beaucoup d'autres passages.

5. F : Ἐπεὶ μέγα, par la confusion d'ει avec ι.

6. Ἐνόμιζε, dans F, par l'omission du ν paragogique devant une voyelle.

7. Reiske aimerait mieux : Μήδε ἕτερος σφῶν αὐτοῦ ὑπέρσχῃ. L'addition d'αὐτοῦ n'est pas nécessaire : je maintiens l'ancienne leçon.

8. C : Ἰσοχρατεῖν qui rendrait ἔσεσθαι inutile ; mais alors ἰσοχρατήσειν serait préférable.

9. Les mots καὶ αὐτὸς — ἐκκαρπώσεσθαι manquent dans F.

τέρους τιμηθήσεσθαι [1]. Ἀκριβῶς μὲν γὰρ οὔτε τὰ τοῦ πλήθους οὔτε τὰ τῆς βουλῆς ἐπολίτευε [2], τῆς δὲ ἰδίας αὑτοῦ [3] δυναστείας ἕνεκα πάντ' ἔπραττε. Καὶ διὰ τοῦθ' ὑπήρχετο [4] τε ἀμφοτέρους σφᾶς ὁμοίως, καὶ τὴν πρὸς ἑκατέρους ἔχθραν ἐξέκλινεν· ἐπὶ τοσοῦτον ἐν τῷ μέρει κεχαρισμένα ἀμφοῖν σπουδάζων ἐφ' ὅσον ἤμελλε τοῦ μὲν καταθυμίου παντὸς ἑκατέροις αἰτιαθήσεσθαι, τῶν δὲ δυστυχεστέρων [5] μὴ μεταλήψεσθαι.

57. Οὕτω μὲν δὴ καὶ διὰ ταῦτα οἱ τρεῖς τήν τε φιλίαν συνέθεντο, καὶ ὅρκοις αὐτὴν πιστωσάμενοι [6] τά τε κοινὰ δι' ἑαυτῶν ἐποιήσαντο, κἀκ τούτου καὶ ἀντεδίδοσαν σφίσι καὶ ἀντελάμβανον παρ' ἀλλήλων ὅσα ἔν τε ἐπιθυμίᾳ [7] εἶχον, καὶ πρὸς τὰ παρόντα ἥρμοττεν αὐτοῖς διατάττεσθαι [8]. Συμφρονησάντων δὲ ἐκείνων, καὶ τὰ ἑταιρικὰ σφῶν ὡμολόγησαν [9]· καὶ ἐποίουν καὶ οὗτοι μετὰ ἀδείας ὅσα ἤθελον, ἡγεμόσι πρὸς πάντα αὐτοῖς χρώμενοι [10]· ὥστε τὸ σωφρονοῦν ὀλίγον [11] ἔν τε τῷ Κάτωνι, καὶ εἰ δή τις ἄλλος τὰ αὐτὰ αὐτῷ φρονεῖν δοκεῖν ἐβούλετο [12], καταλειφθῆναι [13].

---

1. Le passage καὶ ὑπὲρ — τιμηθήσεσθαι manque dans C, D, G et H.
2. Ἐπολίτευεν, par l'addition du ν paragogique devant une consonne, ne se trouve pas seulement dans A cité par Sturz : B, C, D, F et H donnent aussi cette leçon.
3. B, D et G : Αὐτοῦ; mais dans G αὑτοῦ a été ajouté par une main plus moderne.
4. E : Ὑπῆρχε τότε, par une mauvaise division des mots.
5. Reiske préférerait τῶν δυσχερεστέρων, à cause de τοῦ καταθυμίου. J'ai traduit d'après cette conjecture. Un peu plus haut, ἐν τὸ μέρει est une faute de copiste dans C.
6. Πιστοσάμενοι, dans C, G et H, par la confusion d'ω avec ο.

tié à profit et obtenir de plus grands honneurs qu'eux. Crassus, en effet, ne se proposait dans sa vie politique ni le triomphe du sénat, ni celui du peuple : il n'avait en vue que sa puissance et, pour arriver à son but, il cherchait à se concilier également le sénat et le peuple, à ne point encourir leur haine, et à complaire tour à tour à l'un et à l'autre, autant qu'il le fallait pour être regardé comme l'auteur de ce qui leur était agréable, sans qu'ils pussent lui imputer ce qui leur arrivait de fâcheux.

57. C'est ainsi et par de tels motifs que ces trois hommes firent amitié. Ils sanctionnèrent leur alliance par des serments et s'emparèrent du gouvernement de l'État. Dès lors ils s'accordèrent mutuellement et obtinrent les uns des autres tout ce qu'ils désiraient et tout ce qui était nécessaire pour constituer la République, comme ils l'entendaient. Quand ils se furent unis, les factions qui leur étaient dévouées se concertèrent aussi et firent impunément, sous leur conduite, tout ce qui leur plut. Il ne resta quelques vestiges de sagesse que dans Caton et dans ceux qui voulaient paraître animés des mêmes sentiments que lui; car parmi les hommes qui

7. C : Ἔν τε ἐπιθυμίαν : le copiste a pris pour un ν l'ι final, devenu plus tard l'ι souscrit.

8. Reiske préfère à l'ancienne leçon παρατάττεσθαι, qui se dit surtout des armées rangées en bataille, παραλλάττεσθαι, approuvé par Penzel, ou bien προστάττεσθαι. Avec M. Imm. Bekker, j'adopte διατάττεσθαι.

9. C : Ὁμολόγησαν. Ici encore, le copiste a négligé l'augment.

10. Cette leçon, citée par Sturz comme tirée de A, se trouve également dans B, C, F et G. Avec M. Imm. Bekker, je la substitue à l'ancienne ἡγεμόσιν αὐτοῖς χρώμενοι.

11. G : Ὀλίγων, par la confusion d'ο avec ω.

12. Comme dans Sturz et dans M. Imm. Bekker, d'après Reiske approuvé par Reimarus, au lieu de l'ancienne leçon ἐβουλεύετο.

13. Καταληφθῆναι, dans C, F, G et H, par la confusion d'ει avec η.

T. III.   19

Καθαρῶς μὲν γὰρ καὶ ἄνευ τινὸς ἰδίας πλεονεξίας οὐδεὶς τῶν τότε τὰ κοινὰ, πλὴν τοῦ Κάτωνος, ἔπραττεν. Αἰσχυνόμενοι δέ τινες τοῖς δρωμένοις, καὶ ἕτεροι [1] καὶ ζηλοῦν αὐτὸν ἐφιέμενοι, προσήπτοντο μέν πῃ τῶν πραγμάτων καί τι τῶν [2] ὁμοίων οἱ διεδείκνυντο, οὐ μὴν καὶ διαρκεῖς (ἅτε ἐξ ἐπιτηδεύσεως, ἀλλ' οὐκ ἀπ' ἀρετῆς ἐμφύτου, ὁρμώμενοι) ἦσαν.

58. Ἐς τοῦτο μὲν δὴ τότε τὰ τῶν Ῥωμαίων πράγματα οἱ ἄνδρες ἐκεῖνοι προήγαγον, ἐπὶ πλεῖστον ὅσον τὴν συνωμοσίαν [3] σφῶν ἀποκρυψάμενοι. Ἐποίουν μὲν γὰρ ὅσα ἐδέδοκτο σφίσι, ἐσχηματίζοντο δὲ καὶ προεβάλλοντο τὰ ἐναντιώτατα· ὅπως ἔτ' [4] ἐπὶ μακρότατον διαλάθωσι, μέχρις ἂν ἱκανῶς παρασκευάσωνται [5]. Οὐ μέντοι καὶ τὸ δαιμόνιον τὰ πραττόμενα ὑπ' αὐτῶν ἠγνόει, ἀλλὰ καὶ πάνυ τοῖς τι [6] συνεῖναι τῶν τοιούτων δυναμένοις εὐθὺς τότε πάντα τὰ ἔπειτα ἀπ' αὐτῶν ἐσόμενα ἐξέφηνε. Χειμών τε γὰρ τοιοῦτος [7] ἐξαίφνης τήν τε πόλιν ὅλην καὶ τὴν χώραν ἅπασαν κατέσχεν, ὥστε πάμπολλα [8] μὲν δένδρα πρόρριζα [9] ἀνατραπῆναι, πολλὰς δὲ οἰκίας καταρραγῆναι· τά τε

---

1. F : Ἕτερα. Sur la confusion des désinences οι et α, cf. Bast, Comment. Palæogr. p. 769.
2. Καί τοι τῶν, dans C, D, G et H, par la confusion de τί avec τοί. Nous en avons vu plusieurs exemples.
3. Τὴν συνομοσίαν dans E; autre exemple de la confusion d'ω avec ο.
4. Reiske propose de supprimer ἔτι, ou bien de le changer en ὅτι et de lire ἐφ' ὅτι μακρότατον — *in quam longissimum, quam diutissime*. Mais comme le remarque Sturz, l'ancienne leçon peut être maintenue, en donnant à ἔτι le sens de *adhuc*.

s'occupaient alors des affaires publiques, nul, excepté Caton, n'avait ni intégrité, ni désintéressement. A la vérité, quelques citoyens rougissant de ce qui se passait, et quelques autres jaloux d'imiter Caton, prirent part au gouvernement et se montrèrent, dans certaines circonstances, dignes de ce modèle ; mais ils ne persévérèrent point, parce que leurs efforts étaient artificiels et n'avaient pas leur source dans une vertu naturelle.

58. Voilà à quel état Rome fut alors réduite par trois hommes, qui cachèrent leur alliance autant qu'ils le purent. Ils ne faisaient que ce qu'ils avaient arrêté d'un commun accord; mais ils dissimulaient et se couvraient des apparences d'une feinte opposition, afin que leur ligue restât encore inconnue le plus longtemps possible, c'est-à-dire, jusqu'à ce qu'ils eussent pris toutes leurs mesures; mais elle ne put échapper à l'œil de la Divinité qui, dans ce moment même, fit connaître aux hommes tant soit peu capables de comprendre de semblables révélations, ce qu'on devait attendre des Triumvirs pour l'avenir. Un ouragan fondit subitement sur Rome et sur toute la contrée voisine avec une telle violence qu'un très-grand nombre d'arbres furent dé-

---

5. G : Παρασκευάζωνται.

6. H : Τοῖς τε : nous avons déjà vu τί souvent confondu avec τέ.

7. Jul. Obsequens, Prodig. Libell. CXXIII : Die toto ante sereno, circa horam undecimam nox se intendit; deinde restitutus fulgor. Turbinis vi tecta dejecta; ponte sublapso homines in Tiberim præcipitati. In agris pleræque arbores eversæ radicitus.

8. B et F : Πάνυ πολλά.

9. D et G : Πρόριζα. Le copiste n'a mis qu'une consonne, quand il en fallait deux.

πλοῖα τὰ ἐν τῷ Τιβέριδι, καὶ πρὸς τὸ ἄστυ [1] καὶ πρὸς τὰς ἐκβολὰς αὐτοῦ ναυλοχοῦντα, βαπτισθῆναι· καὶ τὴν γέφυραν [2] τὴν ξυλίνην διαφθαρῆναι. Καί τι [3] καὶ θέατρον πρὸς πανήγυρίν τινα ἐκ ξύλων [4] ᾠκοδομημένον ἀνετράπη· καὶ ἄνθρωποι παρὰ πάντα ταῦτα παμπληθεῖς ἀπώλοντο. Ἐκεῖνα μὲν δὴ οὖν, καθάπερ εἰκὼν τῶν μελλόντων σφίσι καὶ ἐν τῇ γῇ καὶ ἐν [5] τῷ ὕδατι συμβήσεσθαι προεδείχθη [6].

1. Πρὸς τῷ ἄστει, non-seulement dans le Ms. de Munich n° 2, cité par Sturz; mais aussi dans A, B, F, G et H. L'ancienne leçon est préférable, à cause de πρὸς τὰς ἐκβολάς.
2. Sturz : « *Pontem* κατ' ἐξοχὴν *Sublicium* dictum intelligit Penzelius, quo e monte Aventino in regionem Transtiberinam itum sit, et cujus cura pontificibus commissa.
3. C, D et G : Καί τοι, par la confusion de τί avec τοί ; cf. not. 10, p. 290 de ce volume.
4. L'ancienne leçon ἐκ Σύρων, évidemment fautive, est confirmée par

racinés et plusieurs maisons détruites : les vaisseaux en mouillage dans le Tibre, soit à Rome, soit à l'embouchure de ce fleuve, furent submergés, et le pont de bois fut renversé, ainsi qu'un théâtre en planches qu'on avait élevé pour célébrer certains jeux. Beaucoup d'hommes périrent dans ces désastres, image anticipée des malheurs qui attendaient les Romains sur la terre et sur la mer.

les Ms., à l'exception de C qui porte ἐκ ξύλων. Diverses conjectures ont été présentées. Leunclavius voulait lire ἐκ σκύλων, et le critique désigné par N dans Reimarus, ἐκ σύλων. Nul doute que la leçon fournie par C ne soit la véritable : « Magis placet, dit Fabricius, ut cum Lipsio libro de Amphitheatro c. 5 legamus ἐκ ξύλων. » Sur ces théâtres construits en bois, cf. Pline, H. N., XXXVI, 15.

5. Cette préposition manque dans C.

6. Dans A, au-dessous de προεδείχθη, on lit : Δίωνος Ῥωμαϊκῶν ΛΖ, puis : Τάδε ἔνεστιν ἐν τῷ Λη΄ τῶν Δίωνος Ῥωμαϊκῶν. Viennent ensuite l'argument grec du XXXVIII° livre et les noms des consuls.

# ΤΩΝ

ΔΙΩΝΟΣ

ΙΣΤΟΡΙΩΝ ΡΩΜΑΙΚΩΝ

ΤΟ ΤΡΙΑΚΟΣΤΟΝ ΟΓΔΟΟΝ ΒΙΒΛΙΟΝ [1].

Τάδε ἔνεστιν ἐν τῷ τριακοστῷ ὀγδόῳ τῶν Δίωνος Ῥωμαϊκῶν [2].

Ὡς ἐστασίασαν Καῖσαρ καὶ Βίβουλος.

Ὡς Κικέρων ἔφυγεν.

Ὡς Κικέρωνα ἐπὶ τῇ φυγῇ Φίλισκος [3] παρεμυθήσατο.

Ὡς Καῖσαρ Ἐλουητίοις καὶ Ἀριοουΐστῳ [4] ἐπολέμησε.

Χρόνου πλῆθος, ἔτη δύο ἐν οἷς ἄρχοντες οἱ ἀριθμούμενοι οἵδε ἐγένοντο·

Γ. Ἰούλιος Γ. υἱ. Καῖσαρ καὶ Μ. Καλπούρνιος Βίβουλος.

Λ. Καλπούρνιος Λ. υἱ. Πίσων καὶ ΑΥΛ. Γαουΐνιος ΑΥΛ. υἱός [5].

---

1. J'ai collationné pour ce livre les mêmes manuscrits que pour le livre XXXVII; cf. p. 124, not. 1.
2. Cf. p. 124, not. 2.
3. ʼA et F : Φλίσκος, faute du copiste.
4. L'ancienne leçon Ἀριουιστίτῳ est confirmée par les Ms. J'adopte

HISTOIRE ROMAINE

DE DION.

LIVRE TRENTE-HUITIÈME.

Matières contenues dans le trente-huitième livre de l'Histoire romaine de Dion.

Comment des divisions éclatèrent entre César et Bibulus, § 1-8.

Comment Cicéron alla en exil, § 9-17.

Comment Philiscus consola Cicéron exilé, § 18-30.

Comment César fit la guerre contre les Helvétiens et contre Arioviste, § 31-50.

Temps compris dans ce livre : deux ans. Les consuls furent :

C. Julius César, fils de C., et M. Calpurnius Bibulus.

L. Calpurnius Pison, fils de L., et Aul. Gabinius, fils d'Aul.

Ἀριοούίστῳ avec Leunclavius, Reimarus et Sturz, d'après l'orthographe latine.

5. Je donne la liste des consuls d'après A et F, qui, après υἱὸς, ajoutent ici ὕπατος. Dans F on lit : Γαούτνιος ΥΛ. υἱός. Le copiste, comme il arrive souvent, a omis la lettre initiale.

Le consul M. Καλπούρνιος Βίβουλος manque dans E. Sur cette omission, cf. Le Paulmier de Grentemesnil, Exercitat. p. 244-245.

ΤΩΝ ΔΙΩΝΟΣ ΙΣΤΟΡΙΩΝ ΡΩΜ. ΒΙΒΛ. ΛΗ.

1. Τῷ δὲ ἑξῆς [1] ἔτει ὁ Καῖσαρ τὸ σύμπαν θεραπεῦσαι πλῆθος ἠθέλησεν, ὅπως σφᾶς ἔτι καὶ μᾶλλον σφετερίσηται [2]. Βουληθεὶς δὲ καὶ τὰ τῶν δυνατῶν δοκεῖν (ἵνα μὴ καὶ δι' ἀπεχθείας αὐτῷ ὦσι) πράττειν, εἶπε σφίσι πολλάκις ὅτι οὔτε γράψοι [3] τι ὃ μὴ καὶ ἐκείνοις συνοίσει. Καὶ δὴ γνώμην τινὰ περὶ τῆς χώρας, ἣν παντὶ τῷ ὁμίλῳ κατένειμεν, οὕτω συνέγραψεν ὥστε μηδὲ μικρόν τι αὐτῆς αἰτιαθῆναι· καὶ οὐδὲ ταύτην μέντοι ἐσοίσειν, εἰ μὴ βουλομένοις σφίσιν εἴη, ἐπλάττετο. Τοῦ μὲν δὴ οὖν νόμου ἕνεκα οὐδεὶς αὐτῷ οὐδὲν ἐπικαλέσαι [4] ἐδύνατο· τό τε γὰρ πλῆθος τῶν πολιτῶν ὑπέρογκον ὂν (ἀφ' οὗπερ καὶ τὰ μάλιστα ἐστασίαζον), πρός τε τὰ ἔργα καὶ πρὸς γεωργίας ἐτράπετο, καὶ τὰ πλεῖστα τῆς Ἰταλίας ἠρημωμένα αὖθις συνῳκίζετο· ὥστε μὴ μόνον τοὺς ἐν ταῖς στρατείαις τεταλαιπωρημένους, ἀλλὰ καὶ τοὺς ἄλλους ἅπαντας διαρκῆ τὴν τροφὴν ἔχειν, μήτε τῆς πόλεως οἴκοθέν τι δαπανωμένης, μήτε τῶν δυνατῶν ζημιουμένων, ἀλλὰ καὶ τιμὴν καὶ ἀρχὴν πολλῶν προσλαμβανόντων. Τὴν δὲ χώραν τήν τε κοινὴν ἅπασαν, πλὴν τῆς Καμπανίδος [5], ἔνεμε [6] (ταύτην γὰρ ἐν τῷ δημοσίῳ ἐξαίρετον διὰ τὴν ἀρετὴν [7] συνεβούλευσεν [8] εἶναι)·

---

1. E : ᾧ δὲ ἑξῆς, par l'omission de la lettre initiale.
2. C : Σφετεροίσηται, par la confusion δ'ι avec οι.
3. A l'ancienne leçon γράψει, maintenue par Reimarus et par Sturz, je substitue avec M. Imm. Bekker γράψοι, d'après A et F.
4. Ἐπικαλῶσαι est un barbarisme dans F.
5. Les terres de la Campanie furent elles-mêmes distribuées à ceux qui avaient trois enfants, ou plus de trois enfants ; cf. § 7 de ce livre.

HISTOIRE ROMAINE DE DION, L. XXXVIII.

1. L'année suivante, César chercha à gagner l'affection de tout le peuple, pour le tenir davantage sous sa dépendance; mais, voulant paraître s'occuper aussi des Grands, afin de ne pas encourir leur haine, il répétait qu'il ne ferait point de proposition qui ne leur fût utile. Et en effet, il porta, sur les terres qu'il voulait faire distribuer au peuple, une loi conçue de telle manière qu'elle ne donnait prise à aucune attaque, et il feignait d'être décidé à ne point la présenter, sans le consentement des Grands. Personne n'eut à se plaindre de lui au sujet de cette loi; car la population de Rome, dont l'accroissement excessif avait été le principal aliment des séditions, fut appelée au travail et à la vie de la campagne, et la plupart des contrées de l'Italie, qui avaient perdu leurs habitants, furent repeuplées. Cette loi assurait des moyens d'existence non-seulement à ceux qui avaient supporté les fatigues de la guerre, mais encore à tous les autres citoyens ; sans causer des dépenses à l'État ni du dommage aux Grands : au contraire, elle donnait à plusieurs des honneurs et du pouvoir. César fit partager toutes les terres qui composaient le domaine public, à l'exception de la Campanie (il pensa que ce pays, à cause de sa fertilité, devait être réservé pour l'État) : il voulut qu'au-

An de Rome 695.

C. César et M. Bibulus Consuls.

---

6. C : Ἔνειμε. E : Ἔνειμε.
7. Cicéron, IIe Disc. contre Rullus, XXIX, fait l'éloge de la Campanie : Unumne fundum pulcherrimum populi Romani, caput vestræ pecuniæ, pacis ornamentum, subsidium belli, fundamentum vectigalium, solatium annonæ, disperire patiemini ?
8. G : Συνεβούλευσεν, preuve évidente que la leçon vulgaire συνεβουλεύσατο, tirée de E, est la moins ancienne. Je donne συνεβούλευσεν avec Reimarus, Sturz et M. Imm. Bekker, d'après les autres Ms.

καὶ τὴν λοιπὴν οὔτε παρὰ ἄκοντός τινος, οὔτ' αὖ ὅσου ἂν οἱ γεωνόμοι βουληθῶσιν, ἀλλὰ πρῶτον μὲν παρ' ἑκόντων, ἔπειτα δὲ τοσούτου ὅσου ἐν ταῖς ἀπογραφαῖς [1] ἐτετίμητο, ἀγορασθῆναι ἐκέλευσε. Χρήματά τε γὰρ πολλὰ ἀπό τε τῆς λείας, ἣν ὁ Πομπήϊος [2] εἰλήφει, καὶ ἀπὸ τῶν φόρων τῶν τε τελῶν τῶν προκαταστάντων [3] περιεῖναι σφίσιν ἔλεγε· καὶ χρῆναι αὐτὰ, ἅτε καὶ τοῖς τῶν πολιτῶν κινδύνοις πεπορισμένα, ἐς αὐτοὺς ἐκείνους ἀναλωθῆναι. Καὶ μέντοι καὶ τοὺς γεωνόμους οὔτ' ὀλίγους [4], ὥστε καὶ δυναστείᾳ τινὶ ἐοικέναι, οὔτε ἐξ ὑπευθύνων, ὥστε τινὰ δυσχεράναι, κατέστη· ἀλλὰ πρῶτον μὲν, τοῦ συχνοὺς τῆς τιμῆς μετασχεῖν, εἴκοσι [5]· ἔπειτα δὲ τοὺς ἐπιτηδειοτάτους [6], πλὴν ἑαυτοῦ. Πάνυ γάρ τοι τοῦτο προδιωμολογήσατο, ὅπως μὴ δι' ἑαυτόν τι γραφεῖν [7] νομισθείη. Αὐτὸς μὲν γὰρ τῇ τε εὑρήσει καὶ τῇ ἐσηγήσει τοῦ πράγματος ἠρκεῖτο, ὥς γε ἔλεγε·

1. Xylander s'était trompé en traduisant : quantum *in proscriptionibus* judicabatur. Cette erreur a été réparée dans une note marginale de Leunclavius : quanti æstimata fuisset, *quum censeretur*. « Census, hoc loco intelligitur, dit Fabricius, qui *in Urbe* ἀποτίμησις, *in provinciis* vero ἀπογραφή, sive *professio ac descriptio facultatum, fundorum ac possessionum cum æstimatione*, secundum quam tributa pendebantur. Vetus glossarium : Census, ἀπογραφὴ οὐσίας, ἀποτίμησις. Vetus ICtus apud Salmasium, p. 882 de Modo Usurarum : Ἐν τῇ πόλει Ῥωμαίων μόνον ἀποτίμησιν ἄγεσθαι δεδήλωται· ἐν δὲ ταῖς ἐπαρχίαις μᾶλλον ἀπογραφαῖς χρῶνται. » Cf. les autorités qu'il cite.

2. G : Ὁ μπήϊος. Les lettres Πο ont été ajoutées par une main plus moderne.

3. A et B : Προσκαταστάντων. La même leçon est dans F ; seulement le copiste a coupé le mot en deux : πρὸς καταστάντων.

4. A l'ancienne leçon μήτ' ὀλίγους, je substitue, avec M. Imm. Bekker, οὔτ' ὀλίγους, à cause d'οὔτ' ἐξ ὑπευθύνων.

cune de ces terres ne fût enlevée de force aux propriétaires, ni vendue à un prix fixé par les commissaires chargés du partage ; mais qu'elles fussent cédées volontairement et payées au prix porté sur le registre du cens. Il disait qu'il restait dans le trésor public des sommes considérables, provenant du butin fait par Pompée ou des impôts et des taxes établis antérieurement, et que cet argent conquis par les citoyens, au péril de leurs jours, devait être dépensé pour eux. Il n'établit point un trop petit nombre de commissaires ; parce qu'ils auraient paru constituer une sorte d'oligarchie, et il ne les prit point parmi les hommes qui étaient en butte à quelque accusation, parce qu'un tel choix aurait choqué : il en nomma vingt, pour que les citoyens participassent en assez grand nombre à l'honneur de cette opération, et choisit les hommes les plus capables. Il s'exclut lui-même, comme il l'avait formellement promis ; ne voulant pas que sa proposition parût dictée par un intérêt personnel, et se contentant (il le disait du moins) d'en être l'auteur et le promoteur. Mais on voyait

5. L'ancienne leçon τοῦ συχνοῦ τῆς τιμῆς εἴκοσι μετασχεῖν est confirmée par les Ms. Seulement A et B donnent εἴκοσιν, au lieu d'εἴκοσι, variante sans importance. Xylander avait traduit : Viginti viros ad id delegit *qui magistratus aliquoties gessissent,* version suivie par Fr. Baldelli : *Venti huomini i quali tutti fossero alle volte stati di qualche magistrato.* Nic. Leoniceno avait la même leçon sous les yeux. Il l'a entendue tout autrement ; mais il n'a pas été plus heureux : *Prima esse ordinò venti quali havessino a mettere il pretio, huomini del popolo.* Un sens beaucoup plus satisfaisant a été proposé par Leunclavius : Primum voluit esse viginti viros, *ut plures in honoris partem venirent.* De là est née la conjecture de Reimarus : Πρῶτον μὲν, τοῦ συχνοὺς τῆς τιμῆς μετασχεῖν, εἴκοσι. Je l'adopte, comme Sturz et M. Imm. Bekker.

6. Cicéron avait été désigné par César ; mais il refusa ; cf. Lettr. à Attic. IX, 2 ; Quintil. XII, 1.

7. F : Γράψειν, par la confusion de φ avec ψ.

τῷ δὲ δὴ Πομπηΐῳ καὶ τῷ Κράσσῳ τοῖς τε ἄλλοις φανερῶς ἐχαρίζετο.

2. Ἕνεκα μὲν οὖν τῶν γραφέντων ἀναίτιος ἦν, ὥστε μὴ διᾶραι τὸ στόμα ὑπεναντίον οἱ μηδένα τολμῆσαι. Καὶ γὰρ προανέγνω αὐτὰ ἐν τῇ βουλῇ, καὶ ὀνομαστὶ ἕνα ἕκαστον αὐτῶν ἀνακαλῶν ἐπηρώτησε, μή τί τις αἰτιᾶται· μεταγράψειν ἢ [1] καὶ παντελῶς ἀπαλείψειν, εἴ γέ τῳ μὴ ἀρέσειέ τι [2], ὑποσχόμενος. Τὸ δὲ δὴ σύμπαν καὶ πάνυ πάντες οἱ δυνατοί, οἵγε ἔξω τῆς συνωμοσίας [3] ὄντες, ἐδυσχέραινον. Καὶ αὐτό γε τοῦτο αὐτοὺς ἐς τὰ μάλιστα ἐλύπει, ὅτι τοιαῦτα συγγεγραφὼς ἦν, ὥστε μηδεμίαν αἰτίαν δύνασθαι λαβεῖν [4] καὶ πάντας σφᾶς βαρύνειν. Ὑπώπτευον [5] γὰρ αὐτὸν, ἐφ' ᾧπέρ που καὶ ἐγίγνετο, τό τε πλῆθος ἀπ' αὐτῶν ἀναρτήσεσθαι [6] καὶ ὄνομα καὶ ἰσχὺν καὶ [7] ἐπὶ πάντας ἀνθρώπους ἕξειν. Καὶ διὰ τοῦτο, εἰ καὶ μηδείς οἱ ἀντέλεγεν, ἀλλ' οὗτοί γε [8] καὶ συνεπῄνουν. Τοῖς μὲν [9] δὴ οὖν ἄλλοις ἐξήρκει τοῦτο, καὶ ἐπηγγέλλοντο [10] μὲν ἀεὶ

---

1. G : Ὅ, et en marge ἢ d'une main plus moderne.
2. F : Ἀρέσει ἔτι.
3. E : Συνομωσίας, par la confusion d'ο avec ω et d'ω avec ο.
4. Reiske critique avec raison l'ancienne leçon μηδένα αἰτίαν ... λαβεῖν : « Non satis hoc græcum. Reus enim, aut suspectus criminis, dicitur αἰτίαν λαμβάνειν. Accusator autem, aut reprehensor alicujus, dicitur αἰτίας λαμβάνεσθαι. » J'adopte la correction proposée par Sturz, ὥστε μηδεμίαν κτλ. : ita ut nullo modo possent reprehendi quæ scripserat. M. Imm. Bekker lit ὥστε μήτε τινὰ αἰτίαν δύνασθαι λαβεῖν.
5. F : Ὑπόπτευον. Le copiste a négligé l'augment.
6. H : Ἀναρτήσασθαι.
7. Reiske propose de supprimer cette conjonction : « Immo, dit Sturz, reddendum etiam. Nam τὸ πλῆθος — plebs romana et πάντες ἄνθρωποι —

HISTOIRE ROMAINE DE DION, L. XXXVIII.   301

bien qu'il tâchait de se rendre agréable à Pompée, à Crassus et à plusieurs autres.

2. César fut donc inattaquable pour cette proposition, et personne n'osa ouvrir la bouche contre lui. Il l'avait d'abord lue dans le sénat : puis, appelant les sénateurs par leur nom, il avait demandé à chacun s'il y trouvait quelque chose à reprendre ; promettant de la modifier, ou même de l'anéantir, si elle ne leur plaisait pas complétement. Parmi les Grands, ceux qui ne faisaient point partie de la ligue étaient en général mécontents de cette proposition : ce qui les affligeait le plus, c'est que César avait su rédiger, sans s'exposer à aucune plainte, une loi qui devait tant peser sur eux. Ils le soupçonnaient (et tel était réellement son but) de vouloir par cette loi s'attacher le peuple et acquérir partout un grand nom et de la puissance. Ainsi on ne la combattait pas ; mais on ne l'approuvait pas. Cette attitude suffisait aux autres : ils promettaient toujours

quicunque Romanorum imperio parent, in his provinciales inter se opponuntur. »

8. L'ancienne leçon ἀλλ' οὗτοι καὶ συνεπῄνουν, ainsi rendue par Xylander, *Ut — populus ejus statuta utique approbaret,* ne donne point un sens satisfaisant. Oddey avait proposé ἀλλ' οὗτοι καὶ συνεπῄνουν — *non tamen ideo approbabant* est plus conforme à l'enchaînement des idées. J'adopte, avec Sturz et M. Imm. Bekker, la conjecture de Reiske qui présente le même sens, mais qui rend la phrase plus pleine. La version de Nic. Leoniceno, *Per questa cagione, benche niuno gli contradicesse, nientedimeno costoro non lo laudavano* confirme la conjecture d'Oddey.

9. G : Τοὺς μὲν, faute du copiste.

10. A, C, E et F : Ἐπηγγέλλετο, adopté par Robert Étienne, ne pourrait se défendre que comme un verbe impersonnel passif : *Idque ei semper promittebatur.* Mais la leçon vulgaire est préférable, à cause d'ἐποίουν.

αὐτῷ προβουλεύσειν, ἐποίουν δὲ οὐδέν, ἀλλὰ διατριβαὶ καὶ ἀναβολαὶ τηνάλλως [1] ἐγίγνοντο.

3. Ὁ δὲ δὴ Κάτων ὁ Μάρκος [2] (ἦν δὲ ἄλλως μὲν ἐπιεικὴς καὶ οὐδενὶ νεοχμῷ ἀρεσκόμενος [3], οὐ μὴν καὶ ῥώμην τινὰ οὔτε ἐκ φύσεως οὔτε ἐκ παιδείας ἔχων [4]) τοῖς μὲν γεγραμμένοις οὐδὲν οὐδ' αὐτὸς ἐπεκάλει, τὸ δ' ὅλον ἠξίου τῇ τε παρούσῃ σφᾶς καταστάσει χρῆσθαι καὶ μηδὲν ἔξω αὐτῆς [5] ποιεῖν. Καὶ ἐμέλλησε [6] μὲν ἐπὶ τούτοις ὁ Καῖσαρ [7] ἐς τὸ δεσμωτήριον [8] τὸν Κάτωνα ἐξ αὐτοῦ τοῦ συνεδρίου ἐξελκύσας ἐμβαλεῖν [9]. Ἐπεὶ δὲ ἐκεῖνός τε ἑτοιμότατα ἑαυτὸν ἀπάγεσθαι [10] ἐπέδωκε, καὶ τῶν ἄλλων οὐκ ὀλίγοι οἱ ἐφέσποντο [11] καί τις αὐτῶν Μάρκος Πετρέϊος [12] ἐπιτιμηθεὶς ὑπ' αὐτοῦ, ὅτι μηδέπω διαφειμένης τῆς βουλῆς ἀπαλλάττοιτο, ἔφη ὅτι μετὰ Κάτωνος ἐν τῷ οἰκήματι μᾶλλον, ἢ μετά σου ἐνταῦθα εἶναι βούλομαι· κατῃδέσθη, καὶ τόν

1. F : Τηνάλως.
2. Reimarus cite la leçon ὁ Μάρκος ὁ ὕπατος tirée de B, et signale les mots ὁ ὕπατος comme une glose passée de la marge dans le texte. Sturz ajoute que la même leçon est dans A : elle se trouve aussi dans C, F et G.
3. H : Οὐδὲν νεοχμῷ ἀρεσκόμενος.
4. Oddey voudrait ajouter πρὸς τοὺς λόγους avant ἔχων. Reimarus trouve l'ancienne leçon satisfaisante : « Is sensus, dit-il, latere videtur in emphatico ῥώμην. Vel, si mavis, ῥώμην sume generatim ... sed prius præstat. » Je suis de cet avis, à cause de ἐκ παιδείας.
5. F : Αὐτοῖς, par la confusion d'οι avec η.
6. C, E et Xiphilin, l. l. p. 10 : Ἐμέλησε. On sait que ces deux verbes sont fréquemment confondus. G porte ἠμέλησε. Leunclavius propose ἔμελλε.
7. C et H : Καῖσαρ, sans article.
8. Δεσμοτήριον, dans F, par la confusion d'ω avec ο.
9. Dion suit Suétone, J. Cæs. XX : M. Catonem interpellantem extrahi

à César de procéder à l'examen préalable de sa proposition; mais ils n'en faisaient rien : c'étaient sans cesse des retards et des ajournements sous de frivoles prétextes.

3. Quant à M. Caton (esprit sage et ennemi de toutes les innovations, mais qui n'avait point reçu de la nature ou acquis par le travail le talent de persuader), s'il n'attaqua pas non plus la proposition de César, du moins il opina pour qu'on se contentât en général de la constitution de la République telle qu'elle était, et qu'on ne cherchât rien au-delà. A peine eut-il émis cet avis, que César se disposa à le traîner de force hors du sénat et à le faire conduire en prison; mais Caton se laissa emmener sans résistance et fut suivi d'un grand nombre de sénateurs. M. Pétréius, l'un d'eux, ayant répondu à César qui lui reprochait de se retirer avant que séance fût levée, « J'aime mieux être en prison avec Caton qu'ici avec toi », César confus rendit la liberté

---

curia per lictorem, ducique in carcerem jussit. Suivant Plutarque, Cat. Min. XXXIII, César arracha Caton de la tribune. Appien, Guer. Civ. II, 11, attribue cet acte de violence non pas à César lui-même, mais à ses partisans. Aulu-Gelle, IV, 10, nous a conservé le récit de cette scène par Capito Ateius : « C. Cæsar consul M. Catonem sententiam rogavit. Cato rem quam consulebatur, quoniam non e Republica videbatur, perfici nolebat. Ejus rei gratia ducendæ, longa oratione utebatur, eximebatque dicendo diem. Erat enim jus senatori, ut, sententiam rogatus, diceret ante quidquid vellet aliæ rei et quoad vellet. Cæsar consul viatorem vocavit; eumque, quum finem non faceret, prehendi loquentem et in carcerem duci jussit. Senatus consurrexit; prosequebatur Catonem in carcerem. »

10. De même dans Xiphilin, l. l., A, B et F : Ἐπάγεσθαι.

11. D'après A et F, je substitue, avec Sturz et M. Imm. Bekker, cette leçon à l'ancienne ἐφέποντο.

12. Πέτρϊος dans F ; Μάρκος Πετρώνιος, dans Xiphilin, l. l.

τε Κάτωνα ἀφῆκε καὶ τὴν γερουσίαν ἀπήλλαξε [1] τοσοῦτον μόνον ὑπειπών· "ὅτι ἐγὼ μὲν ὑμᾶς καὶ δικαστὰς τοῦ νόμου καὶ κυρίους ἐποιησάμην, ὅπως, εἴ τι μὴ ἀρέσειεν ὑμᾶς, μηδὲ ἐς τὸν δῆμον ἐσενεχθείη· ἐπεὶ δ' οὐκ ἠθέλετε προβουλεῦσαι, ἐκεῖνος αὐτὸς αἱρήσεται."

4. Κἀκ τούτου οὐδ' ἄλλο τι [2] τῇ γερουσίᾳ ἐν τῇ ἀρχῇ ταύτῃ ἐπεκοινώνησεν, ἀλλ' ἐς τὸν δῆμον ἄντικρυς πάνθ' ὅσα ἐβούλετο ἐσέφερεν. Ἐθελήσας δ' οὖν [3] καὶ ὡς ὁμογνώμονας τῶν πρώτων τινὰς ἐν τῇ ἐκκλησίᾳ λαβεῖν (καὶ γὰρ ἤλπιζε μετεγνωκέναι τε αὐτοὺς καί πη καὶ [4] τὸ πλῆθος φοβηθήσεσθαι) ἤρξατο ἀπὸ τοῦ συνάρχοντος [5], καὶ ἐπύθετο [6] αὐτοῦ, εἰ τὰ τοῦ νόμου [7] μέμφοιτο. Ἐπεί τ' ἐκεῖνος [8] οὐδὲν ἀπεκρίνατο [9], πλὴν ὅτι οὐκ ἂν ἀνάσχοιτο ἐν τῇ ἑαυτοῦ ἀρχῇ νεωτερισθῆναί τι, αὐτός τε πρὸς ἱκετείαν αὐτοῦ ἐτράπετο καὶ τὸν ὅμιλον συνδεηθῆναί [10] οἱ ἔπεισεν, εἰπὼν ὅτι ἕξετε τὸν νόμον, ἂν οὗτος ἐθελήσῃ. Ὁ οὖν Βίβουλος, μέγα ἀναβοήσας, "οὐχ ἕξετε, ἔφη, τὸν νόμον τοῦτον ἐν τῷ ἔτει τούτῳ, οὐδ' ἂν πάντες ἐθελήσητε." Καὶ ὁ

---

1. G : Ἀπήλαξε : le copiste a mis un seul λ, quand il en fallait deux.
2. Ce mot manque dans C. Nous avons vu qu'il a été souvent omis par les copistes.
3. C, D et H : Ἐθελήσας οὖν. Sur l'omission de δέ, cf. p. 26, not. 1,
δ'
de ce volume. G porte ἐθελήσας οὖν; le δ' a été ajouté par une main plus moderne.
4. Reiske propose καί τι καί, conjecture approuvée par Sturz, qui conserve pourtant πῆ — *quodammodo*. La correction de Reiske paraît encore plus probable, quand on la rapproche de B et de F, qui portent καί τοι : on sait que les copistes confondent sans cesse τί et τοί.

à Caton et congédia le sénat, après avoir proféré ces seules paroles : « Je vous avais faits juges et arbitres suprêmes de cette loi, afin que si quelqu'une de ses dispositions vous déplaisait, elle ne fût pas portée devant le peuple; mais puisque vous n'avez point voulu procéder à une délibération préalable, le peuple seul décidera. »

4. Dès lors César ne communiqua plus rien au sénat, pendant ce consulat : il porta directement devant le peuple toutes les propositions qu'il voulait faire adopter. Cependant, comme il tenait encore à ce que quelques-uns des Grands appuyassent ses projets dans l'assemblée du peuple (il espérait qu'ils changeraient d'avis et qu'ils craindraient la multitude), il s'adressa d'abord à son collègue et lui demanda s'il désapprouvait la loi. Celui-ci s'étant borné à répondre qu'il ne souffrirait aucune innovation tant qu'il serait consul, César eut recours aux prières pour vaincre sa résistance et engagea le peuple à joindre ses instances aux siennes. « Vous aurez la loi, dit-il, si Bibulus y consent. » Bibulus répondit à haute voix : « Vous ne l'obtiendrez pas, cette année, quand même vous le voudriez tous. » A ces mots, il s'éloigna. César n'a-

---

5. M. Calpurnius Bibulus. Cf. Suétone, J. Cæs. XX.
6. G : Ἐπείθετο, par la confusion d'υ avec ει.
7. Oddey aimerait mieux εἴ τι τοῦ νόμου, et Reiske εἴ τῳ τοῦ νόμου — *num quid, num quam partem legis improbaret*. Reimarus regarde tout changement comme inutile : j'ai maintenu l'ancienne leçon.
8. H : Ἔπειτ' ἐκεῖνος. Le copiste a mal à propos réuni ἐπεί et τ' : j'ai signalé plusieurs fautes analogues.
9. Ἀπεκρίνετο, dans le Ms. de Munich n° 2.
10. Συνδεθῆναι est une faute du copiste dans F, ainsi que οὐδένας ἔτι, un peu plus bas, au lieu de οὐδένα ἔτι.

μὲν ταῦτ' εἰπὼν ἀπηλλάγη· ὁ δὲ δὴ Καῖσαρ τῶν μὲν ἄλλων τῶν ἐν ταῖς ἀρχαῖς ὄντων οὐδένα ἔτι διήρετο, δείσας μὴ καὶ ἐκείνων τις ἐναντιωθῇ οἱ· τὸν δὲ δὴ Πομπήϊον τόν τε Κράσσον, καίπερ ἰδιωτεύοντας [1], παραγαγὼν ἐκέλευσε γνώμην περὶ τῶν γεγραμμένων ἀποφήνασθαι· οὐχ ὅτι οὐκ ἠπίστατο [2] τὴν διάνοιαν αὐτῶν (σύμπαντα γὰρ κοινῇ ἔπραττον), ἀλλ' ἵνα αὐτοῖς τε [3] ἐκείνοις τιμὴν (ὅτι καίτοι μηδεμίαν ἀρχὴν ἔχουσι [4] συμβούλοις περὶ τοῦ νόμου χρῷτο) προσθείη· καὶ τοὺς ἄλλους προσκαταπλήξειεν [5], ὁμογνώμονας τοὺς πρώτους τε ὁμολογουμένως ἐν τῇ πόλει τότε ὄντας καὶ μέγιστον παρὰ πάντας δυναμένους λαβών· τῷ τε πλήθει καὶ κατ' αὐτὸ τοῦτο χαρίσαιτο, τεκμηριῶν ὅτι μήτ' ἀτόπου μήτ' ἀδίκου τινὸς ὀρέγοιντο, ἀλλ' ὧν καὶ ἐκεῖνοι καὶ δοκιμασταὶ καὶ ἐπαίνεται [6] γίγνοιντο.

5. Ὅ τε [7] οὖν Πομπήϊος μάλα ἀσμένως· « Οὐκ ἐγώ, ἔφη, μόνος, ὦ Κυϊρῖται [8], τὰ γεγραμμένα δοκιμάζω, ἀλλὰ καὶ ἡ ἄλλη βουλὴ πᾶσα, δι' ὧν οὐχ ὅτι τοῖς μετ' ἐμοῦ, ἀλλὰ καὶ τοῖς μετὰ τοῦ Μετέλλου συστρατευσαμένοις [9]

---

1. Ἰδιοτεύοντας, dans le même Ms., par la confusion d'ω avec ο.
2. Le Paulmier de Grentemesnil, Exercitat. p. 245, propose de remplacer l'ancienne leçon ἐπίστατο par ἠπίστατο, et Reimarus approuve cette correction. Je l'ai adoptée, parce qu'elle se trouve non-seulement dans A, cité par Sturz; mais aussi dans B et F.
3. G : Αὐτοῖς τι, par la confusion de τέ avec τί.
4. A : Ἔχουσιν, par l'addition du ν paragogique devant une consonne.
5. L'ancienne leçon προσκαταπλήξῃ présente une incohérence de modes avec προσθείη. Aussi M. Imm. Bekker lit-il προσκαταπλήξειεν que j'ai

dressa plus aucune question à ceux qui étaient revêtus de quelque magistrature, dans la crainte de trouver de l'opposition parmi eux ; mais il fit venir Pompée et Crassus, quoiqu'ils ne remplissent aucune charge publique, et les invita à faire connaître leur opinion sur la loi. Ce n'était pas qu'il l'ignorât (car ils agissaient de concert en tout) ; mais il voulut ajouter à leur considération en les consultant, alors qu'ils étaient simples citoyens, et effrayer les autres en montrant que ses vues étaient soutenues par des hommes placés au premier rang dans l'estime publique et qui avaient à Rome la plus grande influence. Enfin il cherchait à se rendre agréable au peuple, en lui prouvant que ses demandes n'étaient ni absurdes ni injustes ; puisque de tels hommes les jugeaient dignes de leur approbation et de leurs éloges.

5. Pompée saisit avec bonheur cette occasion de parler : « Romains, dit-il, je ne suis pas le seul qui approuve cette loi : le sénat tout entier l'a approuvée, le jour où il a ordonné une distribution de terres non-seulement pour mes compagnons d'armes, mais aussi pour les soldats qui ont fait la guerre avec Métellus.

---

adopté. B et F portent προσκαταπλήξει : c'est peut-être la même leçon que dans M. Imm. Bekker, moins la dernière syllabe.

6. Ἐπαίνετοι, faute de copiste dans C et G.

7. H. Étienne et Leunclavius lisent τότε οὖν. Avec Reimarus, Sturz et M. Imm. Bekker, je rétablis la leçon des Ms. qui portent ὅτε : seulement il faut séparer τε de ὅ, réunis mal à propos par les copistes.

8. G : Ὦ Κυρῖται, faute du copiste.

9. La leçon vulgaire συστρατευομένοις est tirée d'E. D'après les autres Ms., j'adopte συστρατευσαμένοις avec Reimarus, Sturz et M. Imm. Bekker.

ποτὲ γῆν δοθῆναι ἐψηφίσατο. Τότε μὲν οὖν (οὐ γὰρ εὐπόρει[1] τὸ δημόσιον) εἰκότως ἡ δόσις αὐτῆς ἀνεβλήθη· ἐν δὲ δὴ τῷ παρόντι (παμπλούσιον γὰρ ὑπ' ἐμοῦ γέγονε) προσήκει καὶ ἐκείνοις τὴν ὑπόσχεσιν καὶ τοῖς ἄλλοις τὴν ἐπικαρπίαν τῶν κοινῶν πόνων ἀποδοθῆναι. » Ταῦτ' εἰπὼν, ἐπεξῆλθέ τε καθ' ἕκαστον τῶν γεγραμμένων, καὶ πάντα αὐτὰ ἐπῄνεσεν· ὥστε τὸν ὅμιλον ἰσχυρῶς ἡσθῆναι. Ὁ οὖν Καῖσαρ, ἰδὼν τοῦτο, ἐκεῖνόν τε ἐπήρετο εἰ βοηθήσοι[2] οἱ προθύμως ἐπὶ τοὺς τἀναντία σφίσι πράττοντας, καὶ τῷ πλήθει παρῄνεσε προσδεηθῆναι πρὸς τοῦτο αὐτοῦ. Γενομένου δὲ τούτου, ἐπαρθεὶς ὁ Πομπήϊος, ὅτι τῆς παρ' ἑαυτοῦ ἐπικουρίας, καίπερ μηδεμίαν ἡγεμονίαν[3] ἔχοντος, καὶ ὁ ὕπατος καὶ ὁ ὅμιλος ἔχρῃζεν, ἄλλα τε πολλὰ, ἀνατιμῶν[4] τε καὶ ἀποσεμνύνων ἑαυτὸν[5], διελέξατο, καὶ τέλος εἶπεν· « ὅτι ἄν τις τολμήσῃ ξίφος ἀνελέσθαι, καὶ ἐγὼ τὴν ἀσπίδα ἀναλήψομαι[6]. » Ταῦθ' οὕτως ὑπὸ τοῦ Πομπηΐου λεχθέντα καὶ Κράσσος ἐπῄνεσεν· ὥστ' εἰ καί τισι τῶν ἄλλων μὴ ἤρεσκεν, [ὅμως ἐπεὶ[7]] οἱ ἄλλως τε ἄνδρες ἀγα-

1. Au lieu de l'ancienne leçon ηὐπόρει. Cf. la note de Sturz, tom. I, p. 375 de son édition.
2. D'après A et B. Sturz et M. Imm. Bekker substituent aussi cette leçon à l'ancienne βοηθήσει.
3. Ce mot manque dans le Ms. de Munich n° 2.
4. C : Καὶ ἀνατιμῶν.
5. Αὐτὸν, dans le même Ms.
6. Plutarque, Pomp. XLVII : Ἀφίξομαι πρὸς τοὺς ἀπειλοῦντας τὰ ξίφη μετὰ ξίφους καὶ θυρεὸν κομίζων. Dans la Vie de César, XIV, après avoir fait allusion à ces paroles de Pompée, le Biographe ajoute : Ἐπὶ τούτῳ τοὺς μὲν ἀριστοκρατικοὺς ἠνίασεν οὐκ ἀξίαν τῆς περὶ αὐτὸν αἰδοῦς, οὐδὲ τῆς πρὸς

Cette distribution fut alors différée avec raison, parce que le trésor public n'était pas riche ; mais aujourd'hui il est rempli, grâce à moi. Je crois donc juste que l'on exécute la promesse faite à ces soldats et que les autres citoyens recueillent le fruit des fatigues supportées en commun. » Après ces paroles, il parcourut une à une les dispositions de la loi et les approuva toutes, à la grande satisfaction du peuple. César profita de ce moment pour demander à Pompée s'il le soutiendrait avec zèle contre les adversaires de la loi : en même temps il invita la multitude à solliciter son appui, ce qu'elle fit aussitôt. Pompée, fier de ce que le consul et le peuple invoquaient son assistance, quoiqu'il n'exerçât aucune charge, fit son éloge dans les termes les plus pompeux et finit en disant : « Si quelqu'un osait tirer le glaive, moi, je prendrais le bouclier. » Ces paroles hardies furent bien accueillies même par Crassus. Dès lors ceux qui n'étaient pas favorables à la loi se montrèrent

τὴν σύγκλητον εὐλαβείας πρέπουσαν, ἀλλὰ μανικὴν καὶ μειρακιώδη φωνὴν ἀκούσαντας · ὁ δὲ δῆμος ἥσθη.

7. L'ancienne leçon μὴ ἤρεσκεν, οἱ ἄλλως τε κτλ. est tronquée. Quatre conjectures ont été proposées : 1° Ὅμως ἐπεὶ οἱ ἄλλως τε, par Leunclavius ; 2° Ὅτι ἄλλως τε, par Reimarus ; 3° Ἐπειδὴ οὗτοι, ἄλλως κτλ., par Reiske ; 4° Ἀλλ' ὅτι, par Sturz. J'adopte celle de Leunclavius : elle concorde avec la version de Nic. Leoniceno, qui la lui avait peut-être suggérée : *Nientedimeno poiche alcuni huomini reputati altrimenti buoni* etc. M. Imm. Bekker laisse une lacune dans son texte et se borne à citer la conjecture de Leunclavius.

θοὶ νομιζόμενοι, καὶ πρὸς τὸν Καίσαρα ἐχθρῶς, ὥς γε καὶ ἐδόκουν σφίσιν, ἔχοντες (οὐ γάρ πω ἡ καταλλαγὴ αὐτῶν ἔκδηλος ἦν [1]), συνῄνουν οἷς ἐγεγράφει, πρόθυμοι πρὸς τὴν τοῦ νόμου κύρωσιν ἐγένοντο.

6. Οὐ μέντοι καὶ ὁ Βίβουλος ἐνεδίδου, ἀλλὰ τρεῖς δημάρχους συναγωνιστὰς προσθέμενος [2], ἐκώλυσε τὸ νομοθέτημα. Καὶ τέλος, ἐπειδὴ μηκέτ' αὐτῷ μηδεμία ἄλλη σκῆψις [3] ἀναβολῆς ὑπελείπετο, ἱερομηνίαν ἐς πάσας [4] ὁμοίως [5] τὰς λοιπὰς τοῦ ἔτους ἡμέρας, ἐν ᾗ [6] οὐδ' εἰς ἐκκλησίαν [7] ὁ δῆμος ἐκ τῶν νόμων συνελθεῖν ἐδύνατο, προηγόρευσε. Καὶ ἐπειδὴ ὅ τε Καῖσαρ, βραχὺ αὐτοῦ φροντίσας, ῥητήν τινα ἡμέραν προεῖπεν, ἵν' ἐν αὐτῇ νομοθετήσῃ, καὶ τὸ πλῆθος νυκτὸς τὴν ἀγορὰν προκατέλαβεν, ἐπῆλθε μετὰ τῶν παρεσκευασμένων· καὶ πρὸς μὲν τὸ Διοσκουρεῖον [8], ἀφ' οὗπερ ἐκεῖνος ἐδημηγόρει, διέπεσε [9]· τὰ μὲν αἰδοῖ τῶν ἀνθρώπων ὑπεικόντων οἱ, τὰ δὲ [10] καὶ νομιζόντων αὐτὸν μὴ καὶ ἐναντιωθήσεσθαι σφίσιν. Ὡς δὲ ἄνω τε ἐγένετο καὶ ἀντιλέγειν ἐπειρᾶτο, αὐτός τε κατὰ τῶν ἀναβασμῶν [11] ἐώσθη [12], καὶ αἱ ῥάβδοι [13] αὐτοῦ συνετρίβησαν·

---

1. G : Ἔκδηλος ἦν, ἦν, faute du copiste.
2. C : Προθέμενος, par la fréquente confusion de πρός avec πρό.
3. Σκέψις, faute du copiste dans F.
4. G : Ἱερομηνίας ἐς πάσας, faute du copiste.
5. Omis dans C et dans le Ms. de Munich n° 2.
6. A l'ancienne leçon ἐν αἷς je substitue, d'après M. Imm. Bekker, ἐν ᾗ (sous-ent. ἱερομηνία).
7. C : Οὐδὲ ἐς ἐκκλησίαν. F : Οὐδ' ἐς ἐκκλησίαν.
8. Ou mieux Διοσκόριον. Cf. Lobeck, sur Phrynich. Epitom. p. 368. J'adopte l'accentuation Διοσκουρεῖον qu'il substitue à Διοσκούρειον.

disposés à l'adopter, puisqu'elle était soutenue par des hommes qui jouissaient de l'estime publique et que l'on regardait comme les ennemis de César ; car leur réconciliation n'était pas encore connue.

6. Cependant Bibulus ne céda pas : il s'opposa à la loi avec trois tribuns qu'il avait pris pour auxiliaires. Quand il n'eut plus de prétexte pour obtenir des délais, il annonça que jusqu'à la fin de l'année il prendrait, chaque jour, les augures : de cette manière le peuple ne pourrait point se former légalement en assemblée. César, sans s'inquiéter de cette déclaration, fixa le jour où la loi serait rendue, et le peuple envahit le Forum pendant la nuit. Bibulus s'y rendit, de son côté, avec les amis qu'il avait rassemblés autour de lui et se dirigea en toute hâte vers le temple de Castor, où César haranguait la multitude. Elle lui laissa un libre passage, soit par respect, soit parce qu'elle espérait qu'il ne serait pas contraire à ses intérêts. Parvenu aux degrés supérieurs du temple, Bibulus essaya de parler contre la loi ; mais il fut précipité du haut des marches, et ses faisceaux furent

---

9. L'ancienne leçon διέμπεσε est née d'une faute de copiste dans D et E : Reimarus l'a reproduite. Avec Sturz et M. Imm. Bekker je lis διέπεσε, d'après les autres Ms.

10. G : Τὸ δέ. Avec cette leçon il faudrait τὸ μὲν, au lieu de τὰ μέν.

11. Ou bien ἀναβαθμῶν, proposé par Leunclavius.

12. Ἐώθη, faute du copiste dans C.

13. D'après Sturz, M. Imm. Bekker substitue aussi cette leçon à l'ancienne καὶ ῥάβδοι.

πληγάς τε ¹ καὶ τραύματα ἄλλοι τε καὶ οἱ δήμαρχοι ἔλαβον. Καὶ ὁ μὲν νόμος οὕτως ἐκυρώθη. Βίβουλος δὲ τότε μὲν ἀγαπητῶς ἐσώθη· τῇ δ' ὑστεραίᾳ ἐπείρασε μὲν ἐν τῷ συνεδρίῳ αὐτὸν λῦσαι, ἐπέρανε δὲ οὐδέν. Τῇ γὰρ τοῦ πλήθους σπουδῇ δεδουλωμένοι πάντες ἡσύχαζον. Ἀνεχώρησέ τε οὖν οἴκαδε, καὶ οὐκέτι τὸ παράπαν ² ἐς τὸ κοινὸν μέχρι τῆς τελευταίας ³ τοῦ ἔτους ἡμέρας παρῆλθεν, ἀλλ' ἐν τῇ οἰκίᾳ καταμένων, ἀεὶ τῷ Καίσαρι, ὁσάκις γε ἐνεωτέριζέ τι, ἐνετέλλετο διὰ τῶν ὑπηρετῶν ὅτι ἱερομηνία τε εἴη καὶ οὐδὲν ὁσίως ἐκ τῶν νόμων ἐν αὐτῇ δύναιτο ⁴ δρᾶσθαι. Ἐπεχείρησε μὲν γὰρ αὐτὸν ἐπὶ τούτοις Πούπλιός τις Οὐατίνιος ⁵ δήμαρχος ἐς τὸ ⁶ οἴκημα καταθέσθαι· τῶν δὲ συναρχόντων οἱ ⁷ ἐναντιωθέντων, οὐκ ἐνέβαλεν· ἀλλ' ἐκεῖνός τε οὕτω τῶν πολιτικῶν ⁸ ἐξέστη, καὶ οἱ δήμαρχοι οἱ συνεξετασθέντες αὐτῷ οὐκέτ' οὐδὲν ⁹ δημόσιον ἔπραξαν ¹⁰.

7. Ὁ δ' οὖν Μέτελλος ὁ Κέλερ, ὅ τε Κάτων, καὶ Μάρκος τις δι' αὐτὸν Φαυώνιος ¹¹, ζηλωτὴς ἐς τὰ μάλιστα αὐτοῦ ὤν, τέως μὲν οὔτ' ὤμοσάν τι ¹² περὶ τοῦ ¹³ νόμου·

1. Τέ manque dans C et dans le Ms. de Munich n° 2.
2. Τὶ παράπαν dans C, où τί provient de la dernière syllabe du mot précédent. G porte οὐκ ἔτι παράπαν. L'article a été omis, suivant l'usage des copistes.
3. G : τῆς τελευταίας. L'article, qui avait été omis, a été ajouté par une main plus moderne.
4. G : Δύναται, faute du copiste.
5. Avec M. Imm. Bekker, au lieu d' Ἀτίνιος, ancienne leçon, maintenue par Reimarus et par Sturz, j'adopte Οὐατίνιος, proposé par Fabricius et qui est indubitable.
6. Cet article manque dans F.

HISTOIRE ROMAINE DE DION, L. XXXVIII. 313

brisés. Plusieurs citoyens et les tribuns du peuple reçurent des coups et des blessures : voilà comment la loi fut adoptée. Bibulus, qui s'était trouvé heureux en ce moment d'avoir la vie sauve, tenta, le lendemain, en plein sénat, de l'abroger; mais il ne réussit pas. Personne ne bougea, tant l'élan populaire avait subjugué les esprits. Bibulus se retira chez lui et ne se montra plus en public, jusqu'au dernier jour de l'année ; mais, renfermé dans sa maison, il faisait dire à César par les licteurs, toutes les fois que celui-ci proposait une mesure nouvelle, qu'il prenait les augures et qu'on ne pouvait rien faire, sans violer les lois. Aussi un tribun du peuple, P. Vatinius, voulut-il le mettre en prison : ses collègues s'y opposèrent et il renonça à son projet. C'est ainsi que Bibulus abandonna la vie politique : les tribuns, qui s'étaient déclarés pour lui, ne traitèrent plus aucune affaire publique.

7. Métellus Céler, Caton et, à cause de Caton, un certain M. Favonius qui l'avait pris pour modèle, avaient refusé jusqu'alors de jurer obéissance à cette loi ;

7. Οἱ συναρχόντων, dans le Ms. de Munich n° 2.

8. G : Τῶν πολιτῶν. La véritable leçon a été rétablie en marge par une main plus moderne.

9. C : Οὐκέτι οὐδέν. G et H : Οὐκ ἔτι οὐδέν.

10. Ἔπραξεν, faute de copiste dans G et H.

11. B, F et H : Φαβώνιος. Il est appelé Φαώνιος dans Plutarque, Cés. XXI.

12. Reiske propose de supprimer ce mot et de lire un peu plus loin τότε au lieu de ποτέ. M. Imm. Bekker adopte ces deux corrections. Sturz les approuve ; mais elles ne lui paraissent pas nécessaires et il maintient l'ancienne leçon : je la conserve par la même raison.

13. Cet article manque dans l'ancienne leçon. Je l'ajoute non-seulement d'après A cité par Sturz, mais encore d'après D et G.

(τοῦτο γὰρ ἀρξάμενόν ποτε, ὥσπερ εἶπον[1], καὶ[2] ἐπὶ τῶν ἄλλων τῶν ἀτόπων ἐγίγνετο·) καὶ ἀπισχυρίζοντο, ἄλλως τε καὶ ὁ Μέτελλος, ὁ ἐς τὸν Νουμιδικὸν ἀναφέρων[3], μηδέποτε[4] αὐτὸν συνεπαινέσειν· ὡς μέντοι ἡμέρα, ᾗ καὶ ἔμελλον[5] τὰ τεταγμένα[6] ἐπιτίμια ὀφλήσειν, ὤμοσαν, ἤτοι κατὰ τὸ ἀνθρώπειον[7], ὑφ' οὗ πολλοὶ ὑπισχνοῦνταί[8] τέ τι καὶ ἀπειλοῦσι[9] ῥᾷον ἢ καὶ τῷ ἔργῳ ἐπεξίασιν· ἢ καὶ ὅτι μάτην ζημιωθήσεσθαι ἔμελλον, μηδὲν ἐκ τῆς ἰσχυρογνωμοσύνης σφῶν τὸ κοινὸν ὠφελήσαντες[10]. Ὅ τε οὖν νόμος οὕτως ἐκυρώθη, καὶ προσέτι καὶ ἡ τῶν Καμπανῶν γῆ τοῖς τρία τε πλείω[11] τε ἔτι τέκνα ἔχουσιν ἐδόθη. Καὶ διὰ τοῦτο καὶ ἄποικος τῶν Ῥωμαίων ἡ Καπύη τότε πρῶτον ἐνομίσθη[12]. Τὸ μὲν οὖν πλῆθος ἐκ τούτων ὁ Καῖσαρ ἀνηρ-

---

1. Le passage auquel Dion fait allusion ne nous est point parvenu.
2. Καὶ a été omis par le copiste dans C.
3. L'ancienne leçon ἄλλως τε καὶ ὁ Μέτελλος, ἐς τὸν Νουμιδικὸν ἀναφέρων κτλ., est confirmée par les Ms. Reimarus propose d'abord de lire ἄλλοι τε, au lieu de ἄλλως τε, et d'ajouter 1° τὸ γένος avant ἀναφέρων 2° l'article ὁ après ὁ Μέτελλος. Plus tard, dans ses *Addenda*, p. 1696-1697, tom. II de son édition, il reconnut, d'après les observations de Wesseling, que γένος peut très-bien se sous-entendre; mais il maintint ses deux autres conjectures qui ont été adoptées par Sturz. Je me contente de l'addition de l'article ὁ : pour le reste, je conserve l'ancienne leçon qui offre un sens satisfaisant. Nic. Leoniceno l'avait sous les yeux, comme le prouve sa traduction : *Et costoro stavano fermi in oppinione, et specialmente Metello il quale riferiva la sua parentela a Numidico* etc.
4. C : Μηδέπωτε, par la confusion d'ο avec ω.
5. Ce passage a donné lieu à diverses conjectures. Leunclavius propose τῇ μέντοι ἡμέρᾳ, Sturz ἐν μέντοι τῇ ἡμέρᾳ, ἐν ᾗ καὶ ἔμελλον, ou bien τῇ μέντοι ἡμέρᾳ, ᾗ καὶ ἔμελλον. L'ancienne leçon, qui est confirmée par les Ms., peut être maintenue avec l'ellipse d'ἐπέστη ou d'ἧκεν proposés, le premier par Oddey, et le second par Reiske.

(car l'usage de prêter serment, une fois établi, comme je l'ai dit ailleurs, fut suivi dans des circonstances où il n'aurait pas dû trouver place). Ces citoyens, et surtout Métellus qui faisait remonter son origine au Numidique, déclaraient avec énergie qu'ils n'approuveraient jamais cette loi; mais lorsqu'arriva le jour où ils devaient subir la peine établie contre le refus du serment, ils jurèrent, soit par suite de cette faiblesse humaine qui nous rend plus prompts à faire des promesses ou des menaces que fidèles à les exécuter ; soit parce qu'ils auraient été punis en pure perte et sans procurer à la République aucun avantage par la plus opiniâtre opposition. C'est ainsi que la loi de César fut adoptée. De plus, le territoire de la Campanie fut donné à ceux qui avaient trois enfants ou plus de trois enfants : par là Capoue devint pour la première fois colonie romaine. César s'attacha la multitude par ces mesures :

6. Comme M. Imm. Bekker, j'ajoute, d'après Sturz, l'article τὰ omis dans les Ms., suivant l'usage des copistes.
7. C : Τἀνθρώπειον.
8. Ὑπισχοῦνται, dans B, faute du copiste.
9. G : Καὶ ἀπειλοῦσιν ῥᾷον, par l'addition du ν paragogique devant une consonne.
10. Leunclavius conseille de remplacer l'ancienne leçon μηδὲν ἐκ — ὠφεληθήσεσθαι par μηδὲ ἐκ κτλ. Oddey propose τῷ μηδὲν — ὠφεληθήσεσθαι, et Reiske μηδὲν δ' ἐκ — ὠφεληθήσεσθαι, adopté par Sturz, ou bien de conserver μηδὲν ἐκ et de substituer ὠφελήσαντες à ὠφεληθήσεσθαι. C'est ce que j'ai fait avec M. Imm. Bekker.
11. Τρία πλείω, dans le Ms. de Munich n° 2, par la fréquente omission de τέ.
12. Velleius Paterc. II, 44 : In hoc consulatu Cæsar legem tulit, ut ager Campanus plebi divideretur, suasore legis Pompeio. Ita circiter XX millia civium eo deducta, et jus ab his restitutum post annos circiter CLII, quum bello punico ab Romanis Capua in formam præfecturæ redacta erat.

τήσατο· τοὺς δ' ἱππέας, τὸ τριτημόριον [1] σφίσι τῶν τελῶν ἃ ἐμεμίσθωντο [2], ἀφείς [3]. Πᾶσαί τε γὰρ τελωνίαι [4] δι' αὐτῶν ἐγίγνοντο, καὶ πολλάκις τῆς βουλῆς δεηθέντες, ὅπως ἐκδικίας [5] τινὸς τύχωσιν, οὐχ εὕροντο [6], ἄλλων τε καὶ τοῦ Κάτωνος ἀντιπραξάντων. Ὡς δ' οὖν καὶ τοῦτο τὸ ἔθνος μηδ' ἀντειπόντος τινὸς ᾠκειώσατο, πρῶτον μὲν τὰ πραχθέντα ὑπὸ τοῦ Πομπηΐου πάντα [7], μήτε τοῦ Λουκούλλου, μήτ' ἄλλου τινὸς ἀντιστάντος, ἐβεβαίωσεν [8]· ἔπειτα δὲ καὶ ἄλλα πολλὰ διενομοθέτησε [9], μηδενὸς ἐναντιουμένου. Οὐδὲ γὰρ οὐδ' ὁ Κάτων [10] ἀντεῖπέ τι, καίπερ ἐν τῇ στρατηγίᾳ [11], ἣν μετὰ ταῦτα οὐ πολλῷ ὕστερον ἔσχε, μηδαμοῦ τῆς τῶν νόμων αὐτοῦ προσηγορίας, ὡς καὶ

1. A et F : Τριτημέριον, par la confusion d'o avec ε.
2. F : Ἃς μεμίσθωτο, leçon qui paraît étrange, mais dont il est facile de se rendre compte. Le copiste a mal divisé les mots et fait de l'augment ε, qu'il a confondu avec ς, la dernière lettre du mot précédent : ΑϹΜΕΜΙϹΘΩΤΟ = Α ΕΜΕΜΙϹΘΩΤΟ.
Avec Sturz et M. Imm. Bekker, je remplace ἐμεμίσθωτο par ἐμεμίσθωντο, leçon adoptée par H. Étienne; cf. Thes. gr. ling. tom. III, p. 398 de l'édition Didot, où ce passage est cité.
3. Appien, Guer. Civ. II, 13 : Ὁ δὲ Καῖσαρ, ἐς οὐδὲν τότε τῆς βουλῆς δεόμενος, ἀλλὰ μόνῳ τῷ δήμῳ χρώμενος, τὰ τρίτα τῶν μισθώσεων αὐτοῖς παρῆκεν. Οἱ δὲ, ὑπὲρ τὴν σφετέραν ἀξίωσιν ἀδοκήτου τῆς χάριτος αὐτοῖς γενομένης, ἐξεθείαζον αὐτὸν κτλ.
4. A et F : Γὰρ αὖ τελωνίαι.
5. Cette leçon paraissait douteuse à Xylander, qui proposa de la remplacer par ἐκδείας. Sturz conserve ἐκδικίας; qu'il rend par *privilegium, quum quis legibus solvitur*. Je la maintiens aussi avec l'interprétation de H. Étienne : *Remissio debiti*. Cf. Thes. gr. ling. l. l.
6. Avec Sturz je substitue cette leçon à la forme Alexandrine εὕραντο, qui a été conservée par M. Imm. Bekker. Le passage τῆς βουλῆς — ἄλλων τε manque dans G.
7. D'après Xylander, Turnèbe, Leunclavius, Reimarus, Sturz et

il gagna les chevaliers, en leur faisant remise du tiers du fermage des impôts; car c'étaient les chevaliers qui prenaient tous les impôts à ferme. Souvent ils avaient sollicité des remises auprès du sénat; mais ils n'en avaient jamais obtenu : plusieurs sénateurs et Caton s'y étaient opposés. Après avoir mis les chevaliers dans ses intérêts, sans rencontrer de contradicteur, César ratifia d'abord tous les actes de Pompée et ne trouva de résistance ni chez Lucullus, ni chez aucun autre. Ensuite il établit beaucoup de lois, et personne ne s'y opposa. Caton lui-même ne les combattit point; mais pendant la préture qu'il géra peu de temps après, il ne fit jamais mention de leur nom (on les appelait *Juliennes*), et en tirant d'après ces lois les

---

M. Imm. Bekker. L'ancienne leçon προσταχθέντα, au lieu de πραχθέντα, est confirmée par les Ms. Le même fait est rapporté dans Appien, l. l. XIII : Καὶ τὰ Πομπηΐῳ πεπραγμένα ἅπαντα ἐκύρου, καθάπερ ὑπέσχητο αὐτῷ.

8. Suétone va beaucoup plus loin en parlant de Lucullus, l. l. XX : Cæsar L. Lucullo liberius resistenti tantum calumniarum metum injecit, ut ad genua ultro sibi accideret. Le passage de Dion est très-altéré dans F, qui porte : Μήτε Λουκούλλου τινὸς ἀντίσταντος βεβαιώσαιεν.

9. G : Διενομοθέτισε, par la confusion d'η avec ι.

10. Cf. Cicéron, Disc. pour Sextius, XX. Au lieu de ὁ Κάτων, B et F donnent Κάτων, par l'omission de l'article.

11. L'an de Rome 700. C'est pendant cette préture qu'il présida aux jugements de Scaurus et des autres accusés, avec la simple prétexte et sans tunique. Plutarque, Cat. Min. XLIV, lui fait un reproche d'une habitude qu'Asconius, Schol. in Scaurian. p. 30, éd. d'Orelli, loue, au contraire, comme une imitation de l'antique simplicité : « Cato Prætor judicium, quia æstate agebatur, sine tunica exercuit, campestri sub toga cinctus. In Forum quoque sic descenderat, jusque dicebat : idque reppererat ex vetere consuetudine, secundum quam et Romuli ætatis statuæ in Capitolio et in Rostris Camilli fuerunt, togatæ sine tunicis. » Cf. Val. Max. III, 6, 7, et Pighius, Annal. Rom. tom. III, p. 394-395, éd. Schott.

Ἰουλίων ἐπικαλουμένων, ἐπιμνησθείς· τὰ γὰρ δικαστήρια κατ᾽ αὐτοὺς ἀποκληρῶν [1] τὸ ὄνομα αὐτῶν γελοιότατα [2] ἀπεκρύπτετο. Τούτους μὲν οὖν, ὅτι πάμπολλοί τέ εἰσι [3] καὶ οὐδ᾽ ὁτιοῦν τῇδε τῇ συγγραφῇ [4] συμβάλλονται, παραλείψω.

8. Κύϊντος δὲ δὴ Φούφιος Καληνὸς [5], ἀναμὶξ πάντων τὰς ψήφους [6], ἕν γε ταῖς [7] φιλονεικίαις (τά τε κρείττω πρὸς σφᾶς ὡς ἑκάστου [8] τῶν γενῶν ἄγοντος, καὶ τὰ ἀτοπώτερα [9] ἐς ἑτέρους ἀπωθοῦντος [10]), οὔσας εὑρών, ἐνομοθέτησε στρατηγῶν, χωρὶς αὐτοὺς ὡς ἑκάστους ψηφίζεσθαι· ἵν᾽ εἰ μὴ καὶ κατ᾽ ἄνδρα (τῷ κρύφα σφᾶς τοῦτο ποιεῖν), ἀλλὰ τά γε γένη [11] αὐτῶν ἔκδηλα ὅπως φρονοίη [12] γίγνοιτο. Τὰ μὲν οὖν ἄλλα αὐτὸς [13] ὁ Καῖσαρ καὶ ἐσηγεῖτο καὶ συνεβούλευε καὶ διέταττε πάντα καθάπαξ τἀν τῇ πόλει, ὡς καὶ μόνος αὐτῆς ἄρχων. Ὅθενπερ χαριεντιζόμενοί τινες τὸ μὲν τοῦ Βιβούλου ὄνομα παντάπασιν ἀπεσιώπων, τὸν δὲ

---

1. D'après M. Imm. Bekker, je substitue cette leçon à l'ancienne : ἐπιμνησθείς· (τὰ γὰρ δικαστήρια κατ᾽ αὐτοὺς ἀπεκλήρουν), τὸ ὄνομα κτλ.
2. A, B et F : Τὸ ὄνομα αὐτοῦ γελοιότατα. L'ancienne leçon γελοιότατον est confirmée par E.
3. Cf. Grævius, Thes. Ant. Rom. tom. II, p. 1207-1226, et surtout M. Ed. La Boulaye, Essai sur les Lois Criminelles des Romains, liv. II, sect. II, ch. XXI, p. 300 et suiv.
4. G : Τῇδε τῆς συγγραφῆς, le copiste a confondu ici, comme dans beaucoup d'autres passages, le ς final avec l'ι, devenu plus tard l'ι souscrit.
5. Κόϊντος. — Φούστιος Κάληνος dans le Ms. de Munich n° 2.
6. Τοὺς ψήφους est un solécisme dans C et G.
7. Dans l'ancienne leçon ἕν τε ταῖς, on ne voit pas à quoi τέ peut se rapporter : aussi Leunclavius propose-t-il de supprimer cette particule. Comme Sturz et M. Imm. Bekker, je la remplace par γέ, d'après Reiske. Nous avons déjà remarqué la permutation de ces deux mots.

juges au sort, par une petitesse d'esprit ridicule, il évitait de les désigner par ce nom. Comme elles sont très-nombreuses et n'ont aucun rapport avec cette histoire, je les laisserai de côté.

8. Le préteur Q. Fufius Calenus, voyant que tous les suffrages étaient confondus, du moins dans les discussions vives, de telle sorte que chaque décurie s'attribuait les bonnes résolutions et rejetait les mauvaises sur autrui, proposa une loi d'après laquelle chacune voterait séparément. Le but de cette loi était de connaître non pas l'opinion de chaque individu, puisque le vote était secret, mais celle de chaque décurie. Du reste, c'était César qui faisait et qui soutenait seul toutes les propositions : en un mot, il réglait les affaires de l'État, comme s'il avait eu seul l'autorité. De là, la plaisanterie de quelques citoyens qui, gardant le silence sur Bibulus, disaient ou écri-

---

8. Sturz aimerait mieux ἑκάστου, et un peu plus bas ἑκάστους, sans ὡς qui lui paraît surabondant.

9. Ἀπώτερα, dans A, E, F, G et dans le Ms. de Munich n° 2, par l'omission d'une syllabe dans le corps du mot. J'ai déjà signalé plusieurs fautes analogues.

10. D'après A, B, C, D, F, H et G, où l'ancienne leçon ἀπωθοῦντας a été ajoutée par une main plus moderne. Elle provient d'E ; mais il est facile de voir qu'il portait ἀπωθοῦντας, avant que l'α eût été changé en ο.

11. Au lieu de l'ancienne leçon τά γε ἤθη — γένοιντο, j'adopte τά γε γένη γίγνοιτο avec Sturz, d'après Reimarus et Reiske, dont la conjecture s'appuie sur γενῶν que nous venons de voir un peu plus haut. M. Imm. Bekker lit ἔθνη, proposé par Leunclavius.

12. G : Φρονήοι. Le copiste, trompé par la ressemblance des sons, a fait une transposition qui produit un barbarisme.

13. Reiske aimerait mieux μόνος αὐτός.

δὴ Καίσαρα, ὡς δύο[1] καὶ[2] ὠνόμαζον καὶ ἔγραφον, Γάϊόν τε Καίσαρα καὶ Ἰούλιον Καίσαρα ὑπατεύειν λέγοντες. Τὰ δὲ δὴ καθ' ἑαυτὸν δι' ἑτέρων διῆγε. Τοῦτο γὰρ δὴ καὶ πάνυ ἰσχυρῶς ἐφυλάξατο, [τὸ[3]] μηδὲν αὐτὸς ἑαυτῷ δοῦναι· καὶ διὰ τοῦτο καὶ ῥᾷον πάνθ' ὅσων[4] ἐπεθύμει[5] κατειργάσατο. Αὐτὸς μὲν γὰρ οὐδενὸς προσδεῖσθαι[6] ἔλεγεν, ἀλλὰ καὶ σφόδρα τοῖς παροῦσιν ἀρκεῖσθαι ἐσκήπτετο· ἕτεροι δὲ, ὡς καὶ ἀναγκαίου καὶ χρησίμου τοῖς πράγμασιν αὐτοῦ ὄντος, καὶ ἐσηγήσαντο ὅσα ἠθέλησε, καὶ κυρωθῆναι ἐποίησαν, οὐκ ἐν τῷ πλήθει μόνον[7], ἀλλὰ καὶ ἐν αὐτῇ τῇ γερουσίᾳ. Ὅ τε γὰρ ὅμιλος τοῦ τε Ἰλλυρικοῦ καὶ τῆς Γαλατίας τῆς ἐντὸς τῶν Ἄλπεων ἄρξαι αὐτῷ μετὰ τριῶν στρατοπέδων ἐπὶ ἔτη πέντε ἔδωκε[8], καὶ ἡ βουλὴ τήν τε Γαλατίαν τὴν ἐπέκεινα τῶν ὀρῶν, καὶ στρατόπεδον ἕτερον προσεπέτρεψε[9].

9. Φοβηθεὶς δ' οὖν καὶ ὡς[10], μή τι[11] ὁ[12] Πομπήϊος ἐν

---

1. Suétone, Cæs. XX : Nonnulli urbanorum, quum quid per jocum testandi gratia signarent, non Cæsare et Bibulo, sed Julio et Cæsare Coss. actum scripsere, bis eumdem proponentes nomine atque cognomine.
   Reiske voulait remplacer l'ancienne leçon δύο par δίς ou par ὡς δύο. Avec Sturz, j'adopte la seconde conjecture. M. Imm. Bekker a maintenu l'ancienne leçon.
2. Cette conjonction manque dans C. Nous avons vu qu'elle a été souvent omise par les copistes.
3. Sturz ajoute ce τὸ avant μηδὲν, pour rendre la construction plus régulière. J'adopte sa correction; mais en plaçant τὸ entre crochets.
4. G : Πανθ' ὅσον, qui ne pourrait se justifier qu'en prenant ὅσον adverbialement. Je conserve l'ancienne leçon.
5. Ἐπιθύμει, dans E, est une faute du copiste, qui a confondu ε avec ι.
6. G : Προθαι. Les lettres σδεῖσ avaient été omises; une main plus moderne les a ajoutées dans une annotation marginale.

vaient : sous le consulat de Caïus et de Julius César, comme s'il avait été question de deux personnes distinctes. Pour ce qui le concernait personnellement César avait recours à autrui, évitant avec le plus grand soin de paraître agir dans son intérêt, et par là il obtenait plus facilement tout ce qu'il voulait. Il disait qu'il ne convoitait rien et feignait d'être très-satisfait de ce qu'il avait ; mais d'autres, comme s'il avait été utile ou même indispensable, dans les circonstances présentes, proposaient et faisaient décréter par le peuple et par le sénat tout ce qu'il désirait. Le peuple lui donna pour cinq ans le commandement de l'Illyrie et de la Gaule Cisalpine avec trois légions : le sénat, de son côté, lui confia la Gaule transalpine et une légion de plus.

9. Cependant César, par cela même qu'Aulus Gabi-

---

7. Les mots οὐκ ἐν τῷ πλήθει μόνον manquent dans C.

8. Suétone, Cæs. XXII : Initio quidem Galliam Cisalpinam Illyrico adjecto lege Vatinia accepit : mox per senatum Comatam quoque, veritis patribus, ne si ipsi negassent, populus et hanc darent.

9. Plutarque, Cat. Min. XXXIII : Τοῖς μέντοι νόμοις ἐκείνοις καὶ ταῖς χάρισι τιθασεύσαντες τὸν ὄχλον ἐψηφίσαντο Καίσαρι μὲν Ἰλλυριῶν καὶ Γαλατίας ἀρχὴν ἁπάσης καὶ τέσσαρα τάγματα στρατιᾶς εἰς πενταετίαν, προλέγοντος Κάτωνος, ὡς εἰς ἀκρόπολιν τὸν τύραννον αὐτοὶ ταῖς ἑαυτῶν ψήφοις ἱδρύουσι. Cf. le même, Cæs. XIV ; Pomp. XLVIII ; Appien, Guer. Civ. II, 13, et Dion, § 41 de ce livre.

10. Au lieu de l'ancienne leçon ὡς καί. A, B, C et G, et non pas seulement A, comme le dit Sturz, donnent καὶ ὡς. Avec cet éditeur, je lis καὶ ὡς, adopté aussi par M. Imm. Bekker.

11. C, D et H : Μή τε, par la confusion d'ι avec ε.

12. Cet article manque dans G.

τῇ ἀπουσίᾳ αὐτοῦ (ἐπειδὴ ὁ Γαουΐνιος ὁ Αὖλος ὑπατεύσειν ἔμελλε) νεωτερίσῃ [1], ἐκεῖνόν τε ἅμα καὶ τὸν ἕτερον ὕπατον Λούκιον Πίσωνα [2] συγγενείας [3] ἀνάγκῃ προσητᾳιρίσατο [4]. Τῷ μὲν γὰρ Πομπηΐῳ τὴν θυγατέρα [5], καίπερ ἄλλῳ τινὶ ἠγγυηκὼς [6], συνῴκισε, καὶ αὐτὸς τὴν τοῦ Πίσωνος ἔγημε. Καὶ ὁ μὲν οὕτω πανταχόθεν ἐκρατύνθη· Κικέρων δὲ καὶ Λούκουλλος, οὐκ ἀρεσκόμενοι τούτοις, ἀποκτεῖναι τόν τε Καίσαρα καὶ τὸν Πομπήϊον διὰ Λουκίου τινὸς Οὐεττίου [7] ἐπεχείρησαν μὲν, οὐκ ἠδυνήθησαν δέ· ἀλλ' ὀλίγου καὶ αὐτοὶ προσαπώλοντο. Προμηνυθεὶς γὰρ ἐκεῖνος καὶ συλληφθεὶς, πρίν τι δρᾶσαι, κατεῖπεν αὐτῶν· καὶ εἴγε μὴ [8] καὶ τὸν Βίβουλον, ὡς καὶ συνεπιβουλεύοντα σφίσιν, ἐσηγγέλκει [9], πάντως ἄν τι δεινὸν ἐπεπόνθεσαν [10]· νῦν δὲ, ὅτι τοῦτον τῷ Πομπηΐῳ [11] τὸ πραττόμενον δηλώσαντα ἀμυνόμενος ᾐτιᾶτο, ὑπωπτεύθη [12] μηδὲ ἐπὶ τῶν λοιπῶν ἀληθεύειν, ἀλλ' ἐκ κατασκευασμοῦ τινος πρὸς συκοφαντίαν τῶν ἀντιστασιωτῶν [13] σφῶν παρεσκευάσθαι [14]. Καὶ περὶ

---

1. C : Νεωτερήσῃ, par la confusion d'ι avec η.
2. Suétone, Cæs. XXI : Calpurniam, L. Pisonis filiam successuri sibi in consulatu, duxit uxorem.
3. Avec Sturz et M. Imm. Bekker, à l'ancienne leçon συγγενεῖς je substitue συγγενείας, proposé par Reiske et confirmé par Dion, XLVIII, 54 : Ὅπως γε πλείοσι τοῖς τῆς συγγενείας συνδέσμοις συνέχοιντο.
4. F : Προσεταιρίσατο : le copiste a négligé l'augment.
5. Suétone, l. l. : Filiam suam Juliam Cn. Pompeio collocavit, repudiato priore sponso Servilio Cæpione, cujus vel præcipua opera paulo ante Bibulum impugnaverat. Cf. Plutarque, Pomp. XLVII ; Cæs. XIV.
6. C, G et H : Ἠγγυικὼς, par la confusion d'η avec ι. Au contraire, η a pris la place de ι dans F qui donne συνῴκησε, au lieu de συνῴκισε.
7. A : Ὀνεπτίου. F : Ὀνεττίου. G : Οὐετίου. Le copiste n'a mis qu'une

nius devait être consul, craignit encore que Pompée ne tentât quelque innovation en son absence. Il s'attacha donc par les liens de la parenté Pompée et l'autre consul, L. Pison, en accordant au premier la main de sa fille qui avait été promise à un autre, et en épousant la fille de Pison. Il donna ainsi de tous les côtés des appuis à sa puissance : Cicéron et Lucullus en furent mécontents et cherchèrent à faire périr César et Pompée par la main de L. Vettius. Ils ne purent y parvenir et coururent grand risque de périr eux-mêmes. Vettius dénoncé et arrêté avant d'avoir pu exécuter ce projet, en nomma les auteurs. S'il n'avait point désigné Bibulus comme associé à Cicéron et à Lucullus, ceux-ci auraient certainement éprouvé un grand malheur; mais comme Vettius était accusé d'avoir voulu se venger de Bibulus qui avait dévoilé à Pompée ce qui se tramait, on le soupçonna de ne pas dire la vérité même sur le reste et de s'être fait l'instrument de la calomnie contre des hommes du parti contraire. A ce sujet, les uns disaient une chose

---

consonne, quand il en fallait deux. La faute contraire se trouve dans C, D, E et H, qui donnent προσαπώλλοντο, au lieu de προσαπώλοντο.

8. C : Εἰ μή, par l'omission de γέ : j'ai eu à la signaler ailleurs.

9. C : Ἐπηγγέλκει. G : Ἐσηγγέλκη, par la confusion d'ει avec η.

10. Comme Sturz et M. Imm. Bekker, je substitue cette leçon à l'ancienne ἐπεπόνθεισαν. Cette correction est confirmée par A, B, C, D, F, G et H.

11. Sturz conserve l'ancienne leçon τοῦτον Πομπηΐῳ, mais en faisant observer que A porte τοῦτον τῷ Πομπηΐῳ. Cette dernière leçon se trouve aussi dans B, D, E, F et G : je l'adopte avec M. Imm. Bekker.

12. C, D, E, F, G et H : Ὑποπτεύθη. L'augment a été négligé par le copiste, comme dans beaucoup d'autres passages.

13. F : Ἀντισταμένων.

14. C : Παρεσκευάσασθαι.

μὲν τούτων ἄλλοι ἄλλα διεθρύλουν ¹. Οὐ γάρ που καὶ διηλέγχθη ² τι · ἀλλ' ἐς ³ τὸ πλῆθος ὁ Οὐέττιος ἐσαχθεὶς, καὶ μόνους οὓς εἶπον ὀνομάσας ⁴, ἔς τε τὸ οἴκημα ἐσέπεσε, κἀνταῦθα οὐ πολλῷ ὕστερον ἐδολοφονήθη.

10. Ὕποπτός τε οὖν ἐκ τούτων ὁ Κικέρων τῷ τε Καίσαρι καὶ τῷ Πομπηΐῳ γενόμενος ἐβεβαιώσατο τὴν ὑπόνοιαν ἐν τῇ ὑπὲρ τοῦ Ἀντωνίου ἀπολογίᾳ ⁵. Οὗτος γὰρ πολλὰ μὲν καὶ δεινὰ καὶ τὸ ὑπήκοον τὸ ἐν τῇ Μακεδονίᾳ ⁶, ἄρξας αὐτῆς, καὶ τὸ ἔνσπονδον ⁷ εἰργάσατο · πολλὰ δὲ καὶ ἀντέπαθε. Τά τε γὰρ τῶν Δαρδάνων καὶ τὰ τῶν πλησιοχώρων σφίσι πορθήσας ⁸ οὐκ ἐτόλμησεν ἐπιόντας αὐτοὺς ὑπομεῖναι, ἀλλ' ὡς καὶ ἐπ' ἄλλο τι μετὰ τῶν ἱππέων ὑποχωρήσας ἔφυγε ⁹. Καὶ οὕτω τοὺς πεζοὺς ἐκεῖνοι περισχόντες, ἔκ τε τῆς χώρας βιαίως ἐξήλασαν, καὶ τὴν λείαν προσαφείλοντο. Τὸ δ' αὐτὸ τοῦτο καὶ περὶ τοὺς συμμάχους τοὺς ἐν τῇ Μυσίᾳ ¹⁰ ποιήσας, ἡττήθη ἐπὶ τῇ

1. D'après A, D, F, G et M. Imm. Bekker, je préfère cette leçon à l'ancienne, διεθρύλλουν.
2. Avec Reimarus, Sturz et M. Imm. Bekker, je remplace la leçon vulgaire διελέχθη par διηλέγχθη, conseillé par Leunclavius et Turnèbe. Cette correction est en partie confirmée par A et F, qui donnent διελέγχθη; le copiste a négligé l'augment. G porte διηλέχθη, par l'omission du γ.
3. Ἀλλὰ ἐς κτλ., dans C, D, E, F et G.
4. F : Ὀνομάσας, faute du copiste.
5. Cf. Cicéron, Disc. contre Vatinius, XVI, et Disc. pour M. Cœlius Rufus, XXXI. Cette apologie d'Antoine ne nous est point parvenue; mais l'Orateur romain en parle dans le Disc. pour sa maison, XVI : Hora fortasse sexta diei questus sum in judicio, quum C. Antonium, collegam meum, defenderem, etc.
6. Antoine avait gouverné, en qualité de proconsul, la Macédoine, que Cicéron lui avait cédée; cf. Dion, liv. XXXVII, 33. Au lieu de ἐν Μακεδο-

et les autres une autre ; mais on ne découvrit rien de positif. Amené devant le peuple, Vettius ne nomma que ceux dont j'ai parlé : il fut mis en prison et assassiné secrètement peu de temps après.

10. Cicéron, ainsi devenu suspect à César et à Pompée, fortifia lui-même leurs soupçons par la défense d'Antoine. Celui-ci, pendant son gouvernement de la Macédoine, avait traité fort mal ce pays alors soumis aux Romains, ainsi que divers peuples leurs alliés, et avait été fort mal traité lui-même. Après avoir ravagé les terres des Dardaniens et de leurs voisins, il n'osa les attendre de pied ferme, quand ils marchèrent contre lui ; mais il se retira avec sa cavalerie, comme pour s'occuper d'une autre expédition, et prit la fuite. Les Dardaniens en profitèrent pour envelopper l'infanterie, la chassèrent violemment de leur pays et lui enlevèrent le butin qu'elle avait pris. Antoine traita de la même manière les alliés de Rome dans la Mysie, fut ensuite vaincu

νίᾳ, j'adopte, comme M. Imm. Bekker, ἐν τῇ Μακεδονίᾳ, d'après A et F.

7. A, B, C, D, E et F confirment l'ancienne leçon ἔκσπονδον. Avec Sturz et M. Imm. Bekker, j'adopte ἔνσπονδον, proposé par Reimarus et approuvé par Oddey. Ailleurs, liv. XXXVIII, 36 ; XLI, 55 ; LIV, 9, Dion oppose de la même manière ὑπήκοον et ἔνσπονδον. H porte ἔμσπονδον ; mais ἔνσπονδον a été écrit en marge par une main plus moderne. Τὸ ἔμποδον, dans G, est un barbarisme. La conjecture de Reimarus semble concorder avec le Ms. que Nic. Leoniceno avait sous les yeux, en traduisant *Et à sudditi et à confederati de Romani*.

8. Jul. Obsequens, Prodig. Libell. CXXIII : Quum in agro Pistoriensi Catilinam C. Antonius devicisset, laureatos fasces in provinciam tulit : ibi a Dardanis oppressus, amisso exercitu, profugit.

9. A, D et G : Ἔφυγεν. Καὶ, par l'addition du ν paragogique devant une consonne.

10. Μουσίᾳ est une faute de copiste dans E et dans G. Il en est de même de ποίσας, au lieu de ποιήσας, dans D et G.

τῶν Ἰστριανῶν πόλει [1] πρὸς τῶν Σκυθῶν τῶν Βασταρνῶν, ἐπιβοηθησάντων αὐτοῖς, καὶ ἀπέδρα. Οὐ μέντοι καὶ ἐπὶ τούτοις αἰτίαν ἔσχεν, ἀλλ' ἐγράφη μὲν ἐπὶ τῇ τοῦ Κατιλίνου συνωμοσίᾳ [2], ἑάλω δὲ δι' ἐκεῖνα· καὶ συνέβη αὐτῷ, ὧν μὲν ἐκρίνετο [3], μὴ ἐλεγχθῆναι, ὧν δ' οὐκ ᾐτιάζετο [4], κολασθῆναι. Καὶ ὁ μὲν οὕτως ἀπήλλαξεν [5]· ὁ δὲ δὴ Κικέρων ὑπὲρ αὑτοῦ τότε, ἅτε καὶ συνάρχοντός [6] οἱ, ὑπερδικῶν πλείστην [7] κατὰ τοῦ Καίσαρος, ὡς καὶ αἰτίου τῆς δίκης αὐτῷ γεγενημένου, καταδρομὴν ἐποιήσατο, καί τινα αὐτῷ [8] καὶ προσελοιδόρησεν.

11. Ὁ δ' ἤχθετο μὲν ἐπ' αὐτοῖς, ὥσπερ εἰκὸς ἦν, οὐ μὴν οὔτ' εἶπεν οὔτ' ἔπραξεν ὑβριστικὸν ἐς αὐτὸν [9] οὐδέν, καίπερ ὑπατεύων. Τοὺς γὰρ πολλοὺς ἔλεγε συχνὰ καὶ μάταια ἐξεπίτηδες ἐς τοὺς κρείττονας σφῶν, ἐς φιλονεικίαν

---

1. A l'ancienne leçon τῇ τῶν Ἰστριανῶν πόλει, M. Imm. Bekker substitue πρὸς τῇ τῶν Ἰστριανῶν πόλει, proposé par Leunclavius d'après Dion, LI, 26. Avec Sturz je lis ἐπὶ τῇ τῶν Ἰστριανῶν πόλει : cette ville s'appelait Genucla. Cf. Dion, l. l.
2. E : Συνομωσίᾳ, par la confusion d'o avec ω et d'ω avec o.
3. C et G : Ἔκρινε τὸ μὴ ἐλεγχθῆναι. Le copiste a mal à propos détaché de ἐκρίνετο la dernière syllabe, pour en faire un article neutre. Nous avons déjà vu des fautes analogues.
4. Reiske aimerait mieux ᾐτίαστο. Dans C, G et H, αἰτιάζετο provient de la confusion d'η avec αι.
5. La version de Xylander *Et Antonius quidem eo modo pœnas dedit* ne rendait pas le sens. Elle a été ainsi refaite par Reimarus : *Et Antonius quidem eo modo in exilium abiit.* Wagner et M. Tafel ont suivi cette interprétation. J'ai mieux aimé adopter celle de Reiske : *Atque hunc exitum habuit ejus causa — ita absolutus ab hac causa fuit, sinistra scilicet*

auprès de la ville des Istriens par les Scythes-Bastarnes, venus au secours des Mysiens, et prit la fuite. Toutefois ce n'est point pour cela qu'on le traduisit en justice; mais, accusé d'avoir trempé dans la conjuration de Catilina, il fut condamné pour sa conduite en Mysie et dans la Macédoine. Il lui arriva donc de n'être pas trouvé coupable du crime qui l'avait fait mettre en jugement et d'être puni pour des faits étrangers à l'accusation portée contre lui. Telle fut pour Antoine l'issue de cette affaire : Cicéron, qui se chargea alors de le défendre, parce qu'il avait été son collègue, attaqua très-vivement César auquel il imputait cette accusation : il se permit même de l'insulter.

11. César le souffrit avec peine, et il devait en être ainsi; mais, quoiqu'il fût consul, il ne blessa Cicéron ni par ses paroles, ni par ses actes. Il disait que souvent bien des hommes lancent à dessein de vains sarcasmes contre ceux qui sont au-dessus d'eux, pour

cum fortuna. La traduction de Nic. Leoniceno aboutit au même sens : *E cosi costui fu espedito in questo modo*.

6. Ou mieux συνάρξαντος, proposé par Reiske et approuvé par Sturz, qui conserve pourtant l'ancienne leçon.

7. G : Πλήστην, par la confusion d'ει avec η.

8. L'ancienne leçon καί τινα αὐτῶν est confirmée par les Ms. Avec Sturz et M. Imm. Bekker, j'adopte la correction proposée par Reimarus. Au lieu de αὐτῶν, B, C, D et G portent αὐτόν, qui peut à la rigueur se justifier par quelques exemples de l'emploi de λοιδορεῖν avec deux accusatifs; mais cette construction est rare. Cf. Thes. gr. ling. tom. V, p. 378, éd. Didot.

9. L'ancienne leçon ἐπ' αὐτὸν a été maintenue par Reimarus et par Sturz, qui cite ἐς αὐτόν comme tiré de A. Cette leçon se trouve aussi dans F : je l'adopte avec M. Imm. Bekker.

αὐτοὺς ὑπαγαγόντας [ἀποῤῥίπτειν ¹]· ἵν' ἴσοι σφίσιν ²
καὶ ὅμοιοι, ἄν γέ τι ὁμοιότροπον ἀντακούσωσι, δόξωσιν ³
εἶναι. Καὶ οὐκ ἠξίου ἀντίπαλον ἐκ τούτου οὐδένα ἑαυτῷ
ποιεῖν· καὶ διὰ τοῦτο τοῖς τε ἄλλοις τοῖς τι προπηλακίζουσιν ⁴ αὐτὸν οὕτω προσεφέρετο, καὶ τότε τὸν Κικέρωνα
ὁρῶν οὐχ ἑαυτῷ τι τοσοῦτον λοιδορήσασθαι ἐθέλοντα, ὅσον
ἀντακοῦσαί τι τῶν ὁμοίων, ὥς γε καὶ παρισωθῆναί οἱ ἐπι-
θυμοῦντα, βραχύ τε αὐτοῦ ἐφρόντισε ⁵, καὶ οὐδὲν ὧν
ἔλεγε προσεποιήσατο, ἀλλ' εἴα αὐτὸν ἀφθόνως ⁶, καθάπερ
τισὶν ἐπαίνοις ἑαυτοῦ, ταῖς λοιδορίαις χρῆσθαι. Οὐ μέντοι
καὶ παντάπασιν ὀλιγώρως αὐτοῦ ⁷ ἔσχεν. Ἐπιεικεστέραν
μὲν γὰρ ὄντως ⁸ φύσιν ⁹ εἰλήχει, καὶ οὐ πάνυ ῥᾳδίως
ἐθυμοῦτο. Συχνοὺς δ' οὖν, ἅτε καὶ ἐν τοσούτοις πράγμασιν, ἐδικαίου· οὐ μὴν ὥστε καὶ δι' ὀργῆς ἢ καὶ παραχρῆμα
πάντως αὐτὸ ποιεῖν. Θυμῷ μὲν δὴ οὐδὲν ἐχαρίζετο· τοῦ

---

1. L'ancienne leçon Τοὺς γὰρ πολλοὺς ἔλεγε συχνὰ καὶ μάταια ἐξεπίτηδες ἐς τοὺς κρείττονας, ἐς φιλονεικίαν αὐτοὺς ὑπαγαγόντας, est évidemment tronquée. Leunclavius pense que le copiste a pu omettre λέγειν avant ἔλεγε. Reiske conseille d'ajouter ἀποῤῥίπτειν après ὑπαγαγόντας. C'est ce que j'ai fait, mais en mettant ce mot entre crochets. De plus, au lieu de ἐς τοὺς κρείττονας, je donne εἰς τοὺς κρείττονας σφῶν, d'après A, B et F, leçon adoptée par M. Imm. Bekker, qui, en outre, remplace ὑπαγαγόντας par ὑπάγοντας et indique par quelques points qu'il y a, suivant lui, une lacune après ce mot

F porte ἔλεγεν, au lieu d'ἔλεγε, par l'addition du ν paragogique devant une consonne. Dans G, ἰσχνὰ au lieu de συχνὰ provient de la transposition de l'υ avant le σ et de sa confusion avec ι; mais la véritable leçon a été rétablie en marge. Enfin le même Ms. et H donnent τοὺς ὑπαγαγόντας, au lieu de αὐτοὺς ὑπαγαγόντας : les copistes ont supprimé la première syllabe d'αὐτούς.

2. B et G : Σφίσι, par l'omission du ν paragogique devant une voyelle.

les pousser à la dispute, dans l'espérance de paraître avoir quelque ressemblance avec eux et d'être mis sur la même ligne, s'ils sont eux-mêmes en butte à de semblables sarcasmes : César crut donc ne devoir entrer en lice avec personne. Telle fut sa règle de conduite envers tous ceux qui l'insultaient ; et comme il voyait bien alors que Cicéron cherchait moins à l'offenser qu'à entendre sortir de sa bouche quelques propos injurieux, par le désir qu'il avait d'être regardé comme son égal, il ne se préoccupa point de lui et ne tint pas compte de ce qu'il disait : il laissa même Cicéron l'insulter tout à son aise et se louer outre mesure. Cependant il était loin de le mépriser ; mais, naturellement doux, il ne se mettait pas facilement en colère. Il avait beaucoup à punir, comme cela devait arriver au milieu des grandes affaires auxquelles il était mêlé ; mais ce n'était jamais par colère et sur-le-champ. Jamais il ne cédait à l'emportement : il épiait le moment propice et frappait le

3. Δόξουσιν, dans C et G, par la confusion d'ώ avec οῦ, signalée ailleurs.

4. Le passage εἶναι — τοῖς τι προπηλακίζουσιν manque dans C.

5. J'ai eu souvent à parler des leçons vicieuses provenant de ce que les copistes ont mal à propos séparé les syllabes d'un même mot. En voici un exemple frappant : au lieu d'ἐφρόντισε, H porte ἐφερόν τί σε. La véritable leçon a été rétablie en marge.

6. C : Ἀφώνως, faute du copiste. G porte ἀφώνος ; mais on lit en marge ἀφθόνως d'une main plus moderne.

7. Leunclavius propose αὐτῶν (s.-entend. λοιδορίων) : suivant la remarque de Reimarus, l'ancienne leçon doit être maintenue, à cause de βραχύ τε αὐτοῦ ἐφρόντισε.

8. Reiske aimerait mieux πως — *fere, quodammodo*.

9. Σφίσιν, dans G, par la confusion d'υ avec ι et par l'adjonction du σ final de ὄντως : le copiste a fait de cette lettre la première du mot suivant.

δὲ δὴ καιροῦ διεσκόπει, καὶ τούς γε [1] πλείους οὐδὲ αἰσθανομένους μετῄει [2]. Οὐ γὰρ ὅπως δόξειεν ἀμύνασθαί [3] τινας ἔπρασσεν [4], ἀλλ᾽ ὅπως ὅτι ἀνεπιφθονώτατα [5] πρὸς τὸ συμφέρον ἑαυτῷ πάντα διοικήσειε. Καὶ διὰ τοῦτο καὶ ἀδήλως, καὶ ἐν οἷς ἥκιστα ἄν τις προσεδόκησε, τὰς τιμωρίας ἐπῆγε [6], τῆς τε φήμης ἕνεκα, τοῦ μὴ δοκεῖν ὀργίλως ἔχειν, καὶ τοῦ μή τινα προαισθανόμενον προφυλάξασθαι [7] ἢ καὶ προποιῆσαί τι δεινὸν αὐτὸν, πρὶν παθεῖν, ἐπιχειρῆσαι. Οὐ γὰρ τῶν ἤδη γεγονότων μᾶλλόν τι αὐτῷ ἔμελεν [8] ἢ ἵνα μὴ λυπηθείη [9]. Κἀκ τούτου πολλοῖς μὲν καὶ τῶν μεγάλα αὐτὸν λυπησάντων [10] συνεγίγνωσκεν ἢ καὶ ἐπὶ βραχὺ ἐπεξῄει [11], ὅτι οὐδὲν ἔτι κακουργήσειν αὐτοὺς ἐπίστευε· πολλοὺς δὲ [12] καὶ ἐπὶ πλεῖον τοῦ καθήκοντος ἐς ἀσφάλειαν ἐτιμωρεῖτο, λέγων ὅτι τὸ μὲν οὐκ ἂν

---

1. C : Τούς τε, par la perpétuelle confusion de γέ avec τέ.
2. C, D, G et H : Μετείη, par la confusion d'η avec ει et d'ει avec η.
3. Sturz cite ἀμύνεσθαι, comme tiré de A. Cette leçon est aussi dans C, F et H.
4. G : Ἔπρασεν. Le copiste n'a mis qu'un σ, quand il en fallait deux.
5. Ἀνεπιφθονότατα, dans C, par la confusion d'ω avec ο.
6. D et G : Ἐπεῖγε, par la confusion d'η avec ει. A et F : Ἐσῆγε.
7. C et H : Προφυλάξαι. G : Προφυλάξαι ασθαι.
8. Ἔμελλεν dans tous les Ms. J'ai signalé ailleurs la confusion de ces deux verbes.
9. L'ancienne leçon ἢ ἵνα καὶ λυθείη est confirmée par les Ms. Xylander l'a rendue ainsi : *quam ut in posterum tutus esset*, et il ajoute dans ses notes : Quod integrum mihi non videtur; sensum exprimere volui. Nic. Leoniceno donne le même sens : *Conciosia cosa che lui non stimava tanto quello che era passato, quanto voleva esser securo del futuro.*

plus souvent sans qu'on s'en doutât, cherchant moins à paraître se venger qu'à mettre tout dans l'état le plus favorable à ses intérêts, sans éveiller l'envie. Il punissait donc mystérieusement et lorsqu'on s'y attendait le moins; d'abord pour ménager sa réputation et ne point paraître agir par colère, ensuite pour que personne ne se tînt sur ses gardes par quelque pressentiment, ou ne cherchât à lui faire du mal avant d'en éprouver. Quant aux événements passés, il n'en prenait souci que pour ne pas avoir à souffrir de leurs conséquences. Aussi pardonna-t-il à beaucoup d'hommes qui l'avaient grièvement offensé, ou ne leur infligea-t-il qu'un châtiment léger, dans la persuasion qu'ils ne lui nuiraient plus. Mais, dans l'intérêt de sa sûreté personnelle, il punissait souvent avec plus de sévérité que ne le comportait la justice, disant que ce qui était fait ne pouvait pas ne pas être fait et que par la rigueur

La conjecture de Leunclavius, qui propose μὴ λυπηθείη, au lieu de καὶ λυθείη, m'a paru fort probable, les copistes omettant souvent, comme nous l'avons déjà remarqué, une ou plusieurs syllabes dans le corps d'un mot. Cette correction a le double avantage d'offrir un sens très-satisfaisant et de s'écarter beaucoup moins du texte primitif que la conjecture d'Oddey, ἢ ἵνα μετὰ ταῦτα, ou ἐν ὑστέρῳ σωθείη, et que celle de Reiske ἢ ἵνα τὰ μέλλοντα κωλυθείη — *non tam præterita curabat quam id, ne deinde talia contingerent.* Je l'ai adoptée : Sturz et M. Imm. Bekker ont conservé l'ancienne leçon, comme Reimarus, qui préférerait pourtant καταλυθείη. — *Neque vero præterita amplius curabat, nisi eatenus ut in irritum inciderent.* Wagner et M. Tafel ont traduit d'après cette leçon.

10. F : Μεγάλων αὐτῶν λυπησάντων, fautes du copiste.

11. Ἐπεξείη, dans C, D, G et H, par la confusion d'η avec ει et d'ει avec η.

12. F : Πολλοῖς δὲ, par la confusion des désinences οις et ους. Nous en avons vu plusieurs exemples.

ποτε ἀγένητον, τῆς κολάσεως ὑπερβολῇ πάντως τι δεινὸν πείσεται [1].

12. Ἐξ οὖν τούτων τῶν λογισμῶν καὶ τότε αὐτὸς μὲν τὴν ἡσυχίαν ἦγε. Τὸν δὲ δὴ Κλώδιον ἀντιχαρίσασθαί τι αὐτῷ, ὅτι τῆς μοιχείας [2] αὐτοῦ οὐ κατηγόρησε, βουλόμενον αἰσθόμενος, παρεσκεύασε κρύφα κατὰ τοῦ Κικέρωνος· καὶ πρῶτον μὲν ἐς τὰ τοῦ πλήθους δικαιώματα [3] αὖθις αὐτὸν, ὅπως νομίμως ἐκποιηθῇ, συμπράττοντος αὐτῷ καὶ τοῦ Πομπηΐου, μετέστησεν [4]· ἔπειτα δὲ δήμαρχον εὐθὺς ἀποδειχθῆναι διεπράξατο. Οὗτος οὖν ὁ Κλώδιος ἐπεστόμισε [5] μὲν καὶ τὸν Βίβουλον ἐσελθόντα τε ἐς τὴν ἀγορὰν ἐπ᾽ ἐξόδῳ τῆς ἀρχῆς, καὶ διανοούμενον μετὰ τῆς τοῦ ὅρκου πιστώσεως [6] καὶ περὶ τῶν παρόντων [7] δημηγορῆσαι· ἐπέθετο [8] δὲ καὶ τῷ Κικέρωνι. Καὶ ἐπειδὴ μὴ ἐδόκει οἱ

---

1. Ce passage est évidemment tronqué, et les Ms. ne sont d'aucun secours. Comme Reimarus, Sturz et M. Imm. Bekker, je conserve l'ancienne leçon ; mais je traduis d'après la conjecture de Leunclavius : "Ὅτι τὸ μὲν γεγονὸς οὐκ ἄν ποτε ἀγένητον γένοιτο· τῆς δὲ κολάσεως ὑπερβολῇ πάντως οὐκέτι τι δεινὸν πείσεται. Elle a été suivie par Wagner et par M. Tafel. Reiske propose une conjecture qui aboutit en partie au même sens : "Ὅτι τὸ μὲν γεγονὸς οὐκ ἄν ποτ᾽ ἀγένητον ποιήσαιεν· εἰ δὲ τοῦ μέλλοντος (vel τοῦ ἔπειτα) μὴ προσκοποίη τῇ τῆς κολάσεως ὑπερβολῇ, πάντως, τι δεινὸν πείσεται. Nic. Leoniceno a tâché de tirer du texte un sens quelconque, en transportant la virgule après ὑπερβολῇ : *Dicendo che se questo non si facesse con alcuna pena eccessiva, per ogni modo iterverrebbe qualche male.* Fr. Baldelli s'est borné à reproduire en italien l'interprétation latine de Xylander : *Ab eo quod infectum fieri nequiret, certe alios supplicii gravitate absterritum iri affirmans.*
Au lieu d'ἀγένητον, D porte ἀγέννητον.
2. F : Μοιχίας, par la confusion d'ει avec ι.
3. Suétone, Cæs. XX : Publium Clodium .... jampridem a patribus ad

des châtiments il se mettait à l'abri du danger pour l'avenir.

12. Guidé par ces principes, César ne tenta rien alors lui-même ; mais sentant que Clodius était disposé à lui témoigner sa reconnaissance de ce qu'il ne l'avait pas poursuivi comme adultère, il s'en fit un instrument secret contre Cicéron. D'abord il le fit passer de nouveau dans l'ordre des plébéiens avec le concours de Pompée, pour que ce changement d'état fût légal : puis il le fit nommer sur-le-champ tribun du peuple. Clodius ferma la bouche à Bibulus, lorsque celui-ci, à la fin de son consulat, se rendit dans le Forum et voulut, outre le serment d'usage, parler de la situation présente de la République. En même temps il machina la ruine de Cicéron ; mais

An de Rome 696.

L. Pison et Aul. Gabinius Consuls.

plebem transire nitentem, eodem die, horaque nona, transduxit. Cf. Cicéron, Disc. pour sa maison, XVI.

4. Il avait été adopté par Fonteius, en vertu d'une loi rendue dans une assemblée par curies. Cicéron, l. l. XIV, et Plutarque, Cat. Min. XXXIII, soutiennent cependant que Clodius fut illégalement inscrit parmi les plébéiens.

5. F : Ἐπεστόμησε, par la confusion d'ι avec η.

6. « Jusjurandum intellige, dit Fabricius, quo consules magistratu abeuntes jurabant se nihil contra leges fecisse. Simile vero exemplum tribuni prohibentis consulem plura ad populum verba facere commemoravit Dio in Cicerone, quem prohibebant Tribuni Calpurnius Bestia et Metellus Nepos. Cf. XXXVII, 38.

Reiske propose de remplacer μετὰ τῆς τοῦ ὅρκου πιστώσεως par μετὰ τὴν τοῦ ὅρκου πίστωσιν, ou par μετὰ τὰς τοῦ ὅρκου πιστώσεις. Mais aucun changement n'est nécessaire, comme l'a très-bien remarqué Sturz. Au lieu de πιστώσεως, D et G portent πίστεως.

7. Ce mot a été omis par le copiste dans G.

8. C : Ἐπείθετο, faute du copiste, ainsi que ῥώδιον dans H, au lieu de ῥᾴδιον.

ῥᾴδιον εἶναι ἄνδρα, πάμπολυ ἐν τῇ πολιτείᾳ διὰ τὴν τῶν λόγων δεινότητα δυνάμενον, καταλῦσαι, τρέπεται πρὸς οἰκείωσιν [1] οὐχ ὅτι τοῦ πλήθους, ἀλλὰ καὶ τῶν ἱππέων, τῆς τε βουλῆς, παρ' οἷσπέρ που καὶ ὁ Κικέρων πλεῖστος ἐφέρετο· ἐλπίσας, ἂν τούτους σφετερίσηται, ῥᾳδίως αὐτὸν, ἅτε καὶ διὰ φόβον μᾶλλον ἢ δι' εὔνοιαν ἰσχύοντα, καθαιρήσειν. Παμπληθεῖς γὰρ ἐκ τῶν λόγων ἐλύπει, καὶ οὐκ ἐς τοσοῦτον οἵ τι ὠφελούμενοι ὑπ' αὐτοῦ ᾠκειοῦντο, ἐς ὅσον οἱ βλαπτόμενοι ἠλλοτριοῦντο. Πρὸς γάρ τοι τῷ τοὺς πλείους τῶν ἀνθρώπων προχειρότερον ἐπὶ τοῖς δυσχερεστέροις ἀγανακτεῖν ἢ τῶν ἀμεινόνων [2] χάριν τισὶν ἔχειν· καὶ τοῖς μὲν συναγορεύσασι σφίσιν ἀποδεδωκέναι [3] τὸν μισθὸν νομίζειν, τοὺς δ' ἀντιδικήσαντας ἀμύνεσθαι τρόπον τινὰ προαιρεῖσθαι· πικροτάτους ἐχθροὺς ἑαυτῷ ἐσεποίει [4], περιεῖναί τε καὶ τῶν κρατίστων ἀεί ποτε ἐπιχειρῶν, καὶ τῇ παρρησίᾳ πρὸς πάντας ὁμοίως ἀκράτῳ καὶ κατακορεῖ χρώμενος· ἅτε καὶ τὴν δόξαν τοῦ δύνασθαι συνεῖναί τε καὶ εἰπεῖν ἃ μηδεὶς ἄλλος, καὶ πρὸ τοῦ χρηστὸς εἶναι, δοκεῖν θηρώμενος. Ἔκ τε οὖν τούτου, καὶ διότι μέγιστόν τε ἀνθρώπων ηὔχει [5], καὶ οὐδένα ἐξ ἴσου ἑαυτῷ ἦγεν, ἀλλὰ

---

1. H : Οἰκείσιν, par l'omission d'ω : les copistes omettent souvent une ou plusieurs lettres dans le corps des mots.
2. Xylander voulait substituer ἀμυνόντων à ἀμεινόνων; mais l'ancienne leçon doit être maintenue. « Nulla ratione mutandum ἀμεινόνων, dit Leunclavius, quum τὰ δυσχερέστερα et τὰ ἀμείνω sibi opponantur. »
3. F : Ἀποδεδοκέναι, par la confusion d'ω avec ο.
4. G : Ἐσεποίη, par la confusion d'ει avec η. Reimarus propose ἐποίει et Reiske ἐπεποιήκει. L'ancienne leçon doit être maintenue. Cf. la note de

voyant qu'il ne lui serait pas facile de perdre un homme qui, par son éloquence, exerçait une grande influence sur les affaires publiques, il s'appliqua à gagner non-seulement le peuple, mais encore les sénateurs et les chevaliers, qui avaient beaucoup de considération pour Cicéron. Clodius espérait, s'il les mettait dans ses intérêts, renverser aisément Cicéron dont le crédit reposait plus sur la crainte que sur l'affection. Et en effet, il indisposait un très-grand nombre de citoyens par ses discours, et ceux auxquels il rendait service lui étaient moins dévoués que ceux qu'il blessait ne lui étaient contraires ; car outre que la plupart des hommes sont plus portés à se montrer courroucés d'une offense que reconnaissants d'un bienfait; outre qu'ils croient s'être acquittés par un salaire envers leurs défenseurs, tandis qu'ils veulent à tout prix se venger de leurs adversaires, Cicéron se faisait des ennemis implacables en cherchant sans cesse à s'élever au-dessus des citoyens les plus éminents, en abusant jusqu'à la satiété d'une liberté de langage qui ne respectait rien, en voulant être regardé comme capable de comprendre et d'exprimer ce que personne ne pouvait ni exprimer ni comprendre, en cherchant à paraître homme de bien plutôt qu'à l'être réellement. Ce fut par de semblables prétentions et en se vantant plus que tout autre, en ne mettant personne sur la même ligne que lui, en se préférant à tous

---

Sturz, tom. I, p. 392 de son édition. Il en est de même de συνεῖναί τε que Leunclavius voudrait à tort remplacer par συνιέναι τε.

5. En regard du passage ἄτε καὶ τὴν δόξαν — ηὔχει, une annotation marginale dans B porte : Ὡς ἀπεχθῶς ἔχει κατὰ Κικέρωνος. Fabricius fait observer aussi que ce passage est un de ceux qui révèlent les mauvaises dispositions de Dion Cassius envers Cicéron; cf. ses notes, p. 158, tom. I, dans l'édition de Reimarus.

ἔν τε τοῖς λόγοις [1], ὡς καὶ ἐν τῷ βίῳ, πάντας τε ὑπερεφρόνει, καὶ ἰσοδίαιτος οὐδενὶ ἠξίου εἶναι· φορτικός τε καὶ ἐπαχθὴς ἦν. Καὶ ἀπὸ τούτων καὶ ὑπ' αὐτῶν ἐκείνων οἷς ἤρεσκε, καὶ ἐφθονεῖτο καὶ ἐμισεῖτο.

13. Ὁ οὖν Κλώδιος, ἐλπίσας αὐτὸν διὰ ταῦτα, ἂν τήν τε βουλὴν καὶ τοὺς ἱππέας, τόν τε ὅμιλον προπαρασκευάσηται, ταχὺ κατεργάσασθαι· τόν τε σῖτον προῖκα αὖθις διένειμε (τὸ γὰρ μετρεῖσθαι τοῖς ἀπόροις, τοῦ τε Γαουϊνίου ἤδη καὶ τοῦ Πίσωνος ὑπατευόντων, ἐσηγήσατο)· καὶ τὰ ἑταιρικὰ κολλήγια ἐπιχωρίως [2] καλούμενα, ὄντα μὲν ἐκ τοῦ ἀρχαίου, καταλυθέντα δὲ χρόνον τινὰ [3], ἀνενεώσατο [4]· τοῖς τε τιμηταῖς ἀπηγόρευσε, μήτ' ἀπαλείφειν ἔκ τινος τέλους, μήτ' ἀτιμάζειν μηδένα, χωρὶς ἢ εἴ τις [5] παρ' ἀμφοτέροις σφίσι κριθεὶς ἁλοίη [6]. Τούτοις οὖν αὐτοὺς [7] δελεάσας, καὶ ἕτερόν τινα νόμον ἔγραψε, περὶ οὗ διὰ πλειόνων ἀναγκαῖόν ἐστιν εἰπεῖν, ὅπως σαφέστερος τοῖς πολλοῖς γένηται. Τῆς γὰρ μαντείας τῆς δημοσίας ἔκ τε τοῦ οὐρανοῦ καὶ ἐξ ἄλλων τινῶν (ὥσπερ εἶπον [8]) ποιουμένης, τὸ

---

1. Reiske conseille de remplacer l'ancienne leçon τοῖς λογισμοῖς ὡς κτλ. par λόγοις ὁμοίως καὶ τῷ βίῳ. Sturz pense qu'il suffit de substituer λόγοις à λογισμοῖς : je me contente de ce changement. M. Imm. Bekker lit : Λόγοις ὁμοίως καὶ ἐν τῷ βίῳ.

2. Xylander traduit *invidiæ vitandæ causa*, et propose de substituer ἐπιχαρίτως à ἐπιχαρίως leçon vulgaire, née d'une faute de copiste dans E. Les autres Ms. portent ἐπιχωρίως que j'adopte avec Reimarus, Sturz et M. Imm. Bekker. Robert Étienne avait proposé cette leçon dans son *Errata*, au lieu d'ἐπιχαρίως qui s'était glissé dans son texte. Cependant H. Étienne a maintenu ἐπιχαρίως.

3. Ils avaient été supprimés, à quelques exceptions près, dix ans auparavant, sous le consulat de L. Cæcilius et de Q. Marcius.

dans ce qu'il disait et dans ce qu'il faisait, en croyant ne devoir vivre comme personne, qu'il déplut et devint insupportable, au point d'exciter la jalousie et la haine même de ceux qui l'estimaient.

13. Clodius, espérant venir bientôt à bout de Cicéron, s'il gagnait d'abord le sénat, les chevaliers et le peuple, demanda de nouveau qu'on fît des distributions de blé gratuites (il avait proposé, Gabinius et Pison étant déjà consuls, de donner du blé aux pauvres). Il rétablit les associations, appelées *colléges* dans la langue latine, et dont l'institution était ancienne, mais qui avaient été dissoutes pendant quelque temps. Il défendit aux censeurs de faire disparaître un citoyen de la liste des magistrats, ou de le noter d'infamie; à moins qu'il n'eût été jugé et condamné par les deux censeurs. Après avoir séduit le peuple par ces propositions, il en fit une autre dont je dois parler en détail, afin qu'elle soit mieux comprise par tous les lecteurs. A Rome, les présages publics se tiraient du ciel et de plusieurs autres choses, comme je l'ai dit; mais les plus puissants étaient ceux qui se

4. Cf. Cicéron, Disc. contre Pison, IV, et Disc. pour Sextius, XV; XXV. F porte ἀνανεώσατο : le copiste a négligé l'augment.

5. H : Εἴ τι.

6. Asconius, schol. sur le Disc. de Cic. contre Pison, p. 9. éd. d'Orelli : Ne quem censores in senatu legendo præterirent, neve qua ignominia afficerent, nisi qui apud eos accusatus et utriusque censoris sententia damnatus esset.

7. C, D et G : Αὐτοῖς, par la confusion des désinences ους et οις.

8. Suivant Fabricius, le passage où Dion donnait ces détails ne nous est point parvenu. Penzel, au contraire, pense que l'historien fait allusion à ce qui a été dit de l'*Augure du salut*, Liv. XXXVII, 24-25.

μέγιστον κῦρος ἡ ἐκ τοῦ οὐρανοῦ εἶχεν· οὕτως ὥστε τὰ μὲν ἄλλα οἰωνίσματα πολλὰ καὶ καθ' ἑκάστην πρᾶξιν, ἐκεῖνο δὲ ἐσάπαξ [1] ἐπὶ πάσῃ [2] τῇ ἡμέρᾳ γίγνεσθαι. Τοῦτό τε οὖν ἰδιώτατον ἐν αὐτῷ [3] ἦν, καὶ ὅτι ἐπὶ μὲν τῶν ἄλλων ἁπάντων ἢ ἐπέτρεπε πραχθῆναί τινα, καὶ ἐγίγνετο, μηδενὸς ἔτι καθ' ἕκαστον οἰωνίσματος ἐπαγομένου· ἢ ἐκώλυε, καὶ ἀνεχειρίζετό τι· τὰς δὲ δὴ [4] τοῦ δήμου διαψηφίσεις πάντως ἐπίσχε· καὶ ἦν πρὸς αὐτὰς ἀεὶ διοσημία [5], εἴτε ἐναίσιον [6] εἴτε ἐξαίσιον ἐγένετο. Καὶ τὸ μὲν αἴτιον τῆς νομίσεως ταύτης οὐκ ἔχω φράσαι, γράφω δὲ τὰ λεγόμενα [7]. Ἐπεὶ οὖν πολλοί, ἐμποδίζειν ἢ νόμων [8] ἐσφορὰς ἢ ἀρχόντων καταστάσεις, ἐς τὸν δῆμον ἐσαγομένας [9], βουλόμενοι [10], προεπήγγελλον ὡς καὶ ἐκ τοῦ οὐρανοῦ τὴν ἡμέραν ἐκείνην μαντευσόμενοι [11], ὥστε μηδεμίαν ἐν αὐτῇ κύρωσιν

1. F : Ἐς ἅπαξ.
2. H : Ἐπὶ πᾶσι, par la confusion d'η avec ι.
3. Μὲν αὐτῷ, dans H et dans le Ms. de Munich n° 2.
4. Leunclavius propose de remplacer τὰς δὲ δὴ par ὥστε δὴ, ou tout simplement par ὥστε, à cause de l'infinitif ἐπισχεῖν que porte l'ancienne leçon. Reimarus voudrait substituer ἐπέσχε à ἐπισχεῖν, qui ne peut être maintenu d'après la contexture de la phrase : pour le conserver, il faudrait ajouter un verbe, par exemple νενόμισται proposé par Reiske, qui aimerait pourtant mieux se borner à lire ἐπίσχει, au lieu d'ἐπισχεῖν. A cause d'ἐπέτρεπε — ἐκώλυε — ἀνεχειρίζετο, au présent ἐπίσχει je préfère l'imparfait, comme M. Imm. Bekker.
5. La traduction de Xylander, *Porro quoties populus in suffragia ire de certa re vellet, de cœlo servabatur*, a été refaite ainsi par Reimarus : *Semper autem ante suffragia de cœlo servabatur*, interprétation adoptée par Sturz. Je ne saurais trouver dans ces versions le sens de καὶ ἦν πρὸς αὐτὰς ἀεὶ διοσημία. Celle de Wagner, *Und in Ansehung dieser wurden sie allemal für Verbot der Götter angesehen*, m'a paru le rendre fidèlement : je l'ai suivie. M. Tafel donne le

tiraient du ciel : ainsi, tandis que les autres pouvaient être pris plusieurs fois et pour chaque entreprise, ceux qu'on tirait du ciel n'étaient pris qu'une seule fois par jour. Ce qui les distinguait principalement, c'est que, pour tout le reste, s'ils autorisaient certaines choses, elles se faisaient sans qu'il fût nécessaire de prendre les auspices pour chacune en particulier, et s'ils ils les interdisaient, on ne les faisait pas. Mais ils empêchaient d'une manière absolue le peuple d'aller aux voix; car, par rapport au vote dans les comices, ces présages étaient toujours regardés comme une prohibition céleste, qu'ils fussent favorables ou non. Je ne saurais faire connaître l'origine de cette institution : je me borne à raconter ce que j'entends dire. Comme, dans maintes circonstances, ceux qui voulaient s'opposer à l'adoption de certaines propositions, ou à l'établissement de certaines magistratures, annonçaient d'avance qu'ils observeraient le ciel tel jour, de sorte que le peuple

---

même sens : *In Beziehung auf diese waren sie immer ein Götterverbot.*

A l'ancienne leçon διοσημεία je préfère, d'après A, D, F, G et H, διοσημία, forme adoptée par M. Imm. Bekker et confirmée par M. G. Dindorf, dans le Thes. gr. ling. tom. II, p. 1540, éd. Didot.

6. C, G et H : Αἰνέσιον, par la confusion d'ε avec αι et d'αι avec ε. Par une confusion contraire, C porte ἐξέσιον, au lieu d'ἐξαίσιον.

7. Reiske aimerait mieux τὰ γιγνόμενα. J'aurais adopté cette leçon, si elle était confirmée par les Ms.

8. E : Νόμον, par la confusion d'ω avec ο.

9. H : Ἐς ἀγομένας : le copiste a mal à propos séparé la préposition du participe.

10. G : βουλόμενα.
       οι

11. Leunclavius propose μαντευσάμενοι, sans doute pour mettre le texte d'accord avec la version de Xylander, *De cœlo se illa die servasse*, adoptée par Reimarus, qui conserve pourtant μαντευσόμενοι. Je maintiens cette leçon, donnée par les manuscrits que j'ai eus à ma disposition et confirmée par la traduction de Nic. Leoniceno : *Denuntiavano avanti, che volevano*

τὸν δῆμον σχεῖν· φοβηθεὶς [1] ὁ Κλώδιος μὴ, γραψαμένου αὐτοῦ τὸν Κικέρωνα, ἀναβολήν τέ τινες ἐκ τοῦ τοιούτου καὶ τριβὴν τῇ δίκῃ ἐμποιήσωσιν, ἐσήνεγκε [2] μηδένα τῶν ἀρχόντων ἐν ταῖς ἡμέραις ἐν αἷς ψηφίσασθαί τι [3] τὸν δῆμον ἀναγκαῖον εἴη, τὰ ἐκ τοῦ οὐρανοῦ γιγνόμενα παρατηρεῖν.

14. Τοιαῦτα μὲν τότε ἐπὶ τὸν Κικέρωνα συνέρραψε [4]. Καὶ ἐπειδὴ ἐκεῖνος [5], συνεὶς τὸ γιγνόμενον, Λούκιον Νίννιον Κουαδράτον δημαρχοῦντα ἐναντιωθῆναι πᾶσι σφίσιν ἀντιπαρεσκεύασεν [6]· ἔδεισε [7] μὴ καὶ θόρυβος ἐκ τούτου καὶ διατριβή τις γένηται, καὶ ὑπῆλθεν αὐτὸν ἀπατήσας. Προδιομολογησάμενος γὰρ αὐτῷ μηδ' ὁτιοῦν, ἂν μηδὲν τῶν νομοθετουμένων ἐμποδίσῃ, κατ' αὐτοῦ γράψειν, ἔπειτα τὴν ἡσυχίαν καὶ ἐκείνου καὶ τοῦ Νιννίου [8] ἄγοντος, διενομοθέτησεν αὐτὰ, καὶ μετὰ τοῦτο καὶ τῷ Κικέρωνι ἐπεχείρησε [9]. Καὶ ὁ μὲν οὕτω, καίτοι φρονιμώτατος [10] ἀξιῶν εἶναι, τότε ὑπὸ τοῦ Κλωδίου (εἴγε ἐκεῖνον, ἀλλὰ μὴ τὸν

in quel giorno fare la detta indivinatione. « Μαντευσόμενοι, dit Reiske, recte habet ob præcedens προεπήγγελλον — prædicebant se de cœlo servaturos. »

1. Dans l'ancienne leçon φοβηθεὶς δὲ, Reiske proposait de retrancher δὲ ou de le remplacer par οὖν. Avec Sturz et M. Imm. Bekker, j'ai supprimé cette particule, d'après A, B et F.

2. Cf. Asconius, schol. sur Cic. Disc. contre Pison, p. 9. éd. d'Orelli. C'était l'abolition de la loi Ælia et de la loi Fufia. Cicéron, l. l. IV : a P. Clodio, fatali portento prodigioque Reipublicæ, Lex Ælia et Fufia eversa est, propugnacula murique tranquillitatis et otii. » Cf. Disc. pour Sextius, XV ; XXVI ; Disc. contre Vatinius, VII ; Disc. sur les Provinces Consulaires, XIX.

3. C : Ψηφίσασθαί τινα.

ne pouvait rien décréter ce jour-là ; Clodius, craignant qu'on n'eût recours à ce moyen pour obtenir un délai et pour faire ajourner le jugement, lorsqu'il aurait mis Cicéron en accusation, proposa une loi portant qu'aucun magistrat n'observerait le ciel, le jour où le peuple aurait une question à décider par ses suffrages.

14. Telles furent les trames ourdies alors par Clodius contre Cicéron : celui-ci les découvrit et tâcha de les déjouer toutes, en lui opposant le tribun du peuple Lucius Ninnius Quadratus. Clodius craignit que tout cela n'amenât des troubles et l'ajournement de ses projets. Il circonvint Cicéron et le trompa, en lui promettant de ne porter aucune accusation contre lui, s'il ne s'opposait pas à ses propositions ; mais aussitôt que Cicéron et Ninnius ne se tinrent plus sur leurs gardes, il fit passer ses lois et attaqua ensuite Cicéron, qui, tout prudent qu'il croyait être, se laissa attirer dans le piége ; si toutefois c'est Clodius qu'il faut signaler ici, et non pas César et ceux qui s'étaient asso-

4. Avec Sturz, j'adopte συνέρραψε, proposé par Reiske : à l'appui de cette leçon, cf. plusieurs exemples, not. 59*, tom. V, p. 181 de l'édition de Sturz. M. Imm. Bekker conserve l'ancienne συνέγραψε : elle est confirmée par les Ms.

5. Ce mot manquait dans G : il a été ajouté en marge par une main plus moderne.

6. F : Ἀντιπαρασκεύασεν. Le copiste a négligé l'augment.

7. G : Ἔδησε, par la confusion d'ει avec η.

8. Νιννίνου, dans H, faute du copiste.

9. F, G et H : Ἐπεχείρησεν, par l'addition du ν paragogique devant une consonne.

10. C : Φρονημώτατος, par la confusion d'ι avec η.

Καίσαρα, τούς τε ἄλλους τοὺς μετ' αὐτῶν συνεστηκότας δεῖ λέγειν) ἠπατήθη [1]. Ὁ δὲ δὴ νόμος [2] ὃν μετὰ ταῦτα ὁ Κλώδιος ἐσήνεγκεν, ἄλλως μὲν οὐκ ἐδόκει ἐπ' αὐτῷ τίθεσθαι (οὐδὲ γὰρ τὸ ὄνομα αὐτοῦ εἶχεν), ἀλλὰ κατὰ πάντων ἁπλῶς τῶν πολίτην [3] τινὰ ἄνευ τῆς τοῦ δήμου καταγνώσεως ἀποκτενούντων ἢ καὶ ἀπεκτονότων, συνεσήγετο· ἔργῳ δὲ ἐπ' αὐτὸν ὅτι μάλιστα συνεγράφετο. Ἔφερε μὲν γὰρ καὶ ἐπὶ πᾶσαν τὴν βουλὴν, ὅτι τοῖς τε ὑπάτοις τὴν φυλακὴν τῆς πόλεως, δι' ἧσπερ καὶ τὰ τοιαῦτα σφίσι ποιεῖν ἐξὸν ἐγίγνετο, προσετετάχει, καὶ μετὰ τοῦτο καὶ τοῦ Λεντούλου καὶ τῶν ἄλλων τῶν τότε θανατωθέντων κατεψήφιστο [4]· οὐ μέντοι ἀλλ' ὁ Κικέρων, ἐπειδὴ καὶ ἐσηγγέλκει περὶ αὐτῶν [5], καὶ ἐσήγητο [6] ἀεὶ, καὶ ἐπεψηφίκει, καὶ τέλος καὶ τὴν τιμωρίαν σφῶν διά γε τῶν τὰ [7] τοιαῦτα ὑπηρετούντων ἐπεποίητο, καὶ τὴν αἰτίαν μόνος ἢ καὶ μάλιστα ἔσχε [8]. Καὶ διὰ τοῦτο τά τε ἄλλα ἰσχυρῶς αὐτῷ ἀντέπρασσε, καὶ τὴν βουλευτικὴν ἐσθῆτα ἀπορρίψας ἐν

---

1. F : ὑπατήθη, par la confusion d'η avec υ.
2. Vell. Patercul. II, 45 : P. Clodius ...... legem in tribunatu tulit : Qui Civem Romanum indemnatum interemisset, ei aqua et igni interdiceretur. Cujus verbis, etsi non nominabatur Cicero, tamen solus petebatur. Cf. Plutarque, Cic. XXXII ; Appien, Guer. Civ. II, 15 ; Cicéron, Disc. pour sa maison, XVII et suiv.
3. Reiske propose de substituer πολίτην à l'ancienne leçon πολιτῶν, afin qu'on ne soit point tenté de rapporter à ce génitif l'article τῶν, qui le précède et qui dépend des participes ἀποκτενούντων et ἀπεκτονότων. Avec M. Imm. Bekker, j'adopte cette correction : elle rend la phrase plus claire.
4. G : Κατέφιστο, faute du copiste : elle a été corrigée dans une annotation marginale, par une main plus moderne.
5. Pour les détails, cf. la quatrième Catilinaire de Cicéron.

ciés à Clodius et à César. Du reste, la loi proposée ensuite par Clodius ne paraissait pas faite contre Cicéron dont le nom n'y figurait pas même ; mais contre tous ceux qui mettraient ou qui avaient mis à mort un citoyen non condamné par le peuple; cependant c'était contre lui surtout qu'elle était dirigée. Elle attaquait aussi tout le sénat qui, ayant chargé les consuls de veiller sur Rome, ce qui leur avait conféré le droit d'ordonner ce qui s'était fait, avait par cela même condamné Lentulus et les conjurés mis à mort à cette époque ; mais Cicéron qui les avait accusés, qui avait déposé contre eux plusieurs propositions, qui avait rendu le décret, qui les avait fait exécuter par la main du bourreau, fut regardé comme seul coupable, ou du moins comme le plus coupable. Aussi repoussa-t-il avec énergie les attaques de Clodius : il quitta la robe de sénateur et se promena avec celle de chevalier dans les

---

6. Comme M. Imm. Bekker, j'adopte ἐσήγητο proposé par Reiske. Sturz, qui approuve cette leçon, a pourtant conservé l'ancienne ἐσηγεῖτο.

7. L'article τὰ manque dans C. Nous avons souvent remarqué l'omission de ce mot.

8. L'ancienne leçon καὶ τὴν αἰτίαν μόνος, ἢ καὶ μάλιστα, ἔοικε, est évidemment fautive. Robert Étienne propose : Καὶ τὴν αἰτίαν μόνος, ἢ καὶ μάλιστα, ὡς ἔοικεν, ἔλαβε ou ἔσχε; ou plus simplement : Καὶ τὴν αἰτίαν μόνος ἢ καὶ μάλιστα ἔσχε. J'adopte cette dernière conjecture avec M. Imm. Bekker. On pourrait encore remplacer ἔοικε par εἶχε, d'après Leunclavius, ou insérer ἔχειν avant ἔοικε, avec Reiske. Oddey propose de conserver l'ancienne leçon et de sous-entendre φέρων.

τῇ ἱππάδι [1] περιενόστει [2]· πάντας τε τούς τι δυναμένους [3], οὐχ ὅπως τῶν ἐπιτηδείων, ἀλλὰ καὶ τῶν ἀντιστασιωτῶν, καὶ μάλιστα τόν τε Πομπήϊον καὶ τὸν Καίσαρα (ἅτε μηδὲ τὴν ἔχθραν αὐτοῦ προσποιούμενον [4]), καὶ ἡμέρας καὶ νυκτὸς ὁμοίως περιιὼν [5] ἐθεράπευσε [6].

15. Καὶ (ἐβούλοντο [7] γὰρ καὶ ἐκεῖνοι μήτε τὸν Κλώδιον αὐτοὶ παρεσκευακέναι [8], μήτε τοῖς γεγραμμένοις ὑπ' αὐτοῦ ἀρέσκεσθαι δοκεῖν) τοιάνδε τινὰ ἐπὶ τὸν Κικέρωνα ἀπάτην, σφίσι μὲν εὐπρεπῆ, ἐκείνῳ δὲ δὴ ἀφανῆ [9], προσεξεῦρον [10]. Ὁ μὲν γὰρ Καῖσαρ ὑπείκειν [11] αὐτῷ συνεβούλευε, μὴ καὶ κατὰ χώραν μείνας ἀπόληται. Καὶ ἵνα γε μᾶλλον [12] ὑπ' εὐνοίας τοῦτο ποιεῖν πιστευθῇ, ὑποστρατήγῳ οἱ χρήσεσθαι [13] ὑπισχνεῖτο [14], ὅπως μὴ μετ' ὀνείδους [15], ὡς καὶ ὑπεύθυνος ὤν, ἀλλὰ ἐπί τε ἀρχῆς καὶ μετὰ τιμῆς ἐκποδὼν δὴ τῷ Κλωδίῳ γένηται. Ὁ δὲ δὴ Πομπήϊος τούτου μὲν αὐτὸν (τό τε πρᾶγμα [16] ἀπόδρασιν ἄντικρυς ὀνο-

---

1. L'ancienne leçon ἱππίδι est confirmée par A, B, D, E, F, G et H. J'adopte néanmoins avec Reimarus, Sturz et M. Imm. Bekker ἱππάδι, proposé par Xylander. Cf. Thes. gr. ling. tom. IV, p. 637, éd. Didot.
2. Comme c'était l'usage dans les deuils publics. Cf. Dion, liv. XL, 46; LVI, 31; LXXII, 21.
3. D'après A, B et F, au lieu de l'ancienne leçon τούς τε δυναμένους.
4. Leunclavius propose προσποιουμένους. J'ai traduit d'après cette conjecture.
5. F : Περιὼν, faute du copiste.
6. Cette leçon, conseillée par Robert Etienne, n'est pas seulement dans A et B, cités par Sturz. C, D, E, F, G et H la confirment : je l'ai substituée à l'ancienne ἐθεράπευε.
7. G :'Εβούλλοντο. Le copiste a mis deux λ, quand il n'en fallait qu'un.
8. C : Παρασκευακέναι, autre exemple de l'augment négligé.
9. C : Διαφανῆ. Le copiste a mal à propos réuni les deux mots δὴ ἀφανῆ.

divers quartiers de Rome. Parcourant la ville, la nuit et le jour, il faisait sa cour à tous les hommes qui avaient quelque crédit, qu'ils fussent ses amis ou ses adversaires, et particulièrement à Pompée et à César, qui n'avaient pas encore affiché de haine contre lui.

15. Pompée et César, ne voulant point paraître avoir mis Clodius en avant ou approuver les lois qu'il avait proposées, imaginèrent contre Cicéron un subterfuge qui ne les compromettrait pas et dont il ne pourrait se douter. César lui conseillait de s'éloigner, afin de ne point s'exposer à périr en restant à Rome; et pour que ce conseil parût encore davantage inspiré par un sentiment de bienveillance, il promit à Cicéron de le prendre pour lieutenant, disant que ce serait pour lui un moyen de se dérober aux attaques de Clodius, non pas honteusement et comme un accusé; mais avec honneur et revêtu d'un commandement. Pompée, au contraire, détournait Cicéron de la pensée de quitter Rome, appelant sans détour son départ une fuite et faisant entendre

et confondu le premier η avec ι. Nous avons vu plusieurs fautes analogues.

10. H : Προσεξεῦρεν, par la confusion d'ε avec ο.

11. C : Ὑπήκειν, par la confusion d'ει avec η.

12. A et F : Ἵνα γε καὶ μᾶλλον. J'ai remarqué ailleurs l'addition de καὶ par les copistes.

13. Cicéron, Lettr. à Atticus, II, 18 : A Cæsare valde liberaliter invitor in legationem illam, sibi ut sim legatus, atque etiam libera legatio voti causa videtur. Cf. l. l. 19.

14. F : Ὑπισχεῖτο, faute du copiste.

15. G : Ὅπως μετ' ὀνείδους. Les copistes omettent souvent la particule μή. Ainsi, dans Josèphe, Ant. Jud. II, 7, 2, Ὡς δὲ κατέσχεν ἐπὶ τὸ ὅρκιον φρέαρ, θύσας αὐτόθι τῷ Θεῷ, καὶ φοβούμενος μὴ διὰ τὴν εὐδαιμονίαν τὴν ἐν Αἰγύπτῳ κτλ., le Ms. de Peiresc Περὶ ἀρετῆς καὶ κακίας, porte καὶ φοβούμενος διὰ τὴν εὐδαιμονίαν κτλ.

16. Ce passage est altéré dans C, D, G et H, qui portent : Αὐτὸν, τό τε γράμμα κτλ.

μάζων, καὶ ἐς τὸν Καίσαρα, ὥσγε καὶ [1] κατ' ἔχθραν οὐκ ἐπιτηδείως οἱ συμβουλεύοντα ὑποσημαίνων) ἀπέτρεπε [2]· γνώμην δὲ ἐδίδου καταμεῖναι, καὶ ἑαυτῷ τε ἅμα καὶ τῇ βουλῇ μετὰ παρῥησίας [3] βοηθῆσαι, τόν τε Κλώδιον εὐθὺς ἀμύνασθαι. Οὔτε γὰρ διαπράξασθαί τι αὐτὸν παρόντος τε ἐκείνου καὶ ἐναντιουμένου δυνήσεσθαι ἔλεγε, καὶ προσέτι καὶ [δίκην [4]] δώσειν καὶ ἑαυτοῦ τι πρὸς τοῦτο συμπράξαντος. Τοιούτους αὐτῶν [5] λόγους λεγόντων, οὐχ ὅτι ἐναντία ἀλλήλοις ἐγίγνωσκον, ἀλλ' ἵν' ἐκεῖνον [6] ἀνυπόπτως ἀπατήσωσι, τῷ Πομπηΐῳ προσέθετο. Οὔτε γὰρ προϋπώπτευέ [7] τι ἐς αὐτὸν, καὶ ἐπίστευε πάντως ὑπ' αὐτοῦ [8] σωθήσεσθαι. Τῶν τε γὰρ ἄλλων πολλοὶ καὶ ᾐδοῦντο αὐτὸν καὶ ἐτίμων, ὥστε καὶ κινδυνεύοντας συχνοὺς, τοὺς μὲν παρὰ τῶν δικαστῶν, τοὺς δὲ καὶ παρ' αὐτῶν τῶν κατηγόρων [9] ῥύεσθαι· καὶ ὁ Κλώδιος, ἅτε καὶ ἐν γένει ποτὲ αὐτῷ γενόμενος [10] καὶ συστρατεύσας

1. Reimarus conseille ὡς καὶ, conjecture confirmée par G : je lis ὥς γε καὶ avec M. Imm. Bekker. Sturz maintient l'ancienne leçon : « Equidem, dit-il, ὥστε retinendum putavi. Intelligi enim sic debet *tanquam, ut qui*. »
2. D et H : Ἀπότρεπε, par la confusion d'ε avec ο.
3. G : Παρησίας. Le copiste n'a mis qu'un ρ, quand il en fallait deux.
4. L'ancienne leçon καὶ προσέτι καὶ δώσειν καὶ ἑαυτοῦ τι προς τοῦτο συμπράξαντος, confirmée par les Ms., a été ainsi rendue par Xylander : *Ad hoc suam quoque opem et auxilium pollicebatur*. Leunclavius propose de lire ἐνδώσειν et de traduire : *Atque etiam de impetu remissurum, ipso Pompeio Ciceronem in hoc nonnihil adjuvante*. La leçon ἐνδώσειν, admise par Sturz, se trouvait probablement dans le Ms. de Nic. Leoniceno, puisqu'il traduit : *Et oltra di questo rimetterebbe il suo furore*, etc. Oddey propose de conserver δώσειν avec l'addition de δίκην avant ce verbe : M. Imm. Bekker a adopté cette leçon. Je l'adopte aussi, mais

que la haine empêchait César de lui donner un sage conseil. Il l'engageait à rester, à combattre librement pour lui-même et pour le sénat, à se venger résolument de Clodius, qui ne réussirait pas tant que Cicéron serait à Rome et lui tiendrait tête. Enfin il ajoutait que Clodius recevrait un juste châtiment et qu'il prêterait lui-même son concours à Cicéron pour le lui infliger. César et Pompée parlaient ainsi, non qu'ils fussent d'un avis opposé, mais pour tromper Cicéron sans qu'il s'en doutât. Il suivit les conseils de Pompée, parce qu'il n'avait contre lui aucun soupçon et qu'il mettait en lui toutes ses espérances de salut. Pompée était d'ailleurs en possession du respect et de l'estime de la plupart des citoyens, et par là il put arracher au danger un grand nombre d'accusés et délivrer les uns de leurs juges, les autres même de leurs accusateurs. De plus Clodius, à cause de son ancienne parenté avec Pompée et parce qu'il avait longtemps servi sous ses

---

en mettant δίκην entre crochets : M. Tafel l'a suivie dans sa traduction. Wagner n'a pas compris ce passage.

5. Reiske propose de remplacer l'ancienne leçon αὐτῷ par αὐτῶν. A cause de la fréquente confusion des désinences ῳ et ων, je n'hésite pas à adopter cette correction avec Sturz et M. Imm. Bekker.

6. C : Ἀλλ' ἵνα ἐκεῖνον. G : Ἀλλ' ἕνα ἐκεῖνον, par la confusion d'ι avec ε ; la véritable leçon a été rétablie en marge par une main plus moderne.

7. A l'ancienne leçon προϋπόπτευε M. Imm. Bekker substitue προϋπώπτευε que je donne, d'après B.

8. A, B et F : Πάντας ὑπ' αὐτοῦ. Le sens exige l'ancienne leçon. Elle est confirmée par la version de Nic. Leoniceno : *Et sperava per ogni modo dovere essere salvato da lui.*

9. C : Παρ' αὐτῶν κατηγόρων. Le copiste a omis l'article.

10. Pompée avait épousé la sœur de Métellus, qui était parent de Clodius. Cf. Dion, liv. XXXVII, 51.

ἐπὶ πολὺν χρόνον, οὐδὲν ὅ τι οὐ κατὰ γνώμην αὐτοῦ ἐδόκει ποιήσειν. Τόν τε Γαουΐνιον ἄντικρυς, ἅτε καὶ πάνυ φίλον αὐτῷ ὄντα [1], καὶ τὸν Πίσωνα, ἀπό τε τῆς ἐπιεικείας [2] καὶ διὰ τὴν τοῦ Καίσαρος συγγένειαν [3], ὑπάρξειν οἱ προσεδόκησε.

16. Τούτοις τε οὖν [4] τοῖς λογισμοῖς κρατήσειν ἐλπίσας (καὶ γὰρ ἐθάρσει παρὰ λόγον, ὥσπερ ἀνεξετάστως ἐδεδίει [5]), καὶ φοβηθεὶς μὴ καὶ ἐκ πονηροῦ συνειδότος τὴν ἀποδημίαν πεποιῆσθαι [6] δόξῃ, τῷ μὲν Καίσαρι χάριν δή τινα ἔχειν ἔλεγε· τῷ δὲ δὴ Πομπηΐῳ ἐπείσθη. Καὶ ὁ μὲν οὕτως ἀπατηθεὶς, παρεσκευάζετο ὡς καὶ πολὺ τῶν ἐχθρῶν ὑπεροίσων [7]. Πρὸς γὰρ δὴ τοῖς εἰρημένοις, οἵ τε ἱππεῖς [8] συνελθόντες ἐς τὸ Καπιτώλιον [9], πρέσβεις ὑπὲρ αὐτοῦ πρός τε τοὺς ὑπάτους καὶ τὴν γερουσίαν, ἄλλους τέ τινας ἐκ σφῶν, καὶ βουλευτὰς, τόν τε Ὁρτήσιον τὸν Κύϊντον καὶ Γάϊον Κουρίωνα ἔπεμψαν· καὶ ὁ Νίννιος [10] τά τε ἄλλα αὐτῷ συνήρετο, καὶ τὴν ἐσθῆτα τῷ πλήθει, ὡς καὶ ἐπί τινι κοινῇ συμφορᾷ, μεταβαλεῖν παρῄνεσε [12], καὶ πολλοὶ [13]

---

1. Nous avons vu, liv. XXXVI, 21 et suiv., p. 16 sqq. de ce volume, que Gabinius, alors tribun, proposa d'investir Pompée d'un pouvoir extraordinaire, à l'occasion de la guerre contre les pirates.
2. A, B et F : Ἐπιεικίας, par la confusion d'ει avec ι.
3. César avait épousé la fille de Pison ; cf. § 9 de ce livre.
4. D'après A et F, j'adopte cette leçon avec M. Imm. Bekker, au lieu de l'ancienne, τούτοις οὖν.
5. Ἐδεδείει, dans les mêmes Ms., par la confusion d'ι avec ει.
6. Πεποιεῖσθαι, dans les mêmes Ms., par la confusion d'η avec ει.
7. L'ancienne leçon ὡς καὶ πολὺ τῶν ἐχθρῶν ὑπερείσων, tirée d'E, provient de la confusion d'o avec ε. D'après A, B, F, G et H, je lis ὑπεροίσων, deviné par Robert Étienne et par Leunclavius, qui propose τὸν ἐχθρὸν

ordres, paraissait ne devoir rien faire contre son avis. Enfin Cicéron espérait que Gabinius se mettrait tout à fait sous la main de Pompée dont il était l'ami intime, et que Pison en ferait autant, à cause de sa douceur naturelle et de sa parenté avec César.

16. Plein de ces pensées, Cicéron croyait avoir le dessus; car il se livrait inconsidérément à la confiance, comme il tremblait sans réflexion. De plus, craignant de paraître avoir cédé à un remords, s'il quittait Rome, il dit qu'il remerciait César de ses conseils; mais il suivit ceux de Pompée. Ainsi trompé, il agit comme s'il avait été certain de l'emporter sur ses ennemis. Outre ce que je viens de raconter, les chevaliers se rassemblèrent dans le Capitole et députèrent aux consuls et au sénat, en faveur de Cicéron, plusieurs membres de leur ordre et les sénateurs Q. Hortensius et C. Curius. Ninnius, qui en toute occasion se montrait dévoué à Cicéron, engagea le peuple à prendre le deuil, comme dans les calamités publiques : plusieurs sénateurs le prirent eux-

---

ὑπεροίσων. Mais τῶν ἐχθρῶν doit être conservé, ὑπερφέρω pouvant très-bien se construire avec le génitif, témoin Thucydide, I, 81, cité par Sturz : Τοῖς ὅπλοις αὐτῶν ὑπερφερόμεν. Je lis donc avec M. Imm. Bekker : Ὡς καὶ πολὺ τῶν ἐχθρῶν ὑπεροίσων. Reimarus et Sturz ajoutent τὰ avant τῶν ἐχθρῶν. Rien ne l'exige.

8. A donne la forme attique ἱππῆς.

9. G : Ἐς τὸ Καπιτόλιον, par la confusion d'ω avec ο.

10. F : Νίνιος : le copiste n'a mis qu'un ν, quand il en fallait deux.

11. Ce mot manque dans C.

12. Παρῄνεσεν, dans G, D et H, par l'addition du ν paragogique.

13. A, B et F : Πολύ. Le copiste a mis un seul λ, quand il en fallait deux, et confondu οι avec υ.

τοῦτο καὶ τῶν βουλευτῶν [ἐποίησαν]¹· καὶ οὐ πρότερόν γε μετεβάλοντο ² πρὶν τοὺς ὑπάτους σφίσι διὰ προγραφῆς ἐπιτιμῆσαι ³. Ἀλλ' ἦν γὰρ τὰ τῶν ἀντιστασιωτῶν αὐτοῦ δυνατώτερα· οὔτε ὁ Κλώδιος ⁴ χρηματίσασθαί τι ὑπὲρ αὐτοῦ τῷ Νιννίῳ ἐπέτρεψεν ⁵, οὔτε Γαουΐνιος τὴν πρόσοδον ⁶ τοῖς ἱππεῦσιν ἐς τὴν βουλὴν ἔδωκεν ⁷· ἀλλὰ καὶ ἕνα τινὰ αὐτῶν ⁸, ὡς πολὺς ἐνέκειτο, καὶ ἐκ τῆς πολιτείας ἐξήλασε, τῷ τε Ὀρτησίῳ καὶ τῷ Κουρίωνι, ὅτι καὶ ἀθροισθεῖσι σφίσι συνεγένοντο καὶ τὴν πρεσβείαν ὑπέστησαν, ἐπεκάλει ⁹. Καὶ αὐτοὺς ὁ Κλώδιος ἐς τὸ πλῆθος ¹⁰ ἐσαγαγὼν ¹¹, πληγαῖς ἐπὶ τῇ πρεσβείᾳ διά τινων προπαρεσκευασμένων ¹² συνέκοψε. Καὶ μετὰ ταῦτα ὅ τε Πίσων, καίπερ εὐνοϊκῶς τῷ Κικέρωνι δοκῶν ἔχειν, καὶ συμβουλεύσας γε αὐτῷ ¹³, ὡς ἑώρα ἀδύνατον ὂν ἄλλως αὐτὸν σωθῆναι ¹⁴, προϋπεξελθεῖν ¹⁵· ὅμως ἐπειδὴ διὰ τοῦτο ἐκεῖνος

1. Il manque ici un mot dans l'ancienne leçon : j'ajoute ἐποίησαν proposé par Xylander ; mais je le place entre crochets. Cette addition est autorisée par la version de Nic. Leoniceno : *Et molti de senatori feciono questo medesimo*.
2. D'après H, à l'ancienne leçon μετεβάλλοντο je substitue avec M. Imm. Bekker μετεβάλοντο, qui s'accorde mieux avec l'enchaînement des idées.
3. Cicéron, dans le Disc. adressé au sénat après son retour, V : Te consule, tuis edictis et imperiis, Senatui Populoque Romano non est licitum, non modo sententiis atque auctoritate sua, sed ne vultu quidem ac vestitu Reipublicæ subvenire.
4. C : Ὥστε ὁ Κλώδιος, faute du copiste.
5. L'ancienne leçon τοῦ Νιννίου est évidemment fautive. J'adopte, avec M. Imm. Bekker, τῷ Νιννίῳ proposé par Leunclavius. La conjecture de Reiske, τὸν Νιννίον, est également admissible : Sturz l'a suivie.
6. L'article manque dans F. Ce passage est altéré dans G et H. Le premier porte τὴν προόδον et le second τὴν πρόδον ; mais dans G, la véritable leçon a été rétablie en marge par une main plus moderne.

mêmes et ne le quittèrent que lorsque les consuls les eurent blâmés par un édit, qui défendait de le porter. Cependant les ennemis de Cicéron avaient le dessus : Clodius ne permit pas à Ninnius de s'occuper de ses intérêts auprès du peuple, et Gabinius n'accorda pas aux chevaliers l'accès du sénat. Un chevalier ayant vivement insisté pour l'obtenir, Gabinius le chassa de Rome : quant à Hortensius et à Curion, il les mit en accusation pour s'être trouvés dans la réunion des chevaliers et pour avoir consenti à être leurs députés. Clodius les traduisit devant le peuple et les punit de cette ambassade, en les faisant battre de verges par des hommes postés à cette fin. Ensuite Pison, qui paraissait dévoué à Cicéron et qui l'avait engagé à se dérober à la mort par la fuite, parce qu'il n'y avait point d'autre moyen de salut, voyant que Cicéron était piqué à cause de ce conseil, se rendit

7. C : Ἱππεῦσι et ἔδωκε, par l'omission du ν paragogique devant une voyelle.
8. L. Lamia. Cf. Cicéron, Disc. adressé au sénat après son retour, V ; Disc. contre Pison, X.
9. L'ancienne leçon ὑπεκάλει avait justement paru suspecte à Xylander, qui propose de la remplacer par ἐπεκάλει. Sa conjecture est confirmée par A, B et F : je l'adopte avec Reimarus, Sturz et M. Imm. Bekker.
10. G : Εἰς τὸ πλῆθος.
11. A et F : Ἐπαγαγών.
12. Cicéron, Disc. contre Pison, X : Quum equites Romani relegarentur, viri boni lapidibus e foro pellerentur.
13. C : Ἑαυτῷ, leçon fautive.
14. G : Συνθῆναι.
15. L'ancienne leçon προεξελθεῖν, confirmée par C, D, E, G et H, a été maintenue par Reimarus ; mais Sturz a cru entrevoir les traces d'une meilleure leçon dans προϋπεξέχειν, tiré d'A et dont il a fait προϋπεξελθεῖν. J'adopte sa correction avec M. Imm. Bekker, en ajoutant que προϋπεξέχειν se trouve dans B et F.

ὠργίσθη¹, παρῆλθεν ἐς τὴν ἐκκλησίαν², ὅτε πρῶτον ἠδυνήθη (τὰ γὰρ πολλὰ ἠῤῥώστει³), καὶ πυθομένου τοῦ Κλωδίου τίνα γνώμην περὶ τῶν γεγραμμένων ἔχοι, εἶπεν· ὅτι οὐδέν μοι οὔτε ὠμὸν, οὔτε σκυθρωπὸν ἔργον ἀρέσκει⁴. Καὶ ὁ Γαουίνιος ἐρωτηθεὶς τὸ αὐτὸ τοῦτο, οὐχ ὅπως ἐκεῖνον ἐπῄνεσεν, ἀλλὰ καὶ τῶν ἱππέων⁵ τῆς τε βουλῆς⁶ προσκατηγόρησεν⁷.

17. Ὁ μέντοι Καῖσαρ (ἔξω γὰρ τοῦ τείχους ὁ Κλώδιος δι' αὐτὸν, ἐπειδή περ ἐξεστράτευτο, τὸν ὅμιλον συναγαγὼν, καὶ ἐκεῖνον ἐπιγνώμονα τῶν γεγραμμένων ἐποιήσατο) τὴν μὲν παρανομίαν τῶν περὶ τὸν Λεντοῦλον πραχθέντων κατεψηφίσατο⁸· τὴν μέντοι τιμωρίαν τὴν ἐπ' αὐτοῖς⁹ γραφομένην οὐκ ἐδοκίμασεν. Ὅσα μὲν γὰρ¹⁰ περὶ τῶν τότε

1. G : Ὠργίστη, leçon fautive. F : Ὀργίσθη. Le copiste a négligé l'augment.
2. F : Εἰς τὴν ἐκκλησίαν.
3. Sturz dit qu'il substitue cette leçon à l'ancienne ἠῤῥώσθη, d'après A : ἠῤῥώστει se trouve aussi dans B, D, F et G. Ἡρώστει, dans C, est une faute du copiste.
4. L'ancienne leçon καὶ πυθόμενος τοῦ Κλωδίου τίνα γνώμην περὶ τῶν γεγραμμένων ἔχοι, εἶπεν· ὅτι οὐδέν μοι οὕτω μόνον, οὐδὲ σκυθρωπὸν ἔργον ἀρέσκει, est confirmée par les manuscrits : seulement, au lieu de περὶ τῶν, C porte περὶ αὐτῶν, faute du copiste.
Xylander, Victorius, Turnèbe, Oddey et Reimarus s'accordent pour remplacer πυθόμενος par πυθομένου que j'adopte, comme Sturz et M. Imm. Bekker. De plus, au lieu de οὕτω μόνον, je lis, avec Sturz et M. Imm. Bekker, οὔτε ὠμὸν proposé par Xylander, Turnèbe, Victorius, et confirmé par le Ms. de Munich n° 2. Enfin, je change οὐδὲ en οὔτε avant σκυθρωπον. De cette manière la phrase n'a plus rien d'embarrassé et donne un sens très-satisfaisant.
5. Cf. Cicéron, Disc. contre Sextius, XII et XV ; Disc. adressé au sénat après son retour, XIII.
6. Reiske propose de remplacer l'ancienne leçon τῆς βουλῆς par καὶ τῆς

HISTOIRE ROMAINE DE DION, L. XXXVIII.

dans l'assemblée du peuple, aussitôt que sa santé le lui permit (il était presque toujours malade). Clodius lui ayant demandé ce qu'il pensait de la loi, il répondit : « Aucun acte cruel, aucun acte inhumain n'a mon approbation. » Gabinius, interrogé sur le même sujet, ne se contenta pas de ne point louer Cicéron : il accusa même les chevaliers et le sénat.

17. César étant déjà sorti de Rome avec son armée, Clodius, qui tenait à ce qu'il approuvât sa loi, convoqua à cause de lui l'assemblée du peuple hors des murs : César blâma comme illégales les mesures prises à l'égard de Lentulus ; mais il désapprouva la peine proposée à ce sujet. Il ajouta que son opinion sur cette affaire était connue

---

βουλῆς, ou bien par ἐπὶ τῆς βουλῆς — *coram senatu.* Sturz dit qu'il donne τῆς τε βουλῆς d'après A : cette leçon se trouve aussi dans B, C, F et G. Je l'adopte avec M. Imm. Bekker.

7. G : Προκατηγόρησεν. Le copiste a confondu πρὸς avec πρό : cette faute a été corrigée par une main plus moderne.

8. L'ancienne leçon Ὁ μέντοι Καῖσαρ (ἔξω γὰρ τοῦ τείχους..... ἐπειδήπερ ἐξεστράτευτο τὸν ὅμιλον συναγαγών, καὶ ἐκεῖνον ἐπιγνώμονα τῶν γεγραμμένων ἐποιήσατο) τὴν μὲν γὰρ παρανομίαν τῶν περὶ τὸν Λεντοῦλον πραχθέντων κατεψηφίσατο, confirmée par les manuscrits, a donné lieu à diverses conjectures. Oddey propose de remplacer συναγαγών par συνηγάγετο. Reiske, de son côté, voudrait substituer συνήγαγε à συναγαγών, ou bien lire συναγαγὼν ἐπεψήφιζε — *in suffragia misit :* tous ces changements sont superflus. Avec Sturz et M. Imm. Bekker, je me borne à supprimer γὰρ avant παρανομίαν.

9. C : Τοῖς ἐπ' αὐτοῖς, leçon fautive. Le même manuscrit, au lieu de γραφομένην, porte γεγραμμένην, variante qui mérite d'être remarquée.

10. Cette conjonction manquait dans G : elle a été ajoutée par une main plus moderne.

γενομένων έφρόνησε, πάντας εἰδέναι ἔφη (τὴν γὰρ σώζουσαν σφᾶς ψῆφον δεδωκὼς ἦν), οὐ μὴν καὶ προσήκειν ἐπὶ τοῖς παρεληλυθόσι [1] τοιοῦτόν τινα νόμον συγγράφεσθαι. Καῖσαρ μὲν ταῦτ' εἶπε· Κράσσος [2] δὲ διὰ μὲν τοῦ υἱέος βοήθειάν τινα τῷ Κικέρωνι ἐνεδείκνυτο [3], αὐτὸς δὲ τὰ τοῦ πλήθους ἔπρασσε [4]. Καὶ ὁ Πομπήϊος [5] ὑπισχνεῖτο [6] μὲν αὐτῷ τὴν ἐπικουρίαν· σκήψεις δέ τινας ἄλλοτε ἄλλας ποιούμενος καὶ ἀποδημίας συχνὰς ἐπίτηδες στελλόμενος, οὐκ ἐπήμυνεν [7]. Ἰδὼν οὖν ταῦτα ὁ Κικέρων [8], καὶ φοβηθεὶς αὖθις ἐπεχείρησε μὲν ὅπλα ἄρασθαι (τά τε γὰρ ἄλλα καὶ τὸν Πομπήϊον φανερῶς προεπηλάκιζε), κωλυθεὶς δὲ ὑπό τε τοῦ Κάτωνος καὶ τοῦ Ὁρτησίου, μὴ καὶ ἐμφύλιος ἐκ τούτου πόλεμος γένηται [9], τότε δὴ καὶ ἄκων, μετά τε αἰσχύνης [10] καὶ μετὰ κακοδοξίας [11] (ὡς καὶ ἐκ τοῦ συνειδότος [12] ἐθελοντὴς πεφευγὼς) μετέστη. Πρὶν δὲ δὴ ἀφορμῆσαι [13], ἔς τε τὸ Καπιτώλιον ἀνέβη, καὶ ἀγαλμάτιόν τι Ἀθηνᾶς ἀνέθηκε, φυλακίδα αὐτὴν ὀνομάσας [14].

1. G : Παρελεληλυθόσι, faute du copiste.
2. F : Κράσος. Le copiste n'a mis qu'un σ, quand il en fallait deux.
3. C : Ἀνεδείκνυτο.
4. Ἔπρακτε, dans H : le copiste a voulu sans doute donner la forme attique ἔπραττε.
5. Pompée, ainsi que le fait observer Fabricius, abandonna Cicéron et ne lui permit pas même de paraître devant lui. Cf. Plutarque, Cic. XXXI.
6. A, B et F : Ὑπισχεῖτο, faute de copiste.
7. Ἐπήμυνε, non-seulement dans A cité par Sturz, mais aussi dans C, F, G et H.
8. C, D et G : Ταῦθ' ὁ Κικέρων.
9. Cf. Cicéron, Disc. pour Sextius, XXIV, et les paroles que Dion met dans la bouche de Philiscus, § 26 de ce livre : Καί τοι ἔγωγε ἀκούω — μήτε συναπολέσθαι σφίσιν ὑπομένων.

de tous (il avait voté pour qu'on laissât la vie aux conjurés); mais qu'il ne convenait pas de porter une pareille loi sur des faits qui appartenaient au passé : ainsi parla César. Quant à Crassus, il chargea son fils de prêter quelque assistance à Cicéron ; mais personnellement il soutenait la cause populaire. Enfin Pompée, qui promettait son appui à Cicéron, allégua tantôt un prétexte tantôt un autre, fit à dessein plusieurs voyages et ne lui vint pas en aide. Dans cette position Cicéron, craignant pour sa sûreté, résolut de prendre encore une fois les armes (il insultait même Pompée publiquement). Caton et Hortensius l'en empêchèrent, de peur qu'il ne sortît de là une guerre civile. Cicéron s'éloigna alors de Rome, malgré lui, au détriment de son honneur et de sa réputation; comme si quelque remords l'eût déterminé à s'exiler volontairement. Avant de partir, il monta au Capitole et y déposa, comme offrande, une petite statue de Minerve à laquelle il

10. G : ἐσχύνης. La véritable leçon, altérée par la confusion d'αι avec ε, a été rétablie par une main plus moderne. [marginal: αἰ]

11. Cf. Plutarque, Cic. XXXI-XXXII ; Appien, Guer. Civ. II, 15.

12. Reiske aimerait mieux ἐκ πονηροῦ τοῦ συνειδότος. Mais cette correction n'est pas nécessaire : je maintiens l'ancienne leçon.

13. Διαφορμῆσαι, dans G et dans le Ms. de Munich n° 2. Les copistes ont mal à propos réuni la particule δὴ avec ἀφορμῆσαι, et confondu le premier η avec ι.

14. Plutarque, Cic. XXXI : Τὸ μὲν ἄγαλμα τῆς Ἀθηνᾶς, ὃ πολὺν χρόνον ἔχων ἐπὶ τῆς οἰκίας ἱδρυμένον ἐτίμα διαφερόντως, εἰς Καπιτώλιον κομίσας ἀνέθηκεν ἐπιγράψας· Ἀθηνᾷ Ῥώμης φύλακι. Cf. Cic. Disc. pour sa Maison, LVII ; Lettr. Famil. XII, 25 ; Lettr. à Attic. VII, 3 ; Des Lois, XII, 17 ; Jul. Obsequens, Prodig. Libell. CXXVIII.

ὑπεξῆλθε δὲ ἐς Σικελίαν. Προστάτης τε γὰρ αὐτῇ [1] ἐγεγόνει, καὶ ἐλπίδα πολλὴν ἔν τε τοῖς δήμοις καὶ ἐν τοῖς ἰδιώταις [2] τῷ τε ἄρχοντι αὐτῶν εἶχε, τιμηθήσεσθαι [3]. Φυγόντος δ' αὐτοῦ, ὁ νόμος τὸ κῦρος, οὐχ ὅπως οὐκ ἐναντιωθέντος τινός, ἀλλὰ καὶ σπουδασάντων ἄλλων τε καὶ αὐτῶν ἐκείνων οἳ ὑπὲρ τοῦ Κικέρωνος ἀνὰ πρώτους πράττειν ἐδόκουν, ἐπειδή περ ἅπαξ ἐκποδὼν ἐγεγόνει, ἔλαβε [4] · καὶ ἥ τε οὐσία αὐτοῦ ἐδημεύθη, καὶ ἡ οἰκία, ὥσπερ τινὸς πολεμίου, κατεσκάφη· τό τε ἔδαφος αὐτῆς ἐς νεὼν Ἐλευθερίας ἀνέθηκαν [5]. Αὐτῷ τε ἐκείνῳ ἥ τε φυγὴ ἐπετιμήθη, καὶ ἡ ἐν τῇ Σικελίᾳ διατριβὴ [6] ἀπερρήθη. Τρισχιλίους τε γὰρ καὶ ἑπτακοσίους καὶ πεντήκοντα σταδίους ὑπὲρ τὴν Ῥώμην ὑπερωρίσθη· καὶ προσεπεκηρύχθη [7], ἵν' εἰ δή ποτε ἐντὸς αὐτῶν φανείη, καὶ αὐτὸς καὶ οἱ ὑποδεξάμενοι αὐτὸν ἀνατὶ [8] διόλωνται [9].

1. A et F : Αὐτῶν. « Fortassis recte, dit Sturz, ut e nomine Σικελίαν intelligatur nomen Σικελῶν. » Dans G, αὐτῷ pour αὐτῶν, provient de la confusion du ν avec l'ι final, devenu plus tard l'ι souscrit.
2. Ἐν ταῖς ἰδιώταις, dans G et H, faute de copiste.
3. C : Τιμηθήσασθαι, autre faute de copiste, ainsi que ὁ ὑπὲρ, dans A, B et F, au lieu de οἳ ὑπὲρ, un peu plus loin.
4. Dion n'est pas d'accord avec Plutarque, l. l. XXXII : Ὡς δ' ἦν φανερὸς ἤδη πεφευγώς, ἐπήγαγεν αὐτῷ φυγῆς ψῆφον ὁ Κλώδιος καὶ διάγραμμα προὔθηκεν εἴργειν πυρὸς καὶ ὕδατος τὸν ἄνδρα καὶ μὴ παρέχειν στέγην ἐντὸς μιλίων πεντακοσίων Ἰταλίας. Τοῖς μὲν οὖν ἄλλοις ἐλάχιστος ἦν τοῦ διαγράμματος τούτου λόγος αἰδουμένοις τὸν Κικέρωνα, καὶ πᾶσαν ἐνδεικνυμένοι φιλοφροσύνην παρέπεμπον αὐτόν. Le passage τοῦ Κικέρωνος — ἐπειδήπερ, omis dans G, a été ajouté par une main plus moderne.
5. Plutarque, l. l. XXXIII : Ὁ δὲ Κλώδιος ἐξελάσας τὸν Κικέρωνα κατέπρησε μὲν αὐτοῦ τὰς ἐπαύλεις, κατέπρησε δὲ τὴν οἰκίαν καὶ τῷ τόπῳ ναὸν

donna le surnom de *Conservatrice.* Il se dirigea vers la Sicile dont il avait été gouverneur, espérant être entouré d'égards dans toutes les cités de cette île, par les particuliers et par le préteur lui-même. A peine eut-il quitté Rome, que la loi fut rendue sans opposition et même avec le concours empressé d'un grand nombre de citoyens : ceux qu'on regardait comme les meilleurs amis de Cicéron la soutinrent chaleureusement, dès qu'il se fut éloigné. On confisqua ses biens, on rasa sa maison, comme celle d'un ennemi, et on consacra la place qu'elle occupait à un temple de la Liberté. L'exil fut prononcé contre lui et le séjour de la Sicile lui fut interdit : on le relégua à une distance de trois mille sept cent cinquante stades, et un décret déclara que, s'il se montrait en deçà de cette limite, lui et ceux qui l'auraient reçu pourraient être tués impunément.

Ἐλευθερίας ἀπῳκοδόμησε· τὴν δ' ἄλλην οὐσίαν ἐπώλει καὶ διεκήρυττε καθ' ἡμέραν, μηδὲν ὠνουμένου μηδενός.

6. Plutarque, l. l. XXXII : Καὶ Γάϊος Οὐεργίλιος, ὁ τῆς Σικελίας στρατηγὸς ἐν τοῖς μάλιστα Κικέρωνι κεχρημένος, ἔγραψεν ἀπέχεσθαι τῆς Σικελίας. Ἐφ' οἷς ἀθυμήσας ὥρμησεν ἐπὶ Βρεντέσιον, κἀκεῖθεν εἰς Δυρράχιον ἀνέμῳ φορῷ περαιούμενος, ἀντιπνεύσαντος πελαγίου, μεθ' ἡμέραν ἐπαλινδρόμησεν, εἶτ' αὖθις ἀνήχθη.

7. G : Προεπεχυρύχθη, par la confusion de πρός avec πρό et d'η avec υ.

8. L'ancienne leçon ἀνά τι, confirmée par E, provient d'une faute du copiste, qui a mal à propos divisé ἀνατὶ en deux mots. Les autres Ms. portent ἀνατὶ, proposé par Xylander et approuvé par Turnèbe, H. Étienne, Leunclavius, Reimarus, Sturz et M. Imm. Bekker. Le Ms. de Munich donne ἀναιτὶ, par la confusion de α avec αι.

9. F : Διώλωνται.

18. Καὶ ὁ μὲν ἐς τὴν Μακεδονίαν διὰ τοῦτο μετέστη [1], καὶ ἐκεῖ διέτριβεν ὀδυρόμενος. Ἐντυχὼν δ' αὐτῷ Φιλίσκος τις [2] ἀνὴρ, ἔν τε ταῖς Ἀθήναις συγγεγονώς οἱ, καὶ τότε κατὰ τὴν τύχην συντυχὼν, « Οὐκ αἰσχύνη [3], ἔφη, ὦ Κικέρων, θρηνῶν καὶ γυναικείως διακείμενος; ὡς ἔγωγε οὔ ποτ' ἄν σε προσεδόκησα [4] οὕτω μαλακισθήσεσθαι, πολλῆς μὲν παιδείας καὶ παντοδαπῆς μετεσχηκότα, πολλοῖς δὲ καὶ συνηγορηκότα. » Καὶ ὃς ὑπολαβὼν εἶπεν· « Ἀλλ' οὐδέν τοι [5] ὅμοιόν ἐστιν, ὦ Φιλίσκε, ὑπὲρ ἄλλων τέ τινα λέγειν, καὶ ἑαυτῷ συμβουλεύειν. Τὰ μὲν γὰρ ὑπὲρ τῶν ἀλλοτρίων λεγόμενα, ἀπὸ ὀρθῆς καὶ ἀδιαφθόρου [6] τῆς γνώμης προϊόντα, καιρὸν ἐς τὰ μάλιστα λαμβάνει· ὅταν δὲ δὴ πάθημά τι τὴν ψυχὴν καταλάβῃ, θολοῦται καὶ σκοτοῦται καὶ οὐδὲν δύναται καίριον ἐννοῆσαι [7]. Ὅθεν που πάνυ καλῶς εἴρηται ὅτι ῥᾷον παραινέσαι ἑτέροις ἐστὶν ἢ αὐτὸν παθόντα καρτερῆσαι [8]. » — « Λέγεις μέν τι [9] (ἔφη ὁ Φιλίσκος [10]) ἀνθρώ-

---

1. G : Μετέσθη, par la confusion de τ avec θ, et un peu plus loin :
   σ
   Φιλίσκος.

2. Ce Philiscus, ami de Cicéron, ne nous est connu que par ce passage : aussi Penzel est-il porté à le regarder comme un personnage imaginaire. Quant aux divers philosophes qui portèrent le nom de Philiscus, cf. la liste donnée par Fabricius, dans l'édition de Reimarus, tom. I, p. 164-165.
   La rencontre de Cicéron avec Philiscus et leur long entretien sont résumés en deux lignes dans Xiphilin, p. 11, édit. de Rob. Etienne, Paris, 1551 : Κικέρωνα δὲ φυγόντα εἰς Μακεδονίαν Φιλίσκός τις ἐξ Ἀθηνῶν αὐτῷ γενόμενος γνώριμος, φιλοσόφοις λόγοις παρεμυθήσατο.
   αἱ
3. G : Οὐκ ἐσχύνη.
4. F : Προσεδόκισα, par la confusion d'η avec ι.
5. C : Οὐδέν τι. Nous avons vu plusieurs exemples de la confusion de

18. Cicéron se rendit donc en Macédoine, où il vécut dans la tristesse. Là il rencontra un certain Philiscus qu'il avait connu à Athènes et que le hasard conduisit alors près de lui. « N'as-tu pas honte, lui dit-il, « ô Cicéron, de répandre des larmes et de te conduire « comme une femme? Certes je n'aurais jamais prévu « que tu montrerais tant de faiblesse, toi qui as une in- « struction si profonde et si variée, toi qui prêtas ton « appui à tant d'hommes. » Cicéron répondit : « Philiscus, « il n'y a aucune ressemblance entre parler pour autrui « et se conseiller soi-même : ce qu'on dit pour les autres, « pourvu qu'on parle avec une raison droite et saine, a « presque toujours le caractère de l'opportunité; mais « lorsque l'âme est sous l'empire d'une émotion triste, « elle se trouble, s'obscurcit et ne peut rien trouver à pro- « pos. Aussi a-t-on dit avec une grande justesse qu'il est « plus facile de donner des consolations aux autres que « d'être soi-même ferme dans le malheur. » — « Ton « langage, répliqua Philiscus, est d'accord avec la

τοὶ avec τί. Cette leçon se trouve aussi dans le Ms. de Florence. Plut. 70, Cod. X, que j'appellerai Med. *b.*, comme Sturz. Cf. l'Introduction, tom. I, p. xxxviii-xxxix de cette édition.

6. Ἀδιαφόρου, dans le même manuscrit qui, au lieu de θυλοῦται, donne θηλοῦται, faute du copiste.

7. G : Ἐνοῆσαι.

8. C'est un emprunt fait à l'Alceste d'Euripide, v. 1078 :

Ῥᾷον παραινεῖν ἢ παθόντα καρτερεῖν.

Stobée, Serm. CII, cite une maxime analogue, tirée de Philémon :

Ἄνθρωπον ὄντα ῥᾴδιον παραινέσαι
ἐστίν· ποιῆσαι δ' αὐτὸν οὐχὶ ῥᾴδιον.

9. C, D, F et Med. *b* : Λέγεις μέν τοι, par la confusion de τὶ avec τοι. Un peu plus loin, C donne μή τί γε, au lieu de μή τοί γε.

10. Med. *b* : Ὁ Φιλίσκος ἔφη.

πινον· οὐ μέν τοι καὶ ἠξίουν σε [1], τοσαύτῃ μὲν φρονήσει κεχρημένον, τοσαύτην δὲ σοφίαν ἠσκηκότα, μὴ οὐ προπαρεσκευάσθαι [2] πρὸς πάντα τὰ ἀνθρώπινα· ἵν' εἴ τι καὶ παράλογόν σοι προσπέσοι [3], μήτοιγε καὶ ἄφρακτόν σε εὕροι. Ἐπεὶ δ' οὖν ἐν τούτῳ καθέστηκας, καὶ ἐγὼ ἄν τι ὠφελήσαιμί σε, διαλεξάμενός τι τῶν προσφόρων [4]· ἵν' ὥσπερ οἱ τὰ φορτία συναιρόμενοί [5] τισιν, ἐπικουφίζουσιν αὐτοὺς [6], καὶ ἐγώ σοι τὸ πάθος τοῦτο ἐπελαφρύναιμι· τοσούτῳ ῥᾷον ἐκείνων ὅσῳ μηδὲ τὸ βραχύτατον αὐτοῦ [7] μεταλήψομαι [8]. Οὐ γάρ που καὶ ἀπαξιώσεις παραμυθίου [9] τινὸς παρ' ἑτέρου τυχεῖν. Εἰ μὲν γὰρ αὐτάρκης ἑαυτῷ ἦσθα, οὐδὲν ἂν ἡμῖν τῶν λόγων τούτων ἔδει· νῦν δ' ὅμοιον πέπονθας ὥσπερ εἰ Ἱπποκράτης ἢ Δημοκήδης [10] ἢ καὶ ἄλλος τις τῶν πάνυ ἰατρῶν, νοσήματι δυσιάτῳ περιπεσών, ἀλλοτρίας χειρὸς πρὸς τὴν ἄκεσιν αὐτοῦ προσεδεήθη [11].

1. Ἤξιουν γε, dans le même Ms.
2. C : Μὴ ἀποπαρεσκευάσθαι.
3. F : Προσπέσῃ, faute du copiste, par la confusion d'οι avec η.
4. L'ancienne leçon καὶ γὰρ ἂν κτλ, confirmée par tous les manuscrits, n'est pas complétement satisfaisante. Reimarus propose de remplacer καὶ γὰρ par πειρατέον, ou par πειράσω. Les conjectures de Reiske ne portent que sur la seconde partie de la phrase. Il voudrait lire : Διαλεξάμενος, σκοπῶμεν περὶ τῶν προσφόρων, ou bien διαλεξάμενος, ἀκούειν πειρῶ — τόλμα — τί τῶν προσφόρων. Mais il ne dit rien de καὶ γὰρ, où est la principale difficulté. J'ai adopté la conjecture de Sturz : « Mihi placeret magis, si quis καὶ ἐγὼ legeret pro καὶ γὰρ, ut καὶ apodosin incipiat, sic : *etiam ego tibi aliquo modo profuerim*. Sic καὶ initio apodoseos est p. 37 D (§ 23 de ce livre) : Καὶ βλαβερὸν ἂν νομίζοιτο. — Καὶ μᾶλλον ἂν ὠφέλιμον εἴη. » M. Imm. Bekker se contente d'indiquer une lacune après καθέστηκας.
5. C, G et H : Συνερόμενοι, par la confusion d'αι avec ε.

« faiblesse humaine; mais je ne pouvais croire que Ci-
« céron, doué d'un si grand sens et orné de tant de
« lumières, ne fût pas prémuni contre les événements
« qui peuvent atteindre l'homme, et que si un coup
« imprévu venait à te frapper, il te trouverait sans
« défense. Dans l'état où tu es, je pourrai t'être utile
« en m'entretenant avec toi de ce qui est propre à adou-
« cir ton chagrin, et de même que les fardeaux devien-
« nent moins lourds quand on aide celui qui les
« porte, je rendrai ton malheur moins pesant. Je
« le puis d'autant plus aisément qu'aucun de tes
« maux, même le plus léger, ne doit retomber sur
« moi. Tu ne dédaigneras pas, je l'espère, de recevoir
« d'un autre quelques consolations. Si tu te suffisais à
« toi-même, cet entretien serait superflu; mais en ce
« moment, tu es dans la position où se trouveraient
« Hippocrate, Démocèdes, ou tout autre médecin émi-
« nent, atteints d'une maladie difficile à guérir et qui
« les forcerait de recourir à une main étrangère pour
« recouvrer la santé. »

6. Reiske aimerait mieux αὐτοῖς, avec l'ellipse de τὰ φόρτια. Mais l'ancienne leçon peut être maintenue; cf. Reimarus, *Addenda*, p. 1706. Au lieu d'ἐπικουφίζουσιν, A, C, F et G portent ἐπικουφίζωσιν, par la confusion d'ου avec ω dans le corps des mots.
7. Ce mot manque dans le manuscrit Med. *b*.
8. C : Μεταλήψαιμι, faute du copiste.
9. Med. *b* : Παραμυθίας.
10. Célèbre médecin de Crotone; Hérodot. III, 125 : Πολυκράτης . . . . ἅμα ἀγόμενος ἄλλους τε πολλοὺς τῶν ἑταίρων, ἐν δὲ δὴ καὶ Δημοκήδεα τὸν Καλλιφῶντος Κροτωνιήτην ἄνδρα, ἰητρόν τε ἐόντα καὶ τὴν τέχνην ἀσκέοντα ἄριστα τῶν κατ' ἑωυτόν κτλ. Cf. Le même, l. l., 129. Suidas, aux mots Δημοκήδης et Ἄτοσσα; Tzetzes, Chiliad. 3, Hist. 97.
11. A l'ancienne leçon προσδεηθῇ, confirmée par les Ms., à l'exception de G qui porte προσδεηθῇς né de la confusion du ς avec l'ι final, devenu plus tard l'ι souscrit, je substitue προσεδεήθη proposé par Reiske. Je me

19. « Ἀλλ' εἴ γέ τινα (ἔφη ὁ Κικέρων) τοιοῦτον ἔχεις λόγον, ὥστε τὴν ἀχλύν [1] μου ταύτην ἀπὸ τῆς ψυχῆς ἀφελεῖν [2] καὶ ἐς τὸ ἀρχαῖόν με φῶς ἐπαναγαγεῖν, ἑτοιμότατός [3] εἰμι ἀκούειν. Ὥσπερ γὰρ τῶν φαρμάκων, οὕτω δὴ καὶ τῶν λόγων καὶ διαφοραὶ [4] πολλαὶ καὶ δυνάμεις ποικίλαι εἰσίν· ὥστ' οὐδὲν θαυμαστόν, εἰ καὶ ἐμὲ τὸν λαμπρὸν ἔν τε τῇ γερουσίᾳ καὶ ἐν ταῖς ἐκκλησίαις τοῖς τε δικαστηρίοις, σοφίᾳ τινὶ καταιονήσειας [5]. » — « Φέρε οὖν (εἶπεν ὁ Φιλίσκος) ἐπειδή περ ἀκούειν ἕτοιμος εἶ, σκεψώμεθα πρῶτον μὲν εἰ κακὰ ὡς ἀληθῶς ἐστι ταῦτα [6] τὰ περιεστηκότα σε· ἔπειτα δὲ τίνα τρόπον αὐτὰ ἀκεσόμεθα. Ἐγὼ τοίνυν πρῶτον μὲν ἁπάντων ὁρῶ σε ὑγιαίνοντα τῷ σώματι καὶ εὖ μάλα ἐρρωμένον (ὅπερ που πρῶτον κατὰ φύσιν ἀγαθόν ἐστιν ἀνθρώποις), ἔπειτα δὲ τὰ ἐπιτήδεια αὐτάρκη κεκτημένον, ὥστε μήτε πεινῆν μήτε διψῆν, ἢ ῥιγοῦν, ἢ καὶ ἄλλο τι ἄτοπον ὑπ' ἀπορίας ὑπομένειν (ὃ δὴ καὶ [7] δεύτερον εἰκότως ἄν τις ἀγαθὸν [8] ἀνθρώπῳ φύσει τιθείη [9]). Ὅταν γάρ τινι ἥ τε τοῦ σώματος σύστασις εὖ

suis décidé à adopter cette correction, parce que la construction de εἰ avec le subjonctif est excessivement rare et même suspecte, surtout en prose. Cf. Thes. gr. ling. tom. III, p. 185 et suiv., éd. Didot

1. C : Ἀχλήν, par la confusion d'υ avec η.
2. C et G : Ἀφελεῖν ἀπὸ τῆς ψυχῆς.
3. Med. *b* : Ἀρχαῖον φῶς ἐπαναγαγεῖν με ἑτοιμότατος.
4. B et F : Αἱ διαφοραί.
5. Ce mot manque dans C; il est tronqué dans D, qui porte καται. F donne κατονήσειχς. On lit καταιονσείας dans G; mais une annotation marginale d'une écriture moderne reproduit la leçon de F. Leunclavius l'avait devinée, et elle se trouvait probablement dans le Ms. de Nic. Leoniceno, puisqu'il traduit : *Onde non saria maraviglia se tu potesti medicarmi,*

19. « Certes, lui dit Cicéron, si tes paroles peuvent
« dissiper les nuages qui obscurcissent mon esprit et
« lui rendre la lumière qui l'éclairait jadis, je suis tout
« prêt à t'écouter. Il en est des moyens de persuader
« comme des remèdes ; ils sont très-variés et très-di-
« versement efficaces : il ne serait donc pas étonnant que
« tu parvinsses, quoique j'aie tant brillé au sénat, dans
« l'assemblée du peuple et au barreau, à faire pénétrer
« dans mon âme quelques conseils de la sagesse. » — « Eh
« bien ! dit Philiscus, puisque tu es disposé à m'écouter,
« examinons d'abord si ta position présente est vraiment
« malheureuse, et cherchons ensuite comment nous pour-
« rons y appliquer un remède. Avant tout, je vois que tu
« te portes bien et que ta constitution physique est excel-
« lente : or c'est le premier bien que la nature a donné à
« l'homme. De plus tu possèdes tout ce qui est néces-
« saire pour vivre : tu n'as donc à craindre ni la faim,
« ni la soif, ni le froid, ni aucun des maux qu'enfante
« la pauvreté, et l'on peut dire que c'est le second
« bien départi à l'homme par la nature ; car celui qui

---

il quale sei stato famoso, et nel senato, et nel popolo, et ne giudicii.
Avec Sturz et M. Imm. Bekker, je conserve l'ancienne leçon, d'après la
remarque de Reimarus : « Illud est medicorum vocabulum de oleo, fo-
mento et cataplasmate, et ab hoc loco non alienum. » Elle est défendue
aussi par Hemsterhuys ; cf. ses not. sur Hesychius, au mot ἰαίνεσθαι.

6. Med. *b* : Εἰ κακά ἐστιν ὡς ἀληθῶς ταῦτα.

7. Καὶ manque dans C : les exemples de l'omission de cette particule
abondent.

8. Med. *b* : Ἀγαθὸν ἄν τις.

9. C et H : Τιθείη φύσει. D : θείη.

ἔχῃ¹, καὶ διαρκεῖν ἀφροντιστῶν² δύνηται³, πάντα τὰ⁴ πρὸς εὐδαιμονίαν ἐπιβάλλοντα καρποῦται. »

20. Ὁ οὖν Κικέρων ὑπολαβὼν ἔφη· « Ἀλλ' οὐδὲν τῶν τοιούτων ὄφελός ἐστιν, ὅταν του τὴν ψυχὴν λυπῇ τι καὶ δάκνῃ. Πολλῷ γὰρ πλεῖον⁵ αἱ ἐκείνης φροντίδες ταλαιπωροῦσί⁶ τινα ἢ αἱ τοῦ σώματος εὐπάθειαι⁷ τέρπουσιν. Ὥσπερ καὶ ἐγὼ νῦν οὐδὲν οὔτε τῆς τοῦ σώματος ὑγιείας⁸ προτιμῶ, νοσῶν γε τὴν γνώμην, οὔτε τῆς τῶν ἐπιτηδείων εὐπορίας· πολλῶν γὰρ ἀπεστέρημαι. » Καὶ ὅς· « καὶ τοῦτό σε ἔφη, λυπεῖ; εἰ μὲν γὰρ ἐνδεήσεσθαι τῶν ἀναγκαίων ἔμελλες, λόγον ἄν τινα εἶχεν ἄχθεσθαί σε τοῖς ἀπολωλόσιν· εἰ δὲ ἔκπλεά σοι πάντα τὰ ἐπιτήδεια ὑπάρχει, τί ἀνιᾷ; ὅτι μὴ καὶ πλείω κέκτησαι; πᾶν γὰρ τὸ ὑπὲρ τὴν χρείαν τινὶ ὄν, περιττόν ἐστι, καὶ⁹ ἐν τῷ ἴσῳ καὶ παρὸν καὶ ἀπὸν καθέστηκεν. Ἐπεί τοι καὶ πρότερον οὐδὲν δή που τοῖς μὴ ἀναγκαίοις ἐχρῶ· ὥστε καὶ τότε μὴ εἶναι ὧν μὴ ἔχρῃζες¹⁰, ἢ καὶ νῦν εἶναι ὧν μὴ δέῃ, νόμιζε¹¹. Καὶ γὰρ οὐδὲ

---

1. D'après Reiske, j'adopte avec M. Imm. Bekker : Ἥ τε τοῦ σώματος σύστασις εὖ ἔχῃ. Sturz approuve aussi cette leçon; mais il conserve l'ancienne : ἡ τοῦ σώματος σύστασις εὖ τε ἔχῃ. Au lieu d'ἔχῃ, C, D, F et G portent ἔχει, né de la confusion d'η avec ει.
2. F : Ἀφρωντιστῶν, par la confusion d'o avec ω.
3. G : Δύνᾱται.
4. F : Πάντα, πάντα τά : le copiste, par distraction, a mis deux fois le même mot.
5. D'après Reiske, je remplace, comme M. Imm. Bekker, l'ancienne leçon πολλῷ γὰρ πλείονα par πολλῷ γὰρ πλεῖον.
6. C : Ταλαιποροῦσι, par la confusion d'ω avec o.
7. C et H : Ἀπάθειαι, par la confusion d'ευ avec α; cf. Bast, Dissertat.

HISTOIRE ROMAINE DE DION, L. XXXVIII. 365

« jouit d'une bonne constitution et qui peut sans in-
« quiétude suffire aux besoins de la vie, a dans les mains
« tout ce qui contribue au bonheur. »

20. « Tout cela, reprit Cicéron, n'est d'aucune uti-
« lité pour l'homme, si quelque chagrin afflige et ronge
« son âme; car les douleurs de l'âme font beaucoup plus
« de mal que les jouissances corporelles ne procurent de
« plaisir. Ainsi, à cause de mes souffrances morales, je ne
« fais maintenant aucun cas du bon état de mon corps ;
« et je ne prise point la possession de ce qui est nécessaire
« à la vie, parce que j'ai éprouvé beaucoup de pertes. »
— « Est-ce là ce qui te chagrine ? répliqua Philiscus.
« Si tu devais un jour manquer du nécessaire, tu pour-
« rais à bon droit t'affliger de ces pertes ; mais puisque
« tu as abondamment tout ce dont tu as besoin, pour-
« quoi te chagriner ? Est-ce parce que tu ne possèdes
« pas davantage ? Mais ce qu'on a en sus du nécessaire
« est superflu : qu'on l'ait ou non, c'est tout un ; et puis-
« que tu ne faisais auparavant aucun usage de ce qui ne
« t'était pas nécessaire, figure-toi que tu ne possédais pas
« alors ce dont tu ne te servais pas, ou que tu possèdes
« aujourd'hui ce dont tu n'as pas besoin. La plupart de

Palæogr. p. 706 ; 765. C'est ainsi qu'un peu plus loin, D, G et H portent ἀπορίας, au lieu d'εὐπορίας.

8. E donne la forme attique ὑγείας.

9. H : Ἔστιν, καὶ, par l'addition du ν paragogique devant une consonne.

10. C, D et G : Ἔχριζες, par la confusion d'η avec ι. F porte ἔχρηζε : le copiste a négligé la dernière lettre. Une négligence semblable a produit une faute très-grave dans G, qui porte ensuite μηδὲ, au lieu de μὴ δέῃ. Outre l'omission de l'η final, le copiste a mal à propos réuni les deux mots.

11. Le passage ὥστε καὶ — νόμιζε est correct et fournit un sens très-satisfaisant. C'est donc sans nécessité que Reiske propose de le refaire ainsi : Ὥστε καὶ τότε μᾶλλον κύριος εἶναι ὧν μὴ ἔχρηζες, ἢ καὶ νῦν ἐστερῆ-σθαι ὧν μὴ δέῃ, νόμιζε.

πατρῷα¹ σοι τὰ πολλὰ αὐτῶν γέγονεν, ὥστε σε σπουδὴν ἰδιωτέραν περὶ αὐτὰ² ποιεῖσθαι, ἀλλὰ ὑπό τε τῆς γλώττης καὶ ὑπὸ τῶν λόγων σου πεπόρισται, δι' οὓς καὶ ἀπόλωλεν. Οὔκουν ἀγανακτεῖν προσήκει, εἰ καθάπερ ἐκτήθη³ τινὰ, οὕτω καὶ ἀπεβλήθη. Οὐδὲ γὰρ οὐδ' οἱ ναύκληροι⁴ πάνυ χαλεπῶς φέρουσι πολλὰ ζημιούμενοι. Λογίζεσθαι γὰρ, οἶμαι, φρονίμως ἐπίστανται, ὅτι ἡ θάλαττα ἡ διδοῦσα σφίσιν αὐτὰ καὶ ἀφαιρεῖται. »

21. « Καὶ περὶ μὲν τούτων ἱκανά. Ἀποχρῆν⁵ τε γὰρ ἀνθρώπῳ πρὸς εὐδαιμονίαν τὸ τὰ ἀρκοῦντα κεκτῆσθαι, καὶ μηδενὸς ὧν τὸ σῶμα χρῄζει⁶ προσδεῖσθαι, νομίζω· καὶ πᾶν τὸ περιττὸν καὶ φροντίδας καὶ πράγματα καὶ φθόνους ἔχειν ἡγοῦμαι. Ἐπειδὴ δὲ ἔφησθα ὅτι οὐδεμία ἀπόλαυσις τῶν τοῦ σώματος ἀγαθῶν ἐστιν, ἂν μὴ καὶ τὰ τῆς ψυχῆς προσυπάρχῃ⁷ τινὶ, ἔστι μὲν ἀληθὴς ὁ λόγος (ἀδύνατον γὰρ, κακῶς αὐτῆς ἐχούσης, μὴ οὐ καὶ τοῦτ' αὐτῇ συννοσεῖν⁸)· ἐγὼ μέντοι πολλῷ ῥᾷον οἴομαι εἶναι τῆς εὐεξίας τῆς γνώμης ἐπιμεληθῆναί τινι⁹, ἢ τῆς τοῦ σώματος. Τοῦτο μὲν γὰρ, ἅτε καὶ σάρκινον ὂν, πολλὰ μὲν

---

1. Cette leçon que je substitue avec M. Imm. Bekker à l'ancienne οὐ πατρῷα ne se trouve pas seulement dans A, B et Med. *b*, cités par Sturz : elle est aussi dans F, G et H.
2. C : Περὶ αὐτῶν, également admissible.
3. Ἐκτίθη, dans le même Ms., par la confusion d'η avec ι.
4. Reiske reproche durement cette construction à Dion : « Græcus aliquis ingenuus dixisset οὐ γὰρ οὐδ' οἱ ναύκληροι κτλ. Relinquendum igitur Dioni cujus stilus tam non est Atticus, ut passim ne Græcus quidem sit. » A cette critique Reimarus, dans ses *Addenda*, p. 1706, tom. II de son

« ces biens n'étaient pas un héritage reçu de tes pères
« et auquel tu dusses, pour cette raison, attacher plus
« de prix : tu les avais acquis par ta langue et par tes
« discours, qui ont causé leur perte. Tu ne dois donc
« pas te plaindre de les avoir perdus, comme tu les
« avais gagnés. C'est ainsi que les armateurs ne se lais-
« sent pas abattre par de grandes pertes ; ils ont assez
« de raison pour se dire : la mer nous avait donné ces
« richesses, la mer nous les ravit. »

21. « Mais c'est assez sur ce point : suivant moi, il suf-
« fit à l'homme, pour être heureux, d'avoir le nécessaire
« et de ne manquer d'aucune des choses dont le corps a
« besoin. A mon avis, le superflu traîne à sa suite les
« soucis, les embarras et l'envie. Tu as dit que les
« biens corporels ne procurent aucune jouissance, à
« moins qu'ils ne soient unis aux biens de l'âme. Cela est
« vrai ; car si l'âme est malade, il est impossible que le
« corps ne souffre pas avec elle. Cependant l'âme me
« semble pouvoir plus facilement être maintenue dans
« un bon état que le corps, qui, par cela même qu'il est
« chair, trouve dans sa substance mille germes perni-

édition, répond par de nombreux exemples qui justifient la leçon οὐδὲ γὰρ οὐδ' οἱ κτλ. Je l'ai maintenue avec Sturz et M. Imm. Bekker.

5. Ἀπόχρη, tiré d'E, se trouve aussi dans C, H et Med. b. Avec F, Reimarus, Sturz et M. Imm. Bekker, j'adopte ἀποχρῆν, forme contracte d'ἀποχρῆναι, proposé dans l'Errata de Rob. Étienne et exigé par νομίζω.

6. C, D et G : Χρήζῃ, par la confusion d'ει avec η.

7. Dans C, G et H. Προσυπάρχει est un solécisme, par la confusion d'η avec ει.

8. G et H : Συνοσεῖν. Le copiste n'a mis qu'un ν, quand il en fallait deux.

9. C : Ἐπιμεληθῆναί τι. G : Ἐπιμεληθῆναι, ἢ τῆς κτλ.

ἄτοπα ἐν ἑαυτῷ ἔχει, πολλῆς δὲ ἐπικουρίας παρὰ τοῦ δαιμονίου δεῖται [1]· ἐκείνη δὲ δὴ, οἷα θειοτέρας φύσεως οὖσα [2], καὶ ῥυθμίζεσθαι καὶ νουθετεῖσθαι ῥᾳδίως δύναται. Οὐκοῦν κἀνταῦθα ἴδωμεν τί τέ σοι τῶν τῆς ψυχῆς ἀγαθῶν ἀπέστη [3], καὶ τί τῶν κακῶν προσγενόμενον οὐκ ἂν ἀποτριψαίμεθα [4]. »

22. « Ὁρῶ τοίνυν ἔγωγε πρῶτον μὲν [5] φρονιμώτατόν σε ἀνθρώπων ὄντα. Τεκμήριον δὲ, ὅτι πλεῖστα μὲν καὶ τὴν [6] βουλὴν καὶ τὸν δῆμον, ἐν οἷς συνεβούλευσάς τι αὐτοῖς, ἔπεισας· πλεῖστα δὲ καὶ τοὺς ἰδιώτας, ἐν οἷς συνηγόρησας σφίσιν [7], ὠφέλησας. Ἔπειτα δὲ καὶ δικαιότατον. Πανταχοῦ γοῦν ὑπέρ τε τῆς πατρίδος καὶ τῶν φίλων ἀνταγωνιζόμενος τοῖς ἐπιβουλεύουσιν αὐτοῖς ἐξήτασαι [8]. Καὶ αὐτά γε [9] ταῦτα, ἃ νῦν πέπονθας [10], οὐ δι' ἄλλο τι συμβέβηκέ σοι, ἢ ὅτι πάνθ' ὑπὲρ τῶν νόμων, καὶ τῆς πολιτείας καὶ λέγων καὶ πράττων διετέλεις. Καὶ μὴν ὅτι καὶ σωφροσύνης [11] ἐς τὰ πρῶτα ἀνήκεις, αὐτὸ τὸ [12] ἐπιτήδευμά σου δηλοῖ. Οὐ γὰρ οἷόν τέ ἐστι [13] δουλεύοντά τινα [14]

δεῖται.
1. E : χρῆται.
2. Sur cette construction, cf. Lobeck, sur Phrynich. p. 215.
3. Comme Sturz et M. Imm. Bekker, à l'ancienne leçon ἐπέστη je substitue, d'après A, B et F, ἀπέστη. Reiske déclare que cette leçon lui paraît préférable à ἄπεστι qu'il avait d'abord proposé.

αἱ
4. G : Ἀποτριψόμεθα.
5. E : Πρῶτον τὸν μέν. Le copiste a écrit deux fois la dernière syllabe du premier mot et il en a fait un article.
6. G : Πλεῖστα μὲν τήν. La conjonction καὶ manque; mais elle a été ajoutée en marge par une main plus moderne.

« cieux et a un grand besoin du secours de Dieu.
« L'âme, au contraire, est d'une essence divine, et, par
« cela même, on peut facilement la modérer et la diri-
« ger. Examinons donc ici quels sont, parmi les biens de
« l'âme, ceux que tu as perdus, et parmi les maux,
« ceux qui se sont attachés à toi, de telle manière que
« nous ne saurions en effacer l'empreinte. »

22. « D'abord je vois en toi le plus sage des hom-
« mes, et en voici la preuve : souvent tu as fait adop-
« ter par le sénat et par le peuple les mesures que tu
« as conseillées; souvent aussi tu as utilement prêté
« aux particuliers l'appui de ton éloquence. En second
« lieu, je te regarde comme très-juste; car tu as lutté
« partout pour la patrie et pour tes amis contre ceux
« qui leur tendaient des piéges. Bien plus, les maux que
« tu souffres ne t'ont frappé que parce que tu as tou-
« jours parlé et agi pour les lois et pour la République.
« Enfin tu as porté la tempérance à son plus haut degré :
« ton genre de vie l'atteste, puisque l'homme esclave

7. F : φίσιν (σ above). Le σ avait été négligé par le copiste, à cause du σ final du mot qui précède.

8. C : Ἐξήτακε, leçon barbare.

9. A, E, F, G et H : Αὐτά τε. Nous avons vu plusieurs exemples de la confusion de γέ avec τέ.

10. C : Πεποίηκας.

11. G : Σοφροσύνης, par la confusion d'ω avec ο.

12. Cet article manquait dans G : il a été ajouté par une main plus moderne.

13. Cf. Barthius, Adversar. XLV, 17.

14. C : Δουλεύειν τέ τινα.

ταῖς [1] τοῦ σώματος ἡδοναῖς ἐν μέσῳ τε ἀεὶ φαίνεσθαι, καὶ ἐν τῇ ἀγορᾷ ἀναστρέφεσθαι, μαρτύρια τὰ ἡμερινὰ ἔργα τῶν νυκτερινῶν ποιούμενον. Οὕτω δὲ δὴ [2] τούτων ἐχόντων, ἐγὼ μέν σε καὶ ἀνδρειότατον ᾤμην εἶναι, τοσαύτῃ μὲν ῥώμῃ διανοίας, τοσαύτῃ δὲ καὶ ἰσχύϊ λόγων χρώμενον· σὺ δὲ, ὡς ἔοικας [3], αὐτὸς ἑαυτοῦ, ἐκπλαγεὶς ὅτι παρά τε τὴν ἐλπίδα καὶ παρὰ τὴν [4] ἀξίαν ἔπταισας, παρήρησαί [5] τι τοῦ σφόδρα ἀνδρείου· ἀλλὰ τοῦτο μὲν εὐθὺς ἀπολήψῃ [6]. Τοιούτων δὲ τῶν κατά σε ὄντων, καὶ εὖ μὲν ἥκοντος τοῦ σώματος, εὖ δὲ καὶ τῆς ψυχῆς, οὐχ ὁρῶ τί τὸ λυποῦν ἐστί σε.

23. Ταῦτα αὐτοῦ εἰπόντος, ὁ Κικέρων ἔφη· « Οὐ δοκεῖ οὖν [7] σοι μέγα κακὸν εἶναι ἡ [8] ἀτιμία καὶ φυγή; καὶ τὸ μήτ' οἴκοι διατρίβειν, [μήτε] μετὰ [9] τῶν φίλων εἶναι, ἀλλὰ ἐκ τῆς πατρίδος μεθ' ὕβρεως ἐκπεπτωκότα ζῆν ἐν ἀλλοτρίᾳ γῇ, καὶ ἀλᾶσθαι, φυγάδα προσαγορευόμενον; καὶ γέλωτα μὲν τοῖς ἐχθροῖς, αἶσχος δὲ τοῖς οἰκείοις παρέχοντα; » — « Οὐδαμῇ ἔμοιγε, εἶπεν ὁ Φιλίσκος. Δύο γὰρ τούτων

---

1. H : Τῆς, par la confusion d'αι avec η.
2. Cette particule manque dans E. Je l'ajoute avec Reimarus, Sturz et M. Imm. Bekker, d'après A et F, à cause de l'affection particulière de Dion pour δὲ δή.
3. Ἔοικαν est un barbarisme dans H.
4. Cet article manque dans la leçon vulgaire. Je le donne d'après A et F, comme Sturz et M. Imm. Bekker.
5. C : Πάρησαι. Le copiste a omis la syllabe ρη dans le corps du mot : j'ai déjà signalé plusieurs fautes analogues.
6. Rob. Étienne donne la forme attique ἀπολήψει : elle est confirmée par D, G et H.

HISTOIRE ROMAINE DE DION, L. XXXVIII. 371
« des plaisirs du corps ne peut se montrer assidûment
« en public et vivre dans le Forum, prouvant par ses
« travaux du jour ses labeurs de la nuit. C'est d'après
« cela que je te regardais aussi comme l'homme le plus
« courageux, toi qui as fait preuve d'un esprit si ferme
« et d'une éloquence si vigoureuse. Ébranlé par des
« coups imprévus et non mérités, tu me parais avoir
« ôté toi-même à ton âme une partie de son énergie ;
« mais tu la recouvreras bientôt. Avec ces avantages
« personnels, alors que ton corps et ton âme sont en
« bon état, qu'y a-t-il qui puisse t'affliger? Je ne le vois
« pas. »

23. A ces paroles de Philiscus Cicéron répondit :
« Ne regardes-tu donc pas comme un grand mal d'être
« banni et noté d'infamie, de ne pouvoir rester chez
« soi et au milieu de ses amis, de vivre sur une terre
« étrangère, après avoir été ignominieusement chassé
« de sa patrie, d'errer de contrée en contrée avec le nom
« d'exilé, d'être pour ses ennemis un objet de risée et
« un sujet de honte pour ses proches? » — « Point du
« tout, reprit Philiscus. L'homme étant composé de deux

7. Cette particule manque dans C.
8. L'article ἡ est omis dans A, F, G et H ; mais dans G, il a été ajouté en marge par une main plus moderne. M. Imm. Bekker lit ἀτιμία καὶ φυγή.
9. A, B, C, D, F et G : διατρίβειν μετὰ κτλ.; mais dans G, καὶ a été écrit au-dessus de cette préposition par une main plus moderne. La leçon διατρίβειν, καὶ μετὰ κτλ., tirée d'E et conservée par Reimarus et par Sturz, a paru suspecte à M. Imm. Bekker, qui soupçonne ici une lacune. Il propose de supprimer καὶ, qui manque dans la plupart des manuscrits, et d'ajouter μήτ' ἐπίτιμον avant μετὰ τῶν φίλων. Je me contente de retrancher καὶ et de le remplacer par μήτε que je place entre crochets.

24.

ὄντων ¹, ἐξ ὧν συνεστήκαμεν, ψυχῆς τε καὶ σώματος, καὶ ῥητῶν ἑκατέρῳ παρ' αὐτῆς τῆς φύσεως καὶ ἀγαθῶν καὶ κακῶν δεδομένων ², εἰ μέν τι ³ περὶ ταῦθ' ἁμαρτάνοιτο, καὶ βλαβερὸν ἂν εἰκότως καὶ αἰσχρὸν νομίζοιτο ⁴· εἰ δ' ὀρθῶς ἔχοι ⁵, καὶ μᾶλλον ἂν ὠφέλιμον εἴη· ὃ καὶ σοὶ νῦν ὑπάρχει. Τὰ γὰρ δὴ ἄλλ' ἐκεῖνα καὶ αἱ ἀτιμίαι ⁶, καὶ εἰ δή τι τοιοῦτον ἕτερον, νόμῳ τε καὶ δοκήσει τινὶ καὶ αἰσχρὰ καὶ κακά ἐστι· καὶ οὐδὲν οὔτε τῷ σώματι, οὔτε τῇ ψυχῇ λυμαίνεται. Ποῖον μὲν γὰρ ἂν σῶμα εἰπεῖν ἔχοις ⁷ νενοσηκὸς ἢ καὶ ἀπολωλός, ποίαν δὲ ψυχὴν ἀδικωτέραν ἢ καὶ ἀμαθεστέραν γεγονυῖαν ὑπ' ἀτιμίας καὶ φυγῆς, ἢ καὶ ἄλλου τινὸς τῶν τοιούτων; ἐγὼ μὲν γὰρ οὐχ ὁρῶ. Τὸ δὲ αἴτιον ὅτι οὐδὲν σφῶν ⁸ φύσει κακόν ἐστιν· ὥσπερ οὐδ' ἡ ἐπιτιμία ⁹, οὐδ' ἡ ἐν τῇ πατρίδι διατριβὴ ¹⁰ φύσει χρηστή, ἀλλ' ὁποῖα ποτ' ἄν τις ἕκαστος ἡμῶν περὶ αὐτὰ

---

1. Reimarus a remplacé la leçon vulgaire δύο γὰρ ὄντων par δύο γὰρ τούτων ὄντων qu'il emprunte, dit-il, à B et à C et qui se trouve aussi dans A et F : je l'adopte avec Sturz et M. Imm. Bekker. La leçon δύο γὰρ τῶν ὄντων, donnée par Rob. Étienne, est tirée d'E : le copiste, qui avait probablement τούτων sous les yeux, n'a écrit que la dernière syllabe de ce mot.

2. Leunclavius avait deviné que l'ancienne leçon διδομένων devait être remplacée par δεδομένων : j'adopte avec Reimarus, Sturz et M. Imm.
Bekker, sa conjecture qui est confirmée par A, B et F. — G porte δι̇δομένων.

3. C, D, E, G et H : Εἰ μέν τοι, par la confusion de τί avec τοί. Nous l'avons notée plusieurs fois.

4. Dans A et E, après καὶ αἰσχρὸν νομίζοιτο, le copiste, par distraction, a écrit εἰ δ' ὀρθῶς αἰσχρὸν νομίζοιτο · εἰ δ' ὀρθῶς ἔχοι κτλ.

5. G : Εἰ δ' ὀρθῶς ἔχει, par la confusion d'ο avec ε.

« substances, l'âme et le corps, et la nature ayant assigné
« à chacune des biens et des maux déterminés, ce qu'il
« y a de défectueux en elles doit être seul regardé comme
« nuisible et comme honteux ; mais si elles sont l'une
« et l'autre en bon état, c'est un grand avantage, et cet
« avantage, tu le possèdes en ce moment. Les maux dont
« tu parles, la dégradation civique et d'autres accidents
« semblables, ne sont honteux et funestes que d'après
« certaines conventions et certaines opinions ; mais ils
« ne nuisent ni au corps ni à l'âme. Pourrais-tu me citer
« un corps qui soit devenu malade ou qui ait péri, une
« âme qui ait été rendue plus injuste ou plus ignorante
« par cette dégradation, par l'exil ou par telle autre peine ?
« Pour moi, je n'en vois pas, et cela vient de ce que la
« nature n'a attaché aucun mal à ces accidents de la
« vie. De même, la jouissance des droits de citoyen et le
« séjour dans sa patrie ne sont pas des biens réels : ils
» n'ont d'autre valeur que celle que nous leur donnons

6. Reiske voudrait lire αἱ φυγαὶ καὶ αἱ ἀτιμίαι, parce que les mots φυγὴ et ἀτιμία, réunis un peu plus haut, le sont encore un peu plus loin. Cette raison ne m'a point paru suffisante pour changer l'ancienne leçon, qui est confirmée par tous les Ms.

7. Avec M. Imm. Bekker j'ajoute ἄν, à cause de l'optatif. Au lieu d'ἔχοις, F porte ἔχεις, par la confusion d'ο avec ε.

8. C : Οὐδὲν σφίσι.

9. Ἐπιθυμία, l. l., par la confusion de τ avec θ et d'ι avec υ.

10. L'ancienne leçon porte οὔθ' ἡ ἐπιτιμία, οὐδ' ἐν τῇ πατρίδι διατριβή. Reimarus l'a conservée. Sturz dit qu'il lit οὔθ' ἡ ἐν τῇ πατρίδι, d'après A : son assertion est en partie exacte et en partie erronée. A et B portent οὐδ'ἡ ἐν τῇ πατρίδι, leçon qui se trouve aussi dans E et H. Pour rendre ce passage plus correct, malgré l'autorité des manuscrits qui donnent tous οὔθ' ἡ ἐπιτιμία, je lis avec M. Imm. Bekker : οὐδ' ἡ ἐπιτιμία, οὐδ' ἡ ἐν τ. π. δ.

δοξάσῃ,[1], τοιαῦτα καὶ δοκεῖ εἶναι. Αὐτίκα τὴν ἀτιμίαν οὐκ ἐπὶ τοῖς αὐτοῖς παντελῶς ἄνθρωποι νομίζουσιν [οὐδὲ τὴν] ἐπιτιμίαν [2]· ἀλλ' ἔστιν ἃ τῶν ἔργων ἐπαίτια παρά τισιν ὄντα, παρ' ἄλλοις ἐπαινεῖται, καὶ ἕτερα πρός τινων τιμώμενα πρὸς ἑτέρων κολάζεται. Εἰσὶ δὲ οἳ καὶ τὴν ἀρχὴν οὔτε τὸ ὄνομα οὔτε τὸ ἔργον αὐτῆς[3] ἴσασι[4]. Καὶ πάνυ εἰκότως· ὅσα γὰρ μὴ προσάπτεται[5] τῶν τῇ φύσει τοῦ ἀνθρώπου προσηκόντων[6], οὐδ' ἀνήκειν[7] ἐς αὐτὸν νομίζεται. Ὥσπερ ἂν οὖν, εἰ κρίσις τις[8], ἢ καὶ ψήφισμά τι ἐγένετο, τὸν δεῖνα νοσεῖν, ἢ τὸν δεῖνα αἰσχρὸν εἶναι, γελοιότατον ἂν δήπουθεν ἦν[9]· οὕτω καὶ περὶ τῆς ἀτιμίας ἔχει.

24. « Τὸ δ' αὐτὸ τοῦτο καὶ περὶ τὴν φυγὴν[10] ἔγωγε ὁρῶ ὄν· ἀποδημία γάρ τις ἄτιμός ἐστιν· ὥστ' εἴπερ αὐτὴ καθ' αὑτὴν[11] ἡ ἀτιμία μηδεμίαν κακίαν ἔχει, οὐδὲ τῇ φυγῇ δήπου προστρίψασθαί τι κακὸν δύναται· ἐπεὶ τήν γε

---

1. F : Δοξάσοι, par la confusion d'η avec οι.
2. L'ancienne leçon αὐτίκα τὴν ἀτιμίαν οὐκ ἐπὶ τοῖς αὐτοῖς παντελῶς ἄνθρωποι νομίζουσιν ἐπιτιμίαν, évidemment fautive, a donné lieu à plusieurs conjectures. Xylander et Turnèbe proposent αὐτίκα — νομίζουσιν, οὔτ' ἐπιτιμίαν. Leunclavius voudrait ἢ ἐπιτιμίαν — Reiske οὐδὲ τὴν ἐπιτιμίαν, ou bien οὐ μᾶλλον ἢ τὴν ἐπιτιμίαν. Je me suis décidé pour la première conjecture de Reiske, qui m'a paru la plus satisfaisante pour le sens; mais je place οὐδὲ τὴν entre crochets. M. Imm. Bekker supprime ἐπιτιμίαν et lit αὐτίκα τὴν ἀτιμίαν οὐκ ἐπὶ τοῖς αὐτοῖς παντελῶς ἄνθρωποι νομίζουσιν· ἀλλ' ἔστιν κτλ.
3. Oddey préférerait αὐτῶν. Je maintiens l'ancienne leçon, d'après la remarque de Reimarus : Crediderim αὐτῆς speciatim referri ad ἀτιμίας. F porte αὐτοῦ.
4. C, D, G et H : Ἴσασιν. Καὶ, par l'addition du ν paragogique devant une consonne.

« nous-mêmes. Et, en effet, tous les hommes ne font point
« consister l'honneur et le déshonneur dans les mêmes
« choses : certaines actions, blâmées chez les uns, sont
« louées chez les autres, et celles qu'on récompense
« dans un pays sont punies ailleurs. Enfin il est des
« hommes qui, bien loin d'admettre comme une réalité
« ce déshonneur dont tu parles, en ignorent même le
« nom, et c'est avec raison ; car ce qui ne tient pas à
« notre nature ne leur semble pas nous regarder ; et
« s'il est vrai qu'un jugement ou un décret déclarant que
« tel homme est malade, tel autre difforme, paraîtraient
« fort ridicules, il faut en dire autant du déshon-
« neur.

24. « A mon avis, il en est de même de l'exil, qui
« est une sorte de voyage accompagné de dégradation :
« si cette dégradation n'est pas un mal par elle-même, elle
« ne saurait attacher aucun mal à l'exil. D'ailleurs, beau-

---

5. Προσάπτηται, non-seulement dans B cité par Reimarus; mais aussi dans A, D, F. et H. Cette leçon se trouvait également dans C : une main plus moderne a écrit ε au-dessus d'η.

6. D'après A et F. M. Imm. Bekker adopte aussi cette leçon que Reimarus avait devinée. C, E et G portent προσάπτεται τῇ φύσει τοῦ ἀνθρώπου προσηκόντως.

7. C : Ἀνήκει, par la fréquente permutation des désinences ειν et ει.

8. Ἡ κρίσις provient de la confusion d'ει avec η, non-seulement dans A cité par Sturz, mais encore dans C, E et F. Τίς manquait dans G : il a été ajouté en marge par une main plus moderne. J'ai signalé ailleurs l'omission de ce mot par les copistes.

9. Ce mot manque dans G.

10. F : Φύσιν, par la confusion de γ avec ς et d'η avec ι.

11. C : Καθ' αὐτῆς, faute du copiste.

ἄλλως [1] συχνοὶ πλεῖστον ὅσον χρόνον, οἱ μὲν ἄκοντες, οἱ δὲ καὶ ἑκόντες ἀποδημοῦσι, καί τινες καὶ πάντα τὸν βίον καταναλίσκουσι περινοστοῦντες, ὥσπερ ἀεὶ πανταχόθεν ἐξελαυνόμενοι· καὶ οὐδὲν μέντοι παρὰ τοῦτο βλάπτεσθαι νομίζουσιν. Οὐ μὴν οὐδὲ [2] διαφέρει τι, ἑκούσιόν τινα ἢ μὴ τοῦτο ποιεῖν. Οὐδὲ γὰρ οὐδ' ὁ [3] ἄκων σωμασκῶν, ἧττόν τι ἔρρωται τοῦ ἐθελοντὶ αὐτὸ δρῶντος· οὐδ' ὁ ἄκων ναυτιλλόμενος [4] ἥττονά [5] τινα ὠφέλειαν [6] τοῦ ἑτέρου κτᾶται. Καὶ αὐτό γε τοῦτο τὸ ἀκούσιον οὐχ ὁρῶ δυνάμενον ἀνδρὶ φρονίμῳ συμβῆναι. Ὥστ' εἴπερ ἐν τούτῳ τὸ διάφορον τοῦ τε εὖ καὶ τοῦ κακῶς πράττειν ἐστί, [ὅτι] τὰ μὲν ἐθελονταὶ [7] ἑτοίμως, τὰ δ' ἄκοντες χαλεπῶς ποιοῦμεν [8], εὐθεράπευτον [9]. Ἐὰν γάρ τοι πάντα τὰ ἀναγκαῖα ἑκούσιοι ὑπομένωμεν [10] καὶ πρὸς μηδὲν αὐτῶν ἡττώμε-

---

1. Leunclavius propose ἐπεί τοί γε ἄλλως : il pense qu'il n'est pas permis de lire τήν γε ἄλλως, tiré de τηνάλλως γε dont la signification *frustra — temere* ne peut, suivant lui, trouver ici sa place. Oddey partage cette opinion. Sturz défend la leçon que j'adopte par un passage analogue de Dion, liv. XLII, 50, ἐπεὶ τήν γε ἄλλως καὶ βιαίως, et par les savantes observations de M. Boissonade sur Hérodien, Partition. p. 133. D'après ces autorités, M. Imm. Bekker lit aussi τήν γε ἄλλως — *alioqui*.
2. Reiske aimerait mieux οὐδέν.
3. Cet article manque dans C, D, G et H.
4. H : Οὐδ' ἄκων ναυτιλλόμενος. Ici encore le copiste a omis l'article.
5. A, B, C, D et G : Ἥττωνα, par la confusion d'ο avec ω. Reiske propose ἧττον, sans nécessité.
6. A et F : Ὠφελίαν, par la confusion d'ει avec ι.
7. A l'ancienne leçon τὰ μέν, confirmée par les manuscrits, je substitue, comme Sturz et M. Imm. Bekker, ὅτι τὰ μέν, proposé par Leunclavius et Oddey ; mais je place ὅτι entre crochets. Au lieu d'ἐθελονταὶ, H porte ἐθελοντά, faute du copiste.
8. B, D, F et H : Ποιῶμεν, par la confusion d'ου avec ω. La même

« coup d'hommes, les uns volontairement, les autres
« malgré eux, voyagent la plus grande partie de leur vie :
« il en est même qui la passent tout entière à courir de
« pays en pays, comme s'ils étaient chassés de partout,
« et ils ne croient pas que ce soit un mal : peu importe
« qu'on voyage volontairement ou non. L'homme qui
« exerce, malgré lui, son corps n'acquiert pas moins de
« force que celui qui l'exerce de son plein gré, et celui
« qui navigue involontairement n'en retire pas moins de
« fruit que celui qui navigue volontairement. Du reste,
« je ne vois pas comment le sage pourrait être exposé
« à faire une chose involontairement ; et si la diffé-
« rence entre le bonheur et le malheur consiste en
« ce que nous faisons avec plaisir ce que nous désirons,
« et avec peine ce qui est contraire à notre volonté, le
« remède est facile. En effet, si nous supportons sans
« nous plaindre les choses qui nous sont imposées par
« la nécessité ; si elles ne peuvent nous abattre, il

faute est dans A qui porte πιῶμεν, par la confusion d'οι avec ι. G donne aussi ποιῶμεν ; mais la véritable leçon a été rétablie en marge par une main plus moderne.

9. A, B, C et F : Εὐθεράπευτος. Les désinences ον et ος sont souvent confondues par les copistes. Ainsi, dans Thucydide, VII, 70, au lieu de Ἦρχον δὲ τοῦ ναυτικοῦ τοῖς Συρακοσίοις Σικανὸς μὲν καὶ Ἀγάθαρχος, κέρας ἑκάτερος τοῦ παντὸς ἔχων κτλ., le manuscrit de la Bibliothèque Nationale n° 1657, contenant le Jug. de Denys d'Hal. sur Thucydide, où ce passage est cité, § XXVI, porte ἑκάτερον κτλ.

Quant aux autres manuscrits de Dion, on lit εὐθεράπευτον dans E, εὐθεράπευτος dans G, οὐθεράπευτος dans H. Nic. Leoniceno avait la leçon εὐθεράπευτον sous les yeux, en traduisant : *Facilmente se gli puo rimediare*.

10. G : Ὑπομένομεν.

378 ΤΩΝ ΔΙΩΝΟΣ ΙΣΤΟΡΙΩΝ ΡΩΜ. ΒΙΒΛ. ΛΗ.

R.p. 169. θα ¹, συνανήρηται ² πάντα κἀκεῖνα, ὅσα ἂν ἐν τῷ ἀκουσίῳ θῇ τις εἶναι. Καὶ γάρ που καὶ ἀρχαῖος λόγος καὶ μάλα εὖ ἔχων ἐστὶν ³, ὅτι δεῖ ἡμᾶς μὴ ὅσα ἂν βουλώμεθα ⁴ ἀξιοῦν γίγνεσθαι, ἀλλ' ὅσα ἂν ἔκ τινος ἀνάγκης γίγνηται ⁵, βούλεσθαι. Οὔτε γὰρ αὐθαίρετον τὸν τοῦ βίου τρόπον ἔχομεν οὔθ' αὐτῶν ⁶ ἐσμέν· ἀλλ' ὅπως ἂν τῇ τύχῃ δόξῃ, καὶ ὁποῖος ⁷ ἂν ἑκάστῳ ἡμῶν δαίμων ἐκπληρωτὴς τοῦ τεταγμένου δοθῇ, τοιοῦτον ἀνάγκη καὶ ἐκεῖνον ἡμᾶς ποιεῖσθαι ⁸. Ταῦτα μὲν δὴ τοιαῦτά ἐστιν ⁹, ἄν τε θέλωμεν, ἄν τε καὶ μή.

25. « Εἰ δέ σε οὐχὶ ἡ ἀτιμία αὐτὴ ¹⁰, οὐδ' ἡ φυγὴ αὐτὴ λυπεῖ, ἀλλ' ὅτι μὴ μόνον μηδὲν ἠδικηκὼς τὴν πατρίδα, ἀλλὰ καὶ πολλὰ εὐεργετηκὼς ἠτίμωσαί τε καὶ ἐξελήλασαι ¹¹· λόγισαι τοῦθ', ὅτι ἐπειδή περ ἅπαξ ἐπέπρωτό σοι τοιοῦτό

1. Reiske propose πρὸς μηδὲν ἐναντιώμεθα, ou bien πρὸς μηδενὸς αὐτῶν πληττώμεθα — νυττώμεθα — λυπώμεθα. Mais aucun changement n'est nécessaire. Je maintiens l'ancienne leçon, confirmée par tous les manuscrits : elle donne un sens très-satisfaisant.

2. Cette leçon, proposée par Reiske et approuvée par Reimarus dans ses *Addenda*, tom. II, p. 1697 de son édition, m'a paru préférable à l'ancienne συνανήρτηται. Je l'ai adoptée avec M. Imm. Bekker : la confusion entre les deux verbes est facile.

3. Allusion à la maxime d'Aristote, citée par Stobée, Disc. III : Ἐπειδὴ μὴ γίνεται τὰ πράγματα ὡς βουλόμεθα, δεῖ βούλεσθαι ὡς γίνεται, et à celle d'Épictète, Enchirid. § VIII, p. 3, dans la Coll. Didot : Μὴ ζήτει τὰ γινόμενα γίνεσθαι ὡς θέλεις· ἀλλὰ θέλε τὰ γινόμενα ὡς γίνεται· καὶ εὐπορήσεις.

4. F : Βουλόμεθα, par la confusion d'ω avec ο.

5. Sturz remplace l'ancienne leçon γίγνεται par γίγνηται. A cause d'ἂν, j'adopte cette correction avec M. Imm. Bekker.

6. Je substitue à l'ancienne leçon οὔτ' αὐτῶν, qui se trouve dans A, B et F, οὔθ' αὐτῶν conseillé par Rob. Etienne et par Turnèbe, et adopté par H. Etienne, Leunclavius, Reimarus, Sturz et M. Imm. Bekker.

« ne doit plus être question de choses arrivant malgré
« nous. Ainsi, d'après une ancienne maxime dictée par la
« sagesse, nous ne devons point souhaiter que ce que
« nous désirons arrive, mais vouloir ce qui arrive par une
« sorte de nécessité; car il ne nous est point donné de
« choisir telle ou telle condition, et nous ne nous appar-
« tenons pas. Bien au contraire, nous devons vivre
« comme il plaît à la fortune et comme l'a réglé le gé-
« nie préposé à la destinée de chacun de nous : or cette
« destinée reste la même, que nous l'acceptions ou non.

25. « Peut-être ne t'affliges-tu ni de la dégradation, ni
» de l'exil, mais plutôt d'être déshonoré et banni sans
« avoir fait aucun mal à ta patrie, ou même après lui avoir
« rendu d'éclatants services? Dans ce cas considère que,
« destiné à ces épreuves, il ne pouvait t'arriver rien de

---

7. G : Ὁποῖοι, faute du copiste.

8. Reiske voudrait προσίεσθαι — *admittere*, ou bien προσποιεῖσθαι — *nostrum facere*, *pro nostro habere*, *amicum nobis conciliare*. Ces conjectures doivent être rejetées : « Quibus omnibus, dit Sturz, recte videmur carere. Nam ποιεῖσθαι pertinet ad τοιοῦτον, hoc autem ad τὸν βίον. »

9. Ici encore, Reiske s'abandonne à son goût pour les conjectures. Il propose 1° τὰ ὄντα γὰρ ἀεὶ τοιαῦτά ἐστιν (sous-ent. οἷά ἐστιν) 2° τὰ ὄντα γὰρ ἀεὶ τὰ αὐτά ἐστιν 3° πάντα γὰρ ἀεὶ τὰ αὐτά ἐστιν. Je maintiens l'ancienne leçon, qui est confirmée par les manuscrits et par la version de Nic. Leoniceno : *Queste cose adunque sono tali, ò che noi vogliano, ò nò*. Sturz se borne à substituer ταὐτὰ à ταῦτα; encore reconnaît-il que ce changement n'est pas nécessaire.

10. D'après Reiske, ici et après φυγῇ je lis avec M. Imm. Bekker αὐτή, au lieu d'αὕτη.

11. C : Ἠτίμωσέ τε καὶ ἐξήλασε, par la confusion d'αι avec ε. A l'ancienne leçon ἐξήλασαι, maintenue par Reimarus et confirmée par les manuscrits, je préfère, avec Sturz et M. Imm. Bekker, ἐξελήλασαι donné par Rob. Etienne et que nous trouverons plus loin, § 27 de ce livre : Οὔτε γὰρ ἐξ ἀδικίας ἐξελήλασαι.

τι ¹ παθεῖν, κάλλιστον δήπου καὶ ἄριστον συμβέβηκε τὸ μηδὲν ἀδικήσαντά σε ἐπηρεάσθαι ². Σὺ μὲν γὰρ πάντα τὰ καθήκοντα τοῖς πολίταις συνεβούλευσας καὶ ἔπραξας ³, οὐκ ἰδιωτεύων ⁴, ἀλλ' ὑπατεύων· οὐδ' ἰδίᾳ τι πολυπραγμονῶν ⁵, ἀλλὰ τοῖς τῆς βουλῆς δόγμασι πειθόμενος, οὐ κατὰ στάσιν, ἀλλ' ἐπὶ τῷ βελτίστῳ γενόμενος. Ὁ δεῖνα δὲ καὶ ὁ δεῖνα ἐκ δυναστείας καὶ ἐπηρείας πάντα κατὰ σοῦ συνεσκευάσαντο· ὥστε ἐκείνοις ⁶ μὲν καὶ ἄχθεσθαι καὶ λυπεῖσθαι ἐπὶ τῇ ἀδικίᾳ προσήκει· σοὶ δὲ δὴ, ἀνδρείως φέρειν τὰ δόξαντα τῷ δαίμονι καὶ καλὸν καὶ ἀναγκαῖόν ἐστιν. Οὐ γάρ που μᾶλλον ἂν ἐθελήσαις ⁷ τῷ τε Κατιλίνᾳ συμπράξας, καὶ τῷ Λεντούλῳ συνομόσας ⁸, καὶ πάντα μὲν τὰ ἐναντία ⁹ τῶν συμφερόντων τῇ πατρίδι παραινέσας, μηδὲν δὲ τῶν προσταχθέντων σοι ὑπ' αὐτῆς ποιήσας, οἴκοι μένειν ἀδικήσας, ἢ ¹⁰ κατορθώσας φυγεῖν. Οὐκοῦν εἰ καὶ τῆς δόξης σοι μέλει ¹¹, πολλῷ που αἱρετώτερόν ἐστι, μηδὲν ἀδικήσαντά σε ἐκπεπτωκέναι, ἢ κακουργήσαντά τι οἴκοι ¹² μεμενηκέναι· τά τε γὰρ ἄλλα, καὶ ἡ αἰσχύνη, τοῖς

---

1. D'après A, D, F, G et H, je substitue, comme M. Imm. Bekker, cette leçon à l'ancienne τοιοῦτόν τι, maintenue par Reimarus et par Sturz.

2. L'ancienne leçon ἐπήρεσθαι, confirmée par les manuscrits, est fautive. Je l'abandonne; mais, au lieu d'adopter avec Reimarus et Sturz ἐπηρεάζεσθαι proposé par Rob. Étienne, Xylander, Henri Etienne et Leunclavius, je lis, comme M. Imm. Bekker, ἐπηρεάσθαι, conjecture de M. Tafel: elle se rapproche davantage de la leçon primitive.

3. C : Συμβούλευσας ἔπραξας, bonne leçon.

4. Ἡδιωτεύων, dans C, D et H, par la confusion d'ι avec η.

5. G : Πραγμονῶν, faute du copiste.

6. F et H : Ὥστ' ἐκείνοις.

« plus honorable ni de plus avantageux que d'être traité
« ainsi, sans avoir rien fait de mal. Tout ce qui était utile
« à tes concitoyens, tu l'as conseillé et mis à exécution,
« non comme particulier, mais en qualité de consul,
« non de ton autorité privée, mais en vertu des décrets
« du sénat; non dans un intérêt de parti, mais pour le
« bien de la République ; tandis que tel et tel ont
« ourdi des trames contre toi par ambition ou pour
« te nuire. Voilà quels sont les hommes qui doivent
« souffrir et s'affliger de leurs injustices : pour toi, au
« contraire, il est beau et même nécessaire de te sou-
« mettre avec courage aux arrêts du Destin. Non, j'en suis
« sûr, tu n'aimerais pas mieux t'être associé à Catilina
« et à Lentulus, avoir conseillé des mesures nuisibles à ta
« patrie, n'avoir rien fait de ce qu'elle t'avait ordonné,
« et vivre dans son sein, après avoir manqué au devoir,
« que d'en être banni après l'avoir sauvée. Si tu tiens
« à ton honneur, tu dois donc te trouver plus heureux
« d'être exilé innocent que de vivre coupable à Rome ;
« car, sans parler d'autre chose, la honte ne retombe

7. Ἂν ἐθελῆσαι, non-seulement dans B cité par Sturz ; mais encore dans C, D, E, F et H.

8. D'après A, B, D, F, G et H, je lis συνομόσας adopté par M. Imm. Bekker. Cf. Thes. gr. ling. au mot ὄμνυμι, tom. V, p. 1953-1954, éd. Didot. L'ancienne leçon συνομώσας, maintenue par Reimarus et par Sturz, provient d'E.

9. A, B, F, G et H : Τἀναντία.

10. Comme Sturz et M. Imm. Bekker, j'ajoute, d'après Xylander et Turnèbe, ἢ qui manque dans la leçon vulgaire, confirmée par les manu-scrits et maintenue par Reimarus. Reiske se permet une conjecture trop hardie : Οἴκοι μένειν, ἢ μηδὲν ἀδικήσας, πολλὰ δὲ κατορθώσας κτλ.

11. Μέλλει dans A, cité par Sturz : il se trouve aussi dans B, E et G. Ces deux verbes sont perpétuellement confondus.

12. Ce mot manque dans C, G et H.

ἀδίκως ἐκβάλλουσί τινα [1], ἀλλ' οὐ τῷ κατ' ἐπήρειαν ἐξελασθέντι προσγίγνεται.

26. « Καίτοι [2] ἔγωγε ἀκούω τοῦθ', ὅτι οὐκ ἄκων οὐδ' ἁλοὺς [3] μετέστησας, ἀλλ' ἐθελοντὴς ἐμίσησας τὸν μετ' αὐτῶν [4] βίον· ἄτε μήτε βελτίους σφᾶς ποιῆσαι δυνάμενος, μήτε συναπολέσθαι σφίσιν ὑπομένων· καὶ ἔφυγες οὐ τὴν πατρίδα, ἀλλὰ τοὺς ἐπιβουλεύοντας αὐτῇ. Ὥστ' ἐκεῖνοι μὲν καὶ ἐξόριστοι εἶεν ἂν καὶ ἄτιμοι [5], πάντα τἀγαθὰ [6] ἐκ τῶν ψυχῶν ἐκβεβληκότες· σὺ δὲ ἐπίτιμος καὶ εὐδαίμων, μήτ' ἀτόπως τινὶ δουλεύων, καὶ πάντα τὰ προσήκοντα ἔχων· ἄν τε ἐν Σικελίᾳ [7], ἄν τε ἐν Μακεδονίᾳ, ἄν τε καὶ ἀλλοθί που τῆς οἰκουμένης ζῆν ἐθελήσῃς. Οὐ γὰρ δήπου τὰ χωρία οὔτε εὐτυχίαν οὔτε κακοδαιμονίαν τινὰ δίδωσιν, ἀλλὰ καὶ αὐτὸς ἕκαστος αὑτῷ [8] καὶ πατρίδα καὶ εὐδαιμονίαν ἀεὶ καὶ πανταχοῦ ποιεῖ. Καὶ ταῦθ' ὁ Κάμιλλος [9] εὖ νοήσας [10], ἡδέως ἐν Ἀρδέᾳ κατῴκησε· ταῦθ' ὁ Σκιπίων λογισάμενος

---

1. B : Ἐκβάλλουσίν τινα, par l'addition du ν paragogique devant une consonne. M. Imm. Bekker lit ἐκβαλοῦσί τινα que j'aurais adopté volontiers, si sa conjecture était confirmée par les Ms. Je l'ai suivie dans la traduction.
2. G : Καί τι, par la confusion de τοί avec τί.
3. Ἄλλους, dans A cité par Sturz, et dans B, C, F et G. J'ai déjà noté des fautes analogues.
4. D : Τῶν μετ' αὐτῶν, par la confusion d'ο avec ω.
5. Sturz dit que A porte μὲν καὶ ἄτιμοι καὶ ἐξόριστοι εἶεν ἄν. Cette leçon se trouve aussi dans B, C, D, F et H.
6. F : Τὰ ἀγαθά.
7. D'après A, B et F. Sturz, qui cite cette leçon, regarde les mots ἄν τε ἐν τῇ Σικελίᾳ, comme une glose, à cause de ce qui a été dit § 17 : ἢ ἐν τῇ

HISTOIRE ROMAINE DE DION, L. XXXVIII. 383

« point sur l'homme injustement banni, mais sur ceux
« qui l'ont exilé en violant la justice.

26. « D'ailleurs j'entends dire que tu n'es point sorti
« de Rome malgré toi ou frappé d'une condamnation,
« mais volontairement et parce qu'il te répugnait de
» vivre avec des hommes que tu ne pouvais rendre meil-
« leurs et avec lesquels tu ne voulais point périr. Ce n'est
« pas ta patrie que tu as quittée, mais ceux qui tra-
« ment sa ruine. Les exilés, les hommes notés d'infamie,
« ce sont ceux qui ont banni de leur âme le sentiment
« du bien. Toi, ton honneur est intact et tu es heureux ;
« car tu n'es l'esclave de personne et tu possèdes tout
« ce dont tu as besoin, qu'il te convienne de vivre en
« Sicile, en Macédoine ou dans une autre contrée. Ce
« n'est point tel ou tel pays qui nous rend heureux ou
« malheureux : c'est plutôt chacun de nous qui se donne
« et la patrie et le bonheur, en tout temps et en tout
« lieu. C'est pour l'avoir compris que Camille fut heu-
« reux à Ardée et que Scipion vécut à Liternum, sans se

Σικελία διατριβή ἀπερρήθη. Mais les mots que j'ajoute n'expriment pas un séjour en Sicile : ils désignent tout simplement un pays où Cicéron aurait pu vouloir s'établir, et nous savons qu'il avait pensé à se fixer en Sicile ; cf. Plutarque, Cic. XXXII ; Dion, § 17 de ce livre. Je n'ai donc pas hésité à insérer dans le texte, à l'exemple de M. Imm. Bekker, ἄν τε ἐν Σικελίᾳ.

8. B et E : Αὐτῷ.

9. Κάμιλος, dans A, cité par Sturz, et dans D, E et F. Les copistes n'ont mis qu'un λ, quand il en fallait deux.

10. Reiske propose de remplacer l'ancienne leçon εὖ νοήσας par ἐννοήσας. Avec Sturz et M. Imm. Bekker je conserve εὖ νοήσας, quoique la conjecture de Reiske donne un sens très-raisonnable et soit confirmée par F.

ἀλύπως ἐν Λιτέρνῳ κατεβίω¹. Τί γὰρ δεῖ² τὸν Ἀριστείδην, τί δὲ τὸν Θεμιστοκλέα λέγειν; οὓς ἐνδοξοτέρους ἡ φυγὴ ἐποίησε³. Τί τὸν Ἄννιον⁴; τί τὸν Σόλωνα, ὃς ἑκὼν ἔτη δέκα ἀπεξενώθη⁵. Μὴ οὖν μηδέ σὺ⁶ μήτε χαλεπόν τι τῶν τοιούτων, ἃ μήτε τῇ τοῦ σώματος μήτε τῇ τῆς ψυχῆς⁷ ἡμῶν φύσει προσήκει⁸, νόμιζε εἶναι, μήτ' ἀγανάκτει τοῖς προσπεπτωκόσιν⁹. Οὐδὲ γὰρ οὐδ' αἵρεσίς τίς¹⁰ ἐστιν ἡμῖν τοῦ ζῆν ὅπως ἂν θελήσωμεν¹¹, ὥσπερ εἶπον· ἀλλ' ἀνάγκη¹² πᾶσα¹³ ὑπομένειν ἡμᾶς τὰ δοκοῦντα τῷ δαιμονίῳ. Τοῦτο δὲ ἂν μὲν¹⁴ ἐθελοντὶ¹⁵ ποιῶμεν, οὐ λυπησόμεθα· ἂν δὲ ἀκόντως, οὔτ' ἐκφευξόμεθά¹⁶ τι τῶν πεπρωμένων, καὶ τὸ μέγιστον τῶν κακῶν προσεπικτησόμεθα, τὸ μάτην ἀνιᾶσθαι. Τεκμήριον δέ, ὅτι οἱ μὲν καὶ τὰ ἀτο-

---

1. Cf. Tite-Live, V, 32; 48; Aur. Victor, De Vir. Illustrib. XXIII; Plutarq. Camil. XII; Appien, II, 8, 2, p. 12 de la Coll. Didot.
2. G : Τί γὰρ δή, par la confusion de δή avec δεῖ. Cf. p. 51, not. 8 de ce volume.
3. A et H : Ἐποίησεν, par l'addition du ν paragogique devant une consonne.
4. Cette leçon se trouve dans tous les Ms. Mais quel est cet Annius ? On l'ignore. Leunclavius propose, contre toute vraisemblance, Αἰνείαν : Penzel approuve pourtant cette conjecture. Fabricius aimerait mieux Ἀννίβαν que Reiske est porté à adopter. Dans l'impossibilité d'arriver à une leçon certaine, je laisse subsister l'ancienne, comme l'ont fait Reimarus et Sturz. M. Imm. Bekker supprime les mots τί τὸν Ἄννιον.
5. G : Ἀπεξειώθη.
6. F : Μὴ δὲ σοί, μήτε.
7. Leunclavius remplace l'ancienne leçon μήτε τοῦ σώματος par μήτε τῇ τοῦ σώματος. Sa conjecture est justifiée par ce qui suit : μήτε τῇ τῆς ψυχῆς φύσει. Je l'ai adoptée avec M. Imm. Bekker. Le second τῇ manque dans G.

« plaindre. A quoi bon rappeler Aristide et Thémistocle
« que l'exil a rendus plus célèbres? A quoi bon rappeler
« Annius et Solon, qui passa volontairement dix ans
« sur la terre étrangère? Toi aussi, garde-toi de consi-
« dérer comme un mal ce qui ne tient essentiellement
« ni au corps ni à l'âme, et ne t'indigne pas des coups
« qui t'ont frappé; car, je l'ai déjà dit, il ne nous est
« point loisible de vivre comme nous voudrions, et
« nous devons nous soumettre aux épreuves que le
« sort nous envoie. Si notre résignation est volontaire,
« nous échapperons à la douleur; si elle est involon-
« taire, nous n'éviterons point les rigueurs de notre des-
« tinée et nous nous exposerons au plus grand de tous
« les maux, je veux dire à un chagrin inutile. Ce qui le
« prouve, c'est que les hommes qui supportent sans se

8. C : Προσήκειν, par la confusion des désinences ει et ειν. Cette confusion est d'autant plus facile à expliquer ici, qu'un ν se trouve au commencement du mot suivant.

9. G : Πεπτοκόσιν. Le copiste a confondu ω avec ο et omis la préposition : elle a été ajoutée en marge par une main plus moderne.

10. Ce mot manque dans G : nous avons déjà remarqué qu'il est souvent omis par les copistes.

11. F : Ἐθελήσωμεν.

12. Ἀλλὰ ἀνάγκη, dans le même Ms.

13. Πᾶσαν est une faute dans C : une annotation marginale porte πάντα qu'on peut admettre, en rapportant cet adjectif à τὰ δοκοῦντα.

14. C : Τοῦτο μὲν ἂν κτλ.

15. Sturz conserve l'ancienne leçon ἐθελονταὶ, et à cause de cet adjectif, il substitue un peu plus loin ἄκοντες à ἀκόντως qu'il dit n'être pas usité. M. Fix prouve le contraire, Thes. gr. ling. tom. I, p. 1250, éd. Didot. Je maintiens donc ἀκόντως avec M. Imm. Bekker; mais comme lui, à cause de cet adverbe, je remplace ἐθελονταὶ par ἐθελοντί.

16. D'après Reiske, je substitue, avec M. Imm. Bekker, οὔτ' à l'ancienne leçon οὐδὲ, à cause de καί.

πώτατα εὐκόλως φέροντες ἐν οὐδενὶ δεινῷ καθεστηκέναι νομίζουσιν· οἱ δὲ καὶ τοῖς ἐλαφροτάτοις [1] βαρυνόμενοι πάντα τὰ ἐξ ἀνθρώπων κακὰ ἔχειν ὑποπτεύουσι. Καὶ ἕτεροι, οἱ μὲν τὰ ἀμείνω [2] κακῶς, οἱ δὲ καὶ τὰ χείρω καλῶς μεταχειριζόμενοι, τοιαῦτα καὶ τοῖς [ἄλλοις [3]] ἑκάτερα δοκεῖν εἶναι ποιοῦσιν, οἷα αὑτοῖς [4] εἶναι παρασκευάζουσι.

27. « Καὶ σὺ οὖν ταῦτα λογιζόμενος μήτε τοῖς παροῦσιν ἄχθου, μήτ', ἂν τοὺς ἐκβαλόντας σε [5] εὐτυχοῦντας πυνθάνῃ, λυποῦ. Κωφαὶ [6] μὲν γὰρ καὶ ἐφήμεροι καὶ ἄλλως αἱ τῶν ἀνθρώπων εὐπραγίαι εἰσί· καὶ ὅσῳ ἂν μᾶλλόν τις ἀπ' αὐτῶν [7] ἐπαύξῃ [8], ῥᾷον ὥσπερ πνεῦμα πίπτει [9], μάλιστα δὲ ἐν ταῖς στάσεσιν. Ἅτε γὰρ ἐν τεταραγμένοις καὶ ἀκαταστάτοις πράγμασι φερόμενοι [10] μικρὸν, μᾶλλον δὲ οὐδὲν, τῶν χειμαζομένων διαφέρουσιν [11], ἀλλ' ἄνω τε καὶ κάτω, ποτὲ μὲν δεῦρο, ποτὲ δὲ ἐκεῖσε [12]· κἂν ἄρα τι καὶ τὸ βραχύτατον σφαλῶσι, παντελῶς βαπτίζονται. Καὶ ἵνα

---

1. B et F : Ἐλαφρωτάτοις, par la confusion d'o avec ω.
2. A, B et C : Οἱ μὲν καὶ τὰ ἀμείνω, qui correspond mieux à οἱ δὲ καὶ τὰ χείρω.
3. La leçon vulgaire καὶ τοῖς ἑκάτερα δοκεῖν κτλ., confirmée par tous les manuscrits, est tronquée. Reimarus remplace τοῖς par αὐτοῖς et traduit : *efficiunt ut utraque fortuna talis sibi videatur, qualem ipsi illam sibi finxerunt*. Sturz a inséré ἑτέροις avant ἑκάτερα, d'après Leunclavius et Oddey. Avec M. Imm. Bekker j'ajoute ἄλλοις, proposé par Reiske ; mais je place ce mot entre crochets.
4. A, C et F : Αὐτοῖς.
5. G : Τοὺς ἐκβάλλοντά σε. Outre la confusion de l'aoriste avec le présent, le copiste a fait un solécisme en supprimant le ς final du participe, sans doute à cause du ς qui se trouve au commencement du mot suivant.
6. Leunclavius propose κοῦφαι. L'ancienne leçon doit être maintenue,

« plaindre les coups les plus terribles, pensent n'avoir
« éprouvé aucun mal ; tandis que ceux qui s'affligent
« des épreuves les plus légères croient être en butte à
« tous les maux qui peuvent fondre sur l'homme.
« D'autres enfin, se trouvant mal dans le bonheur
« et bien dans le malheur, font que le reste des hommes
« juge de leur condition comme eux-mêmes.

27. « Si ces réflexions sont présentes à ton esprit,
« tu ne t'indigneras pas du présent et tu apprendras
« sans douleur que ceux qui t'ont banni vivent heureux ;
« car la prospérité est ordinairement éphémère, sans
« consistance, et celui que la fortune élève le plus haut
« s'évanouit comme un souffle, surtout dans les temps de
« dissensions civiles. Alors, au milieu de l'agitation et de
« l'instabilité, nous différons peu, ou même nous ne dif-
« férons pas du tout des hommes battus par la tempête.
« Poussés tantôt en haut, tantôt en bas, tantôt d'un côté,
« tantôt de l'autre, la plus légère méprise nous fait faire

---

d'après la remarque de Reiske : « Bene habet, et elegans est atque grave vocabulum κωφαὶ — *inanes, in quibus veri, proprii et perpetui boni parum aut nihil est.* Desumtum de aristis κωφαῖς — *bonæ frugis vacuis.* »

7. Les mots ἀπ' αὐτῶν manquaient dans G : ils ont été ajoutés en marge par une main plus moderne.

8. Reiske aimerait mieux ἐπαρθῇ — *attollatur in altum.*

9. E : Πίπτειν, par la confusion des désinences ει et ειν.

10. A, B. C, D et F : Φερόμενος, faute de copiste.

11. D et H : Διαφέρουσι, par l'omission du ν paragogique devant une voyelle.

12. A, C, E et H : Τότε μὲν — τότε δέ. Après ἐκεῖσε, Leunclavius voudrait ajouter στρέφονται, et Reimarus ἄττουσι, d'après Dion, LXV, 16 : Ὁρῶντες γὰρ αὐτὸν δεῦρο καὶ ἐκεῖσε ἐμμανῶς ἄττοντα κτλ. Cette addition rendrait la phrase plus claire ; mais elle n'est pas nécessaire.

388 ΤΩΝ ΔΙΩΝΟΣ ΙΣΤΟΡΙΩΝ ΡΩΜ. ΒΙΒΛ. ΛΗ.

γε μήτε [1] τὸν Δροῦσον [2], μήτε τὸν Σκιπίωνα [3], μήτε τοὺς Γράκχους [4], ἢ καὶ ἄλλους τινὰς εἴπω, μέμνησθε [5] μὲν, ὅπως ὁ Κάμιλλος [6] ὁ φυγὰς ἄμεινον τοῦ Καπιτωλίνου [7] μετὰ ταῦτα ἀπήλλαξε [8]· μέμνησθε δὲ ὅσον Ἀριστείδης τοῦ Θεμιστοκλέους [9] ὕστερον διήνεγκεν [10]. Ὥστε καὶ σὺ μάλιστα μὲν ἔλπιζε καὶ καταχθήσεσθαι (οὔτε γὰρ ἐξ ἀδικίας ἐξελήλασαι, καὶ ἐπιζητήσουσι μέν σε, ὡς πυνθάνομαι, καὶ αὐτοὶ οἱ ἐκβεβληκότες, ποθήσουσι δὲ πάντες [11])· ἂν δὲ δὴ καὶ τοῖς παροῦσιν [12] ἐμμείνῃς, μήτοιγε [13] καὶ ἀνιαθῇς παρὰ τοῦτο μηδέν.

28. "Ἂν μὲν γάρ μοι πεισθῇς, καὶ πάνυ ἀγαπήσεις [14] χωρίον τέ τι παραθαλασσίδιον [15] ἔξω πάτου [16] ἐκλεξάμενος, καὶ ἐν αὐτῷ γεωργῶν τε ἅμα καὶ συγγράφων τι [17], ὡς

1. C et F : Ἵνα μήτε. Nous avons vu plusieurs exemples de l'omission de γέ par les copistes.
2. Livius Drusus ; cf. Florus, III, 17 et ses commentateurs ; Sénèque, De la Brièv. de la Vie, VI. Dans G, le copiste a écrit deux fois les mots μήτε τὸν Δροῦσον, μήτε τὸν Σκιπίωνα.
3. On ne sait pas si Dion a voulu parler de P. Scipion, le second Africain, ou bien de Scipion Nasica.
4. Cf. Plutarque, Vies de Tib. et de C. Gracchus.
5. « Pluralis, dit Reimarus, potuit per communicationem adhiberi. » Toute correction est donc superflue. J'ai pourtant traduit comme s'il y avait μέμνησαι.
6. E : Κάμιλος que nous avons déjà vu.
7. Avec Sturz et M. Imm. Bekker, je remplace l'ancienne leçon Καπιτωλίου par Καπιτωλίνου : il est évidemment question de Manlius Capitolinus. Cette correction bien simple dispense de recourir aux nombreuses conjectures de Xylander, de Turnèbe, d'Oddey et de Fabricius
8. G : Ἀπήλαξε. Le copiste n'a mis qu'un λ, quand il en fallait deux.
9. Thémistocle, qui avait accusé Aristide, fut accusé lui-même de trahison et forcé de chercher un refuge chez les Perses ; cf. Plutarq. Thémist. XXII-XXVIII.

« naufrage. Sans parler de Drusus, de Scipion, des
« Gracques et d'autres personnages célèbres, tu te sou-
« viens que la mort de Camille d'abord proscrit fut en-
« suite plus glorieuse que celle de Manlius Capitolinus ;
« tu te souviens qu'Aristide, après son exil, éclipsa Thé-
« mistocle. Et toi aussi, tu dois avoir la plus ferme es-
« pérance de rentrer dans ta patrie (car tu n'as pas été
« banni pour une action injuste, et je sais que ceux qui
« t'ont éloigné de Rome te redemanderont et que tous
« les citoyens regretteront ton absence). D'ailleurs, alors
« même que ton malheur se prolongerait, tu ne devrais
« pas pour cela t'abandonner à la tristesse.

28. « Si tu suis mes conseils, tu pourras être heu-
« reux en choisissant pour retraite un domaine situé
« sur le bord de la mer, loin des lieux battus par la foule ;
« en t'y livrant à l'agriculture et à quelque composition

10. Cf. Plutarque, Aristid. VIII et suiv.
11. Suivant Reiske, pour conserver les futurs ἐπιζητήσουσι — ποθήσουσι, il faut supprimer ὡς πυνθάνομαι, ou bien remplacer ces deux mots par ὡς πείθομαι — *ut mihi persuadeo*, et pour maintenir ὡς πυνθάνομαι, les deux futurs devraient, d'après le même critique, être remplacés par ἐπιζητοῦσι — ποθοῦσι. Avec Reimarus, Sturz et M. Imm. Bekker, je conserve l'ancienne leçon : aucun changement n'est nécessaire.
12. Ἐν τῆς παροῦσιν, par la confusion d'οι avec η, non-seulement dans A cité par Sturz; mais aussi dans B et F. Le passage μέν σε — παροῦσιν, omis dans G, a été ajouté en marge par une main plus moderne.
13. C : Μή τί γε, par la perpétuelle confusion de τοὶ avec τί.
14. F : Ἀγαπήσης, par la confusion d'ει avec η.
15. J'adopte cette leçon d'après A, E, F, et d'après Rob. Étienne et P. Victorius. L'ancienne leçon παραθαλάσσιον, qui donne le même sens, a été conservée par H. Étienne, Leunclavius, Reimarus, Sturz et M. Imm. Bekker.
16. Les mots ἔξω πάτου manquent dans C.
17. D et F : Συγγράφοντι. Les copistes ont confondu ω avec ο et réuni mal à propos le participe avec son complément.

Ξενοφῶν, ὡς Θουκυδίδης [1]. Τό τε γὰρ εἶδος τοῦτο τῆς σοφίας διαρκέστατόν ἐστι, καὶ παντὶ μὲν ἀνδρὶ, πάσῃ δὲ πολιτείᾳ ἁρμοδιώτατον· καὶ ἡ φυγὴ φέρει τινὰ σχολὴν γονιμωτέραν. Ὥστ' εἴπερ ὄντως ἀθάνατος, καθάπερ ἐκεῖνοι, γενέσθαι ἐθέλεις [2], ζήλωσον αὐτούς. Τά τε γὰρ ἐπιτήδεια ἀρκοῦντα ἔχεις, καὶ οὔτ' ἀξιώματός τινος προσδέῃ. Εἰ γάρ τι [3] καὶ ἐν τούτοις ἀγαθόν ἐστιν, ὑπάτευκας· καὶ πλέον οὐδὲν τοῖς καὶ δεύτερον καὶ τρίτον ἢ καὶ τέταρτον ἄρξασι, πλὴν γραμμάτων ἀριθμοῦ κενῶν [4], ὑπάρχει, ἃ μήτε ζῶντα μήτε ἀποθανόντα [5] τινὰ ὠφελεῖ. Οὔκουν [6] ἂν ἕλοιο οὔτε Κορούϊνος [7] οὔτε Μάριος, ὁ ἑπτάκις ὑπατεύσας, μᾶλλον ἢ Κικέρων εἶναι. Οὔτ' αὖ ἡγεμονίας τινὸς ἐπιθυμεῖς, ὅσγε καὶ τὴν δοθεῖσάν σοι ἐξέστης [8], καταφρονήσας μὲν τῶν ἀπ' αὐτῆς κερδῶν, καταφρονήσας δὲ καὶ τῆς ὀλιγοχρονίου τε [9] καὶ ὑπευθύνου πᾶσι τοῖς συκοφαντεῖν ἐθέλουσιν ἐξουσίας. Καὶ ταῦτ' εἶπον οὐχ ὅτι καὶ ἀναγκαῖον [τι] [10] αὐτῶν πρὸς εὐδαιμονίαν ἐστὶν, ἀλλ' ὅτι καὶ ἐν τοῖς πολιτικοῖς, ἐπείπερ ἐχρῆν, ἱκανῶς ἐξήτασαι,

1. Plutarque, Sur l'Exil, XIV : Αἱ Μοῦσαι τὰ κάλλιστα τῶν συνταγμάτων καὶ δοκιμώτατα, φυγὴν λαβοῦσαι συνεργὸν, ἐπετέλεσαν. Θουκυδίδης Ἀθηναῖος συνέγραψε τὸν πόλεμον τῶν Πελοποννησίων καὶ Ἀθηναίων ἐν Θρᾴκῃ, περὶ τὴν Σκαπτὴν ὕλην· Ξενοφῶν, ἐν Σκιλλοῦντι τῆς Ἠλείας.

2. F : Θέλεις.

3. A, F, G et H : Εἰ γάρ τοι, nouvel exemple de la fréquente confusion de τοὶ avec τί.

4. « Vanos numeros, dit Fabricius, nomini tuo additos, ut dicaris secundum, tertium, quartum Consul. »

5. C et F : Μήτ' ἀποθανόντα.

6. D et F : Οὐκοῦν, faute de copiste. Les mots οὔκουν et οὐκοῦν sont fréquemment confondus.

« littéraire, à l'exemple de Xénophon et de Thucydide.
« Cette vie philosophique procure le calme le plus du-
« rable : elle convient plus que toute autre à l'homme,
« et c'est celle qui se concilie le mieux avec toutes
« les formes de gouvernement : l'exil donne un loisir
« plus fécond. Si tu veux être immortel, comme ces
« grands hommes, imite-les. Tu possèdes tout ce qui est
« nécessaire à la vie, et ta carrière n'est point dé-
« pourvue d'éclat. Tu as même été consul, si c'est un
« avantage, et ceux qui l'ont été deux, trois ou quatre
« fois ne l'emportent sur toi que par de vains chiffres,
« qui ne leur seront d'aucune utilité, ni pendant la
« vie, ni après leur mort. Tu ne saurais donc mieux
« aimer être Corvinus ou Marius, qui fut six fois con-
« sul, que d'être Cicéron. Tu n'ambitionnes pas non
« plus le gouvernement d'une province, toi qui refu-
« sas celle qui t'avait été donnée, toi qui fus insensible
« au gain qu'elle t'aurait procuré, toi qui dédaignas
« une autorité éphémère et exposée aux attaques de
« tous ceux qui veulent la calomnier. Je t'ai rap-
« pelé ces souvenirs, non qu'ils soient nécessaires à ton
« bonheur ; mais parce que tu as été mêlé suffisam-
« ment aux affaires publiques, lorsque les circonstances

---

7. A l'ancienne leçon Κουροῦίνος, je substitue, d'après A, B et F, Κο-ροῦίνος. M. Imm. Bekker adopte aussi cette leçon. Corvinus fut six fois consul : ans de Rome 407, 409, 412, 420, 452, 453.

8. Allusion au gouvernement de la Macédoine et de la Gaule Cisalpine, refusé par Cicéron ; cf. liv. XXXVII, 33.

9. Cette particule manquait dans G : elle a été intercalée par une main plus moderne.

10. L'ancienne leçon, confirmée par les Ms., porte οὐχ ὅτι καὶ ἀναγκαῖον αὐτῶν. A cause de ce génitif, Leunclavius propose οὐχ ὅτι τι καὶ ἀναγκαῖον κτλ. Avec M. Imm. Bekker, j'adopte la correction d'Oddey ; mais je place τι entre crochets.

ἵνα καὶ ἐξ ἐκείνων τὸ διάφορον τῶν βίων μαθὼν τὰ μὲν ἕλῃ, τὰ δὲ ἀπωθήσῃ[1]· καὶ τὰ μὲν διώξῃς, τὰ δὲ φύγῃς. Σμικρὸς γὰρ ὁ βίος ἡμῶν· καὶ δεῖ σε [μὴ πάντα αὐτὸν ἄλλοις βιῶναι, ἀλλ' ἤδη τι καὶ σεαυτῷ χαρίσασθαι. Σκέψαι δὲ], ὅσον ἥτε ἡσυχία τῆς ταραχῆς[2], καὶ ἡ εὔροια[3] τῶν θορύβων, ἥτε ἐλευθερία τῆς δουλείας, καὶ ἡ ἀσφάλεια τῶν κινδύνων διαφέρει· ἵν' ἐπιθυμήσῃς ζῆσαι, ὡς ἐγώ σοι παραινῶ[4]. Οὕτω[5] μὲν γὰρ εὐδαιμονήσεις[6], καὶ σοῦ μέγα ὄνομα, καὶ[7] τοῦτο ἀεὶ καὶ ζῶντος ἐπὶ τούτῳ[8] καὶ τελευτήσαντος ἔσται.

29. « Ἂν δὲ δὴ τήν τε κάθοδον σπουδάσῃς καὶ τὴν ἐν τῇ πολιτείᾳ λαμπρότητα[9] ζηλώσῃς, δυσχερὲς μὲν οὐδὲν εἰπεῖν βούλομαι, φοβοῦμαι δέ, ἔς τε τὰ πράγματα ἀποβλέπων καὶ τὴν σὴν παρρησίαν ἐννοῶν, τήν τε δύναμιν καὶ τὸ πλῆθος τῶν ἀντιστασιωτῶν σου θεωρῶν, μή ποτέ τι καὶ αὖθις σφαλῇς[10]. Καὶ εἰ μὲν ἐν φυγῇ γένοιο μεταγνώσῃ μέν· εἰ δέ τι ἕτερον ἀνήκεστον πάθοις, οὐδὲ μετανοῆσαι δυνήσῃ. Καίτοι πῶς μὲν οὐ δεινόν, πῶς δ' οὐκ

---

1. G : Ἀποθήσῃ, par la confusion d'ω avec ο.
2. L'ancienne leçon καὶ δεῖ σε, ὅσον ἥ τε ἡσυχία κτλ., était inintelligible. Pour arriver à un sens, Xylander et Leunclavius ont proposé, le premier, καὶ δεῖ σε σκοπεῖν ὅσον κτλ.; le second, καὶ δεῖ ἰδεῖν σε ὅσον κτλ. Leur conjecture est confirmée par la version de Nic. Leoniceno, qui lisait probablement dans son manuscrit καὶ δεῖ σε σκέψαι ὅσον κτλ., puisqu'il traduit : *Et bisogna che tu attendi quanta differentia sia dalla quiete alla perturbatione dell' animo*, etc. Le passage μὴ πάντα — σκέψαι δὲ que j'intercale entre crochets a été ajouté par Reimarus, d'après A et B : il se trouve aussi dans F ; mais il manque dans les autres Ms.
3. A et E : Ἡ εὔρεια, par la confusion d'οι avec ει.

« l'exigeaient : ainsi, après avoir connu par ta propre
« expérience les différents genres de vie, tu peux choisir
« et poursuivre l'un, repousser et éviter l'autre ; car la
« vie humaine est courte, et tu ne dois pas la consacrer
« tout entière aux autres ; mais en garder une partie pour
« toi-même. Considère combien la tranquillité est pré-
« férable à l'agitation, le calme au tumulte, la liberté à
« l'esclavage, la sécurité au danger, et tu aspireras à
« vivre comme je te le conseille. Alors tu seras heureux,
« et ton nom sera grand non-seulement pendant que tu
« mèneras ce genre de vie ; mais même après ta mort.

29. « Si tu soupires après ton retour, si tu ambi-
« tionnes un rang éclatant dans la République, je ne
« veux rien dire qui puisse t'affliger ; mais, quand je
« songe à l'état de Rome, quand je réfléchis à la li-
« berté de ton éloquence, quand je vois combien tes ad-
« versaires sont puissants et nombreux, je crains que
« tu ne coures un jour quelque nouveau danger. Alors,
« si tu étais condamné à l'exil, tu serais en proie au re-
« pentir, et si tu étais encore frappé de quelque coup
« terrible, tu ne pourrais pas même te repentir. Et com-
« ment, ne serait-il pas horrible et honteux que la tête

---

4. Les mots ἵν' ἐπιθυμήσῃς — παραινῶ sont omis dans C, D et H. Ils manquaient aussi dans G, où ils ont été ajoutés en marge par une main plus moderne.

5. C : Οὕτως.

6. Εὐδαιμονήσῃς, dans le même manuscrit, par la confusion d'ει avec η.

7. Ὄνομα εἶ, καὶ κτλ., est une leçon fautive, non-seulement dans A cité par Sturz, mais aussi dans E et F. Elle provient probablement d'εἴη donné par C, ou d'εἶναι donné par H.

8. F : Ἐπὶ τοῦτο.

9. C : Λαμπρότατα, faute du copiste.

10. Cf. Plutarque, Cic. XLIX.

αἰσχρὸν, ἀποτμηθῆναί τε τινος τὴν κεφαλὴν καὶ ἐς τὴν ἀγορὰν τεθῆναι· κἂν οὕτω τύχῃ, καὶ ἄνδρα τινὰ αὐτῇ, καὶ γυναῖκα ἐνυβρίσαι[1]; καί με μὴ ὡς φαῦλά σοι οἰωνιζόμενον μισήσῃς, ἀλλ' ὡς διοσημίαν τινὰ προδεικνύντα[2] φύλαξαι. Μηδέ σε ἐξαπατάτω[3] τοῦθ', ὅτι καὶ φίλους τινὰς τῶν δυνατῶν ἔχεις· οὐδὲν γάρ σε ὠφελήσουσιν οἱ δοκοῦντες φιλεῖν πρὸς τοὺς ἐχθρῶς[4] διακειμένους, ὥσπερ που καὶ πεπείρασαι. Οἱ γὰρ δυναστείας ἐρῶντες, παρ' οὐδὲν[5] πάντα τἆλλα, πρὸς τὸ τυχεῖν ὧν βούλονται, τίθενται· ἀλλὰ καὶ τοὺς φιλτάτους καὶ τοὺς συγγενεστάτους πολλάκις[6] ἀντὶ τῶν ἐχθίστων ἀντικαταλλάσσονται. »

30. Κικέρων μὲν[7] ταῦτα ἀκούσας ῥᾴων[8] πως ἐγένετο. Οὐ μέντοι καὶ ἐπὶ πολὺ ἔφυγεν[9], ἀλλὰ καὶ ὑπ' αὐτοῦ τοῦ Πομπηΐου, τοῦ μάλιστα αὐτὸν ἐκβαλόντος, κατήχθη[10]. Αἴτιον δὲ, ὅτι ὁ[11] Κλώδιος τόν τε Τιγράνην τὸν νεώτερον[12], ἐν δεσμοῖς ἔτι καὶ τότε παρὰ Λουκίῳ

---

1. Allusion à Fulvie; cf. Dion, XLVII, 8.
2. Reiske aimerait mieux προδεικνύντος « Ut sit », dit Sturz, *Cave malum, tanquam de cœlo tibi servassem, aut obnunciassem tibi reditum in patriam paranti.* » Je maintiens, comme mes devanciers, l'ancienne leçon, qui est confirmée par les Ms. et par la version de Nic. Leoniceno : *Ma piu tosto attendi come a colui il quale ti dimostra avanti un certo augurio.* D'après A, B, C, D, F et G, à l'ancienne leçon διοσημείαν je substitue διοσημίαν, adopté par M. Imm. Bekker.
3. Ce mot est très-altéré dans F, qui porte ἐξαπώτατα.
4. A, F et C : Ἐχθροὺς, faute de copiste.
5. Reimarus propose de remplacer l'ancienne leçon παρ' οὐδενὶ par παρ' οὐδὲν, d'après Dion, Fr. XXVI, tom. I, p. 56 de cette édition : Ὅτι μὲν... παρ' οὐδὲν ἔθετο. Toutefois il a laissé dans son texte παρ' οὐδενὶ, maintenu aussi par Sturz; sans doute parce que cette leçon se trouve dans les Ms. Avec M. Imm. Bekker, je lis παρ' οὐδέν.

« d'un citoyen soit tranchée et exposée dans le Fo-
« rum, qu'elle puisse y être insultée par un homme et
« même par une femme? Ne va pas me haïr comme un
« homme qui t'annonce de funestes présages : tiens plu-
« tôt compte de mes paroles, comme d'une prédiction
« lue dans les cieux. Ne t'abuse point, parce que tu as
« pour amis quelques hommes puissants. Ceux qui pa-
« raissent être tes amis ne te seront d'aucun secours
« contre tes ennemis : tu l'as déjà éprouvé. Aux yeux des
« hommes qui ont la passion du pouvoir, tout s'efface
« quand il s'agit d'atteindre au but de leur ambition :
» souvent même ils traitent leurs meilleurs amis et leurs
« proches parents comme leurs plus grands ennemis. »

30. Cet entretien allégea la douleur de Cicéron : du reste, son exil ne dura pas longtemps. Pompée, qui y avait contribué plus que tout autre, le rappela. Il prit ce parti, parce que Clodius, qui s'était laissé corrompre, avait enlevé et mis en liberté Tigrane le

---

6. Cet adverbe manque dans l'ancienne leçon. Je l'ajoute, non-seulement d'après B cité par Reimarus, mais encore d'après A et F. Sturz et M. Imm. Bekker l'ajoutent aussi.

7. A, B et F : Καὶ Κικέρων μέν.

8. Sturz substitue cette leçon à l'ancienne ῥᾳδίως, et il donne, dans une note, des exemples décisifs à l'appui de cette correction. Je l'adopte avec M. Imm. Bekker.

9. H : Ἔφυγε, par l'omission du ν paragogique devant une voyelle.

Suivant Plutarque, Cic. XXXIII, et Appien, Guer. Civ. II, 16, Cicéron fut rappelé *seize* mois après son départ; mais, comme l'a remarqué M. J. V. Le Clerc, OEuv. Compl. de Cicér. tom. I, p. 179, éd. in-12, ces historiens parlent du jour où le rappel fut ordonné. Cicéron ne rentra dans Rome que dix-sept mois après en être sorti.

10. Pour les détails, cf. Dion, XXXIX, 6 et suiv.

11. Cet article manque dans C.

12. Plutarq. Pomp. XLVIII. Cf. Pighius, Annal. Rom. p. 360, éd. Schott.

Φλαουΐῳ [1] ὄντα, πεισθεὶς ὑπὸ χρημάτων ἐξήρπασε καὶ ἀφῆκε. Καὶ τὸν Πομπήϊον τόν τε Γαουΐνιον [2] ἀγανακτήσαντας ἐπὶ τούτῳ περιύβρισε, τοῖς τε ἀμφ' αὐτοὺς [3] οὖσι καὶ πληγὰς καὶ τραύματα ἔδωκε, καὶ τοῦ ὑπάτου τάς τε ῥάβδους συνέτριψε καὶ τὴν οὐσίαν καθιέρωσεν. Ὀργισθεὶς γὰρ διὰ ταῦθ' ὁ Πομπήϊος, ἄλλως τε καὶ ὅτι τῇ ἐξουσίᾳ [4], ἣν αὐτὸς [5] τοῖς δημάρχοις ἀπεδεδώκει [6], κατ' αὐτοῦ ὁ Κλώδιος ἐκέχρητο [7], ἀνακαλέσασθαι τὸν Κικέρωνα ἠθέλησε, καὶ αὐτῷ τὴν κάθοδον εὐθὺς διὰ τοῦ Νιννίου [8] πράττειν ἤρξατο. Καὶ ὃς ἐσήνεγκε μὲν ἐς τὸ βουλευτήριον τὴν ὑπὲρ αὐτοῦ γνώμην, ἀπόντα τὸν Κλώδιον τηρήσας· ἀντιστάντος δέ οἱ ἑτέρου τινὸς δημάρχου [9], ἐκείνην τε, ὡς καὶ τῷ πλήθει κοινώσων, ἐξέθηκε, καὶ τῷ Κλωδίῳ πρὸς πάντα καθάπαξ ἠναντιοῦτο. Κἀκ τούτου καὶ φιλονεικίαι καὶ τραύματα ἀπ' αὐτῶν πολλὰ ἑκατέροις ἐγίγνετο. Πρὶν δὲ ἢ εἰς τοῦτο ἀφικέσθαι, βουληθεὶς ὁ Κλώδιος τόν τε Κάτωνα [10] ἐκποδών (ὅπως ῥᾷον ὅσα ἔπραττε κατορθώ-

---

1. G : Παρὰ Λουκίου Φλαουΐου, faute du copiste.
2. Il avait enfin ouvert les yeux sur la méchanceté de Clodius. Cicéron, Disc. contre Pison, XII : Collegit ipse se vix ; sed collegit tamen, et contra suum Clodium, primum simulate, deinde non libenter, ad extremum tamen pro Cn. Pompeio vere vehementerque pugnavit.
3. F : Ἀμφ' αὐτ' οὖσι. La dernière syllabe d'αὐτοὺς a été omise à cause de sa ressemblance avec la première du mot suivant.
4. L'ancienne leçon ἐν ἐξουσίᾳ, confirmée par les manuscrits, est fautive. Comme Reimarus, Sturz et M. Imm. Bekker, j'adopte la leçon proposée par Xylander et Turnèbe.
5. F : Ἣν αὐτοῖς, leçon doublement fautive.
6. Sturz lit ἀποδεδώκει, également admissible.
7. C : Ἐχρήσατο, et en marge, ἐκέχρητο.

Jeune, qui alors était encore captif sous la garde de
L. Flavius. Pompée et Gabinius ayant témoigné du mécontentement pour un tel acte, Clodius les insulta,
frappa et blessa même ceux qui les accompagnaient,
brisa les faisceaux du consul et consacra ses biens aux
dieux. Pompée, irrité de tant d'audace et surtout de
ce que Clodius tournait contre lui la puissance qu'il
avait rendue aux tribuns, résolut de rappeler Cicéron
et prépara aussitôt son retour par le moyen de Ninnius.
Celui-ci profita du moment où Clodius était absent, pour
faire au sénat une proposition en faveur de Cicéron.
Un autre tribun l'ayant combattue, Ninnius afficha sa
rogation, annonçant ainsi qu'il était résolu à la porter
devant le peuple, et il se montra en tout l'adversaire
de Clodius. De là naquirent des dissensions et des luttes qui firent couler souvent le sang des deux partis ;
mais avant d'en venir à ces excès, Clodius, pour exécuter plus facilement ses projets, voulut éloigner Caton

8. Νινίου, dans A, C et F : le copiste n'a mis qu'un ν, quand il en
fallait deux. La conjecture de Xylander, qui propose de substituer Ἀννίου
à Νιννίου, peut se justifier par l'Epitome de Tite-Live, CIV : M. Cicero,
Pompeio inter alios orante, et T. Annio Milone, tribuno plebis agente,
ingenti gaudio senatus ac universæ Italiæ, ab exilio reductus est. Cf. Vell.
Paterculus, II, 45. Mais, suivant Fabricius, aucun changement n'est nécessaire : il s'agit de L. Ninnius, l'ami et le défenseur de Cicéron, dont il
a été question § 14-16. Cf. Cicéron lui-même, Disc. pour Sextius, XIII et
Disc. après son retour, II.

9. C. Ælius Pætus Stalenus. Cf. Cicéron, Disc. pour Sextius, XXXI ;
Disc. pour A. Cluentius, XXVI ; Disc. pour sa maison, XIX.

10. Vell. Patercul. II, 45 : Ad spoliandum regno Ptolemæum, sub ho-
norificentissimo ministerii titulo, M. Catonem Clodius a Republica rele-

ση), ποιήσασθαι, καὶ Πτολεμαῖον τὸν [1] τότε τὴν Κύπρον ἔχοντα ἀμύνασθαι, ὅτι αὐτὸν παρὰ τῶν καταποντιστῶν οὐκ ἐλύσατο [2], τήν τε νῆσον ἐδημοσίευσε [3] καὶ πρὸς τὴν διοίκησιν αὐτῆς τὸν Κάτωνα καὶ μάλα ἄκοντα ἀπέστειλε. Ταῦτα μὲν ἐν [4] τῇ πόλει ἐγίγνετο.

31. Καῖσαρ δὲ εὗρε μὲν οὐδὲν ἐν τῇ Γαλατίᾳ πολέμιον, ἀλλὰ ἀκριβῶς πάντα ἡσύχαζεν. Οὐ μέντοι [5] καὶ ἐν εἰρήνῃ διεγένετο, ἀλλὰ καὶ αὐτομάτου [6] τὸ πρῶτον πολέμου τινὸς αὐτῷ συμβάντος, ἕτερος συνηνέχθη [7]· ὥστ' αὐτὸν, ὥσπερ [8] ἐς τὰ μάλιστα ἐπεθύμει, πάντα [9] καὶ πολεμῆσαι [10] καὶ κατορθῶσαι. Ἐλουήτιοι γὰρ πλήθει τε ἀκμάζοντες καὶ χώραν οὐκ αὐτάρκη τῇ πολυανθρωπίᾳ σφῶν ἔχοντες, μέρος μέν τι ἐκπέμψαι ἐς ἀποικίαν οὐκ ἠθέλησαν, μὴ

---

gavit. Cf. l'Epitome de Tite-Live, CIV ; Florus, III, 9 ; Cicéron, Disc. pour Sextius, XXVIII: Disc. pour sa maison, VIII et suiv. ; Plutarq. Cat. Min. XXXIV ; Appien, Guer. Civ. II, 23.

1. Dans l'ancienne leçon, maintenue par Reimarus et par M. Imm. Bekker, cet article est placé avant Πτολεμαῖον. Comme Sturz, je le transporte, d'après Reiske, avant τότε. Les Ms. confirment l'ancienne leçon.

2. Strabon, XIV, p. 684, éd. Casaub., Paris, 1620 : Μάλιστα δ' αἴτιος τοῦ ὀλέθρου κατέστη τῷ βασιλεῖ Πόπλιος Κλαύδιος Πούλχερ· ἐμπεσὼν γὰρ εἰς τὰ λῃστήρια τῶν Κιλίκων ἀκμαζόντων τότε, λύτρον αἰτούμενος ἐπέστειλε τῷ βασιλεῖ, δεόμενος πέμψαι καὶ ῥύσασθαι αὐτόν· ὁ δ' ἔπεμψε μὲν, μικρὸν δὲ τελέως· ὥστε καὶ τοὺς λῃστὰς αἰδεσθῆναι λαβεῖν, ἀλλὰ ἀναπέμψαι πάλιν, τὸν δ' ἄνευ λύτρων ἀπολῦσαι. Σωθεὶς δ' ἐκεῖνος ἀπεμνημόνευσεν ἀμφοτέροις τὴν χάριν. Καὶ γενόμενος δήμαρχος ἴσχυσε τοσοῦτον, ὥστε ἐπέμφθη Μάρκος Κάτων ἀφαιρησόμενος τὴν ἀρχὴν τῆς Κύπρου τὸν κατέχοντα. Cf. Appien, l. l.

3. C : Ἐδημοσίευε. A, B et F : Ἐδημοσίωσε.

4. Cette préposition manquait dans G : elle a été ajoutée en marge par une main plus moderne.

et se venger de Ptolémée, alors maître de Cypre et qui ne l'avait pas racheté des mains des pirates. Il confisqua donc cette île, au nom du peuple romain, et chargea Caton d'aller, tout à fait malgré lui, y organiser le gouvernement. Voilà ce qui se passait à Rome.

31. Cependant César ne trouva point d'ennemis dans la Gaule : tout y était en paix ; mais il ne se tint pas tranquille. L'occasion de faire la guerre s'étant offerte d'elle-même, il en fit sortir une guerre nouvelle, et dès-lors, suivant son désir le plus vif, ce fut partout la guerre et partout le succès. Les Helvétiens, qui s'étaient considérablement accrus et dont le pays ne suffisait plus à ses nombreux habitants, ne voulurent pas envoyer dans une colonie une partie de la population : ils craignaient, en

---

5. C et D : Μέν τι, par la confusion très-fréquente de τὶ avec τοί.

6. F : Ἀλλὰ αὐτομάτου. Le copiste a omis καὶ, comme dans beaucoup d'autres passages.

7. Avec Reimarus, Sturz et M. Imm. Bekker, j'adopte cette leçon d'après A, B et F. Elle est d'ailleurs confirmée par plusieurs passages de Dion ; cf. la note de Sturz, tom. I, p. 432 de son édition. Reiske défend néanmoins l'ancienne : « Mallem equidem veterem lectionem συνήχθη servatam fuisse, et sic legi : ἕτερος ἐξ ἑτέρου συνήχθη — *aliud bellum ex alio consciscebatur*, velut per vim et obtorto collo attrahebatur, a studiose conquirente. Nam συνενεχθῆναι et συμβαίνειν idem significat. Atqui sententia loci diversa postulat, et post bellum unum fortuite oblatum alia studio quæsita. »

8. F : Ὅπερ.

9. Oddey propose διὰ πάντα, correction inutile : πάντα s'emploie très-souvent comme adverbe, avec l'ellipse de διὰ ou de κατά.

10. Reimarus aimerait mieux πολεμῶσαι — *ad bellum concitare;* cf. *Addenda*, tom. II, p. 1697 de son édition. L'ancienne leçon doit être maintenue.

καὶ διασπασθέντες [1] εὐεπιβουλευτότεροι [2] τοῖς λυπηθεῖσί ποτε ὑπ' αὐτῶν γένωνται· πάντες δὲ δὴ ἀπαναστῆναι [3] βουληθέντες, ὡς καὶ ἐς ἑτέραν τινὰ καὶ πλείω καὶ βελτίω χώραν μετοικισθησόμενοι, τάς τε κώμας καὶ τὰς πόλεις σφῶν ἁπάσας ἔκαυσαν, ὥστε μηδένα μετάμελον [4] τῆς ἀναστάσεως ποιήσασθαι. Καὶ τινας καὶ ἑτέρους τῶν αὐτῶν δεομένους προσλαβόντες ἀπῆραν, Ὀρκετόριγος σφίσιν [5] ἡγουμένου· ἐν νῷ ἔχοντες [6] τόν τε Ῥοδανὸν διαβῆναι καὶ πρὸς ταῖς Ἄλπεσί που κατοικισθῆναι. Καὶ ἐπειδὴ ὁ Καῖσαρ τήν τε γέφυραν διέκοψε [7] καὶ τἆλλα [8], ὡς κωλύσων [9] αὐτοὺς διαβῆναι, ἡτοιμάζετο, ἔπεμψαν πρὸς αὐτὸν δίοδόν τε [10] αἰτούμενοι, καὶ προσυπισχνούμενοι [11] μηδὲν τὴν τῶν Ῥωμαίων γῆν κακώσειν. Καὶ ὅς, εἰ καὶ τὰ μάλιστα μήτε ἐπίστευεν [12] αὐτοῖς, μήτε προχωρῆσαί ποι ἐπιτρέψειν ἔμελλεν, ἀλλ' ὅτι γε οὐδέπω καλῶς παρεσκεύαστο, βουλεύσεσθαί [13] τε ὑπὲρ ὧν ἠξίουν μετὰ τῶν ὑποστρα-

---

1. Xylander et Turnèbe proposent de remplacer l'ancienne leçon διασπαρθέντες par διασπαρέντες. Leunclavius aime mieux διασπασθέντες, que j'adopte avec Sturz et M. Imm. Bekker : cette conjecture, excellente pour le sens, est confirmée par A et F.
2. F : Ἐπιβουλευτώτεροι, par la confusion d'o avec ω.
3. Διαπαναστῆναι, dans G et H, provient de la réunion de δὴ avec ἀπαναστῆναι et de la confusion d'η avec ι. La même faute est dans C, qui porte διαπανασθῆναι, par la confusion de τ avec θ.
4. B : Μεταμελλον. Le copiste a mis deux λ, quand il n'en fallait qu'un.
5. F : Σφίσι ἡγουμένου, par l'omission du ν paragogique devant une voyelle.
6. L'ancienne leçon ἡγουμένου· ἔχοντες est tronquée. Rob. Étienne propose γνώμην ἔχοντες, conjecture approuvée par Xylander et par Turnèbe. Avec Sturz et M. Imm. Bekker, je lis ἐν νῷ ἔχοντες, d'après Leunclavius.

se disséminant, d'être plus facilement attaqués par ceux auxquels ils avaient jadis fait du mal eux-mêmes. Après avoir tous résolu de quitter leurs demeures, pour s'établir dans des contrées plus vastes et plus fertiles, ils incendièrent leurs bourgs et leurs villes, afin que personne n'abandonnât à regret le pays natal. Ils s'adjoignirent d'autres peuples pressés par les mêmes besoins, et se mirent en marche sous la conduite d'Orgétorix, dans l'intention de passer le Rhône et de se fixer au pied des Alpes. Mais César rompit le pont et prit toutes les mesures nécessaires pour les empêcher de franchir ce fleuve. Les Helvétiens lui envoyèrent une députation pour demander qu'il leur permît de le traverser, et promirent de ne commettre aucun dégât sur les terres des Romains. César n'avait point confiance en eux et n'était pas disposé à leur permettre de s'avancer. Cependant, comme il n'avait pas encore fait convenablement tous ses préparatifs, il dit qu'il délibérerait sur

---

7. Cæsar, De Bell. Gall. I, 7 : Pontem, qui erat ad Genevam, rescindi jussit. Cf. Florus, III, 10. Au lieu de τήν τε γέφυραν, G porte : τήν γε γέφυραν. Nous avons remarqué plusieurs fois la confusion de τὲ avec γέ.

8. F : T' ἄλλα. G : Καὶ ἄλλα, par l'omission de l'article.

9. G : Κωλύων.

10. H : Διοδόντες, leçon barbare, née de la réunion de δίοδον avec τε qu'un copiste ignorant a confondu avec la désinence τες.

12. B et F : Προσυπισχούμενοι.

13. A, C et F : Ἐπίστευσεν.

14. G : Βουλεύσασθαί τι. A et F : Βουλεύεσθαί τι, que Rob. Étienne a remplacé par βουλεύσεσθαί τι. Avec M. Imm. Bekker j'adopte, d'après H. Étienne et Leunclavius, βουλεύσεσθαί τε, plus conforme à l'enchaînement des idées. Sturz lit βουλεύεσθαί τε.

τήγων ἔφη καὶ τὴν ἀπόκρισιν ἐν ῥητῇ τινι ἡμέρᾳ δώσειν[1]. Καί τι καὶ ἐλπίδος, ὡς καὶ ἐπιτρέψων σφίσι τὴν δίοδον, ὑπετείνατο. Κἂν τούτῳ τὰ ἐπικαιρότατα διετάφρευσε καὶ ἀπετείχισεν, ὥστ' ἄπορον αὐτοῖς τὴν ὁδὸν [2] γενέσθαι.

32. Οἱ οὖν βάρβαροι χρόνον μέν τινα ἐπέσχον, ἔπειτ' ἐπειδὴ [3] μηδὲν ἤκουσαν κατὰ τὸ συγκείμενον, ἄραντες, τὸ μὲν πρῶτον διὰ τῶν Ἀλλοβρίγων ἐπορεύοντο ᾗπερ ὥρμηντο· ἔπειτ' ἐντυχόντες τοῖς κωλύμασιν [4] ἐς Σηκουανοὺς [5] ἀπετράποντο, καὶ διά τε τούτων καὶ διὰ τῶν Αἰδούων [6] ἐθελοντὶ σφίσι τὴν δίοδον [7], ἐφ' ᾧ μηδὲν ἀδικηθῶσι, παρεχόντων διϊόντες, οὐκ ἐνέμειναν τοῖς ὡμολογημένοις [8], ἀλλὰ τὴν χώραν αὐτῶν ἐλεηλάτουν. Πέμψαντες οὖν [9] οἵ τε Σηκουανοὶ καὶ οἱ Αἴδουοι [10] πρὸς τὸν Καίσαρα ἐπικουρίαν τε παρ' αὐτοῦ ᾔτουν, καὶ ἐδέοντο μὴ σφᾶς [11] περιϊδεῖν ἀπολουμένους. Καὶ ἔλεγον μὲν οὐδὲν ὅμοια οἷς ἔπραξαν [12], ἔτυχον δ' οὖν ὅμως ὧν ἠξίουν. Ὁ γὰρ Καῖσαρ, φοβηθεὶς μὴ

1. Cæsar, l. l. : Legatis respondit diem se ad deliberandum sumturum ; si quid vellent a. d. idus aprilis reverterentur.
2. C et G : Τὴν ὁδὸν αὐτοῖς.
3. C, G et H : Ἔπειτα ἐπειδή.
4. César avait fait élever, depuis le lac Léman jusqu'au mont Jura, un rempart de dix-neuf mille pas de longueur et de seize pieds de hauteur. Il y joignit un fossé et il établit des corps de troupes dans les positions fortifiées, pour repousser l'ennemi, s'il entreprenait de forcer ce passage. Cf. Cæs. l. l. 8.
5. C : Σηκοανούς. Dans F, qui porte ἐς ηκουανούς, le copiste a omis la lettre initiale, comme cela arrive souvent, surtout dans les noms propres.
6. C, D, E, F, G et H : Διδούων, par la confusion d'A avec Δ.

leur demande avec ses lieutenants et fixa le jour où il ferait connaître sa réponse : il laissa même espérer qu'il leur permettrait de passer le fleuve. Dans l'intervalle, il entoura de retranchements et de murs les points les plus importants et rendit le passage impossible pour les Helvétiens.

32. Les Barbares attendirent pendant quelque temps; mais n'ayant pas reçu de réponse, au moment convenu, ils se mirent en marche et s'avancèrent d'abord à travers le pays des Allobroges, comme ils l'avaient projeté. Arrivés devant les obstacles qui fermaient la route, ils se détournèrent du côté des Séquanais, traversèrent leur pays et celui des Éduens, qui leur donnèrent volontairement passage, à condition qu'ils ne leur feraient aucun mal; mais les Helvétiens ne tinrent point parole et ravagèrent ces deux contrées. Alors les Séquanais et les Éduens envoyèrent une députation à César, pour lui demander du secours et le conjurer de ne pas voir leur ruine d'un œil indifférent. Leur langage n'était pas en harmonie avec leurs actes : ils obtinrent néanmoins ce qu'ils désiraient. César, craignant que les Helvétiens ne se diri-

---

7. Cf. Cæsar, l. l. 9 et suiv.
8. D'après A et F, je substitue, comme M. Imm. Bekker, cette leçon à l'ancienne τοῖς ὁμολογουμένοις. Dans B, ὁμολογημένοις provient de ce que l'augment a été négligé; ὠμολογουμένοις est une faute de copiste dans D et G.
9. Cf. Cæsar, l. l. 11.
10. Αἰδούσιοι, dans les Ms. ici et partout ailleurs, j'adopte Αἴδουοι.
11. L'ancienne leçon, maintenue par Reimarus et par Sturz, porte τὸ μὴ σφᾶς. Avec M. Imm. Bekker je supprime, d'après Reiske, l'article qui manque dans A, C, F, G et H.
12. C : Ἔπραξαν. παθον

καὶ ἐπὶ τὴν Τόλοσαν [1] οἱ Ἐλουήτιοι [2] τράπωνται [3], εἵλετο μετ' ἐκείνων αὐτοὺς ἀμύνασθαι μᾶλλον ἢ συμφρονή-
σασι σφίσιν (ὅπερ εὔδηλον ἦν ἐσόμενον) πολεμῆσαι. Προσ-
πεσὼν οὖν διὰ ταῦτα τοῖς Ἐλουητίοις τὸν Ἄραριν δια-
βαίνουσι [4], τοὺς μὲν τελευταίους ἐπακολουθοῦντας, ἐν αὐτῷ
τῷ πόρῳ διέφθειρε· τοὺς δὲ προκεχωρηκότας ἐς τοσοῦτον ἐκ τοῦ αἰφνιδίου καὶ ἐκ τοῦ τάχους τῆς διώξεως καὶ
τῆς πύστεως [5] τῶν ἀπολωλότων ἐξέπληξεν, ὥστε ἐς ὁμο-
λογίαν ἐπὶ χώρᾳ τινὶ [6] ἐθελῆσαι ἐλθεῖν [7].

33. Οὐ μέντοι καὶ συνέβησαν· ἐπειδὴ γὰρ ὁμήρους
ᾐτήθησαν [8], ἠγανάκτησαν· οὐχ ὅτι ἠπιστοῦντο, ἀλλ' ὅτι
ἀπηξίουν ὁμήρους τισὶ δοῦναι [9]. Καὶ τῶν μὲν σπονδῶν
κατεφρόνησαν· προχωροῦντες δὲ αὖθις τήν τε ἵππον τοῦ
Καίσαρος, ἀπό τε τοῦ πεζοῦ πολὺ προδραμοῦσαν καὶ τοὺς
ὀπισθοφύλακας αὐτῶν παραλιποῦσαν [10], ὑποστάντες τῷ
ἱππικῷ ἐνίκησαν [11]. Κἂκ τούτου αὐτοί τε [12] φρόνημα λαβόντες, καὶ ἐκεῖνον φυγεῖν (διά τε τὴν ἐλάττωσιν, καὶ ὅτι

---

1. Cæsar, l. l. 10 : Cæsari renuntiatur Helvetiis esse in animo per agrum Sequanorum et Æduorum iter in Santonum fines facere, qui non longe a Tolosatium finibus absunt, qui sunt in Provincia. Id si fieret, intelligebat magno cum Provinciæ periculo futurum, etc.
2. Ἐλούτιοι, dans A, B, F et H, faute de copiste.
3. H : Τράπονται, par la confusion d'ω avec ο.
4. Cf. Cæsar, l. l. 12.
5. D'après A et F : αὖ lieu de l'ancienne leçon πιστώσεως, M. Imm. Bekker donne aussi celle que j'adopte. D porte πίστεως, par la confusion d'υ avec ι.
6. Ἐπιχωρίᾳ τινὶ, dans A, B, D, E, F, G et H. Rob. Étienne propose ἐπὶ χωρίῳ τινὶ, donné par C, ou mieux ἐπὶ χώρᾳ τινὶ que j'adopte avec H. Étienne, Xylander, Leunclavius, Reimarus, Sturz et M. Imm. Bekker.

HISTOIRE ROMAINE DE DION, L. XXXVIII. 405

geassent du côté de Toulouse, aima mieux les attaquer avec les Séquanais et les Éduens, que d'avoir à faire la guerre contre ces trois peuples, quand ils seraient réunis; ce qui devait évidemment avoir lieu. Il tomba donc sur les Helvétiens, qui traversaient la Saône, et massacra ceux qui étaient aux derniers rangs, pendant qu'ils passaient cette rivière. Quant à ceux qui étaient déjà parvenus à une certaine distance, l'attaque imprévue et rapide de César, jointe à la nouvelle de la perte de leurs compagnons, les effraya tellement qu'ils demandèrent à traiter, à condition qu'il leur abandonnerait quelque contrée.

33. Ils ne purent cependant s'accorder avec le général romain. Celui-ci leur ayant demandé des otages, ils en furent courroucés, moins parce qu'il leur témoignait de la défiance que parce qu'ils regardaient comme indigne d'eux de donner des otages, et ne voulurent plus entendre parler de traités. Ils firent un mouvement en avant, soutinrent avec leur cavalerie le choc de celle de César, qui s'était plus avancée que son infanterie et avait même dépassé leur arrière-garde, et remportèrent la victoire. Enorgueillis de ce succès et s'imaginant que César avait pris la fuite, parce qu'il

---

7. Cf. Cæsar, l. l. 13.
8. F : Ἡττήθησαν. Le copiste a mis deux τ, quand il n'en fallait qu'un.
9. Cæsar, l. l. 14 : Ita Helvetios a majoribus suis institutos esse ut obsides accipere, non dare, consueverint.
10. Reiske propose παραλλάττουσαν — *prætervectam*, ou bien παραλυποῦσαν — *vexantem, incommodantem* : j'aurais préféré cette seconde conjecture, parce qu'elle est confirmée par C et H ; mais l'ancienne leçon peut être maintenue.
11. Cf. Cæsar, l. l. 16.
12. Τέ manque dans D et G. Nous avons vu plusieurs exemples de l'omission de cette particule par les copistes.

σπανίσας τῶν ἐπιτηδείων πρὸς πόλιν τινὰ [1] ἔξω τῆς ὁδοῦ οὖσαν ἐξετράπετο) νομίσαντες, τοῦ τε πρόσω ἀφεῖντο [2] καὶ ἐπεδίωξαν αὐτόν. Ἰδὼν οὖν τοῦτο ὁ Καῖσαρ, καὶ φοβηθεὶς τήν τε ὁρμὴν αὐτῶν καὶ τὸ πλῆθος, τῷ μὲν πεζῷ πρὸς μετέωρόν τι [3] ὥρμησε, τοὺς δὲ ἱππέας προεβάλετο [4] προκινδυνεῦσαι σφίσιν, ἕως ἐν ἐπιτηδείῳ παρατάξῃ [5]. Τρεψαμένων τε αὖθις αὐτοὺς ἐκείνων, καὶ πρὸς αὐτὸ τὸ ὄρθιον θυμῷ φερομένων, ἐπικατέδραμε σφίσιν ἐξαίφνης, καὶ ἅτε συντεταγμένος σποράδας ἐξ ὑπερδεξίων οὐ χαλεπῶς ἀπεώσατο. Τραπομένων δὲ τούτων, ἄλλοι τινὲς τῶν μὴ μαχομένων (ὑπό τε γὰρ τοῦ πλήθους καὶ ὑπὸ τῆς σπουδῆς οὐ πάντες ἅμα παρεγένοντο) προσέμιξαν ἐξαίφνης κατὰ νώτου τοῖς ἐπιδιώκουσι σφᾶς. Καὶ ἐθορύβησαν μὲν αὐτοὺς, πλεῖον δὲ οὐδὲν ἔσχον. Ὁ γὰρ Καῖσαρ τοῖς ἱππεῦσι τοὺς φεύγοντας προστάξας [6], αὐτὸς τῷ ὁπλιτικῷ [7] πρὸς ἐκείνους ἐτράπετο, καὶ κρατήσας, πρός τε τὰς ἁμάξας [8]

---

1. Bibracte, ville des Éduens. Cf. Cæsar, l. l. 25.
2. C : ἀφεῖντο.
3. Cf. Cæsar, l. l. 24.
4. Προσεβάλλετο, non-seulement dans A et B, cités par Sturz, mais encore dans D, E, F et G : le copiste a confondu πρὸ avec πρὸς et mis deux λ, quand il n'en fallait qu'un. Rob. Étienne propose προσεβάλετο : avec Reimarus, Sturz et M. Imm. Bekker, je préfère προεβάλετο exigé par l'enchaînement des idées.
5. « Sequens παρατάξει, dit Reimarus à propos de l'ancienne leçon, ab ἕως cum aliqua certitudine pendens, in παρατάξῃ mutandum existimo.

avait eu le dessous et parce que le manque de vivres l'avait forcé de se diriger vers une ville située hors de la route, ils cessèrent de se porter en avant et se mirent à sa poursuite. César, qui s'en aperçut, craignant leur impétuosité et leur nombre, gagna en toute hâte une hauteur avec son infanterie et opposa sa cavalerie aux Helvétiens, pour qu'elle soutînt leur premier choc, jusqu'à ce qu'il eût rangé son armée en bataille dans un lieu convenable. Les Helvétiens mirent de nouveau en fuite la cavalerie romaine et s'élancèrent avec ardeur vers la hauteur occupée par César : celui-ci fondit subitement sur eux et les repoussa sans peine, comme cela devait arriver avec des troupes qui combattaient d'un lieu élevé et en bon ordre contre des ennemis disséminés. Ils prirent la fuite; mais d'autres qui n'avaient pas encore combattu (le grand nombre et l'ardeur des Helvétiens ne leur avaient point permis de s'engager tous dans la mêlée), tombèrent tout à coup sur les derrières des Romains, qui les poursuivaient, et portèrent le trouble dans leurs rangs. Ce fut leur seul avantage : César ordonna à la cavalerie de poursuivre les fuyards, marcha lui-même avec la grosse infanterie contre le reste des Helvétiens et les battit. Les deux parties

Idem et video placuisse Oddeyo. » Sturz ajoute qu'il adopte παρατάξῃ d'après A : cette leçon se trouve aussi dans B, C, D, F, G et H; mais E porte παρατάξῃ.

6. Cæsar, l. l. 24 : Postquam id animum advertit, copias suas Cæsar in proximum collem subducit, equitatumque, qui sustineret hostium impetum, misit.

7. C, D et G : Ὁπλητικῷ, par la confusion d'ι avec η.

8. Cæsar, l. l. 26 : Diutius quum nostrorum impetum sustinere non possent, alteri se, ut cœperant, in montem receperunt, alteri ad impedimenta et carros suos se contulerunt.

ἀμφοτέροις [1] σφίσι συγκαταφυγοῦσιν ἐφέσπετο [2], κἀνταῦθα αὖθις ἰσχυρῶς ἐπ' αὐτῶν [3] ἀμυνομένους σφᾶς ἐνίκησε. Παθόντες δὲ ταῦτα οἱ βάρβαροι [4] δίχα διῃρέθησαν. Οἱ μὲν γὰρ ὡμολόγησαν αὐτῷ καὶ ἔς τε τὴν οἰκείαν, ὅθεν ἐξανέστησαν, ἐπανῆλθον, κἀνταῦθα τὰς πόλεις ἀνορθώσαντες ᾤκησαν [5]· οἱ δὲ οὐκ ἐθελήσαντες [6] τὰ ὅπλα παραδοῦναι πρὸς τὸν Ῥῆνον, ὡς καὶ ἐς τὴν ἀρχαίαν σφῶν γῆν ἐπανελθεῖν δυνάμενοι, ὥρμησαν· καὶ αὐτοὺς οἱ σύμμαχοι τῶν Ῥωμαίων δι' ὧν διῄεσαν, ῥᾳδίως, ἅτε καὶ ὀλίγους καὶ νενικημένους, ἔφθειραν. Οὕτω μὲν δὴ τὸν πρῶτον πόλεμον ὁ Καῖσαρ ἐπολέμησεν.

34. Ἀρξάμενος δὲ ἐκεῖθεν οὐχ ἡσύχασεν, ἀλλ' αὐτός τε τὸ ἑαυτοῦ βούλευμα ἅμα ἀπεπλήρωσε, καὶ τοῖς συμμάχοις ἐχαρίσατο. Οἵ τε γὰρ Σηκουανοὶ καὶ οἱ Αἴδουοι [7], τήν τε προθυμίαν [8] αὐτοῦ ἰδόντες καὶ τὰ ἔργα ὁμολογοῦντα ταῖς ἐλπίσιν αἰσθόμενοι, ἐκείνῳ τε εὐεργεσίαν ἅμα [9] καταθέσθαι καὶ τοὺς Κελτοὺς τοὺς ὁμοχώρους σφίσι τιμωρήσασθαι ἠθέλησαν. Τὸν γὰρ Ῥῆνον πάλαι ποτὲ διαβάντες, τῆς τε χώρας [10] αὐτῶν τινα παρετέτμηντο καὶ

---

1. Ἀμφοτέρους, dans C, est un solécisme provenant de la confusion des désinences οις et ους.
2. D'après A, B et F, je substitue cette leçon à l'ancienne ἐφέπετο. Sturz préfère ἐφείπετο.
3. Reiske aimerait mieux ἀπ' αὐτῶν.
4. C et F : Ταῦθ' οἱ βάρβαροι.
5. Cæsar, l. l. 28 : Helvetios, Tulingos, Latobrigos, in fines suos, unde erant profecti, reverti jussit..... ipsos oppida vicosque quos incenderant, restituere jussit.
6. Cf. Cæsar, l. l. 27-29.

de l'armée ennemie se retirèrent auprès des chariots, du haut desquels elles se défendirent avec bravoure : César les poursuivit jusque-là et remporta une nouvelle victoire. Après cette défaite les Barbares se divisèrent : les uns traitèrent avec César, rentrèrent dans leur pays qu'ils avaient abandonné, rebâtirent les villes et s'y établirent. Les autres, n'ayant pas voulu livrer leurs armes, se dirigèrent en toute hâte vers le Rhin, dans l'espoir de rentrer dans leurs anciennes demeures. Comme ils étaient peu nombreux et affaiblis par les revers, les alliés des Romains, dont ils eurent le pays à traverser, les taillèrent facilement en pièces. Telle fut la première expédition de César dans la Gaule.

34. Après ce début, il ne se tint pas tranquille et travailla en même temps à exécuter son plan et à complaire aux alliés. Les Séquanais et les Éduens, témoins de son ardeur pour la guerre et voyant ses espérances confirmées par les événements, cherchèrent tout à la fois à bien mériter de lui et à se venger des Germains, peuple voisin qui traversa jadis le Rhin, leur en-

---

7. Cf. Cæsar, l. l. 31-32, et l'Epitome de Tite-Live, CIV.
8. A l'ancienne édition ἐπιθυμίαν je substitue, avec Sturz et M. Imm. Bekker, προθυμίαν proposé par Leunclavius et confirmé par le Ms. de Munich n° 1. Cf. Suidas, au mot αἰσθόμενος, et les *Addenda* de Reimarus, tom. II, p. 1697 de son édition.
9. Ce mot manque dans le Ms. de Munich n° 1.
10. L'ancienne leçon καὶ τοὺς Κελτοὺς τοὺς ὁμοχώρους αὐτῶν κτλ., était tronquée. La lacune a été comblée par l'addition du passage σφίσι — τῆς τε χώρας, tiré de A et qui se trouve aussi dans B et F. Cf. la note de Reimarus et celle de Sturz, tom. I, p. 438 de son édition.

ἑαυτοῖς ὑποτελεῖς ἐπεποίηντο, ὁμήρους σφῶν ἔχοντες· (καὶ ἐτύγχανον γὰρ δεόμενοι ὧν ὠρέγετο[1]) ῥᾳδίως αὐτὸν ἀνέπεισαν ἐπικουρῆσαι σφίσιν[2]. Ἦρχε μὲν[3] γὰρ Ἀριοούϊστος τῶν Κελτῶν ἐκείνων[4], καὶ τήν τε κύρωσιν τῆς βασιλείας παρὰ τῶν Ῥωμαίων εἰλήφει, καὶ ἐς τοὺς φίλους τούς τε συμμάχους αὐτῶν ὑπ' αὐτοῦ τοῦ Καίσαρος ὑπατεύοντος ἐγέγραπτο[5]. Πρὸς δὲ δὴ τὴν ἐκ τοῦ πολέμου δόξαν καὶ τὴν ἀπ' αὐτοῦ[6] ἰσχὺν οὐδὲν τούτων ἐφρόντισε· πλὴν καθ' ὅσον παρὰ τοῦ βαρβάρου πρόφασιν τῆς διαφορᾶς, μὴ καὶ προϋπάρχειν τι ἐς αὐτὸν νομισθῇ, λαβεῖν ἠθέλησε. Καὶ διὰ τοῦτο[7] μετεπέμψατο αὐτὸν, ὡς καὶ[8] διαλεχθῆναί τι αὐτῷ δεόμενος. Ἐπειδή τε οὐχ ὑπήκουσεν, ἀλλὰ καὶ ἔφη[9] ὅτι, « Εἴ τι μοι βούλεται Καῖσαρ εἰπεῖν, αὐτὸς πρὸς ἐμὲ ἐλθέτω. Οὔτε γὰρ ἄλλως καταδεέστερος αὐτοῦ εἰμὶ, καὶ τὸν χρείαν τινὸς ἔχοντα αὐτὸν πρὸς ἐκεῖνον ἀφικνεῖσθαι δεῖ[10]. » ὀργήν τε, ὡς καὶ πάντας τοὺς Ῥωμαίους προπεπηλακικότος[11] αὐτοῦ, ἐν τούτῳ ἐποιήσατο· καὶ παραχρῆμα τούς τε ὁμήρους τῶν συμμάχων ἀπῄτησεν αὐτὸν[12], καὶ

1. F : Ὀρέγετο. Le copiste a négligé l'augment.
2. Le passage καὶ ἐτύγχανον — σφίσιν manque dans le Ms. de Munich n° 1.
3. Ἦρχε δὲ, dans le même Ms.
4. Ce mot est omis dans le même Ms.
5. Ἔγραπτο, leçon fautive dans C, D, F, G et H. Le passage καὶ ἐς τοὺς φίλους — ἐγέγραπτο manque dans le Ms. de Munich n° 1. Au lieu de ἐς τοὺς φίλους, C, D et G portent εἰς τοὺς φίλους.
6. Reiske propose ἀπ' αὐτοῦ (s.-ent. πολέμου), et M. Imm. Bekker ἀπ' αὐτῆς (s.-ent. δόξης). J'ai substitué la conjecture de Reiske à l'ancienne leçon ἀπ' αὐτῶν, à cause de la fréquente confusion des désinences ων et ου.

leva une partie de leur territoire et les rendit tributaires, après avoir exigé des otages. Ils obtinrent aisément du secours de César, parce qu'ils demandaient ce qu'il souhaitait vivement. Ces Germains avaient pour chef Arioviste, qui avait reçu des Romains la confirmation de son titre de roi, et que César, alors consul, avait mis lui-même au nombre de leurs amis et de leurs alliés ; mais, aux yeux de César, tout cela n'était rien au prix de la gloire que lui promettait la guerre et de la puissance qu'il espérait en recueillir. Il voulut seulement que le roi barbare fît naître l'occasion d'un différend, afin qu'on ne l'accusât pas d'avoir conçu d'avance le projet de l'attaquer. Il invita donc Arioviste à se rendre auprès de lui, alléguant qu'il avait à l'entretenir d'une affaire. Arioviste refusa et répondit même : « Si César « a quelque chose à me dire, qu'il vienne : je ne suis « pas son inférieur, et c'est à celui qui a besoin d'un « autre à aller le trouver. » César, blessé de ces paroles, qu'il regarda comme une insulte pour tous les Romains, lui redemanda aussitôt les otages qu'il avait

---

7. Les mots διὰ τοῦτο manquent dans le Ms. de Munich n° 1.

8. Ὅς καὶ, faute du copiste dans le même Ms.

9. Ἐπεί τε — ἀλλ' ἔφη, dans le même Ms.

10. Cf. Cæsar, l. l. 34 ; Florus, III, 10, 12. Jul. Celsus, p. 19, fait dire à Arioviste : Et quis est Cæsar, aut quid mihi cum Cæsare? Ego si Cæsaris egerem, ad eum venirem. Ipse, si mei eget, ad me veniat.

11. Προπεπηλακηκότος, dans tous les Ms. de Dion que j'ai consultés, par la confusion d'ι avec η. Le Ms. de Munich n° 1 porte προπεπηλακηκό-τας.

12. Cf. Cæsar, l. l. 35.

προσαπηγόρευσεν [1] αὐτῷ, μήτε τῆς χώρας σφῶν ἐπιβαίνειν, μήτ' ἐπικουρίας οἴκοθεν ἐπάγεσθαι [2]. Ταῦτα δὲ ἔπραξεν οὐχ ὅτι καὶ [3] καταπλήξειν αὐτὸν, ἀλλ' ὅτι ἐξοργιεῖν, κἀκ τούτου πρόφασιν τοῦ πολέμου καὶ μεγάλην καὶ εὐπρεπῆ λήψεσθαι ἤλπισεν· ὅπερ ἐγένετο [4]. Ἀχθεσθεὶς γὰρ [5] ὁ βάρβαρος τοῖς ἐπιτάγμασι, πολλὰ καὶ δεινὰ ἀπεκρίνατο [6], ὥστε τὸν Καίσαρα λόγους μὲν μηκέτ' αὐτῷ ἀντιπέμψαι, τὸν δὲ δὴ Βεσοντίωνα [7], τὴν τῶν Σηκουανῶν πόλιν, εὐθὺς, καὶ πρὶν αἰσθέσθαί [8] τινα, προκατασχεῖν [9].

35. Κἂν τούτῳ οἱ στρατιῶται, ἀγγελίας ἐλθούσης ὅτι τε ὁ Ἀριοούιστος ἰσχυρῶς παρασκευάζεται, καὶ ὅτι καὶ ἕτεροι τῶν Κελτῶν πολλοί, οἱ μὲν διαβεβήκασιν ἤδη τὸν Ῥῆνον, ὡς ἐπὶ βοήθειαν [10] αὐτοῦ, οἱ δὲ καὶ ἐπ' αὐτῷ [11] τῷ ποταμῷ συνειλέχαται [12], ὅπως ἐξαίφνης σφίσιν ἐπίθωνται, δεινῶς ἠθύμησαν. Τά τε γὰρ μεγέθη αὐτῶν, καὶ τὸ πλῆθος, τό τε θράσος, καὶ τὰς ἀπ' αὐτοῦ προχείρους ἀπειλὰς ἐκ-

---

1. Προσηγόρευσεν, dans le Ms. de Munich n° 1. Le copiste a omis une préposition.
2. C : Ἐπάνεσθαι, par la confusion de γ avec ν.
3. Cette particule manque dans le Ms. de Munich n° 1 et dans Suidas, au mot ἐξοργιεῖν.
4. Reiske propose ὅπερ καὶ ἐγένετο.
5. Ἀχθεσθεὶς δὲ, dans le Ms. de Munich n° 1.
6. Cf. Cæsar, l. l. 36.
7. Οὐεσοντίωνα, dans A, B, C, D, F, G et H. Cæs. l. l. 38 : Huc Cæsar magnis diurnis nocturnisque itineribus contendit, occupatoque oppido, ibi præsidium collocat.
8. A l'ancienne leçon αἰσθηθήσεσθαι (αἰσθηθήσαισθαι dans G, par la confusion d'ε avec αι), Leunclavius propose de substituer αἰσθήσασθαι, correction approuvée par Reimarus et adoptée par Sturz, qui déclare la

exigés de leurs alliés, lui défendit de mettre le pied sur leur territoire et de faire venir des renforts de son pays. Par là, il cherchait moins à effrayer Arioviste qu'à l'irriter, dans l'espoir de trouver ainsi un prétexte de guerre sérieux et plausible : c'est ce qui arriva. Le Barbare, indigné de ces ordres, répondit avec fierté, et César, renonçant aux pourparlers, s'empara incontinent de Besançon, ville des Séquanais, avant que personne pût s'y attendre.

35. En ce moment, on annonça qu'Arioviste poussait ses préparatifs avec vigueur, et que d'autres Germains fort nombreux avaient en partie franchi le Rhin, pour secourir ce roi, et s'étaient en partie réunis sur les bords de ce fleuve pour attaquer les Romains à l'improviste. Cette nouvelle jeta les soldats de César dans un profond découragement. La haute stature des barbares, leur audace, les bravades qu'elle leur inspirait à tout propos, avaient tellement effrayé les Romains,

---

préférer à αἰσθέσθαι, aussi bon pour le sens, mais plus éloigné de la leçon primitive. Malgré sa critique, je lis αἰσθέσθαι avec M. Imm. Bekker, d'après le Ms. de Munich n° 1 (cf. la note suivante) : la forme αἰσθήσασθαι est au moins très-douteuse ; cf. Thes. gr. ling. tom. I, p. 1055, éd. Didot. Reiske propose ἠσθῆσθαι, tout à fait inadmissible.

9. Au lieu de τὸν δὲ δὴ — προκατασχεῖν, le Ms. de Munich n° 1 porte : Ἀλλὰ πρὶν αἰσθέσθαι τὴν Οὐεσουντίνων καὶ τὴν τῶν Σηκουάνων πόλιν κατασχεῖν.

10. Reiske aimerait mieux ἐπὶ βοηθείᾳ.

11. G : Αὐτοῦ, par la confusion d'ω avec ου.

12. Sur cette forme que je substitue, comme M. Imm. Bekker, à l'ancienne leçon συνειλόχαται, cf. la note de Sturz, tom. V, p. 53-54 de son édition. Ce verbe est altéré dans C et dans G. Le premier porte συνειλήχαται, et le second συνολόχαται.

πλαγέντες, ούτω διετέθησαν, ώς μηδέ προς ανθρώπους τινας, αλλά προς θηρία άπορα[1] και άγρια προσοισόμενοι. Και έθρύλουν[2] ότι πόλεμον[3] ούτε προσήκοντα ούτε έψηφισμένον[4], διά την ιδίαν του Καίσαρος φιλοτιμίαν, αναιροϊντο[5] και προσεπηπείλουν εγκαταλείψειν αυτόν[6], αν μη μεταβάληται. Μαθών ούν ταύτ' εκείνος[7] τω μεν πλήθει των στρατιωτών ουδέν διελέξατο[8]· (ούτε γαρ καλόν ενόμιζεν είναι, τοιαύτα προς πολλούς[9] λέγειν, και ταύτ' ες τους πολεμίους μέλλοντα εκφοιτήσειν· και έδεισε μή πως απειθήσαντες θορυβήσωσι και κακόν τι εξεργάσωνται)· τους δε δη υπάρχους και τους υπομείονας αθροίσας[10], τοιάδε εν αυτοίς έλεξεν.

36. « Ου τον αυτόν, ώ άνδρες φίλοι, τρόπον ηγούμαι δείν ημάς περί τε των ιδίων και περί των κοινών βουλεύεσθαι. Ουδέ γαρ[11] τον αυτόν ορώ[12] σκοπόν ιδία τε εκάστω και δημοσία άπασιν όντα. Ημίν μεν γαρ τα επιεικέστατα και ασφαλέστατα, τω δε δήμω τα κράτιστα και προαιρείσθαι και πράττειν προσήκει. Δει μεν γαρ εν τοις ιδίοις

---

1. Leunclavius propose άχορα — *feras insatiabiles*. Reiske défend très-bien l'ancienne leçon : « Άποροι sunt *intractabiles, feri*, qui eos a quibus tractantur conjiciunt in difficultates, pericula et consilii inopiam : εύποροι contra, *tractabiles, mansueti.* » Cf. les exemples à l'appui de cette explication, dans l'édition de Sturz, tom. V, p. 199, not. 162*.
2. D'après A, B, F et G, au lieu de εθρύλλουν. Dans D et H, εθρόλουν est une faute de copiste.
3. C : Πόλεμου, par la confusion de ν avec υ.
4. Cf. la réponse de César à cette accusation, § 40.
5 Avec M. Imm. Bekker, je remplace l'ancienne leçon αναίροιντο par αναιροϊντο, d'après le conseil de Reimarus. Reiske aimerait mieux αναι-

HISTOIRE ROMAINE DE DION, L. XXXVIII. 415

qu'ils croyaient avoir à combattre non contre des hommes, mais contre des bêtes féroces et indomptables. Ils répétaient çà et là qu'ils allaient faire, dans le seul intérêt de l'ambition de César, une guerre qui n'était ni juste, ni ordonnée par un décret public, et ils menaçaient de l'abandonner, s'il ne changeait pas de résolution. Instruit de ces propos, César n'adressa point de harangue à toute son armée (il ne jugea pas convenable de faire entendre à un grand nombre d'hommes, sur un semblable sujet, des paroles qui pourraient arriver aux oreilles de l'ennemi : il craignit aussi que les soldats, indociles à ses remontrances, n'excitassent des troubles et ne se portassent à quelque acte coupable). Il rassembla donc ses lieutenants et les officiers d'un rang subalterne et leur parla ainsi :

36. « Je ne pense pas, mes amis, que nous devions
« délibérer de la même manière sur nos affaires et
« sur celles de la République; car le but que chacun se
« propose pour lui-même diffère, à mon avis, de celui
« auquel tous les citoyens visent dans l'intérêt de
« l'Etat. Nous devons choisir et faire, comme particu-
« liers, ce qui est le plus sage et le plus sûr ; comme na-
« tion, ce qui est le plus utile. Et en effet, si les affaires pri-

---

ροῖτο (s.-ent. ὁ Καῖσαρ). Dans G, ἀνάροιντο provient de la confusion d'αι avec α.

6. Cæsar, l. l. 39 : Non fore dicto audientes milites, neque propter timorem signa laturos.

7. C : Ταῦθ' ἐκεῖνος, fautes du copiste.
8. Διεξελέξατο, dans le même Ms.
9. G : Πολλὰς, faute du copiste.
10. Ce mot manque dans B.
11. Cette conjonction a été omise dans C et G.
12. Ὁρᾷ, dans C, est une faute de copiste.

δραστηρίους εἶναι. Τὸ γὰρ ἐπιεικὲς οὐκ ἐθέλει εἰ μὴ καὶ ἐκ τούτου σώζεσθαι. Οὐ μὴν ἀλλὰ ἀνὴρ μὲν, ὅστις ἀπραγμονέστατός ἐστι, καὶ ἀσφαλέστατος εἶναι δοκεῖ· πόλις δὲ, ἄλλως τε καὶ [2] ἀρχὴν ἔχουσα, τάχιστα ἂν ὑπὸ τοῦ τοιούτου [3] καταλυθείη. Ταῦτα γὰρ [4] οὕτως οὐχ ὑπ' ἀνθρώπων ταχθέντα, ἀλλ' ὑπ' αὐτῆς τῆς φύσεως νομοθετηθέντα, καὶ ἦν ἀεὶ, καὶ ἔστι [5], καὶ ἔσται, μέχρι περ ἂν καὶ τὸ θνητὸν γένος συνεστήκῃ [6]. Τούτων οὖν οὕτως ἐχόντων, οὐδ' ὑμῶν οὐδένα χρὴ τὸ ἴδιον ἡδὺ καὶ ἀσφαλὲς ἐν τῷ παρόντι μᾶλλον ἢ τὸ τοῖς πᾶσι Ῥωμαίοις καὶ εὐπρεπὲς καὶ συμφέρον προσκοπεῖν. Λογίζεσθε [7] γὰρ τά τε ἄλλα, ὅσα εἰκός ἐστι, καὶ μάλισθ' ὅτι [8] δεῦρ' ἤλθομεν [9] αὐτοί τε τοσοῦτοι καὶ τοιοῦτοι, ἔκ τε τῆς βουλῆς καὶ ἐκ τῶν ἱππέων ὄντες, καὶ πλῆθος πολὺ στρατιωτῶν χρήματά τε ἄφθονα λαβόντες, οὐχ ἵνα ῥαθυμῶμεν, οὐδ' ἵνα ἀμελῶμεν, ἀλλ' ὅπως τά τε τῶν ὑπηκόων [10] ὀρθῶς διοικήσωμεν, καὶ τὰ τῶν ἐνσπόνδων ἀσφαλῶς διασώσωμεν, τούς τε ἀδικεῖν ἐπιχειροῦντας σφᾶς ἀμυνώμεθα, καὶ τὰ ἡμέτερα ἐπαυξήσωμεν. Ὡς εἴγε μὴ ταῦθ' οὕτω φρονοῦντες ἤλθομεν, τί ποτε καὶ ἀρχὴν ἐξ-

---

1. L'ancienne leçon οὐκ ἐθέλει μὴ καὶ κτλ., confirmée par les Ms., à l'exception de F qui porte οὐκ ἐθέλει καὶ μὴ ἐκ κτλ., est vicieuse. Reimarus propose 1° οὐκ ἐθέλει εἰ μὴ καὶ κτλ., le copiste ayant pu facilement omettre la conjonction εἰ à cause de sa ressemblance avec la dernière syllabe d'ἐθέλει. 2° Οὐκ ἐθέλει μὴ ἄνευ τούτου σώζεσθαι. Avec Sturz, j'adopte la première conjecture, approuvée par Reiske. M. Imm. Bekker conserve l'ancienne leçon.

2. G : Ἄλλως δὲ καὶ, par la confusion de τὲ avec δέ.

3. F : Ὑπὸ τοῦτο τούτου, leçon des plus fautives.

« vées exigent une certaine activité sans laquelle la
« condition la plus modeste ne saurait être durable, il
« faut pourtant reconnaître que moins on a à faire et
« plus on paraît être en sûreté. Un État, au contraire,
« surtout lorsqu'il a de la puissance, serait détruit à l'ins-
« tant même par l'inaction ; et cette loi, ce n'est pas
« l'homme, c'est la nature qui l'a établie. Elle a tou-
« jours existé, elle existe aujourd'hui et elle existera
« aussi longtemps que l'espèce humaine. Puisqu'il en est
« ainsi, aucun de vous ne doit songer, en ce moment, à
« ce qui peut contribuer à son plaisir et à sa sécurité,
« plutôt qu'à ce qui est honorable et utile pour tous
« les Romains. Parmi les pensées qui doivent occu-
« per vos esprits, il en est une capitale, c'est que nous,
« si nombreux et si braves, appartenant à l'ordre des
« sénateurs et des chevaliers, nous sommes venus ici
« avec des forces considérables et de grandes sommes
« d'argent, non pour vivre dans le repos et dans l'insou-
« ciance; mais pour établir un bon gouvernement chez
« les nations que nous avons soumises, pour mettre
« à l'abri du danger celles qui ont traité avec nous,
« pour combattre ceux qui cherchent à leur faire du
« mal et pour augmenter notre puissance. Si telles ne
« sont point nos résolutions, pourquoi nous être mis en

4. C : Ταῦτα μὲν γάρ.
5. Ces deux mots manquent dans le même Ms.
6. Sturz cite συνεστήχει, comme une leçon fautive donnée par Robert Étienne. Elle se trouve aussi dans C, D, E, F, G et H.
7. D, G et H : Λογίζεσθαι, par la confusion d'ε avec αι.
8. C, G et H : Μάλιστ' ὅτι, faute du copiste.
9. C, D et F : Δεῦρο ἤλθομεν.
10. C, D et G : Ἱππιχόων. Le copiste a mis deux π, au lieu d'un, et confondu υ et η avec ι.

ἐστρατεύσαμεν, ἀλλ' οὐ τρόπον τέ τινα¹ οἴκοι καὶ ἐπὶ τοῖς ἰδίοις κατεμείναμεν ; καὶ γάρ που καὶ ἄμεινον ἦν μηδ' ὑποστῆναι² τὴν στρατείαν³, ἢ προσταχθέντας⁴ αὐτὴν, προδοῦναι. Εἰ δ' οἱ μὲν ὑπὸ τῶν νόμων ἀναγκαζόμενοι τὸ προσταττόμενον ὑπὸ τῆς πατρίδος πράττειν, οἱ δὲ δὴ πλείους⁵ ἐθελονταὶ διά τε τὰς τιμὰς καὶ διὰ τὰς ὠφελείας⁶ τὰς ἀπὸ τῶν πολέμων περιγιγνομένας, πάρεσμεν, πῶς ἂν ἢ καλῶς ἢ ὁσίως ἡμῖν ἔχοι⁷ ψεύσασθαι καὶ τὰς τῶν ἐκπεμψάντων ἡμᾶς ἅμα καὶ τὰς ἡμετέρας αὐτῶν ἐλπίδας; ἰδίᾳ μὲν γὰρ οὐδ' ἂν εἷς οὕτως εὖ πράξειεν, ὥστε μὴ οὐ τῷ κοινῷ πταίσαντι συναπολέσθαι· τὸ δὲ δημόσιον εὐτυχοῦν πάσας καὶ τὰς ἑκάστου συμφορὰς ἀναφέρει.

37. " Λέγω δὲ ταῦτα οὐ πρὸς ὑμᾶς, ἄνδρες ἑταῖροί τε καὶ φίλοι, τοὺς ἐνταῦθα ὄντας (οὔτε γὰρ ἄλλως ἀγνοεῖτε αὐτὰ, ὥστε καὶ μαθεῖν δεῖσθαι· οὔτ' ὀλιγώρως αὐτῶν ἔχετε, ὥστε καὶ προτροπῆς χρῄζειν)· ἀλλ' ὅτι τινὰς τῶν στρατιωτῶν ᾔσθημαι αὐτούς τε θρυλοῦντας⁸, ὡς οὐ προσ-

---

1. Les mots τρόπον τέ τινα font croire à Reiske qu'il manque ici quelque chose. « Τρόπον τινὰ, dit-il, usurpat rem insolitam dicturus, aut similitudinem nonnihil duram et audacem projecturus, quam volumus illa formula adspersa mitigare. Atqui nihil insolens, nihil aspersum neque grande et poeticum inest dictioni *domi manere.* » En conséquence, il propose d'ajouter ἐβασιλεύσαμεν — *quare domi veluti reges non egimus,* conjecture peu probable. Je maintiens l'ancienne leçon avec Reimarus, qui l'explique de cette manière : τρόπον τινὰ — *Utcunque, quomodocunque,* h. e., etiamsi minus fortunati et minore auctoritate essemus. M. Imm. Bekker lit : Τρόπον γέ τινα. J'ai traduit par un équivalent.

« campagne? Pourquoi n'être point restés, ignorés et
« sans éclat, dans nos foyers, pour veiller à nos inté-
« rêts? Certes il eût mieux valu ne pas nous charger
« de cette expédition, que de l'abandonner après qu'elle
« nous a été confiée. Si nous sommes ici, les uns con-
« traints par les lois d'exécuter les ordres de la patrie,
« mais pour la plupart, de notre plein gré, en vue des
« honneurs et des avantages que procure la guerre,
« comment pourrons-nous, honorablement et sans man-
« quer au devoir, tromper les espérances de ceux qui
« nous ont envoyés et les nôtres? Il n'est pas un citoyen
« dont la prospérité ne soit détruite, lorsque l'État est
« ruiné : au contraire, la prospérité de l'État rend
« plus léger le malheur de tous et de chacun en par-
« ticulier.

37. « Ce n'est pas à vous, mes camarades et mes amis
« ici présents, que ces reproches s'adressent : vous n'igno-
« rez pas les vérités que je viens d'énoncer, et vous n'avez
« pas besoin de les apprendre ; vous ne les négligez pas,
« et il n'est pas nécessaire de vous engager à les mettre
« en pratique. Mais, informé que quelques soldats disent

---

2. D'après A, B et F, je remplace l'ancienne leçon ὑπομεῖναι par ὑπο-
στῆναι. Sturz et M. Imm. Bekker adoptent cette correction.

3. Στρατιάν, dans C, D, E et G. Nous avons déjà remarqué la perpétuelle confusion de ces deux mots par les copistes.

4. C : Προκαταχθέντας.

5. Πλοίους, dans G, par la confusion d'ε avec ο.

6. A et F : Ὠφελίας, par la confusion d'ει avec ι.

7. C, D et G : Ἔχοι ἡμῖν.

8. D'après les meilleurs manuscrits, au lieu de l'ancienne leçon Θρυλ-
λοῦντας. M. Imm. Bekker donne cette leçon.

ήκοντα τόνδε τον πόλεμον άνηρήμεθα[1], και τους άλλους[2] προσστασιάζοντας· ίν' αυτοί τε[3] βεβαιοτέραν εκ των παρ' εμού λόγων την υπέρ της πατρίδος προθυμίαν ποιήσησθε[4], και εκείνους πάνθ' ά προσήκει διδάξητε. Πλείω γάρ άν παρ' υμών ιδία και πολλάκις ακούοντες αυτά ώφεληθεϊεν, ή παρ' εμού άπαξ πυθόμενοι. Λέγετε τοίνυν αύτοϊς, ότι οι πρόγονοι ημών, ουκ οίκοι μένοντες[5], ουδέ τας στρατείας[6] όκνούντες, ουδέ τους πολέμους φεύγοντες, ουδέ τας ραθυμίας διώκοντες τηλικαύτην την πόλιν εποίησαν· αλλά ταϊς γνώμαις πάντα τά προσήκοντα προχείρως τολμώντες, και τοις σώμασι πάντα τά άρέσαντα προθύμως έκπονούντες, και τά μεν ίδια ως αλλότρια αεί ποτε παραβαλλόμενοι· τά δε δη των πέλας, ως και οικεία έτοίμως κτώμενοι· και μήτε ευδαιμονίαν άλλο τι[7] ή το τά δέοντα πράττειν νομίζοντες· μήτε δυστυχίαν άλλο τι ή το μετά ευπραξίας ήσυχάζειν[8] ηγούμενοι. Τοιγαρούν εκ τούτων τών πολιτευμάτων αυτοί τε, ολίγιστοι το[9] κατ' αρχάς

1. Dans A, C et F, et non pas seulement dans A, cité par Sturz. M. Imm. Bekker substitue aussi cette leçon à l'ancienne άνηράμεθα. G porte άνηρή́μεθα; mais l'α écrit au-dessus du second η est d'une main plus moderne.
2. E et H : Τούς τούς άλλους. Le copiste, par distraction, a écrit deux fois l'article.
3. Cette particule a été omise dans G.
4. Ποιήσεσθε est un solécisme dans D. Ποιήσεσθαι, dans G, provient de la confusion d'ε avec αι. De même διδάξηται, au lieu de διδάξητε, un peu plus loin.
5. Le passage αυτά — μένοντες manque dans C.
6. Στρατίας dans A, B, C, D, F, G et H. Sur la confusion de ces deux mots, cf. § 36, not. 12.

« partout que nous avons entrepris une guerre illégitime,
« et qu'ils poussent leurs compagnons à la révolte, j'ai
« voulu vous faire entendre ces paroles, pour qu'elles
« raffermissent votre dévouement à la patrie et pour que
« vous rappeliez aux soldats ce que le devoir leur com-
« mande. Souvent répétées par vous dans des entre-
« tiens particuliers, elles leur seront plus utiles que s'ils
« ne les recueillaient qu'une fois de ma bouche. Dites-
« leur donc que ce n'est pas en restant chez eux, en
« craignant de se mettre en campagne, en fuyant les
« guerres, en recherchant l'oisiveté, que nos pères ont
« rendu la République si grande ; mais en prenant cou-
« rageusement et sans hésiter les résolutions convena-
« bles, en supportant avec ardeur toutes les fatigues
« pour exécuter ce qu'ils avaient décidé, en mettant leur
« fortune en jeu comme un bien qui ne leur apparte-
« nait pas, en marchant résolument à la conquête des
« possessions de leurs voisins, comme si c'eût été leur
« propre bien, en plaçant le bonheur dans l'accomplis-
« sement du devoir, en ne voyant le malheur que dans
« l'inaction, même au sein de tous les biens. Par une
« telle conduite, nos ancêtres, très-peu nombreux dans
« les premiers temps et renfermés d'abord dans une

7. G : Ἀλλ' ὅτι, par une mauvaise division des mots.
8. Oddey propose ἀπραξίας, conjecture que Reiske justifie en regardant ἀπραξία comme synonyme d'ἀπραγμοσύνη — *neglectus rerum alienarum.* En conséquence il traduit : *Ita in pace agere, ut rerum quæ extra te agantur, prorsus sis incurius.* Avec Reimarus, Sturz et M. Imm. Bekker, je maintiens l'ancienne leçon et je l'explique comme Wagner et M. Tafel. La traduction de Nic. Leoniceno, *Et reputando una infelicita stare in ocio,* permet de supposer que les mots μετ' εὐπραξίας n'étaient pas dans le manuscrit qu'il avait sous les yeux. Xylander ne les a pas traduits non plus.
9. Cet article manque dans F et G.

γενόμενοι καὶ πόλιν οὐδεμίαν ἧς οὐκ¹ ἐλάττω τὸ πρῶτον νεμόμενοι, Λατίνους ἐκράτησαν, Σαβίνους ἐνίκησαν, Τυῤῥηνοὺς², Οὐολσκοὺς, Ὀπικοὺς, Λευκανοὺς, Σαυνίτας ἐχειρώσαντο³, πᾶσαν ἐν ὀλίγῳ τὴν ἐντὸς τῶν Ἄλπεων γῆν κατεστρέψαντο, πάντας τοὺς ἀλλοφύλους τοὺς ἐπελθόντας σφίσιν ἀπεώσαντο.

38. « Καὶ αὐτοὺς καὶ οἱ μετὰ ταῦτα Ῥωμαῖοι, οἵ τε πατέρες ἡμῶν, ζηλώσαντες, οὐκ ἠρκέσθησαν τοῖς παροῦσιν, οὐδ᾽ ἠγάπησαν⁴ οἷς παρέλαβον, ἀλλ᾽ ὄλεθρον μὲν αὐτῶν⁵ σαφῆ τὴν ῥᾳστώνην, σωτηρίαν δὲ ἀκριβῆ τὴν ταλαιπωρίαν⁶ νομίσαντες εἶναι· καὶ φοβηθέντες μὲν μὴ μείναντα⁷ αὐτὰ ἐφ᾽ ἑαυτὰ κατατριφθείη καὶ καταγηράσῃ, ἐναισχυνθέντες δὲ εἰ τοσαῦτα παραδεξάμενοι μηδὲν ἐπικτήσαιντο, πολλῷ πλείω καὶ μείζω προσκατειργάσαντο. Τί γὰρ ἄν τις καθ᾽ ἕκαστον λέγοι τὴν Σαρδὼ, τὴν Σικελίαν, τοὺς Μακεδόνας, τοὺς Ἰλλυριοὺς⁸, τὴν Ἑλλάδα, τὴν Ἀσίαν τὴν περὶ τὴν Ἰωνίαν, Βιθυνοὺς⁹, Ἴβηρας, Ἄφρους· καίτοι συχνὰ μὲν ἂν χρήματα ἔδοσαν αὐτοῖς Καρχηδόνιοι, ὥστε μὴ ἐκεῖσε ἐκπλεῦσαι· συχνὰ δὲ Φίλιππος καὶ Περσεὺς, ὥστε μὴ¹⁰ ἐπ᾽ αὐτοὺς στρατεῦσαι· πολλὰ Ἀντίοχος¹¹,

---

1. Sur cette tournure, cf. Lobeck, sur l'Ajax de Sophocle, p. 417.
2. Ici, comme Fr. IX, tom. I, p. 23 de cette édition, je substitue Τυῤῥηνοὺς à l'ancienne leçon Τυρσηνούς. C porte Τυρσινοὺς, par la confusion d'η avec ι.
    ὡσαντο
3. G : Ἐχειρίσατο. H : Ἐχειρώσατο, par la confusion d'α avec αν.
4. F : Οὐδὲ ἠγάπησαν.
5. B et C : Αὐτῶν.

« ville telle qu'il n'y en avait pas de plus petite, triom-
« phèrent des Latins, vainquirent les Samnites, soumi-
« rent les Étrusques, les Volsques, les Opiques, les
« Lucaniens, les Samnites, firent en peu de temps la
« conquête de tous les pays situés en deçà des Alpes, et
« repoussèrent tous les étrangers qui avaient envahi leur
« territoire.

38. « Les Romains, nés dans les temps qui suivirent
« immédiatement ces exploits, et nos pères eux-mêmes,
« jaloux d'égaler ces modèles, ne se contentèrent point de
« ce qu'ils possédaient et ne se bornèrent pas à jouir de ce
« qui leur avait été transmis en héritage. Regardant l'inac-
« tion comme une cause évidente de ruine et les fatigues
« comme un gage certain de salut, craignant que leurs
« possessions, si elles restaient renfermées dans les mêmes
« limites, ne se détériorassent et ne fussent consumées par
« le temps, persuadés qu'il serait honteux pour eux de
« ne rien ajouter aux vastes contrées qu'ils avaient reçues
« de leurs ancêtres, ils en conquirent d'autres beaucoup
« plus nombreuses et beaucoup plus grandes. A quoi bon
« mentionner une à une la Sardaigne, la Sicile, la Macé-
« doine, l'Illyrie, la Grèce, l'Asie limitrophe de l'Ionie,
« la Bithynie, l'Ibérie et l'Afrique? Les Carthaginois leur
« auraient cependant donné beaucoup d'argent, pour
« ne point voir les vaisseaux romains aborder dans leur
« pays; Philippe et Persée ne leur en auraient pas moins

6. G : Τὴν ταλεπωρίαν, par la confusion d'αι avec ε.
7. G : Μείνοντα, faute du copiste.
8. Ἰλιρίους. Le copiste a confondu υ avec ι et mis un seul λ, quand il en fallait deux.
9. A, B et F : Βιθινοὺς, par la confusion d'υ avec ι.
10. Le passage ἐκεῖσε — ὥστε μὴ manque dans F.
11. Reiske aimerait mieux πολλὰ δ' Ἀντίοχος.

πολλὰ οἱ παῖδες αὐτοῦ καὶ ἔγγονοι, ὥστε ἐπὶ τῆς Εὐρώπης καταμεῖναι. Ἀλλ' οὔτε ἐκεῖνοι πρό τε τῆς δόξης καὶ πρὸ [1] τοῦ μεγέθους τῆς ἀρχῆς ἀρχεῖν τε ἀκλεῶς καὶ πλουτεῖν ἀδεῶς εἵλοντο, οὔτ' αὐτῶν ἡμῶν οἱ πρεσβύτεροι, οἱ καὶ νῦν ἔτ' ὄντες· ἀλλ' ἅτε [2] εὖ εἰδότες ὅτι διά τε τῶν αὐτῶν ἐπιτηδευμάτων καὶ κτᾶται τὰ ἀγαθὰ καὶ σώζεται, πολλὰ μὲν ἐβεβαιώσαντο τῶν προϋπαρχόντων, πολλὰ δὲ καὶ προσεκτήσαντο [3]. Τί γὰρ δεῖ [4] κἀνταῦθα καθ' ἕκαστον ἐπεξιέναι τὴν Κρήτην, τὸν Πόντον, τὴν Κύπρον, τὴν Ἰβηρίαν τὴν Ἀσιανὴν, τὴν Ἀλβανίαν τὴν ἐκεῖ [5], Σύρους ἀμφοτέρους, Ἀρμενίους ἑκατέρους, Ἀραβίους, Παλαιστίνους; ὧν οὐδὲ τὰ ὀνόματα πρότερον ἀκριβῶς εἰδότες νῦν τῶν μὲν αὐτοὶ δεσπόζομεν, τὰ δὲ ἑτέροις ἐχαρισάμεθα [6]· ὥστε ἐξ αὐτῶν καὶ προσόδους καὶ δυνάμεις καὶ τιμὰς καὶ συμμαχίας προσειληφέναι.

39. « Τοιαῦτα γοῦν ἔχοντες παραδείγματα, μήτε τὰ τῶν πατέρων ἔργα καταισχύνητε [7], μήτε τὴν ἀρχὴν μεγίστην ἤδη οὖσαν πρόεσθε. Οὐδὲ γὰρ οὐδ' ἀπ' ἴσης [8] ἡμῖν

1. Cette préposition a été omise dans C.
2. Ἀλλά τε, dans A, D, E, F et G. Γέ que porte l'ancienne leçon manque dans C. Reimarus, en citant ἀλλά τε d'après Rob. Etienne, ne dit pas que cette leçon se trouve dans cinq Ms. Avec M. Imm. Bekker, je lis ἀλλ'ἅτε.
3. G : Ἐπεκτήσαντο.
4. Δή, dans G. Sur la confusion de δεῖ avec δή, cf. p. 51, not. 8 de ce volume.
5. Xylander dit à propos de l'ancienne leçon, Τὴν Ἰβηρίαν, τὴν Ἀσίαν, τὴν Ἀλβανίαν τὴν ἐκεῖ : « Verba τὴν ἐκεῖ ad Ἰβηρίαν adjungenda affirmo — *Iberiam in istis locis positam.* Id ad discrimen Hispaniæ, quæ Ἰβηρία ipsa etiam dicitur, additum. » Penzel propose τὴν Ἰβηρίαν τὴν Ἀσιατικὴν, τὴν Ἀλβανίαν τὴν ἐκεῖ. J'adopte sa conjecture : seulement, au lieu

« donné, pour qu'ils ne tournassent pas leurs armes
« contre eux; Antiochus, ses fils et ses descendants les
« auraient comblés de richesses, pour qu'ils ne franchis-
« sent point les limites de l'Europe; mais les Romains
« de ces temps ne préférèrent jamais à la gloire et à la
« grandeur de l'empire un loisir obscur et une opulence
« qu'aucune crainte n'aurait troublée : il en est de même
« de ceux qui, plus âgés que nous, sont encore au nombre
« des vivants. Sachant que les moyens qui servent à ac-
« quérir servent aussi à conserver, ils consolidèrent la
« possession de ce qu'ils avaient déjà et firent des con-
« quêtes nouvelles. A quoi bon encore énumérer séparé-
« ment la Crète, le Pont, Cypre, l'Ibérie et l'Albanie
« d'Asie, les deux Syries, l'une et l'autre Arménie, l'Ara-
« bie, la Palestine, contrées dont auparavant nous ne
« savions pas exactement les noms; mais aujourd'hui
« soumises en partie à notre domination, en partie don-
« nées par nous à d'autres et qui nous fournissent des
« subsides, des troupes, des honneurs et des alliés?

39. « Vous donc, qui avez de tels exemples sous les
« yeux, ne déshonorez pas les exploits de vos pères et ne
« perdez pas une puissance déjà à ce point agrandie. Nos
« résolutions ne doivent avoir rien de commun avec celles

d'Ἀσιατικὴν, je lis Ἀσιανὴν avec M. Imm. Bekker. Ce simple changement dispense de recourir aux hypothèses de Fabricius et de Reiske; cf. la note 172, p. 202-203, tom. V de l'édition de Sturz. Reimarus a respecté l'ancienne leçon.

6. C'est ainsi que les Romains cédèrent l'Arménie à Tigrane, le Bosphore à Pharnace, la Cappadoce à Ariobarzane, la Séleucie à Antiochus, etc.

7. A cause de πρόεσθε, Sturz voudrait remplacer l'ancienne leçon καταισχύνοιτε par καταισχύνετε, qui se trouve dans C. J'ai mieux aimé lire καταισχύνητε d'après A, B, F, G et H. M. Imm. Bekker préfère cette leçon.

8. A l'ancienne leçon ἀπίσης je substitue ἀπ' ἴσης proposé par Reimarus et adopté par M. Imm. Bekker.

τε καὶ τοῖς ἄλλοις τοῖς μηδὲν τῶν ὁμοίων κεκτημένοις βουλευτέον [1] ἐστίν. Ἐκείνοις μὲν γὰρ ἐξαρκεῖ ῥᾳστωνεύειν [2] καὶ μετὰ ἀσφαλείας ἄλλοις ὑποπεπτωκέναι [3]· ἡμῖν δ' ἀναγκαῖόν ἐστι καὶ πονεῖν καὶ στρατεύεσθαι καὶ μετὰ κινδύνων τὴν παροῦσαν εὐδαιμονίαν φυλάττειν. Πολλοί [τε [4]] γὰρ ἐπιθυμοῦσιν αὐτῆς [5]. Πᾶν γὰρ τὸ ὑπεραῖρόν τινας καὶ ζηλοῦται καὶ φθονεῖται, κἀκ τούτου πόλεμος ἀίδιός ἐστιν ἅπασι τοῖς καταδεεστέροις πρὸς τοὺς ἔν τινι αὐτῶν ὑπερέχοντας. Ἢ οὖν [6] ἀπὸ πρώτης ἐχρῆν μηδὲν διαφερόντως ἡμᾶς τῶν ἄλλων ἀνθρώπων ηὐξῆσθαι· ἢ, ἐπείπερ τηλικοῦτοι γεγόναμεν καὶ τοσαῦτα κεκτήμεθα, πέπρωταί τε [7] ἢ ἄρχειν τῶν ἄλλων ἐγκρατῶς, ἢ καὶ αὐτοὺς παντελῶς ἀπολέσθαι [8] (τοῖς γὰρ ἔς τε ἀξίωμα [9] τοσοῦτον καὶ ἐς δύναμιν τηλικαύτην προκεχωρηκόσιν ἀδύνατόν ἐστιν ἀκινδύνως ἰδιωτεῦσαι), πειθώμεθα τῇ τύχῃ, μηδὲ ἑκοῦσαν αὐτὴν καὶ αὐτεπάγγελτον τοῖς τε πατράσιν ἡμῶν ὑπάρξασαν καὶ ἡμῖν παραμένουσαν ἀπωσόμεθα [10]. Ἔσται

1. F : Βουλευταίον, par la confusion d'ε avec αι.
2. Ῥᾳστονεύειν, dans le même Ms., par la confusion d'ω avec ο.
3. Ὑποπτωκέναι, dans le même Ms., par l'omission de l'augment et du redoublement.
4. Cette leçon a paru justement suspecte à Sturz, qui l'a remplacée par πολλοί γε. Je conserve πολλοί τε ; mais, comme M. Imm. Bekker, je place τέ entre crochets.
5. Je n'hésite pas à substituer, d'après Rob. Étienne, Xylander et Turnèbe, αὐτῆς à l'ancienne leçon αὐτῇ, qui est un solécisme : le ς final est perpétuellement confondu avec l'ι devenu plus tard l'ι souscrit. Cette correction m'a paru préférable à la conjecture de Reiske, qui propose ἐπ.θυμοῦσιν αὐτῆς καὶ φθονοῦσιν αὐτῇ, et à celle de Sturz, ἐπιθέουσιν αὐτῇ. M. Imm. Bekker propose ἐποφθαλμοῦσιν αὐτῇ, qui ne manque pas de probabilité. Wagner traduit comme si le texte portait ἐπιβουλεύουσιν αὐτῇ.

« des peuples qui n'ont pas de semblables possessions.
« A ces peuples il suffit de vivre dans l'oisiveté : ils
« peuvent fléchir sous la main d'un maître, pourvu
« qu'ils n'aient pas de danger à courir. Pour nous,
« au contraire, c'est une nécessité de supporter les fa-
« tigues, d'être en campagne, de conserver notre pros-
« périté présente, au prix de mille périls. Cette prospé-
« rité, plusieurs la convoitent; car tout ce qui est élevé
« excite la rivalité et l'envie : de là cette guerre éter-
« nelle de ceux qui sont dans un état d'infériorité contre
« quiconque s'élève au-dessus d'eux. Ainsi, ou nous ne
« devions pas, dès le principe, nous placer au-dessus du
« reste des hommes; ou bien, puisque nous avons at-
« teint cette supériorité et fait de si grandes conquêtes;
« puisque notre destinée nous appelle à exercer sur
« les autres peuples une puissante domination, ou à
« être anéantis nous-mêmes (une nation, parvenue à
« tant d'éclat et à tant de grandeur, ne peut sans dan-
« ger tomber dans l'obscurité); obéissons à la Fortune,
« et, lorsque, d'elle-même et de son propre mouve-
« ment, elle a favorisé nos ancêtres et nous reste fidèle,
« gardons-nous de la repousser. Mais, si nous voulons

---

6. Avec M. Imm. Bekker, je substitue cette leçon, proposée par Reiske, à l'ancienne μὴ οὖν.

7. Cette particule manque dans C. Nous avons vu qu'elle a été souvent omise par les copistes.

8. C : Παντελῶς τῶν ἄλλων ἀπολέσθαι. Le copiste a répété les mots τῶν ἄλλων de la ligne précédente. Ἀπόλεσθε, dans H, provient de la confusion d'αι avec ε.

9. C : Ἀξιώματος. La syllabe τος est née de la première syllabe du mot suivant.

10. Ἀπωσόμεθα, dans A, E et H, par la confusion d'ω avec ο.

δὲ τοῦτο, οὐκ ἂν τὰ ὅπλα ῥίψωμεν, οὐδ' ἂν τὰς τάξεις ἐκλείψωμεν [1], οὐδ' ἂν διακενῆς οἴκοι καθήμεθα ἢ παρὰ τοῖς συμμάχοις [2] πλανώμεθα· ἀλλὰ ἂν τά τε ὅπλα διὰ χειρὸς ἀεὶ ἔχωμεν (οὕτω γὰρ μόνως εἰρήνη σώζεται), καὶ τὰ ἔργα τοῦ πολέμου διὰ κινδύνων ἀσκῶμεν (οὕτω γὰρ μόνως οὐκ ἀεὶ πολεμήσομεν), τοῖς τε δεομένοις τῶν συμμάχων ἀπροφασίστως ἐπικουρῶμεν (οὕτω γὰρ πολὺ πλείους ἕξομεν), καὶ τοῖς ἀεί τι παρακινοῦσι τῶν πολεμίων [3] μὴ ἐπιτρέπωμεν (οὕτω γὰρ οὐδεὶς ἔθ' ἡμᾶς [4] ἀδικεῖν ἐθελήσει).

40. " Εἰ μὲν γάρ τις [5] τῶν θεῶν ἐγγυητὴς ἡμῖν ἐγένετο, ὅτι, κἂν μὴ ταῦτα ποιῶμεν [6], οὔτε τις ἡμῖν ἐπιβουλεύσει, καὶ πάνθ' ὅσα κεκτήμεθα ἀσφαλῶς ἀεὶ καρπωσόμεθα· αἰσχρὸν μὲν ἂν εἰπεῖν ὅτι τὴν ἡσυχίαν ἄγειν ἐχρῆν, ὅμως δ' οὖν εἶχον ἄν τινα σκῆψιν εὐπρεπῆ οἱ μηδὲν τῶν δεόντων πράττειν βουλόμενοι. Εἰ δ' ἀνάγκη τε τοὺς κεκτημένους τινὰ ὑπὸ πολλῶν ἐπιβουλεύεσθαι, καὶ προσήκει τὰς ἐπι-

---

1. Cf. Lobeck sur Phrynichus, p. 715.
2. C : Ἢ καὶ παρὰ τοῖς συμμάχοις.
3. Xylander propose de lire τῶν πολεμίων que j'adopte comme M. Imm. Bekker. Reimarus conserve l'ancienne leçon τῶν πολέμων; mais il traduit d'après la conjecture de Xylander : *Hostibus, ut subinde res novas moliantur, non concedendum.*
L'ancienne leçon est défendue par Oddey et suivie par M. Tafel : *Und Denen, die immer neue Kriege anfachen, keinen Fuszbreit weichen.* La version de Nic. Leoniceno confirme cette interprétation : *Et non sottomettendo noi a quegli i quali sempre suscitano alcuna battaglia.*
4. C : Ὑμᾶς. On sait que ces deux mots sont perpétuellement confondus.
5. C : Τί, faute du copiste.

« la retenir, ne jetons pas les armes, ne quittons pas
« nos rangs, ne restons pas oisifs dans nos foyers, n'er-
« rons pas au hasard chez nos alliés. Au contraire,
« ayons toujours les armes à la main (c'est le seul moyen
« de conserver la paix); exerçons-nous dans l'art de la
« guerre par des dangers sérieux (c'est le seul moyen
« de n'avoir pas toujours la guerre à faire); secourons,
« sans nous excuser par de vains prétextes, ceux de nos
« alliés qui ont besoin d'appui (c'est le moyen d'en
« augmenter beaucoup le nombre); ne livrons jamais
« rien à ceux qui préparent sans cesse des attaques contre
« nous (dès-lors on ne cherchera plus à nous nuire).

40. « Oui, si un dieu nous garantissait qu'alors
« même que nous n'agirions pas ainsi, personne n'our-
« dirait des trames contre nous et que nous jouirions
« toujours en pleine sécurité de ce que nous possédons,
« il serait sans doute honteux de dire que nous devons
« vivre dans l'inaction; mais du moins les hommes qui ne
« veulent point faire leur devoir, auraient un spécieux
« prétexte. Mais puisque ceux qui possèdent sont né-
« cessairement exposés aux embûches de nombreux

---

6. Reiske explique de cette manière l'ancienne leçon κἂν ταῦτα ποιῶμεν : *Illa puta, de quibus sermo est. Est autem sermo de otio, quiete, incuria rerum extranearum*. Mais alors il faut admettre que ταῦτα fait allusion à ce qui a été dit § 36. Il paraît plus naturel de rapporter ce mot aux dernières lignes du paragraphe précédent οὐδ' ἂν τὰς τάξεις ἐκλείψωμεν — οὐδεὶς ἔθ' ἡμᾶς ἀδικεῖν ἐθελήσει. J'adopte donc, comme M. Imm. Bekker, la conjecture de Xylander ὅτι κἂν ταῦτα μὴ ποιῶμεν, approuvée par Turnèbe et confirmée par la version de Nic. Leoniceno : *Però che anchora che alcun Dio ne promettesse securamente che non faccendo nessuna di queste cose*, etc. Reimarus et Sturz, tout en respectant l'ancienne leçon, admettent la version de Xylander : *Etiam absque hoc nostra opera*. Wagner et M. Tafel donnent le même sens.

θέσεις αὐτῶν προκαταλαμβάνεσθαι [1]. καὶ οἱ μὲν ἐπὶ τοῖς οἰκείοις ἡσυχάζοντες καὶ περὶ τούτοις κινδυνεύουσιν, οἱ δὲ ἐκ περιουσίας τῷ πολέμῳ καὶ κατὰ τῶν ἀλλοτρίων [2] χρώμενοι, καὶ ἐκεῖνα φυλάσσουσιν. Οὐδεὶς γὰρ περὶ τοῖς ἑαυτοῦ δεδιὼς [3] τῶν τοῦ πέλας ἐφίεται. Ὁ γὰρ περὶ τῶν ὑπαρχόντων οἱ φόβος ἰσχυρῶς τοῦ πολυπραγμονεῖν τὰ μὴ προσήκοντα αὐτὸν ἀποτρέπει. Τί τοῦτο λέγει τὶς [4], ὡς οὐ χρὴ ἡμᾶς ἀεί τι προσκτᾶσθαι [5]; οὐ μέμνησθε, τὰ μὲν ἀκηκοότες, τὰ δὲ ἑωρακότες, ὅτι οὔτε τῶν ἐν τῇ Ἰταλίᾳ γενῶν οὐδὲν πρότερον ἀπέσχετο τοῦ τῇ πατρίδι ἡμῶν ἐπιβουλεύειν [6] πρὶν τοὺς πολέμους ἐν τῇ ἐκείνων χώρᾳ τοὺς προγόνους ἡμῶν ποιήσασθαι; οὔτε οἱ Ἠπειρῶται πρὶν ἐς τὴν Ἑλλάδα αὐτοὺς περαιωθῆναι; οὐ Φίλιππος μελλήσας [7] καὶ ἐπὶ τὴν Ἰταλίαν στρατεύσειν, πρὶν φθάσαντας τὴν ἐκείνου κακῶς ποιῆσαι; οὐ Περσεὺς, οὐκ Ἀντίοχος, οὐ Μιθριδάτης, πρὶν τὰ αὐτὰ αὐτοὺς ἐργάσασθαι; καὶ τί τἄλλα λέγοι [8] τις ἄν; ἀλλ' οἱ Καρχηδόνιοι τέως μὲν οὐδὲν δεινὸν ἀφ' ἡμῶν ἐν τῇ Ἀφρικῇ εἶχον, ἔς τε τὴν Ἰταλίαν διέπλεον, καὶ τὴν χώραν κατέτρεχον [9], τάς τε

1. Les mots καὶ προσήκει — προκαταλαμβάνεσθαι manquent dans F.
2. L'ancienne leçon Ἀλλοβρίγων est évidemment fautive. Avec Reimarus, Sturz et M. Imm. Bekker, je lis ἀλλοτρίων, proposé par Xylander, approuvé par Turnèbe et confirmé par C. Au lieu de χρώμενοι, καὶ ἐκεῖνα φυλάσσουσιν, Reiske voudrait χρώμενοι καὶ ταῦτα (scil. τὰ ἀλλότρια) προσκτῶνται, καὶ ἐκεῖνα (scil. τὰ οἰκεῖα) φυλάσσουσιν. La seule chose à prendre dans cette conjecture, c'est qu'en effet ἐκεῖνα représente τὰ οἰκεῖα.
3. F : Δεδειὼς, par la confusion d'ι avec ει.
4. Avec Sturz et M. Imm. Bekker, je substitue cette leçon à l'ancienne

« ennemis, c'est un devoir pour eux de prévenir leurs
« attaques; car, si l'on reste inactif, on s'expose à perdre
« ses propres possessions. Au contraire, quand on a as-
« sez de ressources pour porter la guerre dans les pos-
« sessions d'autrui, on conserve mieux les siennes. Et, en
« effet, l'homme qui tremble pour ses biens ne convoite
« point ceux d'autrui : les craintes qu'il éprouve pour
« ce qui lui appartient le détournent de la pensée
« de s'emparer de ce qui ne lui appartient pas. Pour-
« quoi dire que nous ne devons pas conquérir sans
« cesse? Ne vous souvenez-vous pas, et d'après la
« tradition et pour l'avoir vu vous-mêmes, que parmi
« les peuples de l'Italie aucun ne s'abstint d'attaquer
« notre patrie, avant que nos ancêtres eussent porté la
« guerre dans leur pays? Il en fut de même des Épi-
« rotes, jusqu'au moment où les Romains passèrent
« dans la Grèce; de Philippe, qui avait projeté une ex-
« pédition en Italie et qui n'y renonça que lorsque nos
« armées eurent pris les devants et dévasté son royaume;
« de Persée, d'Antiochus et de Mithridate, jusqu'au
« jour où nos pères les eurent traités comme les Épi-
« rotes et Philippe. A quoi bon citer d'autres peuples?
« Les Carthaginois, avant que nous leur eussions fait
« aucun mal en Afrique, passèrent en Italie, ravagèrent
« cette contrée, pillèrent les villes et furent sur le point

τί τοῦτο λέγεις τις, qui était inadmissible. Leunclavius propose τί τοῦτο, ὃ
λέγει τις — Reimarus, τί οὖν λέγοι τις, et Reiske : τί τοῦτο καὶ λέγει τις.

5. G : Προκτᾶσθαι.

6. Allusion aux guerres continuelles des Latins, des Sabins, des Étrusques, des Volsques, des Èques, des Herniques et des Samnites contre Rome.

7. H : Μελήσας. Le copiste n'a mis qu'un λ, quand il en fallait deux.

8. B : Λέγει, par la confusion d'ο avec ε.

9. G : Κατέτρεχων, par la confusion d'ο avec ω.

πόλεις ἐπόρθουν, καὶ παρ᾽ ὀλίγον καὶ τὸ ἄστυ αὐτὸ εἷλον[1]· ἐπειδὴ δ᾽ ἀντιπολεμεῖσθαι ἤρξαντο, παντάπασιν ἐκ τῆς γῆς ἡμῶν ἐξέδρασαν[2]. Τὰ δ᾽ αὐτὰ ταῦτα καὶ περὶ τῶν Γαλατῶν καὶ Κελτῶν ἄν τις εἰπεῖν ἔχοι. Καὶ γὰρ οὗτοι, μέχρι μὲν ἐντὸς τῶν Ἄλπεων ἐμένομεν[3], πολλάκις αὐτὰς ὑπερέβησαν καὶ πολλὰ τῆς Ἰταλίας ἐπόρθησαν[4]· ἐπεὶ δὲ ἐτολμήσαμέν ποτε ἔξω τε τῶν ὅρων ἐκστρατεῦσαι, καὶ τὸν πόλεμον σφίσι περιστῆσαι, καί τινα[5] καὶ τῆς χώρας αὐτῶν ἀπετεμόμεθα, οὐκέτ᾽ οὐδένα[6] πόλεμον ἀπ᾽ αὐτῶν ἐν τῇ Ἰταλίᾳ, πλὴν ἅπαξ, ἴδομεν[7]. Ὅταν οὖν, τούτων οὕτως ἐχόντων, λέγῃ τις ὅτι οὐ χρὴ πολεμεῖν ἡμᾶς, οὐδὲν ἄλλο φησὶν, ἢ ὅτι οὐ χρὴ πλουτεῖν, οὐ χρὴ ἑτέρων ἄρχειν, οὐκ ἐλευθέρους, οὐ Ῥωμαίους εἶναι. Ὥσπερ οὖν ἂν εἴπερ τι τούτων εἰπέ τις, οὐκ ἂν ἠνέσχεσθε[8], ἀλλὰ κἂν ἐν χερσὶν αὐτὸν ἀπεκτείνατε, οὕτω καὶ νῦν, ὦ ἄνδρες ἑταῖροι, πρὸς τοὺς ἐκεῖνα λέγοντας διατίθεσθε[9], μὴ τοῖς ῥήμασι σφῶν, ἀλλὰ τοῖς ἔργοις τὸν νοῦν τεκμαιρόμενοι. Οὐκοῦν ὅτι μὲν οὕτω χρὴ φρονεῖν, οὐδένα ἀντειπεῖν ὑμῖν νομίζω.

41. « Εἰ δ᾽ ὅτι μήτε ἐξήτασται[10] περὶ τοῦ πολέμου

---

1. Après la bataille de Cannes.
2. Sur cette forme, cf. Lobeck sur Phrynich., p. 737 et suiv.
3. L'ancienne leçon ἔμενον rend la phrase obscure. Reimarus propose de la remplacer par ἐμείναμεν, qui concorde avec ἐτολμήσαμεν. Comme M. Imm. Bekker, j'adopte ἐμένομεν, d'après Oddey. Sturz conserve l'ancienne leçon, qui est confirmée par les Ms.
4. Cf. Florus, I, 13 ; II, 4 ; III, 2.
5. Allusion à la conquête de la Gaule Narbonaise. Cf. Pighius, Annal. Rom. tom. III, p. 67 et suiv. éd. Schott.

« de s'emparer de Rome même; mais lorsque leur terri-
« toire commença à être le théâtre de la guerre, ils éva-
« cuèrent complétement le nôtre. On pourrait en dire
« autant des Gaulois et des Celtes : tant que les Romains
« se tinrent en deçà des Alpes, les Gaulois les franchirent
« plusieurs fois et ravagèrent plusieurs parties de l'Ita-
« lie; mais, lorsque nous osâmes enfin porter nos ar-
« mes au delà de cette barrière et faire la guerre chez
« eux, nous leur enlevâmes une portion de leur terri-
« toire et, depuis cette époque, nous n'avons plus été
« témoins que d'une seule guerre des Gaulois en Italie.
« Puisqu'il en est ainsi, soutenir que nous ne devons
« point faire la guerre, c'est tout simplement dire que
« nous ne devons pas être riches, que nous ne devons
« pas régner sur les autres peuples, que nous ne devons
« être ni libres, ni Romains. Certes, si un homme vous
« parlait ainsi, vous ne le souffririez pas : vous le met-
« triez même à mort sur-le-champ. Montrez-vous
« aujourd'hui, mes compagnons d'armes, dans de sem-
« blables dispositions envers ceux qui tiennent un lan-
« gage séditieux et dont vous pouvez apprécier l'esprit,
« non par des paroles, mais par des actes. Tels doi-
« vent être vos sentiments : personne, je l'espère, ne
« dira le contraire.

41. « Si quelqu'un pense que nous devons avoir moins

---

6. G : Οὐκ ἔτ' οὐδένα.

7. Avec A et F, je substitue cette leçon à l'ancienne εἴδομεν.

8. F : Ἠνέσχεσθαι.

9. G : Διατίθεσθαι, par la confusion d'ε avec αι.

10. Ἐξήτασθαι, par la confusion de τ avec θ. Un peu plus loin, une faute analogue se trouve dans G, qui porte μὴ ἐψήφισθαι, au lieu de μὴ ἐψήφιστχι.

τούτου παρὰ τῇ βουλῇ [1] καὶ παρὰ τῷ δήμῳ μὴ ἐψήφισται, διὰ τοῦτό τις ἧττον οἴεται δεῖν ἡμᾶς προθυμηθῆναι, λογισάσθω ταῦθ' ὅτι πάντες οἱ πόλεμοι ὅσοι πώποτε γεγόνασιν ἡμῖν, οἱ μὲν ἐκ παρασκευῆς καὶ προεπαγγέλσεως, οἱ δὲ καὶ ἐπὶ καιροῦ συμβεβήκασι. Καὶ διὰ τοῦτο ὅσα μὲν ἂν οἴκοι τε μενόντων ἡμῶν καὶ τὴν ἡσυχίαν ἀγόντων κινηθῇ, καὶ ἐκ πρεσβείας τινὸς τὴν ἀρχὴν τῶν ἐγκλημάτων λάβῃ, καὶ σκέψιν ὑπὲρ αὐτῶν καὶ δὴ καὶ ἀναγκαῖόν ἐστι [2] γίγνεσθαι καὶ ψῆφον ἐπάγεσθαι, καὶ μετὰ τοῦτο τούς τε ὑπάτους ἢ [3] καὶ στρατηγοὺς προστάττεσθαι σφίσι, καὶ τὰς δυνάμεις ἐκπέμπεσθαι· ὅσα δ' ἂν ἐξεληλυθότων ἤδη καὶ ἐξεστρατευμένων τινῶν ἐκφανῇ, ταῦτ' οὐκέτ' ἐς διαγνώμην ἄγεσθαι χρή, ἀλλ' ὡς καὶ δεδογμένα καὶ κεκυρωμένα ὑπ' αὐτῆς τῆς χρείας, προκαταλαμβάνεσθαι πρὶν αὐξηθῆναι. Ἢ τίνος μὲν ἕνεκα ὑμᾶς ἐνταῦθ' ὁ δῆμος [4] ἐξέπεμψε; τίνος [5] δ' ἕνεκα ἐμὲ μετὰ τὴν ὑπατείαν εὐθὺς ἔστειλε, τοῦτο μὲν ἐπὶ πέντε ἔτη καθάπαξ (ὃ μήπω πρότερον ἐγεγόνει) ἄρχειν ἑλόμενος· τοῦτο δὲ τέσσαρσι στρατοπέδοις ὁπλίσας [6]· εἰ μὴ καὶ πολεμῆσαι πάντως [7] ἡμᾶς δεήσειν ἐνόμιζεν; οὐ [8] γάρ που, ἵνα μάτην τρεφώμεθα,

---

1. Au lieu de l'ancienne leçon παρά τε τῇ βουλῇ. Comme Sturz et M. Imm. Bekker, je supprime, d'après Reiske, la particule τέ. On sait qu'elle a été souvent ajoutée par les copistes.

2. Reiske propose de remplacer καὶ δὴ καὶ ἀναγκαῖόν ἐστι par καλὸν καὶ δὴ καὶ ἀναγκαῖόν ἐστι. Sturz approuve ce changement : toutefois il respecte l'ancienne leçon. Je la respecte aussi; mais j'ai traduit d'après la conjecture de Reiske. A, D et F portent καὶ δεῖ καὶ κτλ., par la fréquente confusion de δεῖ avec δή.

« d'ardeur pour cette guerre, parce qu'elle n'a été ni mise
« en délibération dans le sénat, ni décrétée par le peuple,
« qu'il considère que parmi toutes les guerres que nous
« avons soutenues, à diverses époques, les unes ont eu
« lieu, après que nous nous y étions préparés et qu'elles
« nous avaient été préalablement déclarées, les autres su-
« bitement. Une guerre éclate-t-elle lorsque nous som-
« mes tranquilles dans nos foyers et après qu'une dépu-
« tation a d'abord fait entendre des plaintes, il est
« convenable et même nécessaire qu'il y ait une délibéra-
« tion à ce sujet, qu'un décret soit rendu, que les consuls et
« les préteurs soient chargés de l'expédition, que les
« troupes se mettent en campagne. Au contraire, une
« guerre survient-elle lorsque nous avons déjà quitté nos
« pénates et que nous sommes en campagne, il n'est plus
« possible de délibérer : la nécessité doit tenir lieu de dé-
« cret et de sanction, et il faut mettre la main à l'œuvre,
« avant que les dangers n'aient grandi. Pourquoi le peuple
« vous a-t-il envoyés ici? Pourquoi m'y a-t-il envoyé
« moi-même, à l'issue de mon consulat, avec un com-
« mandement de cinq ans, ce qui ne s'était jamais fait, et
« avec quatre légions ? N'est-ce point, parce qu'il a pensé
« que nous devons absolument faire la guerre? A coup
« sûr, ce n'est pas pour que nous nous engraissions dans
« un stérile repos; ce n'est pas pour que, parcourant les

3. Cette particule manque dans F.

4. D : Ἐνταῦθ' ὅμως. G : Ἐνταῦθ' ὅμως. δῆμος

5. A, D, G et H : Ἐξέπεμψεν; τίνος κτλ., par l'addition du ν paragogique devant une consonne.

6. C et H : Ὁπλήσας, par la confusion d'ι avec η.

7. G: Καὶ πάντως. La particule καὶ est souvent ajoutée par les copistes.

8. D et H : Ἐνόμιζε; Οὐ κτλ., par l'omission du ν paragogique devant une voyelle.

οὐδ' ἵνα τάς τε πόλεις τὰς συμμαχίδας καὶ τὴν χώραν τὴν ὑπήκοον περιιόντες, χαλεπώτεροι καὶ τῶν πολεμίων αὐτοῖς γιγνώμεθα. Οὐδ' ἂν εἰς ταῦτα φήσειεν· ἀλλ' ἵνα τὴν οἰκείαν φυλάξωμεν, ἵνα τὴν τῶν πολεμίων πορθήσωμεν, ἵν' ἄξιόν τι καὶ τοῦ πλήθους καὶ τῶν ἀναλωμάτων ἐργασώμεθα. Οὐκοῦν ἐν τούτῳ [1] καὶ οὗτος ὁ πόλεμος, καὶ πᾶς ὁστισοῦν ἄλλος καὶ ἐπιτέτραπται ἡμῖν καὶ ἐγκεχείρισται. Καὶ πάνυ γε φρονίμως ἐποίησαν ἐφ' ἡμῖν τὸ τίσι πολεμητέον εἶναι [2] διαγνῶναι καταλιπόντες, καὶ μὴ αὐτοὶ τὸν πόλεμον ψηφισάμενοι. Οἱ μὲν γὰρ οὔτ' ἀκριβῶσαι [3] τὰ τῶν συμμάχων, καὶ τοσοῦτον αὐτῶν ἀφεστηκότες ἠδυνήθησαν ἄν, καὶ πρὸς εἰδότας καὶ πρὸς παρεσκευασμένους τοὺς πολεμίους οὐκ ἂν ὁμοίως ἐπιτηδείως προσηνέχθησαν. Ἡμεῖς δὲ δὴ κριταὶ ἅμα καὶ λειτουργοὶ τοῦ πολέμου γιγνόμενοι [4], καὶ προσέτι καὶ ἐπ' αὐτοφώρους τοὺς ἐχθροὺς [5] τὰ ὅπλα εὐθὺς ἐπιφέροντες, οὔτ' ἀνεξετάστως, οὔτ' ἀδίκως, οὔτ' ἀπροφυλάκτως αὐτὸν ποιησόμεθα.

42. « Καί μοι εἴ τις ὑμῶν ἐκεῖνο [6] ὑπολαμβάνει, τί δὴ τηλικοῦτον ὁ Ἀριοούϊστος [7] πεπλημμέληκεν, ὥστ' ἀντὶ φίλου καὶ συμμάχου πολέμιος ἡμῖν [8] γενέσθαι· σκοπείτω

---

1. Sous-entendu τῷ τρόπῳ. Reiske aimerait mieux ἐπὶ τούτῳ (s.-ent. τῷ τέλει — σκοπῷ — ὅρῳ : *eo fine, eo pacto, ea conditione.*

2. Leunclavius voudrait substituer εἴη à εἶναι. Je conserve l'ancienne leçon, qui est complétement justifiée par Sturz; cf. p. 456, tom. I de son édition.

3. C : Ἀκριβῶς : le copiste a négligé la désinence αι.

4. H : Γενόμενοι. G : γενόμενοι.

« villes alliées et les contrées qui nous sont soumises ,
« nous leur fassions plus de mal que leurs ennemis :
« personne n'oserait le soutenir. C'est plutôt pour pro-
« téger nos possessions, pour ravager celles de nos enne-
« mis, pour nous illustrer par des exploits dignes d'une
« armée nombreuse et des dépenses que la République
« s'est imposées. Voilà pourquoi cette expédition et toutes
« les autres nous ont été confiées et ont été remises dans
« nos mains. Le sénat et le peuple ont très-sagement agi,
« en nous laissant le soin de décider à quel peuple nous
« devrions faire la guerre, au lieu de le décider eux-mê-
« mes par un décret. Placés à une grande distance, ils ne
« pourraient apprécier exactement les besoins des al-
« liés, ni marcher à propos, comme nous, contre des
« ennemis, instruits du danger et prêts à se défendre.
« Nous, au contraire, juges et arbitres de la guerre,
« tournant à l'instant même les armes contre des hom-
« mes surpris en flagrant délit d'hostilité, nous ne l'en-
« treprendrons pas sans examen, sans griefs légitimes et
« en aveugles.

42. « Si parmi vous quelqu'un se demande quel
« crime si grand Arioviste a commis pour être devenu
« notre ennemi, lui jadis notre ami et notre allié; qu'il

---

5. Ἐπαυτοφόρους, dans C, D, G et H, par la confusion d'ω avec o. A
l'ancienne leçon ἐπαυτοφώρους ἐχθροὺς que Reiske voulait remplacer
par ἐπαυτοφώροις ἐχθροῖς, je substitue, comme Reimarus, Sturz et
M. Imm. Bekker, ἐπ' αὐτοφώρους τοὺς ἐχθρούς : l'addition de l'article
est autorisée, non-seulement par A que cite Sturz, mais aussi par D,
F et H.

6. G et H : Ἐκείνω, par la confusion d'o avec ω.

7. H : Ἀριούιστος.

8. C et H : Ὑμῖν. On sait que ces deux pronoms sont perpétuellement
confondus.

τοῦθ', ὅτι τοὺς ἀδικεῖν τι ἐπιχειροῦντας, οὐκ ἐφ' οἷς ποιοῦσι μόνον, ἀλλὰ καὶ ἐφ' οἷς φρονοῦσιν, ἀμύνασθαι [1] δεῖ· καὶ τήν τε αὔξησιν αὐτῶν, πρὶν καὶ βλαβῆναί τι, προκαταλαμβάνειν, καὶ μὴ περιμείναντας κακῶς ἔργῳ παθεῖν, τότε τιμωρεῖσθαι. Ὅτι τοίνυν καὶ ἐχθρὸς καὶ ἐχθιστός ἐστιν [2] ἡμῖν, πῶς ἂν ἄλλως μᾶλλον ἐλεγχθείη ἢ ἐξ ὧν ἐποίησε [3]; πέμψαντος γάρ μου πρὸς αὐτὸν φιλικῶς, ὅπως ἔλθῃ τε πρὸς ἡμᾶς καὶ κοινῇ μεθ' ἡμῶν βουλεύσηται περὶ τῶν παρόντων, οὔτ' ἦλθεν, οὔθ' ἥξειν ὑπέσχετο. Καίτοι τί μὲν ἐγὼ ἄδικον, ἢ ἀνεπιεικὲς, ἢ φορτικὸν [4] ἐποίησα, μεταπεμψάμενος αὐτὸν ὡς φίλον καὶ σύμμαχον; τί δὲ ἐκεῖνος ὕβρεως καὶ ἀσελγείας, οὐκ ἐθελήσας ἐλθεῖν, ἐκλέλοιπεν [5]; ἆρ' οὐ δυοῖν ἀνάγκη θάτερον [6], ἤτοι ὑπωπτευκότα [7] αὐτόν τι κακὸν πείσεσθαι ἢ ὑπερπεφρονηκότα ἡμᾶς, τοῦτο πεποιηκέναι; οὐκοῦν εἴτε τι ὑποτετόπηκε [8], σαφέστατα αὐτὸς ἑαυτὸν ἐξελέγχει ἐπιβουλεύοντα ἡμῖν. Οὐδεὶς γὰρ ἡμῖν, μηδὲν δεινὸν παθὼν, ὕποπτός ἐστιν [9]· οὐδ' ἀπ' ὀρθῆς καὶ ἀδόλου τῆς γνώμης γίγνεται, ἀλλ' οἱ προπαρεσκευασμένοι τινὰς ἀδικῆσαι, ἑτοίμην τὴν ὑποψίαν

1. C : Ἀμύνεσθαι.
2. F : Ἐχθιστός τίς ἐστιν.
3. A et F : Ἐποίησεν, par l'addition du ν paragogique devant une consonne.
4. Φροτικὸν, dans F, par le déplacement du ρ.
5. B et F : Ἐκλέλιπεν, par la confusion d'οι avec ι. C : Ἐκλέλειπε, par la confusion d'οι avec ει et par l'omission du ν paragogique. D et H : Ἐκλέλοιπε, par l'omission de la même lettre.
6. C : Ἕτερον.

« réfléchisse que nous devons nous défendre non-
« seulement contre les actes, mais même contre les
« projets de ceux qui veulent nous nuire; nous oppo-
« ser à l'accroissement de leur puissance, avant qu'ils
« nous aient causé du dommage, et ne pas attendre,
« pour nous venger, qu'ils nous aient fait du mal.
« Arioviste est notre ennemi, et même notre plus
« grand ennemi. Quelle plus forte preuve pourrait-on
« en donner que sa conduite? Je l'avais fait prier ami-
« calement de venir auprès de nous, pour délibérer
« avec nous sur les affaires présentes : il n'est pas venu
« et n'a pas promis de venir. Me suis-je donc rendu
« coupable d'injustice, de violence ou d'orgueil, en
« l'appelant auprès de moi, comme un ami et un al-
« lié? Lui, au contraire, n'est-il pas allé jusqu'au der-
« nier terme du mépris et de l'insolence, par son refus?
« Sa conduite ne prouve-t-elle pas l'une de ces deux cho-
« ses, ou qu'il a supposé que nous voulions lui faire du
« mal, ou qu'il nous a méprisés? S'il a eu des soupçons
« contre nous, il est, par cela même, convaincu d'ourdir
« des trames criminelles; car un homme à qui nous n'a-
« vons fait aucun mal n'a point de soupçon, et le soup-
« çon ne naît pas dans un cœur droit et honnête. Au
« contraire, ceux qui ont la pensée de nuire sont pous-
« sés par leur conscience à des soupçons contre celui

---

7. D, E, F et G : Ὑποπτευκότα : le copiste a negligé l'augment.

8. A, B, D et G : Ὑποτετόπηκεν, par l'addition du ν paragogique. F :
Ὑποτετόπικεν, par la même addition et par la confusion d'η avec ι. Les
mots αὐτόν τι — ὑποτετόπηκε manquent dans C.

9. Reiske explique très-bien ce passage : « Ἡμῖν idem est atque πρὸς
ἡμᾶς, et ὕποπτος idem atque ὑπόπτης — *suspicax*. Tandem in γίγνεται
tacite repetendum a communi ὕποπτος, sic : *Qui a nobis malum non accepit, ille neque est suspicax, neque fit suspicax a recta sinceraque
mente*. Au lieu de μηδὲν δεινόν, F porte μὴ δεινόν.

κατ' αυτών έκ τοῦ συνειδότος σφῶν έχουσι [1]. Εἶτ' αὖ μηδενὸς τοιούτου ὑπόντος, ὑπερεώρακέ τε ἡμᾶς καὶ λόγοις ὑπερηφάνοις [2] ὕβρικε [3], τίνα χρὴ τοῦτον, ἐπειδὰν [4] ἔργου τινὸς ἐπιλάβηται, προσδοκῆσαι πράξειν; ὁ γὰρ ἐν οἷς μηδὲν κερδανεῖν ἔμελλε [5], τοσαύτῃ ὑπεροψίᾳ κεχρημένος [6], πῶς οὐ πόρρωθεν ἐξελήλεγκται [7] μηδὲν δίκαιον μήτε φρονῶν μήτε πράσσων; οὐ τοίνυν ἀπέχρησεν αὐτῷ τοῦτο [8], ἀλλὰ καὶ ἐμὲ ἐλθεῖν πρὸς αὐτὸν ἐκέλευσεν, εἴπερ τι αὐτοῦ δεοίμην.

43. « Καὶ μή μοι μικρὰν τὴν προσθήκην ταύτην εἶναι νομίσητε [9]. Μεγάλη γάρ ἐστιν ἐπίδειξις τῆς διανοίας αὐτοῦ. Τὸ μὲν γὰρ αὐτὸν μὴ ἐθελῆσαι πρὸς ἡμᾶς ἀφικέσθαι, τάχ' ἄν τις [10] καὶ ὄκνῳ καὶ ἀρρωστίᾳ καὶ φόβῳ, ἀπολογούμενος ὑπὲρ αὐτοῦ, ἀνέθηκε· τὸ δὲ δὴ καὶ ἐμὲ μεταπέμψασθαι, οὔτε σκῆψιν οὐδεμίαν ἐνδέχεται, καὶ προσεξελέγχει, καὶ ἐκεῖνο αὐτὸν οὐ κατ' ἄλλο τι πεποιηκότα ἢ ὅτι οὔθ' ὑπακούειν ἐς οὐδὲν ἡμῖν, καὶ προσέτι καὶ προσαντεπιτάττειν πάντα παρεσκεύασται [11]. Καίτοι καὶ αὐτὸ τοῦτο πόσης ὕβρεως καὶ πόσου προπηλακισμοῦ [12] μεστόν ἐστι; μεταπέμπεταί τινα [13] ὁ ἀνθύπατος ὁ Ῥωμαίων, καὶ

1. A, B, C, D, F, G et H : Ἔχουσιν.
2. G : Ὑπερηφάνης, par la confusion d'οι avec η.
3. B et F : Ὕβρικεν, par l'addition du ν paragogique devant une consonne.
4. C et F : Ἐπειδ' ἂν κτλ.
5. H : Ἔμελλεν, par l'addition du ν paragogique.
6. Κεχρημένον est un solécisme dans C. G porte Κεχρημένον.
7. F : Ἐξελήλεκται, faute du copiste.

« auquel ils veulent faire du mal. Mais si Arioviste,
« n'ayant aucun soupçon contre nous, nous a méprisés
« et nous a blessés par d'arrogantes paroles, que ne
« devons-nous pas attendre de lui, lorsqu'il en viendra
« à des actes? L'homme qui a montré tant d'orgueil,
« alors qu'il n'avait rien à gagner, n'est-il pas manifeste-
« ment convaincu d'avoir renoncé depuis longtemps à
« prendre la justice pour règle de ses projets et de ses
« actions. Arioviste ne s'est pas arrêté là : il m'a même
« ordonné de me rendre auprès de lui, si j'avais quel-
« que chose à lui demander.

43. « Ne croyez pas qu'une pareille injonction soit
« sans importance : elle est une éclatante révélation
« de ses sentiments. On pourrait peut-être, pour
« sa justification, attribuer son refus à l'indolence, à
« la mauvaise santé, à la crainte; mais m'avoir or-
« donné de me transporter auprès de lui, c'est ce qui
« ne saurait s'excuser : évidemment il ne l'a fait que
« parce qu'il est décidé à ne jamais nous obéir et
« parce qu'il prétend même nous donner des ordres.
« N'est-ce pas le comble du mépris et de l'outrage?
« Le proconsul des Romains mande un homme au-

---

8. C : Αὐτὸ μόνον τοῦτο. L'ancienne leçon, que je maintiens, est confirmée par le grammairien cité dans Bekker, Anecd. Gr. I, p. 124, 17.

9. F : Νομίσηται. C : Νομίσετε.

10. C et H : Τάχα ἄν τις.

11. G : Παρεσκεύασθαι, autre exemple de la confusion de τ avec θ.

12. Προπυλακισμοῦ, dans le même Ms., par la confusion d'η avec υ.

13. G : Μεταπέμψεταί τις.

ἐκεῖνος οὐκ ἔρχεται· μεταπέμπεταί τις τὸν ἀνθύπατον τῶν Ῥωμαίων [1] Ἀλλόβριξ [2] ὤν. Μὴ γὰρ ὅτι ἐμοῦ τοῦ Καίσαρος [3] οὐκ ἐπείσθη [4], μηδ' ὅτι ἐμὲ τὸν Καίσαρα ἐκάλεσε, σμικρόν τι τοῦτο καὶ φαῦλον εἶναι [5] νομίσητε. Οὔτε γὰρ ἐγὼ αὐτὸν [6] μετεπεμψάμην, ἀλλ' ὁ Ῥωμαῖος, ὁ ἀνθύπατος, αἱ ῥάβδοι, τὸ ἀξίωμα, τὰ στρατόπεδα· οὔτε ἐγὼ μετεπέμφθην ὑπ' αὐτοῦ, ἀλλὰ ταῦτα πάντα. Ἰδίᾳ μὲν γὰρ ἐμοὶ [7] πρὸς αὐτὸν οὐδέν ἐστι συμβόλαιον [8]· κοινῇ δὲ δὴ πάντες καὶ εἴπομέν τι [9] καὶ ἐποιήσαμεν καὶ ἀντηκούσαμεν [10] καὶ ἐπάθομεν [11].

44. « Ὥσθ' ὅσῳ τις ἂν αὐτὸν ἔν τε τοῖς φίλοις καὶ ἐν τοῖς συμμάχοις ἡμῶν ἀναγεγράφθαι φήσῃ, τοσούτῳ μᾶλλον ἀξιομίσητον ὄντα ἀποδείξει. Διὰ τί; ὅτι οἷα μηδὲ τῶν ἐχθίστων τις ὁμολογούντων ἡμῖν εἶναι ἐτόλμησέ ποτε ποιῆσαι, ταῦτ' ἐκεῖνος ἔν τε τοῖς τῆς φιλίας καὶ ἐν τοῖς τῆς συμμαχίας ὀνόμασιν ἐξείργασται· καθάπερ ἐπ' αὐτὸ τοῦτο πεποιημένος [12] αὐτὰς, ἵν' ἡμᾶς [13] ἀδικεῖν ἀδεῶς ἔχῃ [14].

1. Les mots καὶ ἐκεῖνος — τῶν Ῥωμαίων manquent dans F.
2. Cette leçon choque Xylander, parce qu'Arioviste n'était pas Allobroge : il propose ἀλλότριος, approuvé par Turnèbe ; mais, comme Penzel le fait observer, Dion a très-bien pu, dans la rapidité du discours, donner à Arioviste la qualification d'Allobroge. Je maintiens donc l'ancienne leçon.
3. Avec M. Imm. Bekker, je conserve cette leçon : l'emploi de πείθεσθαι avec le génitif peut à la rigueur se défendre ; cf. la note de Sturz, tom. I, p. 460-461 de son édition, et Thes. gr. ling. tom. VI, p. 663, éd. Didot. Sturz a intercalé καλοῦντος après Καίσαρος, mais entre crochets.
4. G : Ἐπίσθη, par la confusion d'ει avec ι.
5. Ce mot manque dans C.
6. H · Αὐτὸν ἐγώ.
7. G : Μὲν ἐμοί : la conjonction γὰρ est souvent omise par les copistes. Cf. p. 164, not. 4 de ce volume.

« près de lui, et cet homme n'y vient pas ; et c'est un
« Allobroge qui enjoint au proconsul des Romains de
« se rendre auprès de lui ! Ne regardez point comme
« une chose futile et sans conséquence qu'Arioviste ne
« m'ait pas obéi, à moi César, et qu'il m'ait appelé au-
« près de lui, moi César. Ce n'était pas moi qui l'avais
« mandé ; c'était le Romain, le proconsul, les fais-
« ceaux, ma dignité, l'armée entière ; comme aussi
« c'était tout cela, et non pas César seul, qui avait été
« mandé par Arioviste. Comme particulier, je n'avais
« point d'affaire à traiter avec lui : c'est au nom de la
« République, que nous avons tous parlé et agi, que
« nous avons reçu ses réponses et ses injures.

44. « Ainsi, plus on insistera sur ce qu'il est au
« nombre de nos amis et de nos alliés, plus on prou-
« vera qu'il mérite notre haine. Pourquoi ? Parce qu'a-
« vec ce nom d'ami et d'allié, il a fait ce que n'osè-
« rent jamais faire ceux qui se disent ouvertement nos
« ennemis les plus acharnés : il semble n'avoir contracté
« paix et alliance avec nous que pour nous nuire impu-
« nément. Mais, à l'époque où nous traitâmes avec lui, ce

8. D'après Oddey, j'adopte avec M. Imm. Bekker συμβόλαιον, approuvé par Reiske : *mihi nullum cum eo negotium est.* Reimarus défend l'ancienne leçon συμβούλιον : *mihi nulla cum eo consiliorum communicatio est.*

9. D et G : Εἴπομέν τοι, par la fréquente confusion de τί avec τοί.

10. G : Ἀντικούσαμεν, par la confusion d'η avec ι.

11. Reiske voudrait : Εἴπομεν ἄν τι, καὶ ἐπείσαμεν καὶ ἐπείσθημεν. Sturz approuve en partie ces changements ; mais il conserve l'ancienne leçon : « Sane, dit-il, verbum ἐποιήσαμεν alienum ab hoc loco videtur, non minus quam Indicativus sine particula ἄν. Nondum tamen aliquid mutare ausus sum. » J'ai imité sa réserve, comme M. Imm. Bekker.

12. D et G : Πεποιημένας, faute de copiste.

13. C : Ἵνα ἡμᾶς.

14. C, D, G et H : Ἔχει, solécisme né de la confusion d'η avec ει.

ἀλλ' οὔτε τότε ἐπὶ τῷ προπηλακίζεσθαι καὶ ἐπιβουλεύεσθαι ἐσπεισάμεθα αὐτῷ, οὔτε νῦν αὐτοὶ τὰς σπονδὰς λύσομεν [1]. Ἡμεῖς μὲν γὰρ ὡς πρὸς φίλον καὶ σύμμαχον ἔτ' αὐτὸν ὄντα ἐπρεσβευσάμεθα· ὁ δ' ὁρᾶτε ὅπως ἡμῖν κέχρηται. Ὥσπερ οὖν ἡνίκα εὐεργετεῖν τε ἡμᾶς ἐβούλετο, κἀντευπάσχειν [2] ἠξίου, δικαίως ἐκείνων ἐτύγχανεν [3]· οὕτω καὶ νῦν, ἐπειδὴ τἀναντία αὐτῶν πάντα ποιεῖ, δικαιότατα ἂν ἐν ἐχθροῦ μέρει νομισθείη. Καὶ μὴ θαυμάσητε, εἰ αὐτὸς ἐγὼ, πρότερόν ποτε καὶ ἐν τῇ βουλῇ καὶ ἐν τῷ δήμῳ χρηματίσας τινὰ ὑπὲρ αὐτοῦ, εἶτα ταυτὶ νυνὶ λέγω. Ἐγὼ μὲν γὰρ καὶ τότε καὶ νῦν τὴν αὐτὴν γνώμην ἔχω, καὶ οὐ μεταβάλλομαι. Τίς δέ ἐστιν αὕτη; τοὺς μὲν ἀγαθοὺς καὶ πιστοὺς καὶ τιμᾶν καὶ ἀμείβεσθαι, τοὺς δὲ κακοὺς καὶ ἀπίστους καὶ ἀτιμάζειν καὶ ἀμύνεσθαι. Ἐκεῖνος δέ ἐστιν ὁ μεταβαλλόμενος, ὁ μήτε καλῶς μήτε δεόντως τοῖς δοθεῖσιν αὐτῷ παρ' ἡμῶν χρώμενος. Ὥσθ' ὅτι μὲν δικαιότατα ἂν αὐτῷ πολεμήσαιμεν, οὐδένα ἀμφισβητήσειν οἴομαι.

45. « Ὅτι δὲ οὔτε ἄμαχος οὔτε δυσπολέμητός ἐστιν, ὁρᾶτε μὲν καὶ ἐκ τῶν ἄλλων τῶν ὁμοφύλων [4] αὐτῷ, οὓς πολλάκις μὲν καὶ πρότερον, ῥᾷστα δὲ καὶ νῦν ἐνικήσαμεν· λογίζεσθε δὲ καὶ ἐξ ὧν περὶ αὐτοῦ ἐκείνου πυνθανόμεθα. Οὔτε γὰρ ἄλλως δύναμίν τινα οἰκείαν συνεστηκυῖαν καὶ

---

1. Reiske aimerait mieux λύομεν, que je préférerais à ἐλύσαμεν proposé par Oddey; mais l'ancienne leçon peut être maintenue.
2. Avec M. Imm. Bekker, je substitue cette ingénieuse conjecture de Reiske à l'ancienne leçon κἄν τι εὖ πάσχειν.

« ne fut pas pour être en butte à ses insultes et à ses em-
« bûches, et aujourd'hui ce n'est pas nous qui romprons
« l'alliance ; car nous lui avons envoyé une députation
« comme à un homme qui était encore notre ami et
« notre allié, et vous voyez comment il a agi envers
« nous. Aussi, de même qu'il obtint justement notre ami-
« tié et notre alliance, lorsqu'il aspira à bien mériter de
« nous et à recevoir en retour quelque avantage, de même
« maintenant qu'il agit tout autrement, doit-il être traité
« comme un ennemi. Et ne vous étonnez pas, si je tiens
« aujourd'hui ce langage, moi qui parlai autrefois en
« sa faveur dans le sénat et devant le peuple. J'obéissais
« alors au sentiment qui m'inspire encore en ce mo-
« ment; car je ne change point. Ce sentiment, quel
« est-il? Qu'il faut honorer et récompenser les hommes
« vertueux et fidèles, noter d'infamie et punir les mé-
« chants et les perfides. C'est Arioviste qui change, lui
« qui ne fait pas un bon et convenable usage de ce que
« nous lui avons donné. Personne, je pense, ne contes-
« tera que nous n'ayons pleinement le droit de lui
« faire la guerre.

45. « Arioviste n'est ni invincible, ni même difficile à
« combattre : vous le voyez par l'exemple des peuples de
« la même race que nous avons maintes fois vaincus
« auparavant, et tout récemment encore, sans la moin-
« dre peine; vous pouvez le conclure aussi de ce que
« nous apprenons sur son compte. Outre qu'il n'a
« point d'armée levée dans son pays, toujours réu-

---

3. Allusion à ce qui a été dit § 34 : Ἦρχε μὲν γὰρ Ἀριοούϊστος.... καὶ
ἐς τοὺς φίλους τούς τε συμμάχους αὐτῶν ὑπ' αὐτοῦ τοῦ Καίσαρος ὑπατεύοντος
ἐγέγραπτο.

4. F : Ὁμοφύλλων.

συγκεκροτημένην ἔχει· νῦν δὲ, ἅτε μηδὲν δεινὸν προσδοκῶν, καὶ παντελῶς [1] ἀπαράσκευός ἐστιν. Οὐ τοίνυν οὐδὲ ἐκ τῶν ὁμοχώρων ἄν τις αὐτῷ [2] προθύμως, οὐδ' εἰ πάνυ ἐπαγγέλλεται, βοηθήσειε. Τίς μὲν γὰρ ἂν ἕλοιτο, ἐκείνῳ συμμαχήσας, πολεμῆσαι ἡμῖν, μηδὲν ὑφ' ἡμῶν λελυπημένος; πῶς δ' οὐκ ἂν μᾶλλον ἡμῖν πάντες ἢ ἐκείνῳ συναράμενοι [3], τήν τε τυραννίδα αὐτοῦ ὅμορον σφίσιν οὖσαν καταλῦσαι, καὶ τῆς χώρας μέρος τι παρ' ἡμῶν προσλαβεῖν ἐθελήσαιεν; εἰ δὲ δὴ καὶ συσταῖέν τινες, οὔτι γε καὶ κρείττους ἂν ἡμῶν γένοιντο. Ἵνα γὰρ τἆλλα [4] ἐάσω, τὸ πλῆθος ἡμῶν, τὴν ἡλικίαν, τὴν ἐμπειρίαν, τὰ ἔργα· ἐκεῖνό γε τίς οὐκ οἶδεν, ὅτι ἡμεῖς μὲν κατὰ πᾶν ὁμοίως [5] τὸ σῶμα ὡπλίσμεθα, ἐκεῖνοι δὲ δὴ γυμνοὶ τὸ πλεῖστον εἰσί; καὶ ἡμεῖς μὲν καὶ λογισμῷ καὶ τάξει χρώμεθα, ἐκεῖνοι δὲ δὴ θυμῷ πρὸς πάντα ἀσύντακτοι φέρονται [6]; μὴ γάρ τοι μήτε τὴν ὁρμὴν αὐτῶν, μήτε τὸ μέγεθος [7] ἢ τῶν σωμάτων ἢ τῆς βοῆς φοβηθῆτε. Φωνή τε γὰρ οὐδένα πώποτε ἀνθρώπων ἀπέκτεινε, καὶ τὰ σώματα αὐτῶν δρᾶν μὲν οὐδὲν πλέον, ἅτε τὰς αὐτὰς ἡμῖν χεῖρας ἔχοντα, πάσχειν δὲ πολὺ πλείω, ἅτε καὶ μεγάλα καὶ γυμνὰ ὄντα, δυνήσεται. Ἥ τε ὁρμὴ, ἄμετρος καὶ προπετὴς τὸ κατ' ἀρχὰς οὖσα, καὶ ἐκκενοῦται ῥᾳδίως καὶ ἐπ' ὀλίγον ἀνθεῖ.

1. D : Παντελὸς, faute du copiste.
2. Αὐτὸν, autre faute du copiste, dans A, F et G.
3. Συναιράμενοι, dans B, C, F et G, par la confusion d'αι avec α.
4. F : Τ' ἄλλα. C : Τἆλα.
5. A l'ancienne leçon κατὰ πάνθ' ὁμοίως, je substitue κατὰ πᾶν ὁμοίως

« nie et toujours prête à agir, il ne s'attendait pas à être
« attaqué en ce moment, et il est pris tout à fait au
« dépourvu. Enfin aucun de ses voisins ne s'empres-
« sera de le secourir, quelque belles promesses qu'ils
« lui fassent. Qui voudrait, en effet, devenir son
« allié et nous faire la guerre, sans avoir reçu de
« nous aucun dommage? Comment ne préféreraient-ils
« pas tous notre alliance à la sienne, pour briser sa ty-
« rannie établie à leurs portes et recevoir de nos mains
« quelque portion de son territoire? Admettons que
« quelques-uns se déclarent pour lui, ils ne sauraient
« avoir l'avantage sur nous. Sans parler de notre grand
« nombre, de notre âge, de notre expérience, de nos
« exploits, qui ne sait que notre corps tout entier
« est couvert par nos armes ; tandis que les Germains
« sont presque nus? Nous combattons avec un courage
« réfléchi et en bon ordre; eux, au contraire, combat-
« tent en désordre et avec emportement. Ne craignez ni
« leur fougue, ni leur haute stature, ni leurs horri-
« bles cris : les cris n'ont jamais donné la mort à per-
« sonne. Leurs corps ne peuvent pas faire plus que les
« nôtres; car ils n'ont que deux mains comme nous ;
« mais ils seront plus exposés au danger; parce qu'ils
« sont grands et nus. Quant à leur ardeur, d'abord im-
« modérée et aveugle, elle s'épuise aisément et ne dure
« qu'un instant. »

proposé par Reiske et approuvé par Sturz. M. Imm. Bekker lit κατὰ πᾶν
θ' ὁμοίως, qui se rapproche davantage de la leçon primitive. J'aurais
adopté sa conjecture, si la présence de θ' dans cette phrase pouvait se
justifier.

6. C : Φέρωνται, par la confusion d'ο avec ω.
7. G et H : Μὴ τὸ μέγεθος, faute de copiste.

46. « Πεπειραμένοις δέ που ὧν λέγω, καὶ νενικηκόσιν ὑμῖν τοὺς ὁμοίους [1] αὐτοῖς ταυτὶ παραινῶ· ὥσθ' ὑμᾶς μήτε τῷ λόγῳ [2] δοκεῖν ὑπ' ἐμοῦ παράγεσθαι, καὶ τῷ ἔργῳ ἐχυρωτάτην τὴν ἐλπίδα τῆς νίκης ἐκ τῶν προκατειργασμένων ποιεῖσθαι. Καὶ μέντοι καὶ τῶν Γαλατῶν αὐτῶν τῶν ὁμοίων σφίσι συχνοὶ ἡμῖν συμμαχήσουσιν [3]· ὥστ' εἰ καί τι φοβερὸν τὰ ἔθνη ταῦτα εἶχε, τοῦτο καὶ ἡμῖν καὶ ἐκείνοις [4] ὑπάρξει [5]. Ταῦτ' οὖν αὐτοί τε οὕτω λογίζεσθε καὶ τοὺς ἄλλους διδάσκετε· ὡς εἴγε καὶ ὑμῶν τινες ἄλλως πως φρονοῦσιν, ἀλλ' ἔγωγε καὶ ὣς πολεμήσω, οὐδὲ ἐγκαταλείψω ποτὲ τὴν τάξιν ἣν ἐτάχθην [6] ὑπὸ τῆς πατρίδος. Καί μοι τὸ δέκατον στρατόπεδον ἀρκέσει [7]. Καὶ γὰρ εὖ οἶδ' ὅτι κἂν διὰ πυρὸς δέῃ, καὶ γυμνοὶ χωρήσουσι [8] προθύμως. Οἱ δὲ δὴ ἄλλοι τὴν ταχίστην ἐπαγάγετε [9]· μηδέ μοι μάτην ἐνταῦθα ἐντρύχεσθε [10], τά τε κοινὰ εἰκῇ ἀναλίσκοντες, καὶ τῶν ἀλλοτρίων πόνων μεταποιούμενοι, τήν τε λείαν [καὶ] τὴν [11] ὑφ' ἑτέρων κτωμένην σφετεριζόμενοι. »

1. Allusion à la victoire remportée sur les Helvétiens ; cf. § 32.
2. F : Ὥσθ' ὑμᾶς λέγω μήτε τῷ λόγῳ. Dans C, l'article τῷ a été omis par le copiste.
3. D et H : Συμμαχήσουσι, par l'omission du ν paragogique devant une voyelle.
4. Ἐκείνων, leçon fautive dans A, B, C, F et G.
5. D'après D, F, G et H, je substitue, comme M. Imm. Bekker, cette leçon à l'ancienne ὑπάρχει.
6. G : Ἐτάχθη.
7. César, De Bell. Gall. I, 40 : Quod si præterea nemo sequatur, tamen se cum sola decima legione iturum, etc. Frontin, Stratagem. IV, 5 : Cæsar adversus Germanos et regem Ariovistum pugnaturus, confusis suorum animis, pro concione dixit, nullius se, eo die, opera nisi decimæ legionis

46. « Je m'adresse à des hommes qui savent par ex-
« périence ce que je viens de dire et qui ont vaincu
« des ennemis semblables à ceux que nous allons com-
« battre. Vous ne pouvez donc croire que je vous
« trompe par ce discours, et vous trouvez dans vos ex-
« ploits passés l'espérance la plus certaine de la vic-
« toire. D'ailleurs, un grand nombre de Gaulois, qui
« ressemblent aux Germains, combattront dans nos
« rangs, et, s'il y a chez ce peuple quelque chose qui
« inspire la terreur, nous en profiterons autant que nos
« ennemis. Réfléchissez à mes paroles et portez-les à la
« connaissance de l'armée. Si quelques-uns d'entre
« vous pensent autrement que moi, je n'en ferai pas
« moins la guerre et je n'abandonnerai pas le poste
« où la patrie m'a placé. La dixième légion me suffira :
« elle n'hésiterait pas, j'en suis sûr, à passer nue à
« travers le feu, s'il le fallait. Quant à vous, éloignez-
« vous tous le plus promptement possible : je ne veux
« pas que vous vous consumiez ici pour moi, dissipant
« en pure perte les ressources de l'État, recueillant les
« fruits des fatigues d'autrui et vous appropriant le bu-
« tin conquis par d'autres. »

usurum : quo assecutus est, ut et decimani tanquam præcipuæ fortitudi-
nis testimonio concitarentur, et cæteri pudore, ne penes alios gloria vir-
tutis esset.

8. G : Χωρίσουσι, par la confusion d'η avec ι.

9. B : Ἀπαγάγητε.

10. Reiske rejette l'interprétation adoptée par Reimarus et par Sturz :
« Ἐντρύχεσθέ μοι non puto significare posse *molestiam mihi create*.
Videtur ergo ἐκτρύχεσθε scribendum esse : *Nolim vos hic mihi macerari
et fatigari atque absumi et viribus concidere nihil agendo*. Nihil enim
agit ille, qui aliorum labore parta otiosus ipse absumit. Salsa est, si qua
alia, et acerba cavillatio. » J'adopte le même sens, en maintenant ἐντρύχεσθε, d'après le Thes. gr. ling. tom. III, p. 1184, éd. Didot. M. Imm. Bekker lit τρύχεσθε.

11. Leunclavius voulait lire τήν τε λείαν καὶ γῆν κτλ. Il serait beaucoup

47. Ταῦτα τοῦ Καίσαρος εἰπόντος[1], οὐ μόνον οὐδεὶς ἀντεῖπεν (εἰ καὶ τὰ μάλιστά τινες τἀναντία[2] σφίσιν ἐγίγνωσκον), ἀλλὰ καὶ συνῄνεσαν πάντες, καὶ οὐχ ἥκιστα οἱ δι' ὑποψίας[3] αὐτῷ ὄντες λογοποιεῖν ἃ ἤκουσαν[4]. Καὶ τούς γε στρατιώτας οὐ χαλεπῶς ἔπεισε[5] πειθαρχῆσαι[6], τοὺς μὲν, ἐκ τοῦ προκεκρίσθαι προθυμουμένους, τοὺς δ' ἄλλους, δι' ἐκείνους φιλοτιμουμένους· ἐξαίρετον δὲ[7] δὴ τὸ δέκατον στράτευμα ἐποιήσατο, ὅτι εὔνοιαν[8] πως ἀεὶ αὐτοῦ εἶχεν. Οὕτω δὲ δὴ τὰ πολιτικὰ στρατόπεδα πρὸς τὴν τῶν καταλόγων τάξιν ὠνομάζετο· ὅθεν περ καὶ νῦν ὁμοίως τὰ νῦν ὄντα τὰς ἐπικλήσεις ἔχει. Ὡρμημένων οὖν αὐτῶν, ὁ Καῖσαρ οὐκέτι κατὰ χώραν ἔμεινε, μὴ καὶ χρονίσαντες ἀμβλύτεροι αὖθις γένωνται, ἀλλ' εὐθὺς ἄρας ἐπὶ τὸν Ἀριοούϊστον[9] ἤλασε[10]· καὶ οὕτω γε αὐτὸν τῷ αἰφνιδίῳ[11] τῆς ἐφόδου κατέπληξεν, ὥστε καὶ ἐς λόγους οἱ ὑπὲρ εἰρήνης ἐλθεῖν[12] κατηνάγκασεν[13]. Οὐ μέν τοι καὶ συνέβησαν. Αὐ-

---

plus simple de supprimer καὶ : comme M. Imm. Bekker, je mets cette conjection entre crochets, et je n'en tiens pas compte dans la traduction.

1. G : Εἴποντες.
2. Avec M. Imm. Bekker, je supprime, d'après Reiske, ἐς qui, dans l'ancienne leçon τινες ἐς τἀναντία, est né de la dernière syllabe de τινές.
3. A, C, D, F et G : ἢ δι' ὑποψίας, par la confusion d'οι avec η.
4. M. Tafel traduit d'après la conjecture d'Oddey, qui propose ἃ ἤκουσεν : *Die er als Urheber jener Gerüchte beargwohnte*. Reimarus maintient l'ancienne leçon et il l'interprète ainsi : ἃ ἤκουσαν — *que jam a Cæsare audiverant militibus quibusdam exprobrari*.
5. A, C et F : Ἔπησαν. Cette variante confirme la leçon ἔπεισαν, adoptée par M. Imm. Bekker, et qui s'accorde mieux avec l'aoriste συνῄνεσαν.

47. Lorsque César eut fini de parler, personne ne le contredit, quoique plusieurs eussent une opinion opposée à la sienne : bien loin de là, son discours fut approuvé par tous ; mais principalement par ceux qui lui étaient suspects d'avoir semé les bruits dont il les avait entretenus. Ses paroles ramenèrent sans peine les soldats à l'obéissance : le zèle des uns fut redoublé par la préférence dont ils étaient l'objet ; les autres furent jaloux de rivaliser avec ceux qui leur avaient été préférés ; car César donna une place d'honneur à la dixième légion, qui montrait, en toute occasion, un grand dévouement pour lui. (Les légions romaines étaient alors désignées par leur rang d'inscription sur les rôles de l'armée, et c'est d'après cet usage qu'elles sont encore ainsi désignées de notre temps.) César, après avoir enflammé l'ardeur de ses soldats, ne se tint pas tranquille, dans la crainte qu'elle ne s'amortît encore, s'il temporisait. Il leva aussitôt le camp, se mit en marche contre Arioviste et l'effraya tellement par une attaque imprévue, qu'il le força d'entrer en négociation avec lui pour obtenir la paix ; mais ils ne purent s'entendre, parce que

6. F : Πιθαρχῆσαι.
7. Cette particule manque dans le Ms. de Munich n° 2.
8. G : Ἔνοιαν.
9. A et F : Ὀριοουίστον, faute du copiste.
10. G : Ἔλασε : le copiste a négligé l'augment.
11. César, De Bell. Gall. I, 41 : Septimo die, quum iter non intermitteret, ab exploratoribus certior factus est Ariovisti copias a nostris millibus IV et XX abesse. Au lieu de αἰφνιδίῳ, C et H portent ἐφνιδίῳ, par la confusion d'αι avec ε.
12. Pour les détails de cet entretien, cf. César, l. l. 43-47.
13. Après ce verbe, le passage καὶ οὕτω — ἐλθεῖν est répété tout entier dans D, et en partie dans H. Au lieu de κατηνάγκασεν, C donne κατηνάγκασε, par l'omission du ν paragogique.

τός τε γὰρ πάντα προστάξαι, καὶ ἐκεῖνος οὐδὲν ὑπακοῦσαι ἠθέλησεν. Ὅ τε οὖν πόλεμος συνερρώγει, καὶ μετέωροι οὐ μόνον αὐτοὶ ἑκάτεροι, ἀλλὰ καὶ οἱ σύμμαχοι οἵ τε πολέμιοι σφῶν οἱ ἐκείνῃ [1] πάντες ἦσαν· τήν τε μάχην αὐτῶν ὅτι τάχιστα ἔσεσθαι, καὶ τοῖς ἅπαξ κρατήσασι καὶ τἆλλα [2] δουλεύσειν [3] νομίζοντες. Προεῖχον δὲ οἱ μὲν βάρβαροι τῷ τε πλήθει καὶ τοῖς μεγέθεσιν, οἱ δὲ δὴ Ῥωμαῖοι τῇ τε ἐμπειρίᾳ καὶ ταῖς ὁπλίσεσι [4]· καί πως καὶ πρὸς τὸν θυμὸν τῶν Κελτῶν, τήν τε ἄκριτον καὶ προπετῆ αὐτῶν ὁρμήν, ἀντίρροπον τὸ τοῦ Καίσαρος φρόνημα εὑρίσκετο· ὥστε ἰσοπαλεῖς ἐκ τούτων ὄντες, καὶ τὰς ἐλπίδας, τήν τε ἐπ' αὐταῖς προθυμίαν, ἰσοστασίας ἐποιοῦντο.

48. Ἀντικαθημένων [5] δὲ αὐτῶν ἀλλήλοις, αἱ γυναῖκες αἱ τῶν βαρβάρων [6] ἀπηγόρευσαν σφίσι θειάσασαι [7] μηδεμίαν πρὸ τῆς νέας σελήνης μάχην συνάψαι [8]. Καὶ διὰ τοῦτο ὁ Ἀριοούιστος (πάνυ γὰρ αὐταῖς προσεῖχεν, ὁπότε τοιοῦτόν τι [9] ποιήσειαν) οὐχ ἁπάσῃ εὐθὺς τῇ δυνάμει, καίτοι τῶν Ῥωμαίων προκαλουμένων σφᾶς, συνέμιξεν· ἀλλὰ [10] τοὺς ἱππέας μετὰ τῶν συντεταγμένων σφίσι πεζῶν μόνους

---

1. L'ancienne leçon οἱ ἐκεῖνοι, justement rejetée par Reimarus, se trouve dans A, E et F. Elle est probablement née, par la confusion d'η avec οι, de celle que j'adopte, comme Sturz et M. Imm. Bekker, d'après B, G et un passage analogue de Thucydide, III, 88 : Νομίζουσι δὲ οἱ ἐκείνῃ ἄνθρωποι κτλ. Reimarus lit οἱ ἐκεῖ πάντες d'après C.

2. F : Τ' ἄλλα.

3. A, B et F : Δουλεύειν.

4. G : Ὁπλήσεσι, par la confusion d'ι avec η.

5. F : Ἀντικαθισταμένων.

6. D'après A et F, je remplace l'ancienne leçon αὐτῶν βαρβάρων par αἱ

HISTOIRE ROMAINE DE DION, L. XXXVIII.   453

César voulait commander en maître ; tandis qu'Arioviste ne voulait obéir en rien. La guerre éclata donc et tout le monde fut dans l'attente; non-seulement les deux armées, mais les alliés et les ennemis que chaque parti avait là. Chacun se disait que la bataille allait bientôt s'engager et que ceux qui remporteraient une première victoire, soumettraient tout à leurs lois. Les Barbares avaient l'avantage par le nombre et par la taille ; les Romains, par l'expérience et par leur armure : quant à la bouillante ardeur des Germains, à leur fougue inconsidérée et téméraire, elle était compensée par le génie de César. Ainsi, égales pour la lutte, les deux armées nourrissaient d'égales espérances, qui leur inspiraient le même élan.

48. Elles étaient déjà en présence, lorsque les femmes des Barbares, après avoir interrogé l'avenir, leur défendirent d'engager le combat avant la nouvelle lune. Arioviste avait pour elles la plus grande déférence, quand elles faisaient de semblables prescriptions : il n'attaqua donc pas de suite les Romains avec toutes ses forces, malgré leurs provocations. Il n'envoya contre eux que sa cavalerie avec les fantassins qui lui

τῶν βαρβάρων, correction devinée par Reiske et adoptée par Sturz et par M. Imm. Bekker.

7. C. Θειάσασθαι. G : Θειάσασθαι.

8. Plutarque, Cés. XIX : Ἔτι δὲ μᾶλλον αὐτοὺς ἤμβλυνε τὰ μαντεύματα τῶν ἱερῶν γυναικῶν, αἳ ποταμῶν δίναις προσβλέπουσαι καὶ ῥευμάτων ἑλιγμοῖς καὶ ψόφοις τεκμαιρόμεναι προεθέσπιζον οὐκ ἐῶσαι μάχην τίθεσθαι πρὶν ἐπιλάμψαι νέαν σελήνην. Cf. César, De Bell. Gall. l. l. L.

9. A, D, F, G et H : Τοιοῦτό τι.

10. Les mots τῶν Ῥωμαίων — ἀλλὰ manquent dans B et dans F.

ἐκπέμπων, ἰσχυρῶς αὐτοὺς ἐλύπει [1]. Κἀκ τούτου καταφρονήσας χωρίον τι ὑπὲρ τοῦ ταφρεύματος σφῶν καταλαβεῖν ἐπεχείρησε· καὶ κατέσχε μὲν αὐτό. Ἀντικαταλαβόντων δὲ καὶ ἐκείνων [2] ἕτερον ἐς μὲν μάχην, καίπερ καὶ μέχρι τῆς μεσημβρίας τὸν στρατὸν ἔξω τοῦ Καίσαρος παραταξαντος, οὐχ ὥρμησεν· ἐπαναχωρήσαντος δὲ αὐτοῦ πρὸς ἑσπέραν ἐπῆλθέ τε ἐξαπιναίως σφίσι, καὶ ὀλίγου καὶ τὸ χαράκωμα αὐτῶν εἷλε [3]. Προχωρούντων οὖν οὕτως οἱ τῶν πραγμάτων, σμικρόν τε ἔτι τῶν γυναικῶν ἐφρόντισε· καὶ τῇ ὑστεραίᾳ παραταξαμένων τῶν Ῥωμαίων (ὅπερ που καθ' ἡμέραν ἐποιοῦντο) ἀντεπεξήγαγε.

49. Καὶ αὐτοὺς ἐκεῖνοι προϊόντας [4] ἐκ τῶν σκηνωμάτων ἰδόντες, οὐχ ἡσύχασαν, ἀλλ' ἐξάξαντες, οὔτε συντάξασθαι σφίσιν ἀκριβῶς ἐπέτρεψαν, καὶ τὴν ἀκόντισιν αὐτῶν, ἐφ' ᾗ [5] ἐς τὰ μάλιστα ἐθάρσουν, δρόμῳ μετὰ βοῆς προσπεσόντες, ὑπετέμοντο. Καὶ οὕτω γε ὁμόσε αὐτοῖς ἐχώρησαν, ὥστε σφᾶς μήτε τοῖς κοντοῖς, μήτε τοῖς ξίφεσι τοῖς μακροτέροις χρήσασθαι. Ὠθίζοντό τε οὖν, καὶ τοῖς σώμασι [τὸ [6]] πλεῖον ἢ τοῖς ὅπλοις ἐμάχοντο, ἀνατρέψαι τε τὸν

---

1. César, l. l. XLVIII : Equitum millia erant sex; totidem numero pedites velocissimi ac fortissimi, quos ex omni copia singuli singulos, suæ salutis causa, delegerant : cum his in præliis versabantur; ad hos se equites recipiebant : hi, si quid erat durius, concurrebant : si qui graviori vulnere accepto deciderant, circumsistebant : si quo erat longius proeundum, aut celerius recipiendum, tanta erat horum exercitatione celeritas, ut jubis equorum sublevati, cursum adæquarent.

2. F : Ἐκεῖνον, par la confusion d'ω avec ο.

3. César, l. l. L : Tum demum Ariovistus partem suarum copiarum, quæ castra minora oppugnaret, misit. Acriter utrinque usque ad vesperum

étaient adjoints, et les inquiéta vivement. Dès lors, plein de mépris pour les Romains, il tenta de prendre une hauteur, qui dominait leurs retranchements, et s'en rendit maître : ceux-ci, de leur côté, s'emparèrent aussi d'une hauteur. Arioviste n'engagea point le combat, quoique César eût tenu jusqu'à midi son armée en ordre de bataille hors du camp ; mais les Romains s'étant retirés vers le soir, Arioviste tomba sur eux à l'improviste, et peu s'en fallut qu'il ne prît leurs retranchements. Après ces succès, il n'eut plus grand souci des prédictions des femmes : le lendemain, les Romains s'étant rangés en bataille, comme ils le faisaient chaque jour, il marcha contre eux avec son armée.

49. Les Romains, ayant vu les Germains sortir de leurs tentes, ne restèrent point tranquilles : ils firent un mouvement en avant, ne leur donnèrent point le temps de se mettre en ordre de bataille, fondirent sur eux, en criant, et prévinrent ainsi la décharge des traits dans laquelle ces barbares plaçaient toute leur confiance. On en vint aux prises de si près, que les Germains, ne pouvant se servir leurs piques, ni de leurs épées longues, se pressaient contre leurs adversaires et combattaient plus avec leurs corps qu'avec leurs armes ; s'efforçant tantôt de repous-

pugnatum est. Solis occasu, suas copias Ariovistus, multis et illatis et acceptis vulneribus, in castra reduxit. Au lieu de εἷλε, D, G et H portent εἷλεν, par l'addition du ν paragogique.

4. C : Προϊόντες, faute du copiste.

5. D'après A et F, je remplace, comme Sturz et M. Imm. Bekker, l'ancienne leçon ἐφ' ἧς par ἐφ' ᾗ. Souvent l'ι final, devenu plus tard l'ι souscrit, a été confondu avec ς par les copistes. Reiske avait deviné la leçon que j'adopte.

6. Cet article paraît justement suspect à Sturz, qui propose de le supprimer : je me contente de le placer entre crochets.

προσκείμενον καὶ καταβαλεῖν τὸν ἀνθεστηκότα, ἀγῶνα ποιούμενοι. Καὶ πολλοὶ καὶ τῆς τῶν βραχυτέρων ξιφῶν χρήσεως στερηθέντες ταῖς τε χερσὶ [1] καὶ τοῖς στόμασιν ἀντ' ἐκείνων ἠγωνίζοντο, κατασπῶντες τοὺς ἀντιπάλους, δάκνοντες [2], σπαράττοντες, ἅτε καὶ τῷ μεγέθει τῶν σωμάτων πολὺ αὐτῶν ὑπερέχοντες. Οὐ μέντοι καὶ μεγάλα τινὰ ἐκ τούτου [3] σφᾶς ἔβλαψαν. Συμπλεκόμενοι γὰρ [4] αὐτοῖς οἱ Ῥωμαῖοι, ἰσόρροποί πως τῇ τε ὁπλίσει καὶ τῇ τέχνῃ ἐγίγνοντο· καὶ τέλος ἐπὶ μακρότατον τοιουτοτρόπῳ [5] μάχῃ χρησάμενοι, ὀψέ ποτε ἐπεκράτησαν. Τά τε γὰρ ξιφίδια καὶ σμικρότερα τῶν Γαλατικῶν ὄντα καὶ τὰς προσβολὰς χαλυβδικὰς ἔχοντα [6], χρησιμώτατα σφίσιν ἐγένετο. Καὶ αὐτοὶ τῷ αὐτῷ πόνῳ [7] ἐπὶ πλεῖον συσχεθέντες, μᾶλλον τῶν βαρβάρων ἀντήρκεσαν, ἅτε οὐχ ὅμοιον ταῖς ὀξύτησι τῶν ἐφόδων τὸ διαρκὲς σφῶν ἐχόντων. Διὰ μὲν οὖν ταῦτα ἡττήθησαν ἐκεῖνοι· οὐ μέντοι καὶ ἐτράποντο· οὐχ ὅτι οὐκ ἠθέλησαν, ἀλλ' ὅτι οὐκ ἠδυνήθησαν φυγεῖν, ὑπ' ἀπορίας τε ἅμα καὶ ἐκλύσεως. Συστρεφόμενοι οὖν κατὰ τριακοσίους, καὶ πλείους καὶ ἐλάττους, τάς τε ἀσπίδας ἀπανταχόθεν σφῶν προεβάλλοντο, καὶ ὀρθοὶ ἱστάμενοι, ἀπρόσμικτοι μὲν

---

1. La eçon fautive τοῖς τε χερσὶ, donnée par A, D et F, s'était perpétuée dans toutes les éditions jusqu'à celle de Sturz, qui l'a remplacée par ταῖς τε χερσί.
2. D et E : Δακνόντας, faute du copiste.
3. C : Ἐκ τούτων.

ser celui qui les attaquait, tantôt de culbuter celui qui leur tenait tête. Plusieurs, privés même de l'usage de leurs épées courtes, combattaient avec leurs mains et avec leurs dents ; renversant leur adversaire, le mordant et le déchirant; ce qui leur était facile, parce qu'ils étaient beaucoup plus grands. Mais, en se battant ainsi, ils ne firent pas beaucoup de mal aux Romains, qui, dans cette lutte corps à corps, balançaient par leur armure et par leur adresse la force des Barbares. Après avoir longtemps combattu de cette manière, les Romains eurent enfin le dessus, mais bien tard. Leurs épées courtes, plus petites que celles des Gaulois et dont la pointe était en acier, leur furent très-utiles. D'ailleurs, plus faits à supporter longtemps la même fatigue, ils tinrent ferme bien mieux que les Barbares, qui avaient moins de persévérance que d'élan dans le premier choc. Voilà ce qui causa la défaite des Germains : cependant ils ne prirent point la fuite, non parce qu'ils ne le voulurent pas ; mais parce qu'ils ne le purent point, ne sachant à quoi se résoudre et sentant leurs forces épuisées. Réunis par groupes de trois cents, tantôt plus tantôt moins, s'abritant sous leurs boucliers et se tenant debout, inaccessibles, parce qu'ils étaient comme enfermés sous ces boucliers ; mais ne se mouvant qu'avec peine, parce qu'ils étaient

4. Cette conjonction manque dans C.
5. E et G : Τοιούτῳ τρόπῳ.
6. B et F : Ὄντα, né de la ligne précédente.
7. Ce passage est très-altéré dans G, qui porte αὐτὸ αὐτῷ πόνῳ.

ὑπὸ τῆς συγκλείσεως ¹, δυσκίνητοι δὲ ὑπὸ τῆς πυκνότητος ἐγίγνοντο ². καὶ οὔτε ἕδρων οὐδὲν, οὔτε ἔπασχον.

5o. Οἱ οὖν Ῥωμαῖοι, ἐπειδὴ μήτε ἐκεῖνοι ἀντεπῄεσαν σφίσιν ³ ἢ καὶ ἔφευγον, ἀλλ' ἐν ταὐτῷ μένοντες, ὥσπερ ἐν πύργοις εἱστήκεσαν ⁴, καὶ αὐτοὶ τά τε δοράτια κατὰ πρώτας εὐθὺς, ἅτε μηδεμίαν χρῆσιν ἔχοντα, ἀπετέθειντο ⁵, καὶ τοῖς ξίφεσιν οὐκ ἐδύναντο ⁶ οὔτε συστάδην μάχεσθαι, οὔτε τῶν κεφαλῶν αὐτῶν (ἥπερ καὶ μόνον ἁλωτοὶ, οἷά που γυμναῖς αὐταῖς μαχόμενοι, ἦσαν) ἐφικνεῖσθαι, τάς τε ἀσπίδας ἀπέρριψαν, καὶ προσπίπτοντες σφίσιν, οἱ μὲν ἐξ ἐπιδρομῆς, οἱ δὲ καὶ ἐγγύθεν ⁷, ἀνηλοῦντο ⁸ τρόπον τινὰ καὶ ἔκοπτον αὐτούς. Κἀκ τούτου πολλοὶ μὲν εὐθὺς, ἅτε καὶ μιᾶς ἐπικοπῆς ⁹ ὄντες, ἔπιπτον· πολλοὶ δὲ καὶ πρὶν πεσεῖν ἀπέθνησκον. Ὑπὸ γὰρ τῆς πυκνότητος τῆς συστάσεως καὶ

---

1. L'ancienne leçon πρόσμικτοι μὲν ὑπὸ τῆς συγκλίσεως κτλ. est confirmée par les Ms. Reimarus l'a maintenue: Invadi quidem, velut per agmina collecti, neque tamen disturbari ob densitatem poterant. Sturz conserve la même leçon et la même traduction. Avec M. Imm. Bekker, j'adopte 1° ἀπρόσμικτοι, proposé par Xylander et approuvé par Turnèbe; 2° συγκλείσεως. proposé par Leunclavius. Reiske explique de cette manière le passage ainsi corrigé: *Propterea quod dense constipati et velut conclusi erant, non poterat ad eos accedi, neque manus cum illis conseri, neque ordines eorum perrumpi. At simul ipsi sese movere ob densitatem et compressionem mutuam nequibant.*

2. B et F : Ἐγένοντο.

3. C, D et G : Σφίσι.

4. A l'ancienne leçon εἱστήκεισαν je substitue εἱστήκεσαν, avec Sturz et M. Imm. Bekker, d'après D et H. Cf. Sturz, p. 472, tom. I de son édition.

5. A, C, D, F et H : Ἀπετέθεντο, faute du copiste, au lieu d'ἀπετέθειντο, qui se trouve dans B et que je substitue, comme M. Imm. Bekker, à l'an-

pressés les uns contre les autres, ils ne purent rien faire ; mais ils n'eurent rien à souffrir.

50. Les Romains, voyant que les Barbares ne s'avançaient pas contre eux et ne prenaient pas non plus la fuite ; mais qu'ils restaient immobiles à la même place comme dans des tours, posèrent d'abord leurs javelots, qui ne leur étaient d'aucun secours : puis, comme ils ne pouvaient combattre de près avec leurs épées, ni atteindre la tête des Barbares (la seule partie de leur corps qui fût alors exposée aux coups, parce qu'ils combattaient la tête découverte), ils jetèrent aussi leurs boucliers. Assaillant les Germains, les uns en prenant leur élan, les autres de près, ils sautaient en quelque sorte sur eux et les frappaient. Plusieurs tombaient à l'instant même, parce qu'un seul coup suffisait pour les abattre : beaucoup d'autres mouraient avant de tomber ; car ils étaient tellement serrés les uns contre les autres, qu'ils se tenaient debout, même quand ils étaient morts. Ainsi périrent, avec leurs femmes et leurs en-

---

cienne leçon ἀπετίθεντο. G porte ἀπετίθειντο, par la confusion d'ε avec ι.

6. Ou mieux : καὶ [ὡς καὶ] τοῖς ξίφεσιν. B : Ἠδύναντο, forme attique.

7. B et F : Ἐκεῖθεν.

8. Reimarus et Sturz conservent l'ancienne leçon ἀνείλοντο — *everterunt quodam modo*. D'après A, B, E et F, je la remplace, comme M. Imm. Bekker, par ἀνήλοντο (G et H portent ἀνήλλοντο, sans doute à cause de l'imparfait ἔκοπτον.) La leçon que j'adopte est confirmée par la version de Nic. Leoniceno : *Assalendo costoro, alcuni correndo con empito, alcuni da presso, salivano per certo modo et tagliarano costoro in pezzi*, et par César, l. l. LII : *Germani celeriter ex consuetudine sua, phalange facta, impetus gladiorum exceperunt. Reperti sunt complures nostri milites qui in phalanges* insilirent, *et scuta manibus revellerent et* desuper vulnerarent.

9. L'ancienne leçon ἐπισκοπῆς, confirmée par les Ms., est fautive. Avec Reimarus, Sturz et M. Imm. Bekker, j'adopte la leçon proposée par Xylander et approuvée par Turnèbe. Cf. Dion, XLIX, 29.

τεθνηκότες ὀρθοὶ ἀνείχοντο. Τοῦ μὲν οὖν πεζοῦ τὸ πλεῖστον οὕτω καὶ ἐκεῖ καὶ [1] πρὸς ταῖς ἁμάξαις [2], ὅσον γε καὶ ἐξωσθὲν ἐς αὐτὰς ἐτύγχανε, σύν τε ταῖς γυναιξὶ καὶ σὺν τοῖς παισὶν αὐτῶν ἐφθάρησαν. Ὁ δὲ Ἀριοούϊστος [3] μεθ' ἱππέων τήν τε χώραν παραχρῆμα ἐξέλιπε, καὶ πρὸς τὸν Ῥῆνον παραχρῆμα ὁρμήσας, ἐπεδιώχθη [4] μὲν, οὐ κατελήφθη δέ. Ἀλλ' ὁ μὲν ἐπὶ πλοίου προεξέφυγε [5], τῶν δ' ἄλλων τοὺς μὲν οἱ Ῥωμαῖοι ἐς τὸν ποταμὸν ἐσβαίνοντας [6] ἀπέκτειναν, τοὺς δὲ καὶ αὐτὸς ἐκεῖνος ὑπολαβὼν ἀπήνεγκεν [7].

1. Reimarus avait deviné que la conjonction καὶ était omise avant πρὸς, dans l'ancienne leçon καὶ ἐκεῖ πρὸς κτλ. Sturz dit qu'il l'ajoute d'après A : elle se trouve aussi dans C, F et G. M. Imm. Bekker l'a insérée dans son texte.
2. Cf. César, l. l., L.
3. D et F : Ἀριούϊστος. A : Ὁ δὲ ὁ Ἀριοούϊστος.
4. G Ἐπεδειώχθη, par la confusion d'ι avec ει.
5. César, l. l. LIII : Perpauci, aut viribus confisi, transnatare Rhenum contenderunt, aut lintribus inventis salutem sibi petierunt. In his fuit

fants, la plupart des fantassins ; ceux-ci sur le champ de bataille, ceux-là près de leurs charriots, où ils s'étaient réfugiés. Arioviste s'éloigna incontinent avec la cavalerie et se dirigea sans délai vers le Rhin. Les Romains le poursuivirent, mais ils ne purent l'atteindre : il s'échappa sur une barque. Quant aux soldats qui l'avaient accompagné, les Romains en tuèrent une partie au moment où ils entraient dans le Rhin. Le reste fut reçu dans le fleuve et emporté par les eaux.

Ariovistus, qui naviculam deligatam ad ripam nactus, ea profugit : reliquos omnes equites consecuti nostri interfecerunt. Cf. Jul. Celsus, p. 27, et Plutarque, Cæs. XIX.

6. M. Imm. Bekker lit ἐσβαίνοντες.

7. Après ce verbe, on lit dans les éditions de Leunclavius, de Reimarus et de Sturz : Οὕτω μὲν δὴ καὶ ἐκεῖνα διεπολεμήθη. D'après tous les manuscrits, je reporte, comme Rob. Etienne et M. Imm. Bekker, ces mots au commencement du livre XXXIX.

ÉCLAIRCISSEMENTS.

LIVRE TRENTE-SIXIÈME.

Les pirates (p. 5 et suiv.). En comparant Dion Cassius avec Plutarque (1) et Appien (2), j'ai remarqué dans mon Auteur l'absence de plusieurs faits importants et dont l'exposé aurait été plus instructif que les harangues mises dans la bouche de Pompée, de Gabinius et de Catulus (3). Je vais essayer de réparer quelques-unes de ces omissions.

Dion ne donne pas assez de détails sur l'origine des pirates et sur leurs progrès. La Cilicie fut leur berceau : en peu de temps ils eurent plus de mille vaisseaux, et quatre cents villes furent forcées de leur ouvrir leurs portes. Ils pillèrent et détruisirent plusieurs temples qui n'avaient jamais été profanés (4). Le bruit de ces succès attira dans leurs rangs de nombreux habitants de la Syrie, de l'île de Cypre, de la Pamphylie, du Pont et de presque toutes les contrées de l'Orient. Les pirates alors parcoururent la mer qui s'étend des côtes de l'Asie Mineure aux Colonnes d'Hercule. La navigation ne fut plus sûre, et l'interruption du commerce paralysant l'agriculture, Rome craignit la famine pour elle-même et pour ses provinces. Pompée fut chargé de détruire un fléau qui étendait chaque jour ses ravages.

Suivant Dion (5), en confiant à Pompée une autorité absolue pour trois ans, on lui adjoignit *quinze* lieutenants, et un décret lui permit de prendre tous les vaisseaux, tout l'argent et toutes les troupes qu'il voudrait. Il ajoute que Pompée visita, *soit en personne, soit par ses lieutenants,* les mers qu'infestaient les pirates.

L'histoire a besoin d'indications plus précises. Si Plutarque fixe d'abord, comme Dion, le nombre des lieutenants à *quinze* (6), ailleurs il parle de *vingt-quatre* lieutenants et de *deux* questeurs (7). On peut donc avec Appien porter à *vingt-cinq* les lieutenants placés sous les ordres de Pompée (8). Les pays soumis par le sénat à l'autorité de

---

(1) Vie de Pompée, XXIV-XXVIII. — (2) Mithrid. XCII-XCVI. — (3) § 23-34 de cette édition.

(4) Entre autres, celui d'Apollon Clarien; le temple de Samothrace, celui de Cérès à Hermione, celui d'Esculape à Épidaure, celui de Neptune à l'isthme de Corinthe, à Ténare et à Calaurie; ceux d'Apollon à Actium et dans l'île de Leucade; enfin ceux de Junon dans l'île de Samos, à Argos et au promontoire de Lacinium. Les pirates enlevèrent même deux préteurs romains et la fille de l'orateur Antoine, qui ne put recouvrer sa liberté que par une forte rançon. Cf. Plutarque, Pomp. XXIV.

(5) § 35. — (6) Pomp. XXV. — (7) l. l. XXVI. — (8) Mithrid. XCIV.

ce général sont nettement indiqués dans Plutarque et dans Appien : c'étaient les mers situées en deçà des Colonnes d'Hercule et les contrées baignées par ces mers, jusqu'à une distance de cinquante milles dans l'intérieur des terres. Or, à cette époque, il y avait sous l'empire des Romains bien peu de pays situés à une plus grande distance de la mer, et dans cette circonscription se trouvaient des nations redoutables et des rois très-puissants (1).

Appien évalue l'armée de Pompée à 120,000 fantassins et 4,000 cavaliers, sa flotte à 270 vaisseaux. De plus, il fut autorisé à demander aux alliés les soldats, les vaisseaux et les sommes d'argent dont il aurait besoin (2).

Le même historien raconte comment Pompée distribua les rôles entre ses lieutenants, après avoir donné à chacun des vaisseaux, des cavaliers et des fantassins. Tiberius Néron et Manlius Torquatus furent chargés de la défense de l'Espagne et des Colonnes d'Hercule. Il confia la mer Ligurienne et la mer des Gaules à Marcus Pomponius ; l'Afrique, la Sardaigne, la Corse et les îles voisines à Lentulus Marcellinus et à Publius Atilius; les côtes de l'Italie à L. Gellius et à Cn. Lentulus ; la Sicile et la mer Ionienne à Plotius Varus et à Terentius Varron ; le Péloponnèse, l'Attique, l'Eubée, la Thessalie, la Macédoine et la Béotie à L. Sisenna ; les îles de la mer Egée et l'Hellespont à L. Lollius ; la Bithynie, la Thrace, la Propontide et l'entrée du Pont à P. Pison ; la Lycie, la Pamphylie, Cypre et la Phénicie à Métellus Nepos (3). Ces détails sont d'autant plus précieux que Plutarque (4) se contente de dire, à peu près comme Dion, que Pompée divisa la mer Méditerranée en treize départements et préposa à chacun de ces départements un de ses lieutenants avec un certain nombre de vaisseaux. D'après Appien, Pompée consacra quarante jours à la visite des départements de l'occident ; puis il revint à Rome, d'où il se rendit à Brindes (5). Plutarque est plus précis sur ce point (6) : suivant lui, le consul Pison, que Dion nous représente comme un des plus violents adversaires de Pompée, cherchait, par dépit et par envie, à entraver les préparatifs de l'expédition contre les pirates ; il donnait même des congés. Instruit de ces menées, Pompée ordonna à sa flotte de faire voile pour Brindes, tandis qu'il se dirigeait lui-même vers Rome par l'Étrurie. A peine la nouvelle de son retour fut-elle connue, que tous les citoyens accoururent à sa rencontre avec une joie d'autant plus vive que, par un changement soudain, les vivres arrivaient, chaque jour, en abondance. Peu s'en fallut que Pison ne fût déposé : Gabinius avait rédigé une proposition à ce sujet. Plutarque rapporte, comme Dion, que Pompée s'y opposa, qu'il montra une grande modération dans toute sa conduite, et qu'après avoir fait décréter diverses mesures, il partit pour Brindes.

(1) Plutarq. l. l. XXV — (2) Mithrid. l. l. — (3) Mithrid. XCV. Cf. Florus, III, 6. — (4) Pomp. XXVI. — (5) Mithrid. l. l. — (6) Pomp. XXVII.

ECLAIRCISSEMENTS.

Comme Dion, Plutarque (1) raconte que Pompée se montra humain et qu'il permit à un grand nombre de pirates de s'établir dans plusieurs villes, parmi lesquelles il cite Soli, sur les côtes de la Cilicie, et Dyme, en Achaïe, alors presque déserte et dont le territoire était très-fertile.

Le récit d'Appien, moins sentimental, est plus conforme à la vérité historique : l'arrivée soudaine de Pompée en Orient, la grandeur de ses préparatifs, la terreur de son nom, frappèrent les pirates d'épouvante. D'abord ils avaient paru vouloir commencer l'attaque et rendre la lutte difficile : tout à coup, saisis de crainte, ils s'éloignent des villes qu'ils tenaient assiégées, pour se retirer dans leurs forts et dans leurs repaires accoutumés. Pompée arrive en Cilicie avec des troupes considérables et des machines de guerre. Les pirates effrayés cherchent à désarmer sa vengeance, en renonçant à combattre. Ceux qui occupaient les deux châteaux les plus forts, Cragus et Anti-Cragus, puis tous les autres, viennent se mettre à sa merci. En même temps, ils lui livrent une grande quantité d'armes déjà fabriquées ou confectionnées à demi, tous leurs vaisseaux, tant ceux qui étaient sur mer que ceux qui se trouvaient encore dans les chantiers, l'airain, le cuivre, le fer, les cordages; en un mot, tous les matériaux destinés à la construction des navires, et un grand nombre de prisonniers. Pompée brûla les matériaux : quant aux prisonniers, il les renvoya dans leur patrie. Il s'attacha surtout à savoir quels étaient, parmi les pirates, ceux qui s'étaient jetés dans le brigandage parce que la guerre ne leur avait point laissé d'autre ressource, et il leur permit de s'établir à Mallos, à Adama, à Épiphanie, et dans les autres villes de la Cilicie, désertes ou peu habitées. Quelques-uns furent transportés à Dyme (2).

Plutarque et Dion ne parlent point des résultats de cette guerre pour Rome. Les voici en résumé, d'après Appien : Pompée captura soixante et onze vaisseaux; trois cent six autres lui furent livrés : il prit cent vingt villes ou forts. Dix mille pirates environ périrent, en combattant contre les Romains.

Je ne dois pas terminer cette note, sans faire observer que Plutarque et Appien ne disent rien de l'opposition du tribun Trebellius à la proposition de Gabinius, en faveur de Pompée. Asconius (3) donne des détails qui confirment le récit de Dion. Suivant ce scholiaste, Trebellius avait promis au sénat de mourir plutôt que de laisser passer la rogation de Gabinius : celui-ci convoqua les tribus pour déposer le tribun rebelle, comme jadis T. Gracchus avait déposé son collègue M. Octavius. Trebellius ne se laissa

---

(1) Pomp. XXVII-XXVIII. — (2) Mithrid. XCV-XCVI.
(3) Schol. in Cornel., p. 71, édit. d'Orelli.

pas effrayer et persista dans son opposition, espérant que Gabinius finirait par céder; mais après les votes des dix-sept premières tribus, il fléchit devant la volonté du peuple, se désista de son opposition, et la proposition de Gabinius fut adoptée.

Depuis que le tribunat avait recouvré ses anciens priviléges (p. 63). Sylla, en 673, avait tellement affaibli le tribunat, qu'il n'en restait plus qu'une ombre (1). Privés du droit de proposer des lois (2) et de haranguer le peuple (3), déclarés incapables de remplir une autre magistrature (4), les tribuns n'avaient conservé que le *jus auxilii* (5). Des protestations continuelles se firent entendre contre cet abaissement de la puissance tribunitienne. En 678, C. Sicinius demanda qu'elle fût rétablie dans ses droits (6). L'année suivante, le consul Aurelius Cotta proposa de modifier les lois de Sylla contre le tribunat et de permettre aux tribuns de briguer, en sortant de leur charge, des magistratures plus élevées (7). En 680, le tribun L. Quinctius réclama plus d'une fois contre les réformes de Sylla, et il fallut à Lucullus, alors consul, beaucoup de prudence pour maîtriser ses attaques (8). L'an 681, le tribun Licinius Macer s'éleva contre les lois de Sylla et demanda avec énergie le rétablissement de la puissance tribunitienne (9). La même proposition fut renouvelée, l'an 683, par le tribun M. Lollius Palicanus. Enfin, l'an 684, après les plus vives instances de la part du peuple (10), Pompée rendit au tribunat ses anciennes prérogatives : il fut soutenu par César, comme il avait, quelques années auparavant, aidé lui-même Sylla à les détruire (11). Le brigandage et les vexations, qui se commettaient dans les provinces, et les prévarications qui déshonoraient les jugements à Rome, furent les principales causes qui déterminèrent Pompée à restituer aux tribuns tous leurs droits (12).

A diverses époques, la brigue dut être combattue par des lois (13); mais

---

(1) Vell. Paterc. II, 3o : Imaginem sine re reliquerat. Appien, Guer. Civ. I, 100, dit la même chose en d'autres termes : Τὴν δὲ τῶν δημάρχων ἀρχὴν ἴσα καὶ ἀνεῖλεν, ἀσθενεστάτην ἀποφήνας.
(2) Tite-Live, Epit. LXXXIX.— (3) Cic. pro Cluentio, XL.— (4) Appien, Guer. Civ. I, 100. — (5) Cic. de Leg. III, 79. — (6) Asconius, Schol. in Cic. Divinat., p. 103, éd. d'Orelli.— (7) Asconius, in Cornel., p. 78, éd. d'Orelli.— (8) Plutarq. Lucull. V. — (9) Cf. Salluste, Fragm. liv. III. — (10) Pseud. Asconius, in Verr. Act. I, p. 147, éd. d'Orelli.— (11) Appien, Guer. Civ. I, 59.— (12) Cf. M. Ed. Laboulaye, Essai sur les Lois criminelles des Romains, p. 274-275.

(13) La plus ancienne de ces lois remonte à l'an de Rome 322. Elle est mentionnée par Tite-Live, IV, 25 : *Ne cui album in vestimentum addere, petitionis causa, liceret.* « Mais, dit M. Ed. Laboulaye, l. l. p. 284, cette loi fut bien mal « observée, comme le prouve le nom même de candidat : la robe blanche devint le « vêtement obligé de tous ceux qui briguaient le suffrage populaire. »

Vinrent ensuite les lois *Pœtilia*, en 395; *Cornelia Bœbia*, en 572 (sur cette loi dont Sigonius fait une loi *Æmilia Bœbia* qu'il place en 572, et une loi *Cornelia Fulvia* qu'il place en 594, cf. M. Ed. Laboulaye, l. l. p. 285); enfin la loi *Calpurnia*, en 687.

ÉCLAIRCISSEMENTS.

jamais jusqu'alors les cabales n'avaient disputé les charges publiques avec une audace qui bravait tous les obstacles et menaçait de tout envahir.

Le récit de Dion sur la loi proposée par Acilius et Pison m'a paru donner lieu à plusieurs observations. Il dit qu'elle fut exigée par le sénat et, à ce propos, il rappelle que la proposition fut faite par deux consuls qui devaient leur dignité à la corruption et à l'intrigue. Il fallait que la corruption électorale fût arrivée à son dernier terme, pour que le sénat ne reculât pas devant un pareil choix.

Dion ajoute que le sénat voulut opposer à la loi de Cornelius une loi moins rigoureuse, de peur que des peines excessives n'empêchassent les accusateurs de se produire et les juges de condamner. Il est plus vraisemblable que le sénat agit ainsi parce que plusieurs de ses membres, dont les noms avaient été effacés sur l'Album, s'étaient assez compromis pour être atteints par la loi de Cornelius.

Nous devons regretter que Dion se soit contenté de dire en termes vagues que Cornelius voulut faire établir *les peines les plus sévères* contre ceux qui se rendraient coupables de brigue. Ces peines en quoi consistaient-elles? C'est ce qu'il est impossible de dire aujourd'hui : nous savons seulement, par un scholiaste de Cicéron, que sa loi est la première qui porta une peine contre les *Divisores* (1). Mais il fallait qu'elles fussent bien sévères, pour que le Sénat pût présenter comme un adoucissement une loi qui déclarait ceux qui auraient été condamnés pour brigue incapables d'exercer une magistrature, de siéger dans le Sénat, et qui les frappait d'une amende pécuniaire, en même temps qu'elle assurait l'impunité à tout homme qui, condamné pour brigue, en ferait condamner un autre pour le même crime (2). Si nous ne pouvons indiquer avec certitude les motifs de la conduite du Sénat, ni déterminer avec précision les peines proposées par le tribun Cornelius, il est du moins un fait incontestable, c'est qu'à cette époque la société romaine se trouvait dans un tel état, que les anciennes lois contre la brigue n'avaient plus de force. La loi Calpurnia elle-même put bien atteindre de grands coupables, Autronius et Sylla; mais elle fut une barrière impuissante. Bientôt nous verrons Cicéron, Pompée et Licinius Crassus, forcés de recourir à de nouveaux remèdes contre un mal qui ne cessa de miner la République que lorsqu'elle disparut sous ses propres ruines. Et comment en aurait-il été autrement dans des temps où les consuls, qui proposaient une loi contre la corruption, avaient eux-mêmes obtenu leur charge par la corruption; où M. Cotta, qui avait des-

---

(1) C'est-à-dire, contre les hommes qui se chargeaient de répartir entre les électeurs les sommes déposées en mains tierces jusqu'après l'élection. Cf. Asconius, in Cornel., p. 74, éd. d'Orelli. — (2) Cic. pro Cluentio, XXXVI ; pro Balbo, XXV ; Ferratius, lib. I, Epist. 13, et M. Éd. Laboulaye, t. I. p. 288.

titué Publius Oppius, comme coupable de corruption (1), fut à son tour accusé du même crime par Carbon, qui, après avoir été décoré des honneurs consulaires, fut poursuivi par le fils de sa victime et condamné pour corruption.

Roscius proposa une nouvelle loi; C. Manilius en proposa une autre (p. 73 et suiv.). La loi Roscia, qui réservait aux Chevaliers les quatorze rangs de siéges les plus voisins des sénateurs dans les théâtres, assignait aussi certaines places aux banqueroutiers, alors même que leur malheur devait être imputé à la fortune et non à leur inconduite (2). Suivant Dion, cette loi valut des éloges à son auteur. Cicéron va plus loin : il dit que le peuple l'avait non-seulement acceptée, mais demandée (3). Plutarque, au contraire, raconte (4) que le peuple voyait une offense dans cette loi, et qu'Othon, ayant un jour paru au théâtre, fut accueilli par les huées et les sifflets de la multitude; mais les Chevaliers lui firent place avec de grands applaudissements. Un affreux désordre remplit le théâtre : les deux partis allaient en venir aux mains, lorsque Cicéron, instruit de ce qui se passait, accourt et commande au peuple de le suivre au temple de Bellone. Là il lui adresse des reproches, et son éloquence produit un tel effet sur les esprits, que le peuple, de retour au théâtre, prodigue les hommages à Othon (5).

La harangue prononcée à cette occasion par Cicéron était au nombre des harangues consulaires (6). Il ne nous en reste que deux ou trois mots (7); mais Cicéron y fait plusieurs fois allusion dans ses discours pour Cornelius (8).

Quant à la loi de C. Manilius, en vertu de laquelle les affranchis devaient voter avec ceux qui leur avaient donné la liberté, Asconius la met sur la

---

(1) Oppius fut défendu par Cicéron. Cf. dans le XXXVe volume de Cicéron, éd. in-12, de M. J. V. Le Clerc, 1° les détails relatifs à l'accusation portée par Cotta et à la défense d'Oppius (Introd. p. 14-15); 2° les fragments du discours prononcé par Cicéron, p. 118. Quintilien, V, 13, en donne le plan : « On accuse Oppius de s'être enrichi en détournant les subsistances de l'armée. C'est un crime odieux; mais les accusateurs se contredisent; Oppius, suivant eux, a essayé de corrompre l'armée par ses largesses. » Oppius était chevalier romain, et il avait pour juges les chevaliers. On peut croire sans peine qu'il fut acquitté.

(2) Cic. Philippic. II, 18. — (3) Fragm. du 1er discours contre Cornelius, dans les OEuvres de Cicéron, tom. XXXV, p. 132, éd. in-12 de M. J. V. Le Clerc.

(4) Vie de Cic. XIII. — (5) « On pourrait s'étonner, dit M. J. V. Le Clerc, « l. l. tom. I, p. 128-129, que le peuple se soit mutiné contre une loi portée quatre « ans auparavant et qu'il avait demandée lui-même à grands cris; mais il est aisé de « voir que la faction de Catilina cherchait à exciter la discorde entre le peuple et « l'ordre équestre, le plus ferme appui de Cicéron. La loi *Roscia* n'était qu'un « prétexte, et le récit même de Plutarque le fait assez entendre. »

(6) Lett. à Attic. II, 1. — (7) Cf. Fragm. de Cic. l. l. tom. XXXV, p. 20. — (8) Cf. l. l.

ÉCLAIRCISSEMENTS.

même ligne que les propositions du tribun P. Sulpicius qui, quelques années auparavant, avaient allumé la guerre civile (1). D'après un fragment de Cicéron (2), cette loi fut abandonnée par le tribun lui-même, lorsqu'il vit qu'elle était condamnée par le Sénat. Il chercha même à donner le change, en attribuant à Crassus et à d'autres citoyens la pensée première de cette proposition (3). Entre cette proposition et l'accusation qu'elle attira à son auteur se place la loi par laquelle Manilius fit confier à Pompée la guerre contre Mithridate. Elle souleva le mécontentement des Grands, déjà mal disposés pour lui, à cause de sa proposition concernant les affranchis : de ces ressentiments sortit une accusation en forme contre Manilius.

Dion ne caractérise point cette accusation : nous savons par Plutarque (4) que ce fut une accusation de péculat. Du récit de Dion il résulterait que Cicéron ne se chargea de la défense de Manilius que parce qu'il y fut contraint par le peuple : peut-être ici, comme ailleurs, notre historien a-t-il cherché à montrer Cicéron sous le jour le plus défavorable ; mais peut-être aussi Plutarque a-t-il un peu sacrifié la vérité historique à l'effet dramatique (5).

(1) Ascon. in Cornel. p. 64, éd. d'Orelli; Appien, Guer. Civ. 1, 55. — (2) Premier discours pour Cornelius, 1. l. — (3) Cicéron, pro Muren. XXIII, reproche à Serv. Sulpicius d'avoir demandé la remise en vigueur de cette loi de Manilius : Confusionem suffragiorum flagitasti, *prorogationem legis Manilianæ*, etc. M. Th. Mommsen, dans sa dissertation *De Collegiis et Sodaliciis Romanorum*, Kiliæ, 1843, p. 48-49, not. 28, explique d'une manière très-plausible le sens des mots *prorogationem legis* : « Quid sibi velit *prorogatio* illa, non facile dictu est : fortasse eo redit quod senatus, quum leges abrogare jure non posset, persæpe tamen abrogaret, post tale SCtum lex ipso jure rata pro inani habebatur. Quodsi igitur contrarium placebat senatui, non opus erat nova lege, sed effectu addito ad nudum jus, lex quæ erat rursus pro lege observabatur. Si magnis licet parva componere, cogitent velim ICti de stipulatione quæ exceptione perpetua ne petatur irrita facta mox reviviscat, si rursus convenit ut petatur. l, 27, § 2, de pact. II, 14. Hæc mihi videtur *prorogatio* dici posse, quum quod ipso jure valet ab impedimento liberatur. Similiter explicat Druman. V, 447, not. 62. » L'interprétation de Forcellini, *dilationem promulgandæ legis*, est inexacte.

(4) Vie de Cic. IX. — (5) « Il ne devait plus exercer sa charge que deux ou trois jours, lorsqu'on traîna devant lui Manilius, accusé de péculat. Ce Manilius avait la faveur du peuple, qui le croyait persécuté à cause de Pompée dont il était l'ami. Comme il demandait du temps pour répondre, Cicéron ne lui accorda que le lendemain. Le peuple s'en irrita, l'usage des préteurs étant d'accorder au moins dix jours aux accusés. Cité devant le peuple, interpellé, sommé par les tribuns, Cicéron prend la parole : « Romains, dit-il, moi qui ai toujours traité les accusés « avec la douceur et l'humanité que les lois permettent, je serais coupable, si je « me conduisais autrement avec Manilius. C'est à dessein que je lui accorde le seul « jour de ma préture dont je puisse encore disposer : si j'avais renvoyé le juge- « ment à un autre préteur, m'auriez-vous cru l'ami de Manilius? » A ces mots, il se fait un merveilleux changement dans le peuple : on l'applaudit, on le prie de défendre lui-même l'accusé. Il s'en charge avec plaisir, surtout à cause de Pompée absent, et, reprenant toute l'affaire, il s'élève vivement contre les partisans de l'oli-

ÉCLAIRCISSEMENTS.

C. Cornelius, tribun du peuple (p. 65). Il m'a paru nécessaire d'ajouter ici, d'après Asconius, quelques détails à ceux que j'ai donnés sur Cornelius, p. 64, 66, 68 et 71.

Il avait présenté au Sénat une proposition, pour qu'il fût défendu de porter des sommes en dépense sur les comptes des ambassadeurs étrangers. Cette proposition était motivée sur ce qu'on leur prêtait à gros intérêts : ce trafic usuraire donnait lieu à des gains scandaleux. Le Sénat la rejeta et déclara se contenter du décret rendu vingt-sept ans auparavant, sous le consulat de L. Domitius et de C. Cœlius, au sujet des ambassadeurs Crétois (1). Cornelius, blessé de ce refus et voulant affaiblir encore l'autorité du Sénat, proposa une loi d'après laquelle nul ne serait dispensé des lois sans le consentement du peuple (2). Dans les sénatus-consultes qui dispensaient d'une loi, il avait été longtemps d'usage d'ajouter que l'affaire serait portée au peuple; mais peu à peu cet usage tomba en désuétude. La formule concernant la présentation devant le peuple fut abandonnée : ces sénatus-consultes ne furent même plus votés que par un très-petit nombre de sénateurs.

Le Sénat parvint à opposer à L. Cornelius un autre tribun, P. Servilius Globulus. Le jour fixé pour la discussion, au moment où le crieur public commençait à lire au peuple le projet de loi que le greffier lui mettait sous les yeux, Globulus imposa silence et au greffier et au crieur public. Alors Cornelius en fit lui-même la lecture. Le consul L. Pison indigné s'écria que c'en était fait de l'opposition tribunitienne. Le peuple répondit par des injures, brisa ses faisceaux et lui lança des pierres. Cornelius, effrayé de ces violences, congédia l'assemblée. Plus tard il modifia sa proposition et demanda 1° que le concours de deux cents sénateurs fût nécessaire pour tout décret portant dispense des lois; 2° que, cette dispense une fois prononcée, il n'y eût point d'opposition pour empêcher le décret d'être porté devant le peuple.

Ces deux rogations précédèrent celle du même Cornelius, au sujet des Édits perpétuels des préteurs. Il proposa, en outre, diverses lois qui furent

---

garchie et les envieux de Pompée. » (Traduction de M. J. V. Le Clerc.) Nous n'avons qu'une phrase de ce discours *pro C. Manilio* (Cf. les Fragm. de Cicéron, tom. XXXV, p. 15 et p. 118) : Ricard l'a confondu avec celui qui fut prononcé par Cicéron au commencement de sa préture, et qui nous est parvenu sous le titre *pro Lege Manilia*.

(1) Cf. Dion Cassius, Fr. CCCXXVII, tom. II, p. 210, de cette édition. —
(2) « C'était dès longtemps un usage, dit le Président de Brosses, Hist. Rom. V, 62, lorsqu'une occasion majeure et imprévue demandait que le magistrat fût revêtu d'un plein pouvoir extraordinaire, pour une prompte expédition, de lui accorder en même temps une dispense de la loi commune, qui mit sa conduite à couvert des recherches, au cas que la nécessité de prévenir le dommage de la chose publique l'eût obligé de faire quelque action ou de rendre quelque ordonnance peu conforme aux lois. »

combattues par ses collègues. Il est à regretter qu'Asconius les désigne d'une manière vague (1).

L'année suivante, sous le consulat de Manius Lepidus et de L. Volcatius, les deux frères Cominius accusèrent Cornelius de *Lèse-majesté*. Le préteur P. Cassius l'assigna à comparaître le dixième jour ; mais il ne siégea pas ce jour-là, soit qu'il fût détourné par les soins qu'exigeait l'approvisionnement de la ville, soit pour favoriser l'accusé. Les accusateurs furent enveloppés par les hommes connus comme chefs d'émeutes. On alla jusqu'à les menacer de la mort, s'ils ne se désistaient pas : ils ne durent leur salut qu'à la fuite. Les deux frères se réfugièrent sous un escalier, où ils restèrent cachés jusqu'à la nuit, qui leur permit de s'échapper enfin par les toits des maisons voisines et de sortir de Rome. P. Cassius monta sur son siége le lendemain : les accusateurs n'ayant pas comparu, Cornelius fut renvoyé de la plainte, et les Cominius furent accusés d'avoir fait acheter chèrement leur silence.

Un an plus tard, sous le consulat de L. Aurelius Cotta et de L. Manlius Torquatus, l'accusation fut soutenue par les hommes les plus influents du sénat : Q. Hortensius, Q. Catulus, Q. Metellus Pius, L. Lucullus, M. Lepidus. Ils déclarèrent avoir entendu Cornelius lire lui-même, à haute voix et au pied de la tribune, le texte de sa proposition ; ce qui ne s'était jamais vu. Suivant eux, c'était un crime de *Lèse-majesté* ; puisqu'un tel acte n'aboutissait à rien moins qu'à enlever aux tribuns le droit d'opposition.

Le jugement fut présidé par le préteur Q. Gallius. La défense, confiée à Cicéron, dura quatre jours ; mais il réduisit les quatre plaidoyers à *deux Actions*, pour les publier. Il nous en reste de nombreux fragments (2). Quintilien les cite souvent (3), et le grammairien Marcianus Capella nous a conservé la division de la principale défense (4). Quant au discours de l'accusateur, il ne nous en est rien parvenu ; mais Cicéron et Asconius en parlent avec éloge (5).

Et Lucius Catilina (p. 85). C'est ce qu'on a appelé la première conjuration de Catilina (6).

---

(1) Schol. in Cornel. p. 58, éd. d'Orelli : *Alias* quoque *complures leges* Cornelius promulgavit, quibus plerique collegæ intercesserunt : per quas contentiones totus tribunatus ejus peractus est.

(2) Cf. OEuv. de Cic., tom. XXXV, p. 120-140, éd. in-12 de M. J. V. Le Clerc. — (3) Cf. Inst. Orat. Liv. IV, 3 ; V, 13 ; VI, 6, VII, 4, etc.

(4) Liv. V. *De la Disposition*. L'orateur réfutait, dans la première partie, les chefs d'accusation depuis le tribunat de Cornelius, et dans la seconde les reproches qu'on lui adressait durant cette magistrature.

(5) Cf. Cic. Orat. XXXIX. Ascon. l. l. p. 62, éd. d'Orelli : Exstat oratio Cominii quam sumere in manus est aliquod operæ pretium non solum propter Ciceronis orationes quas pro Cornelio habemus ; sed etiam propter semet ipsam.

(6) Cf. Sallust. Catil. XVIII-XIX.

En 688, P. Autronius Pætus et P. Cornelius Sylla, neveu du dictateur, avaient été désignés consuls pour l'année suivante, au préjudice de L. Manlius Torquatus et de L. Aurelius Cotta. Ils furent accusés d'avoir acheté les voix et condamnés, en vertu de la loi Calpurnia. Leur élection fut annulée (1).

D'après Dion, Autronius et Sylla furent remplacés par leurs accusateurs, L. Cotta et L. Torquatus. Il est vrai qu'Autronius eut pour successeur L. Aurelius Cotta : quant à Sylla, il ne fut point remplacé par son accusateur, mais par le père de ce dernier; ce qui fit dire à Cicéron (2), que le jeune Torquatus enleva le tribunat à Sylla, pour le donner à son père

La même année qu'Autronius et Sylla furent désignés consuls, Catilina, nommé préteur en 686 et qui, en 687, commit les plus cruelles exactions en Afrique où il avait été envoyé en qualité de propréteur, revint à Rome, peu de temps avant les comices, et se mit sur les rangs pour le consulat. Mais il avait été précédé par les députés Africains, qui l'accusèrent de concussion (3) : le Sénat, d'après la proposition du consul L. Volcatius Tullus, lui défendit de se faire inscrire sur la liste des candidats, avant de s'être justifié. Catilina unit ses ressentiments à ceux d'Autronius et de Sylla, et ils formèrent un premier projet de conspiration. Vers les nones de décembre (4), ils s'ouvrirent à Cn. Pison, jeune homme d'une audace sans frein, plongé dans l'indigence, factieux, poussé au bouleversement de la République par sa détresse et par sa perversité naturelle. Ils s'associèrent encore deux sénateurs, L. Vargunteius (5) et C. Corn. Cethegus (6).

César fut soupçonné d'avoir trempé dans cette conjuration avec Crassus, qui devait être investi de la dictature et le prendre pour chef de la cavalerie. Ce bruit, rapporté par Suétone (7) sous la forme du doute, manque de vraisemblance. Peut-être fut-il répandu à dessein par les conjurés eux-mêmes, dans le but de recruter plus facilement des complices, en faisant croire qu'ils avaient obtenu l'adhésion de personnages qui représentaient deux factions puissantes (8).

Le projet des conjurés était d'assassiner les consuls et les sénateurs qui leur étaient odieux, d'établir la dictature et, lorsqu'ils seraient maîtres du gouvernement, de rendre à Sylla et à Autronius la dignité dont ils

---

(1) Cic. Fragm. pro C. Cornelio I, I. I. p. 128 : Ut spectaculum illud duorum designatorum consulum calamitate, re et tempore salubre ac necessarium, genere et exemplo miserum ac funestum, videremus.
(2) De Finib. II, 19. — (3) Ascon. Schol. in Tog. cand. p. 89, éd. d'Orelli. — (4) Sallust. l. l. XVIII. — (5) Cic. pro Sylla, XXIV. — (6) Sallust. l. l. LII. — (7) Cæs. IX.
(8) C'est l'opinion de M. Mérimée dont il faut lire les ingénieuses considérations; Conjurat. de Catilina, p. 61-70, éd. in-8, Paris, 1844.

ÉCLAIRCISSEMENTS.

avaient été dépouillés (1). Le jour de l'exécution fut fixé aux calendes de janvier (2), au moment où les consuls Torquatus et Cotta prendraient possession de leur charge. Les conjurés se rendirent au Capitole avec des poignards cachés sous leurs robes. Mais les consuls, qui avaient eu connaissance du complot, arrivèrent avec une garde, et l'exécution fut ajournée aux nones de février. Ce jour-là, Catilina devait donner lui-même le signal ; mais il se pressa trop, et les conjurés ne se trouvèrent pas assez nombreux pour rien entreprendre (3). Le projet échoua : Cn. Pison fut envoyé dans l'Espagne citérieure avec le titre de propréteur, soit par le crédit de Crassus, soit parce que le Sénat fut bien aise d'éloigner de Rome un homme dont il redoutait les menées turbulentes.

Dion attribue la mort de Cn. Pison à ses injustices. Salluste (4) rapporte les bruits qui coururent à ce sujet et d'après lesquels des cavaliers espagnols tuèrent Pison, suivant les uns, à cause de ses injustices, de sa hauteur et de sa dureté ; suivant les autres, parce qu'ils en avaient reçu l'ordre de Pompée dont ils étaient les clients (5) : cette dernière supposition, trop facilement accueillie par Salluste, créature de César, est dénuée de vraisemblance (6).

Catilina, resté à Rome, fut accusé de concussion par P. Clodius, alors fort jeune (7). Il eut pour avocats le même L. Torquatus dont il avait juré la perte (8), et peut-être Cicéron. L'historien Fenestella ne doute point que le grand orateur n'ait défendu Catilina (9), et Cicéron avoue lui-même qu'il eut la pensée de le défendre (10) : cependant les concussions de Catilina étaient pour lui claires comme le jour (11). Asconius combat l'opinion de Fenestella par des observations fort plausibles, mais qui ne tranchent pas la difficulté à l'avantage de Cicéron. Les renseignements manquent pour la résoudre. Catilina fut absous : l'or qu'il avait amassé servit à corrompre ses juges et même son accusateur (12).

---

(1) Suétone, l. l. IX. — (2) Cicéron, in Catil. I, 6 ; pro Muren. XXV. — (3) Ascon. Schol. in Tog. cand. p. 93-94, éd. d'Orelli. — (4) Cat. XIX. — (5) Ascon. l. l. p. 94.

(6) « Pompée, dit M. Mérimée, l. l. p. 75, dont la générosité toute militaire n'eût jamais confié le soin de la vengeance à des assassins, Pompée, alors au fond de l'Asie, pouvait à peine être instruit du départ de Pison, ennemi d'ailleurs encore trop peu redoutable pour exciter sa haine. Ne serait-il pas plus naturel d'attribuer et le crime et la calomnie à ceux qui en recueillirent les fruits ? Trop timide pour punir publiquement, le sénat pouvait soudoyer des meurtriers, se débarrasser d'un seul coup d'un adversaire dangereux, et compromettre un déserteur de sa cause : cela pouvait passer alors pour le chef-d'œuvre de la politique.

(7) Ascon. l. l. p. 85. — (8) Cic. pro Syll. XXIX. — (9) Ascon. l. l. — (10) Lettr. à Attic. I, 2. — (11) Cic. l. l. I, 1 : Catilina, si judicatum erit meridie non lucere, certus erit competitor. Cf. Ascon. l. l. p. 85-87. — (12) Cic. de Aruspic. Resp. XX.

Mithridate, dont les forces étaient moindres (p. 91 et suiv.). D'accord avec Dion sur le résultat du combat, qui eut lieu alors entre Pompée et Mithridate, et dans lequel l'avantage resta aux Romains, Appien (1) diffère de notre Historien sur plusieurs points importants. Ainsi, d'après Dion, les vivres abondaient dans l'armée du roi du Pont, et ce roi espérait que les Romains seraient détruits par la disette. Suivant Appien (2), au contraire, la disette força Mithridate à faire retraite et à ouvrir ainsi l'entrée de ses États à Pompée, qui, prévoyant qu'il allait se trouver dans un pays dévasté, fit emporter des approvisionnements par ses soldats; tandis que Mithridate fut réduit à tuer les bêtes de somme pour nourrir les siens.

D'après Dion, la seconde bataille entre Pompée et Mithridate eut lieu pendant la nuit. Plutarque confirme son récit (3); mais Appien a adopté une autre tradition (4) : suivant lui, Mithridate prit silencieusement la fuite, pendant la nuit et par des chemins difficiles. Pompée le poursuivit et parvint à l'atteindre, le matin. En vain les amis de Mithridate le pressèrent de livrer bataille; il résista à leurs instances et se borna à repousser les Romains qui harcelaient ses soldats : le soir, il se retira dans un bois touffu. Le lendemain, il s'empara d'une hauteur entourée de rochers escarpés et confia à quatre cohortes la garde du sentier unique par lequel les ennemis auraient pu, à leur tour, escalader cette hauteur. Les Romains ne purent que se poster en face de Mithridate, pour l'observer et l'empêcher de s'échapper : *au point du jour*, la bataille fut livrée. Comme Plutarque, Appien porte à dix mille le nombre des morts.

Quant à la déesse appelée Anaïtis, aux esclaves des deux sexes attachés à ses temples, et à l'usage de consacrer à cette déesse les filles les plus nobles, qui se prostituaient pendant tout le temps qu'elles étaient vouées à son culte, il faut lire Strabon (5).

Il ne trouva chez lui aucune disposition amicale (p. 107 et suiv.). Non-seulement Tigrane refusa l'hospitalité à Mithridate; mais il promit, par un édit, une récompense de cent talents à quiconque donnerait la mort au roi du Pont (6).

Voici quelques détails sur la marche de Mithridate, trop brièvement racontée par Dion et par Plutarque.

Après sa défaite, Mithridate prend la fuite; mais il parvient à rallier quelques cavaliers et trois mille fantassins : il arrive avec cette escorte à un

---

(1) Mithrid. XCVIII. — (2) l. l. XCIX. — (3) Pomp. XXXII. — (4) l. l. XCIX-C.
(5) Liv. XI, p. 512-513-532, éd. Casaub. Paris, 1620. Sur la manière dont le signal de la bataille était donné par les trompettes, cf. J. Lipse, De Milit. Roman. IV. Dialog. X. Sur l'usage de pousser des cris au moment du combat, cf. le même, l. l. Dialog. XI; J. Upmark, De Vocifer. Bellic. Upsal. 1708, in-8.
(6) Plutarq. Pomp. XXXII.

fort appelé *Sinora* par Plutarque (1), *Sinorega* par Appien (2), et dans lequel il avait déposé des sommes considérables. Là il distribue à sa petite armée la solde d'une année (3), remet du poison à ses amis, afin qu'ils eussent toujours à leur disposition le moyen d'échapper à l'ennemi par une mort volontaire (4), et se dirige vers les sources de l'Euphrate, pour gagner la Colchide (5). Après quatre jours de marche non interrompue, il franchit l'Euphrate ; puis il consacre trois jours à équiper la petite armée qui l'avait suivi et les hommes qui s'étaient joints à elle, pénètre jusqu'à Chotène, préfecture de l'Arménie, repousse les Choténois et les Ibères, qui veulent arrêter sa marche, passe l'hiver à Dioscurias en Colchide, s'ouvre un chemin à travers les nations Scythiques, trouve un bon accueil chez les Hénioques, met en fuite les Grecs d'Asie, et arrive enfin dans les pays voisins du Palus-Méotide. Les souverains de ces contrées, pleins d'admiration pour ses exploits et redoutant encore sa puissance, s'empressent de lui donner l'hospitalité et de lui offrir des présents. Mithridate fit alliance avec eux et promit la main de ses filles à ceux qui lui parurent capables de seconder ses desseins; car il méditait dès lors le projet de traverser la Thrace, la Macédoine, la Pannonie, et de franchir les Alpes, pour porter la guerre en Italie (6).

Macharès fut mis à mort par ses amis (p. 107 et suiv.). Ici encore Appien suit une autre tradition. D'après lui, à la nouvelle que Mithridate avait parcouru les contrées qu'on appelle les *Barrières de la Scythie* et qui avaient été regardées comme impénétrables jusqu'alors, Macharès, un de ses fils, lui envoya une députation pour s'excuser d'avoir embrassé le parti des Romains. Mais comme il connaissait le caractère violent de son père, il brûla ses vaisseaux et s'enfuit vers la Chersonèse Pontique. Mithridate le fit poursuivre, et Macharès se donna la mort pour ne pas tomber entre ses mains (7).

Dion place la fondation de Nicopolis presque immédiatement après la mort de Macharès. Appien, au contraire, la donne comme postérieure aux événements relatifs à Tigrane le père et à Tigrane le fils (8). Sur ces événements mêmes j'ai quelques observations à présenter.

Plutarque (9), après avoir raconté la fuite de Mithridate et le refus qu'il éprouva de la part de Tigrane, quand il lui demanda l'hospitalité, ajoute que Pompée envahit l'Arménie, à la prière de Tigrane le fils, qui s'était déjà séparé de son père, et que le général romain et le jeune prince rebelle prirent ensemble plusieurs villes. Dans ce récit, on ne voit point pour quelle raison Tigrane le fils s'unit à Pompée. Celui de Dion est plus

---

(1) Pomp. XXXII. — (2) Mithrid. CI. — (3) Appien, l. l. — (4) Plutarq. l. l. — (5) Appien, l. l. — (6) Appien, l. l. CI-CII.
(7) Appien, l. l. CII. — (8) Le même, l. l. CIV-CV. — (9) Pomp. XXXIII.

satisfaisant : le jeune Tigrane se met à la tête des mécontents et détermine Phraate à envahir l'Arménie. Ils s'avancent ensemble jusque sous les murs d'Artaxata qu'ils assiégent; Phraate rentre dans ses États, et le jeune Tigrane, livré à lui-même, est vaincu par son père. Alors, ne pouvant attendre aucun secours de Mithridate, il prend le parti de se jeter dans les bras de Pompée et de lui servir de guide contre son père. Ici les événements s'enchaînent et s'expliquent les uns par les autres.

La soumission de Tigrane le père, l'accueil qu'il trouve auprès de Pompée, la conduite du jeune Tigrane, le partage fait par Pompée entre le père et le fils, le mécontentement de Tigrane le fils, sont racontés à peu près de la même manière par Dion et par Plutarque (1). Seulement le Biographe fournit deux renseignements qui manquent dans l'Historien : 1° Tigrane le père, enchanté d'entendre les Romains le saluer du titre de roi, promit à chaque soldat une demi-mine d'argent, à chaque centurion dix mines et à chaque tribun militaire un talent; 2° Phraate demanda à Pompée qu'il lui rendît le jeune Tigrane et qu'il n'étendît pas son commandement au delà de l'Euphrate. Le général romain lui répondit : « Ti« grane appartient plus à son père qu'à son beau-père : quant aux limites, « c'est la justice qui les fixera. »

Appien, ordinairement si exact, me paraît avoir adopté une tradition erronée. Suivant lui, la guerre contre les Albanais et les Ibères aurait précédé les événements dont nous venons de parler, au sujet de Tigrane le père et de Tigrane le fils. Après la mort de Macharès, Pompée, poursuivant Mithridate, serait arrivé en Colchide, où il aurait visité les lieux célèbres dans les fictions mythologiques. Tandis que Pompée, entouré de la plupart des nations voisines du Caucase, se livrait à ces explorations, deux de ces nations, les Albanais et les Ibères, lui tendirent des piéges. Le général romain les évita et battit les barbares. Après cette expédition, racontée en quelques lignes, Pompée aurait conduit son armée en Arménie, et c'est alors que Tigrane le père se serait rendu auprès de lui et qu'auraient eu lieu les événements relatifs aux deux Tigrane.

Ici, Plutarque est un guide plus sûr : Pompée, après avoir mis un terme aux discussions qui existaient entre le jeune Tigrane et son père, confia l'Arménie à Afranius : quant à lui, il poursuivit Mithridate; mais pour l'atteindre, il dut se frayer un chemin à travers les peuples voisins du Caucase. Parmi ces peuples, deux surtout, les Albanais et les Ibères, étaient redoutables par leur puissance et par leur bravoure. Pompée s'adressa d'abord aux Albanais, qui lui permirent de traverser leur pays; mais bientôt les rigueurs de l'hiver arrêtèrent son armée, et les Albanais, au nombre de quarante mille, profi-

(1) Pomp. XXXIII.

ÉCLAIRCISSEMENTS. 477

tèrent des Saturnales (1) pour l'attaquer. Pompée les vainquit : leur roi ayant demandé la paix, il consentit à l'accorder. Alors les Ibères essayent de le repousser, pour se faire bien venir de Mithridate. Pompée les bat, leur tue neuf mille hommes, fait plus de dix mille prisonniers et se dirige vers le Phasis. En poursuivant Mithridate dans le Pont et chez les peuples voisins du Palus-Méotide, il eut à soutenir de nouveaux combats et de nouvelles fatigues. Les Albanais firent défection : Pompée les vainquit une seconde fois.

Le récit de Plutarque répand la lumière sur la fin du XXXVIe livre de Dion Cassius et sur les §§ 1-5 du XXXVIIe. L'ordre des événements fut donc celui-ci : *première expédition de Pompée contre les Albanais*, qui furent défaits et obtinrent la paix. — *Expédition contre les Ibères*. — *Deuxième expédition de Pompée contre les Albanais*.

LIVRE TRENTE-SEPTIÈME.

Quoique son fils s'y opposât (p. 155). Le résumé de Xiphilin que j'ai inséré dans le texte peut être regardé comme la table des matières contenues dans le passage de Dion, qui ne nous est point parvenu. A l'aide de ce résumé, du récit de Plutarque (2) et d'Appien (3), on peut jusqu'à un certain point combler la lacune qui se trouve dans notre Historien.

Mis en possession de la citadelle de Symphorion par la trahison de Stratonice (4), Pompée s'empara d'un fort nommé Cœnon, où il trouva des mémoires de Mithridate (5) : il se rendit ensuite à Amisus. Là, tenant la conduite qu'il avait sévèrement reprochée à Lucullus, il distribua des provinces, reçut les rois et les princes. Brûlant du désir de recouvrer la Syrie, de pénétrer à travers l'Arabie jusqu'à la mer Rouge et d'étendre

---

(1) Pour les détails concernant les Saturnales, cf. Sam. Pitiscus, Antiq. Rom., tom. II, p. 693-694. Je me borne à citer le passage classique de Macrobe, I, 10 : Apud majores nostros *Saturnalia* die uno finiebantur, qui erat a. d. quartum decimum Kalendas Januarias. Sed postquam C. Cæsar huic mensi duos addidit dies, sexto decimo cœpta celebrari ; ea re factum est ut, quum vulgus ignoraret certum Saturnaliorum diem, nonnullique a C. Cæsare inserto die, et alii vetere more celebrarent, plures dies *Saturnalia* numerarentur : licet et apud veteres opinio fuerit septem diebus peragi *Saturnalia* ; si opinio vocanda est quæ idoneis auctoribus firmatur.
(2) Pomp. XXXV et suiv. — (3) Mithrid. CVI et suiv. — (4) Appien, l. l. CVII — (5) Plutarq. l. l. XXXVII.

ses victoires jusqu'à l'Océan (1), il fit la guerre à Antiochus, roi de la Commagène, et à Darius, roi des Perses. Il conquit la partie de la Cilicie qui n'avait pas encore subi la domination romaine, la Cœlé-Syrie, la Phénicie, et tourna enfin ses armes contre Arétas, roi des Arabes-Nabatæens et contre les Juifs (2). La suite des exploits de Pompée se trouve dans Dion.

Quant à l'histoire de Mithridate, Dion la reprend, § 11, p. 165, où il raconte la fin de cet homme extraordinaire; mais entre la trahison de Stratonice et la mort de Mithridate, il se passa des événements que l'Historien avait probablement relatés dans le passage qui nous manque. En voici le résumé (3).

Mithridate, voulant punir Stratonice, fit périr sous ses yeux Xipharès, son fils, dont il laissa les restes sans sépulture. En même temps, il envoya une ambassade en Syrie, pour proposer à Pompée de l'accepter comme tributaire des Romains, à condition que les États de ses ancêtres lui seraient restitués. Pompée exigea qu'il se rendît en personne auprès de lui, ainsi que l'avait fait Tigrane. Mithridate refusa et répondit qu'il lui enverrait plusieurs de ses fils et de ses amis; mais il fit des levées de troupes, prépara des armes, des machines de guerre, et chargea ses peuples d'impôts d'autant plus onéreux qu'ils furent durement exigés par ses ministres, pendant qu'il était en proie à une maladie qui ne lui permettait de recevoir que trois de ses eunuques. A peine guéri, le roi du Pont, à la tête de soixante cohortes composées de six cents hommes chacune, se dirige vers Phanagorie. Un habitant de cette ville, Castor, se jette sur Tryphon, un des eunuques dont il avait depuis longtemps à se plaindre, et appelle le peuple à la liberté. La multitude élève un bûcher autour de la citadelle occupée par Artaphernes et par d'autres enfants de Mithridate, et la livre aux flammes. Artaphernes, Darius, Xerxès, Oxathrès, fils de Mithridate, et sa fille Eupatra, craignant d'être dévorés par l'incendie, demandent qu'on les emmène captifs : Cléopâtre, son autre fille, brave seule le danger. Plein d'admiration pour son courage, Mithridate la fait enlever. Bientôt les forts voisins imitent l'exemple de Phanagorie. Le roi, effrayé de ces défections et n'osant plus compter sur la fidélité de son armée, envoie, sous la conduite des eunuques, ses filles chez divers souverains et leur fait offrir leur main, à condition qu'ils lui fourniront des secours sans délai. Elles partirent escortées de cinquante soldats; mais à peine se furent-elles éloignées de leur père, que ces soldats les conduisirent dans le camp de Pompée, après avoir massacré les eunuques.

Privé de la plupart de ses enfants, d'un grand nombre de places fortes, et ne recevant aucun secours des Scythes, Mithridate ne fléchit pas néanmoins sous les coups de l'adversité.

(1) Plutarq. l. l. XXXVIII.— (2) Appien, l. l. CVI.— (3) Cf. Appien, l. l. CVII-CIX.

ECLAIRCISSEMENTS.

Jules César fut le principal promoteur de cette mesure (p. 163). En rapprochant du texte mutilé de Dion (1), Suétone (2), Plutarque (3) et Appien (4), on peut se faire une idée des prodigalités de César pendant son édilité, pour capter la multitude. *Les jeux romains* dont il est question dans notre Historien, étaient institués en l'honneur de Jupiter, de Junon et de Minerve : ils commençaient la veille des nones de septembre et duraient trois jours. Les jeux, appelés *Megalenses*, étaient consacrés à la Grande Déesse, transportée de Pessinonte à Rome (5).

César tenta de relever le parti de Marius, en même temps qu'il achetait la faveur populaire par de ruineuses dépenses. Après avoir montré aux funérailles de Julia les images du vainqueur des Teutons et des Cimbres (6), il fit, pendant la nuit, replacer au Capitole le monument connu sous le nom de *Trophées de Marius*. Le lendemain, la foule accourut pour le contempler. Les ennemis de César l'accusaient d'aspirer à la tyrannie, tandis que les partisans de Marius faisaient retentir les airs de leurs acclamations et versaient des larmes à la vue de ce monument. Le sénat s'assembla, et Q. Catulus fit entendre ces mémorables paroles : « Ce n'est plus par des mines, mais à coup de béliers que César attaque la « République (7). » César ne fut point déconcerté : il rendit compte de sa conduite avec tant d'adresse, que ses partisans lui promirent le concours du peuple pour triompher de ses ennemis.

Bientôt, nommé président de la commission des enquêtes, il en profita pour réagir contre la faction des Grands, en faisant mettre dans la catégorie des *Sicaires* tous ceux qui avaient reçu de l'argent du trésor public, pour avoir rapporté à Sylla les têtes des citoyens proscrits (8). Alors se passèrent les faits rapportés vaguement par Dion; mais Asconius, auquel notre Historien les avait sans doute empruntés, donne des renseignements précis (9) : l'assassin de Lucretius Ofella fut L. Bellienus, oncle de Catilina; l'homme qui, suivant Dion, avait tué un grand nombre de proscrits fut L. Luscius, centurion de Sylla qui le combla de richesses (10). Enfin, l'accusateur de Catilina fut L. Lucceius, qui le poursuivit comme sicaire, peu de temps après les comices pendant lesquels Catilina brigua sans succès le consulat (11).

Mithridate ne céda pas à l'adversité (p. 165). Dion et Appien (12) sont à peu près d'accord sur les faits les plus importants. Je n'emprunte-

---

(1) § 8, p. 155-157 de ce volume. — (2) Cæs. X. — (3) Cæs. V. —(4) Guer. Civ. II, 1. — (5) Pour les détails, cf. Sam. Pitisc. Antiq. Rom. au mot *Ludi*. — (6) Plutarq. Cæs V. — (7) Plutarq. l. l. VI. — (8) Suet. l. l. XI. (9) Schol. In Tog. cand. p. 91-92, ed. d'Orelli.

(10) Asconius, l. l. : Dives e victoria factus ; nam amplius centies possederat. — (11) Le même, l. l. — (12) Mithrid. CIX—CXI.

rai donc à Appien que quelques détails qui complèteront le récit de notre Historien.

Dion (1) n'insiste pas assez sur les considérations qui inspirèrent au roi du Pont le projet de faire une invasion en Italie. Appien (2) l'attribue d'abord au souvenir de la terreur dont une invasion remplit l'Italie, à l'époque des guerres d'Annibal; en second lieu à la défection de presque tous les peuples de l'Italie, qui, par haine contre les Romains, leur avaient fait récemment une guerre implacable et avaient soutenu un gladiateur inconnu, Spartacus; mais ses desseins furent arrêtés par son armée : elle recula devant la grandeur d'une pareille entreprise. Appien ne parle pas des tremblements de terre qui, suivant Dion, renversèrent plusieurs villes de Mithridate.

Pharnace était, parmi les enfants de Mithridate, celui pour lequel ce roi avait le plus de tendresse et qu'il avait plusieurs fois désigné comme son futur héritier. Ses complices furent arrêtés et mis à la torture : Metrophanès persuada à Mithridate de ne point faire mourir Pharnace sur-le-champ. Mithridate lui fit grâce; mais ce fils ambitieux et dénaturé circonvint les soldats par ses promesses, gagna les uns et trompa les autres : bientôt de tous les rangs s'élevèrent des clameurs menaçantes. Arraché au sommeil, Mithridate demanda ce que signifiaient ces cris. Les soldats répondirent qu'ils voulaient qu'un roi jeune prît la place d'un vieillard, jouet de vils eunuques et qui avait fait couler le sang de ses enfants, de ses généraux, de ses amis. Mithridate sortit pour les haranguer (3); mais sa vie fut menacée : il rentra dans son palais, d'où il entendit proclamer roi son fils rebelle.

Suivant Dion, Mithridate donna du poison à ses femmes et aux enfants qui lui restaient. Appien ne parle point des femmes : quant aux enfants, c'étaient ses deux filles, Mithridatis et Nyssa, dont la main avait été promise aux rois d'Egypte et de Cypre. Le poison leur ôta soudain la vie; mais il fut impuissant sur Mithridate. Appien ne dit pas que ce roi se frappa avec une épée. Ayant aperçu un chef des Gaulois, nommé Bituitus : « Ta « main, lui dit-il, m'a été souvent utile dans les combats, mais tu me « rendras le plus grand service, si tu me donnes la mort, en ce moment où « je cours risque d'être emmené en triomphe; moi qui ai pendant long- « temps régné sur un si vaste empire. »

D'après Dion, Pharnace embauma les restes de Mithridate et les fit apporter à Pompée, qui les déposa dans les tombeaux des ancêtres du roi et donna le Bosphore à Pharnace, pour prix de son parricide. Appien est plus explicite : Pompée était à Sinope, lorsque Pharnace lui envoya sur une trirème les hommes qui avaient pris Manius Aquilius, et des otages grecs et barba-

(1) Cf. § 20, p. 167, de ce volume. — (2) Appien, Mithrid. CIX. — (3) Le même, l. l. CX-CXI.

ÉCLAIRCISSEMENTS.

res, le suppliant de lui permettre de régner sur les États de son père, ou du moins sur le Bosphore que Mithridate avait donné à Macharès. Il nous apprend, en outre, que les tombeaux des ancêtres de Mithridate étaient à Sinope. Comme Dion, Appien rapporte que Pompée donna le Bosphore à Pharnace; mais il ajoute que le général romain affranchit de la domination de ce prince les habitants de Phanagorie, qui conservèrent leur indépendance; parce qu'en se détachant les premiers de Mithridate, ils avaient puissamment contribué à sa ruine (1).

Dion se contente de quelques mots sur la bonne et sur la mauvaise fortune de Mithridate et sur sa fin non moins extraordinaire que sa vie. Appien donne des détails instructifs sur l'âge de ce roi au moment de sa mort, sur la durée de son règne et de la guerre qu'il soutint contre les Romains (2). Puis il trace son portrait en quelques lignes : « Cruel envers tous et sanguinaire, il tua sa mère, son frère, trois de ses fils et trois de ses filles. Il était grand, comme le prouvent les armes qu'il envoya lui-même à Némée et à Delphes, et tellement robuste qu'il put jusqu'à la fin de sa carrière monter à cheval, lancer le javelot et faire mille stades par jour avec des chevaux préparés de distance en distance : il conduisait un char attelé de huit chevaux. Familiarisé avec la littérature des Grecs et avec leurs traditions sacrées, il avait un goût marqué pour la musique. Sobre à l'excès et capable de supporter toutes les fatigues, il ne fut maîtrisé que par sa passion pour les femmes. » (*Traduction Nouvelle.*)

Pompée se mit donc en campagne contre Arétas (p. 175). Josèphe (3) raconte en détail la part qu'Arétas prit à la guerre fratricide qui éclata entre Hyrcan et Aristobule, et sa défaite à Papyron par Scaurus, lieutenant de Pompée; mais il ne parle pas de l'expédition de Pompée contre Arétas. Il ne peut cependant y avoir aucun doute sur cette expédition : elle est attestée non-seulement par Dion et par Appien (4); mais encore par Plutarque (5). A la vérité, Plutarque diffère de Dion, en ce que celui-ci dit formellement que Pompée vainquit Arétas; tandis que, suivant le biographe, le général romain, ayant reçu la nouvelle de la mort de Mithridate à une courte distance de Pétra, leva aussitôt le camp et gagna Amisus en toute hâte.

Quant à la reproduction de l'ordre des jours de la semaine par des répétitions successives de l'intervalle de la quarte (6), cf., outre les expli-

---

(1) Mithrid. CXIII.
(2) Mithrid. CXII : Ἑβίω δ' ὀκτὼ ἢ ἐννέα ἐπὶ τοῖς ἑξήκοντα ἔτεσι. Καὶ τούτων ἑπτὰ καὶ πεντήκοντα ἔτεσιν ἐβασίλευσε... Καὶ Ῥωμαίοις τεσσαρακοντούτη πόλεμον ἐγκρατῶς ἐπολέμησεν.
(3) Antiq. Jud. XIV, 2; Bell. Jud. I, 6. — (4) Mithrid. CVI. — (5) Pomp. XLI-XLII. — (6) Dion, § 18, p. 185 de ce volume.

cations données par les commentateurs (1), les savantes recherches de M. Vincent sur la Musique des Anciens (2).

Se dirigea vers l'Asie Mineure (p. 189 et suiv.). En passant par Mitylène, Pompée affranchit cette ville de toute espèce de charge, par amour pour Théophane (3). A Rhodes, il voulut entendre tous les rhéteurs et leur fit des présents : à Athènes, il assista aux leçons des philosophes et leur laissa des marques de sa libéralité. Cependant divers bruits couraient à Rome sur son compte : on craignait qu'il ne s'y rendit à la tête de son armée pour s'emparer du pouvoir suprême. Crassus s'était éloigné avec ses enfants et ses trésors, afin d'exciter encore davantage la haine contre Pompée. Instruit de ces rumeurs, le vainqueur des pirates et de Mithridate eut à peine touché le sol de l'Italie, qu'il adressa des adieux à ses compagnons d'armes, leur exposa ce qu'exigeaient les circonstances et leur recommanda de se trouver à Rome, le jour du triomphe (4). Cette résolution rendit son nom populaire dans toute l'Italie : les populations accoururent sur son passage et voulurent lui servir de cortége. S'il avait eu l'intention de tenter un coup de main, toute résistance aurait été impossible. Dion dit vaguement que Pompée assura aux Romains *de nouveaux revenus.* Plutarque donne à ce sujet des renseignements précis (5).

Un autre le partage des terres (p. 207). Il s'agit de la loi agraire proposée par Rullus.

Cicéron, briguant le consulat, avait eu à lutter contre six compétiteurs : P. Sulpicius Galba, L. Sergius Catilina, Antoine, L. Cassius Longinus, Q. Cornificius et C. Licinius Sacerdos (6). Ses deux plus redoutables antagonistes furent Catilina et Antoine, qui, soutenus par Crassus et César, s'étaient ligués pour empêcher son élection. Il l'emporta néanmoins, et son nom sortit le premier de l'urne : il eut Antoine pour collègue.

Jaloux d'un triomphe que Cicéron devait surtout aux chevaliers et à la popularité que lui avait value son zèle contre Verrès et en faveur de la loi Manilia, César chercha aussitôt à le perdre dans l'esprit du peuple : pour arriver à ses fins, il fit proposer, par le tribun du peuple P. Servilius Rullus, une loi agraire dont il était le véritable auteur.

Plutarque (7) s'exprime ainsi à propos de la rogation Servilia : « Les « tribuns proposaient d'établir dix magistrats, qui, maîtres absolus de « toute l'Italie, de toute la Syrie et de toutes les contrées nouvellement

---

(1) Elles ont été reproduites par Sturz, tom. V. p. 136-141 de son édition. — (2) Cf. Notices et extraits des manuscrits, tom. XVI, p. 138, 253 ; Paris, 1847. — (3) Plutarq. Pomp. XLII. — (4) Plutarq. l. l. XLIII.

(5) Pomp., XLV. Ἔφραζε διὰ τῶν γραμμάτων ὅτι πεντακισχίλιαι μὲν μυριάδες ἐκ τῶν τελῶν ὑπῆρχον· ἐκ δὲ ὧν αὐτὸς προσεκτήσατο τῇ πόλει μυριάδας ὀκτακισχιλίας πεντακοσίας λαμβάνουσιν.

(6) Asconius, Schol. In Tog. Cand, p. 82-83, édit. d'Orelli. — (7) Cic. XII.

ÉCLAIRCISSEMENTS.

« conquises par Pompée, auraient le droit de vendre les propriétés publi-
« ques, *de juger ceux qu'ils voudraient, de condamner à l'exil, d'é-*
« *tablir des colonies, de prendre dans le trésor public tout l'argent*
« *dont ils auraient besoin, d'entretenir et de lever autant de troupes*
« *qu'ils le trouveraient convenable.* » La plupart de ces dispositions ne
sont point confirmées par les trois discours de Cicéron contre Rullus. Plutarque ne peut donc être un guide tout à fait sûr : c'est dans les harangues
de l'orateur consul qu'il faut chercher des renseignements certains sur la
proposition de Rullus.

Un savant allemand, Thorlacius, a laissé un curieux opuscule dans lequel sont réunies, sous cinq titres principaux, les diverses dispositions de
cette proposition (1). Ces titres sont les suivants : 1° Nomination des
décemvirs; 2° leurs pouvoirs et les moyens qu'ils devaient employer pour
la vente des domaines publics; 3° l'emploi des richesses et des produits des
conquêtes nouvelles; 4° l'établissement des colonies; 5° la destination des
biens acquis par suite des proscriptions de Sylla. Il suffira, je pense, de
rappeler ici les principales, d'après les trois discours de Cicéron. Rullus
proposait :

1° De vendre toutes les terres que la République possédait en Italie et
hors de l'Italie, et d'en consacrer le prix à l'achat de fonds de terre qui
seraient distribués aux citoyens pauvres;

2° De faire élire, par dix-sept tribus tirées parmi les trente-cinq, dix
commissaires qui auraient, pendant cinq ans, le droit de vendre, d'acheter
les propriétés publiques, de régler les droits des possesseurs, de demander
à tous les généraux, Pompée excepté, un compte exact des sommes qu'ils
auraient prises ou reçues, et qui n'étaient pas entrées dans le trésor public; d'établir des colonies partout où ils le jugeraient convenable, et
surtout en Campanie. Ces commissaires devaient être nommés dans une
assemblée du peuple tenue par l'un des tribuns, et aucun citoyen absent de
Rome ne pouvait être élu. Enfin, ils auraient le droit de prendre les auspices et de charger deux cents chevaliers de faire exécuter, dans les provinces, leurs ordonnances qui seraient sans appel.

Le consul Antoine, qui espérait être nommé commissaire, était favorable à cette rogation. Cicéron l'éloigna de Rome, en lui cédant le gouvernement de la Macédoine; puis il attaqua le tribun factieux. « Il combattit,
« dans le Sénat, la nouvelle loi, dit Plutarque, et son éloquence frappa

---

(1) *De Lege Rulli, tribuni plebis, agraria, Disquisitio;* tome I, p. 259-312,
de ses *Prolusiones et Opuscula Academica, argumenti maxime philologici.*
Hauniæ, 1809. Mais c'est dans le beau travail de M. Ed. Laboulaye (*Revue de
Législation et de Jurisprudence, tom. III*, p. 47-71, septembre 1846), qu'on
trouvera l'exposé le plus complet et l'examen le plus approfondi de cette rogation.
Cf. M. Macé, *Des Lois Agraires chez les Romains,* Paris, 1846, p. 373-410.

« tellement les tribuns eux-mêmes, qu'ils n'osèrent lui répondre. Mais ils
« revinrent à la charge, et, s'étant rendus maîtres de l'esprit du peuple, ils
« appelèrent les consuls à la tribune publique. Cicéron ne s'en effraya
« point : il ordonna au Sénat de le suivre, parut à la tribune, et non-seu-
« lement il fit rejeter la loi, mais il obligea les tribuns à abandonner leurs
« autres desseins; tant son éloquence les avait subjugués (1). »

Résumons les faits avec précision : Cicéron prit possession du consulat le premier janvier. Quelques jours auparavant, P. Servilius Rullus, un des nouveaux tribuns qui, suivant l'usage établi, étaient entrés en charge le 10 décembre, avait proposé sa loi agraire. Cicéron l'attaqua en plein Sénat, le 1er janvier de l'an 691, dans le premier discours qu'il prononça, à l'occasion de cette loi. Les tribuns, foudroyés par son éloquence, ne répondirent rien sur-le-champ; ils ne se rebutèrent pas cependant, et Rullus appela Cicéron devant le peuple. Le lendemain, le consul, accompagné des sénateurs, se rendit dans le forum et prononça son second discours, dans lequel la rogation *Servilia* est discutée à fond. Le peuple et le Sénat semblaient disposés à la rejeter, lorsque Rullus répandit de secrètes calomnies contre son invincible adversaire. Suivant lui, Cicéron ne combattait la loi que pour maintenir dans la possession des biens qu'ils avaient usurpés *les sept tyrans de la République;* c'est-à-dire les deux Lucullus, Crassus, Catulus, Hortensius, Metellus et Philippe, qui avaient fait ou augmenté leur fortune pendant la dictature de Sylla. Cicéron prononça alors son troisième discours pour confondre le calomniateur : il opposa à Rullus l'article 40 de sa proposition, qui portait une ratification formelle des donations de Sylla. Rullus ne se découragea point et répandit de nouvelles calomnies, qui donnèrent lieu à une nouvelle réponse publique : c'était le quatrième discours sur la loi agraire. Il ne nous est point parvenu; mais il n'eut pas moins de succès que les trois autres, et la rogation *Servilia* fut abandonnée.

Titus Labienus cita C. Rabirius en justice pour le meurtre de Saturninus (p. 207). L'histoire de L. Apuleius Saturninus, qui, s'étant déclaré l'ennemi du Sénat, trouva le moyen d'assouvir sa vengeance dans la protection de Marius dont il servit la haine contre la noblesse, est racontée en détail par Appien (2). Il était mort depuis trente-sept ans, lorsque César, après avoir ébranlé la popularité de Cicéron par la rogation *Servilia*, voulut porter un nouveau coup à l'autorité du Sénat en attaquant un de ses membres, le vieux C. Rabirius;

---

(1) Plutarq. Cic. XII, traduction. de M. J. V. Le Clerc.
(2) Guer. Civ. I, 28-32. Cf. Florus, III, 17; l'introduction de M. Naudet, en tête de son élégante traduction du discours de Cicéron pour Rabirius, dans l'édit. de M. J. V. Le Clerc, tom. XI, in-12, et M. Mérimée, Conjur. de Catilina, p. 95-105, édit. in-8°.

mais ici, comme pour la proposition de la loi agraire, il n'agit pas ouvertement : un tribun du peuple, T. Attius Labienus, dont l'oncle avait trouvé la mort dans le Capitole avec Saturninus, et qui fut dans la suite un des meilleurs lieutenants de César, se chargea de citer Rabirius en justice.

Le but de cette accusation est très-bien indiqué dans Dion (1). Le meurtrier de Saturninus était un esclave de Q. Croton, Scæva, qui obtint la liberté pour récompense (2); mais Rabirius avait, dit-on, fait apporter la tête du tribun au milieu d'un festin (3) : c'était assez pour rendre l'accusation plausible.

Nous voyons par le récit de Dion que ce procès enflamma toutes les passions politiques. De vifs débats s'élevèrent au sujet du tribunal et de l'action elle-même. Rabirius devait-il être traduit devant les juges ordinaires, ou devant une commission de Duumvirs? Ce dernier parti fut adopté par l'influence du véritable accusateur, César, qui parvint à se faire nommer duumvir et à avoir pour collègue L. César, son parent. Rabirius ne fut pas accusé de *Lèse-majesté*, mais de *Perduellion* (4). Il eut pour défenseur le célèbre Hortensius, qui démontra son innocence ; mais il n'en fut pas moins condamné comme *perduellis :* ce fut alors que Cicéron se chargea de le défendre. Sur la tribune aux harangues était exposée une image de Saturninus, et on n'accorda qu'une demi-heure pour la défense de l'accusé. Cicéron déploya toutes les ressources de son éloquence ; mais la multitude demandait la mort de C. Rabirius : sa condamnation aurait été sanctionnée par le peuple, sans l'expédient employé fort à propos par le préteur.

De quelle manière périt Catilina, etc. (p. 215 et suiv.). Plusieurs parties du récit de la conjuration de Catilina (5) ont besoin d'être éclaircies : je commence par quelques détails sur des faits incomplets ou trop brièvement exposés.

Ce fut vers la fin de l'an de Rome 691 que Catilina brigua le consulat

---

(1) Pag. 206-208 de ce volume. — (2) Cic. pro Rabir. XI. — (3) Sext. Aurel. Victor De Vir. Illustr. LXXIII, édit. d'Arntzen.

(4) « Aliud est *crimen majestatis*, aliud *perduellionis crimen*. Hoc enim sub illo, tanquam species in genere ita comprehenditur, ut crimen sit imminutæ majestatis et gravissimum et atrocissimum. Quatuor inter *majestatis* et *perduellionis* crimen differentias reperio : 1ª est quod *majestatis crimine* tenentur ii qui vel partem aliquam R. P. læserunt; *perduellionis* autem *crimen* in eos cadit qui summam R. P. labefacere conati sunt. 2ª Quod *majestatis crimen* in foro apud prætorem agebatur, *perduellio* autem a duumviris judicabatur. 3ª Quod *majestatis crimen* non morte sed exsilio, mulctabatur ; *perduellionis* vero *damnatum* carnifex in Campo Martio in crucem tollebat. 4ª *majestatis crimen* rei morte obliteratur; *perduellionis memoria* etiam post mortem damnatur. » Calvini Lexic. jurid. au mot *Perduellis*.

(5) § 29-42, p. 215-249 de ce volume.

pour la troisième fois. Des sénateurs, des chevaliers, d'anciens centurions de Sylla, des vétérans colonisés étaient entrés dans la conspiration. A Rome, le consul Antoine appuyait sa candidature (1). Trois concurrents lui furent opposés : D. Junius Silanus, L. Licinius Murena et Serv. Sulpicius; le premier soutenu par César, le second par Crassus et par Lucullus. La loi *Tullia*, qui augmentait les peines établies par la loi Calpurnia contre la brigue, excluait tout candidat qui aurait donné au peuple un spectacle de gladiateurs pendant les deux années antérieures à sa candidature (2). Les comices furent ajournés jusqu'au 12 des calendes de novembre. La veille, Cicéron communiqua au Sénat les rapports qui lui annonçaient que le V des calendes du même mois, un mouvement aurait lieu en Étrurie, qu'une émeute éclaterait dans Rome le lendemain, que la vie des consuls était menacée (3), et que L. Gellius, qui commandait la flotte en station à l'embouchure du Tibre, avait découvert une conspiration dans ses équipages (4). Sur la proposition de Cicéron, les comices furent différés, et le Sénat rendit le décret *Caveant Consules*, etc., que Dion place à tort après les comices.

Les bruits les plus sinistres se propageaient; mais tous les projets des conjurés étaient révélés à Cicéron par Fulvia. Au jour fixé pour les comices, on vit d'un côté Catilina, Autronius, Lentulus, suivis d'une foule de soldats venus des colonies, de vieux centurions de Sylla, de gladiateurs et de gens sans aveu, armés d'épées et de poignards (5); de l'autre, Silanus et Muréna, accompagnés d'un grand nombre de sénateurs et de citoyens ayant quelque fortune. C'est alors que Cicéron n'osant, suivant Dion (6), se rendre dans l'assemblée du peuple, seul et sans précaution, comme il avait coutume de le faire, arriva escorté de jeunes chevaliers prêts à le défendre, et affecta de laisser voir la cuirasse qu'il portait sous sa robe. Aucune collision n'eut lieu, parce que les conjurés furent intimidés : Silanus et Muréna furent élus.

Dion est le seul historien qui parle du serment fait par Catilina et ses complices, en prenant tour à tour dans leurs mains les entrailles d'un jeune esclave qu'ils avaient immolé (7).

Les faits contenus dans le § 31 ne sont pas suffisamment développés; Plutarque donne, sur les lettres anonymes adressées à Crassus, des renseignements d'autant plus précieux qu'ils ont été puisés dans un écrit

---

(1) Cic. Disc. pro Sext. III; Schol. Bob. pro Sext. p. 293, édit. d'Orelli. — (2) Cic. in Vatin. XV; pro Sext. LXIV; Schol. Bob. pro Planc. p. 269; pro Sext. p. 309, 324, éd. d'Orelli. — (3) Plutarq. Cic. XV; Sallust, Cat. XXVII-XXX. — (4) Cic. ad Quirit. post redit. VII. — (5) Cic. pro Muræna, XXIV. XXVI. — (6) Pag. 217 de ce volume.
(7) Pourtant Salluste, Cat. XXII, rapporte un fait analogue. Cf. Joann. Antioch. Fr. LXXI, dans les Fragm. Histor. Græc. ed. Müller, tom. IV, p. 563 de la Coll. Didot.

ÉCLAIRCISSEMENTS. 487

de Cicéron (1). Passons aux mouvements qui agitaient les provinces.

Après son échec dans les comices, Catilina envoya Mallius dans l'Étrurie, Septimius dans le Picenum, C. Julius dans l'Apulie, et d'autres conjurés dans les contrées qui lui paraissaient être les plus favorables à ses projets (2). Peu de jours après, L. Senius lut au Sénat une lettre arrivée de Fésules et annonçant que Mallius avait pris les armes le 6ᵉ jour avant les calendes de novembre. En même temps, on parlait de prodiges et de présages, de transports d'armes, d'une guerre d'esclaves fomentée à Capoue et dans l'Apulie (3). Un décret du Sénat envoya sur-le-champ Q. Marcius Rex en Étrurie et Q. Metellus dans l'Apulie : les préteurs Q. Pompeius Rufus et Q. Metellus Celer eurent ordre de lever des troupes, l'un à Capoue, l'autre dans le Picenum. En outre, le Sénat accorda à tout homme qui ferait des révélations sur la conspiration, la liberté et 100000 sesterces, s'il était esclave ; le double de cette somme et l'impunité, s'il était libre. Enfin, il décréta que des troupes de gladiateurs seraient réparties à Capoue et dans les villes municipales les plus importantes, que des gardes veilleraient sur la capitale et obéiraient à des magistrats subalternes (4).

La consternation régnait dans Rome ; cependant, malgré ces préparatifs de défense, Catilina poursuivait ses projets, lorsqu'il fut accusé de *Violence* par L. Æmilius Paullus, en vertu de la loi Plautia. Ce jeune patricien porta la même accusation contre C. Cethegus (5).

Suivant Dion (6), Catilina aurait offert d'abord à Cicéron de se mettre sous sa garde, et ce fut après avoir éprouvé un refus de sa part qu'il fit la même proposition à Metellus, qui consentit à le recevoir chez lui. Il y a ici une inexactitude : pour se mettre à l'abri du soupçon, Catilina voulut, dans le principe, habiter la maison de Manius Lepidus ; repoussé par lui, il s'adressa à Cicéron, qui répondit qu'il lui serait impossible de vivre en sûreté dans la même maison, puisqu'il ne pouvait sans danger demeurer dans la même ville. Catilina fit une nouvelle tentative auprès du préteur Metellus, qui refusa comme Cicéron ; et ce fut alors qu'il chercha et obtint un asile chez son ami M. Metellus.

Pendant qu'il était sous la surveillance de ce Metellus, qui ne fut point son complice (7), mais dont la vigilance était facile à éluder, Catilina forma un projet dont ne parlent ni Salluste, ni Plutarque, ni Dion ; mais qui est attesté par Cicéron (8) : il voulut s'emparer de Préneste ; mais le consul avait assuré la défense de cette position militaire, et le projet de Catilina échoua.

---

(1) Il était intitulé ἐν τῷ περὶ ὑπατείας, soit qu'il faille entendre par là des Mémoires sur son consulat, ou seulement un discours sur le même sujet. Cf. les notes de M. J. V. Le Clerc, OEuv. de Cic. tom. I, p. 132, in-12.

(2) Sallust. Cat. XXVII.—(3) Le même, l.l.—(4) Sallust. l, l. XXX.—(5) Sall. l. l. ; Schol. Bob. in Vatin. p. 320, édit. d'Orelli.—(6) § 32, p. 223 de ce volume.—(7) Du moins, d'après Dion, p. 225.—(8) Catilin. I, 3.

Dion dit vaguement que Catilina ordonna à ses complices de se réunir, pendant la nuit, *dans une maison qu'il désigna*, et qu'il parvint dans cette réunion à leur inspirer tant de résolution, que deux des conjurés promirent d'aller, au point du jour, égorger Cicéron. Il s'agit du conciliabule tenu chez M. Porcius Lecca, dans la nuit du 7 au 6 des ides de novembre (1). Plutarque (2) n'indique pas non plus le lieu de cette réunion, qui fut très-nombreuse. Enfin, les historiens ne s'accordent pas sur les noms des assassins (3). On sait quelle fut l'issue du complot (4). Le consul assembla le Sénat dans le temple de Jupiter Stator. Catilina s'y présenta; mais personne ne voulut s'asseoir auprès de lui. Ce fut en ce moment que Cicéron l'accabla des foudres de son éloquence (5). A peine se fut-il assis, que Catilina prononça quelques mots pour se justifier. Il eut d'abord recours à la prière; mais il finit par des sarcasmes contre le consul. Des murmures éclatent en ce moment; Cicéron se lève et lui ordonne de quitter la ville : « Je ne me sers, dit-il, que de la parole pour défendre la « patrie; toi, tu as des armes pour l'attaquer : qu'un mur s'élève entre « nous (6). »

Dion a omis plusieurs circonstances assez importantes : d'après son récit, le Sénat ordonna à Catilina de quitter Rome; celui-ci s'éloigna volontiers et se dirigea vers Fésules. Il y a quelques faits intermédiaires sur lesquels il ne sera pas inutile d'insister.

Au sortir du Sénat, Catilina rentra chez lui. De tristes réflexions assiégèrent son esprit; il voyait échouer toutes ses entreprises contre Rome et contre la vie du consul (7). Il résolut donc de se rendre auprès de Mallius; mais, avant de partir, il fit dire à Lentulus, à Cethegus et à d'autres conjurés de ne rien négliger pour fortifier le parti, de hâter l'assassinat du consul, de tout préparer pour le massacre, l'incendie et la guerre civile; leur promettant d'être bientôt lui-même aux portes de Rome avec une armée. En même temps, pour donner le change, il écrivit à des hommes considérables qu'il ne voulait pas lutter davantage contre la calomnie, et que, dans l'intérêt de la tranquillité publique, il allait à Marseille pour y attendre la justice de ses concitoyens (8). Ses lettres servent de texte aux plus violentes déclamations contre le consul. Cicéron monta à la tribune aux harangues pour repousser les diverses attaques dirigées contre lui (9); car les uns lui reprochaient d'avoir laissé fuir l'ennemi de la patrie, au lieu de le livrer au supplice; les autres, d'avoir chassé sans jugement un sénateur injustement soupçonné. Bientôt Catilina déposa ses véritables pen-

---

(1) Cic. l. l. 4; Sallust. Cat. XXVII. — (2) l. l. XVI. — (3) Cf. à ce sujet les judicieuses observations de M. J. V. Le Clerc, l. l. tom. I. p. 134. — (4) Cf. M. Mérimée, l. l. p. 155-156. — (5) Cf. la première Catilinaire. — (6) Cicéron, Catil. 1, 5. — (7) Sallust. Cat. XXXII. — (8) Le même, l. l. XXXIV. — (9) Ce fut le sujet de la seconde Catilinaire.

sées dans les confidences adressées à un ancien ami, Q. Catulus (1). Il s'arrêta quelques jours dans la maison de campagne de C. Flaminius Flamma, auprès d'Arretium (2), arma les colons militaires et les paysans, et se rendit, à leur tête, dans le camp de Mallius avec les faisceaux et les autres insignes de l'autorité consulaire (3).

A propos du passage de Dion où il est dit que Cicéron envoya Metellus dans la Gaule, Secousse (4) reproche à notre historien d'avoir avancé à tort que Cicéron garda le gouvernement de cette province. Il prouve que Cicéron se démit, dans une assemblée publique, de cette province, qui fut donnée à Metellus par le Sénat. Ces assertions sont exactes; mais peut-être aurait-il été juste de remarquer seulement que Dion ne s'est pas exprimé avec assez de précision (5).

La substitution de στάσεως à πτώσεως, qui lui ressemble beaucoup (6), est si conforme à l'enchaînement des idées et à toutes les traditions, qu'on peut s'étonner qu'aucun de mes devanciers ne l'ait proposée. Elle est d'ailleurs formellement indiquée par Cicéron (7). Par une circonstance fortuite, au moment même où les conjurés étaient conduits au lieu où ils furent contraints d'avouer leur crime, on élevait dans le Forum la statue de Jupiter : « Fidèle au système constamment suivi par le Sénat, « Cicéron fit servir à la politique les idées religieuses. Associer les dieux à « la découverte de la conjuration, c'était un moyen d'en persuader au « peuple la réalité et de lui en inspirer l'horreur (8). »

En sortant du Sénat, Cicéron fut reconduit par la foule, non pas dans sa maison, où les Vestales célébraient alors avec sa femme les mystères de la Bonne Déesse; mais chez un de ses amis. Il réfléchissait sur la conduite qu'il devait tenir contre les coupables : en ce moment, les femmes qui sacrifiaient chez lui ordonnèrent à Terentia, son épouse, d'aller lui annoncer le prodige raconté par Dion (9), et de l'engager à exécuter, pour le bien de l'État, tout ce qu'il avait résolu; la Déesse ayant fait éclater cette lu-

---

(1) Sallust. Cat. XXXV. — (2) Le même, l. l. XXXVI. — (3) Plutarq. Cic. XVI; Sallust. l. l. — (4) Hist. de l'Académie des Inscript. et Belles-Lettres, An 1729. — (5) § 33. p. 226 de ce volume : Εἰλήχει γὰρ τῆς Μακεδονίας ἄρξαι · οὔτε δὲ ἐς ἐκείνην..... οὔτε ἐς τὴν Γαλατίαν τὴν πλησίον, ἣν ἀντέλαβε διὰ τὰ παρόντα, ἐξήλασεν· ἀλλ' αὐτὸς μὲν τὴν πόλιν διὰ φυλακῆς ἐποιήσατο, ἐς δὲ τὴν Γαλατίαν τὸν Μέτελλον... ἔπεμψε. Le mot ἔπεμψε est loin de suffire pour faire entendre que Cicéron se démit du gouvernement de la Gaule, qui fut alors confié à Metellus. Cf. Cic. Lettr. Fam. II, 12.

(6) § 34. p. 230 de ce volume. — (7) Catil. III, 8 ; Iidemque (s. ent. Aruspices) jusserunt simulacrum Jovis facere majus et in excelso collocare, et contra atque ante fuerat ad orientem convertere, ac se sperare dixerunt, si illud signum quod videtis solis ortum et Forum Curiamque conspiceret, *fore ut ea consilia quæ essent clam inita contra salutem Urbis atque Imperii illustrarentur, ut a Senatu populoque romano perdisci possent.*

(8) M. Burnouf père, Introduction de la IIIᵉ Catilinaire. — (9) P. 223 de ce vol.

mière pour présager au consul son triomphe et sa gloire (1). Quintus, son frère, et le philosophe Nigidius, son conseiller dans les grandes circonstances politiques, se joignirent à Terentia pour le presser d'accepter cet augure.

Le lendemain, aussitôt que le décret du Sénat sur les accusés eut été rendu public, les agents de la conspiration se répandirent parmi le peuple ; les affranchis de Lentulus cherchèrent à exciter un soulèvement, et des amis de Cethegus se préparèrent à briser ses fers. Dans ce pressant danger, Cicéron assembla le Sénat dans le temple de la Concorde pour prononcer sur le sort des conjurés.

Il m'a paru nécessaire d'ajouter quelques détails au récit de Dion sur cette délibération.

Les sénateurs étaient beaucoup moins nombreux que la veille : plusieurs personnages, qui s'étaient associés à toutes les décisions prises les deux jours précédents, n'assistaient point à la séance : Pison, Clodius et Gabinius furent de ce nombre (2). Après avoir exposé l'objet de la délibération, Cicéron, suivant l'usage établi, s'adressa d'abord à Decimus Julius Silanus, le premier des consuls désignés. Silanus *fut d'avis de mener les conjurés dans la prison publique et de les y punir du dernier supplice* (3). Tous ceux qui votèrent après lui émirent la même opinion, jusqu'à Tiberius Néron : celui-ci fut d'avis que les conjurés devaient être détenus en prison jusqu'à la défaite de Catilina et jusqu'à plus ample information (4) : c'étaient L. Murena, Catulus, Servilius, L. et M. Lentulus, C. Curion, L. Torquatus, M. Lepidus, L. Gellius, Volcatius Rullus, Marcius Figulus, L. Cotta, L. César, C. Pison et M. Acilius Glabrion (5). Alors C. César, préteur désigné, proposa l'avis rapporté par Dion, Salluste (6) et Plutarque (7). Son but, en demandant la prison et la confiscation, était de sauver les coupables ; il s'en vanta plus tard (8).

L'effet de l'éloquence de C. César est également attesté par Plutarque (9) et par Appien (10). Le premier nous apprend que, parmi les sénateurs qui changèrent de sentiments, il faut compter Silanus lui-même. Dans ce moment critique, Q. Lutatius Catulus se prononça pour la peine capitale ; mais l'opinion de C. César allait prévaloir ; elle était même adoptée par Quintus, frère de Cicéron, lorsque celui-ci prit la parole et prononça la quatrième Catilinaire. Caton parla après lui : au discours que lui prête Salluste (11) et qui ne peut être regardé comme l'expression fidèle de sa pensée, je préfère, au point de vue de la vraisemblance historique, le ré-

---

(1) Plutarq. Cic. XX. — (2) Cf. Schol. Ambros. in Catilin. IV, p. 370. édit. d'Orelli. — (3) Plutarq. Cic. XX. — (4) Appien, Guer. Civ. II, 5. — (5) Cic. Lett. à Atticus, XII, 21. — (6) Catilin. LI. — (7) l. I. XXI ; Cæs. VII. — (8) Cf. Dion, XXXVIII, 17. — (9) l. l. XXI, Cat. Min. XXII. — (10) Guer. Civ, II, 6. — (11) Catilin. LII.

sumé donné par Plutarque, d'après l'original qu'il avait sous les yeux (1). Il eut le dessus, et le consul proposa que *le sénatus-consulte fût rendu conformément à l'avis de Caton* (2). C. César s'opposa énergiquement à la confiscation et invoqua le secours des tribuns. Le consul renonça à la confiscation ; mais la vie de C. César fut menacée. Au moment où il sortait du Sénat, les chevaliers le menacèrent de leurs épées : Cicéron leur fit signe de le laisser s'échapper (3).

Cicéron se rendit ensuite auprès des prisonniers, qui avaient été répartis un à un chez divers sénateurs. Il alla chercher Lentulus sur le mont Palatin et le conduisit dans la prison du Capitole ; Cethegus, Gabinius, Statilius et Ceparius y furent ensuite amenés, et tous les cinq furent étranglés successivement dans le Tullianum, par la main du bourreau. Puis, voyant sur la place publique plusieurs de leurs complices, Cicéron s'écria : *Ils ont vécu* (4).

Dion raconte d'une manière trop vague la fin tragique d'Aulus Fulvius (5). Ce jeune homme, remarquable par son esprit, ses connaissances et sa beauté, avait embrassé le parti de Catilina. Il se rendait auprès de lui, lorsque son père l'atteignit, non loin de Fésules, et lui donna la mort en lui adressant ces paroles : « Je ne t'avais pas mis au monde pour « servir Catilina contre la patrie ; mais pour servir la patrie contre Cati-« lina (6). »

Dion affirme (7) que la multitude, à l'instigation de Metellus Nepos, ne permit à Cicéron que de prêter le serment d'usage, au moment où il sortait du consulat. Une rectification est nécessaire : après avoir rendu les plus grands services à la République, Cicéron fut en butte aux calomnies et aux persécutions, comme il l'avait prévu. Metellus Nepos, soutenu par C. César et par Calpurnius Bestia, avait été nommé tribun du peuple (8). Il venait d'entrer en charge, lorsque Cicéron parut à la tribune pour prêter le serment exigé des consuls au moment où ils déposaient leur magistrature, et prononça, non pas le serment ordinaire, mais un serment nouveau ; *jurant qu'il avait sauvé la patrie, et tout le monde jura qu'il disait la vérité* (9). Ce que notre historien attribue à Metellus Nepos seul, Plutarque l'attribue aussi à C. César, à L. Calpurnius Bes-

---

(1) Cf. Cat. Min. XXIII. — (2) Cic. Lettr. à Attic. XII, 21. — (3) Plutarq. Cæs. VIII. — (4) Le même, Cic. XXII. — (5) Cf. p. 235 de ce volume.
(6) Val. Maxime, V. 8. 5. Après avoir rapporté ce trait, M. Mérimée, Conj. de Catilin. p. 186, ajoute : « Alors cette terrible justice ne trouva pas d'admirateurs. » Elle eut du moins des imitateurs ; Dion, § 36 : Οὔτι γε καὶ μόνος (ὥς γέ τισι δοκεῖ) τοῦτ' ἐν ἰδιωτείᾳ ποιήσας· συχνοὶ γὰρ δὴ καὶ ἄλλοι οὐχ ὅτι ὕπατοι, ἀλλὰ καὶ ἰδιῶται, παῖδας σφῶν ἀπέκτειναν.
(7) Cf. § 38. — (8) Ascon. Schol. in Pison, p. 7, édit. d'Orelli ; Schol. Bob. in Sext. I, I. p. 302, 308 ; in Orat. pro Syll. l. l. p. 366. — (9) Cf. Cic. Lettr. Famil. V, 2 ; Orat. in Pison. III.

tia et à Metellus Nepos' : probablement ils faisaient cause commune (1).

Le Sénat n'avait négligé aucune mesure pour vaincre Catilina : Q. Metellus réunissait des troupes dans la Cisalpine (2); Murena contenait la Gaule. Si Catilina s'était vu à la tête de 20,000 hommes, en arrivant auprès de Mallius (3), bientôt la désertion ne lui laissa que 3,000 soldats. Petreïus était d'ailleurs un antagoniste redoutable : vieux soldat, tribun, préfet, lieutenant ou préteur, il s'était couvert de gloire, et il connaissait la plupart des soldats et leurs exploits (4).

Suivant Dion (5), Antoine reçut le titre d'*imperator*, quoique le nombre des ennemis morts sur le champ de bataille fût moindre que celui qui était fixé par les lois. Les historiens ne sont pas d'accord sur ce nombre. Appien (6) et Diodore de Sicile (7) flottent entre *dix mille* et *six mille*. Cependant Cicéron (8) parle d'un général qui obtint le titre d'*imperator, par un usage devenu commun*, pour avoir tué *mille* ou *deux mille* hommes. On peut conclure de là que l'ancienne règle s'affaiblissait de jour en jour.

Nepos avait proposé de rappeler Pompée (p. 249). Q. Metellus Nepos espérait que Pompée, maître de la République, serait, par reconnaissance, favorable aux lois qu'il voulait faire adopter, pour abolir le droit qu'avait chaque tribun d'arrêter, par son opposition, les démarches de ses collègues (9). Quant à la proposition relative au retour de Pompée, Caton ne la combattit point au moment où elle fut apportée au Sénat. Il commença par adresser au tribun quelques remontrances pleines de douceur ; mais elles ne servirent qu'à rendre Nepos plus intraitable ; il alla jusqu'à déclarer d'un ton menaçant qu'il saurait braver la résistance du Sénat. Caton alors changea de langage et déclara que, tant qu'il vivrait, Pompée n'entrerait point dans Rome avec des armes. Plutarque (10) raconte, avec plus de détail que Dion Cassius, l'arrivée de Caton au temple de Castor et la lutte armée entre les deux partis. Suivant lui, ce fut Caton qui empêcha le greffier de lire le texte de la proposition et qui arracha les tablettes des mains de Nepos, et Q. Minucius qui lui ferma la bouche. Plutarque ne dit pas que le Sénat chargea les consuls de veiller à ce que la

---

(1) Cf. les notes de M. J. V. Le Clerc, Œuvr. de Cic., tom. I, p. 148-149, éd. in-12. — (2) Sallust. Catil. LVII. — (3) Appien, Guer. Civ. II, 7. — (4) Sallust, l. l. LIX. — (5) § 40.

(6) Guer. Civ. II, 44 : Αὐτοκράτωρ ὑπέστη προσαγορευθῆναι... Καὶ τήνδε τὴν τιμὴν οἱ στρατηγοὶ πάλαι μὲν ἐπὶ πᾶσι τοῖς μεγίστοις ἔργοις προσίεντο· νῦν δ' ὁρᾶν εἶναι τῇδε τῇ εὐφημίᾳ πυνθάνομαι τὸ μυρίους πεσεῖν.

(7) XXXVI, 14 : Ἔθος ἦν τοῖς Ῥωμαίων στρατιώταις, ἡνίκα στρατηγὸς αὐτῶν σὺν αὐτοῖς μάχῃ πρός τινας τῶν πολεμίων συμπλακεὶς ὑπὲρ τοὺς ἑξακισχιλίους τῶν ἐχθρῶν ἐφαίνετο ἀνελών, ἰμπεράτορα αὐτὸν ἀναγορεύειν καὶ ἀποκαλεῖν.

(8) Philippic. XIV, 5. — (9) Sueton. Cæs. XVI. — (10) Cat. Min. XXVI-XXVIII.

République n'éprouvât aucun dommage. D'après lui, le Sénat aurait seulement recommandé au peuple de soutenir Caton et de repousser une loi qui devait enfanter les séditions et la guerre civile. Nepos vaincu assemble le peuple, s'efforce de l'irriter contre Caton, déclare qu'il ne veut point fléchir sous la main de ce tyrannique tribun, qu'une conspiration est formée contre Pompée, que Rome se repentira bientôt de l'affront fait à ce grand homme auprès duquel il va se rendre, pour lui faire connaître l'injustice de ses concitoyens (1).

La proposition de Metellus Nepos fut abandonnée. César l'avait appuyée chaleureusement (2) : suspendu de ses fonctions, comme Metellus, il ne laissa pas de les exercer ; mais, voyant qu'on se disposait à employer la force contre lui, il renvoya ses licteurs, se dépouilla de la prétexte et se retira dans sa maison. Deux jours après, la multitude courut en tumulte chez lui pour lui offrir de le rétablir dans sa dignité. César refusa, et le Sénat, pour le récompenser de sa modération, révoqua le décret qui l'avait privé de sa magistrature : c'est probablement à ces événements que Dion a fait allusion (3). Quant à l'accusation contre Catulus (4), César trouva une telle résistance dans le Sénat, qu'il y renonça (5); mais, dans la suite (l'an 708), le Sénat ordonna que le nom de Catulus disparaîtrait du frontispice du Capitole et serait remplacé par celui de César (6).

Accusé d'adultère (p. 257). L'entrée clandestine de Clodius dans la maison de César pendant la célébration des mystères de la Bonne Déesse, et le renvoi de Pompéïa par César après ce sacrilége, sont racontés en détail par Plutarque (7) ; son récit présente pourtant quelques lacunes. Ainsi, il ne fait point connaître le nom du tribun qui mit Clodius en accusation : la marche et l'issue du procès ne sont pas exposées non plus d'une manière assez explicite. Heureusement, Cicéron nous a laissé l'histoire de ce jugement dans trois de ses lettres à Atticus (8). Parmi les nobles qui accusèrent Clodius d'inceste, se trouvaient les trois Lentulus ; ce qui ne l'empêcha pas de prendre la défense de l'un d'entre eux dans une accusation de brigue (9). Il fallait que le commerce de Clodius avec sa sœur fût d'une bien déplorable notoriété, pour que Cicéron n'ait pas craint de

---

(1) Plutarq. l. l. **XXIX**. — (2) Suéton. l. l.
(3) § 44 : Γενομένου δὲ τούτου, οὐδ' ὁ Καῖσαρ (ἐστρατήγει δὲ) οὐδὲν ἔτ' ἐνεωτέρισεν.
(4) Cf. Dion, l. l. — (5) Suéton. l. l.
(6) Dion, XLIII, 14 : Τό τε ὄνομα αὐτοῦ ἐπὶ τὸ Καπιτώλιον ἀντὶ τοῦ Κατούλου, ὡς καὶ τὸν νεών, ἐφ' οὗ τῇ ἐκποιήσει εὐθύνειν ἐκεῖνον ἐπεχείρησεν, ἐκτελέσαντος, ἀντεγγραφῆναι ἐκέλευσαν, où il faut remarquer les mots εὐθύνειν ἐκεῖνον ἐπεχείρησεν, qui confirment l'opinion de Suétone : César avait essayé alors des poursuites contre Catulus ; mais elles furent abandonnées.
(7) Cæs. IX-X. — (8) Liv. I, lettr. 13, 14 16. — (9) Val.-Maxime, IV, 2, 5.

494   ÉCLAIRCISSEMENTS.

le lui reprocher publiquement en ces termes : Quum uxorem sororemque non discernis ; quum quod ineas cubile non sentis (1). »

Un peu plus loin (2), Dion parle des censeurs qui inscrivirent dans l'ordre du Sénat tous les citoyens qui avaient rempli des charges publiques. Il ne suffisait pas d'avoir occupé une de ces charges pour en faire partie : il fallait être inscrit par les censeurs, en vertu de la loi Ovinia (3).

Le tribun du peuple (p. 267). La loi Flavia était l'œuvre de Pompée ; le tribun Flavius fut son instrument, comme Rullus avait été celui de César quatre ans auparavant.

Cicéron (4) nous donne des renseignements précis sur les principales dispositions de cette loi et sur les modifications qu'il imagina pour amener une transaction entre le Sénat, qui craignait qu'elle ne donnât à Pompée une nouvelle puissance, et les partisans de Flavius. Le récit de Dion nous apprend quelle fut la violence de la discussion soulevée par cette affaire. La guerre des Gaules la fit presque oublier.

La conduite versatile de Cicéron, qui, pour plaire à Pompée, soutint une loi dont plusieurs dispositions avaient une analogie frappante avec la proposition de Rullus ; l'opposition de L. Lucullus, l'invincible résistance de Q. Metellus, jusque dans la prison où le hardi tribun le fit jeter, ont été savamment résumées par M. Ed. Laboulaye (5) : La noble fer-
« meté de Caton, son respect pour les lois, n'étaient, pour Cicéron, que
« les scrupules d'un esprit borné. La suprême habileté, c'était de se plier
« aux circonstances, c'était de s'offrir comme intermédiaire entre Flavius
« et le Sénat, de combattre les exagérations du tribun et la défiance du
« consul ; c'était de se ménager, à force de déférence, l'appui fragile du
« plus vaniteux des Romains et de prévoir, dans le lointain, une alliance
« possible avec César ; car le vent commençait à souffler pour lui. C'est à
« cette politique de circonstance, la plus fausse et la plus dangereuse des
« politiques, que Cicéron, par vanité plus encore que par crainte, sacrifiait
« la seule influence qu'un homme comme lui pouvait obtenir dans la Ré-
« publique, celle que donne le talent joint à la solidité des principes et à
« la constance de la vie. »

Passa dans la classe des plébéiens (p. 271). Clodius, d'origine patricienne, ne pouvait être tribun qu'après s'être fait adopter par un plébéien. Cette adoption, pour être régulière, devait être confirmée par le peuple dans une assemblée par *Curies*. Le tribun C. Herennius voulut faire agréger Clodius parmi les plébéiens et proposa que le peuple, assemblé

(1) De Respons. Arusp. XVIII, Cf. l. l. XX ; XXVII.— (2) P. 259.
(3) Cf. sur cette loi, Festus au mot *Præteriti*, et sur ce privilège des censeurs, Aulu-Gelle, III, 18. Plus tard Auguste créa des charges de Triumvirs pour nommer les sénateurs ; cf. Suéton. Aug. XXXVII.
(4) Lettr. à Attic. I, 19. — (5) Dans la *Revue de Législation et de Jurisprudence*, l. l. p. 69-70. Cf. M. Macé, l. l. p. 412-415.

ÉCLAIRCISSEMENTS.

au Champ de Mars, donnât ses suffrages sur cette adoption (1). En d'autres termes, comme les tribuns ne pouvaient convoquer les assemblées par *Curies*, Herennius voulut faire confirmer l'adoption de Clodius dans une assemblée par *Tribus*, que les tribuns avaient le droit de présider. Metellus eut d'abord la faiblesse de soutenir la proposition de ce tribun (2); mais il reconnut bientôt le tort qu'il s'était fait à lui-même et devint le plus ardent antagoniste de Clodius, quoiqu'il fût son cousin germain et son beau-frère.

Au commencement de l'année suivante, Clodius se fit adopter par Fontius, à peine âgé de vingt ans, devenant ainsi le fils de celui dont il aurait pu être le père (3). César consul, Pompée augure et Crassus pontife, agirent de concert pour que cette adoption fût régulière (4). Bientôt après, César le fit nommer tribun pour l'opposer à Cicéron (5).

Gouverneur de la Lusitanie (p. 273). Ce n'est point la Lusitanie, mais l'Espagne Ultérieure qui fut donnée pour province à César après sa préture (6). Au moment de se rendre dans ce gouvernement, il eut recours au riche Crassus, qui se porta caution auprès de ses créanciers. L'erreur de Dion vient probablement de ce que la Lusitanie fut alors le principal théâtre des exploits de César. Quelques jours lui suffirent pour faire la conquête du pays des Callæciens et des Lusitaniens : il s'avança jusqu'à l'Océan, subjuguant des contrées qui avaient toujours échappé à la domination romaine, rétablissant la paix entre les villes et mettant fin aux luttes violentes que l'usure excitait entre les débiteurs et les créanciers. Il ordonna que les débiteurs donneraient, chaque année, aux créanciers les deux tiers de leur revenu et qu'ils ne garderaient pour eux que le troisième tiers (7). Suivant Plutarque, César s'enrichit dans cette province et il y enrichit les soldats; mais ce ne fut point toujours par des voies honorables : il demanda de l'argent au proconsul et aux alliés et livra au pillage plusieurs villes qui lui avaient ouvert leurs portes sans résistance (8).

Du reste, Dion est l'historien qui fournit le plus de détails sur cette campagne. Le songe de César, pendant sa questure à Cadix, est également rapporté par Suétone (9). J'ai indiqué ailleurs (10) la différence que pré-

---

(1) Lettr. à Attic. I, 18. — (2) Cic. l. l. — (3) Cic. pro Domo, XIII. — (4) Cic. Lettr. à Attic. II, 7. Cf. Disc. Orat. pro Domo, XVI; Dion, XXXVIII, 12 ; Suéton. Cæs. XX ; Tib. II. Sur les conditions légales de l'*Adoptatio* et de l'*Arrogatio*, cf. Aulu-Gelle, V, 19.
(5) Dion, l. l. — (6) Cf. Plutarq. Cæs. XI; Suéton. Cæs. XVIII et les notes de Casaubon. — (7) Plutarq. l. l. XII. — (8) Suéton. l. l. LIV.
(9) Cæs. VII. Cf. Plutarq. l. l. XXXII; Dion, XLI, 24. Artémidore, Onirocrit. I, 82, donne la raison du sens attaché à ces sortes de songes : Ἡ μίξις σὺν τῇ μητρὶ ἀγαθὸν παντὶ δημαγωγῷ καὶ πολιτευτῇ· σημαίνει γὰρ τὴν πατρίδα ἡ μήτηρ. — (10) P. 274, note 2.

sente le récit de Plutarque, à propos des larmes versées par César, au souvenir d'Alexandre. Je me borne à remarquer ici que Dion est d'accord avec Suétone (1).

Avant d'avoir reçu les honneurs du triomphe (p. 281). Une loi exigeait que ceux qui poursuivaient l'honneur du triomphe demeurassent hors de la ville (2), et cette loi était fort sage; car un général victorieux, rentrant dans Rome avec des troupes, aurait pu se faire décerner le triomphe par force.

César était donc aux portes de Rome, lorsque arriva le jour des comices. Il envoya demander au Sénat la permission de faire briguer le consulat par ses amis, pendant qu'il resterait hors de la ville (3). Appien est le seul historien qui nous apprenne que César pouvait invoquer plusieurs exemples à l'appui de cette demande (4). Caton la combattit, et comme c'était le dernier jour accordé aux candidats pour se faire inscrire, il parla jusqu'au moment où le coucher du soleil força l'assemblée de se retirer, afin que rien ne pût être décidé; mais César renonça au triomphe, entra dans Rome, se mit sur les rangs pour le consulat et attendit l'ouverture des comices (5).

Plutarque (6) raconte plus succinctement que Dion le rapprochement opéré par César entre Pompée et Crassus; mais il en fait connaître les conséquences que Caton seul devina. Alors se forma cette triple alliance dont un ami de Pompée, Varron, composa l'histoire satirique intitulée *Tricipitina,* — *La bête à trois cornes* (7). Le Sénat tenta de paralyser cette ligue en opposant Bibulus à César; mais la résistance était-elle encore possible? Résumons les faits, pour mieux apprécier la situation politique.

Après la défaite et la mort de Catilina, l'oligarchie, soutenue par Caton, s'était crue triomphante. Mais Caton opinait comme s'il avait vécu dans la République de Platon, et non avec la lie de Romulus (8). Autour de lui, pas un homme d'état (9). A son retour d'Espagne, César observa les partis et reconnut qu'il ne pouvait donner un solide fondement à sa grandeur future qu'en appuyant sa popularité sur l'opulence de Crassus et sur la gloire de Pompée. Les vues que Dion prête à chacun des triumvirs sont confirmées par leur caractère et par leur position personnelle.

Rome alors était divisée en trois ligues; celle de Pompée, celle de César et celle de Crassus (10). Autour de Pompée se ralliaient les hommes les plus graves et les plus sages. Les plus volages et les plus prompts à tout

---

(1) Cæs. VII : Ingemuit...... quod nihil dum a se memorabile actum esset in ætate qua jam Alexander orbem terrarum subegisset.
(2) Plutarq. Cæs. XIII. — (3) Plutarq. l. l.; Appien, Guer. Civ. II, 8.
(4) Appien, l. l. Εἰδὼς μὲν παράνομον, γεγονὸς δὲ ἤδη καὶ ἑτέροις.
(5) Le même, l. l. — (6) l. l. — (7) Appien, l. l. IX. — (8) Cic. Lettr. à Attic. II, 1. — (9) Le même, l. l. I, 18. — (10) Plutarq. M. Crassus, VII.

entreprendre suivaient les espérances de César. Crassus, indécis et flottant, changeait souvent de parti, n'était ni ami constant, ni ennemi irréconciliable, louant ou blâmant, défendant ou accusant presque en même temps les mêmes lois et les mêmes hommes.

Pompée, Crassus et César aspiraient chacun au même rôle. César sentait que, pour arriver à ses fins, il devait d'abord abattre l'aristocratie : il se flattait qu'il lui serait ensuite plus facile d'avoir le dessus sur ses rivaux. Mais l'aristocratie était encore puissante, et César ne pouvait espérer de la détruire qu'en proposant, dès qu'il serait consul, des lois dignes d'un tribun séditieux (1). Il dut donc, avant tout, viser au consulat : ce fut pour l'obtenir qu'il travailla avec tant d'ardeur à réconcilier Pompée et Crassus, et qu'il chercha à leur démontrer que Cicéron, Catulus et Caton lui-même n'auraient plus ni crédit ni autorité, si Pompée et Crassus, abjurant tout dissentiment, unissaient leurs amis et leurs partisans (2). Il finit par les convaincre, et dès lors la ligue de ces trois chefs de parti fut une force invincible qui, plus tard, ruina le peuple et le Sénat. Le profit en revint tout de suite à César. Non contents de soutenir sa candidature, Pompée et Crassus l'escortèrent, pour ainsi dire, de leur amitié jusqu'au sein des comices (3), où il fut proclamé consul avec Calpurnius Bibulus. En lui faisant donner pour collègue un ancien ennemi, le Sénat espérait opposer une barrière à ses projets ambitieux. Nous verrons dans le livre suivant qu'elle fut impuissante.

Leurs partisans formés en associations (p. 289). En rapprochant ce passage de ce qui a été dit ailleurs de Clodius (4), de Pompée et de Crassus (5), on voit combien étaient redoutables les corporations liguées autour des chefs de parti (6).

Les corporations, appelées *Sodalicia* ou *Collegia Sodalicia* (7), semblaient, dans les derniers temps de la République, n'avoir pour but que d'exciter des troubles au sein de l'État. Elles se multipliaient (8), soit pour soutenir les chefs de parti, soit pour exercer de l'influence dans les élections. Je ne dois les considérer ici que comme instruments des chefs de parti : je m'occuperai de leur influence sur les élections, lorsque j'aurai à parler de la loi *Licinia* (9).

---

(1) Plutarq. Cæs. XIV. — (2) Plutarq. M. Crassus, XIV.
(3) Plutarque, Cæs. l. l. : Οὐ μὴν ἀλλ' ὁ Καῖσαρ ἐν μέσῳ τῆς Κράσσου καὶ Πομπηίου φιλίας δορυφορούμενος ἐπὶ τὴν ὑπατείαν κατήχθη.
(4) § 45, p. 254 : Εὖ ἠπίστατο ὅτι οὐχ ἁλώσεται διὰ τὴν ἑταιρείαν.
(5) § 54, p. 282 : Καὶ τὰς ἑταιρείας ἔχοντας.
(6) Cf. Th. Mommsen, *De Collegiis et Sodaliciis Romanorum*, Kiliæ, 1843.
(7) En grec αἱ ἑταιρεῖαι, ou bien Τὰ ἑταιρικὰ Κολλήγια, et plus tard, Τὰ ἑταιρικὰ Συστήματα. Basil.
(8) Ascon. Schol in Cornel., p. 75, éd. d'Orelli : Frequenter tum etiam cœtus factiosorum hominum, sine publica auctoritate, malo publico fiebant.
(9) Cf. Liv. XXXIX, § 37.

498 ÉCLAIRCISSEMENTS.

Le droit d'association, depuis longtemps consacré par les lois, fut respecté jusque vers la fin du VII° siècle de Rome; mais à mesure que la constitution républicaine s'altérait et que l'État marchait vers le gouvernement d'un seul, les citoyens ambitieux ou pervers se liguaient pour exciter ou entretenir les dissensions civiles. Aspirait-on aux charges publiques? Il fallait avoir à sa dévotion des factions audacieuses et remuantes (1). Voulait-on perdre un bon citoyen? Les factions s'entendaient pour formuler l'accusation (2). S'agissait-il de sauver un grand coupable? Elles se concertaient pour le défendre : c'est ainsi que César lui-même n'osa point poursuivre Clodius; sentant bien que les menées de sa faction empêcheraient qu'il ne fût condamné, pour crime d'adultère (3). Le mal fit de tels progrès qu'un décret du Sénat supprima toutes les corporations, qui pouvaient mettre la République en danger (4).

La date de ce sénatus-consulte est fort controversée. Suivant Asconius, il aurait été rendu sous le consulat de L. Julius et de C. Marius (5); mais le nom du collègue, donné ici à L. Julius, est évidemment fautif. Un copiste ignorant a probablement substitué le nom célèbre de Marius à celui de Marcius, qui lui était inconnu (6). Asconius ajoute que les colléges supprimés furent rétablis *neuf* ans après par Clodius (7). Or, nous savons que ce rétablissement eut lieu sous le consulat de L. Calpurnius Pison et d'Aulus Gabinius (8). En remontant de *neuf* ans, nous nous retrouverions sous le consulat de L. Cæcilius et de Q. Marcius (9); mais le chiffre *neuf* dans Asconius a paru suspect à Orelli, qui propose de le remplacer par *cinq*. Sur ce point, Dion s'exprime vaguement (10) et n'est d'aucun secours : une seule chose résulte de son récit, c'est que les colléges, supprimés par le sénatus-consulte, furent rétablis, comme nous venons de le dire, sous le consulat de Pison et de Gabinius. En remontant seulement de *cinq* ans, comme le veut Orelli, le rétablissement des colléges par Clodius coïncide avec le consulat de L. Julius Cæsar et de C. Marcius; et l'on est autorisé à adopter la leçon qu'il propose pour le texte d'Asconius : « L. Julio, C. Marcio consulibus... senatus-consulto Collegia sublata sunt... Post *quinque* deinde annos quam sublata erant, Clodius, tribunus plebis, lege lata, restituit Collegia. »

(1) Cf. Q. Cic. ad Fratr. Consul. petent. § 5. — (2) Cf. Cic. ad Q. Fratr. III, 1. — (3) Dion, XXXVII, 45.
(4) Asconius, l.l. : Propter quod postea Collegia S. C. et pluribus legibus sunt sublata. Le même, Schol. in Pison. l. l. p. 7 : Collegia sublata sunt quæ adversus Rempublicam videbantur esse. Le sénatusconsulte frappa surtout les *Collegia compitalicia*. Cf. Th. Mommsen, qui donne de curieux détails sur ces *Compitalicia*, l. l. p. 74-76.
(5) Schol. in Pison. l. l. — (6) Cf. Th. Mommsen, l. l. p. 74, not. 4. — (7) l. l. p. 8. — (8) Dion, XXXVIII, 13.
(9) Ce sont les noms que Manuce propose de substituer à L. Julius et C. Marius, dans le texte d'Asconius. Cette correction est approuvée par Drumann, Hist. Rom. II, 241.
(10) XXXVIII, 13. Καταλυθέντα δὲ χρόνον τινά.

ÉCLAIRCISSEMENTS.

LIVRE TRENTE-HUITIÈME.

César fit partager toutes les terres qui composaient le domaine public, etc. (p. 297 et suiv.). Comme les Gracques, César voulut gagner la multitude par une loi agraire ; mais, plus patient et plus circonspect, il ne se mit pas d'abord en évidence. Rullus lui fraya la route, et lorsque les esprits parurent suffisamment préparés, César fit, lui-même et sans détour, des propositions plus dignes d'un tribun que d'un consul (1).

Il serait superflu de mettre en parallèle et de discuter de nouveau les renseignements que Cicéron, Velleius Paterculus, Suétone, Plutarque, Appien et Dion Cassius nous ont laissés sur la loi agraire de César ; je dois me référer aux savants travaux de MM. Ed. Laboulaye (2) et Macé (3) et me borner à quelques observations sur deux passages de Dion Cassius, qui ont besoin d'être éclaircis. Dans le premier, l'historien dit que César *excepta du partage les terres de la Campanie* (4) : dans le second, il affirme que *les terres de la Campanie furent données à ceux qui avaient trois enfants, ou plus de trois enfants, et que Capoue devint alors colonie romaine pour la première fois* (5). Comment expliquer cette contradiction apparente (6) ? Par l'étude attentive du caractère et de la politique de César. Nous l'avons dit : Rullus fut son instrument. On se souvient que ce tribun avait proposé d'ériger Capoue en colonie et d'y établir cinq mille citoyens (7) ; mais on sait avec quelle ardeur Cicéron s'éleva contre cette colonisation, soit à cause des revenus considérables que le territoire de Capoue procurait à la République et qui l'avaient toujours fait excepter des partages publics, soit par respect pour le préjugé populaire qui faisait regarder comme un sacrilége la pensée de relever Capoue (8). Faut-il s'étonner que César, jaloux, au moment où il fit sa proposition, d'éviter tout ce qui aurait pu choquer les Grands, et qui se montrait alors prêt à la modifier ou même à la retirer, pour peu qu'elle leur déplût, eût d'abord inséré dans sa loi, en faveur de Capoue, une

---

(1) Plutarq. Cæs. XIV. — (2) Revue de Législation et de Jurisprudence, 1846, t. III, septembre, p. 71-77.— (3) Des lois agraires chez les Romains, Paris, 1846, p. 416-426. — (4) § 1, p. 296. — (5) § 7, p. 314.

(6) M. Macé, l. l., préoccupé du premier de ces deux passages, trouve un contresens dans le fragment cité par M. Giraud (Hist. de la propriété, I, p. 180), d'après Goëz (Rei Agrar. Script. p. 350), comme un des articles de la loi Julia : « *Ager, qui publicus est populi romani*, excepto Campano, *civibus qui agrum non habent, nomenque suum profitebuntur, per XX viros dividitor.* » C'est la traduction littérale de Dion, l. l. : πλὴν τῆς Καμπανίδος ἔνεμε. Ταύτην γὰρ δημοσίῳ ἐξαίρετον διὰ τὴν ἀρετὴν συνεβούλευσεν εἶναι. Le correctif est à la page 314 : καὶ προσέτι καὶ ἡ τῶν Καμπανῶν γῆ τοῖς τρία τε πλείω τε ἔτι τέκνα ἔχουσιν ἐδόθη.

(7) Cic. Orat. II in Rull. XXVIII. — (8) M. Ed. Laboulaye, l. l. p. 64-65.

exception dont les Gracques lui avaient donné l'exemple (1)? Cette prévoyante circonspection ne faisait-elle pas le désespoir de ses adversaires (2) ? Mais lorsque l'opposition, passive dans le principe, eut protesté par la bouche de Caton contre tout changement dans la constitution de la République (3), César indigné sortit des voies de la modération, comme Tiberius Gracchus en présence de l'opposition d'Octavius : il congédia le Sénat, en déclarant que le peuple seul serait appelé à prononcer sur sa loi. Ainsi tomba le masque, et dès-lors commença la lutte entre les deux consuls, comme elle avait eu lieu entre l'aîné des Gracques et son collègue. Si Bibulus ne fut point déposé, César ne recula pas devant la violence pour faire adopter sa proposition (4). En vain Bibulus, dont la vie avait été en danger, fit-il un nouvel effort le lendemain; personne ne soutint sa résistance, et, renfermé désormais chez lui, il se vit réduit, après des protestations impuissantes, à renoncer à la vie politique. César triompha également de l'opposition de Metellus Celer, de Caton, de M. Favonius : il les contraignit de jurer obéissance à sa loi ; et lorsque tous les obstacles furent brisés, une disposition additionnelle consacra le partage des terres de la Campanie; mais à condition qu'elles seraient réservées pour les citoyens qui auraient trois enfants, ou plus de trois enfants (5).

Je passe à l'assertion de Dion concernant la colonisation de Capoue.

Cette ville était réduite à l'état de préfecture depuis un siècle et demi, lorsque la loi Julia ordonna qu'elle formerait à l'avenir une colonie romaine (6). Est-il certain que ce fût, pour la première fois, comme Dion l'affirme? On pourrait opposer à son opinion le passage de Cicéron où il est question d'une colonie conduite à Capoue par Brutus (7), le père du meurtrier de César (8). Mais cette colonie n'eut pas le temps de se consti-

(1) Cic. l. l. XXXIX. — (2) Cf. Dion, p. 300 de ce volume. — (3) Dion, l. l. p. 302.— (4) Dion, l. l. p. 312.— (5) Dion, l. l. p. 314.
(6) Vell. Patercul. II, 44 : Jus ab his restitutum post annos circiter CLII, quum bello punico ab Romanis Capua in formam præfecturæ redacta erat. Cf. Mazochi, de Campan. Amphitheat. Comment. Neapoli, 1747, in-4°. p. 4-5.
(7) In Rull. Orat. II, XXXIII-XXXIV.
(8) J'adopte cette opinion d'après Mazochi, l. l., p. 8-9, Drumann; Hist. Rom. t. IV, p. 14, et Orelli, Onomastic. Tullian. p. 319. Elle est contestée par M. Wilhelm Zumpt, dans un savant ouvrage récemment publié à Berlin, sous ce titre : Comment. Epigraphic. ad Antiq. Roman. pertinent. Volumen, p. 245, not. 2 : « Quod mihi quidem parum videtur esse probabile : primum illud me movet, quod neminem ex ea familia, unde ὁ τυραννοκτόνος ortus erat, existimo tribunum plebis fuisse, siquidem is nec gloriari poterat se ab vetere illo Bruto, regum expulsore, gentis patriciæ, genus ducere, nec ita videri, si quisquam tam recenti tempore tribunus plebis fuisset ; quæ causa fuit Mazochio ut deductam modo coloniam a Bruto existimaret, non legem deducendæ latam. Deinde si vitam ejus Bruti, quem volunt, considerabimus, idem homo erit in duodecim præcipuis Sullæ inimicis, proscriptus jam anno 88, sed servatus, ut multi alii, deinde tribunus plebis cum Marianis, denique legatus Lepidi, quum is Sulla mortuo leges Cornelias abrogare insti-

tuer : Cicéron lui-même l'atteste (1). Elle fut forcée de céder la place aux soldats de Sylla ; mais si Brutus tenta de convertir Capoue en colonie, il n'en fut pas de même des vétérans du dictateur : ils lui laissèrent son ancienne forme. Rullus avait bien proposé d'y fonder une colonie ; mais Cicéron s'opposa à ses projets. Dion a donc raison de dire que la loi Julia est la première qui fit de Capoue une colonie romaine (2).

Par la main de L. Vettius (p. 323). Appien (3) nous le montre s'élançant au milieu de la multitude, un poignard à la main, et s'écriant qu'il était envoyé par Bibulus, par Cicéron et par Caton, pour massacrer César et Pompée : ce poignard, disait-il, lui avait été donné par Postumius, licteur de Bibulus. Appien nomme Caton, dont il n'est pas question dans Dion Cassius, et il ne parle pas de Lucullus, mentionné par cet historien. Ces différences n'ont rien qui doive surprendre, alors qu'il s'agit d'une affaire qui ne fit pas tant de mal que de bruit (4), et des révélations d'un homme qui, produit à la tribune par César, y dit tout ce qu'il voulut ; ôtant de sa dénonciation Brutus qu'il avait fort chargé dans le Sénat, et accusant des personnes contre lesquelles il n'avait excité aucun soupçon le jour précédent (5).

On peut douter que César, voulant pousser à bout les chefs de la faction contraire, ait précisément choisi l'homme qui l'avait dénoncé comme complice de Catilina auprès du questeur Novius Niger (6), et qu'il avait même fait conduire en prison comme calomniateur. D'ailleurs, si Vettius avait agi de concert avec César, aurait-il enveloppé dans cette affaire Brutus, fils de Servilie, qui entretenait avec César un commerce de galanterie (7) ? Nous dirons cependant que César trouvait tous les moyens bons pour arriver à ses fins ; et Vettius, par sa bassesse et par sa cupidité, était fait pour le rôle que lui prête Dion. Si Brutus était fils de Servilie, il était aussi neveu de Caton et ennemi juré de Pompée. De plus, la manière dont Cicéron parle de ce complot, permet de supposer qu'il était moins sérieux que Dion n'a l'air de le croire, et la fin de Vettius montre assez quel cas en faisait César. Vatinius, autre créature de César, proposa au peuple d'ordonner des informations contre ceux qui avaient été dénoncés ; mais les accusations tombèrent d'elles-mêmes, et le Sénat fit mettre Vettius en prison, où il fut étranglé. Cicéron impute ce meurtre à Vatinius (8) : le coupable était probablement César, qui

tueret. Qui etiam si alterum severiorem proscriptionem effugisset, ad honores certe valentibus legibus Corneliis non esset admissus. »

(1) In Rull. Orat. II, 34 : Et ipse qui deduxit et qui magistratum Capuæ ea lege creati ceperunt, et qui aliquam partem illius deductionis, honoris, muneris attigerunt, omnes acerbissimas impiorum pœnas pertulerunt.

(2) C'est la conclusion de Mazochi, l. l. p. 13. — (3) Guer. Civ. II, 12. — (4) Cic. Lettr. à Attic. II, 24. — (5) Cic. l. l. — (6) Suet. Cæs. XVII. — (7) Cic. l. l. — (8) Orat. in Vatin. XI.

craignit que ses intrigues ne fussent dévoilées dans un débat judiciaire.
Cicéron qui se chargea alors de le défendre (p. 327). A son retour de la Macédoine (1), Antoine fut accusé par Q. Fabius Maximus (2), par M. Cœlius Rufus (3) et par Caninius Gallus (4). L'affaire fut portée devant Cn. Lentulus et Q. Claudius (5). Cicéron le représente comme une victime du parti des conjurés (6); mais il est facile de voir qu'ici l'orateur songeait trop aux dangers que lui faisaient pressentir pour lui-même la condamnation d'Antoine et l'accusation dirigée contre Flaccus. C'est en se plaçant au même point de vue que Dion Cassius a pu dire que les accusateurs d'Antoine le poursuivirent moins pour sa conduite en Macédoine, que comme complice de Catilina; peut-être, en s'exprimant ainsi, n'a-t-il cédé qu'à son goût pour l'antithèse (7). Je serais assez porté à croire, avec un scholiaste de Cicéron, que l'accusation et la condamnation furent complexes (8). Quoi qu'il en soit, Antoine fut condamné malgré l'éloquence de Cicéron, et il se retira dans l'île de Céphalonie.

Il rétablit les associations appelées Colléges (p. 337). Deux ans avant la loi de Clodius, un tribun du peuple, dont Asconius avoue ne pas savoir le nom (9), voulut faire célébrer les *jeux Compitaliens* : c'était un premier pas vers le rétablissement des *Colléges*; mais cette tentative fut déjouée par Q. Metellus Celer, consul désigné (10). P. Clodius fut plus heureux : à peine nommé tribun du peuple, sous le consulat de L. Pison et d'A. Gabinius, il fit célébrer ces jeux par Sext. Clodius, son ami, malgré l'opposition de L. Ninnius, son collègue. Trois jours après, les corporations furent rétablies par une loi, plus nombreuses qu'auparavant : *Collegia non ea solum quæ Senatus sustulerat, restituta; sed innumerabilia quædam nova ex omni fæce urbis ac servitio concitata.* Par ce passage de Cicéron (11), comparé avec la glose d'Asconius (12), on voit qu'il ne peut être question ici des *Collegia Opificum* dans lesquels les esclaves n'étaient pas admis, ni d'autres *Collegia* que de ceux de Rome (13). Après avoir gagné la multitude par une loi frumentaire et s'être assuré, par le rétablissement des corporations, des auxiliaires nombreux et dévoués, toujours prêts à exciter des troubles au sein de l'État, Clodius renversa, par l'abrogation de l'*obnuntiatio*, le plus ferme rempart de la tranquillité

---

(1) L'an de Rome, 694. — (2) Cic. l. l. — (3) Cic. pro M. Cælio, XXXI. — (4) Val. Maxime, IV, 2, 6. — (5) Cic. Orat. in Vatin. XI. — (6) Orat. pro Flacc. II.
(7) § 10, p. 326 : Συνέβη αὐτῷ ὧν μὲν ἐκρίνετο μὴ ἐλεγχθῆναι · ὧν δ'οὐκ ἡτιάζετο κολασθῆναι.
(8) Schol. Bobiens. in Flacc. p. 229, éd. d'Orelli : Antonius.... M. Cæcilio (lis. Cælio) Rufo accusante, non tantum pecuniarum repetundarum crimine, verum etiam conjuratione non ita pridem damnatus fuerat.
(9) Schol. in Pison. p. 8, éd. d'Orelli : Auctore tribuno plebis...... cujus tribuni nomen adhuc non inveni.
(10) Ascon. l. l. — (11) Orat. in Pison. IV. — (12) l. l. p. 9. — (13) Cf. M. Th. Mommsen, l. l. p. 78.

ÉCLAIRCISSEMENTS.

publique ; enfin, par une quatrième loi, il énerva la censure, cette antique gardienne de la modestie et de la pudeur (1).

Il s'en fit un instrument contre Cicéron (p. 333 et suiv.). Dans l'exposé des faits relatifs à l'exil de Cicéron, depuis les premières menées de Clodius jusqu'au moment où, par une rogation formelle, Ninnius demanda le rappel du grand orateur (2), Dion Cassius paraît avoir pris pour guide Cicéron lui-même. Son récit, rapproché de celui de Plutarque (3) et du sec résumé d'Appien (4), m'a semblé donner lieu à quelques observations qui pourront, je l'espère, présenter quelque intérêt.

Et d'abord, pourquoi César choisit-il de préférence Clodius pour travailler à la perte de Cicéron?

A l'époque de la conspiration de Catilina, de bons rapports existaient entre Cicéron et Clodius, qui lui avait rendu des services. Si divers passages de Cicéron ont pu faire naître des soupçons contre Clodius, le silence que l'Orateur romain a toujours gardé sur sa complicité avec Catilina, même au milieu des plus violentes invectives, permet d'admettre que Clodius resta étranger à la conjuration. La mésintelligence entre lui et Cicéron fut postérieure : elle éclata à propos de l'accusation de sacrilége. Clodius ayant soutenu devant ses juges qu'à l'heure du sacrifice célébré dans la maison de César, il était loin de Rome, Cicéron déclara, comme témoin, que, ce jour-là, Clodius était venu chez lui et l'avait entretenu de diverses affaires (5). Appien est moins précis que Plutarque; mais il représente pourtant Cicéron comme ayant fait, dans cette circonstance, cause commune avec les adversaires de Clodius (6). Celui-ci fut absous; mais, à peine nommé tribun du peuple, il ne songea qu'à se venger de Cicéron (7) et se fit l'instrument de César qui l'avait ménagé dans ses dépositions, et qui soutint même sa candidature par haine contre Cicéron, dont la voix importune inquiétait déjà les triumvirs (8).

En second lieu, Plutarque nous montre Clodius cherchant, aussitôt qu'il fut tribun, à capter la multitude *par des lois populaires;* mais ces lois, il ne les fait pas connaître. Sur ce point capital, Dion est plus explicite (9). Cicéron, par son éloquence, avait acquis un grand ascendant sur les esprits; mais son crédit reposait plutôt sur la crainte que sur l'affection. Clodius comprit que, pour réussir, il devait se concilier non-seulement le peuple, mais aussi les sénateurs et les chevaliers. Il s'attacha donc à exploiter, contre Cicéron, les inimitiés que celui-ci avait soulevées par

---

(1) Cf. Ascon. in Pison. l. l. p. 9. — (2) § 30, p. 397 de ce volume. — (3) Vie de Cic. XXX sqq. — (4) Guer. Civ. II, 14-16. — (5) Plutarque, l. l. XXIX. — (6) Guer. Civ. II, 14. — (7) Plutarq. l. l. XXX.

(8) Appien, l. l. 14 : Καὶ τότε δήμαρχον ἐς ἐπιβουλὴν τοῦ Κικέρονος ἀπέφηνε, διαβάλλοντος ἤδη τὴν συμφροσύνην τῶν τριῶν ἀνδρῶν εἰς μοναρχίαν.

(9) Cf. § 13, p. 337 et suiv. de ce volume.

certains défauts de caractère. Cicéron déjoua d'abord ses vues par le dévouement du tribun L. Ninnius Quadratus. Clodius alors, changeant de tactique, parvint à inspirer à Cicéron et à Ninnius une dangereuse sécurité, et il en profita pour faire adopter ses propositions. Une fois maître du terrain, il attaqua Cicéron sans le nommer; mais de telle façon que le coup tomba directement sur lui (1).

César ne se contenta pas de diriger, par ses inspirations, la conduite insidieuse de Clodius; lui-même et Pompée cherchèrent à tromper Cicéron par des conseils diamétralement opposés; mais en se couvrant l'un et l'autre des apparences de l'amitié. César alla jusqu'à lui promettre de le prendre pour lieutenant. Il y a ici un dissentiment formel entre Dion et Plutarque. Suivant notre historien, ce fut César qui offrit la lieutenance à Cicéron, et d'après Cicéron, non-seulement César la lui offrit, il alla jusqu'à le prier de l'accepter (2). Plutarque, au contraire, rapporte que ce fut Cicéron qui demanda à suivre César en qualité de lieutenant. César y consentit, et ce fut alors que Clodius, voyant sa victime près de lui échapper, feignit de se réconcilier avec Cicéron, qui tomba dans le piége et remit sa lieutenance à César. Le récit de Dion me semble devoir être préféré; parce qu'il est confirmé par l'autorité de Cicéron.

Le stratagème imaginé par César et par Pompée eut un succès complet. Cicéron resta à Rome et agit comme s'il avait été certain de l'emporter sur ses ennemis. Plusieurs circonstances concoururent à lui inspirer cette confiance. Les chevaliers et les sénateurs Q. Hortensius et C. Curion intercédèrent en sa faveur, et, sur la proposition de Ninnius, on prit le deuil, comme dans les calamités publiques. Mais la haine de Clodius, loin de se laisser abattre, ne se montra que plus active : le zèle de Ninnius fut comprimé, Hortensius et Curion furent maltraités; Pison et Gabinius blâmèrent les actes de Cicéron, César condamna les mesures prises à l'égard de Lentulus et de Cethegus, Crassus ne prêta à Cicéron qu'une assistance douteuse, et Pompée ne lui vint pas en aide. Ainsi abandonné, Cicéron songea un moment à prendre les armes; mais il y renonça par le conseil d'Hortensius et de Curion et s'éloigna de Rome.

Tel est le résumé du récit de Dion. Plutarque et Appien ne parlent ni des espérances de Cicéron, ni de la démarche des chevaliers, d'Hortensius et de Curion en sa faveur. Ils se contentent de nous montrer d'un côté, Cicéron abattu par la menace d'une odieuse condamnation, laissant croître sa barbe et ses cheveux, implorant le peuple dans les rues; de l'autre,

---

(1) Clodius se montra digne élève de César; aussi est-ce à César que Dion fait remonter les manœuvres du tribun, § 14, p. 340-342 : εἰ γε ἐκεῖνον, ἀλλὰ μὴ τὸν Καίσαρα... δεῖ λέγειν. Plutarque, l. l., parle d'une feinte réconciliation entre Clodius et Cicéron, au moment où Clodius craignit que Cicéron ne redevînt l'ami de César et n'échappât ainsi aux menaces de son tribunat.

(2) Cf. Lettr. à Attic. II, 18 et 19.

ÉCLAIRCISSEMENTS.

Clodius s'attachant à ses pas, avec une troupe de mercenaires qui adressaient des outrages à ce grand homme et lui jetaient de la boue et des pierres (1). Plutarque dit bien que presque tout l'ordre des chevaliers prit le deuil et que vingt mille jeunes gens suivaient Cicéron dans le même appareil; mais il n'ajoute pas que ce fut Ninnius qui proposa, dans le Sénat, de faire prendre le deuil au peuple. Il rapporte que les consuls s'opposèrent à ce qu'un décret ordonnât de le porter, et, à ce sujet, il donne quelques renseignements qui manquent dans notre historien. Pendant cette délibération du Sénat, Clodius faisait briller le glaive autour de l'assemblée; la plupart des sénateurs prirent la fuite en déchirant leur toge et en poussant des cris de douleur. Cicéron, qui avait d'abord envoyé son gendre à Pompée, alla lui-même implorer son appui; mais Pompée l'évita en sortant par une porte dérobée (2).

D'après Dion, Cicéron, se voyant abandonné par Pompée dans lequel il avait mis ses espérances, voulut se jeter dans un parti extrême et recourir aux armes; mais Caton et Hortensius l'en détournèrent; plus tard, il se repentit de les avoir écoutés (3). Plutarque donne ici des détails d'un grand intérêt : Cicéron, trahi et délaissé, fit une dernière tentative auprès des consuls. Gabinius fut inflexible, Pison le conjura de s'éloigner et de sauver encore une fois la patrie que sa résistance plongerait dans les horreurs de la guerre civile. Cicéron consulta ses amis : Lucullus l'engagea à rester et lui promit la victoire; *d'autres* lui conseillèrent de s'éloigner, en lui assurant que le peuple ne tarderait pas à le rappeler. Il suivit leur avis et quitta Rome. Parmi ces *autres*, il faut placer Caton et surtout Hortensius (4).

Dion et Plutarque racontent de la même manière le départ de Cicéron, la confiscation de ses biens et la destruction de sa maison; mais le premier, après avoir rapporté que la loi d'exil fut rendue aussitôt que Cicéron eut quitté Rome, ajoute que cette loi fut vivement appuyée par ceux qu'on regardait comme les meilleurs amis de Cicéron. Plutarque ne fait point mention de cette circonstance. Dion passe de la loi d'exil au séjour

---

(1) Cf. Plutarq. Cic. XXX; Appien, l. l. XV.
(2) Plutarq. l. l. XXXI. « Dans cette phrase d'une lettre à Atticus, X, 4, *qui nos sibi quondam ad pedes stratos ne sublevabat quidem*, Middleton croit voir la preuve que Cicéron put alors parvenir jusqu'à Pompée; mais ce n'est qu'une expression figurée qu'il a eu tort de prendre à la lettre. Cicéron, comme l'ancien historien de sa vie, dit clairement (*in Pison.* c. 31) que tout accès lui fut fermé : *Vestræ fraudes, vestrum scelus, vestræ criminationes... effecerunt, ut ego excluderer.* » (Note de M. J. V. Le Clerc, OEuv. de Cic. t. I, p. 172-173, éd. in-12.)
(3) Cf. Orat. in Sext. XVIII, et plusieurs lettres à Attic. liv. III. — (4) Lettr. à Attic. III, 9, 15. Cicéron, plus tard, n'hésita pas à mettre Hortensius parmi les envieux qui avaient causé sa perte. Il faut lire la savante note dans laquelle M. J. V. Le Clerc examine si Hortensius mérita en effet les reproches de Cicéron. Cf. OEuv. de Cic. t. XXI, p. 414-416, éd. in-12.

de Cicéron dans la Macédoine, sans donner aucun détail sur son itinéraire. Je vais le tracer rapidement.

Avant de quitter Rome, il porta au Capitole la statue de Minerve, puis il partit (1), vers le milieu de la nuit, avec quelques amis et suivit, par terre, les côtes de la Lucanie (2).

En attendant que la loi d'exil fût amendée, il se rendit dans un domaine de Sica, auprès de Vibone. Là il reçut la loi définitive, et comme la Sicile, où il voulait aller, était au nombre des pays dont cette loi lui interdisait le séjour, il résolut de s'embarquer à Brindes. Dans cette ville, il reçut une lettre d'Atticus qui lui offrait sa maison d'Épire pour résidence (3); mais il évita l'Épire, parce qu'il craignait le voisinage de l'Achaïe et parce que les passages de l'Épire en Macédoine étaient difficiles. Il se rendit à Dyrrachium et de là à Thessalonique, où il arriva le 23 mai (4). Il y resta environ cinq mois, attendant le résultat des démarches que ses amis faisaient à Rome, pour obtenir son rappel. Ses espérances s'étant évanouies par les intrigues de Clodius, il résolut de quitter Thessalonique et d'aller en Épire jusqu'à la fin de son exil. Il partit pour Dyrrachium dans la première quinzaine de novembre (5) : là des lettres d'Atticus lui firent connaître les bonnes dispositions et les démarches des Lentulus et de Pompée. C'est là aussi que son frère lui envoya le sénatus-consulte rendu en sa faveur; mais ce décret, pour avoir force de loi, devait être confirmé par le peuple. Le Sénat lui avait bien permis de revenir à Rome sans attendre cette confirmation ; mais l'opposition de Serranus et de Clodius fit naître incident sur incident, et le retour de Cicéron n'eut lieu que sept mois après.

Son entretien avec Philiscus me paraît être une fiction de rhéteur. S'il avait rencontré, en Macédoine, un Sage dont l'amitié et les conseils auraient été une consolation au milieu des douleurs de l'exil, n'en aurait-il point parlé à Atticus? Aurait-il pu lui écrire, au contraire : *Ego etiam nunc eodem in loco jaceo*, sine sermone ullo , sine cogitatione ulla (6). — *Hoc scribo, me ita dolere ut non modo a mente non deserar, sed id ipsum doleam me,* tam firma mente ubi utar et quibuscum, non habere (7)? Du reste, ce dialogue retrace fidèlement l'état moral de Cicéron, pendant ces cruelles épreuves. Dans ce tableau d'une grande âme abattue par l'adversité, d'une noble intelligence obscurcie par le chagrin, d'un cœur généreux aigri par des amis infidèles et par des ennemis impla-

---

(1) C'était dans les premiers jours d'avril, comme on le voit par une lettre à Attic. III, 2 : Dat. VI. Id. April. in oris Luc.
(2) Plutarq. Cic. XXXI. — (3) Cic. Lettr. à Attic. III, 7. — (4) Cic. l. l. 8.
(5) Sa dernière lettre, écrite à Thessalonique, est du 28 octobre, et celle qu'il commença dans cette ville et qu'il finit à Dyrrachium (l. l. 22) porte la date du 25 novembre.
(6) Lettr. à Attic. III, 12. — (7) l. l. 15.

cables et puissants, Dion s'est plus d'une fois inspiré de ces touchantes confidences, dont l'expression naïve et sans contrainte fait du IIIe livre des Lettres à Atticus la plus suave lecture. Les rapprochements seraient faciles : il suffira d'en indiquer quelques-uns (1).

La fiction de Dion ne manque pas d'ailleurs de vraisemblance. Son caractère philosophique est justifié par le caractère même de Cicéron, qui tenait moins alors au titre d'orateur qu'à celui de philosophe (2). S'il montre quelquefois une sensibilité trop vive ; si, du fond de son exil, triste, abattu, il tourne souvent les yeux vers l'Italie, comme un amant malheureux (3), n'oublions pas que Démosthène, retiré à Égine ou à Trézène, tournait aussi sans cesse vers Athènes ses yeux baignés de larmes (4). Si les revers le jetèrent dans un découragement incroyable chez un génie formé par les plus hautes leçons et qui s'était glorieusement consacré à la défense des autres, reconnaissons-le avec Plutarque : « L'opinion « n'a que trop de force pour effacer de l'âme des hommes d'État l'em- « preinte, souvent trop légère, de la raison et pour y imprimer les pas- « sions du commun des hommes par les fréquents rapports qu'ils ont avec « eux ; à moins qu'ils ne soient sur leurs gardes et qu'en vivant au de- « hors, en prenant part aux intérêts de la multitude, ils ne sachent vaincre « la contagion de ses exemples (5). »

Son exil ne dura pas longtemps (p. 395). Comme César, Pompée s'était fait de Clodius un instrument. Cet instrument fut d'abord docile ; mais bientôt il frappa ceux qui s'en étaient servis. A peine Cicéron fut-il exilé, que le fougueux tribun se crut l'égal de Pompée (6). Il le menaça et se mit à décrier les actes de sa vie militaire. Pompée, craignant pour son crédit, se repentit d'avoir abandonné Cicéron et se concerta avec ses amis pour le rappel de l'illustre proscrit (7). Aux calendes de juin, L. Ninnius Quadratus, dont rien n'avait jamais effrayé ni la fidélité ni le zèle, en fit la proposition au Sénat.

Dans le § 30, Dion se borne à faire connaître les raisons qui déterminèrent Pompée à rappeler Cicéron : il réserve les détails pour le livre suivant (8). Je donnerai quelques éclaircissements sur cette mémorable affaire, lorsque je m'occuperai du XXXIXe livre : pour le moment, je me contente de quelques faits relatifs au fils de Tigrane et à la mission de Caton à Cypre.

1° *Du fils de Tigrane.* Conduit à Rome, il parut avec sa femme et sa

---

(1) Cf. divers passages des Lettres VII, X, XII, XIII, XV, XX.
(2) Plutarq. Cic. XXXII : πολλάκις αὐτὸς ἠξίου τοὺς φίλους μὴ ῥήτορα καλεῖν αὐτὸν, ἀλλὰ φιλόσοφον
(3) Plutarq. l. l. — (4) Le même, Démosth. XXVI. — (5) Le même, Cic. XXXII ; traduction de M. J. V. Le Clerc.
(6) Appien, Guer. Civ. II, 15.— (7) Appien, l. l. XVI ; Plutarq. Cic. XXXIII, et Cicéron, pro Sext. XXXI. — (8) Cf. XXXIX, 6-11.

fille au triomphe décerné à Pompée pour ses victoires sur Mithridate (1), et fut ensuite confié à la garde de L. Flavius qui était préteur, l'année même du tribunat de Clodius. Celui-ci reçut des sommes considérables pour faire rendre la liberté au captif et pria Flavius de permettre au jeune prince de venir souper chez lui. Flavius y consentit; mais Clodius ne rendit pas le prisonnier, malgré toutes les instances de Pompée; il le fit même embarquer. Le mauvais temps ayant forcé Tigrane de relâcher à Antium, Clodius l'envoya chercher par Sext. Clodius : Flavius partit, de son côté, avec des hommes armés pour s'en saisir. Une lutte s'engagea à quatre milles de Rome. Les pertes furent nombreuses de part et d'autre, mais plus nombreuses du côté de Flavius. Là périt M. Papirius, chevalier romain et ami intime de Pompée : le préteur eut beaucoup de peine à rentrer sain et sauf dans Rome (2). D'après Dion, Pompée et Gabinius témoignèrent un vif mécontentement contre cet acte de violence. Il y a là une légère inexactitude : Cicéron dit d'une manière très-positive (3) que l'enlèvement de Tigrane n'eut pas de suite immédiatement, et que la conduite de Pompée, dans cette circonstance, l'empêcha de compter sur lui. Pompée, en effet, n'éclata pas sur-le-champ, à cause de ses engagements avec César qui soutenait alors Clodius; mais l'insolence de Clodius alla si loin qu'il fut enfin contraint de rompre. Il en fut de même de Gabinius : d'abord les deux consuls étaient favorables à Clodius; mais Gabinius l'abandonna plus tard, et Pison seul lui demeura fidèle (4).

2° *Mission de Caton à Cypre* (5). Ptolémée-Alexandre avait légué ses Etats au peuple romain; mais des deux enfants naturels de Ptolémée-Lathyre, l'un, Ptolémée-Aulétès, fut reconnu roi par l'influence de César et de Pompée dont il avait acheté la protection; l'autre s'empara de Cypre (6). Clodius, nommé tribun, demanda par une loi qu'en vertu du testament de Ptolémée-Alexandre, le royaume de Cypre fût déclaré possession romaine. Comme il n'espérait pas pouvoir perdre Cicéron, tant que Caton serait à Rome, il pria Caton de se rendre auprès de lui et lui parla de toute son estime; ajoutant que, pour lui en donner une preuve éclatante, il lui offrait la mission de Cypre que plusieurs sollicitaient vivement, mais dont il lui paraissait plus digne que personne (7). Caton ayant

---

(1) Plutarq. Pomp. XLV. — (2) J'emprunte ces détails à Asconius, Schol. in Milon. p. 47-48, éd. d'Orelli. — (3) Lettr. à Attic. III, 8. — (4) Cic. pro Domo, XXV.

(5) Sur cette mission, cf. Plutarque, Cat. Min. XXXIV et suiv.; Appien, Guer. Civ. II, 23 ; l'Épitome de Tite-Live, CIV ; Vell. Paterculus, II, 45, et surtout Cicéron, pro Sext. XXVIII et suiv.; pro Domo, VIII et suiv. Je m'attache aux faits les plus importants.

(6) Sur le royaume de Cypre, sur ses rois, sur la domination des Ptolémées et des Romains à Cypre, cf. Meursius, *De Cypro*, II, 7 et suiv.; 18, 19.

(7) Plutarq. Cat. Min. XXXIV.

répondu que c'était un piège, Clodius indigné s'écria : « Puisque tu ne « veux pas y aller de bon gré, tu t'y rendras par force (1), » et il fit aussitôt décréter par le peuple la mission de Caton à Cypre. En même temps, pour le tenir loin de Rome pendant tout son tribunat, il le chargea de rétablir, dans leur patrie et dans leurs biens, les exilés de Byzance. On ne lui donna ni vaisseau ni gens de guerre, et de ses deux secrétaires l'un était un voleur, l'autre un client de Clodius.

Caton s'arrêta dans l'île de Rhodes et envoya Canidius à Cypre pour engager Ptolémée à céder sans combattre, et pour lui offrir, comme dédommagement, le titre de grand prêtre de Vénus à Paphos. Ptolémée prévint sa ruine en s'empoisonnant. Caton envoya alors à Cypre Brutus, son neveu; parce qu'il n'avait pas une entière confiance dans Canidius : quant à lui, il alla à Byzance où il rétablit les bannis et pacifia tous les différends. Puis il se rendit à Cypre, où il trouva une quantité considérable de coupes, de tables, de pierreries et de tapisseries de pourpre : il les fit vendre en sa présence; s'entretenant avec les acheteurs, les poussant à surenchérir et tenant compte, jusqu'au dernier sou, du produit de la vente. Cette scrupuleuse vigilance lui suscita de vives inimitiés; Munatius ne la lui pardonna jamais et ses rancunes, déposées dans un écrit, fournirent plus d'un trait satirique à l'Anti-Caton de César. Caton rapporta à Rome sept mille talents : il avait consigné dans deux livres le compte de tous ses actes; mais il ne put les sauver. L'un avait été remis à Philargyrus, son affranchi, qui se noya. Il garda l'autre et le conserva jusqu'à Corcyre : là sa tente fut brûlée et le livre périt dans les flammes. Heureusement, Caton avait emmené avec lui les hommes qui avaient administré les biens de Ptolémée et qui purent rendre témoignage de son intégrité. Toutefois la perte de ces livres laissa le champ libre à ses ennemis. La calomnie ne le respecta point; mais elle ne put obscurcir sa vertu. Aussitôt que la nouvelle de son arrivée se fut répandue, les magistrats, les prêtres, le Sénat tout entier et la plus grande partie du peuple se précipitèrent à sa rencontre : on lui décerna des honneurs. Caton les refusa, et se borna à demander la liberté de Nicias, ancien intendant de Ptolémée (2).

Les Helvétiens, etc. (p. 399 et suiv.). L'expédition de César contre les Helvétiens et contre Arioviste est racontée dans le premier livre de ses Commentaires sur la Guerre des Gaules. Dion en a renfermé le récit dans les vingt derniers paragraphes de son XXXVIII° livre; mais sur ces vingt paragraphes, onze sont remplis par une harangue de César.

Plutarque résume cette expédition dans deux paragraphes (3); nous n'a-

---

(1) Plutarq. l. l. : Οὐκοῦν, εἶπεν, εἰ μὴ χάριν ἔχεις, ἀνιώμενος πλεύσῃ.
(2) Cf. Plutarq. l. l. XXXVI-XXXVIII.
(3) Vie de Cés. XVIII-XIX.

vons d'Appien que trois fragments sur cet important sujet (1); l'Epitome de Tite-Live ne donne que quelques indications vagues (2), et Velleius Paterculus se borne à un seul fait (3) : pour tout le reste, ce ne sont que des hyperboles déclamatoires (4). Ainsi, pour rectifier ou compléter Dion Cassius, c'est surtout avec César qu'il faut le comparer. Je vais examiner séparément chacune des deux expéditions.

1° *Expédition contre les Helvétiens.*

Dion a pris César pour guide; mais il le tronque souvent. Ainsi, il ne dit rien des négociations d'Orgetorix avec le Séquanais Casticus et l'Éduen Dumnorix (5), ni des préparatifs faits pendant trois ans pour une entreprise conçue en apparence dans le but de donner à la nation la plus brave de la Gaule l'empire qui lui appartenait, mais en réalité formée par trois ambitieux, pour s'emparer du souverain pouvoir; ni de la découverte de leurs menées, ni de la fin mystérieuse d'Orgetorix dont la mort n'empêcha point les Helvétiens de poursuivre leurs projets d'invasion (6).

Notre historien rapporte, sans rien préciser, qu'ils livrèrent aux flammes *leurs villes et leurs bourgs.* Suivant César (7) et Plutarque (8), les villes étaient au nombre de 12, les bourgs au nombre de 400. Dion ne fait pas connaître non plus les peuples qui se joignirent aux Helvétiens (9) : ce furent 36,000 Tulinges, 14,000 Latobriges, 23,000 Rauraciens et 32,000 Boïens (10). D'après Dion, les Helvétiens voulaient passer le Rhône et se fixer au pied des Alpes : suivant César (11), ils ne voulaient que traverser la Province Romaine; c'était le chemin le plus court et le plus commode : l'autre, entre le Jura et le Rhône, n'était qu'un défilé étroit et dangereux (12).

César était à Rome, lorsqu'il apprit le projet des Helvétiens : il se rendit à grandes journées dans la Gaule Transalpine et arriva bientôt à Genève dont il fit rompre le pont : en même temps, comme il n'y avait qu'une seule légion dans la Province Romaine, il ordonna des levées de troupes. Ces promptes mesures déterminèrent les Helvétiens à lui demander la permission de traverser la Province : ils s'engageaient à n'y commettre aucun dommage. César, qui n'était pas encore en mesure de

---

(1) Cf. Liv. IV, 1, 15, 16. — (2) CIII-IV. — (3) Liv. II, 44 : Cæsari decretæ in quinquenium Galliæ.

(4) l. l. : 46 : Quum deinde immanes res multis voluminibus explicandas C. Cæsar in Gallia ageret.

(5) Bell. Gallic. I, 3. — (6) l. l. 5. — (7) l. l. — (8) Cæs. l. l. XVIII. — (9) Ils étaient eux-mêmes au nombre de 263,000.

(10) Tous ces nombres sont tirés des registres, écrits en lettres grecques et trouvés dans le camp des Helvétiens, après leur défaite. Les émigrants formaient un total de 368,000 hommes, dont 92,000 en état de porter les armes. D'après le recensement ordonné par César, le nombre de ceux qui rentrèrent dans leur pays fut de 110,000. Cf. César, l. l. 29.

(11) l. l. 7. — (12) l. l. 6.

ÉCLAIRCISSEMENTS.

s'opposer à leur passage, répondit à leurs députés qu'il réfléchirait et ferait connaître sa résolution aux Ides d'avril (1).

Dion emprunte à César les détails sur les travaux de construction exécutés par les Romains pour fermer aux Helvétiens le passage du Rhône (2) : il ajoute que, n'ayant pas eu de réponse au jour convenu, ils se mirent en marche et traversèrent le pays des Allobroges ; mais qu'arrêtés par les fortifications des Romains, ils gagnèrent le pays des Séquanais et celui des Éduens. Il y a là quelques omissions.

Au jour fixé, les députés Helvétiens revinrent auprès de César ; il leur déclara que les usages de Rome lui défendaient de leur accorder ce qu'ils demandaient et que s'ils essayaient de forcer le passage, il ne le souffrirait pas. Les Helvétiens tentèrent vainement de franchir le Rhône : il ne leur resta, pour sortir de leur pays, que le chemin de la Séquanie. Dumnorix obtint des habitants de cette contrée qu'ils permettraient aux Helvétiens de la traverser. On se donna des otages de part et d'autre : les Séquanais s'engagèrent à ne pas inquiéter les Helvétiens, qui, à leur tour, promirent de ne faire aucun dégât. Cependant César apprend que les Helvétiens projettent de pénétrer jusque dans le pays des Santones, peuple voisin de Toulouse. Il confie aussitôt à Labienus la garde des fortifications, vole en Italie, y lève deux légions, en retire trois autres des quartiers d'hiver d'Aquilée, revient dans la Gaule, bat trois peuples qui veulent s'opposer à sa marche, parvient en sept journées d'Ocèle au territoire des Vocontiens, arrive chez les Allobroges et de là chez les Ségusiens, au delà du Rhône (3). En ce moment, les Eduens viennent implorer son appui contre les Helvétiens qui dévastaient leur territoire, où ils avaient été imprudemment reçus. Les Ambarres et les Allobroges le conjurent également de les secourir. César reconnaît qu'il est temps de mettre un terme aux ravages des Helvétiens et se met à leur poursuite (4).

Les événements qui se passèrent sur les bords de la Saône ne sont pas nettement exposés dans Dion. César, instruit que les *trois quarts* des Helvétiens avaient passé cette rivière et que le reste était encore sur la rive orientale, se met en marche, à la troisième veille, avec trois légions, fond à l'improviste sur cette arrière-garde, la taille en pièce ou la disperse dans les bois (5) : puis il jette un pont sur la Saône et la traverse avec son armée. Un jour lui suffit pour ce passage que les Helvétiens n'avaient effectué qu'en vingt jours. Étonnés de son arrivée soudaine, ils lui envoyèrent une députation pour demander la paix. Le chef de cette députation fut le même Divicon, qui commandait les Helvétiens à l'époque de la défaite de Cassius. Les conditions imposées par César parurent trop dures, et la paix ne fut pas conclue. C'est dans l'entretien qu'il eut, à cette occasion, avec César, que Divicon prononça ces fières paroles : « Les Hel-

---

(1) l. I. 7. — (2) l. I. 8. — (3) l. I. 10. — (4) l. I. 10-11. — (5) l. I. 12.

« vétiens ont appris de leurs pères à recevoir et non à donner des
« otages (1). »

Quelques autres faits, racontés trop succinctement par Dion (2), ont besoin d'être éclaircis.

Les négociations ayant échoué, les Helvétiens levèrent leur camp, dès le lendemain (3). César fit observer leur marche par sa cavalerie composée de 4,000 hommes. Cette cavalerie, ayant poursuivi avec trop d'ardeur l'arrière-garde de l'ennemi, se vit forcée de combattre dans un lieu peu avantageux, où elle éprouva des pertes (4). Enhardis par ce succès, les Helvétiens harcelèrent les Romains : pendant près de quinze jours, l'arrière-garde helvétienne et l'avant-garde de César ne furent séparées que par *cinq ou six* mille pas (5).

César, voyant approcher le jour où il fallait distribuer des vivres aux soldats, convoque les principaux Éduens qui étaient dans son camp, et les presse de lui livrer le blé que leur nation devait fournir (6). Ici se placent les révélations du *Vergobret* Liscus sur Dumnorix, frère de Divitiacus, les prières de celui-ci et le pardon accordé à Dumnorix (7). Sur ces entrefaites, César est averti que l'ennemi campe au pied d'une montagne, à huit milles de son camp : il fait partir Labienus à la troisième veille, avec les éclaireurs et trois légions, et lui ordonne d'occuper cette montagne. A la quatrième veille, il se met lui-même en marche et envoie en avant la cavalerie (8). Au point du jour, Labienus s'était emparé du sommet de la montagne, et César n'était qu'à quinze cents pas des Helvétiens, lorsque Considius, qui était à la tête des éclaireurs, annonça que la montagne était occupée par l'ennemi. César se retira et Labienus resta inactif : les Helvétiens purent s'éloigner sans danger. Le lendemain, César, pour ne point manquer de vivres, se dirigea vers Bibracte. Les Helvétiens revinrent aussitôt sur leurs pas et inquiétèrent l'arrière-garde des Romains (9).

La bataille entre les Helvétiens et les Romains est plus détaillée dans César que dans Dion ; mais ils s'accordent sur les circonstances importantes : seulement nous apprenons par César que la fille d'Orgetorix et un de ses fils tombèrent au pouvoir des Romains. Dion et Plutarque n'en parlent point. Après cette bataille, il restait encore aux Helvétiens environ 130,000 hommes. Ils se mirent en marche, sans faire aucune halte, même pendant la nuit, et arrivèrent, le quatrième jour, sur les terres des Lingons (10). César défendit à ce peuple de leur fournir des vivres. Il em-

(1) César, l. l. 14. — (2) § 33, p. 405-407 de ce volume. — (3) César, l. l. 15. — (4) On sut plus tard que cet échec devait être imputé à Dumnorix, qui commandait les cavaliers envoyés à César par les Éduens. Il prit la fuite : son exemple effraya et entraîna le reste. Cf. César, l. l. 18.

(5) César, l. l. 15. — (6) l. l. 16. — (7) l. l. 16-20. — 8) l. l. 21. — (9) l. l. 22-23. — (10) l. l. 26.

ECLAIRCISSEMENTS.

ploya trois jours à soigner les blessés et à enterrer les morts : puis il se mit de nouveau à la poursuite des Helvétiens, qui lui firent demander la paix. César l'accorda, à condition qu'ils donneraient des otages, qu'ils livreraient leurs armes et les transfuges. Les Helvétiens s'engagèrent à rebâtir leurs villes et leurs bourgs ; les Tulinges et les Latobriges rentrèrent dans leurs anciennes demeures, et César chargea les Allobroges de leur fournir du blé. Enfin, à la demande des Éduens, il permit aux Boïens de s'établir sur leurs frontières. Quant aux Helvétiens, qui, suivant Dion (1), refusèrent de livrer leurs armes et se dirigèrent vers le Rhin, ce furent sans doute les 6,000 hommes du canton de Verbigène (2).

2° *Expédition contre Arioviste.*

Après César, Dion Cassius est l'historien qui donne le plus de détails sur cette expédition. Plutarque en a fait un résumé très-sommaire (3), et l'abrégé d'Appien (4) n'est qu'une table des matières pour une partie des événements.

Le récit de Dion contient 1° l'exposé des faits qui amenèrent l'expédition contre Arioviste, 2° le discours adressé par César à ses officiers, 3° les combats entre les Romains et les Germains. De ces trois parties, la première est celle qui laisse le plus à désirer : Dion se contente de dire que les Germains franchirent jadis le Rhin, enlevèrent aux Séquanais et aux Éduens une partie de leur territoire, rendirent ces deux peuples tributaires et exigèrent des otages. J'emprunte à César quelques détails.

Avant l'arrivée d'Arioviste, la Gaule était divisée en deux partis, qui se disputaient la suprématie ; celui des Éduens et celui des Arvernes. Après une longue lutte, les Arvernes, de concert avec les Séquanais, appelèrent les Germains, qui passèrent le Rhin au nombre de 15,000. D'autres furent attirés par la fertilité du sol, par les richesses et par la civilisation : bientôt ils se trouvèrent dans la Gaule au nombre de 120,000. Les Éduens et leurs alliés en vinrent aux mains avec les Séquanais : souvent défaits, ils furent forcés de donner des otages et s'engagèrent par serment à ne jamais les redemander, à ne jamais implorer le secours des Romains, à n'essayer jamais de recouvrer leur indépendance ; mais les vainqueurs ne furent pas plus heureux que les vaincus. Arioviste s'empara d'un tiers du territoire des Séquanais : plus tard, il demanda un autre tiers pour 24,000 Harudes qui étaient venus le joindre ; enfin, après la victoire de Magétobrie, sa tyrannie ne fut plus supportable (5).

Tel était l'état des Éduens et des Séquanais, lorsque leurs députés vinrent féliciter César de sa victoire sur les Helvétiens et réclamer son appui. Il le promit, peut-être moins à cause de leurs malheurs, que parce qu'il prévoyait combien il serait dangereux pour Rome de laisser les Germains

---

(1) § 33, p. 409. — (2) Pour les détails, cf. César, l. I. 27.
(3) Vie de Cæs. XIX — (4) Liv. IV, 16-17. — (5) Cf. César, l. I, 31.

s'établir dans la Séquanie, qui n'était séparée de la Province que par le Rhône. Pour prévenir ce péril, César envoya une députation à Arioviste et l'appela à une entrevue : Arioviste refusa de s'y rendre et fit la réponse rapportée par Dion. César lui envoya une seconde fois ses députés avec des instructions ainsi conçues : Arioviste ne fera point venir d'autres Germains dans la Gaule; il rendra aux Éduens leurs otages et permettra aux Séquanais de rendre ceux qu'ils ont reçus; il cessera d'inquiéter les Éduens et de leur faire la guerre, ainsi qu'à leurs alliés. A ces conditions, il pourra compter sur l'amitié du peuple romain : s'il les rejette, en vertu du sénatus-consulte qui autorise le gouverneur de la Gaule à faire ce qu'il jugera utile à la République et lui enjoint de défendre les Éduens et les alliés du peuple romain, César vengera leurs injures (1). Arioviste indigné fit la réponse mentionnée par Dion (2) et qui se terminait par ces menaçantes paroles : « Que César vienne m'attaquer quand il voudra : il apprendra à connaître « une nation aguerrie, indomptée, qui, depuis quatorze ans, n'a pas cou- « ché sous un toit (3). »

Dion ajoute que César, renonçant aux pourparlers, s'empara de Besançon, et c'est après cet événement qu'il place la nouvelle arrivée de Germains, qui jeta l'armée romaine dans un profond découragement. Les faits ne sont pas assez détaillés : au moment où César recevait la réponse d'Arioviste (4), les Éduens et les Tréviriens lui envoyèrent une députation ; les premiers pour se plaindre que les Harudes, récemment entrés dans la Gaule, dévastaient leur pays; les seconds, pour annoncer que cent cantons Suèves étaient campés sur les bords du Rhin, prêts à traverser ce fleuve. César résolut de se hâter, afin d'empêcher ces nouvelles bandes de se joindre aux vieilles troupes d'Arioviste. Informé que ce roi avait passé ses frontières, depuis trois jours, et se dirigeait vers Besançon, il sentit combien il importait que cette place, abondamment pourvue de munitions et dont la position naturelle offrait de grands avantages pour soutenir la guerre, ne tombât pas au pouvoir d'Arioviste. Il marcha jour et nuit, s'empara de Besançon et y mit une garnison (5).

A la froide et prolixe harangue, attribuée par Dion à César, il faut préférer, sans hésiter, l'allocution rappelée en substance dans les Commentaires (6). Dion et César racontent à peu près de la même manière la suite des événements; mais César donne plus de détails sur son entrevue avec Arioviste (7) : il parle, en outre, d'un second entretien demandé par le roi des Germains (8) et dont il n'est pas question dans notre historien.

(1) César, l. I. 35. — (2) § 34, p. 413. — (3) César, l. I. 36. — (4) l. I. 37. — (5) l. I. 38. — (6) l. I. 40. — (7) l. I. 42-46. — (8) l. I. 47. Cf. Appien, l. I. XVII : il est d'accord avec César.

FIN DU TROISIÈME VOLUME.

TABLE DES MATIÈRES

CONTENUES DANS LE TROISIÈME VOLUME.

LIVRE TRENTE-SIXIÈME.

	Pages.
Avertissement.	I—IV
Ravages commis par les pirates.	3— 17
Aulus Gabinius propose de charger Pompée de la guerre contre les pirates, avec des pouvoirs extraordinaires.	17— 21
Discours de Pompée sur la proposition de Gabinius.	21— 27
Réponse de Gabinius au discours de Pompée.	27— 37
Opposition de Trebellius; Catulus prend la parole.	37— 41
Discours de Catulus contre la proposition de Gabinius.	41— 57
Pouvoirs confiés à Pompée; il met fin aux brigandages des pirates.	57— 63
Les consuls Acilius et Pison proposent une loi contre la brigue.	63
Proposition du tribun C. Cornelius sur le même objet.	65
Autre proposition de C. Cornelius; troubles qui éclatent à cette occasion.	67— 69
Loi de C. Cornelius concernant les édits des préteurs.	69— 71
L. Lucullus refuse le gouvernement de la Sardaigne.	73
Proposition de Roscius sur les théâtres et de C. Manilius sur le vote des affranchis.	73— 77
C. Manilius propose de confier à Pompée la guerre contre Mithridate; César et Cicéron soutiennent cette proposition; elle est adoptée.	77— 83
C. Manilius est défendu par Cicéron.	83
Première conspiration de Catilina.	85— 87
Mithridate envoie une députation à Pompée pour demander la paix; ils ne peuvent s'entendre.	89— 91
Entrevue de Lucullus et de Pompée en Galatie.	91
Premiers succès de Pompée en Arménie.	91— 95
Mithridate passe dans l'Arménie, soumise à Tigrane; Pompée le suit; bataille entre les Romains et l'armée de Mithridate; les Romains ont l'avantage.	95—105
Mithridate, forcé de fuir, ne peut obtenir un asile auprès de Tigrane. Il s'avance jusqu'au Bosphore, fait mettre à mort Ma-	

charès, son fils, qui avait embrassé le parti des Romains ; il arrive au delà du Phasis................................ 105—109
Fondation de Nicopolis par Pompée....................... 109
Tigrane le fils se révolte contre son père ; il est vaincu et se jette dans les bras des Romains....................... 109—111
Tigrane le fils sert de guide à Pompée dans une expédition contre son père.. 111
Pompée franchit l'Araxe et s'avance jusque sous les murs d'Artaxata... *Ibid.*
Tigrane le père se rend dans le camp des Romains ; accueil qu'il y trouve... 111—115
Partage fait par Pompée entre Tigrane le père et Tigrane le fils ; celui-ci est envoyé à Rome sous escorte.............. 115—119
Première expédition de Pompée contre Orœsès, roi des Albanais. 119—123

LIVRE TRENTE-SEPTIÈME.

Expédition de Pompée contre Artocès, roi des Ibères d'Asie... 129—137
Deuxième expédition de Pompée contre Orœsès, roi des Albanais ; il lui accorde la paix.............................. 137—143
Pompée traite avec plusieurs nations voisines du Caucase...... 143
Phraate veut renouveler son alliance avec les Romains ; conduite de Pompée envers lui................................. 145—149
Phraate et Tigrane le père mettent fin à leurs différends...... 149—153
Pompée passe l'hiver à Aspis ; Stratonice lui livre la citadelle de Symphorion.. 153—155
Conquête de la Cœlé-Syrie et de la Phénicie................. 155
Prodigalités de César, pendant son édilité................... 155—157
Divers prodiges.. 157—159
Loi Papia contre les étrangers résidant à Rome.............. 161
Les meurtriers de L. Ofella et de plusieurs autres proscrits sont condamnés.. 161—163
Catilina, mis en jugement et absous, forme le projet de changer la constitution de la République.......................... 163
Fermeté de Mithridate dans les revers ; il est abandonné par ses partisans... 165—167
Cruautés de Mithridate ; Pharnace, son fils, trame sa perte et le fait périr dans le palais où il s'était réfugié ; fin de Mithridate. 167—171
Pharnace envoie les restes de son père à Pompée, qui lui donne le Bosphore et le met au nombre des alliés de Rome........ 171—173
Expédition de Pompée en Arabie et dans la Syrie-Palestine, gouvernée par Hyrcan et Aristobule ; il s'empare de la ville et du temple de Jérusalem................................... 175—181

TABLE. 517

Digression sur les Juifs et sur l'usage de déterminer l'ordre des jours d'après les planètes	181—189
Modération de Pompée après ses victoires	189—193
Triomphe de Pompée	193—195
César, Caton et Pompée	197—201
L'*Augure* du salut est renouvelé; présages	201—205
Rullus propose un partage des terres	207
Procès intenté à C. Rabirius	207—211
Sur l'étendart de Janicule	211—215
Loi *Tullia*	215
Conjuration de Catilina	215—247
Catilina tente de massacrer Cicéron et d'autres citoyens	*Ibid.*
Complices de Catilina; serment des conjurés	217—221
Lettres anonymes remises à Crassus; nouvelles de l'Étrurie	221—223
Catilina accusé de violence; il vit dans la maison de Metellus; conciliabule dans lequel l'assassinat de Cicéron est résolu	223—225
Catilina sort de Rome et se dirige vers Fésules; Antoine est chargé de le combattre	227
Cicéron cède la Macédoine à Antoine et la Gaule à Metellus	*Ibid.*
Affaire des députés Allobroges; la conspiration mise à nu	229—231
Crassus soupçonné d'être au nombre des conjurés	231—233
Délibération au sujet des conjurés; opinion de César et de Caton; la peine capitale est adoptée	235
César est nommé grand pontife	237
Metellus Nepos; serment de Cicéron	239
Catilina se décide à combattre; Antoine feint d'être malade et charge Petreius de lui livrer bataille; défaite de Catilina; Antoine obtient le titre d'*imperator*	239—243
L. Vettius, délateur	245—247
Metellus Nepos propose de rappeler Pompée; troubles	249—251
César accuse Catulus de concussion	251—253
César répudie sa femme soupçonnée d'adultère	255
Pont de Fabricius	255—257
Clodius accusé d'adultère et de concussion; il est absous	257—259
Conquête du pays des Allobroges par Pomptinus	259—263
Retour de Pompée en Italie; il ne peut obtenir la ratification de ses actes	363—267
Flavius propose de distribuer des terres aux soldats de Pompée; opposition de Metellus, qui est mis en prison	267—271
Clodius passe dans la classe des plébéiens; abolition du droit de péage	271
César nommé gouverneur de la Lusitanie; ses exploits dans ce pays	273—279

César se rend à Rome pour briguer le consulat............... 279—283
César rétablit la concorde entre Pompée et Crassus; premier triumvirat; présages................................. 283—293

LIVRE TRENTE-HUITIÈME.

Loi agraire proposée par César, ou loi *Julia*; opposition de Bibulus; la loi *Julia* est adoptée; Metellus, Caton et M. Favonius jurent obéissance à cette loi....................... 297—315
César accorde aux chevaliers la remise du tiers du fermage des impôts; ratification des actes de Pompée................ 317
Proposition de Q. Fufius Calenus contre la confusion des suffrages... 319
César agit comme s'il était seul consul; bon mot à ce sujet.... 319—321
L'Illyrie, la Gaule Cisalpine et la Gaule Transalpine sont confiées à César avec quatre légions............................ 321
César donne à Pompée la main de sa fille et épouse la fille du consul Pison.. 323
Complot dénoncé par L. Vettius.......................... Ibid.
Cicéron défend Antoine................................. 325—327
Attaques de Cicéron contre César......................... 327—333
Clodius est nommé tribun du peuple; César s'en fait un instrument contre Cicéron................................. 333
Manœuvres de Clodius contre Cicéron..................... 333—337
Lois proposées par Clodius.............................. 337—341
Clodius parvient à tromper Cicéron et Ninnius............... 341
Loi proposée par Clodius contre Cicéron................... 343
Conduite artificieuse de Pompée et de César, à l'égard de Cicéron. 345—349
Les ennemis de Cicéron ont le dessus; César, Crassus et Pompée l'abandonnent; il s'éloigne de Rome.................... 349—357
La loi de Clodius contre Cicéron est adoptée................. 357
Cicéron en Macédoine; son entretien avec Philiscus......... 359—395
Pompée fait demander le rappel de Cicéron par le tribun Ninnius.. 395—397
Caton est envoyé dans l'île de Cypre...................... 397—399
Expédition de César contre les Helvétiens.................. 399—409
Expédition de César contre Arioviste...................... 409—461
César promet des secours aux Séquanais et aux Éduens....... 409—411
César invite Arioviste à se rendre auprès de lui; refus et réponse d'Arioviste...................................... 411
César s'empare de Besançon............................. 413
Des secours arrivent à Arioviste; découragement et murmures de l'armée romaine................................... 413—415

TABLE.

Discours de César à ses officiers.......................... 415—449
La confiance renaît dans le cœur des soldats romains; César se met en marche contre Arioviste......................... 451
Arioviste demande à traiter avec César; ils ne peuvent s'entendre; la guerre éclate............................... 451—453
Bataille entre les Romains et les Germains; les Romains sont vainqueurs; Arioviste fuit sur une barque................. 453—461
Éclaircissements.. 463—514

FIN DE LA TABLE DES MATIÈRES DU III° VOLUME.

ERRATA.

P. 31, l. 32, *lis.* a été ajouté. — P. 48, l. 28, *lis.* unus ne. — P. 49, l. 25-26, *effacez* et. les Éclaircissements à la fin du volume. — P. 75, l. 9, *lis.* avec ceux. — P. 119, l. 8 et p. 121, l. 18, *lis.* Orœsès. — P. 150, l. 29, *lis.* πταῖσαι. — P. 159, l. 9, *lis.* d'opinion. — P. 211, l. 23, *lis.* Attium. — P. 213, l. 32, *lis.* Gronove. — P. 239, l. 27, *lis.* repoussé. — P. 258, l. 28, *lis.* Græv. — P. 266, l. 14, *lis.* ἐπεί τε (c'est d'après cette leçon et l'interprétation de Reimarus que j'ai adopté, avec M. Tafel, le sens donné par Wagner, *Und da Lucius Flavius..... so befahl der consul,* et confirmé par Nic. Leoniceno : *ma poi che quel tribuno messe la sedia tribunitia..... allora commandò,* etc.) — P. 283, l. 2, *lis.* des factions dévouées..... — P. 303, l. 16, *lis.* la séance. — P. 311, l. 9, et p. 313, l. 11, *lis.* les auspices. — P. 349, l. 17, *lis.* Curion. — P. 357, l. 14, après **stades**, *ajoutez* au delà de Rome. — P. 406, l. 17, au lieu de 25, lis. 23. — P. 455, l. 22, *lis.* de leurs piques.

www.ingramcontent.com/pod-product-compliance
Lightning Source LLC
Chambersburg PA
CBHW071605230426
43669CB00012B/1834